भारत में राजनीति

कल और आज

भारत में राजनीति

कल और आज

सामयिक विमर्श

रजनी कोठारी

हिंदी प्रस्तुति एवं संपादन

अभय कुमार दुबे

भारतीय भाषा कार्यक्रम

विकासशील समाज अध्ययन पीठ

मूल्य : ७५०/ रुपये

पहला संस्करण : २००५
दूसरा संस्करण : २००७
तीसरा संस्करण : २०१०
प्रकाशक : वाणी प्रकाशन
४६९५, २१-ए, दरियागंज, नयी दिल्ली-११०००२
आवरण : वाणी प्रकाशन
आवरण चित्र : अर्पणा कौर
मुद्रक : जी.एस. ऑफसेट, शाहदरा, दिल्ली-११००३२

BHARAT MEIN RAJNITI : KAL AUR AAJ
Rajni Kothari

Edited and presented in Hindi by Abhay Kumar Dubey
ISBN : 81-8143-371-8

अनुक्रम

मैं अपने घर को चारदीवारी से घेर कर और खिड़कियों को बंद नही रखना चाहता। मैं तो चाहता हूँ कि दुनिया भर से सभी तरह की सांस्कृतिक बयारें बेरोकटोक मेरे घर में बहें। पर उन हवाओं के कारण मैं जमीन से अपने पैर नहीं उखड़ने दूँगा।

—मोहनदास कर्मचंद गाँधी

१ जून, १९२१

आधी रात के इस प्रहर में जब सारी दुनिया सो रही है, भारत जीवन और स्वाधीनता के बीच आँखें खोलने वाला है। ऐसा क्षण इतिहास में कभी-कभी ही आता है, जब हम पुरातन से नवीन में कदम रखते हैं, जब एक युग खत्म होता है, और न जाने कब से दबी हुई एक राष्ट्र की आत्मा मुखर होती है।

—जवाहरलाल नेहरू

१४ अगस्त, १९४६

राओजीभाई सी. पटेल के नाम

शुरुआती प्रेरणा और

सतत आलोचना के प्रति कृतज्ञता सहित

प्राक्कथन

मूलतः अंग्रेजी में रचे जाने वाले समाज विज्ञान और भारतीय भाषाओं के बीच पिछले बीस-पच्चीस सालों में एक उपयोगितावादी किस्म का रिश्ता विकसित हो गया है। यह मुख्यतः एकतरफा रिश्ता है जिसमें हिंदी या अन्य भाषाओं को वही सब कुछ लेना पड़ता है जो अंग्रेजी उन्हें देती है। आमतौर से होता यह है कि प्रतिष्ठित समाज वैज्ञानिक अंग्रेजी में अपनी कई वर्ष पहले चर्चित हो चुकी रचनाओं का हिंदी में अनुवाद कराते हैं, ताकि वे भारतीय समाज में हुए राजनीतिकरण और उसके कारण उभरे नये गंभीर पाठक वर्ग तक पहुँच सकें। अनुवाद की सुविधा उन्हें स्वयं द्विभाषी बनने या हिंदी में भी अपना शास्त्र रचने की जरूरत के दबाव से मुक्त कर देती है। कभी-कभी यह अनुवाद बेहद अक्षरशः होता है। हिंदी भाषी समाज के लिए आमफहम तथ्य भी कुछ इस अंदाज में रखे जाते हैं जैसे कि उन्हें विदेशी पाठकों के सामने पेश किया जा रहा हो। मैं इस छोटे से प्राक्कथन के जरिये हिंदी के पाठकों को पहला यकीन यह दिलाना चाहता हूँ कि **भारत में राजनीति / कल और आज** इस उपयोगितावादी संबंध के दायरे से बाहर की रचना है। पाठकों से

मेरा आग्रह है कि वे इस पुस्तक को मेरी अंग्रेजी की किताब **पॉलिटिक्स इन इंडिया** के भाषांतर के रूप में ही न देखें। न ही यह सिर्फ उस ग्रंथ का संशोधित या परिवर्द्धित रूप है। यह तो गुणात्मक और संरचनात्मक रूप से एकदम भिन्न किताब है जिसमें मेरी अभी तक की लगभग संपूर्ण विचार-यात्रा झलकती है। मैं यह जोर दे कर कहना चाहता हूँ कि यह किताब अंग्रेजी में उपलब्ध नहीं है। अगर यह कभी अंग्रेजी में छपी, तो हिंदी में प्रकाशित होने के बाद ही छपेगी।

अंग्रेजी की किताब का लेखन तो मैंने १९६९ में पूरा कर दिया था, लेकिन यह किताब नयी सदी में भारतीय लोकतांत्रिक उद्यम की पुनर्रचना के साथ जुड़ी संभावनाओं का संधान करते हुए खत्म होती है। यह हर तरह से अंग्रेजी की किताब से अधिक बृहद, व्यापक और बहुआयामी है। दूसरे, इस पुस्तक के पीछे प्रेरणा महज यह नहीं है कि मैं संख्या में कहीं अधिक हिंदी पाठकों के पास पहुँचना चाहता हूँ, बल्कि *असलियत यह है कि हिंदी में अपना चिंतन लाने के साथ मेरे बौद्धिक व्यक्तित्व का विकास जुड़ा हुआ है। हिंदी में लिखना, लिखवाना और बोलना मेरे उन राजनीतिक रुझानों का परिचायक है जिनके बनने में अस्सी के दशक में हुए घटनाक्रम की महत्त्वपूर्ण भूमिका थी।* यही कारण है कि मैं पाठकों को उस घटनाक्रम और उसके मुझ पर पड़े प्रभाव की एक झलक देना जरूरी समझता हूँ।

इंदिरा गाँधी ने जब १९७७ में इमरजंसी उठाई और चुनाव कराने का फैसला किया तो उन्हें यकीन था कि वे जीत जाएँगी। वे गलत साबित हुईं, और हार गईं। पूरे भारत पर अपना राजनीतिक वर्चस्व देखने की आदी हो चुकी कांग्रेस स्तब्ध रह गई। पर, यह पराजय किसी भी तरह से संपूर्ण नहीं थी। उत्तर भारत में कांग्रेस हारी थी, पर दक्षिण भारत ने उसके वर्चस्व को बचा लिया था। यह शेष वर्चस्व भी अस्सी के दशक में उस समय दरकना शुरू हुआ जब इंदिरा गाँधी ने अपने हाथ से दक्षिण के आंध्र प्रदेश और कर्नाटक जैसे राज्य फिसलते हुए देखे। इंदिरा गाँधी को यह भी लगा कि दलितों, आदिवासियों, अन्य गरीबों और दबे हुए तबकों के समर्थन पर उनकी पकड़ भी ढीली हो रही है। तब उन्होंने एक निर्णय लिया, जिसके तहत कांग्रेस की राजनीति उत्तरोन्मुख यानी उत्तर भारतीय इलाकों की तरफ झुकती चली गई। साथ ही इंदिरा गाँधी का रुझान उच्च वर्गीय समर्थन हासिल करने की तरफ होता चला गया। मुझे यह मानने में कोई हिचक नहीं है कि आगे

चल कर कांग्रेस ने जिस सांप्रदायिक रणनीति को अंजाम दिया, वह उसकी दक्षिण भारत में हार का ही नतीजा थी।

कांग्रेसी राजनीति के इस बदलते हुए रुझान के साथ और एक हद तक उसके दबाव में उन्हीं दिनों मेरा रुझान भी उत्तर भारतीय क्षेत्रों की ओर होता जा रहा था। सारे जीवन सिर्फ अंग्रेजी में लिखते-बोलते रहने के बाद मुझे हिंदी में बोलने और लिखने की जरूरत महसूस हो रही थी। इसकी व्यावहारिक शुरुआत **लोकायन** और उसके साथ जुड़े संगठनों के साथ काम करते हुए हुई, जब मुझे विचारकों और कार्यकर्ताओं के सामने बोलने के लिए हिंदी का बार-बार प्रयोग करना पड़ा। हम लोग एक नयी लोकतांत्रिक राजनीति के उभार का स्वप्न देख रहे थे, जिसके बारे में विभिन्न कार्यकर्ता समूहों से मेरी चर्चा होती रहती थी। *जैसे-जैसे मेरी राजनीतिक सक्रियता बढ़ती गई, और महज एक राजनीति शास्त्री से आगे बढ़ कर मैं एक कार्यकर्ता की हैसियत में आता गया, वैसे-वैसे हिंदी और अन्य भारतीय भाषाओं के साथ मेरे रिश्ते और गहन होते चले गए।* उन्हीं दिनों मैंने हिंदी के अलावा तेलुगू और गुजराती के नागरिक समाज में भी उन्हीं भाषाओं में साक्षात्कारों के जरिए और अनौपचारिक बातचीत के जरिए हस्तक्षेप किया। हिंदी पत्र-पत्रिकाओं के संपादकों ने मुझसे पहले की अपेक्षा ज्यादा संपर्क करना शुरू कर दिया। मेरी बात कई तरह से हिंदी में आने लगी। यही था वह संक्रमण काल जिसका नतीजा मेरी सांप्रदायिकता संबंधी पुस्तक के हिंदी प्रकाशन में निकला। यही था वह समय जब मेरे दिमाग में आया कि **पॉलिटिक्स इन इंडिया** की अलग से हिंदी में ताजा प्रस्तुति होनी चाहिए।

विकासशील समाज अध्ययन पीठ में बहुत लंबे अरसे से एक ऐसा कार्यक्रम चलाने के बारे में चर्चा हो रही थी, जो समाज विज्ञान को भारतीय भाषाओं में लाने के साथ-साथ उन भाषाओं में स्वतंत्र शोध को भी प्रोत्साहित कर सके। नयी सदी में जैसे ही **भारतीय भाषा कार्यक्रम** ने संस्थागत रूप लिया और इसकी जिम्मेदारी मेरे स्नेही अभय कुमार दुबे के हाथों में आयी, हम लोग इस हिंदी प्रस्तुति के बारे में सोचने लगे। उन्हीं दिनों मेरी रचनाओं का एक रीडर संपादित करते हुए उन्होंने मुझसे एक लंबा इंटरव्यू लिया जिसमें अंग्रेजी और हिंदी को मिला कर जिस तरह से इस्तेमाल किया गया था, उससे मुझे लगा कि मेरा चिंतन और लेखन औपचारिक रूप से हिंदी में आ सकता है। **राजनीति की किताब** के सफल प्रकाशन ने इस यकीन को और मजबूत

कर दिया कि हिंदी में मुझे अंग्रेजी के मुकाबले बेहतर ढंग से व्यक्त किया जा सकता है।

अभय कुमार दुबे द्वारा संपादित और प्रस्तुत यह पुस्तक मेरे इसी बौद्धिक रुझान की देन है। मुझे प्रसन्नता है कि मेरी एक प्रमुख रचना अपने मूल से भी बेहतर रूप में नागरिक समाज के एक कहीं बड़े हिस्से के पास जा रही है। मैं एक बार फिर कहना चाहता हूँ कि यह महज अनुवाद नहीं है। यह हिंदी में रचा गया एक नया पाठ है, जिसमें अलग तरह की पद्धति अपनायी गई है जिसका वर्णन अभय ने अपनी भूमिका में किया है। मुझे यकीन है कि पाठकगण **हिंदी में समाज विज्ञान की एक नयी किताब** को उसी तरह हाथों-हाथ लेंगे जिस तरह सत्तर के दशक में अंग्रेजी की किताब को लिया गया था।

—रजनी कोठारी

सितंबर, २००५

हिंदी प्रस्तुति और संपादन के बारे में

प्रोफेसर रजनी कोठारी समाज विज्ञान की दुनिया के उन गिने-चुने प्रमुखतम हस्ताक्षरों में से एक हैं जिन्होंने शायद सबसे पहले सार्वजनिक मंचों से हिंदी में बोलना शुरू किया था। मुझे अच्छी तरह याद है कि १९८१ में पीपुल्स यूनियन फार सिविल लिबर्टी के राष्ट्रीय अध्यक्ष के नाते इंडियन पीपुल्स फ्रंट के स्थापना सम्मेलन का उद्‌घाटन करते हुए उन्होंने हिंदी में भाषण करके ग्रामीण इलाकों से आए प्रतिनिधियों को किस प्रकार चकित कर दिया था। खास बात यह थी कि दक्षिण भारतीय प्रतिनिधियों के लिए सम्मेलन की संचालन समिति को कोठारी के भाषण की वहीं मंच पर ही अंग्रेजी में अनुवाद की व्यवस्था करनी पड़ी थी। इसी तरह १९८९ में लखनऊ में हुए एक समागम में प्रोफेसर कोठारी द्वारा हिंदी में वक्तव्य देने से इस भाषा के पैरोकार उप्र के तत्कालीन मुख्यमंत्री मुलायम सिंह यादव अभिभूत हो गए थे।

दरअसल, विमर्शी साहित्य के लिए हिंदी के इस्तेमाल के प्रति कोठारी की उत्सुकता का मुकाबला अगर कुछ और समाज वैज्ञानिक कर सकते हैं, तो उनमें से एक प्रोफेसर धीरूभाई शेठ हैं जिन्होंने अस्सी के दशक की शुरुआत में ही कोठारी के साथ मिल कर **लोकायन** जैसी संस्था में

प्रयोगात्मक रूप से समाज विज्ञान और राजनीतिक कार्यकर्ताओं की दुनिया के बीच एक सूत्र स्थापित करने की कोशिश की थी। इस पहल का ऐतिहासिक महत्त्व उस समय और बढ़ जाता है जब इसके एक सुखद परिणाम के रूप में पहली बार अंग्रेजी के व्यामोह से ग्रस्त समाज विज्ञान ने हिंदी या अन्य भारतीय भाषाओं की तरफ देखा। **विकासशील समाज अध्ययन पीठ** के **भारतीय भाषा कार्यक्रम** के बीज संभवत: ऐसे ही किसी क्षण में पड़े होंगे। मुझे यह भी याद है कि किस तरह १९८५-८६ के दौरान कोठारी ने मुझसे एक लंबी बातचीत के दौरान अपनी विख्यात रचना **पॉलिटिक्स इन इंडिया** के एक बेहतर हिंदी संस्करण के प्रकाशन की इच्छा जताई थी। प्रोफेसर शेठ भी इस कालजयी पुस्तक को ठीक से हिंदी में 'तैयार' करने के विचार से कई बार सहमति व्यक्त कर चुके थे। इसी के साथ मुझे एक कार्यक्रम में व्यक्त किया गया योगेंद्र यादव का वह अफसोस भी याद आता है, जो उन्हें इस पुस्तक के उस समय तक उपलब्ध हिंदी संस्करण को पढ़ कर छात्र जीवन में हुआ था। जाहिर है कि **पॉलिटिक्स इन इंडिया** की हिंदी प्रस्तुति पिछले बीस साल से कई उत्सुक दिमागों में पक रही थी। पाँच साल पहले जब **भारतीय भाषा कार्यक्रम** ने अध्ययन पीठ में सांगठनिक रूप लिया, तो उसके तत्कालीन निदेशक और कार्यक्रम की संचालन समिति के सदस्य प्रोफेसर विजय बहादुर सिंह की प्राथमिकता सूची में इस पुस्तक का स्थान सबसे ऊपर था। आज **भारत में राजनीति / कल और आज** के प्रकाशन के साथ यह सामूहिक रचनात्मक बेचैनी शांत होने जा रही है। मैं प्रोफेसर कोठारी समेत इन सभी विद्वानों का ऋणी हूँ, क्योंकि उनके सतत बौद्धिक सहयोग और प्रेरणा के बिना यह भगीरथ प्रयास सफल नहीं हो सकता था। मैं **भारतीय भाषा कार्यक्रम** के तहत प्रकाशित होने वाली पुस्तक श्रृंखला **सामयिक विमर्श** के प्रकाशक **वाणी** और उसके प्रबंध निदेशक अरुण माहेश्वरी का भी कृतज्ञ हूँ कि उन्होंने इसकी पांडुलिपि तैयार करने में होने वाली देर को धैर्य के साथ सहन किया और उसके लिए संसाधन जुटाए।

प्रोफेसर कोठारी ने यह किताब साठ के दशक के अंत में स्टेनफर्ड विश्वविद्यालय में दो वर्षीय प्रवास के दौरान लिखी थी। वे बहुत सारी शोध सामग्री तो वहाँ अपने साथ ले ही गए थे, उनके अध्ययन पीठ स्थित सहयोगी भी जरूरत के हिसाब से उन्हें आवश्यक सामग्री भेजते रहे। पहले इसका प्रकाशन अमेरिका में हुआ, और फिर १९६९ में इसका भारतीय संस्करण

निकला। पहले वाक्य में अपना सैद्धांतिक इरादा घोषित कर देने वाली इस पुस्तक का सिक्का पाठकों के पास पहुँचते ही जम गया। यह पहला वाक्य था : **अगर 'आधुनिकीकरण' हमारे समय की केंद्रीय प्रवृत्ति है, तो उसकी चालक शक्ति है 'राजनीतिकरण'।** इसके बाद पौने पाँच सौ पृष्ठ की किताब के हर पन्ने पर कोठारी ने दिखाया कि हजारों साल पुराना एक पारंपरिक समाज किस तरह लोकतांत्रिक राजनीति के हाथों बदल रहा है। उन्होंने भारतीय राजनीति को समझने की पश्चिम प्रदत्त चालू धारणाओं का खंडन किया, और एक सर्वथा नवीन और संपूर्ण दृष्टि पेश की जो भारतीय समाज की शर्तों पर रची गई थी। कोठारी ने सार्वजनिक जीवन के हर क्षेत्र में भारतीय समाज के उन पहलुओं को अलग से पेश किया जो आधुनिकीकरण के साथ सकारात्मक तादात्म्य रखते थे। साथ ही, वे इस समाज के उन पहलुओं को बताना भी नहीं भूले जो आधुनिकीकरण की प्रक्रिया में बाधक थे। पुस्तक के ग्यारह अध्याय पढ़ने के बाद पाठकों को ऐसा लगा कि जैसे भारतीय राजनीति को समझने का एक मॉडल उभर रहा हो। पहले संस्करण के बाद इस रचना ने फिर पीछे मुड़ कर नहीं देखा। पुस्तक के कम से कम दो अध्याय तो अब तक अलग से स्वतंत्र क्लासिक का रूप ले चुके हैं। इनमें एक अध्याय जाति प्रथा और लोकतांत्रिक राजनीति की अन्योन्यक्रिया के बारे में है, और दूसरा भारतीय राजनीतिक शख्सियत के विकास से संबंधित है। तब से अब तक इसके दसियों पुनर्मुद्रण हो चुके हैं, और यह सिलसिला आज तक जारी है। खास बात यह है कि तथ्यात्मक सामग्री के तौर पर अंग्रेजी की किताब पुरानी पड़ चुकी है, पर उसकी सैद्धांतिक आधारभूमि आज भी उतनी ही प्रासंगिक है। यह किताब तब भी भारतीय समाज विज्ञान का एक अन्यतम शाहकार थी, और आज भी है।

इसकी हिंदी प्रस्तुति की विशेषता यह है कि इसमें प्रोफेसर कोठारी की पिछले तीस साल में विकसित हुई विचार यात्रा भी जोड़ दी गई है। पहले मेरा इरादा यह था कि हिंदी प्रस्तुति दो हिस्सों में तैयार की जाए : एक हिस्सा मूल किताब का हो और दूसरे हिस्से में कोठारी के ताजे विचारों का परिशिष्ट हो। लेकिन, बाद में मुझे लगा कि अगर **भारत में राजनीति** का एक कल है (यानी मूल किताब), तो उसका एक आज भी है जिसे उसी तर्ज पर उकेरा जाना चाहिए। इसलिए, मैंने एक नयी पद्धति बनायी जिसके तहत मूल पुस्तक के हर अध्याय में कोठारी की परवर्ती रचनाओं से उन्हीं की लिखी हुई सामग्री

लेकर कुछ इस तरह जोड़ी जानी थी कि वह पैबंद न लगे। यह जोखिम का काम था। क्लासिक मान ली गई एक रचना के साथ किसी भी तरह की छेड़छाड़ करने की जुर्रत के बहुत विकट परिणाम हो सकते थे। दूसरे, मूल पुस्तक की छवि काफी कुछ एम्पिरीकल किस्म की रचना (तथ्य और आँकड़ों के आधार पर किए गए विश्लेषण) के रूप में मान ली गई थी, जबकि कोठारी के ताजे विचार नार्मेटिव किस्म के लेखों (सैद्धांतिक विश्लेषण) में सूत्रबद्ध हुए थे। तीसरे, कोठारी की लेखन शैली में भी तब से अब तक बहुत परिवर्तन आ चुके थे।

इन मुश्किलों के बावजूद जिस बात ने मुझे यह असाधारण जोखिम लेने के लिए उकसाया, वह मूल किताब की अनूठी संरचना ही थी। मैंने देखा कि भले ही रजनी कोठारी राजनीति शास्त्री हों, पर किसी भी तरह से यह पुस्तक सिर्फ राजनीति शास्त्र के अनुशासन की देन नहीं हो सकती। पहला अध्याय अगर सैद्धांतिक विश्लेषण का था, तो दूसरा अध्याय प्राचीन काल से भारत विभाजन तक के इतिहास के कैपसूल की तरह लिखा गया था। छठा अध्याय पढने पर लगता था कि जैसे वह सामाजिक नृतत्वशास्त्र की कोई रचना हो। सातवाँ अध्याय मनोविज्ञान में पारंगत किसी व्यक्ति द्वारा लिखा गया लग सकता था। और, नवाँ अध्याय तो जैसे किसी अर्थशास्त्री की कलम से निकला था। दसवाँ अध्याय विदेश नीति में विशेषज्ञता की माँग करता था। जाहिर था कि यह एक बहुअनुशासनीय पुस्तक थी, जिसे लिखते समय कोठारी ने शैली और सार की दृष्टि से काफी नवाचार किया होगा। फिर, दोबारा पढ़ने पर मुझे यह भी यकीन हो गया कि यह सिर्फ एम्पिरीकल रचना नहीं है। यह उतनी ही नार्मेटिव है, जितनी एम्पिरीकल।

इस तरह जब एक तरह के दुस्साहस से लैस हो कर मैंने प्रोफेसर कोठारी के सामने अपना पद्धतिमूलक प्रस्ताव रखा तो वे बड़े सुखद ढंग से राजी हो गए। मैंने नमूने के तौर पर पहला अध्याय तैयार किया और उसकी प्रतियाँ कोठारी के अलावा प्रोफेसर सिंह और प्रोफेसर शेठ को भी दीं। इसके बाद एक पद्धति संबंधी सहमति उभरी जिसमें अनुवाद करने के बजाय संपादन करते हुए हिंदी का नया पाठ रचना था, एक ऐसा पाठ जो पढ़ने में एकदम मूल हिंदी का लगे। साथ ही बिना अपनी तरफ से एक भी शब्द गढ़े हुए कोठारी की नयी रचनाओं में से पाठांश निकाल कर विषय वस्तु के मुताबिक हिंदी प्रस्तुति में शामिल किया जाना था। इसी के बाद एक-एक अध्याय तैयार

करके प्रोफेसर कोठारी को दिया गया, जिन्हें वे दिल्ली और पुणे प्रवास के दौरान पढ़ते और अधिकृत करते गए।

हिंदी प्रस्तुति में पाद टिप्पणियाँ नहीं दी गई हैं, क्योंकि मूल पुस्तक के कुछ अंशों को हटाने के कारण उनका क्रम वैसा का वैसा नहीं रखा जा सकता था। बजाय इसके हर अध्याय के अंत में कुछ प्रासंगिक टिप्पणियाँ और संदर्भ दिए गए हैं। जिन अध्यायों में कोठारी के नए विचार जोड़े गए हैं, वे हैं : पहला, चौथा, पाँचवाँ, छठाँ, आठवाँ, नवाँ, दसवाँ और ग्यारहवाँ। नयी सामग्री सत्तर, अस्सी और नब्बे के दशकों में हुए राजनीतिक घटनाक्रम, लोकलुभावनवादी राजनीति के उभार, सांप्रदायिक राजनीति की विकृति, सेकुलरवाद के संकट, विश्व व्यवस्था में हुए परिवर्तनों, जाति और राजनीति के बीच हुई अन्योन्यक्रिया में आई गति और भूमंडलीकरण के तहत राज्य द्वारा अपनी जिम्मेदारी छोड़ते चले जाने की प्रवृति से संबंधित है। प्रोफेसर कोठारी की इजाजत से पुस्तक के मूल पाठ में शामिल पचास और साठ के दशक से संबंधित कई तालिकाएँ और आँकड़ों को छोड़ देने के साथ-साथ कई जगह तत्कालीन परिस्थितियों और घटनाक्रम का विश्लेषण संक्षिप्त भी कर दिया गया है।

आशा है कि हिंदी के गंभीर पाठक रजनी कोठारी की इस महान रचना से लाभ उठाएँगे। ध्यान रहे कि अंग्रेजी में उपलब्ध **पॉलिटिक्स इन इंडिया** भारतीय राजनीति के कल का ही बयान करके रह जाती है, पर हिंदी की इस प्रस्तुति में उसके आज पर भी विहंगम दृष्टि डाली गई है। इस लिहाज से हिंदी संस्करण अंग्रेजी के मुकाबले अधिक उपयोगी और प्रासंगिक है।

— अभय कुमार दुबे

ग्रीष्म, २००५

१

सैद्धांतिक दृष्टि

भारतीय समाज को समझने की कुंजी उसकी राजनीति में निहित है। एक प्राचीन, परंपराबद्ध, बहुल और खंडित संरचनाओं वाला सभ्यतामूलक समाज अपनी संरचनाओं के राजनीतिकरण के जरिये आधुनिक बन रहा है। आजादी के पश्चात भारत के विकास का **पहला चरण** (१९४७ से १९७० तक) वह है जब एक राजनीतिक केंद्र की स्थापना करते हुए एक पार्टी के वर्चस्व वाली दलीय प्रणाली के तहत राजनीतिक अभिजनों के सामूहिक नेतृत्व ने दिल्ली में बैठकर उप-केंद्रों के साथ गठजोड़ बनाया और उप-केंद्र जमीन पर सक्रिय छोटे-छोटे केंद्रों से जुड़े। सरकार, राजनीतिक संस्थाओं और नियोजन की मशीनरी के जरिये हाशिये पर पड़े समूहों को राजनीतिक सहभागिता में खींचा गया और लोकतंत्र का आधार विस्तृत करते हुए आर्थिक विकास करने की कोशिश की गई। इस दौर में राज्य की संस्था ने समाज परिवर्तन के मुख्य एजेंट की भूमिका निभाई, लेकिन उसके काम करने का तरीका कमोबेश विकेंद्रित रहा जो भारतीय समाज की प्रकृति के अनुकूल था। **दूसरा चरण** (१९७१ से अब तक) वह है जब एक पार्टी के वर्चस्व वाली दलीय प्रणाली टूट गई और राज्यव्यवस्था लोगों की बढ़ती हुई माँगों को पूरा करने में नाकाम होने लगी। उसमें अंतर्विरोध पैदा हो गए और लोगों में व्यवस्था के प्रति असंतोष बढ़ने लगा। राजनीतिक सहभागिता में से व्यक्तिपरक नेतृत्व पर आधारित लोकलुभावनवादी जन-राजनीति फूट पड़ी। लोकतंत्र के नाम पर उसे ही सीमित करने की कोशिश की गई। राजनीति के बजाय अर्थव्यवस्था को ज्यादा महत्त्व दिया गया। लोकतांत्रिक राजनीति ने एक तरफ राजनीतिक सहभागिता का काफी विकास किया, निचली जातियाँ और उपेक्षित तबके राजनीति की मुख्यधारा में अपनी दावेदारियाँ करने लगे। दूसरी तरफ तकनीकशाही-प्रौद्योगिकीय प्रतिमान भारतीय राज्य पर हावी होते चले गए। राज्य लोकोपकार से जुड़ी अपनी जिम्मेदारियों से मुँह मोड़ता हुआ भूमंडलीय अभिजनों द्वारा निर्धारित तौर-तरीके अपनाने लगा।

I

पहला चरण / आधुनिकीकरण बजरिये राजनीतिकरण

अगर 'आधुनिकीकरण' हमारे समय की केंद्रीय प्रवृत्ति है तो उसकी चालक शक्ति है 'राजनीतिकरण'। लेकिन, इसे नियंत्रित करने की कला मनुष्य अभी तक नहीं सीख पाया है। शायद इसलिए कि वह आज भी घिसी-पिटी समझदारी के शिकंजे में जकड़ा हुआ है। सत्रहवीं और अट्ठारहवीं सदी में इनसान के सामने कुदरत और धार्मिक कट्टरता पर हावी होने की ऐतिहासिक चुनौतियाँ थीं। उन्नीसवीं सदी में वह आबादी और आर्थिक मसलों से जुड़े पहलुओं पर नियंत्रण करने की फिराक में रहा। हमारे समय में यही महत्त्व सरकार और राजनीति का हो गया है। आज इन दोनों पहलुओं का हस्तक्षेप मानवीय जीवन में इस कदर बढ़ गया है कि इनसान के लिए उन्हें समझना लाजमी है। राजनीति की कला और विज्ञान में दक्ष हुए बिना उसकी मुक्ति नहीं हो सकती। इसके लिए जरूरी है कि न केवल अकादमीय स्तर पर काम करने वाले समाज वैज्ञानिक राजनीति की नयी समझ से लैस हों, बल्कि स्थानीय से लेकर अंतर्राष्ट्रीय स्तर तक सक्रिय वे लोग भी उसे ग्रहण करें जो आम सहमति बनाने में माहिर होते हैं।

राजनीतिक दल हों या चुनाव लड़ने और आयोजित करने वाले संगठन, जनता की राय बनाने वाला मीडिया हो या समाज में विभिन्न हितों की नुमाइंदी करने वाली सेकुलर अथवा गैर-सेकुलर संस्थाएँ, बुद्धिजीवियों की बढ़ती हुई कतारें हों या पेशेवर लोगों की फैलती हुई दुनिया और नौकरशाही में सक्रिय लोग; राजनीति सभी को प्रभावित करती है। आधुनिकीकरण की प्रक्रिया चलाती हुई राज्यव्यवस्था अपने संस्थागत ढाँचे को फैलाती और आपस में जोड़ती चली जाती है। ये सभी तबके किसी न किसी रूप में उसके साथ अन्योन्यक्रिया करते हैं। इसी दौरान उन्हें एहसास होता है कि उनकी महत्त्वाकांक्षाओं और उन्हें मिलने वाले अवसरों के बीच कितनी बड़ी खाई है। इस खाई को भरने के लिए नयी-नयी माँगें उठायी जाती हैं। इनके दबाव में राजनीतिक प्रणाली की दक्षता और अखंडता बार-बार कसौटी पर कसी जाती है।

राजनीतिक विकास : कुछ प्रश्न, कुछ दुविधाएँ

पुराने समाज जब राष्ट्र बनते हैं तो राष्ट्रत्व ग्रहण करने की प्रक्रिया में उनका नाता गुजरे जमाने की कई बातों से टूट जाता है। नयी समझ के सार्वभौम पहलू

भी बदल जाते हैं। दूरगामी नतीजों वाले इस बदलाव के दौरान परिवर्तन अपने-आप में एक विचारधारा बन जाता है और उसकी व्याप्ति चौतरफा होती चली जाती है। जाति या जनजातिमूलक निष्ठाएँ कुछ दिन तक प्रभावी बनी रह सकती हैं (जैसे कि भारत में), लेकिन अंत में उन्हें आधुनिकीकरण के दबाव के सामने बदलना ही होता है। इसी तरह जो वैचारिक और संस्थागत संरचनाएँ एक मकसद को ध्यान में रखकर खड़ी की जाती हैं, राष्ट्र-निर्माताओं को उनके नतीजों का सामना करना पड़ता है। इस तरह के राजनीतिक विकास की गति अनिवार्यतः रैखिक नहीं होती। जरूरी नहीं कि राजनीतिक विकास के छोटे-छोटे नतीजे आपस में मिलकर किसी बड़े नतीजे की रचना कर दें। यह भी जरूरी नहीं कि बाहरी कारक उस पर बहुत ज्यादा असर डालें। हाँ, यह जरूर है कि राजनीतिक विकास के कारण पैदा हुए नये मूल्य और नयी आकांक्षाएँ एक बार प्रभावी होने के बाद तेजी से फैलकर तरा-ऊपर बढ़ते चले जाते हैं। उन पर बाहरी कारकों का भी बहुत असर होता

परिवर्तन का जरिया है राजनीति!

पश्चिमी चिंतकों का विचार यह है कि जैसे-जैसे आधुनिकीकरण और शहरीकरण आगे बढ़ता है, जन-संचार और शिक्षा के साधनों में प्रगति होती है, समाज बदलता चला जाता है। समाज परिवर्तन के लिए इन बातों के महत्त्व से इनकार किये बिना मैं इस नजरिये के खिलाफ हूँ। मेरा विचार है कि जब तक जनता बड़े पैमाने पर राजनीतिक प्रक्रिया में भागीदारी नहीं करेगी और जाति और वर्ग जैसी सामाजिक संस्थाओं का राजनीतिकरण नहीं होगा तब तक वास्तविक समाज परिवर्तन नहीं हो सकता। राजनीतिक प्रक्रिया में शामिल हो कर ही लोग सचेत होते हैं और बदलते हैं। अपने पश्चिमी मित्रों के साथ मेरा यह प्रमुख मतभेद रहा है कि आधुनिकीकरण नहीं, राजनीतिकरण परिवर्तन की कुंजी है। उनकी मान्यता रही है कि आधुनिकीकरण और उसके लक्ष्यों को हासिल कर लेने से बदलाव हो जाता है। अल्बर्ट और कोलमेन ने अपनी किताब 'पॉलिटिक्स ऑव डिवेएलपिंग एरियाज' में यही धारणा व्यक्त की है। मेरा तर्क यह कि लोग अपने आप को खुद ही बदल सकते हैं। जब गरीब खुद आगे बढ़ कर राजनीति करेंगे, तभी उनमें बदलाव की चेतना आएगी। इसी विषयवस्तु को मैंने आगे चल कर गरीबी पर लिखी अपनी किताब में और विकसित किया है कि योजना आयोग द्वारा बनायी जानेवाली स्कीमों के बजाय परिवर्तन की धुरी लोगों के राजनीति में शामिल होने से निकलती है। इस यथार्थ के दर्शन करने हों तो इस तथ्य में किये जा सकते हैं कि भारत में राजनीतिक प्रक्रिया में धनी लोगों की भागीदारी घटती जा रही है और गरीब उत्तरोत्तर ज्यादा-से-ज्यादा संख्या में राजनीति से जुड़ रहे हैं, क्योंकि उन्हें राजनीति से उम्मीद है।

('राजनीति की किताब' से साभार)

है। यही वजह है कि आधुनिकीकरण में लगे हुए सभी नये राष्ट्र स्थायित्व और वैधता की दुविधा का सामना करते नजर आते हैं। बस फर्क यह है कि किसी राष्ट्र में इस प्रक्रिया को कुछ कम उथल-पुथल का सामना करना पड़ता है, और किसी में ज्यादा। परिवर्तन के खिलाफ अक्सर प्रतिक्रिया होती ही है, पर यहाँ हम जिस उथल-पुथल का जिक्र कर रहे हैं वह आकांक्षाओं के पूरे न होने के कारण पैदा होती है, हालाँकि इन दोनों तरह की प्रतिक्रियाओं को हमेशा पूरी तरह अलग-अलग भी नहीं किया जा सकता।

राजनीतिक स्थिरता की शर्तें हमेशा एक-सी नहीं रहतीं। सब कुछ इस पर निर्भर रहता है कि किसी राज्यव्यवस्था को कौन-से लक्ष्य वेधने हैं और समाज की किन प्रक्रियाओं के साथ उसके संबंधों की प्रकृति क्या है। मसलन, एक बेहद केंद्रीकृत और अभिजनमूलक यानी बंद व्यवस्था के काम करने के तरीके और एक बहुलवादी सहभागितामूलक यानी खुली हुई व्यवस्था के कामकाज में अंतर होगा, हालाँकि इस तरह की व्यवस्थाएँ अपने विशुद्ध रूपों में कहीं नहीं मिलतीं।

भारत सरीखो राजनीतिक प्रणालियाँ अपेक्षाकृत खुली हुई होती हैं। उनकी बुनियादी मुश्किल यह होती है कि उन्हें ऐसे लक्ष्य वेधने पड़ते हैं जिन्हें हासिल करने में 'विकसित' राजनीतिक प्रणालियाँ भी हिचकती हैं। ऊपर से भारत जैसी प्रणालियों के पास विकसित प्रणालियों जैसे आर्थिक, प्रौद्योगिकीय, और संगठनात्मक संसाधन भी नहीं होते। दरअसल, गैर-पश्चिमी समाजों ने पश्चिम के वैचारिक लक्ष्यों और सामाजिक आकांक्षाओं को अपना जरूर लिया है, पर न तो उनके पास वैधता हासिल करने की शर्तें पूरी करने लायक लंबी अवधि है, और न ही वे आर्थिक और बौद्धिक संसाधन हैं जिनके आधार पर पश्चिमी प्रणालियों ने अपना आधार विस्तृत करने के बाद खुद को जनता की सहभागिता के लिए तैयार किया था। जाहिर है कि दुनिया छोटी जरूर हो गयी है, पर उसका विकासशील हिस्सा एक तकलीफदेह दौर से गुजर रहा है। उसे उन सामाजिक और राजनीतिक आस्थाओं पर आधारित परिवर्तन को अंजाम देना पड़ रहा है, जिनकी स्थिरता और निरंतरता के लिए उसके पास आवश्यक सामग्री और संस्थागत मदद नहीं है।

भारत को बिखराव से बचाने में उसकी सुदीर्घ परंपरा, ऐतिहासिक संस्कृति और महान एकजुटता ने बहुत बड़ी भूमिका निभायी है। उसकी ये खूबियाँ भारतीय किस्म के धार्मिक और सामाजिक आंदोलनों की देन हैं।

भारत की राजनीतिक स्थिरता की कुंजी उसकी समाज प्रणाली में निहित रही है। आधुनिकीकरण ने इस समाज प्रणाली को भीतर से बदला है। बिखराव और तरलता की स्थिति बन गयी है। समाज के पारंपरिक आधार का क्षय हो रहा है, पर जरूरी यह है कि उसकी जगह नया संस्थागत आधार बनता चले, नये अवसरों की संरचनाएँ बनें और नये सार्वभौम आग्रहों के आधार पर नयी व्यवस्था को वैधता मिलती चले। बिना इसके न तो प्रशासन चलाया जा सकता है, न ही संस्थाओं की रचना की जा सकती है, और राजनीतिक विकास की समस्याएँ राजनीतिक रूप से किसी प्रकार बचे रहने की समस्याओं में बदल जाती हैं।

एक नये राष्ट्र के रूप में भारत जैसी प्राचीन सभ्यता को अपना राजनीतिक विकास कुछ इस तरह से करना था कि युगों पुरानी विविधताएँ और परंपराएँ भी नष्ट न हों, और वह आधुनिक विश्व के सर्वश्रेष्ठ तत्त्वों को भी ग्रहण कर ले। इसी महान प्रयास के लिए इस देश में लोकतंत्र का वृक्ष रोपा गया। सुविचारित ढंग से अपनायी गयी राष्ट्रीय और स्थानीय संस्थाओं के माध्यम से इस धरती पर पहले से खड़े हुए वृक्षों और उनकी शाखाओं के साथ मिलकर ही यह वृक्ष पीढ़ी-दर-पीढ़ी पुष्पित और पल्लवित होना था। इसी लक्ष्य के तहत पिछले पचास साल में भारतीय समाज का तेजी से राजनीतिकरण हुआ है, पर अभी यह दावा नहीं किया जा सकता कि समाज

आदर्श राजनीति क्या है!

राजनीति कई तरह की होती है। एक राजनीतिक प्रक्रिया वह होती है जिसके जरिये परिवर्तन लाया जाता है, जिसके जरिये विचारों का सृजन होता है, जिसके जरिये अव्यावहारिक लगनेवाले स्वप्नदर्शी विचारों को धरती पर उतारा जाता है, जिसके जरिये क्रांतियों का आयोजन किया जाता है। ऐसी प्रक्रिया जब चलती है तो उसके पीछे की राजनीति में एक नैतिक तत्त्व होता है, एक मूल्य प्रणाली होती है जो सारी दुनिया के लोगों पर अपना असर डालती है। लेकिन इस नैतिक तत्त्व और धार्मिक नैतिकता में फर्क है। अरस्तू के जमाने से ही चिंतक इस बात पर जोर देते रहे हैं कि जब तक राजनीति के साथ नैतिक तत्त्व नहीं जुड़ेगा, तब तक उसके अस्वच्छ रूपों का शमन नहीं किया जा सकता। मेरे लिए वह राजनीति ही श्रेयस्कर है जो सामाजिक प्रक्रिया में हस्तक्षेप करती हो, उसे बदलती हो। जब राजनीति ऐसा करेगी तो वह लोगों के दिल-दिमाग को बदलेगी। ऐसी राजनीति पर नैतिक और मूल्यगत आयामों का वर्चस्व होगा, न कि अल्पकालीन लक्ष्यों और सत्ता-संबंधी लाभों का।

('राजनीति की किताब' से साभार)

ने बुद्धिवाद और प्रत्यक्षवाद से प्रभावित रवैयों को अपना लिया है। यह भी नहीं कहा जा सकता कि पूरे समाज के किसी एक समान हित की राजनीतिकृत व्याख्या पर सभी लोग एकमत हो गये हैं।

भारत में राजनीति मुख्यत: एकीकरण की समस्याओं से जूझती रहती है और विकास की दिक्कतें हल करना उसका प्रमुख आग्रह रहा है। समस्या यह है कि राष्ट्रत्व के लिए आवश्यक विकास को लगातार एकीकरण भंग करने वाले संभावित पहलुओं को संतुलित करते रहना पड़ता है। एक बेहद विविध और प्राचीन समाज में तेज गति से होने वाले परिवर्तन इस तरह के विरोधाभासों को जन्म देते ही हैं। नतीजा यह निकलता है कि विकास तेज गति से आगे नहीं बढ़ पाता। अस्पष्टता और अपर्याप्तता का एहसास बना रहता है। दृढ़ता और आत्मविश्वास की जगह हिचक और अति-समायोजन ही राष्ट्रीय शैली बन जाता है। एक संगठित राज्यव्यस्था विकसित करने के लिए हमारी दिशा तो ठीक लगती है, पर उसका आधार पूरी तरह विकसित प्रतीत नहीं होता। भारतीय प्रणाली के भविष्य के लिए सबसे बड़ा सवाल पहले भी यही था, और आज भी यही है कि पहले से चली आ रही संस्थाएँ और आजादी के बाद बनी संस्थाओं का आपसी संबंध कैसा होगा? इन दोनों का कौन-सा मिश्रण लोकतंत्र के लिए सबसे ज्यादा लाभकर हो सकता है? भारतीय समाज की पारंपरिक जड़ें आधुनिकता के सामने घुटने टेकने में कितना समय और लेंगी? परंपरा और आधुनिकता के बीच बनने वाला और हमारे भविष्य को निर्धारित करने वाला आदर्श भारतीय मिश्रण क्या होगा?

भारतीय मॉडल की खास बात

भारतीय राजनीति के विकास का अनुभव अपने आप में अनूठा है। इसके तहत राज्य द्वारा निर्देशित आर्थिक और सामाजिक विकास के नियोजित कार्यक्रम एक खुले और अ-निर्देशित समाज के दायरे में लागू किये गये। इस मॉडल के तहत हुआ यह कि ऊपर से लागू किये जाने वाले विचारों और नीतियों में भारतीय हालात के मुताबिक किया जाने वाला हेर-फेर नीचे तक पहुँचते-पहुँचते वैसा ही नहीं रह गया। राजनीतिक होड़ की तेज रफ्तार, सत्ता और रुतबे की बदलती हुई संरचनाओं और समस्याओं को हल करने के लिए अपनाये जाने वाले विचार-विमर्श और मान-मनौवल के तौर-तरीकों से प्रभावित होकर ये कार्यक्रम एक खास ढंग से अनुकूलित होने लगे। यह

मॉडल व्यक्तियों और समूहों को दबाव में लाकर खास तरह की कार्रवाइयों में लगाने के सिद्धांत पर काम नहीं करता, बल्कि उन्हें एक तैयारशुदा ढाँचे के तहत खुद का विकास करने के लिए उत्प्रेरित करने के उसूल पर चलता है। वह राज्य के महत्त्व और निजी हित को पर्यायवाची साबित करके लोगों को अपनी ओर खींचने के बजाय निजी हित और लोकोपकार में समानता के पहलुओं को सामने लाता है। जन-वैधता से लैस अभिजन समझाने-बुझाने के तौर-तरीकों का इस्तेमाल करके यह काम अंजाम देते हैं।

इस मॉडल के तहत राजसत्ता मुट्ठी भर लोगों तक सीमित न रहकर अपने दायरे में जनता के नये-नये तबकों को खींचती चलती है। इस तरह से भारत यूरोप ही नहीं कम्युनिस्ट या गैर-कम्युनिस्ट किस्म की क्रांतिकारी मिसालों से भी अलग साबित हुआ है। यूरोप में तीव्र उद्योगीकरण और समाज परिवर्तन

समाज विज्ञान में सिद्धांत का महत्त्व

समाज विज्ञानों की एक बड़ी नाकामी यह है कि उनमें सिद्धांत को पूरी प्राथमिकता नहीं मिल रही है। चाहे सांप्रदायिकता के खिलाफ संघर्ष का मसला हो या गरीबी हटाने का प्रयास हो, आमतौर पर होता यह है कि परिणामवादी नजरिया अपनाया जाता है और उसके नाम पर नीतिगत वक्तव्य जारी करके काम चला लिया जाता है। थियरी न होती है और न ही उसे हासिल करने की कोशिश की जाती है। इस कारण से संबंधित राजनीतिक प्रक्रिया को चलाने का सही तरीका हासिल नहीं हो पाता। इसलिए मैं थियरी को बहुत महत्त्व देता हूँ। मेरा मानना है कि कई मामलों में हम वह उपलब्ध नहीं कर पाये जो करना चाहते थे और यह थियरी की गैर-मौजूदगी के कारण हुआ। कई बार मैं जब किसी समस्या को सुलझाने की कोशिश कर रहा होता हूँ और नहीं सुलझा पाता तो साफ हो जाता है कि यह थियरी के अभाव के कारण हो रहा है।

थियरी के अभाव में हम दृष्टिहीनता के शिकार हो जाते हैं। हकीकत में दृष्टि और थियरी एक-दूसरे से नैसर्गिक रूप से जुड़े हुए हैं। जब तक सैद्धांतिक आधारभूमि स्पष्ट नहीं होगी तब तक लक्ष्यों का संधान संभव नहीं होगा। हम चुनावी संख्याओं से ही खेलते रहेंगे, दलीय उठा-पटक ही होती रहेगी। न यूटोपिया होगा, न कोई बड़ा लक्ष्य होगा, न समाज बदलेगा और न कोई दृष्टि होगी। लोकतंत्र की समस्याओं का समाधान कैसे होगा? तब हम आसमान कैसे छुएँगे? समाजविज्ञान अगर राजतंत्र चलाने, पार्टियों की तिकड़मों और सरकार चलाने की रोजमर्रा की समस्याओं से परे जा कर चिंतन नहीं करेगा तो वह व्यापक और विराट दृष्टि कैसे प्राप्त होगी जो नयी दुनिया बनाने के बारे में सोचती है। दृष्टि के अभाव में राजनीति मूल्यविहीन हो जाएगी और तब खतरा यह होगा कि उसके गर्भ से भ्रष्टाचार, अपराधीकरण और सांप्रदायिकता ही निकलेगी।

('राजनीति की किताब' से साभार)

के दौरान राजनीतिक भागीदारी समाज के ऊँचे तबके तक ही सीमित थी। क्रांति के दौर से गुजरे देशों के उदाहरण बताते हैं कि पार्टी के अंदर चलने वाली बहसों या फौजी तख्तापलट जैसी घटनाओं को छोड़कर विकास की प्रक्रिया में राजनीतिक भागीदारी को किसी भी तरह का हस्तक्षेप करने की इजाजत नहीं थी। भारत में राजनीति की भूमिका अलग किस्म की है। यहाँ राजनीति के जरिये निर्णयकारी प्रक्रिया एक व्यापक दायरे में घटित होती है।

शुरू में भारतीय मॉडल के ये पहलू साफ नहीं थे। वयस्क मताधिकार और बहुदलीय होड़ के बावजूद शासक गुट छोटा-सा और एकजुट था। लेकिन, वक्त गुजरने और चुनावी प्रक्रिया के गति पकड़ने के साथ-साथ राजनीतिक सत्ता की संरचनाएँ टूटती चली गयीं। उनके विविधीकरण ने परिवर्तन की प्रक्रिया को एक नयी शक्ल दे दी। साथ ही कुछ दूसरे रुझान भी विकसित हुए। प्रशासन में जनता के नुमाइंदों की भूमिका बढ़ी, आवश्यक संसाधनों के वितरण के लिए दबाव बढ़ा, सामाजिक और राजनीतिक गुटों के बीच अन्योन्यक्रिया और सघन हुई, पारंपरिक सामाजिक विभेदों का सेकुलरीकरण हुआ, और सामाजिक हैसियत के नये मानक सामने आए। इन तमाम पहलुओं ने मिलकर राजनीतिक प्रक्रिया और विकास प्रक्रिया को नया रूप दे दिया।

इस जगह हमें यह भी याद रखना होगा कि भारत में विकास प्रक्रिया एक सुविकसित प्रशासनिक ढाँचे के तहत शुरू हुई थी। इसका बाद के विकास-क्रम पर पुख्ता असर पड़ा। चाहे उद्योगीकरण हो, सामुदायिक विकास हो, शिक्षा हो या खेतिहर पैदावार या फिर स्वशासी संस्थाओं का विकास हो; सभी लक्ष्यों के लिए हुई कोशिशें प्रशासनिक और नौकरशाहाना शैली में ही हुईं। आगे चलकर इस पूरी कार्यशैली में राजनीतिक संरचनाओं और मूल्यों का हस्तक्षेप बढ़ता चला गया।

इस तरह भारत में राष्ट्र-निर्माण की प्रक्रिया के पहले चरण को दो भागों में बाँटकर देखा जा सकता है। एक तरफ नियोजन कार्यक्रम को सफल बनाने में जुटी प्रशासनिक-सरकारी प्रक्रिया रही, और दूसरी तरफ राजनीतिक केंद्र को प्रभावी बनाने के लिए राजनीतिक प्रक्रिया काम करती रही जिससे संस्थागत और समूहगत गतिविधियों के नये केंद्र भी सक्रिय होते रहे और सत्ता के जमीनी स्तर पर बिखरने और विविधीकरण का सिलसिला चलता रहा। इन दोनों प्रक्रियाओं की अन्योन्यक्रिया और विभाजक रेखाओं के धुँधले होते चले जाने

के परिणामस्वरूप ही हमें वह व्यापक परिप्रेक्ष्य मिलता है जिसके तहत इस दौर की भारतीय राजनीति के विकास को समझा जा सकता है।

भारत के रूपांतरण का यह खाका असल में उस विसर्जनवादी नजरिये को बेकार साबित कर देता है जिसके तहत राजनीति और सरकार के हर पहलू को सिर्फ सामाजिक और आर्थिक ताकतों के आईने में ही देखा जाता है। वस्तुतः यह रूपांतरण अधिकांशतः राजनीतिक-नौकरशाहाना किस्म का है। यहाँ राजनीति और सरकार को किसी परिभाषा में बाँधकर नहीं समझा जा सकता। राज्य बहुत बड़ी हद तक समाज के लिए पंच की हैसियत में आ चुका है। इसका मतलब यह नहीं है कि सामाजिक और आर्थिक पहलुओं की स्वायत्त भूमिका नहीं है। सत्ता-केंद्रों के बढ़ते हुए विविधीकरण के बाद तो इस स्वायत्तता में वृद्धि ही हुई है।

राजनीतिक नृतत्त्वशास्त्री इन परिवर्तनों को कुछ ऐसी नजर से देखते रहे हैं कि मानो एक या एक से अधिक सामाजिक समूह राजनीतिक प्रणाली का इस्तेमाल अपनी पारंपरिक ताकत को कायम रखने के लिए कर रहे हों। इससे नतीजा निकलता है कि व्यवस्था सामाजिक ढाँचे के एक हिस्से की सेवा में लगी हुई है। लेकिन, राजनीतिकरण के सिलसिले ने धीरे-धीरे यह दिखा दिया है कि स्थानीय गुटों की राजनीति भी कुल मिलाकर व्यापक परिवर्तन का ही

राजनीतिक प्रक्रिया का महत्त्व

राजनीतिक प्रक्रिया से मेरा अर्थ सिर्फ राज्य या किसी नेता के हाथ में निर्णय की ताकत देने से नहीं है। इसकी स्वायत्तता से मेरा मतलब है निहित स्वार्थों से स्वायत्त होने की स्थिति। हुकूमत को ऐसा रास्ता चुनना चाहिए कि वह इन स्वार्थों की कैदी न बन जाए। जैसे ही राज्य की केंद्रीयता और राजनीतिक प्रक्रिया की केंद्रीयता हाशिये पर जाती है, वैसे ही जनसमुदायों की अपने हितों को बुलंद करने की क्षमता भी हाशिये पर जाने लगती है। जनता की भूमिका, समुदाय की भूमिका और जनसंगठनों की भूमिका गौण होती चली जाती है। नवउदारतावादी चिंतन आज वह काम कर रहा है जो कभी विश्व बैंक और आई.एम.एफ. करना चाहते थे, लेकिन नहीं कर पाये थे। वह एक विचारधारात्मक मतैक्य का दबदबा बना रहा है जिसका इरादा उदारतावाद, मार्क्सवाद और गाँधीवाद को निष्प्रभावी बना देना है। आज तीसरी दुनिया के ज्यादातर देश इसी विचार को अपनाते जा रहे हैं। इस विचार के जरिये गरीब देशों को पूँजी के भूमंडलीकरण, निजीकरण और बाजारीकरण की तरफ बढ़ना होता है। इस तरह ये देश एक सर्वथा नयी पूँजीवादी विश्व-व्यवस्था का अंग बन जाते हैं।

('राजनीति की किताब' से साभार)

अंग होती है। नयी व्यवस्था में अपनी हैसियत और दर्जे की कोशिश अंत में नये मानकों और सत्ता के नये रूपों को ही जन्म देती दिखती है।

राजनीति की भूमिका

संक्षेप में कहा जा सकता है कि भारत जैसा एक खंडित और अ-राजनीतिक किस्म का सामाजिक ढाँचा राजनीतिकरण के जरिये बदल रहा है। परंपरागत रूप से विभाजित ग्राम समाज और राज्यव्यवस्था के बीच का अंतर लगातार कम हो रहा है। यह एकदम नयी बात है। अपने लंबे इतिहास में भारत की मुख्य विफलता एक राजनीतिक प्राधिकार का निर्माण न कर पाने और राजनीतिक रूप से संचालित न होने की रही है। इसी विफलता के आईने में देखने पर हमें अपने राजनीतिक अभिजनों की बेहद सृजनशील भूमिका और राजनीति की समाज परिवर्तनकारी भूमिका दिख सकती है। आर्थिक विकास के प्रचलित और सरलीकृत सिद्धांत के आधार पर विश्लेषण करने से भारतीय हकीकत पकड़ में नहीं आती। इसी तरह भारतीय राजनीतिक व्यवहार की व्याख्या करने में समाजशास्त्र के प्रचलित सिद्धांत भी खास मदद नहीं कर सकते। आखिरकार हम एक ऐसे समाज का अध्ययन कर रहे हैं जिसमें हो रहा बदलाव शक्तियों के किसी निश्चित संतुलन की ही देन नहीं है। इस समाज के संदर्भ में अभिजनों के राजनीतिक विकास को सामाजिक समूहों के राजनीतिकरण से काट कर नहीं देखा जा सकता। यहाँ तो राजनीतिक प्रणाली की वैधता अनिवार्यतः सामाजिक रूपों और पहचानों की राजनीतिक पुनर्रचना पर निर्भर करती है।

भारत के संदर्भ में दो बातों के बारे में स्पष्टता जरूरी है। पहली, एक प्राचीन और बेहद बहुल समाज में एक खुली राज्यव्यवस्था के तहत आधुनिकीकरण की प्रक्रिया चलायी जा रही है। दूसरी, इस राज्यव्यवस्था में विकास के लक्ष्यों को तब तक नहीं वेधा जा सकता जब तक राजनीतिक प्रणाली विकास के ही जरिये नाना प्रकार के तत्त्वों को गोलबंद करके एकजुट करने की क्षमता प्रदर्शित नहीं करती। यह कोई आसान काम नहीं है। इसमें परंपरा के पैरोकार तो बाधा डालते ही हैं, आधुनिकतावादी अभिजनों की कार्यशैली और पूर्वग्रह भी मुश्किलें पैदा करते हैं। किसी भी तरह का गैर-लचीलापन और किसी भी तरह की सैद्धांतिक जिदबाजी अभिजनों और नौकरशाही में गैर-संवेदनशील रवैया पैदा कर सकती है जिससे इस अनूठे

मॉडल को नुकसान पहुँच सकता है।

हालाँकि आजादी के बाद अर्थशास्त्रियों को धीरे-धीरे यह एहसास होता जा रहा था कि आर्थिक विकास आर्थिक प्रक्रिया के ऊपर ही नहीं, बल्कि अन्य मोर्चों पर होने वाली प्रगति पर भी निर्भर करता है, लेकिन इसके बावजूद पूरी प्रक्रिया को एक समग्र दृष्टि से देखने का रवैया अख्तियार करना उनके लिए मुश्किल साबित हुआ है। उनके लिए यह समझना जरूरी था कि जो राष्ट्र और समाज वे एक तैयारशुदा शै मानकर चल रहे हैं, उसे अभी बनना शेष है। उत्पादक शक्तियों का विकास केवल संचय और बचत को बढ़ावा देने वाली आर्थिक नीतियों से ही नहीं हो सकता था, उसके लिए लोगों को प्रेरित करने, उनका नैतिक बल बढ़ाने और उनकी सहभागिता बढ़ाने और उनकी माँगें समझने की जरूरत भी थी। यह कार्यभार पूरा करने के लिए समाज के मौजूदा समीकरणों की पुनर्रचना करनी थी। केवल तभी एक पारंपरिक समाज उत्पादक क्षमताएँ विकसित कर सकता था। राजनीतिक प्रणाली की भूमिका इसी समझ को ध्यान में रखकर तैयार की जा सकती थी। यह केवल अर्थव्यवस्था और राजनीति के बीच संपर्क सूत्रों का ही मामला नहीं था। यह तो एक बहु-प्रणाली मॉडल को सामने रखता था जिसके तहत

समाजविज्ञान की समस्याएँ

समाजविज्ञानों के साथ मूल समस्या यह है कि वे अधिकाधिक विशेषज्ञता प्रधान होते जा रहे हैं। उसमें अर्थशास्त्री हैं, समाजशास्त्री हैं और राजनीतिशास्त्री हैं, पर एक संपूर्ण और सावयवी नजरिये का अभाव है। सरकार और समाजविज्ञान अनुसंधान परिषद अगर किसी प्रोजेक्ट को मदद देते हैं तो अनिवार्यत: वे इस या उस क्षेत्र में विशेषज्ञता को ही प्रोत्साहन दे रहे होते हैं। इस चक्कर में हुआ यह है कि समाजविज्ञान बेहतर दुनिया बनाने की किसी भी दृष्टि से वंचित होता जा रहा है। जनता की चौतरफा भलाई का विचार इसीलिए समाजविज्ञान के क्षेत्रों से नहीं निकलता।

समाजविज्ञान की दूसरी प्रमुख समस्या उसका बेहद अभिजनवादी होना है। उससे केवल उच्च शिक्षा को ही उत्तरोत्तर बढ़ावा मिलता हैं, प्रौद्योगिकी छाती चली जाती है। ऐसा राष्ट्रीय आंदोलन के जमाने में नहीं था। उस समय समाजविज्ञान का उद्देश्य लोगों में अपने भविष्य का निर्माण खुद कर पाने की क्षमता विकसित करने और हर तरह से आत्मनिर्भर बनने की आकांक्षा पैदा करना था। आज समाजविज्ञान अभिजन तबके का हिस्सा बन कर व्यवस्था का कैदी बन चुका है। इसीलिए आज 'नीचे से उभरनेवाले समाजवैज्ञानिक' की धारणा उभर रही है।

('राजनीति की किताब' से साभार)

संरचना और मूल्यों के मामले में एक खंडित और बहुल समाज नये सार्वभौम मानकों, एक खास मकसद से बनायी गयी संस्थाओं, राष्ट्रीय एकीकरण और नियोजित उत्पादन के उद्देश्यों से दो-चार हो रहा था। इस बहु-प्रणाली मॉडल की कामयाबी के लिए जरूरी था कि पारंपरिक और आधुनिक क्षेत्रों की गोलबंदी की जाती। इस लक्ष्य को वेधने के लिहाज से देखने पर साफ हो जाता है कि भारत के सामाजिक रूपांतरण में राज्यव्यवस्था की भूमिका किस कदर महत्त्वपूर्ण थी। पूरी दुनिया में सिर्फ कुछ ही समाज ऐसे हैं जहाँ केंद्रीकरण और समरूपीकरण के आधुनिक दबावों के बावजूद राज्य को मानव-स्वतंत्रता और सामाजिक न्याय का एक उपकरण बनाया जा सका है। यह सही है कि इन सभी समाजों में लोकतंत्र नये-नये खतरों का सामना कर रहा है, लेकिन इन्हीं समाजों में वे विशिष्ट गुण भी मौजूद हैं जिनके कारण सर्वसत्तावादी प्रवृत्तियाँ संयमित की जा सकी हैं। निःसंदेह विकासशील देशों में इस तरह के मध्यमार्गी राज्य का प्रमुख उदाहरण भारत है।

इस मॉडल को समझना कोई आसान काम नहीं है। पश्चिम में भी लोकतंत्र को समझने की कोशिश करने वाले विद्वानों को यह समझने में दसियों साल लगे थे कि अगर उन्हें राजनीतिक प्रणाली का अध्ययन करना है तो उन्हें सरकार के रूपों से ध्यान हटाकर समाज में हितों और सत्ता के वास्तविक संगठन पर केंद्रित करना चाहिए। भारत जैसी आर्थिक रूप से विकासशील और सांस्कृतिक रूप से जटिल राज्यव्यवस्था की जाँच-पड़ताल करने के दौरान तो हमें सत्ता के संगठन और संरचना के और भी गहन और संकुल रूपों का सामना करना पड़ सकता है। नये-नये रास्तों का संधान करना पड़ सकता है।

एक के बाद एक नहीं, एक साथ तीन तरह के विकास

आजादी के बाद भारत ने एक तरफ तो सार्विक मताधिकार पर आधारित संसदीय प्रणाली की सरकार का मॉडल अपनाया जिसकी कामयाबी चुनावी आधार विस्तृत होते जाने पर टिकी थी, और दूसरी ओर तीव्र गति से आर्थिक विकास के लक्ष्य निर्धारित किये जिसका आधार केंद्रीकृत नौकरशाहाना नियोजन के जरिये आत्मनिर्भर विकास था। पहली नजर में समझा जा सकता है कि ये दोनों बातें यानी अपनाया गया संस्थागत ढाँचा और तय की गयी मंजिल एक-दूसरे के अनुकूल नहीं थी। इस विसंगति के बावजूद भारतीय राज्य

द्वारा अपने लक्ष्यों की प्राप्ति कई महत्त्वपूर्ण परिस्थितियों पर निर्भर करती थी।

भारत चाहता तो राजनीतिक नेतृत्व का एक अधिनायकवादी ढाँचा खड़ा करके अंग्रेजों द्वारा छोड़ी गई नौकरशाही और एकदलीय पार्टी-तंत्र की मदद से आगे बढ़ सकता था। यह तरीका भारतीय समाज की बुनियादी प्रवृत्तियों की उपेक्षा करता हुआ राष्ट्र-निर्माण की प्रक्रिया को केंद्रीकरण के हवाले कर देता। इस तरीके के तहत भी सामाजिक ढाँचे का राजनीतिकरण किया जाता ताकि उसे इच्छित दिशा में चलाया जा सके, पर राजनीतिक सहभागिता का दायरा छोटा ही रहता। उत्पादक उद्देश्यों से स्थानीय समूहों की गोलबंदी की जाती, पर यह कदम कार्यनीतिक रूप से ही उठाया जाता, न कि राजनीतिक सहभागिता बढ़ाने की विचारधारा के तहत। सामाजिक न्याय और समता को ऐसे वांछनीय लक्ष्यों की तरह देखा जाता जो संसाधन प्राप्त होने पर मुहैया कराये जा सकते थे। लेकिन, लोक-कल्याणकारी राज्य के दर्शन और उपभोग की राजनीति को सख्ती से नियंत्रित किया जाता ताकि राष्ट्र का दीर्घकालीन भौतिक विकास हो सके।

लेकिन, भारत ने आगे बढ़ने के लिए यह तरीका अख्तियार नहीं किया। उसके नेतृत्व ने केंद्रीकृत नियोजन के ऊपर राजनीति को प्राथमिकता दी। त्याग और किफायती जीवन-शैली के उपदेशों को छोड़कर उसने कोशिश यह की कि मध्यवर्ती और परिधिगत संरचनाओं को गोलबंद करने का मुश्किल कार्यभार अंजाम दिया जाये। इसके लिए उसे दोनों, समूहनकारी और सहभागी लक्ष्यों का एक साथ पीछा करना पड़ा। बजाय इसके कि राज्य अपने लिए आर्थिक संचय करने हेतु हर तरह की माँग को दबाता, भारतीय राज्यव्यवस्था ने सामाजिक और राजनीतिक गोलबंदी को बढ़ावा देने का फैसला किया।

एक साथ राजनीतिक और आर्थिक विकास करने, साथ ही साथ सहस्राब्दियों से जमे हुए एक सामाजिक ढाँचे की पुनर्रचना करने का लक्ष्य पहले कभी किसी अन्य राज्यव्यवस्था द्वारा वेधने की चेष्टा नहीं की गयी थी। ऐसा करने की कोई निश्चित विधि मौजूद नहीं थी। संभवत: अधिनायकवादी मॉडल अख्तियार न करने की एक वजह यह भी थी कि वह भी कामयाबी की गारंटी नहीं देता था। खास तौर से भारत जैसी संस्कृतियों में तो अधिनायकवादी फार्मूले के नाकाम होने का अंदेशा ज्यादा था, क्योंकि यहाँ सेकुलर प्राधिकार के केंद्रीय प्रतीकों का प्रभाव क्षेत्रों में नीचे तक नहीं पहुँचा

लोकतंत्र की भूमिका

लोकतंत्र शासकों को वैधता दिलाने में महत्त्वपूर्ण भूमिका निभाता है। पर लोकतांत्रिक राज्य बनते ही और लोकतांत्रिक संविधान स्वीकार किये जाते ही व्यवस्था का वास्तविक कारोबार गंभीर समस्याओं, दुविधाओं, अंतर्विरोधों और भटकावों का शिकार हो जाता है। गरीब और अमीर में ध्रुवीकरण होने लगता है। लोकतंत्र इन समस्याओं को हल नहीं कर पाता। वह संकट में फँस जाता है। कहने के लिए लोकतंत्र जनता का, जनता के लिए और जनता द्वारा शासन माना जाता है, लेकिन असलियत में वह अभिजनों का शासन साबित होता है। वह जनता के लिए तो होता है पर जरूरी नहीं कि वह सारी जनता के लिए हो। इस प्रकार लोकतंत्र उसी विसंगति को ठीक करने में नाकाम रहता है जिसके लिए उसकी रचना होती है।

लोकतांत्रिक थियरी हमें बताती है कि लोकतंत्र में आम जनता ही केंद्र में रहेगी। लेकिन व्यवहार में लोकतंत्र एक सांविधिक व्यवस्था को जन्म देता है जिसमें अधिकारों और कर्तव्यों का बँटवारा कार्यपालिका, न्यायपालिका और विधायिका में कर दिया जाता है। आम लोग अधिकारसंपन्न नहीं होते। जाहिर है कि जनता का सशक्तीकरण करने के सवाल पर लोकतंत्र नाकाम हो चुका है। हाँ, ऐसे आंदोलन आगे आ रहे हैं जो असली लोकतंत्र कायम करना चाहते हैं, एक ऐसा लोकतंत्र जो समाज के उत्पीड़ित तबकों के पक्ष में होगा। यह कहा जा सकता है कि लोकतंत्र के भीतर एक लोकतांत्रिक संघर्ष जारी है, न केवल भारत में, बल्कि पूरी दुनिया में। हो सकता है कि यह संघर्ष लोकतांत्रिक राज्यों का रूपांतरण कर दे लेकिन फिलहाल जिस तरह यह व्यवस्था चल रही है वह जनता के हितों के लिहाज से ज्यादा उम्मीद नहीं बँधाती।

यहाँ भारतीय मार्क्सवादियों और उनके साथ-साथ उदारतावादियों के लोकतंत्र-संबंधी विचार के विकास पर एक निगाह डाल लेना ठीक होगा। मार्क्सवादी शुरू में लोकतंत्र को एक बुर्जुआ विलासिता के अलावा कुछ नहीं मानते थे। यह उन्हें आपातकाल के दौरान और बाद में एहसास हुआ कि लोकतंत्र बनाये रखने और लोकतंत्र के लिए संघर्ष करना कितना महत्त्वपूर्ण है।

उदारतावादियों ने आपातकाल से दूसरी ही शिक्षा ली। आपातकाल से पहले उन्हें इस बात की कोई अनुभूति नहीं थी कि नक्सलवादियों के साथ क्या सलूक किया जा रहा है। जब मोरारजी देसाई से लेकर जॉर्ज फर्नांडीज तक जेल में डाल दिये गये तब उन्हें लगा कि दमनकारी राज्य किस हद तक जा सकता है। यही कारण है कि आज उदारतावादियों के पास राज्य की दमनकारी मशीनरी की कुछ बेहतर समझ है। जैसे ही १९७७ में इंदिरा गाँधी पराजित हुईं, मोरारजी ने जेपी की सलाह पर फौरन अमल किया और नक्सलियों पर हुए अत्याचार की जाँच करने के लिए एक कमेटी का गठन किया। इस तरह हम देखते हैं कि लोकतंत्र की समझ के मामले में वामपंथियों में भी और उदारतावादियों के सोच में भी सुधार आया है। इस मामले में दोनों के बीच कुछ मेल दिख रहा है। यह एक नयी बात लगती है।

(राजनीति की किताब से साभार)

था और उपराष्ट्रीय संरचनाएँ राष्ट्रीय के साथ मिलकर एक टिकाऊ संघ का रूप नहीं ले पायीं थीं। नयी दिल्ली में बैठकर भारत पर केवल एक ही तरीके से राज्य हो सकता था कि नयी दिल्ली उपराष्ट्रीय पहचानों वाले क्षेत्रों के साथ एक गठजोड़ बनाये और वे क्षेत्र और नीचे जाकर अन्य केंद्रों के साथ गठजोड़ बनायें। राजनीतिक सहभागिता और वयस्क मताधिकार को प्राथमिकता देना केवल राजनीतिक आस्था का मामला नहीं था, यह तो एक परिणामवादी व्यावहारिक डिजायन के भी अनुकूल था जिसके जरिये राष्ट्रीय एकीकरण, सामाजिक गोलबंदी और आर्थिक विकास साथ-साथ चलाया जा सकता था। इन तीनों तरह के विकासों को एक के बाद एक करने की बजाय एक साथ करने की कोशिश ही भारतीय मॉडल की ऐतिहासिक विशेषता समझी जानी चाहिए। इसी कारण शुरू में इस वैकल्पिक मॉडल में काफी अस्पष्टता और

मेरी पसंद के समाजवैज्ञानिक

राजनीतिशास्त्र में पार्थ चटर्जी का काम बहुत अच्छा और सिलसिलेवार साबित हुआ है, हालाँकि उन्होंने अपना दायरा सीमित ही रखा है। इतिहास के क्षेत्र में रोमिला थापर ने प्राचीन भारत को समझने की काफी सामग्री मुहैया करायी है। पिछले दिनों उन्होंने सांप्रदायिकता के मसले पर भी गंभीर दृष्टि डाली है। प्राचीन भारत के इतिहास पर रामशरण शर्मा का काम भी बेहद महत्त्वपूर्ण है। मैं हालाँकि कई बातों पर एम.एन. श्रीनिवास से सहमत नहीं था, लेकिन समाजशास्त्र के क्षेत्र में उनका योगदान अन्यतम है। उन्होंने 'सांस्कृतिकरण' और 'वर्चस्ववाली जाति' के विलक्षण सिद्धांत दे कर चिंतन के नये रास्ते खोले। अर्थशास्त्र के क्षेत्र में मैं अमर्त्य कुमार सेन के काम से ज्यादा प्रभावित नहीं हूँ। वे ज्यादातर 'कल्याणकारी राज्य' के विचार को ही मजबूत करते नजर आते हैं। हालाँकि सुखमय चक्रवर्ती के काम को बहुत प्रचार नहीं मिला, पर लेकिन वे बहुत अच्छे और सक्षम अर्थशास्त्री थे। उन्होंने महलनोबीस मॉडल और नियोजन की प्रक्रिया को जनता की भलाई के लिए इस्तेमाल करनेवाले औजार में बदलने में योगदान दिया था। अर्थशास्त्र के क्षेत्र में हमारा अकादमीय जगत एक अजीब तरह की फिसलन का शिकार हो गया है, वरना एक वक्त में के.एन. राज भी अच्छे अर्थशास्त्री थे। कुल मिलाकर मैं कहूँगा कि भारतीय अर्थशास्त्र ने कोई महान और असाधारण प्रतिभा पैदा नहीं की है। जहाँ तक समाजविज्ञान के क्षेत्र में किसी ऐसी असाधारण रचना को गिनाने का सवाल है जिसने अपनी अनुशासनगत सीमाओं को लाँघते हुए गहराई में जाकर एक संपूर्ण दृष्टि का परिचय दिया हो, तो मैं आशिस नंदी की रचना 'दि इंटीमेट एनिमी' का जिक्र करना पसंद करूँगा। यह किताब भारत जैसे देश के साथ पश्चिम के सांस्कृतिक और वैचारिक रिश्तों का बेहद प्रभावशाली आख्यान है। इसमें बड़ी मौलिकता है।

('राजनीति की किताब' से साभार)

भ्रम की स्थितियाँ बनीं। लेकिन, आगे चलकर लगने लगा कि यह निर्णय लेकर भारतीय नेतृत्व ने न केवल राजनीतिक केंद्र की स्थापना करके उसके साथ नाना प्रकार की विविधताओं को जोड़ने की गुंजाइश पैदा कर दी, बल्कि खुद को भारतीय हकीकत से दूर साबित होने वाली आर्थिक और सामाजिक नीतियों में परिवर्तन करने का अवसर भी दे दिया।

राष्ट्र-निर्माण की अवधारणा बहुत कुछ पश्चिमी इतिहास से निकले अनुभवों से प्रभावित रही है। पश्चिम में साम्राज्यों के टूटने, सामंती सामाजिक संरचनाओं और चर्च के प्राधिकार के कमजोर होने की प्रक्रिया से राष्ट्र का जन्म हुआ है। उसके पीछे एक शक्तिशाली केंद्रीय प्राधिकार स्थापित करने का आग्रह रहा है। एक ऐसा प्राधिकार जिसका राजनीतिक और दमनकारी ताकत पर वर्चस्व हो। इन बातों का राष्ट्र संबंधी समकालीन सैद्धांतिक समझ पर काफी असर पड़ा है। इसीलिए राष्ट्रीय पहचान पर काफी बल दिया जाता है और प्रांतीय पहचानों को संदेह की निगाह से देखा जाता है। गैर-पश्चिमी दुनिया के अभिजन इस रवैये को अपनाकर सिर्फ अपना नुकसान ही कर सकते थे, क्योंकि उनका इतिहास यूरोपीय इतिहास की प्रतिकृति नहीं था। अगर वे अभिजन अपने समाजों की तथ्यात्मक हकीकत के प्रति संवेदनशील थे तो उन्हें लग जाना चाहिए था कि इस तरीके से तो वे एकीकरण की जगह विखंडन करते हुए ही नजर आएँगे। पश्चिमी रास्ते पर चलने के बजाय उन्हें तो राजनीतिक केंद्र स्थापित करके उसके प्रतीकों के जरिये समाज को अपनी ओर खींचना था, अन्य उपकेंद्रों के साथ गठजोड़ बनाने थे, सौदेबाजी करनी थी, राजनीतिक-संघात्मक रूपों के मामले में नये-नये रास्ते खोजने थे और आबादी का एक नये परिप्रेक्ष्य में विकास करके उसे नयी निष्ठाओं से ओतप्रोत करना था। यह कार्यभार राजनीति और राजनीतिक अभिजनों को एकदम नये किस्म की जिम्मेदारी सौंपता था।

इस मॉडल में कुछ समस्याएँ भी थीं। यह राजनीतिकरण के जरिये आधुनिकीकरण जरूर करता था, पर सहभागिता का निरंतर विस्तार और हर मामले को राजनीतिक प्रक्रिया के जरिये हल करने की प्रवृत्ति भी पैदा होती थी जिससे आर्थिक और सामाजिक संस्थाओं की स्वायत्तता भंग होती थी और उनके ऊपर भीतरी और बाहरी दबाव पड़ता था। ऐसी राजनीतिक प्रणाली अक्षम होने की दशा में संस्थाओं को बेकार कर सकती थी। इसीलिए कामकाजी और दक्ष होने के लिए जरूरी था कि इस मॉडल के तहत काम

करने वाली राजनीतिक प्रणाली व्यक्तियों और समूहों की माँगों और आकांक्षाओं को पूरा करने में सफल साबित हो।

कामयाबी की शर्तें

मॉडल कोई भी हो, अपने-आप में कभी न्यायोचित नहीं होता। केवल ऐतिहासिक या विचारधारात्मक कारणों से वह खुद को वैध साबित नहीं कर सकता। उसके तहत चलने वाली राजनीतिक प्रणाली को हकीकत की जमीन पर नतीजे निकालकर दिखाने पड़ते हैं। उसकी कामयाबी की सबसे बड़ी कसौटी यह है कि वह अपने वक्त और जनता की माँगों को पूरा कर पाता है या नहीं। उसे विकास प्रक्रिया में निहित संक्रमण की समस्याओं से निबटते हुए गलत नीतियों और त्रुटिपूर्ण नेतृत्व को खारिज करने की क्षमता प्रदर्शित करनी होती है। उसे स्वयं के प्रदर्शन का मूल्यांकन एक तरह के गतिशील मानदंड के मुताबिक करने की कुशलता अपनानी होती है। थोथे आशावाद से बचते हुए एक सफल प्रणाली को विभिन्न पहलुओं और उनके आपसी संबंधों की यथार्थपरक समझ बनानी होती है। जहाँ यह समझ ठोस नहीं होती वहाँ राजनीतिक सृजनशीलता अपनानी पड़ती है, लेकिन हर परिस्थिति नेतृत्व की कुशलता और तदर्थ चिंतन पर नहीं छोड़ी जा सकती। ऐसा होने पर प्रणाली का अपना तर्क ही समाप्त हो जाता है और बड़े-बड़े महत्त्वपूर्ण निर्णय मजबूरन संकट की प्रतिक्रिया में लेने का रवैया बन जाता है।

भारतीय राज्यव्यवस्था की कामयाबी की दो शर्तें थीं : पहली, संस्थाओं की संरचना और दूसरी, वे मूल्य जिनके आधार पर संस्थाएँ काम करती हैं। राजनीति की संरचनाओं को सामाजिक और आर्थिक हकीकतों से टकराते हुए सरकार पर आवश्यक फैसले लेने और उनके ठोस कार्यान्वयन के लिए दबाव डालते रहना था। दूसरी समस्या मूल्यों, आस्थाओं और समझ की थी। एक जटिल और परंपरा से बँधे हुए समाज में सफलतापूर्वक काम करने के लिए एक आधुनिक लोकतांत्रिक राज्यव्यवस्था को समस्याओं का पुनर्मूल्यांकन करते रहना था। सरलीकृत और मताग्रही रवैयों से पल्ला छुड़ाते हुए देश के बौद्धिक और प्रशासनिक नेतृत्व को धैर्य और इच्छाशक्ति का परिचय देना था। समय के साथ-साथ समता, बहुलवाद और सहभागिता के मूल्यों द्वारा नये अर्थ ग्रहण करना लाजमी था जिन्हें आत्मसात करने की जिम्मेदारी बौद्धिक संस्कृति पर थी। ऐसा न हो पाने की शक्ल में डर यह था कि कहीं भारतीय

राजनीतिक प्रणाली के पिछड़ने के हालात न पैदा हो जाएँ। खराब होती हुई छवि से लोगों में निराशा की भावना घर कर सकती थी और वे आजादी के आंदोलन की विरासत को भी नकारने लग सकते थे। इसलिए भारतीय राज्यव्यवस्था के प्रदर्शन की समझ के लिए यह देखना आवश्यक है कि : पहला, संस्थागत और राजनीतिक रूपों का समाज में किस हद तक प्रवेश हो पाया; दूसरा, समाज उनके इस हस्तक्षेप को किस निगाह से देख रहा है; और तीसरा, समाज के विभिन्न स्तरों पर पैदा हो रही माँगों और समस्याओं के बरक्स राजनीतिक प्रणाली का प्रदर्शन कैसा रहा।

यथार्थपरक मूल्यांकन करने के लिए हमें दो बातें दिमाग में रखनी होंगी। पहली बात यह कि जब भारत एक राष्ट्र के तौर पर वयस्क हुआ तो वह उन शक्तिशाली मानवतावादी परंपराओं का उत्तराधिकारी बन चुका था जो पश्चिमी जगत और पश्चिम की चुनौती के साथ पुनर्जाग्रत पूर्वी जगत की अन्योन्यक्रिया से पैदा हुई थीं। इन मूल्यों में कुछ प्रमुख मूल्य ऐसे थे जिन्हें इसी अन्योन्यक्रिया के परिणामस्वरूप आत्मसात कर लिया गया था। ये स्वतंत्रता और लोकतंत्र, राष्ट्रीय आत्मनिर्णय और आत्मनिर्भरता, समानता और सामाजिक न्याय, गरीबों और व्यापक समाज की सेवा के मूल्य थे। ये मूल्य गाँधी की स्वराज्य की अवधारणा में एक साथ संश्लेषित थे।

दूसरी बात यह है कि भारतीय नेतृत्व ने इन मूल्यों को साकार करने के लिए विकास का एक विशिष्ट मार्ग चुना और उसी को अपना संकल्प बनाया। हाँ, यह जरूर है कि भारतीय नेतृत्व ने इस बात पर विचार नहीं किया कि अंततः इसके परिणाम क्या होंगे। एक अर्थ में यह ठीक ही था क्योंकि अगर नेतृत्व को अपने द्वारा चुने गये मार्ग के सभी परिणामों का अनुमान होता, तो वह इतनी निर्भीक और ऐतिहासिक यात्रा शुरू करने का साहस न कर पाता। मानव-इतिहास की कुछ युग प्रवर्तक घटनाओं के पीछे एक कारण यह भी रहा है कि उन परिवर्तनों के उत्प्रेरक और उन्हें शुरू करनेवालों को अपनी कार्रवाई के संपूर्ण परिणामों का अनुमान ही नहीं था। यही स्थिति समकालीन भारत की भी रही। यहाँ जो मॉडल अपनाया गया, उसने समय के साथ ऐसे आकस्मिक परिवर्तन किये जिनसे सर्वथा नवीन और अतीत से कतई असंयुक्त संरचनाओं ने जन्म ले लिया। इस मॉडल ने ऐसे मुद्दों को उघाड़ा जिनके बारे में अनुमान भी नहीं लगाया जा सकता था। उसने ऐसी द्वंद्वात्मकता पैदा की, जिसे झेलना अब व्यवस्था के बस की बात नहीं रह गयी है। लेकिन फूँक-

फूँक कर कदम उठाते हुए और ढीले-ढाले ढंग से अपनी दिशा तय करने से अच्छा था कि इतिहास की धारा के साथ चलते हुए उसमें हस्तक्षेप किया जाता और इस दौरान उठनेवाली चुनौतियों का सामना किया जाता।

एकीकरण का यह मॉडल क्षैतिज था। खास बात यह थी कि दूसरी तरफ यह मॉडल इस एकीकरण को भंग करनेवाली नियोजित ऊर्ध्वगामी रणनीति पर आधारित था। इसका मतलब यह था कि अभिजनों का मध्यवर्ती हिस्सा विवादों को सुलझाता था और ज्यादातर मामलों को नीचे के स्तर पर ही निपटा देता था ताकि वे जमा होकर ऊपर न जाने पाएँ। इस तरह उसकी भूमिका केंद्र को संकीर्ण दबावों और स्थानीय झगड़ों से बचाने की थी। भारत में मध्यमार्गी (उदारतावादी) राज्य के विकास का यह बेहद महत्त्वपूर्ण पहलू था।

इस प्रक्रिया के माध्यम से दलीय प्रणाली ने नियोजित विकास में अंतर्निहित केंद्रीकरण और ब्रिटेन से लिए गये वेस्टमिंस्टर मॉडल में निहित नौकरशाहाना नियंत्रण की प्रवृत्तियों को सँभाला और संशोधित किया। एक पार्टी के वर्चस्व वाली दलीय प्रणाली ने आर्थिक ढाँचे और राष्ट्र-निर्माण में जनता की गोलबंदी को नौकरशाही और विचारधारात्मक आग्रहों द्वारा हासिल करने के बजाय उसे राजनीतिक भागीदारी के साथ सक्रिय रूप से जोड़ दिया। समय बीतने के साथ इस मॉडल में खुलापन आता गया। नये समूह और पार्टियाँ सत्ता में आयीं। इस तरह राष्ट्रीय सहमति का दायरा व्यापक हुआ और सभी पार्टियों के मताग्रही और उग्र तबकों का परिष्कार हुआ। सत्ता ने राजनीति के महान मध्यस्थ की भूमिका निभायी। यह प्रणाली तरह-तरह के राजनीतिक दबावों के बावजूद भारत में दो दशक और उससे ज्यादा समय तक चलती रही।

भारतीय मॉडल की विशिष्टता का अहसास रखनेवाले लोग आसानी से देख सकते हैं कि पहली पीढ़ी के नेताओं ने जो कदम उठाये, वे न तो कायरतापूर्ण थे और न ही बहुत ज्यादा चौकन्ने होकर उठाये गये थे। यह एक ऐसा मॉडल था जिसमें चार मौलिक उद्देश्यों के लिए काम करने का संकल्प निहित था :

पहला उद्देश्य था, एक बेहद जटिल और विविधतामूलक सामाजिक ढाँचे का राष्ट्रीय एकीकरण करना। दूसरा उद्देश्य था, उस आबादी का जीवन-स्तर बढ़ाने के लिए आर्थिक विकास करना, जिसकी आय का स्तर एक सदी से स्थिर था या गिरता रहा था। तीसरा उद्देश्य था, उस समाज में सामाजिक

समानता कायम करना जो सदियों से असमानता के सिद्धांत पर आधारित था। चौथा उद्देश्य था, एक ऐसी संस्कृति में राजनीतिक लोकतंत्र कायम करना, जो दर्जे और सामाजिक श्रेणीक्रम पर आधारित थी और जहाँ सत्ता एक छोटे से अभिजन के हाथों में केंद्रित थी। दुनिया में और कहीं भी इतने विकट कामों का बीड़ा इतने बड़े स्तर पर नहीं उठाया गया था। इसके अलावा यह ऐसी योजना थी जो भारतीय अतीत के अवदानों से भी हटकर थी। अतीत से भारत को जो धरोहर मिली थी, वह अराजनीतिक, चौतरफा, विस्तृत, अनुदार और श्रेणीक्रम पर आधारित समाज की थी। हालाँकि, इस धरोहर में वे महत्त्वपूर्ण तत्त्व भी थे जो लोकतंत्रीकरण की प्रक्रिया में सहायक सिद्ध हुए। फिर भी यह मानना पड़ेगा कि विविध उद्देश्यों को एक साथ लेकर चलने की नेतृत्व की इसी प्रवृत्ति के कारण ही भारत की समृद्ध विरासत की सर्जनात्मक संभावनाओं का उपयोग हो सका।

भारत ने अभूतपूर्व ढंग से इन सभी कार्यों को एक साथ उठाया। उसने लोकतांत्रिक राजनीतिक प्रक्रिया को संपूर्ण कार्य-योजना का केंद्रीय तत्त्व बनाया और राष्ट्र-निर्माण, आर्थिक विकास और समतावादी समाज-व्यवस्था बनाने जैसी अन्य प्रमुख प्रक्रियाओं को लोकतांत्रिक प्रक्रिया पर आश्रित कर दिया। लोकतांत्रिक सिद्धांत ने एक ऐसे सामाजिक ढाँचे को बदलने की कोशिश की जो सदियों से दकियानूसी और जड़ होकर अपनी आंतरिक जीवंतता खो चुका था। इसके लिए सत्ता का आधार उत्तराधिकार में मिले दर्जे की बजाय संख्या की शक्ति को बनाया गया। मुट्ठी-भर लेकिन पारंपरिक रूप से जमी हुई द्विज जातियों के खिलाफ अब तक प्रजा समझी जानेवाली जातियों की चेतना को जगाया गया। जाति और सामुदायिक संबंधों में कर्मकांडीय और तबकाई विभाजनों के खिलाफ जाति और धर्म से निरपेक्ष रहनेवाले सेकुलर तत्त्व को प्रधानता दी गयी। पारंपरिक वर्चस्व से उपजनेवाले संरक्षण और सत्ता के पुराने ढाँचे को अस्त-व्यस्त किया गया।

लोकतांत्रिक सिद्धांत से उपजे मूल्यों, उनके द्वारा पोषित संस्थाओं और उन्हें धरती पर उतारनेवाले व्यावहारिक राजनीतिक रूपों ने मिल-जुल कर अतिविविध, तरह-तरह से विभाजित और मूलतः बहुल और खंडित सामाजिक ताने-बाने को जोड़ने का सूत्र प्रदान किया। यह भारत में लोकतंत्र की बहुत बड़ी उपलब्धि थी, क्योंकि उसने असंख्य विविधताओं और विभेदों से अपनी एकता की शक्ति अर्जित की थी। उसे एक नेता या एक पार्टी या

एक विचार के तहत किसी निर्जीव एकरूपता के साँचे में देश को ढालने की जरूरत नहीं थी। वास्तव में भारत के अब तक के अनुभव के अनुसार (इसमें उन अवधियों को भी शामिल किया जा सकता है जब भारत अपने बुनियादी मॉडल से अलग हटा) कहा जा सकता है कि सिर्फ इसी तरह से राष्ट्रीय एकीकरण का लक्ष्य हासिल किया जा सकता है। इतनी बड़ी विविधता को इस तरह एकीकृत करने में लोकतांत्रिक राजनीतिक प्रणाली की अहम भूमिका है।

II

दूसरा चरण / लोकलुभावनवाद और प्रबंधकीय-तकनीकशाही राज्य

लोकतांत्रिक राष्ट्र-निर्माण के इस मॉडल की कार्य-प्रणाली में अमल के दौरान अंतर्विरोध पैदा होने ही थे क्योंकि यह प्रणाली सामाजिक संरचना में धीरे-धीरे बहुत बड़े, आकस्मिक और सर्वथा नवीन परिवर्तन कर रही थी। ये बदलाव मुख्य रूप से सामाजिक क्षेत्र में हुए। उसकी अनिवार्य वजह एक खुली राजनीतिक प्रणाली का निरंतर कार्यरत रहना था जो परंपरागत रूप से वंचित समुदायों को शक्ति का अहसास दे रही थी, उन्हें इस व्यवस्था के तहत अपने अधिकारों के प्रति सचेत बना रही थी और पारंपरिक विशेषाधिकार और प्रभुत्व में क्रमिक परिवर्तन ला रही थी। यह संघर्ष सिर्फ राजनीतिक नहीं था। इसमें सबसे पहले आर्थिक पुनर्रचना और संसाधनों और अवसरों के पुनर्वितरण की माँग शामिल थी।

स्थापित विशेषाधिकारों के खिलाफ ऐसी चुनौती की उम्मीद विकास के उस मॉडल में ही की जा सकती थी जो सामाजिक विविधता के राजनीतिकरण पर आधारित रहा हो और साथ ही उस मॉडल की गतिशीलता का अंतर्निहित गुण भी यही हो। हालाँकि, राष्ट्र-निर्माण के भारतीय दृष्टिकोण के लिए इस गुण को आवश्यक मान लिया गया था फिर भी दुर्भाग्यवश नेतृत्व इस संभाव्यता को संस्थागत और कार्यक्रमगत अभिव्यक्ति दे पाने में विफल रहा। परिणामस्वरूप, संस्थाएँ और कार्यक्रम जल्दी ही जड़ और खोखले होते चले गये और सामाजिक यथार्थ की पुनर्रचना करने में नाकाम हो गये। ऐसा होने के साथ ही वे एकता और व्यापक भागीदारी के उपकरण बनने की बजाय विशेषाधिकार और सत्ता के केंद्रीकरण के औजार बन गये।

नेतृत्व ने गरीबी, बेरोजगारी और जीवन-स्तर की विषमताएँ दूर करने जैसे

बुनियादी कामों के लिए जो माध्यम अपनाये, उनका झुकाव सकल विकास-दर हासिल करने की तरफ ज्यादा रहा। इसके लिए विकास के यथेष्ट बुनियादी ढाँचे और आधुनिक क्षेत्र का निर्माण किया जाना था। नेतृत्व को उम्मीद थी कि यह सब फैल कर नीचे तक रिसेगा और हर व्यक्ति, यहाँ तक कि निचले स्तर पर स्थित व्यक्ति भी, राष्ट्रीय उद्यम में हिस्सेदारी करते हुए उससे लाभान्वित हो सकेगा। लेकिन इस धारणा को जमीन पर उतारने के लिए कोई व्यवस्थित प्रयास नहीं किया गया। राष्ट्र-निर्माण की योजना और विकास के मॉडल में सर्वहितकारी न्याय अंतर्निहित नहीं किया जा सका।

आर्थिक विकास का यह मॉडल उन्हीं वर्गों के लिए आकर्षक था, जिनको इससे फायदा पहुँचता था। ये वर्ग अपनी समृद्धि को ही राष्ट्रीय समृद्धि समझते थे। इन वर्गों में पूँजीवादी संरचना में शामिल व्यावसायिक, औद्योगिक, वित्तीय और प्रबंधकीय तबके और गाँव के धनी किसान ही नहीं थे, बल्कि निम्न-मध्यवर्ग का एक बड़ा हिस्सा भी शामिल था। इस वर्ग को राज्य के उपकरण के मध्य और निचले हिस्से के व्यापक विस्तार के साथ इन वर्गों के साथ समायोजित होने का मौका मिला। यह बादवाला वर्ग ही पूर्णतः अनुत्पादक और लंपट वर्ग साबित हुआ। यह खजाने पर लगातार बोझ बनता गया और सरकारी तंत्र को और अंततः अर्थव्यवस्था को अक्षम बनाने की महत्त्वपूर्ण वजह साबित हुआ। विकास का यह मॉडल शिक्षित वर्ग को उत्पादक रोजगार न दे सका।

लोकलुभावन राजनीति की जड़

यही थीं वे परिस्थितियाँ जिनमें लोकलुभावन राजनीति की जड़ छुपी हुई थी। इन्हीं की वजह से राज्य के माध्यम से ही सब कुछ हासिल करने की माँग बढ़ती चली गयी। आर्थिक विकास के इस मॉडल से जब सभी के लिए सचेत रूप से औसत किंतु समान गति से संभावनाओं का विस्तार नहीं हो पाया तो वह राजनीतिक प्रक्रिया के माँगोंवाले अंश को बढ़ावा देने लगता है। धीरे-धीरे उसके जुड़ाववाले आयाम दरकिनार होते जाते हैं। दूसरी तरफ होता यह है कि विकेंद्रित और विकसित ढाँचा खड़ा करके नेतृत्व माँगों को अलग-अलग करने में अक्षम हो जाता है। वह नीतियों की बुनियादी खामियों और व्यवस्था की कार्यक्षमता का निरंतर पतन रोकने के उपाय के तौर पर अपरिपक्व आश्वासनों की राजनीति शुरू कर देता है। जनता को गुमराह और

दिशाहीन करने की यह राजनीति फौरी परिणामों की माँग से पैदा होती है और जल्दी ही धोखाधड़ी में बदल जाती है। इससे व्यवस्था की वैधता का तेजी से क्षय होता है। प्रतिक्रिया में केंद्र में बैठे व्यवस्थापक जनता के असंतोष और अलगाव के दबाव और दमन के माध्यम से छुटकारा प्राप्त करने की कोशिश करते हैं। सरकार बदलने से भी इस हालात पर कोई खास फर्क नहीं पड़ता।

यही कारण था कि १९७७ में कांग्रेस को हटाकर आने वाली नयी सरकार का भी यही हश्र हुआ। कई पार्टियों को रातों-रात जोड़कर बनायी गयी जनता पार्टी ने भी सत्ता और प्राधिकार का वास्तविक संघीय और विकेंद्रित ढाँचा बनाने का सुनहरा मौका गँवा दिया। नये शासन में जनता की आकांक्षाएँ पूरा करने और उन्हें नये तरह के विकास की तरफ मोड़ने के लिए आवश्यक ऐसे नीतिगत संशोधन भी नहीं किये गये जिनसे यह ढाँचा मजबूत हो सकता। आर्थिक विकेंद्रीकरण के लिए उपाय जरूर हुए। लेकिन उनके अनुरूप राजनीतिक ढाँचा न होने से उलटा असर ही पड़ा। इन उपायों ने प्रभुत्वशाली हितों, बड़े किसानों और गाँवों की प्रगति-उन्मुख जातियों को मदद पहुँचायी। इस वजह से स्थापित शहरी हित नाराज हो गये और उन्होंने जवाबी हमला कर नयी तरह की राजनीति को पराजित कर शासन को अस्थिर कर दिया।

नयी सरकार ने भी अपने पूर्ववर्ती की भाँति आर्थिक राहत देने की कोशिशें कीं। लेकिन अंततः इस शासन ने उस केंद्रीकृत राजनीतिक प्रणाली के खतरे सामने ला दिये जो बेचैन और अधीर मतदाताओं को पैदा कर रही राजनीतिक प्रक्रिया को नियंत्रित करने की कोशिश कर रही थी। इसी प्रक्रिया ने व्यापक सामाजिक टकराव पैदा किये थे और सरकार के काम को ही वैधता का प्रमुख आधार बना दिया था। एक केंद्रीकृत प्रणाली मूलतः इन चुनौतियों का सामना करने में अक्षम होती है। ऐसी प्रणाली सभी असंतोषों को विभिन्न स्तरों पर और अलग-अलग और विकेंद्रित तरीके से हल करने की बजाय जमा होने देती है और फिर उन्हें सत्ता के केंद्रीय उपकरण की तरफ मोड़ देती है। यह प्रणाली गरीब और कमजोर तबके पर होनेवाले दमन के रूप में स्थापित हितों की प्रतिक्रिया को रोक पाने में भी समान रूप से अक्षम है। यह विवादों को निपटाने के लिए संस्थागत ढाँचे के बाहर धन-बल या गुंडागर्दी का सहारा लेती है। केंद्रीकृत राजनीति विखंडनकारी और एकता-विरोधी ताकतों से निपटने के लिए अनुपयुक्त होती है। वह हाशिये पर पड़े लोगों में एक तरह का अलगाव-

बोध पैदा करती है। इन परिस्थितियों में लोकतांत्रिक राजनीतिक प्रणाली में अंतर्निहित विवादों और चुनौतियों से निपटने का एक ही तरीका बच रहता है, और वह है बल-प्रयोग।

भारतीय विपक्ष ने भी कुछ ऐसा राजनीतिक रवैया अपनाया है कि उससे लोकलुभावनवाद और व्यवस्था के केंद्र पर अतिरेकपूर्ण जोर देने की संस्कृति को ही बढ़ावा मिला है। सत्ता में बैठे लोगों को हटाने के लिए अन्य मुद्दों को गौण कर देने की प्रवृत्ति विपक्ष पर लगातार हावी होती चली गयी है। परिणामस्वरूप, विपक्षी कतारों में एक तरफ तो बुनियादी मुद्दों पर पर्याप्त सहमति है, लेकिन दूसरी तरफ भारी संरचनात्मक और संगठनात्मक अनिश्चितता भी है। इस वजह से राजनीतिक प्राधिकार और उसकी गरिमा का क्षय हो गया है। लोकतंत्र की अस्पष्ट अवधारणा ने निष्ठाओं के बदलते ढाँचे को बढ़ावा दिया है। इसने व्यक्तियों और समूहों की अंत:क्रिया (जो दलीय प्रणाली के व्यापकतर ढाँचे के बने रहने तक प्रभावी रही थी) को पूरी तरह विकृत कर दिया है। इसने सत्तारूढ़ गुट के खिलाफ लगातार बदलते गठजोड़ पैदा किये हैं। इन गठजोड़ों से तादात्म्य स्थापित करना जनता के लिए निरंतर कठिन होता जा रहा है। इसी वजह से विपक्ष के नेताओं के बीच सत्ता के लिए आपाधापी और स्वयं को चर्चा में रखने के लिए होड़ चलती रही है। हर किस्म का नेता जनता का ध्यान अपनी तरफ खींचने में लगा हुआ है। यही है वह पृष्ठभूमि जिसमें सत्तासीनों को पदच्युत करने के लिए एक के बाद एक लगातार बढ़ते आंदोलनों का आग्रह पैदा होता चला जाता है। चूँकि लोकतंत्र में प्रतिनिधित्वमूलक भाव ही नहीं, बल्कि जनमत-संग्रही भाव भी निहित है, इसलिए सामूहिक कार्रवाई (भीड़ की कार्रवाई समेत) को अक्सर जायज ठहरा दिया जाता है और इस प्रकार विरोध की अभिव्यक्ति के संवैधानिक तरीकों की प्रमुखता कमजोर पड़ जाती है।

मूल्यों का संकट

समस्या का एक और भी आयाम है। व्यवस्था में कुछ खास मूल्यों, चरित्रगत मान्यताओं और राजनीतिक आचरण के नियमों का समावेश करने के बारे में नेतृत्व की प्रकृति और क्षमता भी कम महत्त्वपूर्ण नहीं समझी जा सकती। गाँधी का उदाहरण सामने है कि उन्होंने किस तरह प्रेरणादायक निजी आदर्श कायम किये और देसी प्रतीकों और अस्मिताओं पर आधारित नैतिक मान्यताओं का

प्रसार किया। इसके बाद नेहरू ने स्वाधीनता के बाद की राजनीतिक प्रणाली को आकार देने में निजी भूमिका निभायी। उन्होंने इस दौर की राजनीतिक प्रणाली को उन बुनियादी मान्यताओं और मूल्यों से अनुप्राणित किया जिन पर वे राष्ट्र के शिक्षक के तौर पर बार-बार जोर देते रहते थे। उन्होंने व्यवस्था को इस योग्य बनाया कि वह राजनीतिक भागीदारी, आर्थिक और सामाजिक गोलबंदी की फैलती संरचना और खुली प्रतियोगिता और आलोचना का दबाव सह सके।

गाँधी ने दर्जनों गाँधी भी पैदा किये। लेकिन नेहरू में गाँधी जैसी आत्म-प्रजनन और किसी भी तरह की असुरक्षा-ग्रंथि से मुक्त रहने की प्रतिभा नहीं थी। फिर, पटेल भी ज्यादा दिनों तक जिंदा नहीं रहे। इसके बावजूद नेहरू जिस व्यवस्था के मुख्य संचालक थे, उसने कई नेहरू और पटेल पैदा किये। पूरे देश में असाधारण किस्म के लोग उभरे और उन्होंने लंबे समय तक प्रभावी नेतृत्व प्रदान किया। ये वे लोग थे जिनके शब्द ही कानून माने जाते थे। उन्होंने अपने समर्थकों के व्यापक नेटवर्क के सहारे एक विशेष भू-भाग की राजनीतिक प्रणाली को मजबूती प्रदान की। उन्होंने पारंपरिक और विकासवादी संस्थाओं के व्यापक दायरे को गहराई तक प्रभावित किया और लगातार विवादों और मतभेदों का निपटारा करने के लिए मध्यस्थता की। लेकिन इससे भी आगे बढ़कर उन्होंने राजनीति में नैतिक आचार संहिता का समावेश किया और उसे सेवा, कर्तव्य और धर्म पर जोर देनेवाली गाँधीवादी भावना प्रदान की। राज्य की शक्ति को उदार बनाने के प्रयास का केंद्रीय तत्त्व व्यापक नैतिक आचार संहिता पर जोर देना ही होता है। इसके बिना राजनीति नियंत्रण और हेराफेरी का एक भावशून्य और मानवद्वेषी प्रयास बनने और आखिरकार गुंडों और माफिया के कब्जे में जाने को बाध्य हो जाती है। पिछले कुछ सालों से यही हो रहा है। राज्य या तो नैतिकता का उपकरण रहता है या उसे कुछ प्रत्यक्षवादी शक्तियों का उपकरण बना दिया जाता है। फिर चाहे प्रगति या राष्ट्रीय गौरव का मामला हो, या संपूर्ण जनता के भाग्य का प्रतिनिधित्व करने का दावा करनेवाले व्यक्ति का गौरव हो, जब भी राज्य अपने नैतिक आग्रहों और उनके साथ अनिवार्यत: आनेवाली प्रेरणाओं और नियंत्रणों से रहित हो जाता है तो उसके सर्वसत्तावादी होने में कोई शक नहीं रह जाता, भले ही उसका संविधान कुछ भी हो।

भूमंडलीकरण की भूमिका

'नयी विश्व-व्यवस्था' और उसके तहत हो रहे भूमंडलीकरण का परिणाम पूरी दुनिया में राज्य की ताकत के क्षय में निकला है। भारतीय राज्य भी उसके असर से अछूता नहीं रहा है। राष्ट्रों की कार्यसूची में अब राज्य की हैसियत पहले जैसी नहीं रह गयी है। उधर राज्य को अपनी जनता की नाराजगी अलग से झेलनी पड़ रही है। आखिरकार, जनता अपने सबलीकरण के लिए राज्य पर निर्भर थी। आज लोगों में यह एहसास बढ़ता जा रहा है कि राज्य को उनकी खुशहाली में कोई दिलचस्पी नहीं रह गयी है, इसलिए अपनी तत्कालीन और दूरगामी समस्याओं का सामना करने के लिए उन्हें अपनी व्यूह रचना खुद ही करनी पड़ेगी, अपनी संस्थाएँ खुद बनानी पड़ेंगी, नागरिक समाज पर उत्तरोत्तर निर्भर होते हुए अपने ही सामुदायिक संसाधनों को खँगालना पड़ेगा। हालात का दूसरा पहलू यह है कि जनता के चिंतन में राज्य के प्रति उम्मीदें कम जरूर हो गयी हैं पर उसने मध्यवर्गीय अभिजनों की भाँति उसे पूरी तरह त्यागा भी नहीं है। जनता आज भी नागरिक समाज के स्तर पर उत्पीड़न और शोषण की संरचनाओं के खिलाफ संघर्ष में उपलब्धियाँ प्राप्त करते हुए उस प्रक्रिया में राज्य की संस्था को रूपांतरित करना चाहती है। सच्चाई तो यह है कि गरीबों का काम एक संस्था के रूप में राज्य या चुनाव और पार्टियों के जरिये चलने वाली लोकतांत्रिक राजनीतिक प्रक्रिया के बिना चल ही नहीं सकता।

राष्ट्र-राज्य का मॉडल आज तितर-बितर पड़ा हुआ है। एक तरफ तो हालत यह है कि राज्य को राष्ट्र के केंद्रीय तंत्र की हैसियत से वंचित कर दिया गया है और दूसरी तरफ अभी तक बने 'राष्ट्र' ने बिखराव, एकाधिक ध्रुवीकरणों और संभावित विखंडन की तरफ जाने की शुरुआत कर दी है। राज्य की हैसियत में कटौती और राष्ट्र के प्रभामंडल में क्षय एक साथ घटित हुआ है। राज्य के अधिकार भूमंडलीय 'व्यवस्था' और बाजार द्वारा हड़प लिए गये हैं, जबकि राष्ट्र को हाशिये पर पड़ी हुई बहुत-सी अस्मिताओं के साथ-साथ विभिन्न क्षेत्रों और 'राष्ट्रीयताओं' की तरफ से चुनौती मिल रही है। इस परिघटना के कारण राष्ट्र-निर्माण की परियोजना को धक्का लगने का अंदेशा है जिसका नुकसान समाज परिवर्तन के केंद्रीय एजेंट के रूप में राज्य की भूमिका को उठाना पड़ेगा। नागरिक समाज की स्वायत्तता कमजोर होगी और आदर्श लोकतांत्रिक व्यवस्था की आधुनिक खोज में भी रुकावट आएगी।

हालाँकि भूमंडलीकरण के पैरोकारों का दावा दुनिया के पैमाने पर एक संघटनकारी डिजाइन को प्रोत्साहन देने का है, पर असल में होगा यह कि भूमंडलीकरण में अंतर्निहित समरूपीकरण का आग्रह पहले से ही कार्यरत विघटनकारी प्रवृत्तियों को बढ़ावा देगा। बाजार समरूपीकरण का ही एक ताकतवर उपकरण है जो भूमंडलीकरण से प्रेरित जनसंचार माध्यमों के जरिये एक तरह की छवियों और संदेशों को परोसता रहता है, ताकि उपभोक्ताओं की प्राथमिकताओं को समरूप बनाया जा सके।

सामाजिक और आर्थिक मामलों में केंद्रीय मंच पर रहने के बजाय भारतीय राज्य अपने कदम वापस खींच रहा है। आर्थिक मामलों में तो कदम-वापसी का यह सिलसिला अब कम से कम बीस साल पुराना हो गया है। १९९१-९२ में इसकी नाटकीय शुरुआत हुई थी। सामाजिक दायरे में हालत यह है कि अब राज्य पहले की भाँति अल्पसंख्यकों, पिछड़ों, आदिवासियों, महिलाओं और बच्चों को नये-नये अवसर उपलब्ध कराने की भूमिका नहीं निभा रहा है। अब शिक्षा, पर्यावरण, स्वास्थ्य और आवासन जैसे प्रमुख क्षेत्रों में राज्य जनता की पहलकदमी खोलने और देशज चिंतन के लिए प्रोत्साहन देता नजर नहीं आता। अब उसे समाज के दरिद्र और उत्पीड़ित हिस्सों के लिए बनाये गये कानूनों के कार्यान्वयन में भी उतनी दिलचस्पी नहीं रही। अब यह साबित हो चुका है कि जब तक शिक्षा, स्वास्थ्य और प्रदूषण रहित पर्यावरण के संदर्भ में गरीबों की क्षमताओं का विकास नहीं होगा तब तक वे अपने लिए बेहतर आर्थिक भविष्य की रचना कर पाने में सक्षम नहीं हो पाएँगे। केवल नौकरशाहाना नियोजन के जरिये जनता के बड़े-बड़े हिस्सों की बदहाली दूर नहीं की जा सकती। इस मामले में तो केवल गरीब ही अपनी मदद अपने आप कर सकते हैं जिसके लिए जरूरी है कि ऊपर बताये गये सामाजिक क्षेत्रों में गरीबों का सबलीकरण हो। और राज्य इसी जिम्मेदारी से मुँह चुरा रहा है।

जनता अपनी तरफ से राज्य पर दबाव डाल रही है कि वह ऐसा न करे। यह दबाव जातीय और क्षेत्रीय आंदोलनों के साथ-साथ लोकतांत्रिक अधिकारों के लिए चलाये जा रहे वर्ग और जाति आधारित संघर्षों के रूप में देखा जा सकता है। पर समस्या यह है कि ठीक इसी समय राज्य की बागडोर सँभालने वालों ने तकरीबन नियोजित रूप से अपनी पकड़ ढीली कर दी है। सामाजिक और क्षेत्रीय दायरों के प्रति उनका सरोकार कमजोर पड़ गया है।

एक तरफ राज्य की पुनः संरचना होने की कोशिश हो रही है और दूसरी तरफ राज्य अपनी संवैधानिक जिम्मेदारियों से मुँह चुरा रहा है। ये दोनों पहलू एक ऐसी स्थिति की तरफ इशारा कर रहे हैं जिसमें समग्र राजतंत्र ही बिखराव की तरफ जाता लग रहा है।

तुलनात्मक परिप्रेक्ष्य

आजादी के आंदोलन में तप कर निकलने वाली कद्दावर राष्ट्रीय नेताओं की पहली पीढ़ी गुजर चुकी है। दूसरी और तीसरी पीढ़ी के नेता हालात का सामना कर रहे हैं। भारतीय राज्य की सत्ता और वैधता कमोबेश स्थापित हो चुकी है। परिवर्तन की विचारधारा और उसके लक्ष्यों के बारे में भी थोड़े-बहुत मतभेदों के बावजूद कमोबेश एकता देखी जा सकती है। लेकिन, कभी-कभी लगता है कि इन नेताओं के पास गंभीर समस्याओं को हल करने के लिए विभिन्न कारणों से आवश्यक प्राधिकार और युक्तियों की कमी है। व्यक्तिवादी और वंशवादी नेतृत्व विकसित करने के कुछ प्रयास हुए हैं, पर लोकतंत्र को सीमित करने वाली इन कोशिशों को बंद किस्म की राजनीतिक प्रणाली से निकलने वाली किसी स्तालिन या माओ की अबाध गतिशीलता के समकक्ष नहीं रखा जा सकता। नेतृत्व को लगातार संस्थागत ढाँचे की ताकत और बिखरी हुई राजनीतिक संरचना पर ही भरोसा करके घरेलू और दुनिया भर से पड़ने वाले नाना प्रकार के दबावों का सामना करना पड़ा है।

इस पुस्तक में हमारी कोशिश यह होगी कि हम भारतीय राजनीतिक विकास की प्रक्रिया को समाज के भीतर से उसके विकास में भागीदारी कर रहे एक सदस्य के रूप में देखें, लेकिन साथ ही संस्थागत विश्लेषण और अभिजनों की भूमिका को भी न भूलें। हमारे लिए जरूरी है कि हम राजनीतिक संस्थाओं को समाज और अर्थव्यवस्था की बुनियाद पर खड़ी महज एक अधिरचना के रूप में ही न देखें, और न ही अभिजनों को सिर्फ ऐसे तबके के रूप में लें जो समाज से लेने के बाद सरकारी प्रयासों के जरिये समाज को देने में दिलचस्पी रखता है। बजाय इसके हमें देखना होगा कि किस प्रकार एक संवैधानिक और राजनीतिक अधिरचना बनती है, बनने के बाद किस प्रकार अभिजनों की कार्रवाइयों के जरिये विभिन्न स्तरों पर समाज को प्रभावित करती है, और कई चरणों में गठजोड़ों की नयी संरचनाएँ किस प्रकार नीचे से उभरती हैं। इस दृष्टि की खास बात यह है कि यह एकीकरण

और विविधीकरण की प्रक्रिया में अभिजनों और संस्थाओं को एक सृजनशील भूमिका का निर्वाह करते हुए दिखाती है। अभिजन और संस्थाएँ जीवन के हर क्षेत्र में दूरगामी परिवर्तन लाने वाले एजेंटों और एक नयी जीवंतता और गोलबंदी के वाहकों की तरह उभरते हैं। इस तरह के हालात में राजनीति एक जबरदस्त रचनात्मक ताकत बन जाती है। वह बाहरी दबावों पर प्रतिक्रिया करने वाली और बाह्य हितों का समूहन करने वाली महज एक प्रतिनिधित्वमूलक प्रणाली नहीं रह जाती।

हालाँकि राजनीतिक प्रक्रिया की इस सक्रिय भूमिका को राजनीतिशास्त्र में काफी मान्यता मिल चुकी है, फिर भी लोग पुरानी छवियों से आज भी चिपके हुए हैं। सेकुलरवाद के प्रचलित बेडौल सिद्धांत का बोलबाला जारी है, साथ ही जाति और जनजातीय संरचनाओं के 'पारंपरिक समुदायगत' रूपों का 'आधुनिक किस्म की सभा-संस्थाओं' में रूपांतरण देखने की इच्छा भी बलवती रही है। सरकार के बाहर होने वाली वोट और सीटें हासिल करने वाली गतिविधियों को ही राजनीतिक प्रतियोगिता का मुख्य रूप समझने के कारण होता यह है कि सरकारी और नियोजन संबंधी ढाँचों के साथ सक्रिय रहने वाली प्रमुख पार्टियों की प्रणाली-उन्मुख गतिविधियों की तरफ ध्यान नहीं जा पाता। जबकि असल में इन्हीं गतिविधियों के जरिये व्यवस्था हाशिये पर पड़े लोगों और तबकों तक पहुँचती है, उन्हें अपनी ओर खींचती है और अपने पक्ष में उनकी गोलबंदी करती है। दूसरी तरफ विदेश नीति के चश्मे से हालात को देखने वाले प्रेक्षक हमेशा स्थिरता का रोना रोते रहते हैं। उन्हें हमेशा राष्ट्र के टूटने की चिंता रहती है। उनके खयाल से एक अर्धशिक्षित और सामाजिक रूप से खंडित समाज में राजनीतिक सहभागिता राष्ट्रीय विखंडन की तरफ ले जाएगी। इस तरह के चिंतन के पीछे औपनिवेशिक दिमाग तो है ही, साथ ही इसके पीछे राजनीतिक विकास के उस रैखिक मॉडल की भूमिका भी है जिसके अनुसार आम लोगों को मताधिकार देने से पहले आर्थिक विकास और सामाजिक गोलबंदी के चरण पूरे किये जाने चाहिए। कुछ लोग राष्ट्रीय पहचान को लेकर इस कदर चिंतित रहते हैं कि उनके लिए राष्ट्रीय विकास का वही पर्याय बन जाता है। ये लोग राजनीतिक माँगों को संयमित करने वाले मध्यवर्ती उपायों की उपयोगिता पर ध्यान नहीं दे पाते और न ही उन्हें राजनीतिक संस्थानीकरण में प्रांतीय या इलाकाई पहचानों की भूमिका समझ में आती है। इन मध्यवर्ती पहचानों की उपेक्षा

करने के कारण ही आधुनिक समाजविज्ञान में 'बढ़ती हुई अपेक्षाओं की' समस्या जैसा शालिगरामी मुहावरा पैदा हुआ है। इसके पीछे किसी नये राज्य की तथ्यात्मक हकीकत पर आधारित विश्लेषण न होकर पश्चिम का तजरुबा और उसी से निकला सिद्धांत है, क्योंकि माँग आधारित राज्यव्यवस्था वहीं की देन है।

पचास के दशक में पश्चिमी देश अपने संदर्भ में तो मानते थे कि ज्यादा से ज्यादा जन-भागीदारी उनकी राजनीतिक प्रणाली की वैधता को मजबूत करती है, पर भारत जैसे देशों के संदर्भ में उन्हें लगता था कि असहमति की आजादी और बढ़ती हुई भागीदारी बिखराव की ताकतों को बढ़ावा देगी और राज्य के प्राधिकार का क्षय करेगी। इस प्रकार की मानसिकता के चलते ही पचास और साठ के दशकों में बार-बार भारतीय लोकतंत्र के खात्मे की भविष्यवाणियाँ की गयी थीं। लेकिन जब ऐसा नहीं हुआ, और भारत में राज्यव्यवस्था मजबूत होती चली गयी तो इसके लिए पहले अंग्रेजों से विरासत में मिली नौकरशाही को श्रेय दिया गया, बाद में नेहरू के करिश्मे को इसका जिम्मेदार माना गया और फिर कांग्रेस पार्टी के वर्चस्व में इसका कारण खोज लिया गया। जब ये सभी वजहें चुक गयीं, तो लंबे अरसे तक माना जाता रहा कि या तो केंद्र-राज्य संबंधों का अंतर्विरोध, या फिर चीन या पाकिस्तान से संघर्ष, या फिर आर्थिक विकास के मोर्चे पर मिलने वाली विफलताएँ भारत के लिए विनाशकारी साबित होंगी। दरअसल, भारतीय अनुभव के प्रति किसी भी किस्म की हमदर्दी से वंचित ये प्रेक्षकगण उसकी वास्तविक विफलताओं या सफलताओं को देखने से चूक गये। शीत युद्ध की तत्कालीन मानसिकता ने भी इस नकारात्मक रवैये में अपनी भूमिका निभायी।

जाहिर है कि भारतीय राज्यव्यवस्था के विकास का कोई भी खाका खींचने के लिए हमें कई तरह के मुकामों से हालात को देखना होगा। इसके लिए हमें तथ्यगत समीकरणों को विश्लेषणात्मक मुद्दों में बदलना होगा। साथ ही अवधारणात्मक श्रेणियों को आनुपातिक गुणा-भाग में बदलने से बचने के लिए कई तरह के सैद्धांतिक उपायों का इस्तेमाल भी करना होगा।

इसी मकसद से हमने इस अध्ययन में तुलनात्मक विश्लेषण के क्रियाविधिवादी तौर-तरीकों के साथ मानकीय विश्लेषण का भी जम कर इस्तेमाल किया है। साथ ही इसमें आधुनिक भारतीय राष्ट्र की ऐतिहासिक पृष्ठभूमि, आधुनिकीकरण की रणनीतियाँ, सामाजिक अधिसंरचना, दलीय

प्रणाली, संरचनागत रूपांतरण, राजनीतिक संस्कृति, भारतीय व्यक्ति की राजनीतिक शख्सियत के विकास और परंपरा के पुनर्मूल्यांकन जैसी विषयवस्तुओं को भी शामिल किया गया है। संस्थागत विकास और गठजोड़-निर्माण के पहलुओं पर जोर डालने के लिए इस पुस्तक में केंद्र और परिधि की विश्लेषणात्मक युक्ति का भी इस्तेमाल है। हमने दिखाया है कि विकास का यथार्थ परंपरा और आधुनिकता को दो परस्पर विपरीत श्रेणियों के रूप में नहीं देखता। हमारा यह प्रयास राजनीतिक प्रक्रिया को समूहन के मॉडल के रूप में पेश करने से परहेज करता है। हमारी कोशिश राजनीतिक विकास के भारतीय अनुभव की एक ऐसी समझ पेश करने की है जो थोड़े-बहुत हेर-फेर के साथ अन्य विकासशील समाजों पर भी फिट बैठ सके।

टिप्पणियाँ और संदर्भ

राजनीतिक अस्थिरता मोटे तौर पर दो तरह की होती है। पहली, जब कोई परिवर्तन होता है तो उसके खिलाफ प्रतिक्रिया के रूप में; और दूसरी, आकांक्षाओं के पूरा न होने की दशा में। इस अध्याय में मैंने विशेष रूप से दूसरे किस्म की अस्थिरता की चर्चा की है। मेरे विचार से भारतीय राजनीति परिवर्तन के खिलाफ प्रतिक्रिया वाली अस्थिरता से अधिक प्रभावित नहीं हुई है।

डब्ल्यू.एच. मॉरिस जोंस ने अपने एक लेख 'लेंग्वेज एंड दि रीजन विदिन दि इंडियन यूनियन' (फिलिप मेसन (सं.), *इंडिया एंड सीलोन : यूनिटी एंड डाइवर्सिटी,* लंदन, १९६७) में टिप्पणी की थी कि भारतीय लोकतंत्र की कामयाबी ने उसके विनाश की भविष्यवाणियाँ करने के लिए उत्सुक लोगों का मुँह बार-बार चिढ़ाया है। मेरा विचार है कि भारतीय लोकतंत्र की विशेषताओं को न समझ पाने के कारण ही इसका हर संकट विनाशकारी मान लिया जाता है, और यह नहीं देखा जाता कि व्यवस्था में किस प्रकार इन संकटों का सामना करने और इन्हें पचाने की क्षमता है। चौथे आम चुनाव से पहले भी **दि टाइम्स** के संवाददाता ने भविष्यवाणी कर दी थी कि ये चुनाव भारत के लिए आखिरी होने वाले हैं। उस समय पश्चिम में इस तरह के निष्कर्ष सही मानने वाले लोगों की कमी नहीं थी।

जहाँ तक आर्थिक विकास के वैकल्पिक मॉडलों का सवाल है, साठ के दशक के उत्तरार्ध में पश्चिम में उनकी चर्चा शुरू ही हुई थी। भारत के अनुभव पर चार्ल्स सी. लिंडब्लॉम के दो आलेख इसके प्रमाण थे, जिनमें राजनीतिक लोकतंत्र और अनुशासित विकास के अंतर्संबंधों पर नीति निर्माण, राजनीति और नियोजन की रोशनी में विचार किया गया था।

लोकतांत्रिक राजनीति और राज्य की संस्था के प्रति सैद्धांतिक दृष्टि के संदर्भ में सत्तर के दशक के बाद के विश्लेषण के लिए देखें मेरे लेख : 'विकल्पहीनता का

महासंकट' और 'भूमंडलीकरण बनाम राष्ट्र-राज्य' (अभय कुमार दुबे (सं.), *राजनीति की किताब,* वाणी, दिल्ली, २००३)। इसके अलावा 'जनता से डरते अभिजन और कमजोर होता राष्ट्र-राज्य' (अभय कुमार दुबे (सं.), *भारत का भूमंडलीकरण,* वाणी, दिल्ली, २००३) भी देखा जा सकता है। इसी संदर्भ में 'बहुसांस्कृतिक समाज और मध्यवर्गीय राज्य के प्रभाव में गिरावट' (अभय कुमार दुबे (सं.), *लोकतंत्र के सात अध्याय,* वाणी, दिल्ली, २००३) में भी संबंधित प्रवृत्तियों की चर्चा की गई है। इस अध्याय में दिए गए बॉक्स आइटमों के लिए देखें मेरा लंबा साक्षात्कार *कोठारी बनाम कोठारी* जो मैंने इस पुस्तक के संपादक अभय कुमार दुबे को २००२ में दिया था। यह साक्षात्कार 'राजनीति की किताब' में संकलित है।

२

ऐतिहासिक पृष्ठभूमि

ईसा पूर्व पंद्रहवीं और दसवीं सदी में भारत आने के बाद आर्यों ने यहाँ पहले से मौजूद ढीली-ढाली जाति-प्रथा पर चार वर्णों की व्यवस्था आरोपित की। मुसलमानों के आक्रमणों से पहले हिंदू साम्राज्यों की छोटी-सी अवधि में इसी आधार पर एक ऐसी समाज व्यवस्था विकसित हुई जिसमें स्थायित्व, लचीलापन और विभिन्न ऐतिहासिक युगों में भी टिके रहने की अभूतपूर्व क्षमता थी। इस व्यवस्था की साहित्यिक, सांस्कृतिक और महाकाव्यात्मक उपलब्धियाँ अद्भुत थीं, लेकिन इसी के कारण भारतवासी किसी राजनीतिक केंद्र और प्राधिकार के बिना रहने के अभ्यस्त हो गये। मुसलमानों के शासन ने कुछ प्रशासनिक सुधार तो किये, पर महान मुगल साम्राज्य भी सारे भारत को एक राजनीतिक केंद्र के तहत नहीं ला पाया। उसका चरित्र धर्म-प्रचारक और फौजी किस्म का था। वह भारतीय समाज पर कोई बुनियादी असर नहीं डाल पाया। राजसत्ता छिन जाने के कारण हिंदू समाज इस दौरान अंतर्मुखी हो गया। अंग्रेजों की हुकूमत में उसे एक बार फिर अपने प्राचीन गौरव की दावेदारियों के आधार पर सामाजिक-राजनीतिक पुनर्जागरण का मौका मिला। शुरू में समाज सुधार के तेवर दिखाने के बाद १८५७ के विद्रोह से घबराकर अंग्रेजों ने भी भारतीय समाज को पुनर्व्यवस्थित करने की इच्छा त्याग दी। एक बार फिर भारत में समाज परिवर्तन की प्रक्रिया का कोई केंद्रीय प्रयास रुक गया। लेकिन, अंग्रेज पूरे उपमहाद्वीप को एक राजनीतिक केंद्र और समरूप प्रशासन के तहत लाने में कामयाब रहे। अंग्रेजी शिक्षा और पश्चिमी बौद्धिकता के स्पर्श से एक शहरी मध्यवर्ग का जन्म हुआ जिसने धीरे-धीरे राजनीति करना सीखा। अंग्रेजों द्वारा लेन-देन के आधार पर शासन करने की प्रवृत्ति, समाज सुधारकों के प्रयासों, कांग्रेस के जन्म, गोखले और तिलक के योगदान और गाँधी के नेतृत्व की असाधारण खूबियों के कारण भारतीय राष्ट्रवाद ने एक खास तरह का चरित्र ग्रहण किया। भारत को आजादी तो मिली, पर सांप्रदायिक प्रश्न न सुलझा पाने के कारण उसे बँटवारे की त्रासदी से गुजरना पड़ा।

I

राजनीतिक लिहाज से आधुनिक भारत पर ऐतिहासिक रूप से तीन तरह के प्रभाव रहे हैं। पहला प्रभाव हिंदू समाज व्यवस्था का है जिसकी वजह से भारतीय समाज मजबूती से एकजुट बना रहा। दूसरा प्रभाव अंग्रेजों का रहा जिसके माध्यम से भारत एक केंद्रीय प्राधिकार के तहत विधिसम्मत राजनीतिक इकाई बना। हालाँकि ब्रिटिश राज ने मुख्यत: कानूनी और प्रशासनिक दायरों में काम किया, पर उसके कारण भारत की राजनीतिक आस्थाओं और संबंधों पर बुनियादी असर पड़ा। तीसरे प्रभाव का श्रेय आजादी के आंदोलन के दौरान चली राष्ट्रवादी पुनर्रचना की धारा को जाता है। यह राष्ट्रवादी पुनर्रचना उस नयी विश्व-व्यवस्था की अनुक्रिया में की गयी जिसके संपर्क में भारतीय समाज औपनिवेशिक सत्ता के जरिये आया था। यही पुनर्रचना भारत को लोकतांत्रिक संस्थाओं के धीरे-धीरे फैलते हुए दायरे के तहत राजनीतिक आजादी और समाज सुधार की तरफ ले गयी।

हिंदू समाज व्यवस्था

मोटे तौर पर ईसा पूर्व पंद्रहवीं और दसवीं सदी के बीच हिंदू समाज व्यवस्था ने अपना आकार ग्रहण किया। यही वह समय था जब दक्षिण-मध्य एशिया से धीरे-धीरे आए आर्यों के कबीले भारी संख्या में भारतीय उपमहाद्वीप के उत्तरी और पश्चिमी हिस्सों में बसने लगे थे। उन्होंने इन क्षेत्रों के मूल निवासियों को दक्षिण की तरफ खदेड़ दिया। ईसा-पश्चात दसवीं सदी तक आर्यों द्वारा उत्तर में मौर्य, गुप्त और हर्ष जैसे वंशों का साम्राज्य स्थापित कर लिया गया था। दक्षिण में चोलों और पल्लवों के साम्राज्य कायम हो चुके थे। हिंदुओं के राजनीतिक प्रभुत्व को चुनौती देने वाले मुसलमान आक्रमणों के सिलसिले के बावजूद हिंदू साम्राज्य दसवीं सदी के काफी बाद तक बने रहे। पश्चिमी भारत में मराठा शासक सोलहवीं सदी तक मुगलों से लड़ते रहे और मुग़लों की जगह लेने वाले अंग्रेजों को भी उनका प्रतिरोध झेलना पड़ा। लेकिन, हिंदू साम्राज्यों का पतन दसवीं से ग्यारहवीं सदी के बीच शुरू हो गया था। वे विदेशी हमलावरों को रोक पाने में असमर्थ हो चुके थे, जिसके कारण अधिकांश भारत हमलावरों के कब्जे में चला गया।

महान हिंदू साम्राज्यों के पनपने की अवधि छोटी ही थी, पर उसकी ऐतिहासिक विरासत ने बहुमूल्य साहित्यिक-सांस्कृतिक कृतियों और हिंदू

महाकाव्यों के रूप में भारतीय मानस पर गहरी छाप छोड़ी। इसी महान अतीत की स्मृति और उसकी पुनर्व्याख्याओं के जरिये आधुनिक भारत का पुनर्जागरण किया गया। हिंदू अतीत का राजनीतिक महत्त्व इसी बात में निहित है। लेकिन, इस हिंदू अतीत की वास्तविक उपलब्धियाँ महज राजनीतिक ही नहीं थीं। इसकी सबसे बड़ी उपलब्धि थी एक असाधारण समाज व्यवस्था की रचना। इसके तहत ऐसी परंपराओं और मूल्यों का विकास हुआ जिनका आने वाले सभी युगों पर अमिट प्रभाव पड़ा।

यह ठीक-ठीक नहीं पता है कि हिंदू समाज ने अपना यह रूप कैसे ग्रहण किया होगा। इस विशाल धरती पर पहले से राजनीतिक एकता की कोई परंपरा नहीं थी और अधिकतर इलाके राजनीतिक और फौजी केंद्रों से बहुत दूर थे। इसके बावजूद भारत के आर्य सामाजिक जरूरतों को पूरा करने वाली व्यवस्था विकसित करने में कामयाब रहे। जातियों की ढीली-ढाली आदिम प्रथा आर्यों के आने से पहले से मौजूद थी। उसी पर चार वर्णों की श्रेणीगत व्यवस्था आरोपित कर दी गयी। मूलतः विवाह और कुटुंब पर आधारित यह इस प्रणाली की एक राजनीतिक भूमिका भी थी। वह सामाजिक विवादों का निबटारा भी करती थी। हिंदू समाज व्यवस्था की शुरुआत व्यवसायगत वर्णों से हुई जिनकी वैधता श्रेणीगत हैसियत पर टिकी थी। धीरे-धीरे समय गुजरने के साथ किसी भी विवाद का हल करने की अनौपचारिक मशीनरी की तरह काम करते हुए इस व्यवस्था का अपना प्राथमिक शास्त्र बनता चला गया। इसका एक अपना तिलिस्म था जो लोगों को मोहित करने लगा। इसके अपने निहित स्वार्थ बने और उनकी जड़ें मजबूत होती चली गयीं।

जाति-प्रथा

यह सही है कि आर्यों ने जातियों को ब्राह्मण, क्षत्रिय, वैश्य और शूद्र नामक चार वर्णों में विभाजित किया था। ब्राह्मण ज्ञान, क्षत्रिय प्रतिरक्षा, वैश्य संपत्ति और शूद्र श्रम के उत्तरदायित्वों के साथ जोड़े गये थे। लेकिन, ये प्रावधान ज्यादा से ज्यादा हिंदू समाज व्यवस्था की सैद्धांतिक आधारभूमि की तरफ इशारा ही कर पाते हैं। इनके आधार पर जाति-प्रथा के यथार्थ को नहीं समझा जा सकता। भारत के लोग किसी भी तरह से चार भागों में बँटे हुए नहीं हैं। भारतीय सामाजिक यथार्थ तो काफी जटिल है। जातियाँ चार नहीं, बल्कि हजारों हैं। जाति तो सजातीय कौटुंबिक समूहों का नाम है जो विवाह और

वंशपरंपरा के जरिये आपस में जुड़ी रहती है। किसी जाति की शिनाख्त इलाके के मुताबिक भी हो सकती है, हालाँकि उसका विस्तार एक से ज्यादा इलाकों में भी हो सकता है। जाति का संचालन स्थानीय रूप से जाति-पंचायतों और पंचों के जरिये होता है। चार वर्णों के तहत आने वाली जातियों के अलावा हरिजनों अथवा दलितों अथवा अनुसूचित जातियों की एक पाँचवीं श्रेणी भी है, जो श्रेणीक्रम में निम्नतर है। इन जातियों को अक्सर 'निकृष्ट और घिनौने' पेशों की दलील देकर छुआछूत की प्रथा के जरिये अन्य हिंदू वर्णों से अलग रखा जाता है। लेकिन, इन अछूत जातियों के बीच भी एक जटिल जाति-प्रथा सक्रिय है और वे व्यापक हिंदू समाज व्यवस्था के अभिन्न अंग हैं। इसी तरह आदिवासी समूह भी इस व्यवस्था की मुख्यधारा में शामिल होते जा रहे हैं। यहाँ तक कि ईसाई और मुसलमान जैसे अल्पसंख्यक समूहों पर भी जाति-प्रथा का खासा असर देखा जा सकता है। कुल मिलाकर जाति-प्रथा ने नाना प्रकार के पेशागत समूहों, आदिवासियों और अर्ध-जनजातियों, तरह-तरह के धार्मिक संप्रदायों, हमलावर और प्रवासी समूहों को एक से सांस्कृतिक और सेकुलर ढाँचे के साथ जोड़ने की महत्त्वपूर्ण भूमिका का निर्वाह किया है। छठे अध्याय में मैंने इस पहलू की विस्तृत व्याख्या की है।

वर्णों के आधार पर जातियों का वर्गीकरण एक हद तक ही किया जा सकता है। ऐसा करना ब्राह्मणों के मामले में आसान है या फिर दलितों के मामले में। बीच की जातियों को वर्णों के अनुसार परिभाषित करना इतना आसान नहीं है। राजनीतिक मकसदों से कई जातियों ने एक वर्ण के झंडे तले ऐसे कई आंदोलन चलाये हैं जिसमें ऊँचे वर्ण के सामाजिक दर्जे का दावा किया गया है। ये आंदोलन जाति-प्रथा की आधुनिक प्रासंगिकता को रेखांकित करते हैं। मुख्य बात यह है कि जाति-प्रथा के तहत हर व्यक्ति का पैदा होते ही एक निश्चित सामाजिक दर्जा हो जाता है। जाति के जरिये उसे एक स्थानीय सामाजिक संरचना की सदस्यता मिल जाती है। यह संरचना अपने भीतर होने वाले विवादों को खुद ही निबटाती है। न जाने कितने युद्धों, हुकूमतों में हुई तब्दीलियों, आक्रमणों और तरह-तरह के सांस्कृतिक प्रभावों के बावजूद जाति-प्रथा आज तक जारी है। राजनीतिक, प्रशासनिक, आर्थिक और फौजी कारणों से उसके आंतरिक संतुलन में कुछ परिवर्तन आए हैं। कुछ जातियों को फौजी और सरकारी ताकत मिल जाने से समीकरण बदले हैं। उनकी आर्थिक स्थिति में परिवर्तन आने से उनका दर्जा पहले जैसा नहीं रह

गया है। इन सभी परिवर्तनों को अपने में समाती हुई, नये तत्त्वों, नये धर्मों और नये विचारों को आत्मसात करने वाली यह प्रथा एक विराट हकीकत है जिसे समझना और जिससे दो-चार होना भारत की किसी भी राज्य-प्रणाली के लिए अनिवार्य है।

अ-राजनीतिक समाज

ऐसी बात नहीं कि पारंपरिक भारत राजनीति से एकदम अछूता ही था। गाँव के स्तर पर जम कर राजनीति होती थी। यह गाँव पर वर्चस्व की राजनीति थी जिसमें स्थानीय गुट और वंशानुगत रिश्ते कच्चे माल की भूमिका निभाते थे। दूसरी तरफ यह राजनीति बाहरी प्रभावों और बाहरी प्राधिकार से संबंध स्थापित करने की भी थी। बाहरी प्राधिकार स्थानीय झगड़ों के निबटारे में जिस तरह की भूमिका निभाता था, उसी के मुताबिक गाँव के स्तर पर जातियों के सेकुलर दर्जे में फौरी तब्दीलियाँ हो जाती थीं। पारंपरिक भारत में राजनीति के ये दोनों पहलू गुटों के बीच विभिन्न स्तरों पर समीकरण तय करने में मददगार तो होते थे, लेकिन उसकी मुख्य विफलता एकीकृत राजनीतिक ढाँचा न बना पाने की थी। इसी कारण से समाज कुल मिलाकर अ-राजनीतिक रह जाता था।

स्थानीय एकजुटता

इस तरह का सामाजिक और राजनीतिक संगठन रीति-रिवाजों, मूल्यों और उनसे जुड़ी प्रवृत्तियों की एकजुटताकारी ताकत के कारण टिका रहता था। हर व्यक्ति अपने मूल समूह, परिवार और गोत्र के प्रति वफादार रहता था। वफादारी के दूसरे स्तर में जाति, गाँव और कुल के प्रति वफादारी आती थी। इस सभी निष्ठाओं से बँधा हुआ हर व्यक्ति न केवल अपनी जाति और गोत्र के कारण एक खास दर्जे का मालिक बनता था, बल्कि व्यापक समाज व्यवस्था में भी उसकी हैसियत अपने जातिगत पेशे, प्रचलित प्राधिकार से संबंध और घरबार वाले व्यक्ति या किसी पर निर्भर व्यक्ति होने या न होने के हिसाब से तय हो जाती थी।

समाज द्वारा निर्धारित कर्तव्यों को पूरा करने के एवज में व्यवस्था सुरक्षा की गारंटी करती थी। निजी क्षमताओं में अंतर और खामियों की भरपाई मूल समूह द्वारा होती थी। व्यक्ति की अपनी हैसियत में बढ़ोतरी या गिरावट उसके

मूल समूह के उठने या गिरने पर निर्भर रहती थी। इस तरह एक परस्पर संबल और सुरक्षा की प्रणाली बनती थी। चूँकि पूरी प्रणाली बेहद एकीकृत थी, इसलिए मूल समूह के बाहर व्यक्ति की भागीदारी के बारे में कोई अनिश्चितता नहीं थी। पंचायत के सदस्य हों, सरपंच, लगान जमा करने वाले अधिकारी हों, मुखी हों या पटेल, रीति के अनुसार तयशुदा जिम्मेदारियों को निभाते थे। इसी तरह गाँव के कारीगर, जमींदार, उनके बटाईदार, व्यापारी, धोबी, महाजन और भंगी भी अपनी-अपनी भूमिकाएँ निभाते थे। हालाँकि ये सभी भूमिकाएँ कहीं पूरी तरह संहिताबद्ध नहीं की गयी थीं, लेकिन सभी को इनकी विस्तृत जानकारी रहती थी। सामाजिक एकजुटता काफी मजबूत थी। रक्त-संबंधों पर आधारित रिश्तों की पुख्ता जमीन पर इस प्रकार भारतीय समाज एक बृहत्तर राजनीतिक अस्मिता और स्थायी केंद्र के अपेक्षाकृत अभाव के बावजूद छोटे-छोटे गुटों में बँटा हुआ अपनी जगह कायम रहता था। इस समाज की यह खूबी आज तक पूरी तरह खत्म नहीं हुई है।

भारतीय समाज में खास बात है कि वह पूरी तरह तो कभी नहीं बिखरता, लेकिन कुछ-कुछ टूटा-बिखरा जरूर रहता है। यह सही है कि भारतीय समाज अपने अंतर्निहित बहुलवाद के कारण विखंडित होकर नष्ट होने से बचा रहता है, लेकिन यह भी सही है कि इसके कारण समूची सामाजिक प्रक्रिया में एक दुर्बलता आ जाती है। अगर विखंडन की इस स्थिति से जनता के बहुत बड़े हिस्से में व्याप्त निष्क्रियता, चुप्पी और विवेकहीन सहमति के संस्कारों को जोड़ दिया जाए, तो अनुर्वरता और उदासीनता की ऐसी सामाजिक स्थिति बन जाती है जिसमें गहरे तनाव, व्यथा और बहुध्रुवीयता की विकृतियाँ भी रहती हैं।

नीति-संहिता

यह समाज व्यवस्था जिस नीति-संहिता पर टिकी हुई थी, उसके केंद्र में **धर्म** की अवधारणा थी। अंग्रेजी के शब्द **रिलीजन** से धर्म के व्यापक अर्थ का भान नहीं हो पाता। धर्म से कई तरह के यानी निजी, सामाजिक, नैतिक और धार्मिक कर्तव्यों की संकेंद्रित अभिव्यक्ति होती है। धर्म के हिसाब से ही तय होता है कि नाना प्रकार की परिस्थितियों में इनसान किस तरह का व्यवहार करेगा। चाहे अपना नातेदार हो या कोई दूसरा व्यक्ति हो, बूढ़ा हो या जवान, पति हो या पत्नी हो, गरीब हो, विकलांग हो, पुरोहित हो, योद्धा हो, व्यापारी

हो, जमींदार हो, सफाई करने वाला हो, चर्मकार हो, नौकर हो, या पूजा पद्धति का मामला हो, ईश्वर का मसला हो या किसी की अपनी आत्मा का प्रश्न हो, धर्म के अनुसार ही तय होता था कि क्या किया जाना चाहिए। हर परिस्थिति के लिए अलग-अलग व्यवहार-शैलियाँ तय थीं। सभी तरह के हालात के लिए कोई एक 'परम संहिता' नहीं थी। दरअसल, हिंदू जीवन-शैली के लिए ऐसी कोई भी 'परम संहिता' आज तक विजातीय बनी हुई है। धर्म एक जीवन-दर्शन की तरह लोगों से जुड़ा था। किसी भी रूप में इसका उल्लंघन करने वालों को हल्की-पूरी सजा देने से लेकर हुक्का-पानी बंद कर देने की सजा तक दी जाती थी। पंच सजा सुनाते थे जिसमें बदले की सजा तक शामिल हो सकती थी। फिर अंत में जन्म-मरण के चक्र का तर्क तो था ही कि धर्म का उल्लंघन करने वाले को इस जन्म में नहीं तो किसी दूसरे जन्म में सजा तो मिलेगी ही। धर्मानुसार अच्छा और नैतिक व्यवहार करने वाले को इस दुनिया में आदर और ऊँचा दर्जा तो मिलता ही था और आस्था यह थी कि ऐसा व्यक्ति मृत्यु के बाद स्वर्ग जाता है और जीवन-मरण के बंधनों से मुक्ति के रूप में मोक्ष प्राप्त करता है।

एक जीवन-दर्शन के रूप में धर्म अनासक्ति के विश्व-दृष्टिकोण का प्रतिनिधि समझा जाता है। धर्म के तहत एक धर्मप्राण हिंदू से उम्मीद की जाती है कि वह अपने कर्तव्य को वस्तुनिष्ठता के साथ बिना किसी लाग-लपेट के पूरा करेगा। धर्म का सर्वोच्च लक्ष्य तो आत्मा की मुक्ति है। धर्म अपनी बात कर्तव्यों की भाषा में समझाता है न कि अधिकारों की भाषा में, जिससे संदेश निकलता है कि जिसके पास जो है उसी में संतोष करे और जो उसका नहीं है उसकी आकांक्षा न करे। इसीलिए हिंदू लोग कामनाओं को सीमित रखने पर, बदले की बजाय सहनशीलता पर, और आधिक्य की जगह मर्यादा पर जोर दते हैं।

कुल मिलाकर कहा जा सकता है कि समूह को परस्पर संबद्धता और उसके सदस्यों को उदात्तीकरण का स्पर्श देने वाली इस समाज व्यवस्था का स्वभाव दरअसल समाज और सरकार से ज्यादा अपेक्षाएँ न रखने वाला होता है। चूँकि हिंदू समाज मूल निष्ठाओं को भंग नहीं होने देता, इसलिए उससे व्यक्ति को काफी हद तक सुरक्षा और संबद्धता का एहसास मिलता रहता है। इसके साथ सहिष्णुता, अनासक्ति और संतोष के अधि-भौतिक मानक जुड़ कर समाज को तनाव और दुखं का मुकाबला करने की क्षमता प्रदान कर देते

हैं। कोई भी परिस्थिति हो, वंचित होने की अनुभूति के प्रति हिंदुओं में खासी सहनशीलता पायी जाती है। अपनी अवमानना के प्रति भी वे कम संवेदनशील होते हैं। सत्ता के प्रयोग और दुरुपयोग से वे ज्यादा बेचैन नहीं होते। एक तरफ छोटे-छोटे समूहों में रहने की आदत और दूसरी तरफ मोक्ष प्राप्त करने की अधि-भौतिक आकांक्षा उन्हें एक ऐसे व्यक्तिवाद से लैस कर देती है जो अपने चरित्र में गैर-आक्रामक और गैर-सामूहिकतावादी होता है। उनकी ये प्रवृत्तियाँ उनकी प्रेरणाओं और निष्ठाओं को बड़े पैमाने की अर्थव्यवस्था के अनुकूल नहीं रहने देतीं। सवाल यह है कि क्या हिंदुओं की ये विशेषताएँ आधुनिक लोकतंत्र के लिए फायदेमंद हैं या नुकसानदेह? इस प्रश्न का उत्तर मैंने राजनीतिक संस्कृति वाले अध्याय में देने की कोशिश की है।

आर्यों के लंबे वर्चस्व के दौरान उपमहाद्वीप के विभिन्न हिस्सों में जो हिंदू समाज व्यवस्था मजबूत हुई उस पर राजनीतिक और साम्राज्यिक परिवर्तनों का बहुत कम असर पड़ता था। राजनीतिक विस्तार और सुदृढ़ीकरण की भूमिका यह रही कि उसके कारण स्थानीय उद्योगों और दस्तकारी को बढ़ावा मिला, सड़कों और नहरों का निर्माण कराया गया, और कुल मिलाकर कला, साहित्य और धर्म के क्षेत्रों में अभूतपूर्व रचनाशीलता को प्रोत्साहन मिला। हिंदुओं की सांस्कृतिक जमा-पूँजी बढ़ती चली गयी। संस्कृत-परंपरा समृद्ध होती चली गयी जिससे ब्राह्मणों का नेतृत्व मजबूत हुआ। हिंदू समाज व्यवस्था को इससे एकताकारी प्रतीक और दिशा की उपलब्धि हुई जो काफी अहम थी।

ब्राह्मण अभिजनों की भूमिका

ब्राह्मणों की भूमिका समाज को शिक्षित और सभ्य बनाने की थी। इस भूमिका को कम करके नहीं देखा जा सकता। समाज के शीर्ष पर खड़ा ब्राह्मण स्थानीय और पारिवारिक पुरोहित का काम करता हुआ शिक्षा देने के साथ-साथ शास्त्रों और रिवाजी कानूनों की व्याख्याएँ भी करता था। पीढ़ी-दर-पीढ़ी सामान्य लोगों को प्रचलित मतों और विचारों की जानकारी ब्राह्मणों के जरिये ही होती थी। इस तरह परंपरा और उसका व्यवहार पुष्ट होता चला जाता था। एक छोटे से सामाजिक आधार से आने के बावजूद ब्राह्मणों के पास एक नेतृत्वकारी संस्थागत करिश्मा होता था। इस ब्राह्मण अभिजन की एकजुटता किसी धर्मशास्त्रीय या किसी समरूप मताग्रही आधार पर टिकी न होकर जन्म

और विशेषाधिकार के रूप में मिले खास तरह के प्रशिक्षण पर निर्भर थी। हालाँकि ब्राह्मणों का कौशल वितण्डे और पंच-फैसले की उनकी क्षमता पर टिका रहता था, लेकिन जब वे परंपरा या किसी शास्त्र की अधिकारपूर्वक पुनर्व्याख्या करते तो उसे भी पूरी मान्यता मिलती थी। करीब सात शताब्दियों तक चले गैर-हिंदुओं के धार्मिक, राजनीतिक और आर्थिक प्रभुत्व के दौरान हिंदू समाज को टिकाये रखने में ब्राह्मणों की प्रमुख भूमिका रही।

असहमति के आंदोलन

ब्राह्मण अभिजनों की इस भूमिका का एक दूसरा पहलू भी था। हिंदू समाज व्यवस्था को कायम रखने के साथ-साथ वे परिवर्तन के खिलाफ एक रूढ़िवादी शक्ति भी बन जाते थे। समाज के लिए नये-नये रास्ते खोजने का काम असहमति के स्वरों द्वारा ही संभव था। इसकी शुरुआत गैर-ब्राह्मणों यानी क्षत्रियों ने की। बुद्ध और महावीर दोनों ही क्षत्रिय राजकुमार थे। समूचे भारतीय इतिहास में आधुनिक युग तक बुद्ध और महावीर द्वारा प्रवर्तित वैचारिक, सामाजिक और धार्मिक विद्रोह की परंपरा विभिन्न रूपों में असहमति और सुधार के आंदोलनों को आगे बढ़ाती रही। इसके कारण समय-समय पर नये-नये वैचारिक मत और संप्रदाय अस्तित्व में आए, जिनसे भारतीय सभ्यता समृद्ध हुई। असहमति के इन स्वरों ने इस सभ्यता के टिके रहने में भी योगदान किया। इनके दबाव के कारण हिंदू समाज विरोध की आवाजों को आत्मसात करने पर मजबूर हुआ। उसे शक्ति और दृढ़ता मिली।

इनमें से अधिकांश आंदोलन हिंदू धर्म को कर्मकांड, ऊँच-नीच, सत्ता, धन और ब्राह्मणों की जकड़ से मुक्त कराने की कोशिश थे। आज के जमाने के लिए इसमें सबसे ज्यादा प्रासंगिक संभवतः भक्ति आंदोलन था। ब्राह्मण से लेकर निचली जातियों के संतों द्वारा चलाया गया यह आंदोलन सभी क्षेत्रीय, जन्म-संबंधी, लैंगिक और सामाजिक हैसियत की सीमाओं को पार करता हुआ पूरे देश में फैल गया। इसी के कारण कई नये संप्रदाय उभरे और जनता के बड़े-बड़े हिस्से उनके पीछे चल पड़े। सिख संप्रदाय भी एक ऐसा ही जुझारू मत था जिसने आगे चलकर देश के आधुनिकीकरण में उल्लेखनीय भूमिका निभायी। भक्ति आंदोलन के कई नेता दक्षिण भारत से भी आए और उनकी शिक्षाएँ सभी लोगों की जुबान पर चढ़ती चली गयीं। संस्कृत के बजाय भक्त कवियों ने अपना संदेश फैलाने के लिए प्रचलित बोलियों का इस्तेमाल

किया और एक सांस्कृतिक-राजनीतिक एकता का माहौल पैदा किया, यद्यपि असहमति के आंदोलन अक्सर इस प्रकार के एकताकारी प्रभाव डालने में नाकाम रहते हैं। मानवीय समता का उपदेश देने वाले भक्तकालीन संतों ने श्रेणीक्रम पर आधारित समाज व्यवस्था का विरोध किया और भारतीय मानस को उन लोकोपकारी और समतामूलक प्रभावों के लिए तैयार किया जिससे उसका साक्षात्कार औपनिवेशिक और उत्तर-औपनिवेशिक जमाने में होने वाला था।

भारत इस युग तक राष्ट्र नहीं था, लेकिन वह एक सभ्यता और समाज के रूप में विकसित हो चुका था। उसके होने की चेतना उसके हर निवासी के मानस में विद्यमान थी। अगर यह चेतना न होती तो ब्रिटिश प्रशासकों और बाद में राष्ट्रवादी नेतृत्व को भारत में राजनीतिक एकता स्थापित करने की सुविधा न मिल पाती। दूसरी तरफ यह भी एक हकीकत है कि पूरे हिंदू युग में समाज और राजनीति के बीच खासा अंतराल बना रहा। राजनीतिक परिवर्तनों का सामाजिक जीवन की गति पर कोई खास असर नहीं पड़ा। एक निश्चित केंद्र के आस-पास गोलबंद होकर सक्रिय रहने वाले राजनीतिक समुदाय का निर्माण नहीं हो पाया। आर्यों के प्रभुत्व के बाद मुसलमानों के हमलों और सल्तनतों का लंबा सिलसिला चला जिससे यह क्रम कुछ टूटा, लेकिन फिर भी उसमें कोई बुनियादी परिवर्तन नहीं हुआ।

मुसलमानों का प्रभाव

मुसलमानों (अरबों, अफगानों और मंगोलों) ने आठवीं सदी में हमलावरों और विजेताओं की तरह सिंध से अपना आगमन शुरू किया। यह सिलसिला दसवीं और ग्यारहवीं सदी में भारी पैमाने पर चला। १२०६ में दिल्ली सल्तनत की स्थापना हुई और फिर १५२६ से १७०७ तक मुगलों का दबदबा रहा। १५५५ में अकबर के शासनारूढ़ होने से मुगल बादशाहत सुदृढ़ हुई, जो १७०९ में औरंगजेब की मृत्यु के बाद जर्जर हो जाने के बावजूद प्रतीकात्मक रूप से १८५७ तक बनी रही। १८६२ में मुगल साम्राज्य औपचारिक रूप से अंग्रेजों के हाथों खत्म हुआ। मुसलमान शासकों ने नागरिक प्रशासन के क्षेत्र में उल्लेखनीय काम किया, लेकिन उनके शासन का मुख्य चरित्र फौजी किस्म का ही था। उनके साम्राज्य की स्थापना में बहुत लंबा समय लगा, लेकिन उसके बावजूद पूरे देश पर एक राजनीतिक प्राधिकार स्थापित नहीं हो पाया।

१५५५ से १७०७ के बीच उनका शासन बाहरी हमले के संकट से मुक्त रहा, पर दरबारी साजिशें चलती रहीं। राजपूतों और मराठों के साथ-साथ इलाकाई सरदारों की तरफ से भी उसे चुनौतियाँ मिलती रहीं।

मुसलमानों ने हिंदुओं का मुकाबला एकदम अलग तरह के धर्म और समाज व्यवस्था से किया। कमोबेश सल्तनत चाहती थी कि दोनों समाज व्यवस्थाओं का सहअस्तित्व रहे और अकबर हिंदू-मुसलमान भाईचारे का प्रबल समर्थक भी था। लेकिन, दूसरी तरफ मुसलमान शासकों ने धर्म परिवर्तन को भी बढ़ावा दिया। मौलवियों और सूफियों को, खासकर उत्तर भारत में, स्थानीय आबादी का धर्म परिवर्तन कराने के लिए जम कर प्रोत्साहित किया गया। इसी के कारण दोनों पक्षों की तरफ से कई बार कट्टरता, उत्पीड़न और परस्पर घृणा की लहरें भी आयीं। इसकी वजह से सहिष्णुता की पारंपरिक भारतीय अवधारणा अक्सर कारगर नहीं रह गयी। सामाजिक आत्मसातीकरण की प्रक्रिया नहीं चल पायी। धीरे-धीरे दोनों समाजों के बीच कुछ-कुछ समायोजन हुआ और दोनों एक-दूसरे से प्रभावित भी हुए। मुसलमानों ने हिंदुओं में प्रचलित जाति और व्यवसाय के कुछ रूप अपनाये और इस कारण हिंदुओं ने उन्हें पड़ोसी के रूप में स्वीकारना शुरू कर दिया। लेकिन, ये पहलू मुसलमान सत्ता के प्रभाव में आयी गिरावट के बाद ही ज्यादा पनपे। हिंदुओं ने भी मुसलमानों के कई सामाजिक रीति-रिवाज, कला-रूप, प्रशासनिक तौर-तरीके और मुगलों की दरबारी शिष्टता अपना लीं। राजपूत सेनापतियों और योग्य हिंदू वजीरों को मुगल दरबार में ऊँचे ओहदे मिले। स्थापत्य, कला और साहित्य में मुसलमानों का प्रभाव उल्लेखनीय रहा जिसके कारण मुसलमान संस्कृति के शहरी केंद्रों का विकास हुआ जिनमें शिक्षित हिंदुओं ने भी भागीदारी की। इस सामासिकता के बावजूद दो धर्म और दो समाज व्यवस्थाएँ अलग-अलग चलती रहीं। भारत में मुसलमानों की सत्ता एक तरफ धर्म-प्रचारक की भूमिका अपनाये हुए थी और दूसरी तरफ अपने फौजी प्राधिकार को भी लागू करती थी।

मुसलमानों की राजनीतिक शैली की खास बात एक अधिनायकवादी 'केंद्र' की स्थापना के साथ-साथ कानून-व्यवस्था लागू करने और राजस्व वसूलने के लिए एक विस्तृत और सक्षम प्रशासन कायम करना भी थी। इस प्रक्रिया से फौजी रुतबे वाले अफसरों का एक श्रेणीक्रम अस्तित्व में आया। साम्राज्य सूबों और जिलों में बँटा हुआ था जिसके हुक्मरानों को काफी

स्थानीय स्वायत्तता थी। साम्राज्य की केंद्रीय गद्दी से दूर होने के कारण इन अफसरों ने अपनी सत्ता को खूब मजबूत किया। अंग्रेजों ने मुसलमानों से शासन का यही ढाँचा प्राप्त किया और इसके बहुत से रूपों को काफी लंबे अरसे तक चलाये रखा। उन्होंने उसमें मुख्य परिवर्तन ब्रिटेन की राजनीतिक परंपराओं के हिसाब से फौज को नागरिक प्रशासन से अलग करके किया। अंग्रेजों के तहत चलने वाला प्रशासन मुगलों के मुकाबले से ज्यादा समरूप था।

मुसलमानों का शासन स्थानीय संस्थाओं और ग्राम समाज के जीवन पर कोई खास असर नहीं डाल सका। जनता की आदतों, आस्थाओं और परंपराओं में कोई उल्लेखनीय तब्दीली नहीं आयी। सत्ता से नजदीकी या राजस्व वसूलने के तरीकों में हुई तब्दीलियों से कुछ जातियों की सामाजिक-आर्थिक ऊर्ध्वगामिता पर असर जरूर पड़ा, पर इससे पूरी व्यवस्था की प्रकृति प्रभावित नहीं हुई। स्थानीय और केंद्रीय सत्ता के बीच अंतराल जारी रहा। अपने सामाजिक और नागरिक कामकाज में स्थानीय संस्थाएँ स्वायत्त बनी रहीं। यहाँ तक कि मुसलमान आबादी जहाँ कहीं भी थी, इसी प्रणाली में फिट हो गयी। मुसलमान शासकों ने वंशानुगत सामंतशाही का विकास न करके खिराज की निश्चित रकमों के भुगतान के बदले साम्राज्य की तरफ से फौजी और प्रशासनिक वैधता प्रदान करने की प्रणाली पर भरोसा किया। संभवत: इसी कारण वे भारतीय समाज में गहराई तक प्रवेश कर पाने में नाकाम रहे। बृहत्तर समाज के लिए उनकी प्रकृति विजातीय ही रही, और भारतीय समाज के साथ उनका समागम सिर्फ शहरी केंद्रों तक ही सीमित रहा।

हिंदू समाज पर प्रभाव

मुसलमान शासन का हिंदू समाज पर एक विपरीत असर जरूर पड़ा कि उसने हिंदू समाज व्यवस्था के स्थापित संतुलन को गड़बड़ा दिया। अफगानों के पहले हमले के बाद से ही बार-बार होने वाले युद्धों, लूटमार, पूजा स्थलों की तबाही, अव्यवस्था और अशांति के कारण समाज बेचैन हो गया। मुसलमानों और उनसे लड़ने वाले हिंदू राजाओं की निर्मम फौजी कार्रवाइयों के कारण स्थानीय जनता को काफी तकलीफें उठानी पड़ीं। मुगलों द्वारा एक साम्राज्य स्थापित करने की कोशिश के बावजूद दक्षिण और पश्चिम में हिंदुओं का शासन बना रहा, जिसके कारण राजनीतिक और फौजी तनाव कभी ढीला नहीं पड़ा। दरअसल, मुसलमान शासन की पूरी अवधि भारतीय समाज के लिए

अशांत-अवधि कही जा सकती है। इसके कारण समाज और धर्म के नेतृत्व का आत्मविश्वास गड़बड़ा गया। पूरा हिंदू समाज अस्त-व्यस्तता और पराजय की मानसिकता का शिकार हो गया। हिंदुओं ने इसका मुकाबला अंतर्मुखी होकर किया। वे जाति और नातेदारियों के घने संजाल में खुद को ज्यादा सुरक्षित मानने लगे। पराजय और अवमानना की परिस्थितियों में सांसारिकता के प्रति निरपेक्ष भाव हिंदू मूल्यवत्ता की प्रमुख अभिव्यक्ति होती चली गयी। नतीजे के तौर पर हिंदू समाज अपनी जीवंतता और गतिशीलता खो बैठा, उसकी आंतरिक संरचना अधिक कठोर हो गयी और बाहरी दुनिया के प्रति उसका रवैया उत्तरोत्तर भाग्यवादी और निराशावादी होता चला गया।

यह मानना उचित नहीं होगा कि हिंदू समाज पर पड़ने वाले ये प्रभाव स्थायी किस्म के थे। हुकूमत जैसे ही अंग्रेजों के हाथ में आयी, वैसे ही मुसलमान शासन के दुष्प्रभावों से हिंदू समाज निकलने लगा। मुसलमान शासन की स्थायी विरासत के तौर पर जो रह गया, वह गुजरात से बंगाल तक फैला हुआ विशाल मुसलमान समुदाय था। मुसलमानों की भारतीय समाज के अभिन्न अंग के रूप में स्वीकृति दिलाने का श्रेय आंशिक रूप से ब्रिटिश शासन को तो जाता ही है, पर हिंदू समाज की विशेष प्रवृत्तियों को भी इसका श्रेय मिलना चाहिए। बाहरी प्रभाव से सीधे टक्कर लेने के बजाय यह बाहरी चुनौतियों को धीरे-धीरे आत्मसात करने का रवैया ही था जिसके जरिये हिंदू समाज ने पहले मुसलमान शासन का और फिर ब्रिटिश शासन का सामना किया।

मुसलमान शासन का अपेक्षाकृत अधिक स्थायी प्रभाव दो अप्रत्यक्ष नतीजों के रूप में सामने आया। एक परिणाम सांप्रदायिक समस्या के रूप में निकला, दूसरा हिंदू पुनरुत्थान और पश्चिमी विचारों के संयोग के रूप में। मुसलमान शासन के आखिरी दौर में और ब्रिटिश शासन के शुरुआती दौर में भारतीय समाज में मुसलमानों और हिंदुओं ने साथ-साथ रहने की कला सीखनी शुरू कर दी थी। कहीं सहभागिता और कहीं अलगाव का यह समीकरण एक खास तरह की सामासिकता को जन्म दे रहा था। लेकिन, ब्रिटिश शासन की बाद वाली अवधि में राष्ट्रीय स्तर पर दोनों समुदायों के बीच खाई बढ़ती चली गयी और परिणाम सांप्रदायिक राजनीति में निकला। दूसरे, ब्रिटिश हुकूमत के तहत हुए भारतीय पुनर्जागरण पर अंग्रेजी शिक्षा और पश्चिमीकरण का तो असर था ही, साथ ही साथ इसमें हिंदू संस्कृति और

परंपरा के पुनरुत्थान का पहलू भी था। कहा जा सकता है कि इसके बीज पश्चिमी प्रभाव में ही थे। पश्चिमी विद्वानों ने भी इस पुनरुत्थान में अपनी भूमिका निभायी। पश्चिमी विचारों और हिंदू पुनर्जागरण का यह संयोग विचित्र लग सकता है, पर था नहीं। मुसलमान शासन के दुष्प्रभावों के कारण हिंदू समाज के हिले हुए आत्मविश्वास को दोबारा स्थापित करने में इस संयोग ने मुक्तिकारी भूमिका अदा की।

अनिश्चितता की अवधि

जाहिर था कि मुसलमानों का शासन भारतीय समाज में बहुत गहराई तक अपनी पैठ नहीं बना पाया। उनका उल्लेखनीय असर प्रशासनिक ढाँचे पर पड़ा, और उन्होंने साहित्यिक और कला-रूपों को प्रभावित करते हुए अभिजन राजनीति में नये तौर-तरीकों और शिष्टता की परंपराओं का सूत्रपात किया। १७०७ में औरंगजेब की मृत्यु के बाद मुगल-दबदबा तकरीबन खत्म ही हो गया था, क्योंकि उसी के बाद से यूरोपियन हमलावर एक के बाद एक इलाका हस्तगत करते चले गये। पूरी अट्ठारहवीं और काफी हद तक उन्नीसवीं सदी में राजनीतिक परिदृश्य अनिश्चित रहा। डेढ़ सदी पुराना मुगल साम्राज्य जर्जर हो चुका था। खास तौर से मराठे उस पर चोट पर चोट कर रहे थे। सूबों में बेचैनी और कलह का बोलबाला था। स्थानीय जागीरदारों के दमन और शोषण से जनता परेशान थी। यही वह समय था जब मुगल साम्राज्य के खंडहरों पर ब्रिटिश सत्ता ने क्रमशः अपने कदम जमाने शुरू किये।

अंग्रेजों का प्रभाव और १८५७ का विद्रोह

भारत पर पश्चिमी प्रभाव तीन चरणों में आया : पहला चरण वह था जब पंद्रहवीं, सोलहवीं और सत्रहवीं सदी में पुर्तगालियों, डचों, फ्रांसीसियों और अंग्रेजों ने तिजारत के लिए अपनी चौकियाँ कायम कीं। दूसरा चरण ब्रिटिश ईस्ट इंडिया कंपनी के प्रभुत्व का था जिसकी शुरुआत उसने यूरोप के सात साला युद्ध की मदद से फ्रांसीसियों को पराजित करके की थी। फिर कंपनी ने एक-एक करके कभी संधियों और कभी युद्धों की विभिन्न रणनीतियों का चतुराई से इस्तेमाल करके कमजोर मुगल साम्राज्य को, पश्चिम में पेशवाओं और मराठाओं को, दक्षिण में मैसूर के सुल्तान को, हैदराबाद में निजाम को और उत्तर में सिखों को काबू में किया। तीसरे चरण में १८५७ के विद्रोह के

बाद १८५८ में ब्रिटेन ने ईस्ट इंडिया कंपनी से भारत का शासन हस्तगत कर लिया, और प्रतीकात्मक रूप से ब्रिटिश महारानी भारत की सम्राज्ञी हो गयी।

अंग्रेजों ने १८५७ के विद्रोह को अपनी भारतीय फौजों के सिपाहियों की बगावत करार दिया है, और कुछ राष्ट्रवादी इतिहासकारों ने इसकी व्याख्या आजादी की पहली लड़ाई के रूप में की है। असल में यह घटना दोनों में से कुछ भी नहीं थी। कंपनी ने कुछ ऐसे कदम उठाये थे जिनसे स्थापित सामंती वर्ग की जड़ें हिल गयी थीं। भूमि के स्थायी बंदोबस्त और कानून के शासन की स्थापना से एक नया विशेषाधिकार संपन्न वर्ग पैदा हो गया था। प्राधिकार का परंपरागत आधार कमजोर हुआ था। १८५७ का विद्रोह कंपनी के इन्हीं कदमों की प्रतिक्रिया था। पुराने भू-स्वामी वर्गों द्वारा छेड़ा गया यह विद्रोह उपमहाद्वीप के उत्तरी हिस्से तक ही सीमित रहा। इसका नेतृत्व अपनी सत्ता से वंचित हुए मुसलमान हुक्मरानों, जमींदारों और कंपनी से पीड़ित कुछ हिंदू राजाओं के हाथों में था।

पराजित होने के बावजूद यह विद्रोह, खासकर मुसलमानों के बीच अपने पीछे काफी कड़वाहट छोड़ गया। इसके बाद अंग्रेजों ने मुसलमान विरोधी रवैया अपना लिया। दरअसल, इस विद्रोह से अंग्रेज मानसिक रूप से काफी हिल गये, पर कुल मिलाकर भारतवासियों पर इसका खास असर नहीं पड़ा। उत्तर के अलावा अन्य क्षेत्रों ने इसमें कोई दिलचस्पी नहीं दिखाई। इस विद्रोह के असर के कारण अंग्रेजों ने अनुदार और फूँक-फूँक कर कदम रखने वाला रवैया अपनाते हुए बड़े पैमाने पर सुधार करने का शुरुआती रुझान मुल्तवी कर दिया। इसी मानसिकता के कारण अंग्रेजों में भारतीय समाज की संरचना में व्यापक फेरबदल करने की क्षमता नहीं रह गयी। यह फेरबदल तो आजाद भारत की सरकार के हाथों १९४७ के बाद ही शुरू हो पाया। यह जरूर है कि १८५७ की स्मृतियाँ भारतवासियों को ब्रिटिश शासन की दुर्बलता का एहसास दिलाती रहीं कि देश के एक हिस्से में हुआ विद्रोह भी उन्हें किस कदर हिला सकता है।

इसके बाद का घटनाक्रम बताता है कि अंग्रेजों ने भारतवासियों को अपनी शंकित उदारता से जितना फुसलाने की चेष्टा की, वे उतने ही असंतुष्ट होते चले गये। १८५७ के बाद का ब्रिटिश प्रभुत्व उसे क्रमशः अस्वीकार करते चले जाने वाली प्रजा के ऊपर था। उसने समाज में गहरी जड़ें कभी नहीं जमा पायीं। कुल मिलाकर कहा जा सकता है कि १८५७ के कारण ब्रिटिश

दुविधाग्रस्त हो गये। वैसे तो उनका शासन अपने अंतिम प्रभाव में काफी परिवर्तनकारी साबित हुआ, लेकिन यह भी सच है कि उसके बदले उन्हें प्रतिक्रिया और विद्रोह झेलना पड़ा।

औपनिवेशिक शासन का भारतीय समाज पर प्रभाव

ब्रिटिश शासन ने भारतीय समाज पर बेहद परिवर्तनकारी असर डाला। विजातीय होने के कारण इस प्रभाव में गहनता नहीं थी, पर उसकी व्यापकता, ताकत और स्थायित्व से इनकार नहीं किया जा सकता। औपनिवेशिक प्रभाव को संक्षेप में इस प्रकार देखा जा सकता है :

केंद्रीय प्राधिकार की स्थापना : अंग्रेज पहली बार भारतीय उपमहाद्वीप को संपूर्ण रूप से एक साम्राज्य के तहत लाये। करीब एक-तिहाई हिस्सा देशी रियासतों के रूप में उनके सीधे प्रशासनिक नियंत्रण में नहीं रहा, लेकिन उनकी साम्राज्यिक श्रेष्ठता उन रियासतों द्वारा भी मानी जाती रही। अंग्रेजों की हुकूमत को भीतरी और बाहरी हमलों का डर नहीं था। यह एक बहुत बड़ी उपलब्धि थी, जिसके आधार पर ही अंग्रेज वह सब कुछ कर पाए जिसके लिए उनके शासन को जाना जाता है। इसी आधार पर आगे चलकर आजाद भारत में राष्ट्रीय एकता का निर्माण हो पाया।

कानून और व्यवस्था : भारतवासियों को ब्रिटिश शासन का सबसे बड़ा लाभ कानून और व्यवस्था की स्थापना के रूप में मिला, जबकि मुसलमान शासन में उन्हें लगातार अशांति और असुरक्षा के हालात घेरे रहते थे। कई भारतीय नेताओं ने भी इस उपलब्धि के लिए अक्सर अंग्रेजों के प्रति कृतज्ञता व्यक्त की है।

प्रशासन और न्याय की नयी धारणाएँ : एकल प्राधिकार के साथ-साथ अंग्रेजों ने एकीकृत और अपेक्षाकृत समरूप प्रशासन की स्थापना भी की। मुगलों द्वारा बनाये गये जिलों के आधार पर उनकी श्रेणीगत प्रशासनिक मशीनरी शीर्ष-केंद्र से शुरू होकर प्रांतों से होती हुई जिलों तक जाती थी। मुगल काल के विपरीत जिला प्रशासन के इंचार्ज अफसर को निजी फायदे के लिए आबादी को दबाने या चूसने की इजाजत नहीं थी। उसे हर हालत में केंद्र के प्रति जवाबदेह रहना पड़ता था। अंग्रेजों ने भारत में ग्रेट ब्रिटेन से भी पहले योग्यता और खुली प्रतियोगिता के आधार पर आधुनिक नौकरशाही का प्रयोग किया। पहले इंडियन सिविल सर्विस (आईसीएस) के अधिकारी

केवल अंग्रेज होते थे। बाद में भारतीय भी आईसीएस अफसर होने लगे। सिविल सर्विस के सदस्यों को योग्यता, शिक्षा और भद्र पृष्ठभूमि के आधार पर बड़ी सावधानी से चुना जाता था। ये अफसर जिलों के इंचार्ज होते थे, उनके नेतृत्व में ही राजस्व वसूला जाता था और जनता को इंसाफ देने की कोशिश की जाती थी।

वे न केवल जिलों के अधिकारी थे, बल्कि जिलों के न्यायिक मजिस्ट्रेट भी थे। वक्त के साथ धीरे-धीरे अंग्रेजों ने अदालती व्यवस्था भी खड़ी की, जिसका आधार एंग्लो-सेक्सन न्यायिक सिद्धांत और प्रक्रिया थी। इसके बाद लोकोपकारी आधार पर सामाजिक और आर्थिक प्रशासन स्थापित किया गया जिससे कई तरह की विषमताओं के खिलाफ कदम उठाने में मदद मिली। इन तमाम कदमों से परंपरा को झटका तो लगा, पर इनसान और समाज को देखने की नयी दृष्टि का प्रचलन हुआ। यह नया नजरिया उन नये विचारों के अनुकूल था जो धीरे-धीरे जड़ पकड़ते जा रहे थे।

मध्यवर्ग की रचना : १८३५ के मशहूर मैकाले मिनट्स के बाद ब्रिटिश सरकार ने भारतीय कालेजों और हाई स्कूलों में शिक्षा के माध्यम के रूप में अंग्रेजी भाषा की शुरुआत करने का ऐतिहासिक निर्णय लिया। अंग्रेजी की क्लासिक रचनाएँ, कानूनी और वैज्ञानिक पुस्तकें पहले से ही पश्चिम-प्रभावित पढ़े-लिखे और भद्र वर्ग में लोकप्रिय हो रही थीं। अंग्रेजी के शिक्षा का माध्यम बनते ही यह प्रक्रिया और बड़े पैमाने पर शुरू हो गयी। खास बात यह है कि अंग्रेजी ईस्ट इंडिया कंपनी द्वारा थोपी नहीं गयी। कंपनी तो स्थानीय भाषाओं का इस्तेमाल करने में ही दिलचस्पी रखती थी। अंग्रेजी में पढ़ाई की शुरुआत तो राजा राममोहन राय जैसे भारतवासियों के आग्रह के कारण हुई। इसके बाद पीढ़ी-दर-पीढ़ी अंग्रेजी शिक्षित और उदारतावादी विचारों में पगे भारतवासियों का एक वर्ग बनता चला गया। ये लोग पश्चिम के प्रशंसक थे और अपने विदेशी आकाओं की सेवा के लिए 'क्लर्क' बनने के लिए तैयार थे। इनमें से कुछ वकील बने, कुछ अध्यापक बन गये और कुछ ने वाणिज्य और उद्योग का क्षेत्र पसंद किया। कुछ विदेश, मुख्यतौर से इंग्लैंड, जाने में सफल रहे और उच्च शिक्षा प्राप्त की। इनमें से अधिकांश लोग आईसीएस बनना चाहते थे। अंग्रेजी पढ़े-लिखे अंग्रेजीदाँ तबके के कुछ सदस्यों ने समाज सुधार का जिम्मा उठाया, कुछ ने पत्रकारिता की, कुछ डॉक्टरी और एकाउंटेंसी में चले गये। राजनीति के क्षेत्र ने भी इनमें से कई को आकर्षित

किया।

यह था भारत का नया मध्यवर्ग जिसके जरिये अंग्रेजों ने उपमहाद्वीप पर हुकूमत की। इसी वर्ग के जरिये व्यक्तिवाद और संविधान आधारित शासन के विचार प्रचलित हुए। आजादी, लोकतंत्र और समाजवाद के विचारों से प्रभावित यह वर्ग ब्रिटिश राज की देन था और इसी वर्ग से आगे चलकर अंग्रेजों के प्रभुत्व को चुनौती देने वाला नेतृत्व निकला। इसी वर्ग ने अंग्रेजों से सत्ता प्राप्त की और भारत को 'संप्रभु लोकतांत्रिक गणराज्य' घोषित किया।

समाज सुधार : चूँकि आधुनिकीकरण की शुरुआत इसी छोटे से मध्यवर्ग द्वारा की गयी थी, इसलिए आम जनता और अभिजनों के बीच भारी खाई पैदा हो गयी जिसका परिणाम भारतीय राष्ट्रत्व के विकास में गंभीर समस्या के रूप में निकला। लेकिन, इसी नये वर्ग के उदय के साथ भारतीय समाज के सुधार की आकांक्षा का उदय भी हुआ। अंग्रेजों ने जिन योग्य प्रशासकों को अपनी हुकूमत चलाने के लिए भेजा था, वे भारतीय पुनर्जागरण के नेताओं के हमदर्द साबित हुए। हिंदुओं की आधारभूत प्रेरणाओं और प्राचीन भारतीय गौरव के जीर्णोद्धार की कोशिशों में हिंदू धर्म को अंधकार के युग में पैदा हुई उसकी विकृतियों से मुक्त कराने का प्रयास भी निहित था। १८२८ से १८३५ के बीच भारत के गवर्नर-जनरल रहे विलियम बैंटिक ने राजा राममोहन राय जैसे उदारतावादियों के सतत आग्रह के बाद सती, ठगी और बालिका शिशुओं की काली देवी के सामने बलि देने जैसी कुप्रथाओं के उन्मूलन के कदम उठाये। मानवीय बलि पर पाबंदी लगा दी गयी। महिलाओं के खिलाफ होने वाले घोर अन्यायों को रोकने के उपाय किये गये। सरकारी कानूनों का उल्लंघन करने वाले अपराधों और अन्य जुर्मों के मामले स्थानीय अदालतों से लेकर नवगठित अदालतों को सौंप दिये गये।

१८५७ के विद्रोह से अंग्रेजों और उनके सहयोगी आधुनिकतावादी भारतवासियों द्वारा चलाए जा रहे समाज सुधारों के इस सिलसिले को धक्का लगा। महारानी विक्टोरिया की सरकार ने प्रशासन सीधे अपने हाथ में लेकर *पैक्स ब्रिटेनिका* के सिद्धांत को लागू किया जिसके मुताबिक स्थानीय प्रथाओं को अस्थिर नहीं किया जाना था। इस तरह ब्रिटिश शासन सामाजिक रूप से तटस्थ हो गया और समाज सुधार सरकारी प्रयासों से होने के बजाय भारतीय बुद्धिजीवियों और नेताओं के प्रयासों तक ही सीमित रह गये।

औपनिवेशिक शासन का अनुदारवाद

वक्त गुजरने के साथ-साथ भारतीय समाज में औपनिवेशिक हस्तक्षेप और भी कम होता चला गया। अपने तमाम परिवर्तनकारी असर के बावजूद अंग्रेज हुकूमत में भारतीय समाज की पुनर्रचना करने की क्षमता और इच्छा शक्ति का अभाव था। जिस समय नयी परिस्थितियों के कारण लोगों की सामाजिक स्थिति में भारी असंतुलन पैदा हो रहा था, देश को आधुनिक अधिकारीतंत्र और सक्षम प्रशासन का ढाँचा प्रदान करने वाली ब्रिटिश हुकूमत कुल मिलाकर सामाजिक और आर्थिक मुद्दों पर अनुदार ताकतों की नुमाइंदगी कर रही थी। उन्नीसवीं सदी के उत्तरार्ध और बीसवीं सदी के पूर्वार्ध में भारत की आबादी तेजी से बढ़ी, लेकिन खेतिहर पैदावार में उसी के मुताबिक वृद्धि नहीं हुई। प्रति व्यक्ति वास्तविक आमदनी में बढ़ोतरी न केवल रुक गयी, बल्कि कुछ घट भी गयी। नयी ताकतों ने कुटीर उद्योगों और घरेलू उद्यमों की पारंपरिक शक्ति का क्षय कर दिया। अभाव बढ़ा और जीवन स्थितियाँ कठोर हो गयीं।

इसी जमाने में शहरीकरण, रेलवे और संचार के अन्य साधनों का विस्तार हो रहा था, नये समाचार माध्यम विकसित हो रहे थे। मध्यवर्ग मजबूत हो रहा था और गैर-पारंपरिक सभा-संस्थाओं की संख्या बढ़ रही थी। जाहिर था कि सामाजिक नवीकरण की परिस्थितियाँ बन रही थीं, लेकिन अंग्रेजों ने इसका फायदा न उठाकर साबित किया कि उनका शासन भारत के लिए राजनीतिक ही नहीं सामाजिक रूप से भी अनुदारवादी था। राष्ट्रीय आजादी के लिए चले आंदोलन ने अपने विकास के लिए इन विशेष परिस्थितियों का फायदा जरूर उठाया। अंग्रेजों द्वारा एक तरफ सामाजिक आयामों की और दूसरी तरफ जनता की अभावग्रस्तता की समस्याओं की उपेक्षा करने के कारण भी १९४७ में आजाद हुए भारत के नेतृत्व को एक समस्याग्रस्त समाज और राष्ट्र की विरासत मिली।

आधुनिकीकरण के पुरोधा और संस्थाओं का विकास

भारतीय समाज के आधुनिकीकरण को नेतृत्व देने वालों की पंक्ति में राजा राममोहन राय (१७७४-१८३३) अग्रणी थे। अरबी, फारसी और संस्कृत के इस विद्वान को यूनानी और हिब्रू भाषाएँ भी आती थीं। उन्होंने हिंदू धर्म, इस्लाम, ईसाइयत और उदारतावादी विचारों को संश्लेषित करने का प्रयास किया। पहले वे सूफी मत से प्रभावित हुए और फिर ईसाइयत से। अंग्रेजी का

अध्ययन करने के दौरान उन्हें भारतीय धर्मों और समाज के अंत:संबंधों पर गहन विचार करना पड़ा। जाति-प्रथा और महिलाओं के ख़िलाफ़ पक्षपात के कड़े आलोचक राममोहन राय ब्रिटिश प्रशासन की आलोचना करने के साथ-साथ भारत के लिए उसके लाभकारी होने पर भी यकीन करते थे। उन्होंने अपना जीवन भारतवासियों को उदारतावाद के राजनीतिक मूल्यों की शिक्षा देने में लगा दिया। धर्म के क्षेत्र में उन्होंने नये-नये रास्ते खोजने का विशिष्ट योगदान किया। उनके द्वारा स्थापित *ब्रह्म समाज* सेकुलर और धार्मिक आस्थाओं के खास तरह के मिश्रण की वकालत करता था। अपने जमाने के बौद्धिक और सामाजिक जीवन को *ब्रह्म समाज* ने गहराई से प्रभावित किया। आगे चलकर देश भर में जगह-जगह सक्रिय हुई कई धार्मिक और सेकुलर स्वंयसेवी संस्थाओं के लिए ब्रह्म समाज प्रेरणा का स्रोत था।

इनमें से कई संस्थाओं के उद्देश्य ब्रह्म समाज से अलग भी थे। १८४३ में बनी *ब्रिटिश इंडियन सोसाइटी* कलकत्ता, मद्रास और बंबई के प्रेसीडेंसी नगरों में सक्रिय रही। १८७६ में राष्ट्रवादी नेता और प्रभावशाली वक्ता सुरेंद्र नाथ बनर्जी ने कलकत्ता में *इंडियन एसोसियेशन* स्थापित की। १८८३ में इसी संगठन के राष्ट्रीय सम्मेलन में सभी भारतीयों के लिए एक राष्ट्रीय संगठन बनाने का विचार पैदा हुआ जिसका नतीजा १८८५ में *भारतीय राष्ट्रीय कांग्रेस* की ऐतिहासिक स्थापना के रूप में निकला।

इनमें से कुछ संस्थाएँ समाज सुधार के लिए ही समर्पित थीं। इनके नेताओं की मान्यता थी कि स्वशासन हासिल करने के लिए भारतीय समाज को पहले अपना नवीकरण करना होगा। इन नेताओं में राममोहन राय के अलावा ईश्वर चंद्र विद्यासागर से लेकर श्रीनिवास आयंगार जैसे उदारतावादी भी शामिल थे। भारतीय समाज में प्रचलित कुप्रथाओं के मुखर आलोचक न्यायमूर्ति महादेव गोविंद रानाडे इन सुधारकों के रवैये से अंशत: सहमत थे। उन्हीं के एक अनुयायी और महान उदारतावादी गोपाल कृष्ण गोखले ने *सर्वेंट ऑव इंडिया सोसाइटी* की स्थापना की। गोखले ने ही कांग्रेस के नरमदली धड़े का नेतृत्व किया। लेकिन, गोखले खुद सुधारवादी न होकर राजनीति के माध्यम को उचित मानते थे।

सुधारकों का तीसरा समूह परंपरा का झंडा बुलंद करने के बावजूद परिवर्तनविरोधी नहीं था। दरअसल, उसने समाज पर ज्यादा गहरा असर डाला। इनमें सर्वाधिक अग्रणी दयानंद सरस्वती थे जिन्होंने १८७५ में बंबई में

आर्य समाज की स्थापना की। बहुत से राष्ट्रवादी *आर्य समाज* से प्रभावित होकर उसके सदस्य बन गये। इस जुझारू सुधार संगठन की शाखाएँ पूरे देश में फैल गयीं। वेदों को केंद्र बनाकर दयानंद ने हिंदू धर्म को उसकी कुरीतियों से मुक्त कराने का बीड़ा उठाया। राष्ट्र के उत्थान और नवीकरण के लिए युवकों और महिलाओं को प्रशिक्षण दिया। उधर रामकृष्ण परमहंस के अनुयायियों द्वारा स्थापित मिशनों और स्वामी विवेकानंद ने भी हिंदू चिंतन की मुख्य धारा को कायम रखते हुए शैक्षिक और सामाजिक कार्य से जुड़ी गतिविधियाँ चलायीं। बाद में कांग्रेस के अपेक्षाकृत अधिक सेकुलर नेताओं ने भी महसूस किया कि उन्हें राष्ट्रवाद के धार्मिक आधार को खारिज नहीं करना चाहिए और राजनीतिक कार्रवाई के लिए परंपरा से प्रेरणा लेने में संकोच नहीं करना चाहिए। इन नेताओं में बाल गंगाधर तिलक प्रमुख थे जिनके हाथ में कांग्रेस के गरमदली धड़े का नेतृत्व था।

राजनीतिक दिशा

रानाडे के जमाने में ही दादा भाई नौरोजी जैसी प्रतिष्ठित हस्ती ब्रिटिश शासन पर भारतीय अर्थव्यवस्था के शोषण का आरोप लगा चुकी थी। नौरोजी भारत की समस्याओं के राजनीतिक हल के पक्ष में थे। दरअसल, अट्ठारहवीं और उन्नीसवीं सदी के महान समाज सुधारकों ने ही भारतीय राष्ट्रवाद के लिए जमीन तैयार की। उसी का फायदा उठाकर शहरी और शिक्षित भारतीय उपनिवेशवाद विरोधी राजनीतिक दिशा प्राप्त कर पाए। रानाडे की पीढ़ी की जगह जैसे ही गोखले की पीढ़ी आयी, वैसे ही समाज सुधार राजनीतिक आंदोलन के व्यापक दायरे का अंग बन गया। इसी बीच क्रांतिकारी हिंसा में यकीन रखने वाले बंगाल के कई समूह विदेशी शासन के खात्मे के लिए संघर्षरत हो गये। लगता था कि जैसे पूरे देश में एक तरह का क्षोभ किसी न किसी रास्ते फूट पड़ने के लिए उबल रहा है।

राष्ट्रवादियों को यह रास्ता १८८५ में कांग्रेस की स्थापना से मिला। कुछ-कुछ बेख्याली में बनाये गये इस संगठन को शुरू में अंग्रेजों का वरद् हस्त भी प्राप्त था, लेकिन आगे चलकर यह एक बेहद विशाल राजनीतिक आंदोलन का रूप लेता चला गया जिसके जरिये आजादी की लड़ाई को एकीकृत नेतृत्व प्राप्त हुआ। कांग्रेस पहले भी भारतीय राष्ट्रवाद की दो अंतर्विरोधी, समझौतापरस्त और रेडिकल, प्रवृत्तियों के आपसी समझौते के

रूप में काम करती थी, और कमोबेश आज भी उसी तरह सक्रिय है। कांग्रेसी समझौतापरस्ती की अभिव्यक्ति संविधानवाद, राजनीतिक कार्रवाई के मामले में नरम तौर-तरीकों और ब्रिटिश राज के साथ समायोजन करने में होती थी। रेडिकल रवैया कभी तो अंग्रेजों के खिलाफ अहिंसक आंदोलन में व्यक्त होता था, तो कभी हिंसक तरीकों से अंग्रेजों को उखाड़ फेंकने के समर्थन में सामने आता था। संविधानवाद के तहत कांग्रेस के नरमदली नेताओं ने भारत और ब्रिटेन के संविधानवादी विशेषज्ञों के साथ काम किया। जब कांग्रेस ने इस कार्यदिशा को छोड़ा, तो औपनिवेशिक शासन से सीधी टक्कर ली। कभी इस और कभी उस रवैये का इस्तेमाल करके कांग्रेस ने अपना लक्ष्य हासिल किया। इसी प्रक्रिया में कांग्रेस ने संसदीय संस्थाओं में काम करना सीखा, ताकतवर सांगठनिक ढाँचा बनाया, कार्यकर्ताओं की कतार खड़ी की, एक विविधतापूर्ण समर्थन आधार तैयार किया, बड़े पैमाने पर आम लोगों के बीच वैधता और लोकप्रियता हासिल की।

भारत की स्वशासी संस्थाएँ ब्रिटिश शासन और उसके प्रति भारतीय अनुक्रिया की मिलीजुली देन थीं। अगर अंग्रेजों की जगह लोकतांत्रिक संस्थाओं को चलाने और राजनीतिक सौदेबाजी में अनुभवहीन कोई अन्य औपनिवेशिक ताकत होती तो उसका अड़ियल रवैया भारतीय राष्ट्रवाद के चरित्र को पूरी तरह बदल सकता था। साथ ही यह भी सच है कि भारतवासियों द्वारा अंग्रेजी शिक्षा प्राप्त करने में प्रदर्शित बौद्धिक और सांस्कृतिक कुशलता के कारण भी अंग्रेजों को भारत पर शासन कर पाने में आसानी हुई। कुछ अंग्रेज प्रशासकों में एक प्रवृत्ति अवश्य थी कि वे शुरू से ही उन दिनों के बारे में सोच कर कदम उठाते थे जब भारतवासियों को स्वशासन का अधिकार देने के हालात बन जाएँगे। लेकिन, उन्नीसवीं सदी के अंत तक इस दिशा में तकरीबन न के बराबर प्रगति हुई। केवल स्थानीय स्वशासन की तरफ कदम बढ़ाये गये, लेकिन उसमें भी कोई खास कामयाबी नहीं मिली।

स्वशासन की माँग

स्वशासन की तरफ बढ़ने के लिए अंग्रेजों को कई कारणों से मजबूर होना पड़ा। कांग्रेस की तरफ से ब्रिटिश शासन की आलोचना बढ़ती चली जा रही थी। उसके भीतर गरमदल के नेता तिलक 'स्वराज मेरा जन्म सिद्ध अधिकार

है और मैं इसे लेकर रहूँगा' जैसा नारा लगाने लगे थे। तिलक को पंजाब के लाला लाजपत राय और बंगाल के विपिन चंद्र पाल जैसे नेताओं का समर्थन भी प्राप्त था। यह त्रिमूर्ति पूरे देश में एक शक्तिशाली राष्ट्रवादी आंदोलन छेड़ने की फिराक में थी। इसकी वजह से गोखले के नेतृत्व वाले नरमदली धड़े को मजबूरन अंग्रेजों से और भी ज्यादा राजनीतिक सुधारों की माँग करनी पड़ रही थी। १९०५ में कर्जन द्वारा किये गये बंग-भंग के कारण भी सारे देश में अंग्रेजों के खिलाफ गुस्से की लहर दौड़ चुकी थी।

१९०९ में इंडियन कौंसिल्स एक्ट के तहत अंग्रेजों ने कुछ निर्वाचित भारतीयों को वायसराय और गवर्नर की कौंसिलों में लेने की फैसला किया, हालाँकि कौंसिलों के अधिकतर सदस्य अंग्रेजों द्वारा नामजद किये जाते रहे। इससे और अधिक प्रतिनिधित्व के साथ-साथ निर्वाचित सदस्यों को और अधिकारों की माँग जोर पकड़ गयी। १९०८ से १९१४ तक अंग्रेजों की जेल काट कर एक हीरो की तरह लौटे तिलक ने लोकप्रिय 'होम रूल' आंदोलन में एनी बेसेंट का साथ दिया। १९१५ में गोखले की मृत्यु के बाद कांग्रेस में उनकी स्थिति और ताकतवर हो गयी। इसके बाद लखनऊ पैक्ट के तहत मुस्लिम लीग के साथ कांग्रेस का संयुक्त मोर्चा बन गया। कांग्रेस के भीतर नरमदलियों और पूर्व अतिवादियों के बीच राष्ट्रवादी तत्त्व सुदृढ़ होते चले गये। लीग-कांग्रेस ने मिलकर और अधिक स्वशासन की माँग उठायी। पहले विश्व युद्ध के कारण अंग्रेजों को भारतवासियों के सहयोग की जरूरत पड़ी, इसलिए उन्हें ज्यादा स्वशासन का आश्वासन देना पड़ा।

नतीजे के तौर पर १९१९ का गवर्नमेंट ऑव इंडिया एक्ट बना जिसने विदेशी प्रभुत्व के तहत छोटे-पूरे संसदीय शासन की शुरुआत की। एक दो सदनों वाली केंद्रीय विधायिका गठित की गयी जिसमें नामजद सदस्यों के साथ-साथ सामान्य और 'विशेष' मतदातामंडलों के जरिये चुने गये नुमाइंदों की संख्या खासी थी। प्रांतीय स्तर पर स्वशासन का दायरा और व्यापक किया गया। प्रांतीय विधायिकाओं के ज्यादातर सदस्य निर्वाचित किये जाते थे, साथ ही गवर्नर के लिए कुछ विनियमनकारी और वसूलयावी संबंधी अधिकारों को छोड़कर बाकी अधिकार प्रांतीय सरकार के मंत्रियों को सौंप दिये गये। इसके पीछे योजना यह थी कि केंद्र में स्वशासन के व्यापक अधिकार देने के पहले प्रांतों में उसका प्रयोग कर लिया जाए। हालाँकि इस पूरी व्यवस्था पर अंग्रेजों का पूरा नियंत्रण था, फिर भी यह कानून संसदीय स्वशासन की दिशा में

महत्त्वपूर्ण कदम था।

दिलचस्प बात यह थी कि अंग्रेजों द्वारा सुलह-सफाई के सभी उपायों की तरह इस एक्ट का भी देश भर में ठंडा स्वागत ही हुआ। कांग्रेस ने एक प्रस्ताव पारित करके १९१९ के कानून को निराशाजनक करार दिया और ब्रिटिश संसद से अपील की कि आत्मनिर्णय के अधिकार के तहत भारत में अधिक अधिकारसंपन्न स्वशासन स्थापित किया जाना चाहिए। वस्तुतः कांग्रेस ने इस एक्ट के आधार पर अंग्रेजों से सहयोग करने से इनकार कर दिया।

संघर्ष की तैयारियाँ और जनाधार की सीमा

बीसवीं सदी के पहले दो दशकों में भारत के राजनीतिक माहौल में सबसे बड़ा परिवर्तन यह हुआ कि सामाजिक-राजनीतिक परिवर्तनों की आकांक्षा आजादी की तमन्ना में बदल गयी। अंग्रेजों के प्रति भारतीय रवैया पहले जैसा नहीं रहा और उन्हें जनता की मर्जी के खिलाफ भारत पर मनमाना और निरंकुश शासन थोपने वालों की तरह देखा जाने लगा। बंगाल के विभाजन ने नरमदली राष्ट्रवादियों को भी असंतुष्ट कर दिया। दादाभाई नौरोजी द्वारा अंग्रेजों पर लगाया गया भारत की आर्थिक लूट का आरोप राष्ट्रवादियों और मध्यवर्गीय बुद्धिजीवियों के राजनीतिक शस्त्रागार का प्रमुख अस्त्र बन गया। विदेशी वस्तुओं के बहिष्कार और देशी वस्तुओं के इस्तेमाल के आग्रह वाला स्वदेशी आंदोलन फूट पड़ा। तिलक के कल्पनाशील नेतृत्व ने इस आंदोलन के दौरान जबरदस्त राष्ट्रवादी उत्साह पैदा किया। स्वदेशी के आग्रह के कारण स्थानीय वस्त्र उद्योग को उछाल मिला जिससे व्यापारी वर्ग कांग्रेस के साथ आ गया। पहले जिस बात पर आसानी से सहमति हो जाती थी, उसी को अवमाननाकारी समझा जाने लगा कि स्वशासन लेने से पहले भारतवासियों को खुद को उसके काबिल बनाना होगा। भारतीय राष्ट्रवाद की शक्ल रेडिकल हो गयी और 'जिम्मेदार सहयोग' की वकालत करने वाली कांग्रेस स्वशासन की पैरोकार के रूप में उभरने लगी।

भारतीय राजनीति के क्षितिज पर एकदम नये किस्म की ताकतें उभर आयीं। पहली बार एक केंद्रीकृत राष्ट्रीय अभिजन तबका उभरा। अलग-अलग जगहों पर राजनीतिक-सामाजिक सुधारों के लिए सक्रिय रहने वाले योग्य और समर्पित व्यक्तियों की जगह एक राष्ट्रीय नेतृत्व और एक राष्ट्रीय संस्था ने ले ली। भारतीय इतिहास में घटित होने वाला यह एक बहुत बड़ा

रूपांतरण था। कांग्रेस ने नाना प्रकार की राजनीतिक प्रवृत्तियों को अपने आगोश में जगह दी। राष्ट्रीय चेतना और पहचान का विकास होने लगा। उसे और स्थायित्व देने का काम कांग्रेस कर ही रही थी। हालाँकि ब्रिटिश प्रशासन के अखिल भारतीय चरित्र के कारण एक भारतीय अस्मिता का आधार बन चुका था, पर उसे राष्ट्रीय स्वरूप तब तक नहीं मिल सकता था जब तक विदेशी शासन के प्रति स्थानीय लोगों की अनुक्रिया राष्ट्रीय और संस्थागत रूप न ले लेती। धीरे-धीरे राष्ट्रवादी आंदोलन के राजनीतिक आयामों का एहसास प्रबल हुआ। नेतृत्व को लगने लगा कि केवल सुधारों और शिक्षा से काम नहीं चलेगा, उसे दीर्घकालीन संघर्ष के लिए भी तैयार होना पड़ेगा। तिलक का कहना था कि स्वराज के लिए लड़ना पड़ेगा। आखिरकार शक्तिशाली ब्रिटिश साम्राज्य ऐसे ही भारत छोड़ने के लिए तैयार नहीं होने वाला था।

जाहिर था कि कांग्रेस का गरमदली धड़ा राष्ट्रवादी आंदोलन को अपने हाथ में लेना चाहता था। वह नरमदलियों के संविधानवाद और सहयोग की नीतियों से उकता चुका था। १९०७ की सूरत कांग्रेस में तो वह संगठन पर हावी नहीं हो पाया था, लेकिन १९१५ तक तिलक की जेल से वापसी और गोखले की मृत्यु के बाद उसका प्रभुत्व स्पष्ट हो गया। इस समय तक तिलक भी एक प्रेरक आंदोलनकारी नेता होने के साथ-साथ संगठन के महत्त्व को समझने वाले नेता बन चुके थे। यही थीं वे परिस्थितियाँ जिनके तहत राष्ट्रवादी नेतृत्व में पूर्ण स्वराज को प्राथमिकता देने वाली ताकतें मजबूत हुईं और कांग्रेस १९१९ के एक्ट को खारिज कर पायी। हालाँकि अंग्रेजों ने १९११ तक बंगाल के विभाजन को निरस्त कर दिया था, और १९०९ व १९१९ के कानूनों के जरिये वे कांग्रेस को रियायतें देने का इरादा जाहिर कर चुके थे, पर उनके और राष्ट्रवादियों के बीच संबंधों में खासी दरार आ चुकी थी। आखिरकार रौलेट एक्ट जैसे दमनकारी कानून भी तो उन्होंने ही बनाये थे और १९१९ में जलियाँवाला बाग में निर्दोष भारतवासियों पर बर्बर गोलीबारी भी तो उन्होंने ही की थी।

अंग्रेजों के दमन के कारण देश में जितना तनाव था, उतना ही तनाव कांग्रेस के भीतर था। तिलक के समर्थक हावी हो चुके थे, और नरमदलियों ने पार्टी के बाहर एक *लिबरल फेडरेशन* बना ली थी। १९०७ में इसी प्रकार नरमदलियों के वर्चस्व के कारण तिलक के समर्थक पार्टी से बाहर जाने के लिए मजबूर हुए थे। जटिल राजनीतिक परिस्थिति का कोई हल देने के बजाय

कांग्रेस बहसबाजी का अड्डा बन गयी थी। दिक्कत यह थी कि दोनों धड़ों की नीतियाँ राष्ट्रवादी संघर्ष को आगे ले जाने में नाकाम साबित हुई थीं। संवैधानिक सुधारों के लिए माँग करने वाला नरमदली रवैया हो, या फिर संघर्ष और जुझारूपन पर जोर देने वाला गरमदली नजरिया हो, आंदोलन नया रास्ता नहीं खोज पा रहा था। शहरों में कुछ बम फेंक देने, कुछ अंग्रेजों की हत्या कर देने या विदेशी कपड़ों की होली जलाने का नतीजा और ज्यादा दमन में ही निकल रहा था। कांग्रेस की असली समस्या यह थी कि उसके पास कोई जनाधार नहीं था। वह तो शहरी और शिक्षित मध्यवर्ग का संगठन था। उसके दोनों धड़ों की वास्तविक सीमा यही थी। आजादी का आंदोलन एक शून्य का सामना कर रहा था।

गाँधी का करिश्मा और कांग्रेस का पुनर्जन्म

इस शून्य को मोहनदास कर्मचंद गाँधी की असाधारण शख्सियत ने भरा। उन्हीं के प्रयासों से कांग्रेस के भारतीय समाज से रिश्ते गहन हो पाए और उसे लोकप्रिय आधार मिल पाया। दक्षिण अफ्रीका में नस्लवादी उत्पीड़न के खिलाफ सत्याग्रह की तकनीक विकसित करने के बाद १९१५ में भारत लौट कर गाँधी ने पूरे देश का सघन दौरा किया और नतीजा निकाला कि हालात एक खास किस्म के दीर्घकालीन संघर्ष के हैं जिसमें न केवल अंग्रेजों के खिलाफ लड़ना होगा, बल्कि भारतीय समाज के भीतर भी संघर्ष चलाना होगा। गाँधी की निगाह में मध्यवर्गीय आधार से काम नहीं चलने वाला था। आम जनता को उसके राजनीतिक अलगाव से निकालकर आंदोलन में खींचना जरूरी था। नरमदलियों के रक्षात्मक रवैये और गरमदलियों की 'पश्चिम विरोधी' आत्महीनता से परे जाते हुए ब्रिटिश हुक्मरानों को यह एहसास दिलाना जरूरी था कि वे मुट्ठीभर आंदोलनकारियों और उनके नेताओं का नहीं, बल्कि एक महान आंदोलन में संगठित और अनुशासित देश भर की लाखों-लाख जनता का मुकाबला कर रहे हैं। गाँधी को यह एहसास भी हुआ कि ब्रिटिश हुक्मरान ताकत के दम पर झुकने वाले नहीं हैं, लेकिन उन्हें व्यापक जनसमर्थन से लैस नैतिक दबाव के जरिये कुछ विचलित जरूर किया जा सकता है। उन्होंने तय किया कि एक नयी आत्म-चेतना और नयी उद्देश्यपरकता के साथ संगठन का नीचे से निर्माण ही उनका पहला कार्यभार हो सकता है।

गाँधी स्वयं असाधारण ऊर्जा के धनी थे। उन्होंने लीक से हटकर तौर-तरीकों का इस्तेमाल करते हुए जनता से त्याग और नैतिकता के नाम पर अपील की। १९२१, १९३० और १९३२ में नागरिक सविनय अवज्ञा के प्रभावशाली अहिंसक आंदोलन चलाये। उनका आग्रह था कि अन्याय के खिलाफ नैतिक, अनुशासित और अहिंसक प्रतिरोध किया जाना चाहिए। उनके सत्याग्रह का यही सार था। उन्होंने स्वयं कई उपवास किये जिनमें कुछ ऐसे आमरण अनशन भी शामिल थे जिन्होंने सरकार को उनकी कई बातें मानने के लिए मजबूर किया। इस तरीके से उन्होंने अगर हमेशा नहीं तो कई बार देश की जनता की भावनाओं को स्पर्श किया और दुनिया के अन्य भागों का ध्यान आकर्षित करने में सफलता प्राप्त की।

इन खूबियों के साथ-साथ गाँधी एक महान संस्थान-निर्माता और परिणामवादी भी थे। आंदोलनों के बीच वे जनता के लिए रचनात्मक कार्यक्रम की तजवीज किया करते थे। इसमें अछूतों के बीच काम करना, खादी के लिए सूत कातना, आदिवासियों और ग्रामों के उत्थान के लिए काम करना, वंचितों के बीच समाजकार्य करना और शैक्षिक कार्यक्रम शामिल होते थे। गाँधी ने महिलाओं, युवकों, पिछड़ों और मजदूरों के बीच काम करने के लिए कांग्रेस के कई सहयोगी संगठन बनाये। उन्होंने उस समय तक अलग-अलग समझे जाने वाले राजनीतिक काम और सामाजिक कार्य को जोड़ने पर जोर दिया। इससे लाभ यह हुआ कि कांग्रेस कार्यकर्ताओं की विशाल फौज दो संघर्षों के बीच की अवधि में भी सक्रिय रहती थी और जैसे ही नयी सत्याग्रह मुहिम छेड़ी जाती, वे उसमें कूद पड़ने के लिए तैयार रहते थे।

नयी प्रतीक-योजना

अपने अनुयायियों के बीच महात्मा के नाम से लोकप्रिय गाँधी के पास न केवल करिश्माई व्यक्तित्व था, बल्कि उन्होंने एक विशिष्ट प्रतीक-योजना विकसित करके भी आम जनता और कांग्रेस की कतारों को अपने साथ करने में कामयाबी हासिल की। गाँधी ने तीन तरीके अपनाये : पहला, उन्होंने स्वयं अपनी जीवन-शैली को उदाहरण के रूप में पेश किया। उन्होंने अपने निजी जीवन के अंतरंग पहलुओं को भी सार्वजनिक बनाने में कोई हिचक नहीं दिखाई और इस प्रकार उनकी दिनचर्या की दर्शनीयता अपने आप में पूरे राष्ट्र के लिए शिक्षा का स्रोत बन गयी। दूसरा, उन्होंने भारतीय समाज के अनसुलझे

सवालों को प्रतीकों में बदल दिया। छुआछूत की समस्या से जूझने के लिए उन्होंने अछूतों को हरिजन कहना शुरू किया जिसके आधार पर कांग्रेस अस्पर्श्यता निवारण का राष्ट्रव्यापी आंदोलन चला पायी। हिंदी और उर्दू के मिले-जुले प्रभावों वाली भाषा *हिंदुस्तानी* के जोरदार प्रचार को उन्होंने राष्ट्रीय एकता का प्रतीक करार दिया।
उन्होंने तकरीबन नारीवादी शैली में औरत की आजादी की वकालत की। गाँधी ने हिंदू-मुसलमान एकता के प्रतीकों को राष्ट्रीय एकता के मंच का दर्जा प्रदान किया। चरखे और खादी के प्रतीक के जरिये उन्होंने जनता को रोजगार देने के मुद्दे को स्पर्श किया। नमक पर लगने वाले कर का प्रतीकात्मक विरोध करने के माध्यम से गाँधी ने हजारों लोगों को ब्रिटिश शासन के खिलाफ लड़ाई के मैदान में उतार दिया। उन्होंने निजी तौर पर की जाने वाली प्रार्थना के प्रतीक को एक सार्वजनिक संस्था का दर्जा दे दिया। हर शाम गाँधी अपनी प्रार्थना सभा में राजनीति की गुत्थियों के हल सुझाते जिन्हें पूरे देश में प्रचार मिलता। अपने ब्रिटिश विरोधी संघर्ष की उन्होंने 'सत्य के साथ प्रयोगों' के रूप में व्याख्या की।

तीसरा, गाँधी ने साधु-संतों की भूमि समझे जाने वाले भारत की जनता को एक जुझारू किस्म के संगठन में गोलबंद किया जिसके पास एक प्रभावी कार्यक्रम, एक ताकतवर पहचान और सुसंगठित व अनुशासित ढाँचा था। उन्होंने तरह-तरह की पृष्ठभूमियों से आए नाना प्रकार की बौद्धिक कुशलता के धनी हर तबके के लोगों को कांग्रेस की तरफ आकृष्ट करने में कामयाबी हासिल की। वे किसी किस्म के मताग्रह या निजी मान-अपमान के बजाय संगठन की एकता को प्राथमिकता देते थे। इस रवैये के कारण ही कांग्रेस के भीतर अस्पष्टता और विविधता के साथ रहने की प्रवृत्ति पैदा हुई, उसे लचीलापन मिला और हालात के मुताबिक कदम उठाने या रास्ता बदलने की क्षमता पैदा हुई। असहमति हो या सहमति, दोनों ही कांग्रेस की विशिष्ट शैली के अंग बन गये। गाँधी की इन्हीं देनों के कारण कांग्रेस राष्ट्रीय आंदोलन को विभिन्न तरह के मतभेदों से बचा पायी, जबकि अन्य देशों के उपनिवेशवाद विरोधी आंदोलनों में यह खूबी नहीं थी। यह जरूर है कि तमाम कोशिशों के बावजूद गाँधी हिंदुओं और मुसलमानों के बीच पड़ने वाली दरार को नहीं रोक पाए।

परंपरा और आधुनिकता के बीच पुल

गाँधी की सबसे बड़ी विशेषता यह थी कि वे विपरीत ध्रुवों के बीच पुल बना देने में माहिर थे। उनके प्रतीक एक-दूसरे को मजबूत करते हुए परंपरा के एक हिस्से को स्पर्श करने के बावजूद आधुनिक संदर्भ में कारगर साबित होते थे। परंपरा और आधुनिकता के बीच पुल बनाकर उन्होंने काल की सीमाएँ लाँघीं, साथ ही शहर और गाँव के बीच पुल बनाकर उन्होंने दिक् की सीमाओं को पार कर लिया। उन्होंने आधुनिकता को एक देशी मुहावरा दिया, जनता तक अपनी बात पहुँचाने की सरल विधियाँ विकसित कीं और एक ऐसी शक्ति का उद्भव किया जो एक साथ निजी और सांगठनिक दोनों थी। उन्होंने प्राधिकार और श्रेणीक्रम, सामाजिक दायित्व और आत्म-साक्षात्कार, सहमति और एकता जैसे पारंपरिक विचारों की लगातार आधुनिक संदर्भों में पुनर्व्याख्या की जिससे एक अलग तरह की राष्ट्रीय अस्मिता के विकास में मदद मिली। उन्होंने हजारों कांग्रेस कार्यकर्ताओं को जन-सेवा के लिए गाँवों की ओर भेजा। दरिद्र-नारायण की सेवा के लिए प्रतिबद्ध ये कार्यकर्ता सादगीपूर्ण किफायती जीवन गुजारते थे और किसी भी किस्म के मौज-मजे से दूर रहते थे। गाँधी का आग्रह रहता था कि ये कार्यकर्ता त्याग-बलिदान और कर्मठता के ऊँचे आदर्शों का प्रदर्शन करें ताकि एक गरीब देश में आम लोगों को अपनी कामनाओं और परिवार का आकार सीमित रखने की प्रेरणा मिल सके। गाँधी ने व्यापारी वर्ग के संसाधनों को अपने आंदोलन के लिए इस्तेमाल करने हेतु ट्रस्टीशिप, मितव्यिता और सांसारिक उत्तरदायित्वों को निभाने में निहित धार्मिकता के पारंपरिक आग्रहों का इस्तेमाल किया। गाँधी ने कहा कि व्यापारी वर्ग का कर्तव्य मंदिरों के निर्माण में पैसा खर्च करने के साथ-साथ राष्ट्र-मंदिर के निर्माण में योगदान देना भी है। उन्होंने राजनीतिक-सामाजिक गतिविधियों के नैतिक पहलुओं पर जोर देना लगातार जारी रखा। उन्हें समाज के पारंपरिक क्षेत्रों से भी समर्थन मिला जिससे वे आधुनिकीकरण को लोकप्रिय मुहावरे में समझा पाए।

आधुनिक मकसदों से परंपरा की पुनर्व्याख्या करने के साथ-साथ गाँधी ने परंपरा के उन पहलुओं को हमेशा खारिज किया जो राष्ट्रवादी मंतव्यों के खिलाफ जाते थे। एक तरह से वे नयी परंपराओं के सर्जक भी थे। ट्रस्टीशिप और आत्म-संयम जैसी परंपराओं को बुलंद करते हुए उन्होंने ज्ञान और बुद्धि के जन्मना होने की धारणाओं का खंडन किया। भाग्यवाद की सामाजिक

भूमिका को नकारते हुए गाँधी ने पारंपरिक हिंदू चिंतन में निहित व्यक्तिवाद को मानने से इनकार किया। कुल मिलाकर गाँधी ने हिंदू चिंतन की सबसे बड़ी कमियों, सामूहिकता के बोध की कमी और संगठित नागरिक बोध के अभाव, का भी अपने मकसद के लिए इस्तेमाल कर लिया। उन्होंने संस्थाओं के निर्माण और सांगठनिक अनुशासन पर बहुत जोर दिया। एक तरह से उनकी यह उपलब्धि निजी धार्मिकता से जुड़ी उनकी टिप्पणियों से भी ज्यादा लाभकारी साबित हुई।

गाँधी और कांग्रेस का संस्थागत विकास

गाँधी ने असाधारण नेताओं की एक ऐसी कतार पैदा की जिन्होंने कांग्रेस के भीतर आजादी के आंदोलन के समय अलग-अलग तरह की जिम्मेदारियाँ तो निभायी ही, साथ ही आजादी के बाद देश को विभिन्न स्तरों पर एकीकृत नेतृत्व भी दिया। कांग्रेस के संस्थागत विकास में उनकी कल्पनाशीलता देखी जा सकती है। उन्होंने कांग्रेस कार्यसमिति को काफी ताकतवर बनाया जिसे आज पार्टी का आला-कमान कहा जाता है। राष्ट्रीय सहमति के प्रतीक के रूप में राजनीतिक प्राधिकार से संपन्न सामूहिक नेतृत्व का यह केंद्र अखिल भारतीय कांग्रेस कमेटी (एआईसीसी) सरीखी प्रतिनिधित्वमूलक संस्था से ज्यादा प्रभावशाली बनकर उभरा। कांग्रेस में एआईसीसी को पार्टी की केंद्रीय दिशा के खिलाफ एकबारगी प्रभावित किया जा सकता है, पर आला-कमान को नहीं।

औपचारिक रूप से गाँधी कार्यसमिति के सदस्य नहीं रहे, पर उन्होंने उसके जरिये सभी को अनुशासित रखा। जनआंदोलनों को मुल्तवी करने के उनके फैसलों की रेडिकल तत्त्वों द्वारा आलोचना होने पर गाँधी ने कार्यसमिति के जरिये अपनी बात की पुष्टि करवाने में सफलता प्राप्त की। १९३९ में अपनी इच्छा के विपरीत एआईसीसी के अध्यक्ष के रूप में सुभाष चंद्र बोस के निर्वाचन के समय ऐसा ही हुआ। कांग्रेस आला-कमान ने बोस के साथ सहयोग करने से इनकार कर दिया। कांग्रेस की कतारों में बहुतों ने इसे गाँधी की तानाशाही करार दिया, पर आखिर में गाँधी की ही चली। उनका कहना था कि कांग्रेस को अपना नेता बदलने का अधिकार है, पर अगर नेता वे रहेंगे तो फिर फैसले लेने के अपने अधिकार का इस्तेमाल करेंगे। अनुशासन और कार्रवाई की एकाग्रता पर गाँधी का बहुत ज्यादा जोर था। वे अपने अनुयायियों

से बिना कोई संदेह किये आज्ञापालन का आग्रह करते थे। लेकिन, गाँधी की शैली यह थी कि वे स्वयं तानाशाही वाला रवैया अख्तियार करने के बजाय आला-कमान के जरिये अनुशासन लागू करवाते थे। इस प्रक्रिया में हुआ यह कि धीरे-धीरे आला-कमान की बात ही कानून बन गयी और उसके नेतृत्व की प्रतिष्ठा बहुत बढ़ गयी। यह भारत के इतिहास में पहली बार हुआ कि संपूर्ण प्राधिकार से युक्त कोई केंद्र बन चुका था। भारतीय राष्ट्र के संस्थानीकरण की दिशा में गाँधी का यह महान योगदान था।

गाँधी ने सारे देश में कांग्रेस की जिला इकाइयाँ गठित करके उन्हें संगठन और उसकी सदस्यता का आधार बनाया। जिला कांग्रेस का अध्यक्ष गाँधी की निगाह में निचले स्तर पर जनता का मुख्य हरावल हुआ करता था। मजदूरों, हरिजनों, महिलाओं, युवकों और आदिवासियों के बीच काम करने के लिए कांग्रेस के मोर्चा-संगठनों को गठित करने के अलावा गाँधी ने निचली कतारों से निरंतर संपर्क बनाये रखने और विचार-विमर्श की जरूरत को पहचाना। उन्होंने 'यंग इंडिया' और 'हरिजन' जैसे पत्रों के जरिये आम कार्यकर्ताओं को आंदोलन की बारीक बातें समझाने का काम किया। वे निजी तौर पर स्वभावगत रूप से पार्टी की नौकरशाही के खिलाफ थे, पर उनके इन कदमों ने एक ताकतवर और श्रेणीबद्ध संगठन को जन्म दिया जिसके जरिये कांग्रेस देश के भीतर गहरी पैठ बना सकी।

गाँधी के नेतृत्व के नकारात्मक पहलू

गाँधी के चौतरफा प्रभाव और अभूतपूर्व वर्चस्व के कुछ नकारात्मक नतीजे निकलने भी लाजमी थे। उनकी मुख्य नकारात्मक विरासत थी राजनीति के नैतिक पहलुओं को बढ़-चढ़ कर पेश करना। उन्होंने राजनीतिक नैतिकता के कुछ ऐसे मानक स्थापित किये जिनका पालन करना मुश्किल था। उन्होंने राजनीति की ऐसी शैली और मुहावरे पर जोर दिया जो लोकतांत्रिक राजनीति की हकीकतों से मेल नहीं खाता था। हालाँकि गाँधी की राजनीति में सामयिक यथार्थ का एहसास हमेशा मौजूद रहता था, और वे भविष्य के बारे में एक मसीहा जैसा रवैया भी अपनाते थे, पर कमजोरियों से भरे हुए मामूली इनसान के लिए उनके राजनीतिक परिप्रेक्ष्य में न के बराबर जगह थी। देखा जाय तो गाँधी लोकतांत्रिक राजनीति के मर्म नहीं समझ पाए, और यही खामी आज के गाँधीवादियों में दिखाई देती है। नेहरू ने इस कमजोरी के परे जाने में

सफलता प्राप्त की, लेकिन इसका कारण शायद यह था कि गाँधी के सम्मोहक प्रभाव के बावजूद वे अपनी भिन्न बौद्धिक पृष्ठभूमि और उससे प्राप्त गुणों को कायम रख सके।

गाँधी की राजनीतिक कार्य-शैली के कारण राष्ट्रीय आंदोलन में भी कई समस्याएँ पैदा हुईं। वे आंदोलन के फौरी मुद्दों को राष्ट्रीय गोलबंदी की व्यापक रणनीति और संस्थान-रचना में बदलने की कोशिश करते थे जिससे होता यह था कि कतारों और नेतृत्व के साथ उनके संपर्क में गंभीर अंतराल रह जाता था। नतीजतन कार्यनीतिक निर्देशों के बजाय आस्था से काम चलाना पड़ता था। कांग्रेस के भीतर और बाहर लोग भौचक्के रह जाते थे। कांग्रेस के नेता, उसके बाहर के राजनीतिक गुट औरं अंग्रेज कयास लगाते रह जाते थे कि गाँधी का अगला कदम क्या होगा। असमंजस और अनिश्चितता के इस माहौल के कारण ही कई बार गाँधी से कार्यनीतिक रूप से भारी भूलें हुईं जिन्हें उन्होंने खुद 'हिमालय जैसी गलतियाँ' करार दिया। इसी कारण गाँधी को कई बार अचानक रणनीति में १८० डिग्री का फेरबदल करना पड़ा। उनकी गोलबंदी की शैली के कारण भी आंदोलन में मतभेद पैदा हुए। राष्ट्रीय एकता के लिए किये गये उनके महान प्रयासों के बावजूद यह कहा जा सकता है कि वे राजनीतिक जुड़ाव और सामंजस्य की बारीकियों पर ध्यान नहीं दे पाए। सांप्रदायिक प्रश्न के मुकाबले भी उन्होंने खिलाफत आंदोलन के प्रतीकात्मक महत्त्व या हिंदुस्तानी के प्रचार पर जरूरत से ज्यादा भरोसा किया, जबकि जरूरत शायद विभिन्न समुदायों का मजबूत राजनीतिक गठजोड़ बनाने की थी। कई बार परंपरागत प्रतीकों का इस्तेमाल करने में उन्होंने गैरलचीला रवैया अपनाया जिसके कारण गैर-हिंदू समूहों को उनके और कांग्रेस के इरादों पर शक हो गया।

इस आलोचना का मतलब यह नहीं है कि गाँधी के योगदान को कम करके आँका जाना चाहिए। कई बार राष्ट्रीय जागरण की गतिशीलता ऐसी दुविधाजनक स्थितियाँ पैदा करती थी कि कुछ विवादास्पद कदम उठाने पड़ते थे जिनकी आलोचना करना आज आसान लगता है। दरअसल, राष्ट्र की बुनियाद डालने में गाँधी की भूमिका का कोई सानी नहीं है। उन्होंने कई दुविधाओं का हल अपनी बेमिसाल अंत:प्रेरणाओं के सहारे निकाल लिया था, पर कुछ को हल करने में वे नाकाम रहे। उनकी महानता इस बात में थी कि उन्होंने अपनी नाकामियों को स्वीकारा और फिर भी अपने केंद्रीय लक्ष्य को

संभव है गाँधी की वापसी

गाँधीवाद खुद गाँधी के संदर्भ में बचा रहेगा और जब-जब आधुनिकता का अतिरेक होगा तब-तब वह संतुलनकारी भूमिका निभाने के काम आएगा। धीरे-धीरे अगर हम राजनीति के किसी आध्यात्मिक आधार की तरफ बढ़े तो गाँधी की वापसी हो सकती है लेकिन मुझे नहीं लगता कि आज के गाँधीवादियों के पास हमारी समस्याओं का कोई निदान है। गाँधी को पूरी तरह कभी नहीं भुलाया जाएगा। वे इस देश की स्मृति और व्यापक तौर पर दुनिया की यादों में अपना स्थान बनाये रखेंगे। लेकिन उनकी याद हमें एक प्रेरक शख्सियत के रूप में ही रहेगी न कि राज्य चला सकनेवाले एक नेता के रूप में।

मैं गाँधी की इस बात से आकर्षित हुआ था कि उन्होंने भारतीय यथार्थ को समझने में पश्चिमी, आधुनिकतावादी और नेहरूवादी परिप्रेक्ष्य को मान्यता नहीं दी। गाँधी के इस पहलू का मैं अभी भी समर्थक बना हुआ हूँ। समस्या यह है कि सिद्धराज ढड्ढा जैसे एक-दो लोगों को छोड़ कर गाँधी के अधिकतर उत्तराधिकारी अवसरवादी निकले। ये लोग गाँधी की शिक्षाओं पर चलने के बजाय कांग्रेस राजनीति को प्रभावित करने और अपनी मर्जी का प्रधानमंत्री चुनवाने में ज्यादा दिलचस्पी रखते रहे हैं। दूसरी समस्या यह है कि गाँधी अपने जीवन की दो प्रमुख मुहिमों में नाकाम रहे। जितना ज्यादा इस बारे में सोचता हूँ उतना ही मेरी मान्यता बनती चली जाती है कि गाँधी सांप्रदायिक प्रश्न और दलित प्रश्न को हल नहीं कर पाये। यहाँ उनकी दृष्टि में समस्या दिखती है। वे हिंदू-मुसलमान संघर्ष खत्म करने और छुआछूत मिटाने की मुहिम में सफल नहीं हो पाये। बाबरी मस्जिद ध्वंस के बाद उनका नाम सबसे ज्यादा लिया गया। इसका कारण यह था कि उनमें हिंदू कट्टरतावाद के खिलाफ खड़े होने की क्षमता थी। इसलिए लोगों को नोआखाली याद आ जाता है। लेकिन उनके अपने जीवन में और गाँधीवादी धारा में सांप्रदायिक प्रश्न पर वह सफलता नहीं दिखायी देती जो उनका लक्ष्य थी।

('राजनीति की किताब' से साभार)

कभी आँखों से ओझल नहीं होने दिया। एक लंबे अरसे से गाँधी और गाँधीवाद के जरिये भारत और एक हद तक दुनिया भर में स्वदेशी और वैकल्पिक चिंतन के लिए महत्त्वपूर्ण सामग्री मिल रही है। पश्चिम की विचार-दृष्टि और परिप्रेक्ष्य को बेहद मौलिक चुनौती देने के कारण गाँधी प्रासंगिक बने रहेंगे। लेकिन हो सकता है कि भारत के अंदर उनके विचारों की लोकप्रियता घट जाए।

भारत के भविष्य की पुनर्रचना करने के लिए गाँधी द्वारा सुझाये गये मॉडल में भी कुछ खामी थी। उन्होंने केवल ग्रामीण अर्थव्यवस्था पर जोर दिया और राज्य तंत्र के विकेंद्रीकरण का आग्रह किया जो अपने आप में नाकाफी था। वे सामाजिक सत्ता के उस ढाँचे की ओर पूरा ध्यान देने में

नाकाम रहे जो हर सामाजिक और राजकीय संस्था पर हावी था। आज गाँधी के इस मॉडल पर ठीक ही सवाल उठाए जा रहे हैं। कम से कम मुझे तो इस आलोचना में कुछ भी आपत्तिजनक नहीं लगता। जितनी जल्दी उदार पूँजीवादी, मार्क्सवादी और गाँधीवादी मॉडल दलित उभार द्वारा प्रदत्त नई समझ की रोशनी में अपने आप को परखेंगे उतनी ही जल्दी वे नई परिस्थिति के हिसाब से अपने कार्यक्रम की पुनर्रचना कर सकेंगे। १९४८ में गाँधी का देहांत होने के बाद से उनके विचार के तहत कोई नया चिंतन नहीं हुआ है। भारतीय समाज के बड़े हिस्सों के लिए वे या तो पुराने पड़ चुके हैं या अप्रासंगिक हो चुके हैं। उन्हें लगता है कि गाँधी का नजरिया कुछ ज्यादा ही संरक्षणात्मक होने के कारण अपनाया जाना मुश्किल है। दरअसल गाँधी को अमरत्व प्रदान करने की कोई जरूरत ही नहीं है। भारत में वैसे भी इतिहास में से नायकों को निकालने की परंपरा नहीं रही है। यहाँ तो पूजा योग्य देवी-देवताओं की रचना करके उन्हें बहुलवादी लोकपरंपरा में समाहित करने का चलन है। ये देवी-देवता जनता की दैनंदिन चेतना और भाव जगत में कुछ इस प्रकार समाहित हो जाते हैं कि किसी एक संस्कृति और किसी एक राजनीति द्वारा उन्हें अपने स्वार्थ में इस्तेमाल करना नामुमकिन हो जाता है। दूसरी तरफ यही बहुलता जनता की तकलीफों और साधनहीनता को सघन बनने से रोकती है और सत्ता के क्षेत्र में लोग एकजुट होने के बजाय बिखरे रहते हैं। ज्यादा से ज्यादा छिट-पुट विरोध की कुछ विखंडित चीखें जरूर सुनाई पड़ती हैं। बदले में उन्हें प्रभु वर्ग की ओर से दया और संरक्षण की सौगात मिलती है। जाने-अनजाने गाँधी भी इसी परंपरा के शिकार बन गये हैं।

अन्य राजनीतिक ताकतें

राष्ट्रवादी संघर्ष में गाँधी की रणनीति के मुकाबले अन्य रणनीतियाँ भी अपना दावा पेश कर रही थीं। गाँधी के नेतृत्व पर सवालिया निशान लगाने वाले तत्त्व कांग्रेस के भीतर और बाहर दोनों जगह थे। जब गाँधी जनता को अहिंसक असहयोग के लिए तैयार कर रहे थे, उसी समय कुछ प्रमुख कांग्रेस नेताओं ने *स्वराज पार्टी* का गठन कर लिया। यह धड़ा भारत के लिए डोमीनियन (स्वतंत्र उपनिवेश) का दर्जा चाहता था। १९२७ में इसने कांग्रेस के मद्रास अधिवेशन में प्रस्ताव पारित करके पार्टी के लिए स्वाधीनता का लक्ष्य घोषित

कर दिया। स्वराज पार्टी ने १९२८ में एक सर्वदलीय सम्मेलन करके एक उपसमिति नियुक्त की जिसने पूर्ण उत्तरदायी शासन और डोमीनियन दर्जे की सिफारिश कर डाली। गाँधी इस निर्णय में शामिल नहीं थे। जवाहर लाल नेहरू और सुभाष चंद्र बोस के युवा नेतृत्व में एक अन्य धड़ा और भी रेडिकल रवैया अख्तियार करते हुए पूर्ण आजादी की माँग करने लगा। १९२९ में कांग्रेस के लाहौर अधिवेशन में इन नेताओं को सफलता मिली, जब खुद गाँधी ने एक प्रस्ताव के जरिये स्वराज की व्याख्या 'पूर्ण आजादी' के रूप में की। इनके अलावा एक कुछ अधिक वामोन्मुख गुट ने *कांग्रेस समाजवादी पार्टी* का गठन कर डाला। इसी बीच कुछ प्रांतों में कांग्रेस के बाहर कई संगठन उभर आए। इनमें से कुछ अंग्रेजों के तहत शासन प्रणाली में भी भागीदारी कर रहे थे। इनमें से प्रमुख थी मद्रास की *जस्टिस पार्टी* (*द्रविड़ कझगम* और *द्रविड़ मुनेत्र कझगम* की पूर्ववर्ती) और पंजाब की *यूनियनिस्ट पार्टी*। इन सभी राजनीतिक ताकतों के अलावा मुसलमानों का नेतृत्व भी था जिसके लिए गाँधी और कांग्रेस के साथ समझौता करना मुश्किल था। हिंदुओं और मुसलमानों के बीच स्थायी अलगाव मानने वाले परंपरावादी मुसलमान नेता कांग्रेस के प्रति शत्रु-भाव रखते ही थे, जिन्ना जैसे प्रगतिशील नेता भी गाँधी के तौर-तरीकों को दकियानूसी मानते थे। काफी कोशिशों के बावजूद गाँधी इन मुसलमान नेताओं की कांग्रेस के प्रति अरुचि को खत्म नहीं कर पाए।

दरअसल, गाँधी खुद भी आजादी के मकसद को हासिल करने के लिए भाँति-भाँति के तरीके अपनाने के खिलाफ नहीं थे। इसीलिए सविनय अवज्ञा आंदोलन चलाते हुए वे संवैधानिक घटनाक्रम पर भी नजर रखे हुए थे। अंग्रेजों के साथ उन्होंने समय-समय पर कई समझौता वार्ताएँ कीं। जनांदोलन चलाते हुए भी उन्होंने अंग्रेजों के साथ किसी आपसी समझदारी की उम्मीद नहीं छोड़ी थी। संघर्ष और समझौते का यह संयोग हमेशा उनके आंदोलन को साँस लेने का मौका प्रदान कर देता था। उन्होंने हमेशा कोशिश की कि उनका आंदोलन नागरिक प्रशासन को पंगु न कर दे। जब भी उन्हें इसका अंदेशा लगा, उन्होंने आंदोलन वापस ले लिया। हर आंदोलन के अंत में वे समझौता करते हुए लगते थे, और इसके लिए उन्हें अपने ही समर्थकों की आलोचना झेलनी पड़ती थी। १९२२ में कुछ आंदोलनकारियों के हिंसक हो जाने के कारण उन्होंने जब असहयोग आंदोलन वापस लिया तो खुद गाँधी के प्रिय शिष्य जवाहर लाल नेहरू तक ने जेल से इसका विरोध किया था। १९३१ में

जेल से छूटने पर वायसराय लॉर्ड इरविन से समझौते के तहत गाँधी ने इंग्लैंड में कांग्रेस के प्रतिनिधि के रूप में गोलमेज सम्मेलन में हिस्सा लिया। विशेष तौर से सांप्रदायिक प्रश्न पर अंग्रेजों के गैर-सेकुलर रवैये ने गाँधी को किसी भी समझौते पर पहुँचने से रोक दिया। गोल मेज सम्मेलन में गाँधी को मुसलमानों की नुमाइंदगी के सवाल पर लीग की, और अछूतों के प्रतिनिधित्व के प्रश्न पर भीमराव आंबेडकर की चुनौतियों का सामना करना पड़ा। गाँधी की मान्यता थी कि ब्रिटेन में अनुदार दल के नेतागण इस सिलसिले में एक खतरनाक खेल खेल रहे हैं। जब निराश गाँधी भारत लौटे तो उन्होंने देखा कि अंग्रेजों ने सभी महत्त्वपूर्ण नेताओं को जेल में डाल दिया है।

गाँधी में भारतीय समाज को बाँटने और उसकी एकता की संभावनाओं को खत्म करने वाली दो समस्याओं को पहचानने की अनूठी क्षमता थी। इनमें एक थी दलितों का उत्पीड़न और दूसरी थी मुसलमानों का समाज में अलग-थलग पड़ जाना। हालाँकि गाँधी की ज्यादातर शक्ति ब्रिटिश शासन की ताकत के खिलाफ प्रतिरोध की अपनी विलक्षण तकनीक के इस्तेमाल में खर्च होती रही, लेकिन भारतीय राष्ट्र और सभ्यता में दरार डाल कर उसे दुर्बल बना सकने वाले ये दोनों मसले उनकी चिंताओं के केंद्र में हमेशा रहे। अंतिम विश्लेषण में गाँधी इन दोनों समस्याओं का समाधान करने में नाकाम रहे। न वे देश का विभाजन रोक सके और न ही वे हिंदू धर्म का मानवीकरण कर सके। हालाँकि अपनी लंबी पदयात्रा और नोआखाली में आमरण अनशन के जरिये उन्होंने सांप्रदायिकता के ज्वार को रोकने की शानदार कोशिश की और अंत में मुस्लिम हितों की रक्षा के लिए अपने प्राणों की बलि भी दे दी लेकिन वे अपने 'हरिजनों' की तरफदारी करते हुए द्विज हिंदुओं से टक्कर लेने के लिए समय नहीं निकाल पाए। दरअसल, कांग्रेस आंदोलन और गाँधी के प्रभाव के कारण सामाजिक प्रश्न और आंबेडकर, फुले और पेरियार जैसे अलग किस्म के आलोचकों, सुधारकों और क्रांतिकारियों और विचारकों का महत्त्व पृष्ठभूमि में चला गया था। लेकिन, इस परिप्रेक्ष्य की अंतर्निहित शक्ति विभिन्न जातियों और समुदायों के लिए श्रद्धा के पात्र भक्ति आंदोलन के संत कवियों समेत कई क्षेत्रीय नायकों और 'संतों' को एक बार फिर प्रकाश में लाने की क्षमता रखती थी। सामाजिक प्रश्न के प्रमुख होते ही एम.एन. रॉय, राजा राममोहन रॉय और हिंदू समाज की बुराइयों को मिटाने के लिए प्रतिबद्ध कई उदारतावादी चिंतकों के काम फिर से उभरने की गुंजाइश थी।

सेकुलरवाद का मुद्दा

गाँधी अंग्रेजों के साथ एक समझदारी निकालने के लिए तो तैयार थे, लेकिन राष्ट्रीय एकता के प्रश्न पर कोई समझौता करने के लिए तैयार नहीं थे। वे सांप्रदायिक गुटों को अलग मतदाता मंडल मानने के अंग्रेजों के रवैये से सहमत नहीं थे। हरिजनों को मिले पृथक मतदाता मंडल के खिलाफ उन्होंने संघर्ष करने का फैसला किया। इस प्रश्न पर उनके आमरण अनशन ने अंग्रेजों को अपना फैसला वापस लेने पर मजबूर कर दिया, जिसका नतीजा पूना पैक्ट में निकला जिसका एक पक्ष आंबेडकर भी थे।

इस मंजिल तक पहुँचने के बाद अब समस्या यह थी कि राष्ट्रीय आंदोलन को आगे बढ़ाने के लिए अगला कदम कौन-सा हो। कांग्रेस ने १९३५ के गवर्नमेंट ऑव इंडिया एक्ट का स्वागत नहीं किया, हालाँकि अंग्रेजों ने इसमें काफी रियायतें दी थीं। इस एक्ट से जाहिर था कि भारतीय राष्ट्र के भविष्य को लेकर कांग्रेस और अंग्रेजों की समझ में काफी अंतर था। कांग्रेस के नेताओं का खयाल था कि यह एक्ट राष्ट्रीय एकजुटता को प्रमुखता नहीं देता है। लेकिन, चूँकि प्रांतों में निर्वाचित होने वाली सरकारों को यह एक्ट काफी अधिकार देता था, इसलिए एक्ट को नापसंद करने के बावजूद कांग्रेस ने १९३७ के इन चुनावों में हिस्सा लेने का फैसला किया और आठ प्रांतों में सरकार बनायी।

दो साल तक सरकार चलाने के बाद ही कांग्रेस ने १९३९ में प्रांतीय सरकारों से इस्तीफा दे दिया, क्योंकि अंग्रेजों ने कांग्रेस के नेताओं से सलाह किये बिना ही द्वितीय विश्व युद्ध में भारत की भागीदारी का फैसला ले लिया था। नेहरू और कुछ नेता युद्ध के सवाल पर ब्रिटिश सरकार के पक्ष में थे, फासीवाद विरोधी होने के नाम पर कुछ लोग युद्धावधि के लिए राष्ट्रीय आंदोलन को ही मुल्तवी कर देने के पक्ष में थे। लेकिन, गाँधी का खयाल था कि अगर अंग्रेज फौरन आजादी देने का वायदा न करें तो कांग्रेस को उनकी मदद नहीं करनी चाहिए। अंग्रेजों ने गाँधी को पटाने के लिए भारत के हमदर्द के रूप में मशहूर सर स्टैफर्ड क्रिप्स को लगाया और आश्वासन दिया कि युद्ध के बाद एक संविधान सभा आयोजित की जाएगी। लेकिन, क्रिप्स मिशन नाकाम हो गया और कांग्रेस ने पूर्ण आजादी की माँग जारी रखी। फलस्वरूप, अगस्त १९४२ में गाँधी के नेतृत्व में कांग्रेस ने भारत छोड़ो आंदोलन शुरू किया। ब्रिटिश हुकूमत को चुनौती देने वाला एक लंबा संघर्ष पूरे देश में शुरू

हो गया। सभी नेता गिरफ्तार कर लिए गये। हजारों लोगों ने सत्याग्रह करके गिरफ्तारियाँ दीं। एक बार फिर गाँधी ने जेल में लंबा अनशन किया जिससे उनके प्राण जाते-जाते बचे। १९४५ में जब कांग्रेस के नेता जेल से छूटे तो ब्रिटेन में लेबर सरकार आ चुकी थी। युद्ध के बाद अंतर्राष्ट्रीय माहौल बदला हुआ था। एक बार फिर पूर्ण आजादी के लिए समझौता वार्ता शुरू हुई, पर नतीजा अनुकूल नहीं निकला।

सांप्रदायिक प्रश्न, लीग की राजनीति और राष्ट्रीय एकता की समस्या

दिक्कत यह थी कि अंग्रेज अगर सत्ता हस्तांतरण करते भी तो किसे करते। मुसलमानों के लिए अलग राज्य की माँग ने सांप्रदायिक प्रश्न जटिल बना दिया था। वह संवैधानिक फार्मूला खोजना मुश्किल हो रहा था जिसके तहत ब्रिटेन भारत को पूर्ण आजादी देता। भारत में हिंदू और मुसलमान धर्म-दर्शन में

सेकुलरवाद की उलझन

अपने जीवन में मैं कभी सेकुलरवाद विरोधी नहीं रहा। मेरा लेखन इस तथ्य का गवाह है कि मैं सांप्रदायिकता के उभार से कितना चिंतित रहा हूँ। इस राजनीति की शुरुआत संघ परिवार ने की थी लेकिन अस्सी के दशक में इंदिरी गाँधी ने इसे वैधता दी। वे दो राज्यों में चुनाव हार गयीं और उन्हें लगा कि वे दलितों और मुसलमानों समेत गरीबों के वोट खोती जा रही हैं। इसी के बाद उन्होंने पंजाब और उत्तर भारत के हिंदुओं के मन में बैठी हुई असुरक्षा को हवा देनी शुरू की। उन्होंने सांप्रदायिकता भड़कायी जिसे हम हिंदू कार्ड खेलना कहते हैं। संघ परिवार इस काम को कहीं ज्यादा योजनाबद्ध, हिंसक और बुनियादी रूप में अंजाम देता है।

लेकिन, सेकुलरवाद के विचार को एक और तरीके से देखा जाना चाहिए। मेरे ख्याल से सेकुलरवाद को सिर्फ सांप्रदायिकता के मुकाबले रख कर देखा जाना उचित नहीं है। आधुनिकता के जमाने में सेकुलरवाद का पहला मतलब उस तरीके से है जिससे राज्य अपना कारोबार चलाता है, यानी वह तरीका जिससे सत्ता का जायज या नाजायज इस्तेमाल किया जाता है। सेकुलरवाद की पश्चिमी अवधारणा के इस हिस्से को मैं शक की निगाह से देखता हूँ। यह धारणा बेहद केंद्रीकरणवादी, निरंकुश और दमनकारी राज्य के ख्याल को धरती पर उतारने में मददगार बनती है। एक सीमा के बाद यह प्रक्रिया फासीवादी रवैये में भी तब्दील हो सकती है। इसलिए सेकुलरवाद की पश्चिमी किस्म खतरनाक अंदेशों से भरी होती है।

भारतीय सेकुलरवाद का विचार दूसरे किस्म का है। यह दैवी बनाम सांसारिक न हो कर सर्वधर्मसमभाव का है। यह बहुलता के प्रति सहनशीलता और राज करने के

भिन्नता के बावजूद सदियों से साथ-साथ रहते-रहते साहित्य, इतिहास और परंपराओं के लिहाज से भौतिक और सांस्कृतिक स्तर पर एक तरह की सामासिकता विकसित कर चुके थे। लेकिन, अंग्रेजों के शासन में हुए कुछ राजनीतिक घटनाक्रमों ने दोनों समुदायों के बीच पुरानी अदावत को उभार दिया था। ब्रिटिश हुकूमत की नीतियों को साथ-साथ कांग्रेस और मुस्लिम लीग की राजनीतिक होड़ ने भी इसमें अपना योगदान किया था। विचित्र बात यह थी कि सरकार चलाने की जिस सेकुलर अवधारणा ने भारत के राजनीतिक आधुनिकीकरण में प्रमुख योगदान किया था, उसी के कारण सांप्रदायिक प्रश्न उलझ गया था।

शुरू में अंग्रेजों की नीतियाँ मुसलमानों के खिलाफ जाती हुई लगती थीं। चूँकि उन्होंने सत्ता मुसलमानों को बेदखल करके ही हासिल की थी, इसलिए उन्होंने भरसक कोशिश की कि नये साम्राज्य में मुसलमानों को लाभकारी

नियामक सिद्धांत के रूप में मान्यता देने का है। पर भारतीय और पश्चिमी सेकुलरवाद में फर्क करने का मतलब यह नहीं है कि हम राज्य की सेकुलर पहचान पर ही सवाल उठाना शुरू कर दें। मैंने यह कभी नहीं किया।

जहाँ तक अध्ययन पीठ के उन विद्वानों की बात है जिन्होंने सेकुलरवाद विरोधी घोषणापत्र लिखा है या जो ऐसे विचारों से हमदर्दी रखते हैं, मेरी मान्यता है कि उनके अल्पसंख्यक-संबंधी सरोकार असंदिग्ध हैं। वह कहीं से भी सांप्रदायिकता का समर्थन नहीं करते। लेकिन व्यावहारिक राजनीति में जहाँ अकादमीय बारीकी से चीजों को देख कर छवियाँ नहीं बनायी जातीं, वहाँ ऐसे सूत्रीकरण गलत ताकतों को लाभ पहुँचाते हुए नजर आ सकते हैं। ये लोग धर्मपाल को उद्धृत करते हैं, ये लोग सिर्फ परंपरा का झंडा बुलंद करना चाहते हैं। ये वेदों का उल्लेख करते हैं। मुझे यह कहने में भी कोई उज्र नहीं है कि ऐसे विचार व्यक्त करनेवाले लोग जाने-अनजाने हिंदू लॉबी के हाथ में खेल सकते हैं।

अपनी तमाम कमियों के बावजूद इस मामले में कम्युनिस्ट पार्टियों का रिकार्ड सबसे अच्छा समझा जाना चाहिए। मार्क्सवादी-लेनिनवादी समूह भी सांप्रदायिकता के खिलाफ मजबूती से खड़े रहे हैं। उदारतावादियों का रवैया इतना अच्छा नहीं रहा। वे ढुलमुल रहे हैं। कम्युनिस्ट पार्टियों की दिक्कत यह रही है कि वे गठजोड़ बनाने और राजसत्ता पर कब्जा करने के लक्ष्यों के प्रति इतनी ज्यादा समर्पित रहती रही हैं कि सांप्रदायिकता विरोधी संघर्ष में अपनी क्षमता और इच्छा के अनुकूल योगदान नहीं कर पातीं। वामपंथियों को वास्तव में सेकुलर भारत की रचना करने के उद्देश्य के प्रति ज्यादा समर्पित होना चाहिए।

('राजनीति की किताब' से साभार)

हैसियत न मिलने पाए (जहाँ-जहाँ राजपूतों ने अंग्रेजों को चुनौती दी, वहाँ-वहाँ उनके साथ भी वही सुलूक किया गया)। भले ही इरादतन न हो, पर ब्रिटिश शासन का लाभ कई जगह हिंदुओं को मिला। ब्राह्मणों और अन्य हिंदू तबकों ने अंग्रेजी शिक्षा ग्रहण करके नये अवसरों का फटाफट लाभ उठा लिया, पर मुसलमान अपने समुदाय के भीतरी हालात और बंद किस्म की परंपरानिष्ठता के कारण ऐसा न कर सके। दस्तकारी से होने वाली आमदनी में आयी गिरावट, हिंदू व्यापारियों और महाजनों द्वारा धीरे-धीरे हावी होते चले जाने और भूमि बंदोबस्त के नये ढाँचे से मुसलमानों का ज्यादातर हिस्सा गरीबी और अभाव का शिकार होने लगा। खुद को महान मुगल साम्राज्य का उत्तराधिकारी समझने के कारण उनके मानस के लिए अपनी नयी अल्पसंख्यक हैसियत से तालमेल बिठा पाना मुश्किल हो रहा था। यही वह समय था जब अंग्रेजों द्वारा स्थापित शांति-व्यवस्था के तहत हिंदुओं ने अपनी उस सांस्कृतिक और धार्मिक अस्मिता का दावा करना शुरू किया जो वे मुसलमान शासन के जमाने में नहीं कर पाते थे। आधुनिक भारत के सांस्कृतिक और राजनीतिक पुनर्जागरण के पीछे प्राचीन हिंदू सांस्कृतिक गौरव की दावेदारियाँ थीं। हिंदुओं की अंग्रेजी शिक्षा, विश्वविद्यालयों, प्रशासनिक नौकरियों और बौद्धिक हैसियत ने भी इस प्रक्रिया को आगे बढ़ाया। नतीजा यह हुआ कि राष्ट्रवादी आंदोलन पहले कुछ दशकों तक पूरी तरह से हिंदू नेताओं के हाथों में रहा जो अपनी प्रेरणाएँ पारंपरिक हिंदू धर्मग्रंथों से प्राप्त करते थे। उनकी भारतीयता वहीं से परिभाषित होती थी।

मुसलमानों को लगने लगा कि नये भारत में उनकी हैसियत ज्यादा से ज्यादा एक मातहत की होगी। सर सैयद अहमद खाँ ने पहलकदमी करते हुए मुसलमानों से अपील की कि वे हिंदुओं से खुद को दूर रखें, कांग्रेस के आंदोलन में भागीदारी न करें और अंग्रेजों से सहयोग और आधुनिक शिक्षा के जरिये अपना विकास करें। सैयद अहमद खाँ ने भरसक प्रयास किया कि अंग्रेजों और मुसलमानों के बीच दुर्भावना समाप्त हो जाए। उन्होंने १८७७ में अलीगढ़ के एंग्लो-ओरिएंटल कालेज (जो आगे चलकर अलीगढ़ मुस्लिम यूनिवर्सिटी बन गया) की स्थापना से मुसलमानों के बीच एक नये शैक्षिक आंदोलन की शुरुआत की। दिक्कत यह थी कि मुसलमान सत्ता के पतन के कारण उन्नीसवीं सदी के आखिरी हिस्से में हुई यह बौद्धिक प्रतिक्रिया राजनीतिक चिंतन को प्रभावित नहीं कर पायी, क्योंकि इसके पीछे किसी तरह

की कार्यक्रमगत स्पष्टता नहीं थी। सर सैयद का आंदोलन हिंदुओं के प्रति मुसलमानों में कोई दुर्भावना पैदा नहीं कर पाया। उलटे अलीगढ़ के शैक्षिक आंदोलन के कारण और ज्यादा मुसलमान आधुनिक भारत की मुख्य धारा में भागीदारी करने लगे। अंग्रेजों के मुसलमानों के प्रति रवैये में भी नरमी आयी। शहरीकरण और आधुनिक शिक्षा के प्रसार ने लखनऊ, इलाहाबाद, पटना, अलीगढ़ और हैदराबाद जैसे सांस्कृतिक केंद्रों को एक नया उछाल दिया। इन जगहों पर हिंदू और मुसलमान खुल कर एक-दूसरे के साथ सांस्कृतिक जीवन में भागीदारी करने लगे। दोनों समुदायों के बीच पारंपरिक और धार्मिक किस्म के भेद तो थे, लेकिन शत्रुता और नफरत की भावनाएँ नहीं दिखाई पड़ती थीं।

लेकिन, आधुनिकीकरण की प्रक्रिया एक और गुल खिला रही थी। अंग्रेजों द्वारा दोनों समुदायों से किया गया असमान व्यवहार, हिंदू पुनरुत्थानवाद का उभार और हुकूमत का गैर-सेकुलर रवैया तो था ही, आधुनिकीकरण भी लोगों को उनकी अलग अस्मिताओं के प्रति जागरूक कर रहा था, पारंपरिक अस्मिताएँ और गतिशीलता भंग हो रही थी, संख्यात्मक बल और संगठित प्रतियोगिता के जरिये व्यवस्था के लाभों को प्राप्त करने का महत्त्व समझ में आ रहा था। इन पहलुओं ने दोनों समुदायों की ऐतिहासिक अदावत को फिर से सामने ला दिया। दोनों समुदाय आपस में राजनीतिक होड़ करने लगे। यही समय था जब दोनों के बीच एक प्रभावी गठजोड़ बनाने की कोशिश की जानी चाहिए थी।

असल में सांप्रदायिक भावनाओं के राजनीतिकरण के पीछे प्रतिनिधित्व के उसूल की ब्रिटिश समझ थी। अंग्रेज एक समरूप समाज से आए थे और समझते थे कि प्रतिनिधित्व का मतलब समूहों को नुमाइंदगी देने से है। उनके समाज में प्रतिनिधित्वमूलक संस्थाओं का विकास बाद में हुआ था और राष्ट्रीय एकीकरण पहले हो गया था। इसी तर्ज पर उन्होंने भारत में 'सांप्रदायिक' और 'विशेष' प्रतिनिधित्व की प्रणाली लागू की। सबसे पहले उन्होंने चैंबर्स ऑव कामर्स और म्युनिसिपैलिटियों को प्रतिनिधित्व के लिए रेखांकित किया। १९०९ में उन्होंने जमींदारों और मुसलमानों को कौंसिलों में प्रतिनिधित्व देने का फैसला किया। १९१० में अंग्रेजों द्वारा सामान्य श्रेणी के ऊपर 'सांप्रदायिक' और 'विशेष' श्रेणियों को प्रतिनिधित्व देने का मंसूबा बनाया गया। वे १९३३ में अछूतों के लिए अलग मतदाता मंडल बनाना चाहते थे, लेकिन गाँधी के आमरण अनशन के कारण उन्हें यह इरादा छोड़ देना पड़ा।

पहले १९३५ के एक्ट में और फिर द्वितीय विश्व युद्ध के बाद आजादी के लिए हुई वार्ता में उन्होंने अल्पसंख्यक समुदायों को उनकी संख्या के आधार पर नहीं, बल्कि संख्या से ज्यादा अन्य आधारों पर दिये जाने वाले महत्त्व के आधार पर सीटें आबंटित करने का फार्मूला अपनाने की कोशिश की। सांप्रदायिक प्रतिनिधित्व का उसूल ही कांग्रेस और अंग्रेजों के बीच विवाद का केंद्र था। आखिर में कांग्रेस को मजबूरन इसे ही आधार मानना पड़ा।

यह मानना उचित नहीं होगा कि मुसलमानों में राजनीतिक चेतना के विकास का नतीजा ही भारत विभाजन में निकला। १९०९ में मुस्लिम लीग का गठन मुसलमानों में ब्रिटिश सरकार के प्रति वफादारी को बढ़ावा देने के मकसद से किया गया था, लेकिन जल्दी ही अंग्रेजों की चाकरी के इस रवैये से क्षुब्ध होकर मुहम्मद अली जिन्ना और मौलाना मुहम्मद अली और शौकत अली (अली बंधुओं) जैसे खुले दिमाग के बुद्धिजीवियों ने १९१२ में लीग को राष्ट्रीय आजादी के मकसद की तरफ मोड़ दिया था। इस काम के लिए वे अन्य समुदायों से सहयोग के लिए भी तैयार थे। कांग्रेस ने इस परिवर्तन का स्वागत किया और परिणामस्वरूप १९१६ में कांग्रेस और लीग के बीच लखनऊ समझौता हुआ। लीग के राष्ट्रवादी रवैये के कारण ही कांग्रेस ने मुसलमानों के लिए अलग मतदातामंडलों का अपना विरोध छोड़ दिया, वह संख्या के बजाय महत्त्व को आधार बनाकर प्रतिनिधित्व देने के लिए भी तैयार हो गयी और उसने अल्पसंख्यकों को अपने हितों के मसले पर विधिनिर्माण के दौरान जरूरत पड़ने पर वीटो करने का अधिकार देने के प्रति सहमति भी व्यक्त कर दी। कांग्रेस ने और आगे बढ़कर प्रथम विश्व युद्ध के बाद तुर्की के सुल्तान और उसके साम्राज्य और मुसलमानों के धार्मिक नेता खलीफा के समर्थन में चलाये गये खिलाफत आंदोलन को भी समर्थन दिया। गाँधी ने इस मौके का फायदा हिंदू-मुसलमान एकता कायम करने के लिए उठाया। १९२०-२२ के पहले असहयोग आंदोलन में अली बंधुओं, अबुल कलाम आजाद और डॉ. अंसारी जैसे प्रमुख मुसलमान नेताओं ने हिस्सा लिया। जिन्ना गाँधी को दकियानूसी मान कर आंदोलन से अलग रहे, पर उनका राष्ट्रवादी रवैया और लीग को आधुनिक 'सेकुलर' कार्यदिशा पर ले जाने का उनका आग्रह भी कायम रहा।

उत्तर प्रदेश के चौरी चौरा में आंदोलन के दौरान हुई हिंसा से व्यथित होकर गाँधी ने असहयोग का आह्वान वापस ले लिया। वे गिरफ्तार कर लिए

गये, पर राष्ट्रवादियों में उनके इस फैसले से भारी क्षोभ और आक्रोश फैल गया। उसी समय खिलाफत आंदोलन भी समाप्त हो गया जिससे हिंदू-मुसलमानों के संयुक्त संघर्ष के दिन खत्म हो गये। नरमदली और गरमदली कांग्रेस से दूर हो ही चुके थे। कांग्रेस को एक संगठन के रूप में नयी अस्मिता की तलाश थी। ऐसे अनिश्चित वातावरण में कई जगहों पर हिंदुओं और मुसलमानों के बीच दंगे फूट पड़े। १९२७ में साइमन कमीशन भारत आया ताकि यहाँ के हालात का अध्ययन करके कुछ संवैधानिक उपायों की सिफारिश कर सके। लीग दो भागों में बँट गयी : जिन्ना हिंदू-मुसलमानों के संयुक्त मतदातामंडलों के पक्ष में और कमीशन के साथ सहयोग करने के खिलाफ थे, दूसरी ओर सर मुहम्मद शफी पृथक मतदातामंडल की पैरोकारी करते हुए कमीशन के साथ सहयोग करना चाहते थे। जिन्ना ने १९२८ में स्वराजियों द्वारा आयोजित सर्वदलीय सम्मेलन में भी हिस्सा लिया और उस उपसमिति के साथ भी सहयोग किया जो एक संविधान का मसविदा तैयार करने के लिए बनायी गयी थी। पर शफी धड़े और आगा खाँ की अध्यक्षता वाली आल मुस्लिम पार्टीज़ कांफ्रेंस ने इस समिति की रपट ठुकरा दी। जब जिन्ना ने देखा कि मुसलमान उनके और लीग के भीतर अन्य राष्ट्रवादियों से नाराज होते जा रहे हैं तो वे अपने समुदाय के इस रवैये के प्रति अरुचि दिखाते हुए देश छोड़कर इंग्लैंड चले गये।

इस समय तक सांप्रदायिक प्रश्न समुदायगत प्रतिनिधित्व की साधारण समस्या से बढ़कर राष्ट्रीय एकता की समस्या का रूप धारण कर चुका था। ब्रिटिश सरकार अल्पसंख्यकों की समस्या के प्रति संवेदनशीलता का दिखावा करती थी, पर बड़ी राजनीतिक रियायतें देने से बचने के लिए उसका बेजा इस्तेमाल भी करती थी। दूसरी तरफ लीग का परंपरावादी नेतृत्व गैर-सेकुलर था और जिन्ना जैसे सेकुलर नेता गाँधी द्वारा हिंदू प्रतीकों के इस्तेमाल से बिदकते थे। जिन्ना को गाँधी के सामाजिक पुनर्जीवन के बृहत्तर लक्ष्यों में कोई दिलचस्पी नहीं थी। इन सभी पहलुओं को मिलाकर हालात में एक जबरदस्त गतिरोध पैदा हो गया।

विदेश से लौटने के बाद जिन्ना ने सेकुलर के बजाय वह सांप्रदायिक नज़रिया अपना लिया जिसके खिलाफ वे हमेशा से संघर्ष करते चले आ रहे थे। उन्होंने लीग के सामने एक चौदह सूत्री कार्यक्रम पेश किया जिसमें नयी बात यह थी कि कुछ इलाकों को स्थायी रूप से मुसलमान बहुल क्षेत्र घोषित

करने की माँग की गयी थी।

इसी कार्यक्रम के तहत पहली और दूसरी गोलमेज कांफ्रेंसों में मुसलमान नेतृत्व ने अपना पक्ष रखा। इसी के बाद ब्रिटिश प्रधानमंत्री ने कम्युनल एवार्ड के रूप में मुसलमानों की सभी माँगें मान लीं। जिन्ना ने लीग की राजनीति के चेहरे को पूरी तरह बदल दिया। १९३७ के प्रांतीय चुनावों में लीग को बंगाल, पंजाब, सिंध और उत्तर-पश्चिमी सीमांत प्रांत जैसे मुसलमान बहुल प्रांतों में भी बहुमत नहीं मिल सका था। कांग्रेस ने मुसलमानों के बीच जनसंपर्क अभियान चलाकर उल्लेखनीय सफलता प्राप्त की थी। दूसरे पंजाब में यूनियनिस्टों और सीमांत प्रांत में खान अब्दुल गफ्फार खाँ के खुदाई खिदमतगारों का भी मुसलमानों पर प्रभाव था। इस प्रकार लीग मुसलमानों की नुमाइंदगी का दावा करने की स्थिति में नहीं थी। जिन्ना ने लीग को इस दुर्दशा से बचाया और १९४५-४६ के चुनावों में उसे ४९६ मुसलमान सीटों में से ४४६ पर जोरदार जीत दिलवायी।

यह मानना पड़ेगा कि अगर १९३७ के चुनावों में जोरदार जीत हासिल करने के बावजूद कांग्रेस के नेता लीग को सरकारों में हिस्सेदारी देने के लिए तैयार हो जाते तो शायद दोनों समुदायों के बीच इस कदर राजनीतिक अलगाव नहीं होता। जिन्ना चुनावों में हारने के बावजूद लीग की भागीदारी के पक्ष में थे। पर कांग्रेस ने लीग के विधायकों को कांग्रेस के मुख्य सचेतक के अधीन लाने की शर्त रखी। यद्यपि मुसलमानों की नुमाइंदगी के लिए लीग के पास चुनावी आधार नहीं था, पर कांग्रेस उसके इस अधिकार को १९१६ में ही स्वीकार कर चुकी थी।

इस बीच उसने लीग के इस हक को कभी खुले या छिपे तौर पर खारिज भी नहीं किया था। जाहिरा तौर पर १९३७ का कांग्रेसी रवैया मुसलमानों के स्वतंत्र रूप से संगठित होने के अधिकार को भी नकारता था। शायद यही कारण रहा होगा कि जिन्ना ने इन कांग्रेसी नेताओं को सत्ता के मद में चूर करार दिया। नतीजतन जिन्ना और उनका गुट कांग्रेस से और दूर होता चला गया। लीग मुसलमानों को विशेष सुरक्षा की माँग से आगे बढ़कर अलग राज्य तक पहुँच गयी। इस परिवर्तन ने हिंदू-मुसलमानों के संबंधों को बदल डाला। लोकतांत्रिक राजनीति में मात खाने और कांग्रेस द्वारा गुंजाइश न दिये जाने की भी इस परिवर्तन में भूमिका थी। इस तरह जिन्ना द्वि-राष्ट्र सिद्धांत के जबरदस्त पैरोकार बन गये। जो राजनीतिक हिचक लीग की राजनीति को खुलकर

सामने आने से रोकती थी, वह इस सिद्धांत के तहत दूर हो गयी। जिन्ना के चतुर नेतृत्व में लीग ने मुसलमानों की नुमाइंदगी का वास्तविक दावा शुरू कर दिया।

पाकिस्तान की माँग

पाकिस्तान का विचार सबसे पहले मशहूर शायर और चिंतक मुहम्मद इकबाल ने १९३० में हुए लीग के इलाहाबाद अधिवेशन में पेश किया था। वे पंजाब, सिंध, उत्तर-पश्चिमी सीमा प्रांत और बलूचिस्तान को मिलाकर मुसलमानों के लिए अलग राज्य बनाना चाहते थे। लेकिन, लंबे समय तक इस विचार को किसी ने तरजीह नहीं दी। बदली हुई परिस्थितियों में जैसे ही यह विचार लीग के राजनीतिक कार्यक्रम का आधार बना, राजनीतिक अस्मिता के लिए संघर्ष कर रहे मुसलमानों में इसके प्रति ग्रहणशीलता बढ़ती चली गयी। १९४० में लीग ने एक प्रस्ताव पास करके मुसलमानों के लिए एक स्वतंत्र और पृथक राज्य की माँग की और जिन्ना ने साफ तौर से कहा कि हिंदू और मुसलमान एक राष्ट्रीयता के तहत नहीं रह सकते। उनका कहना था कि मुसलमान न केवल समुदाय और धर्म के रूप में, बल्कि सामाजिक, ऐतिहासिक और सभ्यतामूलक तौर पर अलग राष्ट्र हैं। यही था द्वि-राष्ट्र सिद्धांत जो भारत विभाजन का आधार बना।

१९३७ से १९४० के बीच लीग की रणनीति में हुई तब्दीलियों और घटनाओं की तेज गति के नतीजों का कांग्रेस नेतृत्व मुकाबला नहीं कर पाया, हालाँकि विभिन्न समुदायों और समूहों में अपना समर्थन आधार फैला होने के कारण देश की सबसे बड़ी राजनीतिक ताकत कांग्रेस ही थी। मुस्लिम राष्ट्रवाद ने अपना रुख बदल लिया था, कांग्रेस ने प्रांतीय सरकारों से इस्तीफा दे दिया था, द्वितीय विश्व युद्ध शुरू हो गया था, क्रिप्स मिशन की नाकामी के बाद भारत छोड़ो आंदोलन फूट पड़ा था और कांग्रेस के नेता जेल में डाल दिये गये थे। इस घटनाक्रम के कारण कांग्रेस का संगठन थोड़ा तितर-बितर हालत में था। मौके का लाभ उठाकर लीग ने अपना सांगठनिक स्वरूप चुस्त-दुरुस्त कर डाला। उसने कई प्रांतीय सरकारों में भागीदारी करके मुसलमान जनता के बीच अपनी लोकप्रियता बढ़ाई। युद्ध के बाद जब अंग्रेजों से आजादी के मसले को लेकर दोबारा बातचीत शुरू हुई तो लीग की सौदेबादी की ताकत काफी बढ़ चुकी थी।

बहुत से प्रेक्षकों का मानना है कि कांग्रेस द्वारा १९३९ में प्रांतीय सरकारों से इस्तीफा देने की रणनीति एक गलती थी। वी.पी. मेनन ने अपनी पुस्तक *दि ट्रांसफर ऑव पॉवर इन इंडिया* में दलील दी है कि अगर कांग्रेस ने यह कदम न उठाया होता तो राजनीति की दिशा कुछ और होती। इस्तीफा देकर उसने न तो दूरंदेशी दिखाई और न राजनीतिक समझ। जेलों में वक्त गुजारने के बजाय अगर कांग्रेस नेता सत्ता और निर्वाचन क्षेत्रों में रहे होते तो चुनावों के अगले दौर में, यहाँ तक कि बंगाल और पंजाब में भी, उन्हें काफी फायदा मिलता। इन्हीं दोनों प्रांतों की विधानसभाओं के रवैये पर विभाजन की योजना का परिणाम काफी कुछ निर्भर था।

राष्ट्र की संकल्पना का प्रश्न

दरअसल, असली मुद्दा कुछ और था। अंग्रेजों के दिमाग में भविष्य के भारत की तस्वीर कुछ और थी, और कांग्रेस का नेतृत्व कुछ और सोच रहा था। जून १९४५ में वायसराय लॉर्ड वेवेल ने शिमला में सभी प्रमुख राजनीतिक ताकतों का एक राजनीतिक सम्मेलन आयोजित किया। पर इसमें कांग्रेस और लीग के विवाद ने कोई नतीजा नहीं निकलने दिया। जनवरी १९४६ में एक ब्रिटिश संसदीय प्रतिनिधिमंडल भारत आया जिसके बाद मार्च में ब्रिटिश कैबिनेट मिशन का भारत आगमन हुआ। कांग्रेस और लीग के बीच की खाई देखकर इस मिशन ने अपनी तरफ से एक योजना पेश की जो १९३५ के एक्ट के प्रावधानों पर ही आधारित थी। विभाजन की माँग ठुकराकर एक ढीले-ढाले महासंघ की तजवीज की गयी। यूनियन ऑव इंडिया नामक इस महासंघ में केंद्र के पास केवल प्रतिरक्षा, विदेश और संचार के मामले रहने थे। बाकी सभी अधिकार प्रांतीय विधायिकाओं के पास रहने थे और वे दस साल बाद एक साधारण प्रस्ताव पास करके संविधान के प्रावधानों पर पुनर्विचार का आग्रह कर सकती थीं। इसके अलावा उन्हें अपने विधायकों और अफसरों के 'गुट' बनाने की छूट भी थी। प्रांतों और देश का संविधान लिखने के लिए प्रत्येक प्रांत के प्रत्येक समुदाय की नुमाइंदगी वाली एक संविधान सभा गठित होनी थी जिसे मुख्य क्षेत्रवार तीन भागों में काम करना था। जाहिर है कि भविष्य के भारतीय राष्ट्र की यह संकल्पना कांग्रेस की संकल्पना से कतई मेल नहीं खाती थी। कांग्रेस ने इस योजना को 'सिद्धांत रूप में' तो स्वीकार कर लिया, पर हकीकत में उसे दो अरुचिकर विकल्पों में से एक का चुनाव करना

था। एक तरफ उपमहाद्वीप का बँटवारा था, दूसरी तरफ कमजोर और आधा-पूरा राष्ट्र था। कांग्रेस विभाजन से बचना चाहती थी। हालाँकि लीग जवाहर लाल नेहरू के तहत अंतरिम सरकार में भागीदारी करने के लिए तैयार हो गयी थी, पर वह इस योजना को समर्थन देने के अपने वायदे से पलट गयी और उसने संविधान सभा में भी शामिल होने से इनकार कर दिया। वह विभाजन पर अड़ी हुई थी। लीग के इस रवैये से कम से कम एक फायदा जरूर हुआ कि देश उन संवैधानिक दाँव-पेचों से बच गया जिनके कारण अराजकता की नौबत आ सकती थी। लेकिन, दूसरी तरफ अंग्रेजों ने कांग्रेस के नियंत्रण वाले केंद्र को सत्ता का हस्तांतरण करने से इनकार कर दिया जिसके कारण विभाजन के अंदेशे साफ हो गये।

आजादी मिलने से ठीक पहले का दौर बहुत तनावपूर्ण था। २० फरवरी १९४७ को ब्रिटिश प्रधानमंत्री एटली ने अपनी संसद में घोषित किया कि जून १९४८ तक भारतवासियों को सत्ता का हस्तांतरण कर दिया जाएगा और इस काम के लिए लॉर्ड माउंटबेटन भारत जाएँगे। जाहिर है कि अगले कुछ महीनों में ही आजादी मिलने का फार्मूला तय होने वाला था। अंग्रेजों का इरादा साफ था। कांग्रेस और लीग के बीच विवाद न सुलझने की शक्ल में वे भारत के बँटवारे के लिए तैयार थे। उनके इस रवैये ने लीग की ताकत में बढ़ोतरी कर दी। उसका रुख और कड़ा होता चला गया। उस समय लॉर्ड वेवेल का आग्रह था कि अंग्रेजों को अपने भारत छोड़ने की तारीख कुछ टाल देनी चाहिए। कई साल बाद मौलाना आजाद ने भी माना कि उस समय वेवेल की राय मान लेना ही अक्लमंदी की बात होती। सत्ता हस्तांतरण की जितनी जल्दी एटली को थी, उसी के मुताबिक नये वायसराय लॉर्ड माउंटबेटन ने तेज रफ्तार से उस ऐतिहासिक ब्रिटिश योजना पर अमल करना शुरू किया। माउंटबेटन बेहद आकर्षक व्यक्तित्व के धनी तो थे ही, वे समझौता वार्ताओं के दौरान विवादग्रस्त पक्षों को किसी निर्णय पर पहुँचने के लिए मजबूर करने में भी माहिर थे। उन्होंने समय या भावनाओं को तनिक भी व्यर्थ किये बिना किसी सर्जन की तरह भारतीय उपमहाद्वीप की शल्यक्रिया की। अपने लक्ष्य के रास्ते में आने वाली हर बाधा को दूर करते हुए उन्होंने महात्मा गाँधी को निर्णय प्रक्रिया से काटने में कामयाबी हासिल की। माउंटबेटन ने गाँधी को किनारे करने के बाद राष्ट्रवादी नेतृत्व के परिणामवादी तत्त्वों को एक साथ ला कर आधुनिक इतिहास का सबसे बड़ा राजनीतिक आपरेशन कर डाला।

सांप्रदायिक हिंसा और दो राष्ट्र

अगर पहले बंगाल में, फिर पंजाब में और फिर देश के दूसरे हिस्सों में अभूतपूर्व सांप्रदायिक हिंसा न शुरू हो गयी होती, तो भी शायद एटली और माउंटबेटन के विभाजक इरादों को नाकाम किया जा सकता था। लेकिन, बड़े पैमाने पर हो रहे सांप्रदायिक जनसंहार से कांग्रेस नेतृत्व सन्न रह गया। अंग्रेजों के रवैये का प्रतिरोध करने की उसकी राजनीतिक इच्छा शक्ति कमजोर हो गयी। वह द्वि-राष्ट्र सिद्धांत की जीत को नहीं रोक पाया। गाँधी ने पूरी कोशिश की, पर वे एक हारी हुई लड़ाई लड़ रहे थे। उनके दोनों शिष्य नेहरू और पटेल उनका साथ छोड़ चुके थे। नेहरू ने इस घटनाक्रम को त्रासदी मान कर लिया, और पटेल ने कठोर परिणामवादी नजरिया अपनाया। गाँधी ने इस परिस्थिति का जवाब बंगाल के नोआखाली में सांप्रदायिक सद्भाव के लिए पदयात्रा का जोखिम उठाकर दिया। उन्होंने मुसलमान शरणार्थियों के हक में नेहरू और पटेल की सरकार के खिलाफ उपवास किया और अंत में एक हिंदू कट्टरपंथी के हाथों मारे गये। उनकी हत्या से पूरा देश शोक में डूब गया और बड़े नाटकीय ढंग से दंगे बंद हो गये।

जो भी हो, विभाजन के विकल्प भी कोई आसानी से स्वीकार किये जा सकने वाले नहीं थे। ढीला-ढाला महासंघ पूरे उपमहाद्वीप को बिखराव के कगार पर ले जा सकता था, और अगर मुसलमान राष्ट्रवाद का दमन किया जाता तो भारतीय राज्य के चरित्र पर विपरीत असर पड़ता। दोनों ही परिस्थितियों में भारतीय राष्ट्र के निर्माण की प्रक्रिया उस तरह शुरू न हो पाती, जिस तरह विभाजन के बाद १९४७ में शुरू हो सकी। लेकिन, इस हकीकत से भी इनकार नहीं किया जा सकता कि उस दौरान एक खास मकसद से घटनाक्रम तेजी से एक खास दिशा में आगे बढ़ाया गया, इस प्रक्रिया में अंग्रेजों के साथ-साथ कांग्रेस और लीग की भी भूमिका रही।

प्रांतीय विधायिकाओं में मतविभाजन और विवादित इलाकों में जनमतसंग्रह के जरिये भारत और पाकिस्तान की भू-क्षेत्रीय सीमाएँ निर्धारित हो गयीं। फौजों, प्रशासनिक सेवाओं, वित्तीय संपत्तियों और देनदारियों का दोनों सरकारों के बीच रिकॉर्ड समय में बँटवारा हो गया। ब्रिटिश हाउस ऑव कामंस ने केवल बारह दिनों में भारत को आजादी देने वाला विधेयक पास कर दिया। १४ अगस्त १९४७ को इंडिया (प्रोवीजनल कांस्टीट्यूशन) ऑर्डर पारित हुआ और भारत और पाकिस्तान नामक दो डोमीनियन घोषित कर दिये

गये जिन्हें सत्ता का हस्तांतरण होना था। अंग्रेजों ने जो भारतीय साम्राज्य एक तरह की 'बेख्याली' में ही बना डाला था, उसे अफरा-तफरी में खत्म कर दिया। वे डरे हुए से लगते थे कि कहीं भारतवासी उनसे भारत में ही बने रहने का आग्रह न करने लगें। दूसरी तरफ ब्रिटिश लेबर सरकार ने जिस तरह आजादी देने में जल्दबाजी दिखाई उससे कांग्रेस सरकार और ब्रिटेन के बीच अच्छे संबंध कायम हुए। नतीजे के तौर पर आजाद भारत ब्रिटिश कामनवेल्थ का सदस्य बना रहा। एक स्वतंत्र गणराज्य के रूप में भारत की इसमें भागीदारी के कारण इसका नाम बदलकर कामनवेल्थ ऑव नेशंस (राष्ट्रमंडल) कर दिया गया, हालाँकि ब्रिटिश महारानी इसकी प्रतीकात्मक अध्यक्ष मानी जाती रही। कामनवेल्थ के विचार में इस विशिष्ट योगदान का श्रेय जवाहर लाल नेहरू को जाता है।

सत्ता हस्तांतरण की अंतिम कहानी के सभी पहलुओं का पर्दा पूरी तरह फाश होना अभी बाकी है, पर विभाजन के फैसले की विरासत को भारत और पाकिस्तान आज तक ढो रहे हैं और आने वाले समय में भी उन्हें इसे भुगतना होगा।

टिप्पणियाँ और संदर्भ

इस पुस्तक के छठे अध्याय में जातिप्रथा और लोकतांत्रिक राजनीति की अन्योन्यक्रिया की विस्तार से चर्चा की गई है। मेरा दावा है कि लोकतांत्रिक राजनीति जाति की प्रकृति को बदल देती है। उन्नीसवीं सदी में भी निचली जातियों ने वर्ण व्यवस्था को अपनी सामाजिक ऊर्ध्वगामिता के लिए इस्तेमाल किया था, और इस प्रक्रिया के प्रमाण जनगणना अभीक्षकों और गजट लिखने वालों को मिले थे। १९११ की जनगणना में बंगाल, बिहार, ओडीशा और सिक्किम संबंधी रपट को देखने से यह पता चलता है। कई निचले जाति-समूहों ने प्रतिवेदन दिए थे कि उनके जातिनाम क्षत्रिय और वैश्यों के समकक्ष दर्ज किए जाएँ।

हिंदुओं द्वारा बाहरी प्रभाव के मुकाबले टकराव से बचने की प्रवृत्ति का नीरद सी. चौधरी (*दि कांटीनेंट ऑव सर्सी,* न्यूयार्क, १९६६) और इरावती कर्वे (*हिंदू सोसाइटी— एन इंटरप्रिटेशन,* पूना १९६१) जैसे एक-दूसरे से एकदम अलग तरह के विद्वानों ने भी जिक्र किया है।

जहाँ तक इस्लाम के प्रभाव का प्रश्न है, उत्तर-पश्चिम भारत एक अपवाद की तरह देखा जाना चाहिए, क्योंकि इस इलाके में संस्कृतप्रधान परंपराओं की पैठ गहरी नहीं हुई थी। इन इलाकों में इस्लामिक मूल्यों ने हिंदू सभ्यता को गहराई से प्रभावित किया। ये प्रभाव आज भी देखे जा सकते हैं। डी.आर. चानना ने अपने लेख 'संस्कृटाइजेशन, वेस्टर्नाइजेशन एंड इंडियाज़ नार्थ-वेस्ट' (*ईपीडब्ल्यू,* ४ मार्च १९६१) में इस मसले पर

विस्तार से चर्चा की है। भारतीय इस्लाम की विशिष्टताओं के लिए विल्फ्रेड केंटवेल स्मिथ की रचना *मार्डर्न इस्लाम इन इंडिया : ए सोशल एनालैसिस* (लंदन, १९४६) देखी जा सकती है।

औपनिवेशिक शासन को सिर्फ कानून-व्यवस्था कायम करने वाले शासन के रूप में सीमित करके देखना ठीक नहीं है। अंग्रेजों ने भारत के आर्थिक, सांस्कृतिक और सामाजिक दायरों में कई नये तरह के कदम उठाए। उन्होंने भारतीय जीवन के कई पहलुओं की जाँच-पड़ताल की। आजादी के बाद हुए कई तरह के परिवर्तनों की बुनियाद में अंग्रेजों के इन प्रयासों की भूमिका रही है, हालाँकि बदलाव की दिशा अनिवार्यत: उपनिवेशवादियों के इरादों और कल्पनाओं के मुताबिक नहीं निकली।

मध्यवर्ग की रचना पर शुरुआती चर्चा के लिए बी.बी. मिश्रा की पुस्तक *दि इंडियन मिडिल क्लासेज़ : देयर ग्रोथ इन माडर्न टाइम्स* (लंदन, १९६१) देखी जा सकती है। कांग्रेस के सांगठनिक विकास के बारे में जानने के लिए गोपाल कृष्ण का लेख 'दि डिवेलपमेंट ऑव इंडियन नेशनल कांग्रेस एज ए मास ऑर्गनाइजेशन' (*जरनल ऑव एशियन स्टडीज़*, मई, १९६६, २५, अंक ३) देखा जा सकता है।

अंग्रेजों द्वारा सत्ता हस्तांतरण की राजनीति का एक जायजा लेने के लिए वी.पी. मेनन की पुस्तक *दि ट्रांसफर ऑव पावर इन इंडिया* (कलकत्ता, १९५७) पढ़ी जा सकती है। मुस्लिम लीग और कांग्रेस की राजनीति से संबंधित एक विश्लेषण के लिए मौलाना अबुल कलाम आजाद की पुस्तक *इंडिया विंस फ्रीडम* (कलकत्ता, १९५९) उपयोगी है।

३

आधुनिकीकरण का रास्ता

लंबे औपनिवेशिक शासन और उसके खिलाफ संघर्ष के लंबे दौर में हुए भारतीय राजनीति के आधुनिकीकरण की खास बात यह थी कि शुरू से ही उसमें परंपरा और आधुनिकता के एक अनूठे मिश्रण का इस्तेमाल किया गया। नतीजा यह निकला कि आधुनिकता ने खुद-ब-खुद नयी परंपरा बनकर पूर्वस्थापित परंपरा से मिलकर एक तरह के नैरंतर्य का सृजन कर दिया। खास बात यह थी शीर्ष और आधार के बीच आधुनिकीकरण के इस मॉडल में परिवर्तन के मध्यवर्ती एजेंटों की बेहद महत्त्वपूर्ण भूमिका थी। एक तरह से इस मॉडल को मध्यवर्ती समूहन का मॉडल कहा जा सकता है। जाहिर है कि हमारी परंपरा में इतना लचीलापन था कि वह आधुनिकता के प्रभाव में अपना पुन:संस्कार कर पाती, लेकिन इसका मतलब यह नहीं निकालना चाहिए कि आधुनिकीकरण का स्रोत स्वयं परंपरा में ही निहित था। ऐसा मानना तो परंपरा के प्रति रोमानी नजरिया अपनाना होगा। परिवर्तन के मुख्य कारक आधुनिक विचार, आधुनिक संस्थाओं और संसाधनों में निहित थे। इसके वाहक की भूमिका भी ऐसे आधुनिकतावादी अभिजन ने निभायी जो भारतीय इतिहास के अब तक के सबसे प्रभावशाली केंद्र की नुमाइंदगी करते थे। परिवर्तन के पीछे गाँधी, नेहरू और पटेल जैसे असाधारण क्षमता और करिश्मे के धनी नेताओं की भूमिका को भी कम करके नहीं आँका जा सकता। इसके साथ ही कांग्रेस की अद्‌भुत सांगठनिक उपस्थिति की भूमिका भी निर्विवाद थी। यह एक ऐसा संगठन था जो अपने लचीलेपन, गैर-मताग्रही और सर्वग्रहणशील रवैये के बावजूद एक निश्चित विचारधारा पर चलने का प्रयास करता था। यह नवस्वतंत्र भारत का सौभाग्य था कि उसे बहुत लंबी अवधि तक ऐसे बेहतरीन नेताओं और विलक्षण संगठन की सेवाएँ मिल पायीं।

I

परंपरा, औपनिवेशिक विरासत और राष्ट्रीय आंदोलन के विभिन्न पहलू

पिछले अध्यायों में हम देख चुके हैं कि भारत ने किस प्रकार राजनीतिक विकास का एक ऐसा खुला मॉडल अपनाया जिसमें नाना प्रकार की वैचारिक प्रवृत्तियों और तौर-तरीकों के प्रति ग्रहणशीलता थी। यह मॉडल आधुनिकता और परंपरा के मिश्रण का इस्तेमाल करता हुआ सचेत रूप से एक ऐसी प्रतीक-योजना को प्रोत्साहन देता था जिससे आधुनिकीकरण के लिए परंपराप्रदत्त प्रतीकों का इस्तेमाल करने की सुविधा भी मिल जाती थी। अपेक्षाकृत छोटी अवधि तक चले और शहरों में ही केंद्रित रहे एशियाई और अफ्रीकी देशों के राष्ट्रीय आंदोलनों के मुकाबले भारत के राष्ट्रवादी आंदोलन का अनूठापन उसकी दीर्घावधि, प्रसार और गहराई में निहित था। १८८५ में भारतीय राष्ट्रीय कांग्रेस का गठन हुआ जिसने तकरीबन साठ साल तक आजादी की लड़ाई का नेतृत्व किया। कांग्रेस का गठन और विकास उन्नीसवीं सदी में चली समाज सुधार की मुहिमों, उसके बाद हुए बेमिसाल बौद्धिक और सामाजिक पुनर्जागरण के साथ-साथ प्रशासन, शिक्षा, कानून और संचार के क्षेत्रों में हुई प्रगति का नतीजा था। गोखले, तिलक और गाँधी समेत कांग्रेस के तमाम नेतागण असाधारण प्रतिभा, उत्प्रेरक त्यागमय जीवन, वैचारिक और सांगठनिक क्षमता के धनी थे। उन्होंने अपने व्यक्तिगत और सार्वजनिक जीवन के बीच कोई भेद नहीं रहने दिया, जिससे अनुप्राणित होकर स्थानीय स्तर पर बहुत से गाँधी, नेहरू और पटेल पैदा हुए। कार्यकर्ताओं की ऐसी कतारें खड़ी हो गयीं जिन्होंने अनुशासित होकर आजादी के लक्ष्य और समाज कल्याण के लिए अपना जीवन समर्पित कर दिया। शुरू में शहरी मध्यवर्ग तक सीमित कांग्रेस गाँधी के आगमन के बाद ग्रामीण जन-जाँगर तक फैल गयी। पहले उसने तकरीबन तीस साल तक अपने आधुनिकतावादी लक्ष्यों को निर्धारित करने के लिए बहस-मुबाहिसा किया। बाद में जब वह जनांदोलन बनी, तो गाँधी ने कौशलपूर्वक जनता के उपनिवेशवाद विरोधी उभार का नेतृत्व करते हुए ब्रिटिश सत्ता को भी पूरी तरह से कांग्रेस का दुश्मन नहीं बनने दिया। साधनों की पवित्रता के गाँधीवादी आग्रह ने आंदोलन में एक नैतिक आयाम का समावेश किया। आंदोलन की वैधता और प्राधिकार को चुनौतियाँ मिलीं जरूर, पर वे कभी विशेष महत्त्व प्राप्त नहीं कर पायीं।

लेकिन, आंदोलन की इन खूबियों के साथ-साथ यह हकीकत नजरंदाज करना उचित नहीं होगा कि अपने फैलाव और गहनता के बावजूद वह देश की जनता के बहुत बड़े हिस्से के अराजनीतिक चरित्र को बदलने में असमर्थ रहा। यह जरूर है कि हिंदू साम्राज्यों और मुसलमान शासन की अवधियों की तुलना में राष्ट्रीय आंदोलन द्वारा हासिल की गयी समाज के राजनीतिकरण की मात्रा और डिग्री काफी ज्यादा थी। इसका एक बहुत बड़ा कारण अंग्रेजों द्वारा किया गया अभूतपूर्व प्रशासनिक एकीकरण, शांति-व्यवस्था की स्थापना और उस दौरान हुआ स्कूल-कालेजों का प्रसार था। भारत में औपनिवेशिक शासन की अवधि अपेक्षाकृत बहुत लंबी थी। उसने भूमि बंदोबस्त और राजस्व-संग्रह के वितरण के साथ-साथ भारतीय अभिजनों का नयी शिक्षा और सेकुलर व्यवस्था के पहलुओं से संपर्क भी कराया। अपने आखिरी दिनों में ब्रिटिश राज ने भारतवासियों की राजकाज में सक्रिय भागीदारी और विभिन्न स्तरों पर निर्वाचन प्रक्रिया में भागीदारी को भी प्रोत्साहित किया। इस पृष्ठभूमि के सकारात्मक और नकारात्मक प्रभाव उस ढाँचे पर पड़ने लाजमी थे जो अंग्रेजों ने अपने पीछे छोड़ा था। लंबे औपनिवेशिक शासन और उसके खिलाफ लंबे संघर्ष के मिले-जुले प्रभाव ने राष्ट्रवादी आंदोलन को परिपक्व किया।

इस लंबी अवधि के कुछ और भी फायदे हुए। कांग्रेस के नेतृत्व में हुए इस सामाजिक-राजनीतिक पुनर्जागरण की विशेषता यह थी कि इनके कारण संगठन के प्रति निष्ठा, नेताओं के प्रति व्यक्तिगत निष्ठा, कार्यक्रम के प्रति निष्ठा और विचारधारा के प्रति निष्ठा में आपसी तालमेल हो गया। गाँधी का करिश्मा ग्रामीणों, आदिवासियों और हरिजनों के बीच रचनात्मक कार्य के आह्वान के रूप में व्यक्त होता था। रोजगारपरक श्रमप्रधान उद्योगों को प्राथमिकता देने वाला यह आंदोलन भाषायी परंपराओं और अस्मिताओं का विकास करने वाले शैक्षणिक कार्यक्रम को आगे बढ़ाता था। राष्ट्र-निर्माण के इस रचनात्मक काम के साथ ही प्रचारात्मक और राजनीतिक प्रतीकों की भी रचना होती चलती थी। परिणामवादी नेतृत्व से लैस कांग्रेस की मंजिल सिर्फ आजादी हासिल करना ही नहीं थी। अपनी वैचारिक ग्रहणशीलता के बाद भी भविष्य के ब्लूप्रिंट के रूप में वह एक निश्चित विचारधारा की पैरोकार थी। इस विचारधारा के मुख्य सूत्र कांग्रेस द्वारा उपनिवेशवाद विरोध, आजादी के लिए संघर्षरत अन्य देशों के समर्थन, सहभागी लोकतंत्र, समता और

सामाजिक न्याय (खासकर ग्रामीण जनता और निचली जातियों के लिए), सांप्रदायिक भाईचारा (खासकर हिंदुओं और मुसलमानों के बीच), अल्पसंख्यकों के प्रति सहिष्णुता, विविधता के लिए सम्मान, भाषायी राज्यों के निर्माण के लिए प्रतिबद्धता, नियोजित आर्थिक विकास और घरेलू व अंतर्राष्ट्रीय विवाद सुलझाने के लिए हिंसा के इस्तेमाल को खारिज करने की पैरोकारी में देखे जा सकते थे। ये विचारधारात्मक सूत्र कांग्रेस के विभिन्न प्रस्तावों के माध्यम से वाणी पाते थे। पार्टी के मुखपत्रों और गाँधी टोपी पहनने वाले हजारों-हजार कार्यकर्ताओं द्वारा इस विचारधारा का संदेश दूर-दराज गाँवों तक पहुँचता रहता था। इस प्रकार भविष्य के भारत के बारे में एक आम सहमति आकार ग्रहण करती चली जाती।

इन सूत्रों से बनने वाली विचारधारा का एक मकसद अतीत और भविष्य को आपस में जोड़ने वाले पुल की तरह काम करना भी था। हम देख चुके हैं कि गाँधी किस तरह परंपरा की लगातार पुनर्व्याख्या करके दिक् और काल को जोड़ते हुए अपने कार्यक्रम के लिए जन-वैधता की जुगाड़ करते रहते थे। गाँधी के पूर्ववर्ती जिस काम में नाकाम हो गये थे, उन्होंने वही करके दिखाया और राष्ट्रीय लक्ष्यों के लिए समाज के परंपरावादी और आधुनिकतावादी हिस्सों का समर्थन एक साथ प्राप्त किया। अतीत के साथ गाँधी का निरंतर संपर्क ही वह मुख्य आधार था जिसके बिना पर कांग्रेस का आंदोलन भारतीय सभ्यता की आगे बढ़ती हुई कहानी की आधुनिक कड़ी बन गया। इसी के साथ कांग्रेस अपने संगठन के प्रसार और उसमें स्थानीय राजनीतिक अभिजनों की भर्ती के जरिये भविष्य में झाँकती रहती थी जिससे उसे असीम शक्ति मिलती थी। वह एक ऐसा कार्यक्रम चला पाती थी जिसके लिए किसी अन्य दल को किन्हीं अन्य परिस्थितियों में काफी समय लग सकता था। इसीलिए नेहरू कांग्रेस को एक 'सतत क्रांति' कहते थे और इसी कारण से कांग्रेस भारतीय इतिहास में एक ऐतिहासिक हस्तक्षेप का दर्जा प्राप्त कर पायी। कांग्रेस न परंपरा को खारिज करती थी, न आधुनिकता को। वह सभी विचारों, कल्पनाशीलताओं और दावेदारियों के साथ-साथ सभी सामाजिक हितों को भी मंच प्रदान करती थी। वह अस्मिता की प्रतीक-योजनाओं का विस्तार करती चली जाती थी। उसके संगठन की लोकप्रियता का आधार व्यक्तिगत और संस्थागत निष्ठाएँ थीं। राष्ट्रीय आंदोलन के हितों को ध्यान में रखते हुए कांग्रेस अस्पष्टता और असहमति के प्रति खासा सहिष्णु रवैया अख्तियार

करती थी जिससे उसे सांगठनिक लचीलापन और नये-नये तौर-तरीके अपनाने का मौका मिलता था। कांग्रेस की ये सभी खूबियाँ केवल गाँधी की ही देन नहीं थीं, बल्कि इनके पीछे भारत की बहु-जातीय, बहु-सांस्कृतिक और बहु-धर्मी दीर्घकालीन परंपरा भी थी। गाँधी की विशेषता परंपरा की इसी विरासत का सदुपयोग परिवर्तन के लक्ष्यों को वेधने के लिए करने की कला में महारत हासिल करना थी। भारत के राष्ट्रीय आंदोलन की एक और विशेषता थी, जिसे प्राचीन हिंदू सभ्यता द्वारा प्रदत्त ठोस पृष्ठभूमि के रूप में देखा जा सकता है। कांग्रेस को अपना आवेग और बुनियादी चरित्र वहीं से प्राप्त हुआ था। राजनीतिक संस्कृति वाले अध्याय में हम एक बार फिर इस पहलू पर विस्तार से गौर करेंगे। लेकिन, यहाँ कुछ महत्त्वपूर्ण पहलुओं पर संक्षेप में प्रकाश डाला जा सकता है, जो राजनीतिक आधुनिकीकरण के भारतीय मॉडल में सीधा योगदान करते नजर आते हैं।

पहली बात तो यह है कि भारतीय सभ्यता अपने खास तरीके से इस महादेश को शताब्दियों से एकता के बंधनों में बाँधे हुए थी। एकता के ये सभ्यतामूलक पहलू सभी राजनीतिक विभाजनों, जातीय और भाषायी विविधताओं, धर्म के भीतर चलने वाले सेकुलर आंदोलनों, प्रौद्योगिकीय विकास और विचारधाराओं की विविधता को अपने आगोश में समेटे रहे थे। भारतीय होने और परिणामस्वरूप भारतीयता का सांस्कृतिक एहसास हमेशा से था। दूसरी तरफ यह सभ्यता विविधता और बहुकेंद्रीयता को भी प्रोत्साहन देती थी। तरह-तरह की जीवन शैलियों के सहअस्तित्व ने भारतीय सभ्यता में आत्मसातीकरण और 'एकत्रीकरण' की अभूतपूर्व क्षमता पैदा कर दी थी। सभ्यता द्वारा प्रदर्शित इन्हीं गुणों के कारण आजादी के आंदोलन के दौरान और फिर स्वतंत्र राष्ट्र-राज्य की स्थापना के बाद भारतीय नेतृत्व राष्ट्रीय लक्ष्यों के लिए समाज के विभिन्न हिस्सों की गोलबंदी कर पाया। इन्हीं सभ्यतामूलक विशेषताओं के कारण वह विभाजन के ऊपर एकत्रीकरण, खंडन के ऊपर समायोजन और टकराव के ऊपर सहमति को प्राथमिकता देने में सफल हो पाया। तीसरा पहलू था ब्राह्मण-अभिजनों की भूमिका। पुरोहितों के रूप में समाज की लघु परंपराओं को महा-परंपरा के साथ जोड़ने वाला यह अभिजन आधुनिक जमाने में भी नेतृत्व देने के लिए उपलब्ध था। उसने अंग्रेजी भाषा, कानून की पेचीदगियों और नये सांस्कृतिक प्राधिकार को ग्रहण करने में कोई देरी नहीं की, और फटाफट आधुनिकीकरण की प्रक्रिया को आगे बढ़ाना शुरू

कर दिया। ब्राह्मणों की वजह से न तो राष्ट्रीय आंदोलन को और न ही नये राष्ट्र को नेतृत्वकारी शक्तियों की कोई कमी पड़ी, और सभ्यतामूलक नैरंतर्य भी भंग नहीं हुआ। विविधताओं के ऊपर एक तरह की बौद्धिक और शैलीगत समरूपता भी ब्राह्मणों की वजह से ही स्थापित की जा सकी। आगे चलकर राजनीति में उभरने वाले नये वर्गों ने इनके वर्चस्व को चुनौती दी। लेकिन, इसी दौरान संचार और सहभागिता की नयी गुंजाइशें खुलनी शुरू हो गयी थीं जिनके कारण भारतीय लोकतंत्र सहभागी दौर में पहुँच गया था। चौथा पहलू जाति-प्रथा द्वारा प्रदत्त अलग-अलग सामाजिक भूमिकाओं का प्रावधान था जिसके तहत शासन करने वाले और उसका अनुपालन करने वाले की भूमिका निर्धारित रहती थी और शासकों के प्राधिकार को आसानी से चुनौती नहीं मिल पाती थी। शहरी, शिक्षित और ऊँची जातियों से आए राष्ट्रीय अभिजनों को इसके कारण भी नेतृत्व करने में सुविधा हुई। पाँचवाँ पहलू भारतीय चिंतन में निहित कामनाओं को संयमित करने की प्रवृत्ति का था। हिंदू समाज में मोक्ष प्राप्त करना भी व्यक्ति का निजी उत्तरदायित्व समझा जाता था। इसी कारण से नेतृत्व को समाज की तरफ से अपेक्षाओं का दबाव ज्यादा नहीं झेलना पड़ा। चूँकि भारतीय मानस पर धर्मशास्त्रीय आग्रह हावी नहीं थे, नैतिक और धार्मिक मताग्रहों को एक तरह की अस्पष्टता ढाँके रहती थी, इसलिए नेताओं के लिए परंपरा की आवश्यकतानुसार व्याख्या करना आसान था। इन सभी पहलुओं ने मिलकर नये आधुनिक अभिजनों को परिवर्तन, आत्मसातीकरण और रूपांतरण के जरिये आम जनता को अपनी विचारधारा का कायल करने में सुविधा प्रदान की। हिंदू सभ्यता ऐसे किसी 'दैवी सत्य' की हामी कभी नहीं रही जिसे इस बदलाव के खिलाफ खड़ा किया जा सकता। परिवर्तन होता रहा, पर लोगों को अतीत से विच्छिन्नता का एहसास नहीं हो पाया।

हिंदू सभ्यता और राष्ट्रीय आंदोलन की दीर्घावधि ने नये भारत की एकता और उसकी आधुनिक डिजाइन में उल्लेखनीय योगदान किया। एक समृद्ध अनेकार्थक परंपरा के साथ लोकतांत्रिक संस्थाओं और मूल्यों की अन्योन्यक्रिया लगातार जारी रही। व्यवहार और सिद्धांत का एक ऐसा संश्लेषण बना जो एक साथ 'परंपरागत' और 'आधुनिक' दोनों था। अगर राष्ट्रीय आंदोलन छोटी अवधि का होता, या उसकी पहुँच गहन न होती, तो आजादी मिलते समय यह अनूठा संश्लेषण भारतीय नेताओं के पास न होता।

लेकिन, फायदों के साथ-साथ इस दीर्घावधि के कुछ नुकसान भी थे।

चूँकि भारत को स्वाधीन राष्ट्र बनने में देर लगी, इसलिए वह नियोजित विकास और राजनीतिक गोलबंदी के दौर में उस समय कदम रख पाया जब राष्ट्रीय-अंतर्राष्ट्रीय स्तर पर तरह-तरह के पेचीदा दबाव उसकी गति को रोकने में लगे हुए थे। विकसित देशों को आर्थिक विकास की प्रक्रिया सुदृढ़ करने का जो समय मिला था, वह भारत के लिए उपलब्ध नहीं था। आधुनिकीकरण की प्रक्रिया विभिन्न चरणों में चलाने की सुविधा नहीं थी। इसलिए भारतीय नेतृत्व को अलग-अलग किये जा सकने वाले कई कामों को एक साथ अंजाम देना पड़ा। प्राथमिकताओं की कोई सुसंगत योजना भी नहीं बन पायी। आर्थिक समस्याएँ अन्य समस्याओं पर छा गयीं, जबकि स्थिति यह थी कि उन समस्याओं को हल किये बिना आर्थिक मोर्चे पर सही नतीजे निकालना संभव नहीं था। इन्हीं कारणों से लक्ष्यों के बारे में अस्पष्टता और द्वैध की स्थिति बनी रही। आखिर में जब आर्थिक विकास का मॉडल बना और उसके चरणबद्ध कार्यान्वयन का प्रयास हुआ तो उससे पहले ही दक्षता और मनोबल का काफी क्षय हो चुका था। प्रगतिकांक्षी तबकों का यकीन आहत हो चुका था, और अभिजनों और जनता के आपसी संबंधों के एक नये समीकरण की जरूरत महसूस होने लगी थी। इन समस्याओं ने सरकारी ढाँचे को भी अस्थिर करने की भूमिका निभायी।

इसी तरह से औपनिवेशिक शासन के संस्थानीकरण की लंबी अवधि के अपने नुकसान थे। अंग्रेजों की कार्य-शैली के कारण कुछ खास तरह की अनम्यताएँ, निहित स्वार्थ और अलाभकारी विरासतें भी आजाद भारत को मिलीं। नया राष्ट्र जब परिवर्तन के भारी-भरकम कार्यक्रम पर अमल करने निकला तो उसने पाया कि औपनिवेशिक सत्ता के इन नकारात्मक पहलुओं से पल्ला छुड़ाना आसान नहीं है। सबसे बड़ी संस्थागत अनम्यता तो प्रशासनिक अधिकारी तंत्र और शिक्षा प्रणाली के साथ-साथ कानून, विधि-निर्माण और कार्यान्वयन के प्रति नजरिये में थी। भारत में नीति-निर्माण, समस्याओं को हल करने और मुद्दों को समझने के तौर-तरीकों पर अंग्रेजों द्वारा प्रचलित औपचारिक और देरदार वाले रवैये की छाप आज तक मौजूद है।

कहना न होगा कि इसी भाँति हिंदू सभ्यता की विरासत के भी कुछ नकारात्मक पहलू थे। यह सभ्यता एक ऐसी बौद्धिक परंपरा की वाहक थी जो वाचिक परंपरा पर बहुत ज्यादा जोर देती थी, जिसमें सामूहिकता बोध को ज्यादा महत्त्व नहीं मिलता था, गैर-धार्मिक या सेकुलर हितों की सांगठनिकता

को जिसमें ज्यादा तरजीह नहीं थी, हितों के राष्ट्रीय स्तर पर समूहन का प्रोत्साहन नहीं था और जो मुद्दों से टकराने के बजाय उसे टालने पर यकीन करती थी। इन सभी पारंपरिक पहलुओं में राष्ट्रीय सेकुलर ढाँचे को कमजोर करने के अंदेशे निहित थे।

जाहिर है कि हिंदू सभ्यता की विरासत, औपनिवेशिक अतीत और राष्ट्रीय आंदोलन के विभिन्न पहलुओं का असर मिला-जुला था। आइये, सैद्धांतिक नजरिये से देखें कि भारत के आधुनिकीकरण की चुनौतियों का इन परिस्थितियों में कैसे सामना किया गया।

आधुनिकीकरण का रास्ता

आधुनिकता के संपर्क में आने पर भारतवासियों ने सबसे बड़ा असर यह ग्रहण किया कि वे अपनी पारंपरिक अस्मिता के प्रति नये सिरे से सचेत होते चले गये, आधुनिकता के प्रभाव में उस अस्मिता की पुनर्व्याख्या करके उसमें नवजीवन का संचार किया गया और नयी संस्थाओं और विचारों के संदर्भ में उसका सुदृढ़ीकरण हुआ। यही था भारत के राजनीतिक आधुनिकीकरण का रास्ता। आधुनिकतावादी प्रेरणाओं ने लोगों को भारत की भारतीयता का दावा करने की, उस भारतीयता का पुनःसूत्रीकरण करने और कुल मिलाकर उसे एक आधुनिक चरित्र देने की गुंजाइश प्रदान की। भारत के आधुनिकीकरण पर परंपरा को खारिज करने वाला मॉडल लागू नहीं होता। न ही आधुनिकता और आधुनिक संस्थाओं की शक्ति को नकार कर सिर्फ परंपरा की वांछनीयता पर जोर देने वाला मॉडल भारत के मामले में कारगर है। इसी तरह आधुनिकता और परंपरा के कुछ-कुछ हिस्सों की एक खास तरतीब पर जोर देने वाला मध्यमार्गी मॉडल भी यह नहीं है। भारतीय आधुनिकीकरण को देखने का एक तरीका यह भी रहा है कि उसे आधुनिक तर्ज पर परंपरा की पुनर्रचना करार दे दिया जाए। ये लोग परंपरागत संस्थाओं और परिवर्तन की प्रक्रिया के मानकों पर जोर देकर आधुनिकीकरण को समझ लेना चाहते हैं। ऐसे प्रेक्षक आधुनिक संस्थाओं और मूल्यों की उस भूमिका को कम महत्त्व देते हैं जिनके कारण ही पारंपरिक अस्मिताओं का पुनर्जागरण हुआ और उन्हें समसामयिक अर्थ मिले। परंपरा खुद-ब-खुद अपना पुनर्जागरण नहीं कर सकती थी। बजाय इसके कि हम परंपरा और आधुनिकता पर अलग-अलग जोर दें और एक-दूसरे की कीमत पर उनका महत्त्व समझा जाए, हमें उन दोनों के संबंध

को समझना होगा, उस प्रक्रिया को समझना होगा जिसने इस संबंध को जन्म दिया है और उस मिश्रण को समझना होगा जो उस समय पैदा होता है जब एक प्राचीन समाज नये जमाने की जरूरतों को पूरा करने की कोशिश करता है। यही है वह प्रक्रिया जिसके जरिये ऐसा समाज परिवर्तन के जरिये नैरंतर्य का संधान करता है और इस सिलसिले में अपनी समृद्ध विविधता को नष्ट किये बिना नयी एकता और नयी पहचान ग्रहण कर लेता है।

भारतीय समाज की संरचना इतनी जटिल है कि परिवर्तन के सूत्र इसके इतिहास में खँगालने पर भी आसानी से नहीं मिलते। इतिहास बताता है कि उसके समाज के कुछ हिस्से तो गतिशील थे, पर कुछ हिस्से गतिरोध के शिकार थे। भारतीय सभ्यता को एक ऐसी जड़ सभ्यता मानने से भी काम नहीं चलने वाला है जिसमें उपनिवेशवाद के प्रभाव से अचानक हलचल होने लगी थी। हम देख चुके हैं कि मुसलमानों के आक्रमणों और उनके साम्राज्य के मजबूत होने से हिंदुओं की पारंपरिक व्यवस्था किस तरह की बेचैनियों की

आधुनिकतावाद और राज्य की भूमिका

पश्चिम के एक चिंतक ने दिल्ली के एक केंद्र (विकासशील समाज अध्ययन पीठ) से उद्‌भूत होने वाले विचारों का तुलनात्मक अध्ययन किया है जिसमें उसने मेरे और आधुनिकतावाद के आलोचक आशिस नंदी के सोच-विचार के अंतर को रेखांकित किया है। यह लेख बताता है कि आशिस की भाँति मैं आधुनिकतावाद को पूरी तरह तिलांजलि कभी नहीं देता। मैं उस तरह से उत्तर-आधुनिकतावादी कभी नहीं हुआ। मैंने राज्य से पूरी उम्मीद कभी नहीं छोड़ी। लेकिन मैं पश्चिमी आधुनिकतावाद का अंधसमर्थक भी नहीं रहा। मैं परंपरा का गहरा सम्मान करता हूँ। मुझे यकीन है कि परंपरा को कर्मकांड और अंधविश्वास के शिकंजे से निकालकर काफी कुछ हासिल किया जा सकता है। नयी सहस्राब्दी को अगर हमें बुनियादी परिवर्तन की सहस्राब्दी बनाना है तो हमें अपने परंपरागत ज्ञान और संस्थाओं से सीखना और लेना होगा। ... दूरदर्शन पर लंबी वार्ता में मैंने कहा है कि मेरा मॉडल तो दुनिया की श्रेष्ठतम मानवीय परंपराओं और पूर्व की बेहतरीन विरासत के संयोग से बनता है। मैं कहूँगा कि स्वदेशीकरण का अंतर्मुखी विचार आधुनिकता के आलोचकों को इस कदर इकतरफा कर देता है कि वे पश्चिम की बेहतरीन उपलब्धियों को भी नकारने लगते हैं। यह सिलसिला आधुनिकता विरोध को एक बिंदु पर ले जाकर चिंतन के ही विरोध में खड़ा कर देता है। यह रवैया तर्क देता है कि दुनिया के पास आपको देने के लिए कुछ है ही नहीं। सभी कुछ भारत के अंदर से प्राप्त किया जा सकता है।

इस तरह मैं आधुनिकता विरोधी नहीं हूँ, और न ही मैं आधुनिकतावाला हूँ। यह द्वैध भी मेरे अंदर है और मैं इसके साथ जिंदा रहकर खुश हूँ। जहाँ तक राज्य की भूमिका

शिकार हुई। उपनिवेशवाद द्वारा प्रदत्त शांति-व्यवस्था और एकताकारी शक्ति ने इस समाज को बड़े पैमाने पर परिवर्तन करने की प्रेरणा देने के साथ-साथ विजातीय शासन का प्रतिरोध करने की भावना भी दी जो आगे चलकर नये राष्ट्र का आधार बनी। कहना न होगा कि पश्चिम से उपनिवेशवाद के कंधों पर सवार होकर आयी नयी प्रौद्योगिकीय, संस्थागत और वैचारिक हवाओं ने भारतवासियों को परिवर्तन का संदेश सुनाया।

इस संदेश के प्रति भारत ने दो तरह की प्रतिक्रिया की। एक तरफ उदारतावादी और समाजवादी विचारधाराओं को अपनाकर पश्चिमीकरण का स्वागत किया गया, और दूसरी तरफ घोर पश्चिमविरोधी रवैया अपनाया गया। इन दो परस्पर विरोधी नजरियों का परिणाम यह हुआ कि आधुनिक विश्व में भारत की जगह बनाने के लिए जरूरी परिवर्तन स्वीकार कर लिए गये, पश्चिम की चुनौती का सामना करने के लिए भारतीय अस्मिता की दावेदारी सामने आयी और उसे एक नयी सारवस्तु से संपन्न करके एक नया अर्थ दे दिया गया। इस परिवर्तन के एजेंट थे हमारे नये अभिजन जिन्होंने वर्तमान में परिवर्तन करते हुए भी अतीत की निरंतरता कायम रखी और साथ में भविष्य का यूटोपिया भी रचते रहे। उन्होंने जो नयी अस्मिता खोजी थी, उसकी खास

का सवाल है, मैं हमेशा ही राज्य की गतिविधियों को उत्सुकता से देखता रहा हूँ। लंबे अरसे तक मैंने राज्य को समाज का रूपांतरण कर सकनेवाली ताकत के रूप में देखा है। फिर मैं राज्य के दमनकारी पहलुओं के कारण उसे जनता के खिलाफ मानने लगा। पिछले कुछ वर्षों में पहले तो गैर-सरकारी संगठनों के प्रकोप के कारण, फिर विश्व बैंक और आई.एम.एफ. की नीतियों के कारण राज्य की भूमिका हाशिये पर चले जाने के कारण मेरी रुचि फिर से राज्य में जागी है।

मैं उस समय आधुनिकीकरण का आलोचक हो जाता हूँ जब यह दावा किया जाता है कि केवल इसी से सारी समस्याओं का हल हो जाएगा। शुरू में मैं अनुभववादी-व्यवहारवादी समाजविज्ञान का समर्थक था, लेकिन बाद में अपनी दृष्टि को मैंने संतुलित किया। मेरे ख्याल से आधुनिकता और परंपरा के रिश्ते को आखिरी तौर से परिभाषित नहीं किया जा सकता। यह उलझन बनी रहेगी। इसी ऊहापोह में से नतीजे निकालने होंगे। अब दलितों को देखिये, वे आधुनिकतावादी क्षेत्र के लाभ उठाना चाहते हैं। उन्हें परंपरा की श्रेष्ठता के दावों से नफरत है। परंपरा ने उन्हें दिया ही क्या है? वे प्रशासन में बैठना चाहते हैं, विश्वविद्यालयों में हैसियत प्राप्त करना चाहते हैं। हम किस मुँह से उनसे कह सकते हैं कि उन्हें आधुनिक शिक्षा का अवदान नहीं लेना चाहिए। यह तो उन्हें धोखा देना हो जाएगा।

('राजनीति की किताब' से साभार)

बात यह थी कि उसमें न केवल अपने होने का एहसास था, बल्कि यह कामना भी निहित थी कि हम क्या होना चाहते हैं।

पहली बार भारत में एक ऐसा अभिजन उभरा था जो अपने चरित्र में राष्ट्रीय था। पहलकदमी स्थानीयताओं से हटकर केंद्र में पहुँच गयी। नेतृत्व का यह परिवर्तन भारतीय इतिहास का एक प्रमुख परिवर्तन था। पहले होता यह था कि पारंपरिक व्यवस्था पर छाये हुए विशिष्ट जन सामाजिक या निजी विवाद निबटाते रहते थे, या फिर पश्चिमीकरण के शुरुआती दौर में जगह-जगह बिखरी हुई जागरूक हस्तियाँ सुधारों के लिए काम करती रहती थीं, पर यह अभिजन राष्ट्रीय संदर्भ में बोलता हुआ, राष्ट्रीय चेतना की बात करता हुआ एक राष्ट्र के रूप में भारत के भविष्य की चर्चा करता था। इस अभिजन के सदस्य उद्देश्यों, लक्ष्यों और विचारधारा की बात करते थे। भारत के लिए यह सब एक नयी बात थी।

इन अभिजनों ने भारत के ग्रामीण समाज में पैठ बनाने और आम लोगों की गोलबंदी के लिए नाना प्रकार की रणनीतियाँ बनायीं। आम जनता आधुनिक संचार के मुहावरों को नहीं समझती थी और उससे केवल स्वदेशी प्रतीकों की भाषा में ही बात की जा सकती थी। गाँधी उपनिवेशवाद विरोधी आंदोलन के दौरान इस तरह के प्रतीकों का सफलतापूर्वक इस्तेमाल कर चुके थे। लेकिन, इसका मतलब यह नहीं समझना चाहिए कि आधुनिकता को अपनी जन-वैधता के लिए हमेशा ही परंपरा की जरूरत थी। अभिजनों ने गाँधी के अनुभव से तो लाभ उठाया ही, साथ ही उन्होंने भारतीय जनता के सामने बहुत से विचारधारात्मक लक्ष्य सीधे-सीधे आधुनिक मुहावरे में भी पेश किये। नये विचारों और नयी संस्थाओं का प्रसार हुआ। नतीजतन तरह-तरह के अंतर्विरोध और विरोधाभास पैदा हुए। एक तरफ शांति-व्यवस्था और अनुशासित विकास की प्रक्रिया चलाने वाली राजनीतिक प्रणाली थी और दूसरी तरफ व्यक्तिगत अधिकारों और असहमति के अधिकार पर आधारित प्रतिनिधिमूलक लोकतंत्र था। एक तरफ समरूप राजनीतिक व्यवहार का आग्रह करने वाला केंद्रीकृत राज्य था और दूसरी तरफ स्थानीय इकाइयों की स्वायत्तता कायम रखने वाला ढीला-ढाला संघ था। एक तरफ पार्टियों की होड़ और बहुमत के शासन पर आधारित भागीदारी थी और दूसरी तरफ अल्पसंख्यकों के हित समूहों की नुमाइंदगी का प्रश्न था। आर्थिक संस्थाओं पर राजकीय स्वामित्व बनाम निजी पूँजी की बहस थी। बुनियादी माल के

उत्पादन और निर्यात के बदले औद्योगिक ताकतों का समर्थन जीतने की रणनीति के मुकाबले संपूर्ण उद्योगीकरण का विचार था। एक तरफ भद्र समाज के सदस्यों को शिक्षा देने के लिए बनायी गयी शिक्षा प्रणाली थी और दूसरी तरफ शैक्षिक अवसरों और सामाजिक प्रगति के प्रोत्साहन द्वारा समतामूलक लक्ष्यों को वेधने का विचार था।

ब्रिटिश प्रशासकों और शिक्षाविदों में भी इस बात पर मतैक्य नहीं था कि भारतवासी संसदीय लोकतंत्र की पेचीदगियों पर महारत हासिल कर पाएँगे या नहीं। इस बारे में ऐसे ही मतभेद भारतीय नेताओं के बीच भी थे। यहाँ महत्त्वपूर्ण बात यह है कि आखिर में इस समस्या से निबटने के तौर-तरीकों पर बनी आम सहमति क्या थी। विचारधारा और सहमति का जो संश्रय उभरा, वही हमारे लिए महत्त्वपूर्ण है। अभिजनों ने जो तरीका चुना उसमें परंपरा से प्राप्त शक्ति के साथ-साथ लक्ष्यों और दायित्वों के अधिकृत बँटवारे का एक सोचा-समझा समन्वय था। उदारतावादी विचार भी अपनाया गया जो ब्राह्मणों को काफी पसंद था, और विविधता और असहमति के प्रति सहनशीलता की लंबी परंपराओं का भी ध्यान रखा गया। इन तौर-तरीकों में खासी नवीनता थी, क्योंकि वे अनम्य श्रेणीक्रम, घोर विषमताओं और गहरी स्थानीय संकीर्णताओं जैसी स्थापित बुराइयों के खिलाफ जाते थे। साथ ही इनसे यह संदेश भी मिलता था कि भारतीय मानस परिवर्तन के लिए तैयार हो चुका है, यहाँ के लोग ज्ञानोदय की विरासत थामने के लिए तैयार हैं और भारतीय सभ्यता की खूबियाँ कायम रखने का सबसे बड़ा तरीका उसके विविध घटकों की स्वायत्तता बनाये रखने के लिए प्रतिबद्ध लोकतांत्रिक सरकार और प्रशासन ही हो सकता है। जाहिर है कि संस्कृति, भाषा और धर्म की समृद्ध भारतीय विविधता किसी भी तरह के अधिनायकत्व द्वारा नहीं बचायी जा सकती थी।

इस रवैये की एक खास बात यह थी कि इसमें किसी पहलू को छोड़ने और किसी पहलू को पकड़ने का आग्रह शामिल नहीं था। न ही इस रवैये में वक्त और जरूरत के मुताबिक संशोधन करने पर किसी को एतराज था। मसलन, आधुनिकतावादी अभिजन मजबूत केंद्र वाले एक राष्ट्र-राज्य के विचार के प्रति काफी आकर्षित थे। देश के विभाजन ने वैसे भी एक ढीले-ढाले संघ के विकल्प को समाप्त कर ही दिया था। लेकिन, ऐसे केंद्रीकृत राष्ट्र-राज्य की प्राथमिकता विकेंद्रीकृत राज्य व्यवस्था की लंबी परंपरा और स्थानीय अभिजनों की उस भूमिका के खिलाफ जाती थी जिसे राष्ट्रीय

आंदोलन ने कमोबेश स्थापित कर दिया था। यह गाँधीवाद की अर्ध-लोकलुभावनवादी परंपरा के भी विपरीत थी जो दरिद्रनारायण की वकालत करते हुए गाँव को असली भारत का दर्जा देने में यकीन करती थी। संविधान सभा में केंद्रीकरण और विकेंद्रीकरण की ये दोनों आवाजें जम कर बुलंद की गयीं। इस विरोधाभास से निकलने के लिए संविधान निर्माताओं ने एक अस्पष्ट संघवाद अपनाया जो केंद्र को मजबूत करते हुए उसे काफी अधिकार देता था। यह एक खास तरह का भारतीय नवाचार था। इसी तरह प्राचीन भारत के नमूने और गाँधीवादी विचार की प्रेरणाओं पर आधारित पंचायती राज प्रणाली अपनाकर केंद्र सरकार ने एक और नवाचार किया, जिसका श्रेय जवाहर लाल नेहरू को मिलना चाहिए। इस तरह भारतीय अभिजनों ने केंद्र और परिधि दोनों पर ध्यान दिया।

बात केवल यही नहीं थी कि राष्ट्रीय अभिजन ऊपर से नीचे की ओर यानी शीर्ष से जमीन की तरफ अपनी पैठ बढ़ाना चाहते थे, या स्थानीय अभिजन नीचे के प्रभाव का इस्तेमाल करके शीर्ष की तरफ गति करना चाहते थे। इन दोनों अभिजनों के बीच एक मध्यवर्ती अभिजनों का दायरा भी विकसित हुआ। इसकी गति ऊपर और नीचे दोनों तरफ थी। ये मध्यवर्ती अभिजन जनता, उनके स्थानीय नेताओं और शीर्ष नेताओं के बीच संपर्क सूत्र का काम करते थे। इन बीच के नेताओं में परंपरा और आधुनिकता के बीच आवागमन की असाधारण क्षमता थी। उन्होंने पाने-गँवाने के आधार पर राजनीति की और पंच फैसले की भूमिका निभायी जिसके महत्त्व पर ध्यान न दे पाने के कारण ही कुछ प्रेक्षक भारतीय राजनीति से यह प्रवृत्ति खत्म करने की वकालत करने लगते हैं। इन लोगों को महज 'दलाल' समझना भी उचित नहीं होगा। दो राजनीतिक पक्षों के बीच तीसरे पक्ष द्वारा समझौता कराने की प्रक्रिया में राजनीतिक दलों को हर स्तर पर उपलब्ध अवसरों, उपादानों और प्रतीकों का भान भी होता था। कुल मिलाकर ये बीच के नेता दरअसल राज्य व्यवस्था की दृष्टि से जनगोलबंदी के बहुत बड़े वाहक थे।

इन तीन तरह के अभिजनों ने मिलकर एकीकरण का एक खास तरह का मॉडल विकसित किया। यह न तो पश्चिमी लोकतंत्रों में प्रचलित विभिन्न हितों के समूहन जैसा था, न ही यह परंपरागत राज्य प्रणालियों में चलने वाला विभाजित हितों और निष्ठाओं वाला मॉडल था। इस नये किस्म के एकीकरण में सत्ता की बिखरी हुई संरचनाएँ मध्यवर्ती नेटवर्कों के रूप में एक साथ आ

कर स्वायत्त उपप्रणालियों की तरह बृहत्तर राजनीतिक प्रणाली का अंग बनने लगी थीं। ये उपप्रणालियाँ स्थानीय हितों की सुरक्षा और उनके समूहन का आश्वासन देते हुए व्यवस्था को लगने वाले झटकों को जज़्ब करने की क्षमता रखती थीं। इनमें परंपरागत समाज की जजमानी प्रथा के पहलू तो थे, लेकिन इनसे आधुनिक राजनीति की जरूरतें भी पूरी होती थीं। एक तरह से इस मॉडल को मध्यवर्ती समूहन का मॉडल कहा जा सकता है। अगर आधुनिक राष्ट्र-राज्य केंद्र और परिधि के बीच संबंधों और समीकरणों की देन होते हैं तो यह मानना पड़ेगा कि भारत में केंद्र और हाशिये के बीच और आधुनिकता और परंपरा के बीच सूत्र की भूमिका इसी मध्यवर्ती समूहन ने निभायी।

लेकिन, इसका मतलब यह नहीं था कि इस नये तरह के एकीकरण ने सभी समस्याओं को हल कर दिया था। कुछ सवाल अभी बाकी थे। मसलन, परंपरा और आधुनिकता के इस द्वैधात्मक संबंध में केंद्रीय राज्य व्यवस्था की नुमाइंदगी करने वाले प्रतीकों की जमीनी पहुँच किस हद तक हो सकती थी? पुराने सार्वभौम मूल्य नयी प्रौद्योगिकी और नयी राज्य व्यवस्था के कारण पहले की तरह स्वीकार्य नहीं रह गए थे। सवाल यह भी था कि क्या एक बहुलवादी समाज में एक सच्ची राष्ट्रीय अस्मिता परवान चढ़ सकती है? क्या नयी अस्मिताएँ उभर सकती हैं और अगर उभरेंगी तो उनका क्या रूप होगा? चूँकि यह मॉडल एक साथ पीछे भी देखता था और आगे भी, इसलिए इस पर यह शक होना भी स्वाभाविक था कि क्या यह एक प्रणाली के रूप में भविष्य का संधान कर सकता है?

केंद्र और परिधि के प्रश्न

जहाँ तक केंद्रीय प्रतीकों का प्रश्न है, परंपराओं का एक जटिल ताना-बाना प्रणालीगत एकता की भूमिका पहले से निभा रहा था। विभिन्न स्थानीय समुदायों में हुए मूल्यगत विकास पर इसकी गहरी छाप थी। इनका विवरण भारतीय समाज पर हुए प्रौद्योगिकीय और मानवशास्त्रीय अनुसंधान में पर्याप्त रूप से उपलब्ध है। खास बात यह थी कि इन संरचनाओं के केंद्रीय प्रतीक किसी राजनीतिक प्रणाली से बँधे हुए नहीं थे। हम देख चुके हैं कि जब इन संरचनाओं पर आधुनिकीकरण का प्रभाव पड़ा तो किस तरह तीन तरह के अभिजन उभरे जिनमें मध्यवर्ती अभिजनों और उनके नेटवर्कों की भूमिका कितनी महत्त्वपूर्ण थी। दरअसल, यही मध्यवर्ती अभिजन आधुनिक राज्य

व्यवस्था के केंद्रीय प्रतीकों को केंद्र से दूर पड़ी परिधि तक ले गये। चूँकि ये प्रतीक पूरी तरह नये भी नहीं थे, और उन्हें आवश्यकता के मुताबिक चयन और सृजनशीलता की जटिल प्रक्रिया के तहत अपनाया गया था, इसलिए उनके जरिये पूर्वस्थापित हितों और विभिन्न गठबंधनों को नयी व्यवस्था का अंग बनाया जा सका। एक तरह से देखा जाए तो यह प्रक्रिया आज तक जारी है। कहना न होगा कि आधुनिक राज्य व्यवस्था के ये प्रतीक उसी समय तक सार्थक रह पाएँगे जब तक वे विविधता और परंपरा का स्पर्श लेते हुए कार्यरत रहेंगे। वैसे भी यह कोई जरूरी नहीं है कि परंपराएँ हमेशा पुरानी ही हों। नयी परंपराओं का उदय हो रहा है और बहुत तेजी से हो रहा है। इस बात को समझना जरूरी है कि एक जारी सभ्यता में आधुनिकीकरण खुद को एक परंपरा के रूप में पेश करके ही पनप सकता है। नयी परंपराएँ पुरानी परंपराओं द्वारा आत्मसात होकर ही नयी व्यवस्था के केंद्रीय प्रतीकों को नीचे तक पहुँचा सकती हैं। केवल इसी तरह वे प्रतीक वास्तव में 'केंद्रीय' बन सकते हैं।

राष्ट्रीय अस्मिता की समस्या पर भी यही बात लागू होती है। इस विषय पर पश्चिमी समाजविज्ञान में दिये गये सूत्रीकरणों और भारतीय अनुभवों में काफी अंतर है। अगर भारतीय अभिजनों ने सारे भारतवासियों पर पश्चिमी शैली में कोई एक अस्मिता थोपने की चेष्टा की होती तो या तो वे नाकाम हो गये होते या फिर भारत कई खंडों में टूट गया होता। यहाँ हमें प्राक्-आधुनिक अस्मिताओं और निष्ठाओं की दोहरी भूमिका दिखाई पड़ती है। एक तरफ तो वे अपने स्थानीय और प्रांतीय चरित्र के कारण राष्ट्रीय प्रणाली पर दबाव नहीं पैदा होने देतीं, और दूसरी तरफ राष्ट्रीय अस्मिता भी मध्यवर्ती निष्ठाओं और जुड़ाव के जरिये अपना आकार प्राप्त करती चलती है। हमें मानना होगा कि देश कितना भी बड़ा या जटिल किस्म का क्यों न हो, राष्ट्रीय अस्मिता अमूर्त या कमजोर किस्म की नहीं चल सकती। आजादी के आंदोलन ने जिस राष्ट्रीय अस्मिता की नींव डालकर उसे समाज में गहराई तक पहुँचाया था, उसके सुदृढ़ीकरण की प्रक्रिया आज भी जारी है।

परंपरा और परिवर्तन का आपसी संबंध उस समय हमें ठोस रूप से दिखने लगता है जब हम अस्मिताओं के आधार के रूप में विभेदीकरण पर नजर डालते हैं। अक्सर यह कहा जाता है कि पारंपरिक समाजों में भूमिकाओं के विभेदीकरण की कमी होती है, इसलिए उन्हें इसे आधुनिकीकरण के जरिये प्राप्त करना पड़ता है। भारत के मामले में यह दावा सही नहीं प्रतीत होता।

यहाँ की पारंपरिक व्यवस्था न केवल ऊँचे स्तर के विभेदीकरण से संपन्न थी, बल्कि इस विभेदीकरण में काफी लचीलापन और नए परिवर्तनों के साथ समायोजन करने की क्षमता भी थी। आधुनिक युग में भारत की यह विशेषता दो तरह से व्यक्त हुई : पहला; जाति, धर्म, भाषा और क्षेत्र ने नये सांगठनिक रूप ग्रहण कर लिए यानी जाति, जनजातीय और भाषाई सभाएँ और महासंघ वगैरह बन गये। पारंपरिक विभेदों के नये रूपों के साथ कुछ नये तरह के विभेद पूरे देश में उभर आए और नयी व्यवस्था के तहत दर्जे और सत्ता के अंग बन गये। संस्कृति, उद्योग, व्यापार, राजनीति और अन्य पेशों में आने वाले लोग दरअसल पारंपरिक समूहों के ही सदस्य थे। सबसे पहले ब्राह्मणों ने नये पेशों को अपनाया, व्यापारी जातियों ने औद्योगिक घरानों और चैंबर्स ऑव कामर्स का गठन किया और क्षत्रिय जातियाँ सशस्त्र सेनाओं में बड़े पैमाने पर आयीं। जहाँ इस तरह की निरंतरताएँ उपलब्ध नहीं थीं, वहाँ नवशिक्षितों और नये नेताओं को समाज व्यवस्था के विभिन्न स्तरों पर अक्सर ऊँचे पदों पर आसीन करने की गुंजाइशें बनायी गयीं। उन्हें जाति संघों और सभाओं के शीर्ष में जगह दी गयी।

इस सांगठनिक गतिशीलता का एक महत्त्वपूर्ण पहलू यह था कि इसके तहत परिधि पर पड़े हुए समूह भी नयी राजनीतिक व्यवस्था में नये अवसरों और हैसियत के लिए सौदेबाजी कर सकते थे। कुछ विचारधारात्मक पहलुओं ने भी इस प्रक्रिया में अपना योगदान किया। नौकरियों के लिए आरक्षण, शिक्षा के लिए नयी गुंजाइशें, पिछड़ी जातियों के लिए विधायिकाओं में सीटों आदि ने तो यह भूमिका निभायी ही, साथ ही राजनीतिक दलों को भी अपने फायदे के लिए विभिन्न जाति समूहों को संतुलित प्रतिनिधित्व देना था। गोलबंदी की इस रणनीति का लाभ यह हुआ कि किसी एक या दो समूहों को ही फायदे के सभी पद हड़पने का मौका नहीं मिला, वरना बाकी समुदाय राष्ट्रीय धारा से कट जाते और असंतुष्ट होकर टूट और हिंसा की भाषा में सोचने लगते। निश्चित रूप से इसमें जाति-प्रथा की अति-बहुलता का भी योगदान था जिसने समाज में तीखा ध्रुवीकरण नहीं होने दिया और भारतीय अभिजनों की वह क्षमता भी शामिल थी जिसके कारण वे हमेशा हिंदू सभ्यता के विशाल ताने-बाने में हर तरह के नये तत्त्व का समावेश कर लेते थे। इतना ही महत्त्व उस पहलू का था जिसके तहत भारत ने अपनी आधुनिकता की खोज अतीत से संबंध-विच्छिन्नता में नहीं, बल्कि नैरंतर्य में खोजी थी। इसका सर्वप्रमुख

श्रेय गाँधी को जाता है, उसके बाद अगर किसी को श्रेय दिया जा सकता है तो वे नेहरू थे जिनकी सर्वग्रहणशील प्रवृत्तियों ने राजनीतिक गोलबंदी का काम काफी संवेदनशीलता के साथ अंजाम दिया।

दरअसल, राष्ट्रीय अभिजन को यह श्रेय जाता है कि उन्होंने आजादी के फौरन बाद असंतोष और टूट के किसी भी अंदेशे को निरस्त करने के लिए पूरे प्रयास किये। सामंती अधिकारों का कानूनी रूप से उन्मूलन कर दिया गया, दूरगामी असर वाले श्रम कानून बनाये गये, पिछड़े तबकों और दलितों को विशेष सुविधाएँ दी गयीं, हिंदू सिविल कोड के जरिये विषमताएँ मिटायी गयीं, संपत्ति संबंधी अधिकारों की पुरानी व्याख्याओं से निबटने के लिए संवैधानिक संशोधन किये गये, भाषाई तनावों को खत्म करने के लिए राज्यों का बड़े पैमाने पर पुनर्गठन किया गया, अलगाववादी आंदोलनों पर विधायी सीमाएँ आरोपित की गयीं और इस प्रकार शत्रुता और टकराव की संभावनाएँ हर तरह से टालने के लिए कदम उठाये गये। हिंसक और राष्ट्रविरोधी आंदोलनों को सख्ती से दबाने में भी कोई कोताही नहीं की गयी। ये सभी कदम उसी समय उठा लिए गये जब राष्ट्र अपने शैशवकाल में था। आज पीछे मुड़कर देखने पर लग सकता है कि ये सब पूर्वानुमान के साथ की गयी कार्रवाइयाँ थीं ताकि भविष्य में राष्ट्र को कम से कम दबाव झेलने पड़ें। भले ही यह सब किसी पूर्वनियोजित कार्ययोजना का हिस्सा न हो, पर इसे एक व्यापक विचारधारात्मक डिजायन का परिणाम तो माना ही जा सकता है।

परिवर्तन के कारक

राजनीतिक आधुनिकीकरण के रास्ते पर इस चर्चा को आखिरी मुकाम तक ले जाने के लिए मैं राजनीतिक परिवर्तन के चार कारकों की तरफ ध्यान केंद्रित करना चाहूँगा।

पहला, इसमें कोई शक नहीं है कि भारत की सामाजिक-राजनीतिक संरचना में हुए दूरगामी परिवर्तनों और उनके कारण हुई पारंपरिक अस्मिताओं की पुनर्रचना के लिए प्रमुख उत्प्रेरण आधुनिक विचारों, संचार, संस्थाओं और प्रौद्योगिकी की देन समझा जाना चाहिए। परंपरा की शक्ति और लचीलेपन को उभारने का मतलब यह नहीं समझा जाना चाहिए कि परिवर्तन के स्रोत परंपरा में ही निहित थे। आधुनिकीकरण की प्रक्रिया में परंपरा की भूमिका पर जोर देने वाले अक्सर इसी तरह की छवि पेश करते नजर आते हैं। मैं परंपरा

के प्रति ऐसे किसी भी रोमानी रवैये के प्रति साफ तौर से इनकार करना चाहता हूँ। परंपरा आधुनिक विचार से मिले उत्प्रेरण के प्रति अनुक्रिया के दौरान अपनी भूमिका निभाती है, न कि उस उत्प्रेरण के स्रोत की। यह सही है कि जब उपनिवेशवाद आया तो पहले से स्थापित संबंधों में परिवर्तन की प्रक्रिया शुरू हो चुकी थी, पर बदलाव की मात्रा और तीव्रता का श्रेय पश्चिमीकरण को ही जाता है। इस अध्याय में हम देख चुके हैं कि अपने समृद्ध इतिहास और परंपरा के साथ भारतीय समाज ने पश्चिमीकरण के प्रति क्या रवैया अपनाया।

दूसरा, आधुनिकतावादी प्रभाव के प्रति इस भारतीय रवैये का श्रेय समाज की स्थानीय इकाइयों को न जाकर उस नये अभिजन के उदय को जाता है जो भारतीय इतिहास में उस समय तक उभरे किसी भी केंद्र के मुकाबले अधिक व्यापक प्रभाव वाले केंद्र की नुमाइंदगी करता था। केंद्रीकरण की प्रक्रिया का वाहक यह अभिजन ही परिवर्तन का गतिशील माध्यम बना, निचले और मध्यवर्ती स्तर पर इसने अपने जैसे लोग पैदा किये, पूरे राष्ट्र में संचार के नेटवर्क बनाये, नयी विचारधारा को फैलाया और नये लक्ष्य और दिशा में पारंपरिक समाज को आगे बढ़ाया। राजनीतिक विकास के इस शुरुआती दौर में जो 'इनपुट-आउटपुट' मॉडल काम कर रहा था, उसमें दरअसल अधिकांश इनपुट आधुनिकतावादी अभिजनों की तरफ से ही आ रहा था। यह इनपुट नयी संस्थाओं, नये मूल्यों, नये संसाधनों की समाज में बनती हुई पैठ की शक्ल में था। जनता और स्थानीय अभिजनों की तरफ से आने वाले आउटपुट की शक्ल राजनीतिक समर्थन और संस्थागत निष्ठाओं के लिए की जाने वाली गोलबंदी के रूप में थी। कहना न होगा कि कुछ समुदायों के मूल्यों, परंपराओं और संरचनाओं की निरंतरता ने अभिजनों की पहलकदमी में योगदान किया। पश्चिमी शिक्षा का समाज में पहले से शिक्षित ब्राह्मणों और अन्य ऊँची जातियों ने खुले दिल से स्वागत किया। एक तरह से इस पश्चिमी शिक्षा में भी संस्कृत और वैदिक ज्ञान से मिलती-जुलती खूबियाँ थीं। इस तरह जो परंपरा के रखवाले थे, वे आधुनिकता के रखवाले भी बन गये और आधुनिकीकरण में बाधारहित संक्रमण हो पाया। इसी के साथ देश के विभिन्न क्षेत्रों से आए आधुनिकतावादी, शहरी, पेशेवर और अंग्रेजी-शिक्षित अभिजनों ने पूरे राष्ट्र का प्रतिनिधित्व करते हुए आधुनिकीकरण के लिए प्रमुख एकताकारी शक्ति की भूमिका निभायी। आगे चलकर मध्यवर्ती और स्थानीय

स्तर पर भी आधुनिकीकरण के नये एजेंट पैदा हुए जिन्होंने इस प्रक्रिया को ज्यादा व्यापकता के साथ आगे बढ़ाया।

तीसरा, पारंपरिक अस्मिताओं को आधुनिकता से आवेशित करने का काम अभिजनों के किसी ढीले-ढाले ढाँचे द्वारा न होकर असाधारण क्षमताओं वाले व्यक्तियों द्वारा अंजाम दिया गया। करिश्मे के धनी इन नेताओं ने लंबे अरसे तक राष्ट्रीय जीवन पर अपना प्रभाव बनाये रखा। भारत का सौभाग्य था कि उसे ऐसे नेता मिले। यह भी खुशकिस्मती की बात थी कि मृत्यु और बीमारी जैसी आकस्मिकताओं ने समय रहते हमसे हमारे नेता नहीं छीने। बीस के दशक से १९४८ तक हमारे ऊपर गाँधी का साया रहा। तीस के दशक से १९५० तक पटेल और १९४७ से १९६४ तक नेहरू के नेतृत्व ने यह भूमिका निभायी। इन लोगों के नेतृत्व में कल्पनाशीलता, प्रतिबद्धता, जनता को अपने साथ ले चलने की खूबी और प्रेरणा की कोई कमी न थी। इनके अलावा और भी कई नेताओं ने इस राष्ट्रीय और क्षेत्रीय स्तर पर इस निरंतरता और विरासत को बनाये रखा। गाँधी में अपने जैसे ही नेता पैदा करने की अभूतपूर्व क्षमता थी। स्थानीय स्तर पर पैदा हुए गाँधियों ने आधुनिकीकरण को शक्तिशाली आवेग दिया जिससे पारंपरिक तत्त्व राजनीतिक दायरे में आ सके। भारतीय राजनीति के आधुनिकीकरण की ऐतिहासिक प्रक्रिया में इन महान नेताओं का व्यक्तिगत योगदान रेखांकित करना जरूरी है।

चौथा, भारतीय राष्ट्रीय कांग्रेस की सांगठनिक भूमिका को किसी भी कीमत पर नजरंदाज नहीं किया जा सकता। आगे के अध्याय में हम इसकी एक प्रणाली के रूप में जाँच-पड़ताल करेंगे। भारतीय इतिहास में पहले भी कई महान दौर आए हैं। मौजूदा आधुनिकतावादी दौर की विशेषता यह है कि इसमें एक संगठन के करिश्मे, प्राधिकार और वैधता को करीब अस्सी साल तक कोई बड़ी चुनौती नहीं मिली। अक्सर नेहरू और उनके साथियों को कुछ ऐसे कामों का श्रेय मिल जाता है जो वे कांग्रेस जैसे ताकतवर संगठन के अभाव में कतई नहीं कर सकते थे। यहाँ एक बार फिर इस बात पर जोर देना जरूरी है कि कांग्रेस एक गैर-मताग्रही किस्म का सर्वग्रहणशील संगठन जरूर था, पर उसकी अपनी एक निश्चित विचारधारा भी थी जिसमें परंपरा आधुनिकता के साथ अभिन्न रूप से गुँथी रहती थी। इसीलिए इस संगठन में अपने कद्दावर नेताओं की भाँति करिश्मे और उसे अपनी हदों के बाहर फैलाने

की क्षमता आ जाती थी। भारत को आधुनिक बनाने में कांग्रेस का महानतम ऐतिहासिक योगदान रहा। दुनिया के किसी अन्य देश को शायद ही ऐसे बेमिसाल नेताओं और ऐसे बेमिसाल संगठन की सेवाएँ एक साथ इतनी लंबी अवधि तक मिली होंगी।

टिप्पणियाँ और संदर्भ

अपने एक लेख 'ट्रेडिशन एंड माडर्निटी रिविजिटेड' (*गवर्नमेंट एंड अपोजीशन*, ३, अंक ३, ग्रीष्म, १९६८) में मैंने आधुनिकीकरण की प्रक्रिया से संबंधित परस्पर विरोधी रवैयों की चर्चा विस्तार से की है। रुडोल्फ और रुडोल्फ ने अपनी विख्यात पुस्तक *माडर्निटी ऑव ट्रेडिशन* (शिकागो, १९६७) में जाति और नेतृत्व की भूमिका की अच्छी व्याख्या की है। इस पुस्तक के कुछ खास पहलुओं से मतभेद होते हुए भी मैं इसकी कई बातों से सहमत हूँ। खास बात यह है कि यह पुस्तक आधुनिकता और परंपरा को दो अलग-अलग खानों में बाँटने से बचती है। आधुनिकीकरण के कारण होने वाले अस्मिता-बोध में 'जो थे' का ही नहीं, बल्कि 'जो होने जा रहे थे' का एहसास भी होता है। इस सिलसिले के संदर्भ में मिल्टन सिंगर द्वारा संपादित पुस्तक *ट्रेडिशनल इंडिया : स्ट्रक्चर एंड चेंज* (फिलाडेल्फिया, १९५९) में सिंगर का लेख देखा जा सकता है।

मायरन वीनर ने अपनी पुस्तक दि *पॉलिटिक्स ऑव स्केयरसिटी : पब्लिक प्रेशर एंड पॉलिटिकल रिस्पांस इन इंडिया* (शिकागो, १९६२) में कहा है कि भारतीय राजनीति में टकराव की संस्कृति का अभाव है। मैं उनके इस अवलोकन से सहमत हूँ। राजनीति में पाने-गँवाने के आधार पर सौदा करने की संस्कृति के उभार की चर्चा मैंने पाचवें अध्याय में की है।

मध्यवर्ती समूहों और उपप्रणालियों की अहमियत को बर्क, दुर्खाइम, टॉकवील और टॉनीज़ जैसे विद्वानों ने भी स्वीकारा है। एडवर्ड शिल्ज और रॉबर्ट डाह्ल ने भी इस विषय पर साठ के दशक में काम किया था। भारतीय विद्वानों में आर. भास्करन ने अपनी पुस्तक *सोशियोलाजी ऑव पॉलिटिक्स* (बंबई, १९६७) में इस पर विस्तार से चर्चा की थी। लेकिन, ज्यादातर अध्येताओं की दिलचस्पी 'मास सोसाइटी' और 'इंटीग्रेटिव रिवोल्यूशन' जैसे सिद्धांत में ही रही है। इस संबंध में मॉरिस पिनार्ड का लेख 'मास सोसाइटी एंड पॉलिटिकल मूवमेंट्स : ए न्यू फार्मुलेशन' (*दि अमेरिकन जरनल ऑव सोशियोलॉजी*, मई १९६८) देखें।

४

संस्थानीकरण की रणनीति

भारतीय राजनीति के संस्थानीकरण की प्रक्रिया का अध्ययन भी दो चरणों में किया जाना चाहिए। **पहला चरण** (१९४७ से १९७० तक) वह है जब लंबे औपनिवेशिक शासन और उसके खिलाफ चले लंबे राष्ट्रीय आंदोलन की विरासत में मिले राष्ट्रीय एकीकरण के ढाँचे पर आधारित होकर संविधान रचा गया और ब्रिटिश नमूने की काबीना प्रणाली वाली राज्य व्यवस्था अपनायी गयी। राज्यों का पुनर्गठन, योजना आयोग का गठन, उद्योगीकरण, सामुदायिक विकास कार्यक्रम और पंचायती राज का कार्यान्वयन इस दौर की प्रमुख उपलब्धियाँ रहीं। इस तरह केंद्र लगातार परिधि तक पहुँचने का प्रयास करता रहा। करीब बीस साल तक कांग्रेस के नेतृत्व में संस्थानीकरण सतत प्रवाहमान प्रक्रिया के रूप में चला। **दूसरा चरण** (१९७१ से अब तक) वह है जब आर्थिक-सामाजिक संकट राजनीति को प्रभावित करने लगा, कांग्रेस का विभाजन हो गया और इंदिरा गाँधी के लोकलुभावनवाद के नुकसान सामने आने लगे। सभी मध्यवर्ती ढाँचों को तहस-नहस कर दिया गया। केंद्र और विभिन्न परिधियों के बीच स्थित बफर प्रणालियाँ काफी कमजोर हो गयीं। इस नये नेतृत्व ने काम करने के जो पैमाने निर्धारित किये थे, राजनीतिक प्रणाली उन पर खरी नहीं उतर पायी और उसने जन-असंतोष को ज्यादा-से-ज्यादा ऊपर की तरफ बहाना शुरू कर दिया। आपातकाल और जनता पार्टी के प्रयोग की नाकामी के बाद राजीव गाँधी के जमाने में प्रबंधकीय और तकनीकशाही राज्य का पल्ला थामा गया। इसमें लोकतंत्र को अभिजनोन्मुख, विकृत और विविधताविरोधी बनाकर बहुसंख्यकवादी बनाने की प्रवृत्तियाँ थीं। यह भारतीय राजनीति के आधुनिकीकरण के उस बुनियादी मॉडल की अवहेलना थी, जिसके आधार पर राष्ट्र-निर्माण की प्रक्रिया शुरू की गयी थी।

I

पहला चरण / १९४७-१९७०

पिछले तीन अध्यायों में किये गये विश्लेषण से स्पष्ट है कि हिंदू परंपरा, पश्चिमी राजनीतिक विचार और सामाजिक पुनर्रचना के लिए उन्मुख राष्ट्रवाद की निकट अन्योन्यक्रिया के कारण आजादी मिलने से पहले ही भारतीय राजनीति के रूपांतरण की प्रक्रिया शुरू हो चुकी थी। यह एक ऐसा सिलसिला था जिसके कारण परिवर्तन तो हो रहा था, पर अतीत के साथ किसी किस्म के स्पष्ट संबंध-भंग की नौबत नहीं आ पायी थी। नेहरू के मशहूर भाषण में भी यही पहलू झलकता था। अगस्त १९४७ में उन्होंने कहा था कि 'वर्षों पहले हमने नियति के साथ एक मुलाकात तय की थी। आज उस कसम को पूरा करने का वक्त आ गया है।' असलियत यह थी कि नेहरू की इस अभिव्यक्ति से भी आगे बढ़कर आजादी मिलते समय नये भारतीय राष्ट्र क्रा रिश्ता अतीत के साथ अधिक नैरंतर्यपूर्ण था। अंग्रेजों ने जिस अभिजन के हाथों में सत्ता सौंपी थी, उससे सारा देश सुपरिचित था और उसे एक बेहतरीन किस्म की जन-वैधता प्राप्त थी। आजादी के आंदोलन का नेतृत्व देने वाली कांग्रेस पार्टी शासक दल में बदल चुकी थी। नये अभिजन ने जिस निवर्तमान अभिजन की जगह ली थी, वह उसके विचारों से कई मायनों में सहमत था। भारतीय इतिहास का ब्रिटिश युग समाप्त हो चुका था, पर सरकार के कर्मचारी, संस्थाएँ और विचार वही थे जो पहले से चले आ रहे थे। आजादी के शुरू के वर्षों पर इन्हीं विचारों की छाप रही और इन्हीं को संविधान के दस्तावेज में सूत्रबद्ध किया गया जिसके आधार पर संस्थानीकरण की रणनीति रची गई।

संविधान-रचना की निर्णय प्रक्रिया

एशिया और अफ्रीका के नवस्वाधीन राष्ट्रों को संविधान-रचना और उसके आधार पर संस्थानीकरण करने में बेइंतिहा दिक्कतों का सामना करना पड़ा था। उनके मुकाबले भारत ने यह काम कहीं आसानी से कर दिखाया। यहाँ काफी तेजी से एक विस्तृत संविधान की रचना कर डाली गयी और उसके आधार पर बने लोकतांत्रिक ढाँचे का संस्थानीकरण भी हो गया। तभी से यह ढाँचा कमोबेश काम कर रहा है। ऐसा इसलिए हो पाया क्योंकि बुनियादी आधारों पर सहमति पहले से चली आ रही थी, और आने वाली पीढ़ियों तक इन मूल्यों को पहुँचाने का काम भी किया जा रहा था। १९२८ में ही कांग्रेस

द्वारा आयोजित आल पार्टी कांफ्रेंस ने मोतीलाल नेहरू कमेटी का गठन कर दिया था। इस कमेटी ने भविष्य के आजाद भारत की राज्य व्यवस्था के विभिन्न पहलुओं का ब्योरा तैयार किया। इस कमेटी ने जिन बातों की सिफारिश की, उनमें संसद, सरकार का संघीय ढाँचा और मूलाधिकारों की विस्तृत सूची शामिल थी। १९५० के संविधान में शामिल मूलाधिकारों और निर्देशक सिद्धांतों के अध्याय में जिन १९ अधिकारों का प्रावधान किया गया था उनमें १३ अधिकार बिना किसी मोटे परिवर्तन के नेहरू कमेटी वाले ही थे। १९३१ में मोतीलाल के बेटे जवाहर लाल ने कांग्रेस के सामने विख्यात कराची प्रस्ताव रखा। कांग्रेस के एक इतिहासकार के मुताबिक नेहरू ने यह प्रस्ताव कांग्रेस के आलोचकों को जवाब देने के लिए नहीं, बल्कि इसलिए रखा था कि राष्ट्र अपने लक्ष्यों और इरादों के बारे में स्पष्ट हो जाए और उन्हीं के मुताबिक जन-शिक्षण और प्रचार की मुहिम चलायी जा सके।

जाहिर है कि जब १९४७ से १९४९ तक संविधान निर्माता विचार-विमर्श के लिए बैठे तो उनके पास नयी राज्य व्यवस्था के चरित्र के बारे में पहले से एक तरह की सहमति मौजूद थी। एक संविधान निर्माता को तो बहस के दौरान इसीलिए टोक दिया गया था कि वह पहले से तय उन मसलों पर चर्चा करके वक्त जाया कर रहा था जिन पर आजादी के आंदोलन के दौरान जम कर चर्चा हो चुकी थी।

इस पृष्ठभूमि के बावजूद यह भी एक हकीकत है कि नये गणराज्य की संस्थागत रणनीति अख्तियार करने के मामले में भारतीय नेतृत्व के सामने कई विकल्प थे। संविधान के मसविदे पर बहस के दौरान संविधान सभा के कुछ सदस्य इस पक्ष में थे कि प्राचीन भारत में प्रचलित संस्थाएँ ही आधुनिक हालात के मुताबिक कुछ तब्दीलियों के साथ अपना ली जानी चाहिए। कुछ की मान्यता यह थी कि सार्विक मताधिकार और निर्वाचित सरकार जैसे प्रावधान भारत की गरीब और अशिक्षित जनता के लायक नहीं हैं, ऊपर से भारत के पास इनसे बेहतर परंपराएँ पहले से मौजूद हैं ही। लेकिन, इन विचारों के विरोधी संख्या में कहीं ज्यादा थे। उनका दावा था कि राष्ट्र के रूप में एक प्रणालीबद्ध राजनीतिक संगठन का भारत के पास एक ही प्रासंगिक अनुभव है, और वह है संसदीय लोकतंत्र का अनुभव। इन लोगों का कहना था कि आधुनिक समाज ज्यादा से ज्यादा लोगों की भागीदारी के आधार पर सामाजिक और आर्थिक न्याय हासिल करना चाहता है जो प्राचीन काल की

प्रणालियों के जरिये संभव नहीं है। लोगों की गरीबी और अशिक्षा को बाधा मानने वालों का रवैया उन अंग्रेजों जैसा माना गया जो भारत को स्वशासन के अनुपयुक्त करार देते रहे थे।

बहस के दौरान एक महत्त्वपूर्ण मुद्दा यह उभरा कि भारत की लोकतांत्रिक संस्थाएँ आयातित नहीं समझी जानी चाहिए। आखिर एक समूची भारतीय पीढ़ी को प्रतिनिधित्वमूलक संस्थाओं का थोड़ा-बहुत अनुभव हो ही चुका है, कांग्रेस के नेतृत्व की निरंतर माँग पर ब्रिटिश सरकार को उत्तरोत्तर लोकतंत्र और स्वशासन की रियायतें देनी पड़ी थीं, और वैसे भी कांग्रेस आंदोलन हमेशा से संसदीय सरकार और वयस्क मताधिकार का दावा कर ही रहा था। बहस ने यह भी स्पष्ट किया कि अपनी महान विरासत को अक्षुण्ण रखते हुए भविष्य में भारत को सारे विश्व में स्वाधीन संस्थाओं, शांति और समृद्धि को प्रोत्साहन देने की भूमिका निभानी है। संविधान सभा ने माना कि संसदीय परंपराएँ किसी एक देश की इजारेदारी नहीं हैं और उन्हें अपनाने से भारत की भारतीयता किसी भी तरह से खतरे में नहीं पड़ेगी। आधुनिक मनुष्य आधुनिक दुनिया का वासी है और अपने राष्ट्रीय समुदाय की रचना के लिए उसे हर विधि और विचार का इस्तेमाल करने का हक है। इन्हीं भावनाओं के तहत जब जवाहर लाल नेहरू ने जब यूनियन कांस्टीट्यूशन कमेटी रिपोर्ट का अनुच्छेद १० पेश किया तो उसे जबरदस्त समर्थन प्राप्त हुआ। इसी के तहत संविधान द्वारा भारत में काबीना शासन प्रणाली के तहत संसदीय लोकतंत्र स्थापित करने का निर्णय किया गया।

लेकिन, यह मानना उचित नहीं होगा कि महत्त्वपूर्ण मुद्दों पर पूर्व सहमति के कारण आसानी से संपन्न हुई बहस के कारण ही संविधान संबंधी फैसले लेने में कामयाबी मिल गयी थी। दरअसल, सहमति की प्रकृति सामान्य किस्म की थी, इसलिए संविधान के प्रमुख प्रावधानों पर ठोस निर्णय लेते समय गंभीर किस्म के मतभेद उभरे जिनके कारण संविधान निर्माताओं को तरह-तरह के समझौते करने पड़े। इनमें केंद्र के मुकाबले राज्यों के अधिकारों और संविधान की व्याख्या करने के न्यायपालिका के अधिकारों के साथ-साथ राज्य द्वारा निर्णय लेने की 'उचित प्रक्रिया' की भूमिका का प्रश्न भी शामिल था। व्यक्तिगत आजादी और राष्ट्रीय एकता की जरूरतों के बीच, निजी संपत्ति के अधिकार और सामाजिक-आर्थिक विकास के बीच, निचले स्तर तक राज्य व्यवस्था के विकेंद्रीकरण के लिए, एक व्यक्ति-एक वोट के उसूल के

मुकाबले अल्पसंख्यकों, दलितों और आदिवासियों सरीखे पिछड़े तबकों को विशेष सुविधाओं के बीच समझौता निकालना पड़ा।

भारत विभाजन के कारण भी मुल्क के हालात और राजनीतिक सोच-विचार में काफी परिवर्तन आ गया था। पहले उपमहाद्वीप को एकताबद्ध रखने के लिए व्यक्तिगत अधिकारों और प्रांतीय स्वायत्तता पर बेहिचक जोर दिया जाता था, ताकि धार्मिक अल्पसंख्यकों, खासकर मुसलमानों का विश्वास जीता जा सके। विभाजन और उसके बाद हुई हिंसा के कारण नेताओं को जरूरत महसूस होने लगी कि देश को टुकड़े-टुकड़े होने से रोकने के लिए केंद्र को अधिक अधिकारों से लैस करना आवश्यक है। इसी तरह नागरिकों के बुनियादी अधिकारों को सीमित करने वाले निवारक नजरबंदी के प्रावधान को एक अनिवार्य बुराई की तरह स्वीकार कर लिया गया। इसी तरह 'उचित प्रक्रिया' वाले प्रावधान को नयी जरूरतों के मुताबिक दुरुस्त किया गया ताकि राज्य को सामाजिक और आर्थिक विषमताएँ घटाने के अधिकार मिल सकें। इन सभी परिवर्तनों के लिए संविधान सभा में जम कर बहस हुई और नेताओं के बीच मतभेद भी सामने आए।

राष्ट्रीय नेतृत्व समझता था कि अगर संविधान पर सहमति को आगे भी बनाये रखना है तो असहमति के दायरों को मतैक्य में बदलना होगा। संविधान सभा का जिस तरह गठन किया गया, जिस तरह उसकी कार्यवाही चलायी गयी और जिस तरह फैसलों पर पहुँचा गया, उससे यह कोशिश साफ नजर आती है। विभाजन के बाद कांग्रेस का सभा में भारी बहुमत हो गया था, पर उसने सभा को व्यापक आधार देने की भरसक कोशिश की और द्विज हिंदुओं, दलितों, मुसलमानों, ईसाइयों और सिखों को नामजद किया। ३१ दलित सदस्यों में से २९ कांग्रेस द्वारा नामजद थे। सर्वपल्ली राधाकृष्णन और एन. गोपालस्वामी आयंगार जैसे लोग भी संविधान सभा में शामिल किये गये जो कभी कांग्रेस में नहीं रहे थे। इसी तरह श्यामा प्रसाद मुखर्जी और भीमराव आंबेडकर जैसे नेता भी सदस्य बनाये गये जो कांग्रेस का विरोध करते रहे थे। आंबेडकर तो संविधान का मसविदा तैयार करने वाली कमेटी के चेयरमैन तक चुन लिए गये जिसके कारण आज भी संविधान को उन्हीं की देन माना जाता है। कांग्रेस ने गैर-कांग्रेसियों और अपने पूर्व-विरोधियों को संविधान सभा की कमेटियों में बैठाया। मसविदा कमेटी के नौ सदस्यों में ऊँचे स्तर के कांग्रेसी नेता के रूप में सिर्फ कन्हैयालाल माणिकलाल मुंशी थे। सलाहकार समिति

की अल्पसंख्यक संबंधी उपसमिति में न केवल सभी समुदायों को नुमाइंदगी दी गयी, बल्कि ऐसे लोगों को भी शामिल किया गया जो सभा के सदस्य नहीं थे। इनमें ईसाइयों के प्रतिनिधि पी.के. साल्वे, आदिवासियों के नुमाइंदे रूपनाथ ब्रह्मा, हिंदुओं के प्रतिनिधि एम. रत्नास्वामी और एंग्लो-इंडियन प्रतिनिधि एम.वी.एच. कोलिंस शामिल थे। कांग्रेस ने सेकुलरवाद के नाम पर खानापूरी करने के बजाय समायोजन और हर तरह की राजनीतिक शक्तियों को गुंजाइश देने की नीति पर खुले दिल से अमल किया। विभाजन से पहले मुस्लिम लीग के टिकट पर चुने गये तीन सदस्यों को अल्पसंख्यक उपसमिति में नामजद किया गया। इस तरह संविधान सभा के कामकाज में महत्त्वपूर्ण भूमिका निभाने वाले लोग केवल कांग्रेसी ही नहीं रह गये, बल्कि उसे राष्ट्रीय स्वरूप देने का भरसक प्रयास किया गया।

सभा के भीतर भी संख्याबल के जरिये नहीं, बल्कि सहमति के जरिये निर्णय लेने की नीति अपनायी गयी। सभा के अध्यक्ष डॉ. राजेंद्र प्रसाद किसी मुद्दे पर विवाद होने पर वोटिंग के जरिये फैसला करवाने के बजाय बहस को स्थगित कर देते थे, ताकि सलाह-मशविरे के जरिये कोई हल निकाला जा सके। नेताओं के सामने साफ था कि बहुमत के आधार पर बनाया गया संविधान टिकेगा नहीं। राष्ट्रभाषा के प्रश्न पर हुए विवाद के समय राजेंद्र प्रसाद ने सदस्यों को एहसास दिलाया था कि बहस में जीतने से कुछ नहीं होगा क्योंकि अगर सारा देश सहमत न हुआ तो उस निर्णय को देश भर में कार्यान्वित नहीं किया जा सकेगा। नेताओं को इस बात का एहसास था कि वे केवल संविधान ही नहीं लिख रहे हैं, बल्कि राष्ट्र का ढाँचा खड़ा कर रहे हैं।

राजनीतिक प्रणाली के बारे में दो सुझाव थे : अगर संसदीय प्रणाली ही अपनानी है तो क्यों न अमेरिका की तर्ज पर राष्ट्रपति-प्रणाली अपनायी जाये, क्योंकि यह ज्यादा लोकतांत्रिक और भारतीय जरूरतों और परिस्थितियों के ज्यादा अनुकूल भी है। दूसरा सुझाव ब्रिटिश नमूने की संसदीय प्रणाली अख्तियार करने पर था जिसे अंततः कुछ तब्दीलियों के साथ स्वीकार कर लिया गया। ये परिवर्तन केंद्र और राज्यों के संबंधों, भारतीय राज्य के मुखिया की हैसियत, संसद के ऊपरी सदन, न्यायपालिका और अधिकारी-तंत्र से संबंधित प्रावधानों के बारे में थे। भारत द्वारा अंगीकार किये गये संसदीय लोकतंत्र के ब्रिटिश मॉडल की मुख्य बातें इस प्रकार थीं : व्यापक मताधिकार पर आधारित प्रतिनिधित्वमूलक लोकतंत्र, सामूहिक रूप से उत्तरदायी

मंत्रिपरिषद के तहत मजबूत सरकार, स्वतंत्र न्यायपालिका, बुनियादी उसूलों पर एकमत लेकिन सत्ता के लिए होड़ करने वाली राजनीतिक पार्टियाँ, शासन की योजना में विपक्ष की भूमिका को मान्यता, राज्याध्यक्ष और अधिकारीतंत्र की राजनीतिक तटस्थता, लोकप्रिय जनादेश के सिद्धांत को मान्यता, मंत्रिस्तर पर जवाबदेही और प्रशासनिक नैरंतर्य के साथ प्रशासन द्वारा पृष्ठभूमि में रहना। इस बंदोबस्त का चलना काफी-कुछ संवैधानिक परंपराओं और राजनीतिक प्रथाओं पर निर्भर था। इसी आधार पर सरकार और प्रणाली के विभिन्न हिस्सों के बीच संबंध तय होते हैं। संविधान में राष्ट्रपति को काफी अधिकार मिले हुए हैं जिनके बिना पर वह ब्रिटेन के राजा के मुकाबले ज्यादा ताकतवर हो जाता है। लेकिन संविधान सभा की बहसों से साफ है कि संविधान निर्माता राष्ट्रपति को प्रतीकात्मक राज्याध्यक्ष ही रखना चाहते थे। उनकी यह कामना तभी पूरी हो सकती थी जब इस तरह की परंपराएँ और प्रथाएँ मजबूत होतीं और यह काफी-कुछ आगे आनेवाले कम-से-कम आधा दर्जन राष्ट्रपतियों के आचरण पर निर्भर था। पहले राष्ट्रपति राजेंद्र प्रसाद के रवैये से जाहिर था कि वे केवल प्रतीकात्मक राज्याध्यक्ष बनकर संतुष्ट नहीं थे। जाहिर है कि आजादी मिलने से पहले वे और नेहरू स्वतंत्रता आंदोलन के दौरान समकालीन नेता थे, इसलिए वे दोनों एक-दूसरे के प्रति दो संस्थाओं के तौर पर नहीं, बल्कि दो व्यक्तियों के तौर पर अनुक्रिया करते थे। यह उदाहरण बताता था कि संवैधानिक मर्यादाओं की सीमा में रहकर राष्ट्रपति प्रधानमंत्री और अन्य मंत्रियों के साथ अपने अनौपचारिक संबंधों के बिना पर काफी प्रभावी हो सकता है। लेकिन बात केवल इतनी ही नहीं थी, क्योंकि राष्ट्रपति शासक दल के गुटों में से अपनी पसंद का गुट छाँट कर राजनीति में सक्रिय रूप से भाग ले सकता था। वह नेताओं, अफसरों और हित-समूहों के पैरोकारों से सीधे ताल्लुकात रख सकता था। इस तरह वह ब्रिटेन के राजा के मुकाबले सरकार पर ज्यादा असर डालने की स्थिति में आ सकता था।

राज्यों में शांति-व्यवस्था भंग होने की हालत में संविधान द्वारा राष्ट्रपति को आपात्कालीन अधिकार दिये गए। विधायिका की बजाय राज्यों के राज्यपाल केंद्र सरकार की सलाह के मुताबिक राष्ट्रपति ही नियुक्त करता है। केंद्र राजस्व और प्रशासन के मामले में ज्यादा बड़ा हिस्सा अपने पास रखता है और राज्यों के ऊपर भी उसे 'निर्देशक' अधिकार मिले हुए हैं। अगर राज्यों में संवैधानिक शासन की प्रक्रिया भंग हो जाए तो केंद्र समवर्ती सूची के अपने

अधिकारों का इस्तेमाल करते हुए संसद के जरिये राज्य की विधायिका भंग करके कार्यकारी अधिकार अपने हाथ में ले सकता है। ये सभी प्रावधान केंद्र का प्राधिकार मजबूत करने के लिए किये गये। दूसरी तरफ, राज्यों पर प्रमुख प्रशासनिक कार्यभार डाल कर, निचले स्तर पर स्थानीय स्वशासन के विकास के लिए और राजनीतिक ढाँचे के अभिन्न अंग के रूप में ग्राम पंचायतों को अपनाकर संविधान ने एक ऐसी प्रशासनिक संरचना को प्रोत्साहन देने का फैसला किया जिसे उत्तरोत्तर संघीय और सहभागी होते चले जाना था।

संविधान ने एक नया कदम अनुसूचित जातियों, जनजातियों और पिछड़े वर्गों को विशेष सुविधाएँ देकर उठाया। उन्हें विधायिकाओं में सीटों का और सरकारी नौकरियों में आरक्षण दिया गया। हालाँकि संविधान में एक निश्चित अवधि के बाद इन प्रावधानों को खत्म कर देने की बात भी की गयी थी, लेकिन इसके साथ गुंजाइश भी छोड़ दी गयी थी कि जब तक द्विजों और गैर-द्विजों के बीच खाई रहेगी तब तक आरक्षण के प्रावधान चलते रह सकते हैं। संविधान ने सभी प्रमुख क्षेत्रीय भाषाओं को राष्ट्रीय हैसियत प्रदान करके देश की भाषाई विविधता को मान्यता प्रदान की। हिंदी को प्रशासन और संपर्क के मकसद के लिए विशेष स्थान दिया गया पर उसे थोपने से परहेज किया गया, क्योंकि गैर-हिंदीभाषी प्रांतों को इस पर सख्त एतराज था। बदलती हुई सामाजिक परिस्थिति को ध्यान में रखकर संविधान में खासा लचीला रवैया अपनाया गया जिसके मुताबिक संशोधनों के जरिये आने वाले वक्त की माँगों को पूरा किया जाना था। समय-समय पर वित्त आयोग और चुनाव आयोग गठित किये जाने थे जो कार्यविधि में प्रमुख संशोधनों की सिफारिश कर सकते थे। अगर वक्त के साथ चलने में नाकाम पायी जाती तो संसद को न्यायपालिका के अधिकारों में कटौती करने का अधिकार दिया गया। केंद्र और राज्यों के बीच अंतराल भरने के लिए महत्त्वपूर्ण अधिकारों से संपन्न सम्मेलनों और आयोगों के प्रावधान भी किये गये थे।

सुदृढ़ीकरण और परिवर्तन के प्रश्न

संविधान प्रदत्त संस्थानीकरण को धरती पर उतारने के दो सबसे बड़े माध्यम थे। अंग्रेजों द्वारा छोड़ा गया अधिकारीतंत्र और कांग्रेस पार्टी का पूरे देश में फैला हुआ संगठन। आजादी के बाद हुए नियोजित परिवर्तन ने अधिकारीतंत्र को काफी प्रभावी कर दिया था। इसी तरह एक शासक दल के रूप में कांग्रेस

चुनाव जीत कर सत्ता में आने का आश्वासन और राजनीतिक संरक्षण देने वाली ताकत बनकर पहले के मुकाबले कहीं ज्यादा असरदार संगठन बन चुकी थी।

आजादी अपने साथ कई तरह की समस्याएँ लेकर आयी थी। सांप्रदायिक दंगों के कारण कानून और व्यवस्था की समस्या थी, विभाजन के शरणार्थियों के पुनर्वास का काम था, तेलंगाना में कम्युनिस्टों के नेतृत्व में किसान विद्रोह चल रहा था और हैदराबाद के निजाम को बस में करने के लिए 'पुलिस कार्रवाई' करने की नौबत आ गयी थी। इन सब कामों के लिए सरकार को अधिकारीतंत्र और सशस्त्र सेनाओं के समर्थन की जरूरत थी। बड़े सेनापतियों और बड़े अफसरों के सामने साफ नहीं था कि नये हुक्मरान उनके हितों का कितना खयाल रखेंगे। नेतृत्व को विभाजन के दौरान ताकतवर हो गये सांप्रदायिक संगठनों को भी काबू में रखना था, और उन क्षेत्रीय ताकतों को भी संतुष्ट करना था जो राष्ट्रवादी संघर्ष के आखिरी दौर में अलगाव में पड़ गयी थीं। राष्ट्रीय नेताओं की इस बात के लिए तारीफ करनी पड़ेगी कि उन्होंने अपेक्षाकृत बहुत कम समय में इन समस्याओं को हल कर दिखाया। बल्लभभाई पटेल के दृढ़ नेतृत्व में देशी रियासतों का भारतीय संघ में विलय बिना किसी खास समस्या के संपन्न हो गया। उन्होंने प्रशासनिक और फौजी अफसरों, अल्पसंख्यकों और पाकिस्तान से आए हुए शरणार्थियों का विश्वास जीतने में जोरदार कामयाबी हासिल की। आजादी के आंदोलन के दौरान अधिकारीतंत्र ही अंग्रेजों की तरफ से राष्ट्रवादी लक्ष्यों के खिलाफ काम करता नजर आता था, इसलिए १५ अगस्त १९४७ के बाद वह खुद को काफी असुरक्षित महसूस कर रहा था। पटेल ने उन्हें भरोसा दिया कि न केवल उनकी हैसियत नयी सरकार में वैसी ही रहेगी, बल्कि राजनेता उनके कामकाज में दखलंदाजी भी नहीं करेंगे। पटेल को श्रेय जाता है कि उन्होंने आईसीएस अफसरों की क्षमता का इस्तेमाल करके शुरुआती दौर में प्रशासनिक और राजनीतिक सुदृढ़ीकरण का काम बड़े असरदार ढंग से अंजाम दिया।

नेतृत्व ने एक तरफ तो बड़े-बड़े मुद्दों पर मर्यादित किस्म की कड़ाई और दृढ़ता का परिचय दिया, दूसरी तरफ मेल-मिलाप और समायोजन का रवैया अपनाया। आजादी के बाद पहले दस वर्षों में यह नीतिगत नजरिया बहुत कारगर साबित हुआ।

नेतृत्व को राष्ट्रीय एकता और सुदृढ़ीकरण की जितनी चिंता थी, उतनी

ही चिंता उसे सामाजिक और आर्थिक मोर्चे पर विकास और प्रगति की थी। इस मकसद से १९५० में सरकार ने योजना आयोग गठित किया और उसे पंचवर्षीय योजना बनाने की जिम्मेदारी सौंप दी। इस आयोग को राष्ट्र की सामाजिक-आर्थिक प्राथमिकताएँ तय करनी थीं, आर्थिक विकास का मॉडल तैयार करना था और उस मॉडल के कार्यान्वयन के लिए संसाधन हासिल करने थे। इस तरीके से एक छोटी-सी अवधि में ही केंद्रीकृत नियोजन, जाँच-पड़ताल और सलाह-मशविरे का नफीस ढाँचा विकसित कर लिया गया। योजना आयोग का जिक्र संविधान में नहीं था। इसका श्रेय नेहरू के इस यकीन को जाता है कि जिसके मुताबिक वे किसी भी राष्ट्र के विकास के लिए आर्थिक विकास को बहुत महत्त्वपूर्ण मानते थे। इसी के साथ सरकार ने संसद के जरिये छुआछूत उन्मूलन कानून जैसे महत्त्वपूर्ण विधायी उपाय पास कराये। राज्य सरकारों को भूमि सुधार करने के लिए और वंचित समुदायों को विशेष सुविधाएँ देने के लिए प्रोत्साहित किया गया। इन प्रयासों की राह में आने वाली अदालती और कानूनी दिक्कतें दूर करने के लिए संविधान में संशोधन किया गया। जाहिर है कि नेतृत्व इन कदमों के जरिये बता रहा था कि राष्ट्रीय सुदृढ़ीकरण के लिए न केवल टकराव टालना आवश्यक है, वरन् पहलकदमी लेकर सकारात्मक कदम उठाना भी जरूरी है।

सामाजिक और आर्थिक विकास के लिए उठाये गये कई कदमों का एक दूसरा असर भी हुआ। उनसे कई तरह के टकराव और भविष्य की अस्थिरता बच गयी। मसलन, श्रम कानूनों के निर्माण और कांग्रेसजनों द्वारा ट्रेड यूनियन गतिविधियों में भाग लेने के कारण हुआ यह कि मजदूरों से टकराव का अंदेशा उतना नहीं रहा। इसी तरह निचली जातियों और जनजातियों को विशेष सुविधाएँ देने से द्विजों के खिलाफ सामाजिक असंतोष किसी तरह के उत्पात में नहीं बदल पाया। सामंती भूमि संबंधों के खात्मे और जमीन के वितरण ने देहातों में सामाजिक टकराव के हालात टाले।

इन्हीं पहले दस सालों में भाषाई आधार पर भारत के भू-क्षेत्रीय पुनर्गठन का बेहद महत्त्वपूर्ण कदम उठाया गया। अंग्रेजों ने देश को प्रशासनिक इकाइयों में बाँटते समय सांस्कृतिक और भाषाई पहलुओं की परवाह नहीं की थी। कांग्रेस ने राष्ट्रीय आंदोलन के दौरान ही यह मसला उठाया था और अपना आंदोलन भाषाई आधार पर ही संगठित करने का सफल प्रयास किया था। १९२१ से ही कांग्रेस अपनी प्रदेश कमेटियों को भाषावार क्षेत्रीयता के

आधार पर चला रही थी। लेकिन, विभाजन के कड़वे तजरुबे और राष्ट्रीय एकता की जरूरत के मद्देनजर आजादी के बाद कांग्रेस के नेता इस वायदे को स्थगित करने के मूड में आ गये। हालाँकि संविधान सभा में धर आयोग के नाम से बने भाषाई प्रांत आयोग द्वारा राज्यों के भाषाई पुनर्गठन का विरोध किये जाने के बावजूद नवंबर १९४७ में जवाहर लाल नेहरू ने इसका उसूलन समर्थन किया था, पर कुल मिलाकर सभा ने जिस तरह के भू-क्षेत्रीय पुनर्गठन की योजना अपनायी उसमें भाषाई आधार शामिल नहीं था।

लेकिन, राजनीतिक क्षेत्र में यह माँग जोर पकड़ती चली गयी। मद्रास के तमिलभाषी जिलों से तेलुगूभाषी जिलों को अलग करके आंध्र प्रदेश बनाने की माँग से इसका सिलसिला शुरू हुआ और दबाव इतना बढ़ा कि खुद कांग्रेस कार्यसमिति ने १९४९ में एक प्रस्ताव पास करके नया प्रदेश बनाने के लिए कहा। केंद्र सरकार इस आधार पर हिचक रही थी कि आंध्र के उदाहरण से प्रोत्साहित होकर ऐसी ही तमाम माँगें उठ खड़ी होंगी और देश की पहले से ही कमजोर एकता साँसत में पड़ जाएगी, यद्यपि उसकी यह मान्यता यथार्थ पर आधारित नहीं थी। इसी कारण से कांग्रेस आलाकमान ने अपनी कतारों को भाषाई आंदोलन में भागीदारी न करने का निर्देश दिया जिसके कारण कार्यकर्ता दो भागों में बँट गये। अन्य राजनीतिक दल इन आंदोलनों में जम कर भागीदारी कर रहे थे। तेलुगूभाषी प्रांत के समर्थन में अनशन करते हुए जब एक आंदोलनकारी रामुलू ने अपने प्राण त्याग दिये तो अक्टूबर १९५३ में तेलुगूभाषियों के लिए एक अलग प्रांत आंध्र प्रदेश की रचना करनी पड़ी और इस माँग से निबटने के लिए उसी साल दिसंबर में राज्य पुनर्गठन आयोग बनाया गया जिसने अक्टूबर १९५५ तक अपनी रपट दे दी जिसमें भाषाई आधार को मान्यता देते हुए राज्यों की सीमाओं में बड़े पैमाने पर फेरबदल की सिफारिश की गयी थी। कुछ तब्दीलियों के साथ इन सिफारिशों को स्वीकार करके १९५६ में उन पर तेजी से अमल किया गया। आगे जब फिर यह समस्या खड़ी हुई तो १९६० में जनांदोलनों के दबाव में बंबई के द्विभाषी प्रांत में से महाराष्ट्र और गुजरात की रचना की गयी। इसी तरह १९६६ में संयुक्त पंजाब में से पंजाब और हरियाणा का गठन किया गया।

भाषायी पुनर्गठन से राष्ट्रीय एकता को खतरों का अंदेशा गलत निकला। वास्तव में इस पुनर्गठन ने देश के राजनीतिक मानचित्र को तर्कसंगत बना दिया और राष्ट्रीय एकता भी कमजोर नहीं हुई। राजनीतिक टकराव का एक बड़ा

स्रोत खत्म होने के साथ-साथ अब नयी प्रशासनिक इकाइयों का कामकाज उस भाषा में आसानी से चलाया जा सकता था जो वहाँ की बहुसंख्या बोलती-समझती थी। भाषा ने तोड़ने के बजाय जोड़ने का काम किया था, यद्यपि इस भाषावार पुनर्गठन पर कई आपत्तियाँ बाकी रह गयीं क्योंकि राज्यों को प्रत्येक भाषाई क्षेत्र के आधार पर छोटी-छोटी सांस्कृतिक इकाइयों में बाँटने से परहेज़ किया गया था।

१९५६ तक पहली पंचवर्षीय योजना कामयाबी से पूरी कर ली गयी और एक अधिक महत्त्वाकांक्षी दूसरी योजना शुरू हुई। १९५५ के अवाडी सम्मेलन में ही कांग्रेस ने समाजवादी तर्ज पर समाज-रचना के लिए अपनी प्रतिबद्धता जाहिर कर दी थी। १९४८ में औद्योगिक रणनीति पर पहला प्रस्ताव आने के बाद १९५६ में पहला विस्तृत औद्योगिक नीति प्रस्ताव आया। इसी समय राजनीतिक शिक्षा और विकास के विस्तार के लिए देहाती इलाकों तक पहुँचने का कार्यक्रम बनाया गया। १९५२ में पूरे देश को विकास खंडों में बाँटकर सामुदायिक विकास का कार्यक्रम अपनाया गया जिसे बाद में लोकतांत्रिक विकेंद्रीकरण के पंचायती राज कार्यक्रम में मिला दिया गया। इस काम के लिए गठित की गयी अध्ययन कमेटी १९५७ तक अपनी रपट दे चुकी थी। तब तक दो आम चुनाव और कई स्थानीय चुनाव संपन्न हो चुके थे। कांग्रेस पार्टी का वर्चस्व खासा स्थापित हो चुका था।

पहले दशक में उपलब्ध राजनीतिक एकीकरण और संस्थागत सहमति का फायदा यह हुआ कि अगले दशक की ज्यादा गंभीर दिक्कतों के बावजूद एक स्तर की स्थिरता बनी रही और संविधानसम्मत संस्थाओं की जड़ें गहरी होती रहीं। पूरे साठ के दशक में पचास के दशक की उपलब्धियों के आधार पर ही विकास और सुदृढ़ीकरण की प्रक्रिया आगे बढ़ी।

केंद्र और परिधि

राजनीतिक प्रणाली का संस्थानीकरण केंद्र और परिधि के बीच तीन स्तरों पर हुआ : राष्ट्रीय, राज्य और जिला। राष्ट्रीय और राज्य स्तर पर सरकार का संगठन कमोबेश एक ही तरह रहा। फर्क केवल इतना था कि राष्ट्रपति विभिन्न राज्य विधानसभाओं और केंद्रीय संसद द्वारा अप्रत्यक्ष रूप से चुना जाता था और राज्यों में राज्यपाल की नियुक्ति निर्वाचन के जरिये न होकर राष्ट्रपति द्वारा नामजदगी के आधार पर होती थी। नयी दिल्ली और राज्य सरकारों के बीच

संबंधों का विकास ब्रिटिश परंपरा, जनता की राय और दोनों स्तरों पर प्रभावशाली नेताओं द्वारा राजनीतिक विकास-क्रम की समझ के मुताबिक हुआ। नाना प्रकार के राजनीतिक दबावों, शख्सियतों और विभिन्न हितों के संगठन ने भी इसमें अपनी भूमिका निभायी। आजादी के बाद पहले दो दशकों में इन संबंधों को सबसे ज्यादा जिस चीज ने प्रभावित किया वह थी केंद्र और ज्यादातर राज्यों में एक ही पार्टी का लगातार शासन।

देश के अधिकांश हिस्से में प्रशासन राज्यों के हाथ में था। उन्होंने अपनी सत्ता का लगातार सुदृढ़ीकरण किया, अपने अधिकारों की दावेदारी जारी रखी ताकि राष्ट्रीय पैमाने पर उनका असर लगातार बढ़ता रहे। साथ ही राज्य वित्तीय संसाधनों और नियोजित समन्वय जैसे मामलों में केंद्र की मदद लेते रहे। मुख्यमंत्री की राज्य में वही हैसियत मानी गयी जो केंद्र में प्रधानमंत्री की होती है। इस पद के महत्त्व को देखते हुए उस पर कब्जा करने के लिए राज्यों में जबरदस्त राजनीतिक होड़ होने लगी और धीरे-धीरे मुख्यमंत्री का राष्ट्रीय महत्त्व भी साफ होने लगा। प्रधानमंत्री के उत्तराधिकार का मामला हो, या फिर कांग्रेस अध्यक्ष की नियुक्ति हो, मुख्यमंत्रियों से सलाह की जाने लगी जैसे कि वे राष्ट्रीय स्तर के नेता हों। यह एक ऐसी हैसियत थी जिसे कई मुख्यमंत्रियों ने संघर्ष करके हासिल किया था।

इसी के साथ कांग्रेस पार्टी के भीतर सत्ता के बँटवारे की एक समांतर प्रक्रिया भी चल रही थी। राज्य कांग्रेस कमेटियाँ और राज्य चुनाव आयोग का महत्त्व बढ़ रहा था। राज्य कांग्रेस के अध्यक्ष की ताकत और केंद्रीय राजनीति में उसका असर बढ़ता जा रहा था (कभी-कभी अध्यक्ष तो नाममात्र का होता था और असली ताकत किसी अन्य प्रभावशाली नेता की होती थी)। वह केंद्र को अपने फैसलों पर मुहर लगाने के लिए मजबूर कर देता था। खास बात यह थी कि कांग्रेस ही नहीं, कमोबेश गैरकांग्रेस पार्टियों में भी राज्य के नेताओं की ताकत बढ़ रही थी।

व्यावहारिक रूप से सरकार के निर्णयों का कार्यान्वयन राज्य की मशीनरी के हाथों में था। इस लिहाज से संविधान के प्रावधान कुछ भ्रम पैदा करने वाले थे। उसकी सातवीं अनुसूची के तहत तीन तरह की सूचियाँ आती थीं : संघीय सूची, राज्य सूची और समवर्ती सूची। अस्पष्टता की जड़ राज्य सूची और समवर्ती सूची के उन प्रावधानों में थी जो खासे परस्परव्यापी किस्म के थे। संविधान के मुताबिक कुछ परिस्थितियों में संसद को समवर्ती सूची

में शामिल किसी भी विषय के संबंध में कानून बनाने का अधिकार था और संसद का ऊपरी सदन राज्य सभा दो-तिहाई बहुमत से केंद्रीय विधायिका को राज्य सूची में शामिल किसी भी विषय पर कानून बनाने का अधिकार दे सकता था। केंद्र राज्यों के लिए कई मसलों पर 'निर्देश' भी जारी कर सकता था। इनमें राज्य सूची में दर्ज कई विषय भी शामिल थे। राष्ट्रपति के पास ऐसे कई अधिकार थे जिनके मुताबिक केंद्र राज्य के मामलों में कुछ खास हालात में हस्तक्षेप कर सकता था। राष्ट्रपति किसी भी विधानसभा को भंग कर सकता था, सरकार चलाने का काम अपने हाथ में ले सकता था या विधानसभा में विचारार्थ किसी विधेयक पर राज्यपाल से रपट मँगा सकता था। ये सभी अधिकार केंद्र को राज्य के कार्यक्षेत्र का अतिक्रमण करने की इजाजत दे देते थे। इन्हीं कारणों से कुछ प्रेक्षकों का खयाल था कि भारत में संघवाद केवल नाममात्र का ही है।

लेकिन, सरकार और प्रशासन पर नजर डालने से यह आलोचना आधारहीन लगती है। हम देखते हैं कि कई मुद्दों पर राज्य केंद्र से रियायतें लेने में कामयाब रहे जिनमें केंद्रीय कार्यक्षेत्र में दर्ज विषय भी शामिल थे। राज्यों द्वारा दूसरे देशों के साथ वाणिज्यिक बातचीत करने की मिसालें भी देखी जा सकती थीं। कई राज्यों के मुख्यमंत्री तो इतने ताकतवर थे कि प्रधानमंत्री उन्हें अपनी जगह से हिलाने के बारे में सोच भी नहीं सकता था। शायद इसीलिए स्वर्गीय पॉल एपलबाइ का विचार था कि भारत में राज्य प्रशासन का कार्यक्षेत्र इतना विस्तृत है कि अपने कार्यक्रमों को लागू करने के लिए केंद्र को काफी-कुछ उस पर निर्भर रहना पड़ता है। एपलबाइ ने देखा कि जमीनी स्तर पर सरकार का कामकाज चलाने वाले प्रशासन पर राज्य सरकार का नियंत्रण होता है, और राज्य धीरे-धीरे मान कर चलने लगे हैं कि जब भी जरूरत होगी उन्हें केंद्र से वित्तीय मदद मिल ही जाएगी। राज्यों के लिए अनुदान देते समय उसके निर्णयों की समीक्षा करने के केंद्रीय अधिकारों को इस व्यावहारिक परिस्थिति ने संयमित कर दिया है। एपलबाइ तो यह तक मानते थे कि केंद्र एक तरह से राज्यों की दया पर निर्भर है। लेकिन, भारत के संघीय चरित्र के बारे में उनका यह विचार उसी तरह कुछ अतिवादी किस्म का था, जिस तरह भारतीय संघवाद को नाममात्र का मानने का विचार था।

दरअसल, संघवाद के मसले को राज्यों के अधिकारों तक सीमित कर देने से असली तस्वीर निकलकर नहीं आती। भारत में राजनीतिक सत्ता के

बँटवारे का एक खास पहलू लोकतांत्रिक तत्त्व यानी राजनीतिक प्रणाली में वोटर और स्थानीय अभिजनों की बढ़ती हुई अहमियत रही है। इसकी वजह से राजनीतिक पहलकदमी और प्रशासनिक निर्णय प्रक्रिया का खास विकेंद्रीकरण होता चला गया। केंद्रीय नेता राज्य और जिला स्तर के नेताओं से मशविरा करने के लिए मजबूर होने लगे। योजना आयोग जैसे केंद्रीकृत संगठन में हितों का यह संतुलन देखा जा सकता था। राष्ट्रीय विकास परिषद के सदस्यों के रूप में मुख्यमंत्रियों की राय को नकारा नहीं जा सकता था। साथ ही आयोग और राज्य स्तर के नेताओं के बीच अनौपचारिक सलाह-मशविरे की भी निर्णयों को प्रभावित करने में भूमिका थी।

दूसरे, कांग्रेस पार्टी की चुनाव मशीनरी पर राज्य और जिला स्तर के नेताओं का कब्जा था। एक विशाल देश के केंद्र में बैठे हुए नेताओं के लिए दूर-दराज के इलाकों पर नियंत्रण करने के लिए इन स्थानीय ताकतों पर निर्भर होना स्वाभाविक ही था। चुनाव में जीत के लिए ग्रामीण अभिजनों पर निर्भरता भी स्पष्ट थी। इन्हीं कारणों से राज्य कांग्रेस कमेटियों का महत्त्व बढ़ता चला गया। नियोजन और विकास कार्यों की जरूरतों ने राज्य सरकारों का महत्त्व बढ़ाया। दूसरे, राजनीतिक प्रणाली को मजबूत करने वाले नये-नये नेता राज्यों से ही आ सकते थे। राजनीतिक गठजोड़ में होने वाले परिवर्तन और नयी ताकतों का समावेश राज्य स्तर पर ही होता था जिसका असर केंद्रीय स्तर पर होने वाली राजनीति पर पड़ना लाजमी था।

इसी के साथ एक और प्रवृत्ति थी। राष्ट्रीय नेतृत्व राज्यों में होने वाले राजनीतिक विवादों में लगातार मध्यस्थता करता रहता था। आलाकमान और कुछ प्रमुख नेता जरूरत के मुताबिक राज्य स्तर पर झगड़ों का निबटारा करते हुए सहमति बनाते और नये नेतृत्व के चुनाव में प्रमुख भूमिका निभाते थे। दरअसल होता यह था कि राज्य स्तर पर होने वाली राजनीति में केंद्रीय नेताओं की भूमिका के कारण भी वहाँ के विवाद एक खास शक्ल ग्रहण कर लेते थे। राज्यों के नेता अक्सर शिकायत करते हुए देखे जा सकते थे कि अगर केंद्र की तरफ से दखलंदाजी न होती या कोई खास तरह की दिलचस्पी न ली जाती तो उनके राज्य में राजनीतिक संकट वैसा रूप न लेता जैसा उसने आखिर में ले लिया। एक तरह से यह हस्तक्षेप केंद्र द्वारा राज्यों पर नियंत्रण करने की एक विधि की तरह ही था। केंद्रीय नेतृत्व की इस तकनीक ने आगे चलकर राष्ट्रीय और प्रांतीय नेताओं की सापेक्षिक शक्ति तय की। आलाकमान

की कोशिश होती थी कि शक्तियों के बीच संतुलन कायम रखा जाए, विवादों को बिना छेड़े पहले एक स्वाभाविक स्तर तक पहुँचने दिया जाए और गंभीर असंतुलन होने पर बीच में पड़ा जाए। केंद्रीय नेता ध्यान से देखते रहते थे कि हवा किस ओर बह रही है। उसी के मुताबिक वे रणनीति बनाते और ध्यान रखते कि हर परिस्थिति में तुरुप का पत्ता केंद्र के हाथ में ही रहे।

राज्य स्तर पर अन्य पार्टियों के उदय और सत्ता पर उनकी अस्थिर पकड़ ने केंद्रीय नेतृत्व की ताकत कमजोर करने के बजाय और बढ़ा दी, क्योंकि वह राष्ट्रपति और संसद के जरिये परिस्थिति में संवैधानिक हस्तक्षेप का अधिकार भी रखता था। गैर-कांग्रेस पार्टियों की राज्य सरकारों की स्थिति यह थी कि उनके मुख्यमंत्रियों को कांग्रेस आलाकमान पर और ज्यादा निर्भर रहना पड़ता था। वित्तीय और अन्य प्रकार की मदद के मामले में केंद्र का मुँह जोहते रहने के कारण गैर-कांग्रेसी मुख्यमंत्री किसी कांग्रेसी मुख्यमंत्री की अपेक्षा दिक्कत में रहते थे। जाहिर है कि कांग्रेसी मुख्यमंत्री आखिरकार राज्य में सरकार का मुखिया होने के साथ-साथ कांग्रेस की सत्ता-संरचना का एक स्तंभ भी होता था। कांग्रेस आलाकमान को गैर-कांग्रेसी मुख्यमंत्रियों से निबटने में ज्यादा आसानी होती थी।

राज्यों की राजनीति

राज्यों की राजनीति को चार कारकों ने सबसे ज्यादा प्रभावित किया। ये थे : आजादी से पहले के राजनीतिक समीकरण, कांग्रेस के खिलाफ सक्रिय पार्टियों की प्रकृति और ताकत, हर राज्य की बदली हुई स्थिति जिसके कारण राज्यों की कांग्रेसी सरकारों में भी विभिन्नता आयी, और विभिन्न क्षेत्रों की सामाजिक संरचनाओं का आपसी फर्क।

हम पहले भी कह चुके हैं कि जनाधारित चरित्र होने के बावजूद कांग्रेस आंदोलन देश के कई क्षेत्रों में अपनी पैठ नहीं बना पाया था। इसलिए इन इलाकों में गैर-कांग्रेसी ताकतों का असर कायम हो गया। इनमें प्रमुख थे बंगाल, पंजाब और मद्रास। अन्य क्षेत्रों में देशी रियासतों के प्रभाव के कारण कुछ कमजोर और बिखरे हुए जनांदोलन तो उभरे, पर उनकी अभिव्यक्ति मजबूत और स्थायी चरित्र वाली पार्टियों के रूप में नहीं हो पायी। इनमें प्रमुख थे केरल, मैसूर, राजस्थान, वर्तमान मध्य प्रदेश के बड़े-बड़े इलाके, पंजाब का पेप्सू वाला हिस्सा और सौराष्ट्र जो अब गुजरात का हिस्सा है। ओडीशा

और असम भी ऐसे ही इलाके थे जिनकी आबादी अधिकतर जनजातीय थी। आजादी के बाद इन सभी इलाकों ने अपनी विविधता के अनुरूप ही केंद्र सरकार के सामने भिन्न मुद्दे रखे। हालाँकि पश्चिम बंगाल और पंजाब में विभाजन के कारण राजनीतिक परिस्थिति काफी भ्रमपूर्ण थी, लेकिन विधान चंद्र राय और प्रताप सिंह कैरों के असाधारण राजनीतिक नेतृत्व के कारण इन राज्यों को कांग्रेस के तहत राजनीतिक सुदृढ़ीकरण के जरिये आर्थिक विकास के रास्ते पर कदम बढ़ाने का मौका मिल गया। मद्रास (आज का तमिलनाडु) में कांग्रेस को जस्टिस पार्टी के रूप में गैर-ब्राह्मण आंदोलन की चुनौती का सामना करना पड़ा। लेकिन बाद में यह पार्टी खुद इस आंदोलन से अलग होकर नाडर कामराज के असाधारण नेतृत्व में कांग्रेस के दायरे में चली गयी। राजस्थान, मैसूर और सौराष्ट्र की देशी रियासतों में चलने वाले जनांदोलनों का कांग्रेस के साथ नजदीकी रिश्ता था। हालाँकि इन रियासतों के राजाओं नवाबों ने कुछ प्रतिरोध जरूर किया, पर आजादी के बाद जल्दी ही कांग्रेस की स्थिति वहाँ मजबूत हो गयी। मध्य प्रदेश, ओडीशा और असम में कांग्रेस की भीतरी गुटबाजी के कारण अस्थिरता बनी रही। आदिवासियों और सामंती तत्त्वों द्वारा प्रतिरोध होता रहा। केरल में सांस्कृतिक और राजनीतिक आंदोलन वामपंथियों के हाथों में था, इसलिए कांग्रेस को वहाँ जड़ जमाने का मौका नहीं मिला।

राज्यों में सक्षम अधिकारीतंत्र की मौजूदगी या नामौजूदगी ने भी अपनी भूमिका निभायी। मद्रास और पश्चिम बंगाल के पास ब्रिटिश प्रशासन की लंबी परंपराएँ थीं। मैसूर और बड़ोदरा अपनी योग्य प्रशासनिक विरासत से जाने जाते थे। इसलिए इन जगहों पर राजनीतिक सुदृढ़ीकरण आसानी से हो सका। मध्य प्रदेश, उत्तर प्रदेश और ओडीशा के पास ऐसी कोई परंपरा नहीं थी, इसलिए वहाँ की राजनीति और आर्थिक विकास बिखरा हुआ रहा।

महाराष्ट्र, गुजरात और आंध्र प्रदेश के आंध्र वाले इलाकों में कांग्रेस की पैठ पहले ही बन चुकी थी, इसलिए वहाँ उसने फौरन जड़ें जमा लीं, अपना शासन स्थापित किया, साथ ही सौराष्ट्र को पहले बंबई राज्य में और फिर गुजरात में मिला दिया। इसी तरह हैदराबाद और तेलंगाना आंध्र में मिला दिये गये। यह अलग बात है कि सौराष्ट्र और तेलंगाना की समस्याओं ने क्रमशः गुजरात और आंध्र प्रदेश को आज तक परेशान करना जारी रखा हुआ है। बिखरे हुए राजनीतिक संगठन और प्रशासनिक ढाँचे की मिसाल के तौर पर

बिहार और उप्र को देखा जा सकता है। हालाँकि १९६७ तक इन प्रांतों में कांग्रेस को कोई प्रभावी चुनौती नहीं मिली, पर खंडित राजनीति और सामंती तत्त्वों की बहुतायत के कारण यहाँ की कांग्रेस में काफी गुटबाजी रही, नेताओं ने अपने निजी प्रभाव-क्षेत्र बनाये रखे और सरकार के कारकुनों में बार-बार परिवर्तन होते रहे।

इसी तरह विभिन्न क्षेत्रों की सामाजिक संरचना ने भी राजनीति पर असर डाला। मद्रास और महाराष्ट्र में गैर-ब्राह्मण आंदोलन, आंध्र प्रदेश और गुजरात में मध्य जातियों की राजनीतिक गोलबंदी और इन क्षेत्रों और मैसूर में वर्चस्वशाली जातियों की खास मौजूदगी ने राज्य स्तर पर राजनीतिक गठजोड़ों की स्थायी संरचनाएँ बनाने में मदद की। दूसरी तरफ अपनी खंडित जातिगत संरचना के कारण उत्तर में बिहार और उप्र के साथ दक्षिण में केरल की राजनीति में जातियों का महत्त्व बहुत ज्यादा दिख रहा था। इसी कारण से वहाँ राजनीतिक गठजोड़ नहीं बन पा रहे थे। पश्चिम बंगाल में विभाजन के कारण कलकत्ता का महत्त्व बढ़ जाने के कारण राजनीति शहरी किस्म की हो गयी थी जिसमें 'संयुक्त मोर्चे' की राजनीति और व्यवस्था विरोधी मुहावरे की प्रधानता थी। इसके विपरीत कृषि प्रधान आंध्र प्रदेश में भू-स्वामी जातियों का वर्चस्व बन गया था और उन्होंने निचली किसान जातियों को एक तरह के जजमानी संबंधों में समेट लिया था। ओडीशा, असम और मप्र में जनजातियों की राजनीति कांग्रेसी और गैर-कांग्रेसी ताकतों के उठने-गिरने का कारण बनती रही।

जाहिर है कि इन तमाम विविधताओं ने हर राज्य में अलग तरह की राजनीति को जन्म दिया। कांग्रेस का विरोध करने वाली ताकतें भी हर जगह अलग-अलग किस्म की रहीं। और इसीलिए केंद्र-राज्य संबंधों पर पड़ने वाले दबाव भी अलग-अलग रहे। मसलन, पश्चिम बंगाल में शहर प्रधान प्रतिरोध आंदोलनों को वामपंथियों ने संयुक्त मोर्चे की राजनीति के जरिये नेतृत्व देना जारी रखा। कुछ दूसरे कारणों से यही केरल में हुआ। वहाँ कम्युनिस्टों ने एझवा नामक निचली जाति की गोलबंदी की, शिक्षित बेरोजगारों की संख्या में बढ़ोतरी हुई और एक खास तरह का शहरी-देहाती समीकरण बना। दोनों राज्यों में कांग्रेस और कम्युनिस्ट नेतृत्व वाले संयुक्त मोर्चों के बीच राजनीतिक ध्रुवीकरण हो गया। इसका उलट आंध्र प्रदेश में हुआ। वहाँ रेड्डियों और कम्माओं के बीच टकराव के कारण कम्युनिस्टों की अहमियत बढ़ी हुई थी,

पर कांग्रेस ने धीरे-धीरे इन दोनों जातियों को गठजोड़ों की प्रक्रिया में समेट लिया। कांग्रेस के विरोध के नाम पर केवल हैदराबाद और तेलंगाना ही रह गया। मद्रास और पंजाब ने अलग रास्ता पकड़ा। मद्रास के गैर-ब्राह्मण और पंजाब के अकाली आंदोलन ने दोबारा उभरकर इन राज्यों में दलीय राजनीति को नया आयाम दिया। ओडीशा, असम और मप्र के आदिवासी प्रांतों में एक तरफ और दूसरी तरफ बिहार और उप्र में राजनीति नेताओं की निजी होड़ और गुटबाजी में फँसी रही, सरकार किसी भी पार्टी की रही हो।

राजनीति में गठजोड़ बनाने से जुड़े असर कई तरह के थे। उनमें खासी एकजुटताकारी और विखंडनकारी संभावनाएँ थीं। इनके बारे में अगले अध्यायों में चर्चा की जाएगी। राज्यों में विकसित हो रही राजनीति की विविध तस्वीर को एक समान राष्ट्रीय राजनीतिक ढाँचे में बाँधने का काम केंद्र और कांग्रेस ने किया। जैसे-जैसे संविधान प्रदत्त संघीयता का औपचारिकीकरण हुआ, वैसे-वैसे संस्थागत ढाँचा नीचे तक पहुँचा और विकेंद्रीकरण की प्रक्रिया आगे बढ़ी।

विकेंद्रीकरण की प्रक्रिया

राज्यों में राजनीतिक सत्ता के विकेंद्रीकरण के लिए चार कारण जिम्मेदार थे।

पहला, नियोजन कार्यक्रम के कार्यान्वयन के लिए निचले स्तर तक जाना जरूरी था। इसके लिए कई तरह की तकनीकी जिम्मेदारियों को अंजाम देना पड़ता था। प्रदेश स्तर पर प्रशासन का काम तो केवल इतना था कि वह राज्य और राष्ट्रीय सरकारों के बड़े नीतिगत निर्णयों को कार्यक्रमगत उपायों में सूत्रबद्ध करके जिले और उससे भी नीचे के स्तर पर भेज देता था। अंग्रेजों के जमाने से कार्यान्वयन का यही तरीका चला आ रहा था। उन्होंने ही जिले को प्रशासनिक कार्यान्वयन की प्रभावी इकाई बनाया था। आजादी के बाद जिला विकास परिषदों को और मजबूत किया गया। सामुदायिक विकास खंड जैसे नये स्थानीय प्राधिकार खड़े किये गये। वैकासिक संस्थाएँ, कर्जा देने वाली सहकारी समितियाँ और पंचायतें गठित की गयीं। इस तरह राज्यों में सत्ता का प्रशासनिक और राजनीतिक विकेंद्रीकरण हुआ।

दूसरा, राजकीय संरक्षण का एक बड़ा जाल बुना गया जिसके सूत्र देहातों तक जाते थे। इसका नियंत्रण और निर्देशन राज्य सरकार से नीचे के स्तर पर होता था। नयी नौकरियाँ, कर्ज और फायदे मुहैया कराना इसमें

शामिल था। ऋण और मुश्किल से मिलने वाली सामग्री उपलब्ध कराने वाले संस्थानों का नियंत्रण, प्रतिष्ठा और अधिकार देने वाले नये पदों का सृजन, शिक्षा संस्थाओं और स्वयंसेवी संगठनों पर नए संसाधनों के दम पर कब्जे, रंग-रुतबे और भ्रष्टाचार के ज्ञात उपादानों के माध्यमों से राजकीय संरक्षण की यह प्रक्रिया काम करती थी। इसी तरीके से राजकीय मशीनरी को उसका राजनीतिक तात्पर्य मिलता था। परंपरागत समाज और नयी संस्थाओं के बीच इसी जरिये तादात्म्य स्थापित होता था।

यह सिलसिला राज्य स्तर के नेता शुरू करते थे। सत्ता में बने रहने के लिए राज्य का सत्तारूढ़ गुट ग्रामीण वोटों पर अधिकाधिक निर्भर होता चला गया। उसने अपने राजकीय संरक्षण का जाल दूर-दूर तक फैलाया। स्थानीय अधिकारियों, शिक्षण संस्थाओं और अहम स्वयंसेवी संस्थाओं समेत अन्य वैकासिक एजेंसियों को अपने दायरे में समेट लिया। नतीजे के तौर पर संस्थागत सत्ता नीचे की तरफ गयी और उस प्रक्रिया से अलग तरह के ऐसे लोग निकले जिन्होंने स्थानीय स्तर पर इस नेटवर्क की कमान सँभाल ली। पार्टी संगठन में पदों को प्राप्त करके इन नये लोगों ने काफी ताकत और सत्ता हासिल कर ली। सत्ता के शहरी केंद्रों से दूर रहने वाले संगठन में काम करने वाले ये लोग छोटे कस्बों और जिला मुख्यालयों में पाए जाते थे। वे पारंपरिक व्यवस्था के ज्यादा नजदीक थे और भारतीय राजनीति में नयी शैली का प्रतिनिधित्व करते थे। आधुनिकतावादी मुहावरे से कम परिचित होने के बावजूद ये लोग परिणामवादी नजरिये के साथ अपनी खास शैली में आधुनिकीकरण की प्रक्रिया में योगदान देने लगे। उन्हें स्थानीय समाज की बारीकियाँ पता थीं। राजनीतिक क्षितिज पर उभरने में इन लोगों को समय जरूर लगा था लेकिन वे अपनी ताकत के प्रति विश्वस्त थे। चुनाव आने पर राज्य के नेता इन्हीं पर निर्भर करते थे क्योंकि नियोजित विकास की प्रक्रिया में भी इनकी भूमिका थी और सामाजिक-आर्थिक रूप से जड़ जमाये हुए तबके भी उनकी हैसियत को मान्यता देते थे। इनमें से कुछ लोकप्रिय नेता के रूप में विकसित हो गये और कुछ ने राजनीतिक मामलों के प्रबंधक की ख्याति प्राप्त कर ली। कुल मिलाकर वोट इन्हीं लोगों के हाथ में रहने के कारण स्थानीय स्तर पर सत्ता के केंद्र बदल चुके थे।

तीसरा, चुनाव प्रणाली बहुस्तरीय थी। राष्ट्रीय संसद और राज्य विधानसभाओं से लेकर जिला, ब्लाक और ग्राम पंचायतों एवं कस्बों की नगर

पालिकाओं तक चुनाव होने लगे। स्थानीय स्तर पर आर्थिक सत्ता का प्रतिनिधित्व करने वाले सहकारी बैंक, कई तरह की उत्पादक और विपणन सहकारी समितियाँ और जिला पंचायतों की विभिन्न आर्थिक कमेटियाँ भी चुनी जाने लगीं। कुछ का प्रत्यक्ष और कुछ का अप्रत्यक्ष निर्वाचन होता था। कुछ समाज के विभिन्न तबकों से आए सदस्यों द्वारा निर्वाचित होती थीं। इन संस्थाओं को नियंत्रित करने वाले नेता कई-कई संस्थाओं के संचालन में एक साथ भाग लेते थे। कुल मिलाकर राज्य विधानसभा का सदस्य बनने की महत्त्वाकांक्षा रखने वालों को स्थानीय स्तर के इन अभिजनों पर निर्भर होना पड़ता था।

चौथा, वयस्क मताधिकार राजनीति के सामाजिक आधार की शक्ल काफी कुछ बदल दी थी। उस समय तक सत्ता के सोपानों से दूर रहे और उसे केवल ब्राह्मणों और ठाकुरों की बपौती मानने वाले तबकों और समुदायों को भी इस वजह से संख्या की ताकत का एहसास होने लगा। उन्होंने अपनी सभा-संस्थाओं और नेताओं के माध्यम से संगठित होना शुरू कर दिया। भारतीय राजनीति में मताधिकार से संपन्न यह नया तबका था। चुनाव और विकास प्रक्रिया ने मिलकर एक नयी जागरूकता पैदा कर दी थी जिसके तहत नये तबके आर्थिक और राजनीतिक संसाधनों के बँटवारे में बेहतर हिस्सा माँगने की स्थिति में आ गये थे। राजनीतिक संगठन और ग्रामीण भारत की सामाजिक संरचना के बीच खाई कम होती जा रही थी, सरकार और शासक दल के भीतर सत्ता नीचे की तरफ जा रही थी और इस सबके परिणामस्वरूप भारतीय समाज के सत्ता संबंध बदलने लगे थे।

लेकिन इसका मतलब यह नहीं था कि इस परिवर्तन से आत्मनिर्भर ग्राम समाज की कल्पना साकार हो रही हो। प्रशासन और नागरिक सहभागिता के लिहाज से ग्राम तेजी से अपनी केंद्रीयता खोता जा रहा था। ग्रामीण उत्थान कार्यक्रम के केंद्र में भी गाँव न होकर उससे ऊँचे स्तर का खंड विकास यानी ब्लाक होने लगा। व्यापार-मार्गों, नयी शिक्षा, संचार, परिवहन, समाचार माध्यमों, रिश्तेदारियों और नातेदारियों के सिलसिलों, जाति सभाओं और नये तरह के प्रशासन और राजनीति के कारण ग्राम की इकाई नये-नये प्रभावों से दो-चार हो रही थी। गाँवों में स्थानीय झगड़े और गुटबाजियाँ जारी थीं, पर कुल मिलाकर उनकी राजनीति अधिक व्यापक क्षेत्र से जुड़ने लगी थी। नेता बनने के लिए केवल गाँव का चौधरी होना ही काफी नहीं रह गया, बल्कि

गाँव के बाहर के संपर्क सूत्रों का महत्त्व निर्णायक होने लगा। केरल जैसे प्रदेशों के गाँव इस नयी प्रक्रिया के अपवाद थे क्योंकि वहाँ के गाँव आम भारतीय ग्रामों के मुकाबले बहुत बड़े-बड़े थे। लेकिन, अपनी स्वायत्तता कायम रख सकने वाले ग्रामों की हैसियत राजनीति में हाशिये की ही रह गयी थी।

जिलों की भूमिका

राजनीति के इस नयेपन की अभिव्यक्ति जिला स्तर पर होती थी। इसके कई कारण थे : पिछले कई दशकों से एक प्रशासनिक इकाई के रूप में जिले की पहचान स्पष्ट होते जाना, करीब पंद्रह लाख की औसत आबादी के साथ न ज्यादा बड़ा और न छोटा क्षेत्र होने के कारण जिले के पास प्रशासनिक सक्षमता और स्वायत्तता की परिस्थितियाँ होना, संसाधन और प्रोद्योगिकीय जानकारी हासिल कर पाना, जिले द्वारा समरूपता और विविधता के बीच संतुलन कायम रख पाना जिसके कारण हर जिले के पास उसका एक सक्रिय अभिजन होना। नियोजित विकास कार्यक्रम लागू करने के लिए जिले को ही पहला स्तर बनाया गया था। जिला कलक्टर पहले से प्रशासनिक सत्ता का केंद्र होता था, इसलिए उसके आसपास प्राधिकार, निर्भरता और विश्वास का प्रभामंडल आसानी से बन जाता था। मुगलों और अंग्रेजों के जमाने से चली आ रही जिला नामक इकाई अपने लंबे अस्तित्व के कारण न केवल प्रशासनिक, बल्कि राजनीतिक और सामाजिक गतिविधियों का केंद्र भी बन गयी।

भारतीय राजनीति में सत्ता का सबसे बड़ा स्थानीय केंद्र जिला कांग्रेस कमेटी होती थी। विभिन्न जिलों से मिलने वाले समर्थन के आधार पर ही राज्य के मंत्रिमंडल और प्रदेश कांग्रेस कमेटियों की संरचना बनने लगी। जिलों का महत्त्व इतना बढ़ गया कि जन-संपर्क के लिए उन्हें आधार माना जाने लगा। महाराष्ट्र और गुजरात में तो राज्य के मंत्रियों को जिलों का इंचार्ज बनाया जाने लगा ताकि उनके विकास और राज्य सरकार के साथ उनके समन्वय की जिम्मेदारी उन पर डाली जा सके। इसी प्रक्रिया में जिले राज्य मंत्रिमंडल में अपने प्रतिनिधित्व के लिहाज से संतुलन के मानक बनकर राज्य की राजनीति में प्रमुख हैसियत ग्रहण करते चले गये।

आर्थिक और सामाजिक संरचनाओं ने भी जिलों के साथ समय रहते अपना समायोजन कर लिया। व्यक्ति अपनी शिनाख्त जिलों के साथ करने लगे। जाति-सभाओं, सामाजिक संचार की प्राक्-आधुनिक प्रणालियों,

अभिजनों के बीच होने वाले गठजोड़ों और प्रादेशिक राजनीति में सक्रिय सामाजिक धड़ों की अभिव्यक्ति जिला स्तर पर होने लगी। चाहे शहरी केंद्र हों, व्यापार-मार्ग हों, अदालतें हों, शिक्षा संस्थान हों या फिर वाणिज्यिक केंद्र हों, सभी का विकास जिलों को केंद्र बनाकर ही शुरू हो गया। जिला सहकारी बैंक, भूमि विकास बैंक, तरह-तरह के लाइसेंस दे सकने वाली सरकारी एजेंसियाँ, कृषि और वानिकी विभाग, पुलिस मुख्यालय, इंस्पेक्टर ऑव स्कूल, जिला पंचायतों के मुख्यालय और जिला कचहरियाँ जिलों के मुख्यालयों पर होने के कारण ज़िलों के केंद्र का महत्त्व बहुत बढ़ गया। इसमें जिला कलक्टर और कांग्रेस पार्टी के जिला अध्यक्ष की भूमिका काफी उल्लेखनीय हो गयी।

भारत में जिला कलक्टर का रंग-रुतबा और संस्थागत प्राधिकार अपने-आप में इतना विलक्षण बनता चला गया कि उसकी मिसाल किसी और देश के आधुनिक प्रशासन से नहीं की जा सकती। विकास की आधुनिक विचारधारा ने जिलों के गैर-कलक्टरीकरण के कितने भी दावे और प्रयास किये हों, दरअसल जिलों और उनके इंचार्ज कलक्टरों की छवि को अलग-अलग करके देखना नामुमकिन हो गया। बाद में कुछ प्रदेशों में जिलों के विकास का इंचार्ज किसी दूसरे अफसर को बनाने का चलन भी हुआ, लेकिन इस नये कदम ने भी भारतीय राजनीतिकरण की प्रक्रिया में जिले का महत्त्व और भी ज्यादा पुष्ट किया। सामुदायिक विकास और पंचायती राज की नीतियों के कार्यान्वयन के साथ ही जिलों में सरकारी और राजनीतिक संरक्षण देने के नेटवर्कों का एक नया स्तर पैदा हो गया। हालाँकि खंड विकास नयी प्रशासनिक इकाइयों के रूप में जिलों से छोटे थे, पर उनके संचालन के लिए सामग्री और जानकारी जिला मुख्यालय से ही मुहैया करायी जाती थी। सामुदायिक विकास कार्यक्रम के लिए संसाधन जिले को ही मिलते थे, इसलिए जिला स्तर के नेताओं की ताकत में और बढ़ोतरी हो गयी। सरकारी खजाने से वेतन और सुविधाएँ पाने वाले जिले के निर्वाचित मुखिया के प्रावधान से यह प्रक्रिया और सुदृढ़ हुई। ये लोग राजनीति में नयी प्रबंधन शैली लाये। खुशहाल भू-स्वामी किसान तबकों से आए ये नेता संसाधनों से संपन्न थे। उन्हें व्यक्तियों और संस्थाओं का संचालन करना आता था। उनकी उँगलियाँ स्थानीय परिस्थितियों की नब्ज पर रहती थीं। वे स्थानीय और उससे ऊँचे स्तरों पर अन्य नेताओं और अधिकारियों से निबटने में आत्मविश्वास का परिचय देते थे। जाहिर है कि जिले का महत्त्व बढ़ने के परिणामस्वरूप कई

तरह से सत्ता और संसाधनों का विकेंद्रीकरण तो हुआ, और साथ-साथ सत्ता कुछ व्यक्तियों के हाथ में भी सिमट गयी, पार्टी के संगठन का विकास हुआ और टकराव-प्रबंधन की प्रणाली प्रभावी हो गयी।

इस वर्णन से स्पष्ट है कि एक पीढ़ी से भी कम समय में आजादी के बाद सरकार और राजनीति कई स्तरों पर सक्रिय हो चुकी थी। वैकासिक एजेंसियों की विविध किस्में और राजनीतिक गोलबंदी के नये-नये तरीके स्थानीय समाज को प्रभावित करने लगे थे। विचार-विमर्श, जाँच-पड़ताल और निर्णय प्रक्रिया आपस में मिलकर एक समान राष्ट्रीय अस्मिता को सुदृढ़ करने लगी थीं। इसी के साथ परंपरा और आधुनिकता के बीच, एक राजनीतिक संस्कृति और दूसरी के बीच के कथित अंतराल की जगह एक तरह का संश्लेषण लेता जा रहा था।

पंचायती राज का महत्त्व

आजादी के बाद राष्ट्रीय नेतृत्व ने पंचायती राज लागू करने का कदम उठाया जो संभवत: राज्यों के भाषावार पुनर्गठन और योजना आयोग के गठन से भी ज्यादा महत्त्वपूर्ण और दूरगामी प्रभाव वाला था। इसमें भारतीय राज्य व्यवस्था के विकेंद्रीकरण और संस्थागत निष्ठाओं को ठोस बनाने की संभावना थी। इसका श्रेय जवाहर लाल नेहरू को जाता है जिन्होंने लोकतांत्रिक प्रक्रिया में अपनी प्रबल आस्था के कारण यह निर्णय लिया और तमाम तरह की आलोचनाओं के बावजूद इसके प्रति अपनी प्रतिबद्धता नहीं छोड़ी।

नेहरू ने पंचायती राज से पहले शुरू किये गये सामुदायिक विकास कार्यक्रम का भी हमेशा पक्ष लिया, हालाँकि १९५२ में शुरू हुआ यह कार्यक्रम किसी भी तरह से कामयाब नहीं कहा जा सकता। शायद इसका कारण यह था कि प्रशासनिक तौर-तरीकों के हावी होने के कारण यह कार्यक्रम ग्रामीण समाज और सरकारी ढाँचे के बीच की खाई नहीं पाट पाया। इसमें प्रशासनिक विस्तार तो दिखता था पर सघन विकास नहीं। सरकारी प्रयासों के जरिये जनता के रूपांतरण की मिशनरी कोशिश ने जनगोलबंदी और अपनी मदद अपने-आप करने के बजाय सब कुछ सरकार की तरफ से किये जाने की अपेक्षाएँ पैदा कर दी थीं। दूसरी दिक्कत यह थी कि सरकार उद्योगीकरण को ज्यादा प्राथमिकता देती थी, इसलिए सामुदायिक विकास के लिए संसाधनों की कमी पड़ना स्वाभाविक ही था। तीसरे, कार्यक्रम के प्रति प्रशासनिक रवैया और संसाधनों की कमी ने मिलकर पूरे अभियान का प्राथमिकता क्रम बिगाड़

दिया था। खंड विकास के दफ्तरों की इमारतें तो खड़ी हो जाती थीं और अफसर भी भर्ती कर लिए जाते थे, पर कृषि विकास और विकास कार्य में जन भागीदारी के आवश्यक लक्ष्यों के पूरे होने में कोताही रह जाती थी। चौथे, आर्थिक विकास की पूरी रणनीति और ग्रामोत्थान की विचारधारा में एक अंतराल था जिसे और ज्यादा जनसहयोग की पुरजोर अपीलों से भरने की कोशिश की जाती थी। इन्हीं कारणों से जब एक सरकारी कमेटी ने आंदोलन की उपलब्धियों की जाँच-पड़ताल की तो पाया कि उसमें लोगों की राजनीतिक भागीदारी बहुत कम है। धीरे-धीरे यह हकीकत सामने आयी कि जब तक अधिकार और पहलकदमी स्थानीय अभिजनों को नहीं सौंपी जाती तब तक विकास के लक्ष्यों को पूरा नहीं किया जा सकता।

सामुदायिक विकास कार्यक्रम की इन्हीं खामियों से सबक सीख कर पंचायती राज का प्रयोग शुरू किया गया। पंचायती राज के पीछे चार आग्रह काम कर रहे थे : पहला, पंचायती राज के जरिये लोग राजनीति में ज्यादा प्रभावी भागीदारी कर सकेंगे; दूसरा, स्थानीय समुदाय को परिवर्तन का वाहक बनाने और उनमें योजनागत चेतना फूँकने से आर्थिक परिवर्तन तेजी से और सक्षमतापूर्वक होगा; तीसरा, पंचायतों को शक्तियों का हस्तांतरण होने से

पंचायती राज का पुनर्मूल्यांकन और जयप्रकाश नारायण का सामुदायिक समाज

पचास के दशक में जो हालत संघवाद पर बहस की थी, तकरीबन वही स्थानीय स्वशासी संस्थाओं पर बात करते समय बन जाती थी। माना जा रहा था कि गाँव के स्तर तक शक्तियों का प्रसार लोकतंत्र की स्थापना के लिए आवश्यक है। भू-क्षेत्रीय स्वायत्तता की धारणा को व्यक्तिगत आजादी का पर्याय मान लिया गया था और लोकतंत्र की गुणवत्ता मात्रात्मक और रैखिक आग्रहों पर निर्भर समझ ली गई थी जिसके मुताबिक यह देखा जाता था कि कौन-कौन-सा अधिकार सरकार के निचले हिस्सों को दिया गया है। इसे ही 'लोकतांत्रिक विकेंद्रीकरण' कहा जा रहा था। इसी दौरान जयप्रकाश नारायण ने स्थानीय स्वायत्तता और राजनीतिक लोकतंत्र के संबंधों का सवाल प्रभावशाली ढंग से उठाया जिससे इन धारणाओं को और बल मिला। साठ के दशक की शुरुआत में किए गए इस विश्लेषण में जे.पी. की थीसिस पर भी गौर किया गया है।

कांग्रेस ने सरदार नगर में हुए अपने ६६वें अधिवेशन में राष्ट्रीय एकता और पंचायती राज पर प्रस्ताव पारित किये थे जो हमारे नेताओं के दिमाग की वैचारिक बनावट और नीतिगत

सहकारी संस्थाओं, सामुदायिक विकास केंद्रों और योजना समितियों को एक नयी समाज-व्यवस्था बनाने का मौका मिलेगा, यानी वे सहकारी समाज के लिए रास्ता साफ करेंगी; और चौथा, आम जनता के ऐसे समान तजुर्बे के आधार पर राजनीतिक संगठनों की ऐसी प्रणाली सच्ची राष्ट्रीय एकता की वाहक बनेगी।

विन्यास की झलक देते थे। राष्ट्रीय एकता पर प्रस्ताव में जनता में राष्ट्रीय नजरिया विकसित करके प्रांतीयतावाद, सांप्रदायिकता और जातिवाद के उन्मूलन की अपील की गयी थी। पंचायती राज के सवाल पर कांग्रेस ने उम्मीद की थी कि बचे हुए राज्य भी पंचायती राज अपना लेंगे और पंचायतों को जिम्मेदारियाँ हस्तांतरित करने का महती कार्य अंज़ाम दिया जा सकेगा।

• दुनिया के सबसे बड़े संवैधानिक दस्तावेजों में से एक होने के बावजूद हमारे संविधान में राजनीतिक संगठनों के रूप में पंचायती राज संस्थाओं के बारे में चर्चा नहीं है। ध्यान रहे कि संविधान के मसविदे में पंचायती राज का ही जिक्र नहीं था। इसे तो बाद में गाँधीवादी विचार को गुंजाइश देने के लिए जोड़ा गया। संविधान पारित होने के बाद जब नियोजन के लिए योजना आयोग बनाया गया तो राष्ट्रीय पुनर्निर्माण में जनता का सहयोग और भागीदारी हासिल करने के लिए पंचायती राज की जरूरत महसूस की गयी। खेती के मोर्चे पर जड़ता, आर्थिक विकास की धीमी गति और चीन, युगोस्लाविया और इजरायल के मुकाबले पिछड़ जाने का कारण 'जनता की काहिली' को माना गया। इसी तर्क के परिणामस्वरूप सामुदायिक विकास कार्यक्रम और सहकारी आंदोलन को विकसित करने की मुहिम छेड़ी गयी और फिर भविष्य के राजनीतिक संगठनों के रूप में पंचायती राज संस्थाओं की स्थापना पर जोर देने की शुरुआत हुई।

ग्राम पंचायतों को भारत के छोटे-छोटे गणराज्यों के रूप में देखने के पीछे एक अन्य कारण भी था। संसदीय संस्थाएँ भारतीय लोकतंत्र को व्यापक लोकप्रिय आधार दे पाने में नाकाम रही थीं। ऐसे में विचार उभरा कि क्यों न गाँव अपना शासन खुद चलाएँ! एस.के. डे ने कहा कि पाँच लाख ग्राम गणराज्य नैतिक, भौतिक और आध्यात्मिक रूप से महान भारतीय गणराज्य के साथ एकमेक हो जाएँगे। इसी रोशनी में स्वशासी गाँवों से बने सामुदायिक समाज का सपना देखनेवाली जे.पी. की थीसिस को देखा जाना चाहिए। जाहिर है कि जे.पी. के इन विचारों से सरकारी हलके काफी प्रभावित हैं।

इस धारणा के पीछे चार आग्रह काम कर रहे हैं : पहला, पंचायती राज के जरिये लोग राजनीति में ज्यादा प्रभावी भागीदारी कर सकेंगे; दूसरा, स्थानीय समुदाय को परिवर्तन का वाहक बनाने और उनमें योजनागत चेतना फूँकने से आर्थिक परिवर्तन तेजी से और सक्षमतापूर्वक होगा; तीसरा, पंचायतों को शक्तियों का हस्तांतरण होने से सहकारी संस्थाओं, सामुदायिक विकास केंद्रों और योजना समितियों को एक नयी समाज-व्यवस्था बनाने का मौका मिलेगा, यानी वे सहकारी समाज के लिए रास्ता साफ करेंगी; और चौथा, आम जनता के ऐसे समान तजुर्बे के आधार पर राजनीतिक संगठनों

पंचायती राज की खास बात यह थी कि ग्राम पंचायत, ब्लाक स्तर की पंचायत समिति और जिला परिषद की त्रिस्तरीय संरचना गाँव से प्रदेश मुख्यालय तक और राज्य की राजधानी से गाँव तक चलती थी। केंद्र और राज्यों के बीच संबंधों की तर्ज पर ही इस प्रणाली में निचले और प्रदेश स्तर के बीच संबंधों को देखा जा सकता था। इस कार्यक्रम पर प्रशासनिक रवैया हावी नहीं था, बल्कि पंचायतें चुनी हुई थीं। सामुदायिक विकास के तहत जो काम अफसर करते थे, उन्हें पंचायतों द्वारा अंजाम दिया जाना था। समझा जाता की ऐसी प्रणाली सच्ची राष्ट्रीय एकता की वाहक बनेगी। इन आग्रहों से लगता है कि प्राचीन एथेंस के प्रत्यक्ष-लोकतंत्र की तर्ज पर पंचायती राज प्रणाली की रचना की गयी है। यह भी कहा जा रहा है कि प्राचीन भारत में भी ऐसा ही प्रत्यक्ष-लोकतंत्र था और पंचायती राज के सिद्धांत के लिए 'पंच परमेश्वर' की प्राचीन परंपरा से प्रेरणा ग्रहण की गयी है। इसके पीछे स्थानीय स्वशासन का आम उसूल काम कर रहा है : सरकार की निचली इकाइयों को सत्ता का अधिकतम हस्तांतरण और लोकप्रिय निर्वाचन से गठित स्थानीय परिषदों के जरिये स्वशासन। यह उसूल चार बुनियादी धारणाओं पर आधारित है : राजनीति में जनता की भागीदारी, आर्थिक विकास के लिए संसाधनों को जमा करना, लोकतंत्र में 'बुनियादी संस्थाओं' का समावेश और राष्ट्रीय एकता की गारंटी। इस उसूल में इन चारों धारणाओं के कुछ खास अर्थ हैं जिनकी जाँच की जानी चाहिए।

राजनीति में जनता की लोकप्रिय भागीदारी : भागीदारी अपने-आप में एक अस्पष्ट पद है। इसमें से लोकतंत्र भी निकल सकता है और कारपोरेट-राज्य और सर्वहारा की तानाशाही जैसे निरंकुश-तंत्र भी। इस अंदेशे से बचने के लिए हमें नागरिकों के निजी सम्मान और अधिकारों पर आधारित भागीदारी के साथ-साथ सामुदायिक संबंधों के आधार पर भागीदारी पर जोर देना चाहिए।

लेकिन बलवंत राय मेहता कमेटी की रपट ने जिस अप्रत्यक्ष निर्वाचन के जरिये तीन स्तरीय पंचायती राज का बंदोबस्त किया है, उससे तो केवल श्रेणीक्रम पर आधारित व्यवस्था बनेगी और ऐसे तत्त्वों को सत्ता मिलेगी जो समुदाय से कटे हुए होंगे। इससे असहमति का स्वर शुरू में ही दबा दिया जाएगा। यानी यह लोकतंत्र की बुनियादी भावना का उलट होगा। जिन राज्यों में लोकतांत्रिक विकेंद्रीकरण को व्यवहार में लागू किया गया है वहाँ पंचायतों के कामकाज का अध्ययन बताता है कि ये संस्थाएँ व्यक्तिगत पहलकदमी खोलने में नाकाम रही हैं। मेहता कमेटी ने प्रशासन के जिस ढाँचे की वकालत की है उसमें कलक्टर और परगनाधिकारी को पंचायत समिति और जिला परिषद का इंचार्ज बना दिया गया है। विधायकों और सांसदों को परिषद में बैठा दिया गया है। ग्राम पंचायतों को अधिकार दिये जाने के बजाय पंचायत समितियों को अधिकार दिये गये हैं। समितियों में भी उनकी स्थायी समितियों के पास ही सत्ता है। देखा गया है कि ये स्थायी समितियाँ न केवल काफी पक्षपातपूर्ण निर्णय लेती हैं वरन कई मामलों में वे नाजायज और भ्रष्ट तरीके भी अपनाती हैं। वस्तुस्थिति यह है कि राजनीति में भागीदारी केवल स्थानीय रंग-रुतबेवाले

था कि इस तरह से गाँव से लेकर राष्ट्रीय राजधानी तक एक लंबा सूत्र कायम हो जाएगा।

कुछ प्रेक्षकों का खयाल था कि प्राचीन एथेंस के प्रत्यक्ष-लोकतंत्र की तर्ज पर पंचायती राज प्रणाली की रचना की गयी है। यह भी कहा गया कि प्राचीन भारत में भी ऐसा ही प्रत्यक्ष-लोकतंत्र था और पंचायती राज के सिद्धांत के लिए 'पंच परमेश्वर' की प्राचीन परंपरा से प्रेरणा ग्रहण की गयी है। इसके पीछे स्थानीय स्वशासन का आम उसूल काम कर रहा है : सरकार की निचली

लोगों तक ही सीमित है। कुल मिलाकर ऐसे पंचायती राज ने सामाजिक और आर्थिक खाइयों को बढ़ाया ही है।

संसाधनों का एकत्रीकरण : इस दलील में निश्चित रूप से दम है कि निचले स्तर के प्रशासनिक निकायों को ज्यादा शक्तियाँ देने से नियोजित विकास के लिए संसाधन जमा करने में अपेक्षाकृत आसानी होती है। लोगों में नियोजन के प्रति चेतना में भी बढ़ोतरी देखी गयी है। लोकतांत्रिक विकेंद्रीकरण पर अमल करनेवाले राजस्थान जैसे राज्यों का उदाहरण यही बताता है कि लोग नियोजित विकास से फायदा उठाने के लिए उत्सुक हो उठते हैं। लेकिन इसमें और विकास की प्रक्रिया में योगदान करने की उत्सुकता में फर्क है। यह साबित करना नामुमकिन है कि नीचे के स्तर तक शक्तियों के वितरण के जरिये स्थानीय बचत को योजना की सेवा में और प्रभावी ढंग से लगाया जा सकता है। यहाँ तो दलील उल्टी दी जाती है कि इस जरिये स्थानीय संसाधनों का स्थानीय मकसद से बेहतर इस्तेमाल किया जा सकेगा। जाहिर है कि यहाँ संसाधनों का मतलब मानवीय श्रम से है। आदिम संचय के जरिये किये जानेवाले विकास में बेकार पड़े हुए मानवीय श्रम को बेशी संसाधनों में बदलना एक तरह से ठीक भी है। पर समस्या यह है कि जिन देशों में ऐसा करने में कामयाबी मिली है वहाँ इसके राजनीतिक नतीजे तानाशाही में निकले हैं। राजनीतिक चेतना, लोकप्रिय आंदोलनों और स्वयंसेवी भावना के जरिये ऐसा करवा पाने की पश्चिमी धारणा भारत जैसे राजनीतिक रूप से अविकसित देशों पर लागू नहीं हो सकती। मानवीय श्रम का ज्यादा-से-ज्यादा इस्तेमाल करने के चक्कर में या तो पंचायती राज का लोकतांत्रिक चरित्र कमजोर होगा या फिर इस काम में असफलता मिलने पर अपने बेशी संसाधनों को बरबाद करता नजर आयेगा। वैसे भी इस तर्क में दो समस्याएँ हैं : स्थानीय निकायों को आर्थिक नियोजन के उपकरण के रूप में देखना और यह मानना कि स्थानीय संसाधन केवल स्थानीय मकसद से ही गोलबंद किये जा सकते हैं। ऊपर से समस्या यह है कि स्थानीय पंचायत पर काबिज आर्थिक रूप से मजबूत जातियाँ जब श्रम के लिए कमजोर जातियों को गोलबंद करेंगी तो सामाजिक टकराव की नौबत भी आ सकती है।

जमीनी लोकतंत्र : पाकिस्तान और अरब देशों में हो रहे राजनीतिक प्रयोगों को हम कितनी भी हेय दृष्टि से देखें, जमीनी संस्थाओं के बारे में हमारा रवैया उनसे ज्यादा अलग नहीं है। राष्ट्रीय विकास परिषद के अनुसार पंचायतें और सहकारी समितियाँ हर गाँव में

इकाइयों को सत्ता का अधिकतम हस्तांतरण और लोकप्रिय निर्वाचन से गठित स्थानीय परिषदों के जरिये स्वशासन। यह उसूल चार बुनियादी धारणाओं पर आधारित माना गया : राजनीति में जनता की भागीदारी, आर्थिक विकास के लिए संसाधनों को जमा करना, लोकतंत्र में 'बुनियादी संस्थाओं' का समावेश और राष्ट्रीय एकता की गारंटी। ग्राम पंचायतों को भारत के छोटे-छोटे गणराज्यों के रूप में देखने के पीछे एक अन्य कारण भी था। संसदीय संस्थाएँ भारतीय लोकतंत्र को व्यापक लोकप्रिय आधार दे पाने में नाकाम रही थीं।

लोकतंत्र की बुनियादी संस्थाएँ मानी जाती हैं। उन्हें कई गाँवों से मिल कर बने विकास-खंड (ब्लॉक) का समर्थन होता है। भले ही इस बंदोबस्त को भविष्य के जमीनी लोकतंत्र का ब्लू-प्रिंट माना जाए, लेकिन सच्चाई यह है कि इन संस्थाओं के कारकुनों में अधिकारों और कार्य-क्षेत्र को लेकर काफी टकराव होता है। हालत उस समय और बिगड़ जाती है जब इन निकायों को परंपरागत सरकारी विभागों के साथ मिलकर काम करना पड़ता है। राजस्थान का अध्ययन बताता है कि इनके बीच कोई तालमेल नहीं है और ग्रामीण जीवन में नौकरशाही की दखलंदाजी के कारण अपनी मदद करने और स्वयंसेवी प्रयास करने की भावना भी आहत होती है। हर समस्या हल करने के लिए सरकार का मुँह देखने का रवैया जोर पकड़ता जा रहा है। सामाजिक संस्थाओं की जीवनी-शक्ति का क्षय होता जा रहा है। छोटे-छोटे समुदायों में सरकारी तत्त्वावधान में संगठन चल रहे हैं। राष्ट्रीय विकास परिषद ने लोगों की भागीदारी को पूरी तरह राजनीतिक शैली में ही देखा है जिससे सभी तरह की पहलकदमियों को संस्थागत रूप मिल गया है और विकेंद्रीकरण के नाम पर प्रशासन का केंद्रीकरण हो गया है। स्थानीय निकायों को इस तरह दिये गये अधिकारों से जवाबदेही के उसूल पर भी अमल नहीं हो पाता। लोग एक दूसरे के पाले में गेंद उछालते रहते हैं। बिना जिम्मेदारी के सत्ता का भोग अक्षमता और हताशा को बढ़ावा देता है। इस तरह के विकेंद्रीकरण पहल को नीचे तक खोलने के बजाय उस तरह की पहले से मौजूद पहलकदमी को भी खत्म कर देता है। अब इस सवाल पर विचार किया जाना चाहिए कि पंचायती राज की स्थापना से राष्ट्रीय एकता को फायदा होता है या वह कमजोर होती है।

राष्ट्रीय एकता : स्थानीय स्वायत्तता को लोकतांत्रिक समाज का प्रमुख लक्षण मानने वालों ने यह धारणा पश्चिम के समुदायों से ली है। वहाँ सांस्कृतिक सहयोजन, आर्थिक बहबूदी और समान विचारधारा के प्रसार के जरिये पहले राष्ट्रीय एकता उपलब्ध कर ली गयी थी। स्थानीय निकायों को राजनीतिक सत्ता बाद में दी गयी। यह उदाहरण भारत पर आरोपित करने से विकृतियाँ ही पैदा होंगी। वास्तविक राजनीतिक एकता की गैर-मौजूदगी में और समान विचारधारावाले और उदारतावाद में रचे-बसे अभिजन के न होने की स्थिति में सत्ता का इस्तेमाल अधिक केंद्रीकृत और निरंकुश होना लाजमी है। अतीत में संस्कृतीकरण और पश्चिमीकरण की प्रक्रिया से और ब्रिटिश विरोधी आंदोलन के जरिये एक सीमा तक समाज में एकता की भावना आयी थी, लेकिन इसका चरित्र स्थायी

ऐसे में विचार उभरा कि क्यों न गाँव अपना शासन खुद चलाएँ! पंचायती राज के एक समर्थक ने यहाँ तक कहा कि पाँच लाख ग्राम गणराज्य नैतिक, भौतिक और आध्यात्मिक रूप से महान भारतीय गणराज्य के साथ एकमेक हो जाएँगे। बहरहाल, इन सभी दावों के बावजूद मानना होगा कि पंचायती राज संस्थाएँ पुराने नाम के साथ नये तरह की संस्थाएँ ही थीं। इनमें से एक नये तरह के राजनीतिक कार्यकर्ता के उभरने की संभावना थी। लग रहा था कि आगे चलकर यह नया कार्यकर्ता राज्य और राष्ट्रीय स्तर के निर्वाचित

न हो कर गठजोड़ात्मक था। आजादी के बाद ऐसी प्रक्रियाओं की गैर-मौजूदगी में राजनीतिक सत्ता का प्रसार पहले से मौजूद एकता के लिए भी हानिकारक साबित हुआ है। होता यह है कि समान परंपराओं में पले-बढ़े अभिजन ऊपर से यानी शिक्षित मध्यवर्ग और नागरिक केंद्रों के माध्यम से सत्ता के इस्तेमाल की लोकतांत्रिक आचार संहिता का नीचे तक प्रसार करते हैं। जब तक ऐसा नहीं होता तब तक वास्तविक सत्ता को नीचे तक ले जानेवाले दूरगामी और अचानक प्रयोग का जोखिम नहीं उठाया जाना चाहिए। पंचायती राज को एकता का वाहक मान लेना राजनीतिक आम-सहमति की प्रकृति को गलत समझ लेना होगा। पंचायती राज स्थानीय जड़ीभूत संस्कारों को सिर्फ एक नया नाम दे देगा। राष्ट्रीय एकता के विपरीत यह दूसरे तरह की एकता होगी।

यह एक बार फिर स्थानीय स्वायत्तता को लोकतंत्र का और भू-क्षेत्रीय स्वायत्तता को व्यक्तिगत आजादी का पर्याय समझने का घपला है। लोकतंत्र शासन की इकाई के आकार पर नहीं, बल्कि शासन की क्वालिटी के ऊपर निर्भर करता है। इसी तरह केंद्रीकरण राज्य और उसके स्थानीय निकायों के बीच संबंध का अनिवार्य परिणाम नहीं होता। केंद्रीकरण कहीं ज्यादा गंभीर और बारीक रूप में स्थानीयता के भीतर मौजूद हो सकता है। लोकतंत्र का मतलब स्थानीय भू-क्षेत्रों को छोटी-छोटी मात्रा में सत्ता थमा देना नहीं होता, लोकतंत्र का सारतत्त्व इलाका न हो कर व्यक्ति में निहित होता है। इस संदर्भ में 'ग्रामीण लोकतंत्र' की अवधारणा ही संदिग्ध हो जाती है। राजनीतिक भाईचारा और व्यक्तिगत आजादी मूलतः शहर आधारित विचार हैं। वहाँ से वे गाँव की तरफ जाते हैं। गाँवों से ही सीखने या गाँवों को ही आधार बनाने का विचार अतीत की संस्कृति के गौरवगान के अलावा कुछ नहीं है। इससे एकता हो ही नहीं सकती, क्योंकि इससे पहले तो इलाकों में निहित स्वार्थ पैदा हो जाएँगे जिससे व्यापक समुदाय की एकता बाधित होगी और फिर ऐसी राजसत्ता पर संकीर्ण ढंग से अमल का नतीजा राष्ट्रीय एकता के समान बुनियादी उद्देश्यों का विकास रोकने में निकलेगा।

इन चारों मुद्दों पर किये गये विचार से यह अंदाजा निकाल लेना गलत होगा कि यहाँ सत्ता के विकेंद्रीकरण के खिलाफ दलील दी जा रही है। दरअसल, मैं तो सत्ता के केंद्रीकरण के खिलाफ हूँ। यहाँ सवाल यह उठाया जा रहा है कि केंद्रीकरण हो या विकेंद्रीकरण, क्या उसे इलाकाई संदर्भ में देखा जाना चाहिए और वह भी ऐसे इलाकाई संदर्भ में जहाँ सत्ता पर कुछ लोग कब्जा जमा लेते हों और जनता स्वयं-भू नेताओं के

प्रतिनिधि से भी अधिक ताकतवर हो जाएगा। इन्हीं बातों को ध्यान में रखकर कांग्रेस समेत सभी राजनीतिक दलों ने पंचायत समितियों, जिला परिषदों और उनसे जुड़े हुए संस्थानों पर प्रभुत्व जमाने की कोशिशें शुरू कर दीं। राजनीतिक महत्त्वाकांक्षा रखने वाले स्थानीय नेताओं के लिए विधायक या सांसद बनने से ज्यादा आकर्षक जिला सहकारी बैंक जैसी संस्थाओं का अध्यक्ष बनना हो गया। इन संस्थाओं में काम करने वाले राजनीतिक 'गैर-सरकारी' अधिकारियों ने वे काम करने शुरू कर दिये जो अब तक सरकारी

रहमोकरम पर रह जाती हो। गाँव के स्तर पर स्थानीय स्वशासन एक हासिल करने योग्य लक्ष्य है पर यह भी स्वतंत्र न्यायपालिका और निर्वाचित संसद की तरह अपने-आप में सब कुछ नहीं है। यह तो उस खुले समाज को बनाने का एक साधन है जिसमें व्यक्ति को आजादी की साँस लेने का मौका मिलेगा। स्थानीय स्वशासन के प्रति तभी तक उत्साह रखना चाहिए जब तक वह इस लक्ष्य को वेधने में मदद करता हो और जैसे ही वह दैनंदिन जीवन का राजनीतिकरण करने लगे और व्यक्ति को जड़ीभूत संस्कारों के मातहत करने की जिद करने लगे वैसे ही उसको संदेह की निगाह से देखा जाना चाहिए।

पंचायतों को क्रमशः राजनीतिक परिस्थिति का लिहाज करते हुए अधिकार देना वांछनीय है। लेकिन देश-भर में एक साथ पंचायती राज की संस्थागत स्थापना करना एक यूटोपिया बनाने की कोशिश है, एक ऐसा यूटोपिया जो पुराणपंथी स्वर्ण युग को धरती पर उतारने के रोमानी प्रयास के अलावा कुछ नहीं है। ऐसे लोग उन ताकतों को नहीं समझते जो हमारे समाज को बदल रही हैं। यूटोपियायी ब्लू-प्रिंट आखिर में विकृत, हताशाजनक और अधिनायकवादी नतीजों पर पहुँचाते हैं। यथार्थ वैचारिक मतवाद के आवरण में छिपा रहता है और राष्ट्रीय पुनर्निर्माण का मकसद उलट जाता है। यह एक पुरानी स्थापना है कि राजनीतिक विकास के चरण को ध्यान में रखते हुए राजनीतिक सत्ता का हस्तांतरण धीरे-धीरे, क्रमशः और जरूरत के मुताबिक किया जाना चाहिए। रातोरात की जानेवाली क्रांतियाँ कितनी भी जोरदार क्यों न लगें, वांछित नतीजे नहीं देतीं।

राजनीतिक विकास की खामी : जैसा कि हम पहले देख चुके हैं कि इस देश में संविधान द्वारा स्थापित औपचारिक ढाँचे और वास्तविक राजनीतिक प्रक्रिया में खासा अंतर है। वास्तविक राजनीति को जातिगत, सांप्रदायिक और तबकाई वफादारियाँ काफी प्रभावित करती हैं। 'संकीर्णता' की अक्सर की जानेवाली आलोचना के विपरीत यह एक तथ्य है कि सत्ता के ऊँचे हलकों में इसकी उपस्थिति सबसे ज्यादा परेशान करनेवाली होती है। कोई एक जाति संघ राजनीतिक व्यवस्था के लिए इतना नुकसानदेह नहीं होता जितना बड़े पदों पर बैठे हुए लोगों की निजी महत्त्वाकांक्षाएँ और गुटीय होड़ होती है। चाहे प्रशासन हो, पार्टीगत निर्णय हों या फिर अन्य सरकारी संस्थाएँ हों, सत्ता के ऊँचे हलकों की संकीर्णता से जिस तरह की परिस्थिति बनती है वह संसदीय लोकतंत्र और स्थानीय स्वशासी निकायों के लिए वांछनीय नहीं होती।

हम जानते हैं कि राजनीतिक संस्थाओं के भीतर होनेवाली गुटबाजी कई तरह से

अधिकारी करते थे। उन्होंने कई तरह की प्रशासनिक और प्रबंधकीय कुशलता विकसित करके स्थानीय समाज और राजनीतिक प्राधिकार के बीच का अंतराल भरना शुरू कर दिया। ये लोग भारतीय राजनीति के नये प्रतिनिधि थे। ऐसा लगता था कि इनके बिना शीर्ष पर परिकल्पित की गयी राष्ट्र-निर्माण की गतिविधियाँ धरती पर कैसे उतरेंगी। इन राजनीतिक गैर-अधिकारियों को स्वाभाविक रूप से जो राजनीतिक-सामाजिक प्रेरणाएँ प्राप्त थीं, वे ऊपर से नियुक्त किये गये सरकारी अधिकारियों को नहीं मिल सकती थीं। ये

राजनीतिक विकास के लिए लाभकारी भी होती है। यह राज्य के चरित्र को एकसार बनने से रोकती है, समझौते और तालमेल की परंपरा डालती है और इसके कारण अधिक लोकतांत्रिक व्यवस्था के लिए रास्ता साफ होता है। लेकिन यह बात स्थानीय स्वशासी निकायों की भीतरी गुटबाजी पर लागू नहीं होती। जातिगत और सांप्रदायिक विभेदों का राजनीतिकरण और ज्यादा बिखराव को निमंत्रण देता है। स्थानीय समुदायों द्वारा सत्ता का इस्तेमाल पुराने निहित स्वार्थों को उभरने का मौका देता है। राजसत्ता और वित्तीय संसाधनों की इजारेदारी से बदइंतजामी और भ्रष्टाचार निकलते हैं। राजनीतिक विकास की इन खामियों के चलते अगर हम सत्ता के केंद्रीकरण को जाँचने बैठें तो यह देखकर चकित रह जाएँगे कि विकेंद्रीकरण की आड़ में सत्ता का कितना केंद्रीकरण हो रहा है। राज्य और जिला स्तर पर नौकरशाही अपनी विशेष सुविधाओं और हैसियत को जरा भी नहीं छोड़ना चाहती। राजनीतिक दल देश की सभी संस्थाओं पर छाये हुए हैं, इसलिए स्थानीय राजनीति भी प्रांतीय और राष्ट्रीय राजनीति का उपकरण बनी हुई है। राजनीतिक आकांक्षाएँ पारंपरिक रूप से अधिकारिक सीढ़ियों पर ऊपर और ऊपर चढ़ने की रहती हैं। सामाजिक और राजनीतिक सुधार के प्रभावी आंदोलनों का अभाव है। यही सब कारण मिलकर उस सामाजिक प्रबोधन की प्रक्रिया को रोकते हैं जिसके कारण राजनीतिक और प्रशासनिक शीर्ष और भी भारी-भरकम होता चला जाता है।

स्थानीय स्तर पर दलीय प्रणाली के कामकाज पर नजर डालने से समस्या के एक और महत्त्वपूर्ण आयाम की जानकारी मिल सकती है। पंचायतों के चुनाव में राजनीतिक दलों के हस्तक्षेप के खिलाफ आमतौर पर अपील की जाती रहती है। पंचायतों को निर्वाचन की होड़ से बचाकर सर्वसम्मति से उनके गठन का आग्रह केवल सर्वोदय वालों तक ही सीमित नहीं है। कांग्रेस पंचायत कमेटी ने भी उन पंचायतों को ज्यादा अधिकार देने की सिफारिश की है जो बिना चुनाव के गठित हुई हैं। मोरारजी देसाई ने गुवाहाटी में कांग्रेसजनों को संबोधित करते हुए इस आग्रह में कांग्रेस की कमेटियों को भी जोड़ दिया है। उनका कहना है कि सर्वसम्मति के आधार पर काम करनेवाली पंचायतें और कांग्रेस कमेटियाँ देश और संगठन की ज्यादा सेवा कर सकती हैं। धीरे-धीरे इस देश में बहुत से लोगों की धारणा बनती जा रही है कि निर्वाचन के आधार पर गठन लोकतांत्रिक प्रक्रिया का अंग जरूर है पर स्थानीय स्तर पर निर्वाचन ठीक नहीं होता।

पंचायती राज पर कांग्रेस का प्रस्ताव भी यही कहता है कि राजनीतिक पार्टियों को

राजनीतिक गैर-अधिकारी अपनी ताकत सामाजिक रूप से जमे हुए हितों और समूहों को विश्वास में लेकर हासिल करते थे। इस तरह इनके जरिये पारंपरिक हित नयी व्यवस्था के साथ सामंजस्य कर पाने में कामयाब हुए।

मध्यवर्ती तत्त्वों की भूमिका

आधुनिक और पारंपरिक क्षेत्रों के बीच सूत्र तो बन गया था, लेकिन शुरुआती समय होने के कारण उसकी जड़ें ठीक से नहीं जमी थीं। राजनीतिक गोलबंदी की प्रक्रिया के कारण मध्यवर्ती स्तर पर राजनीतिक प्रणाली अपना आकार ग्रहण कर रही थी। राजनीति गैर-अधिकारियों की भूमिका उपयोगी साबित

इन चुनावों से अलग रखना ही ठीक होगा। यह मान लिया गया है कि पार्टियों की दखलंदाजी से ग्रामों की एकता टूट जाएगी, जबकि यह एकता एक मिथक के अलावा कुछ नहीं है। पार्टियों की भूमिका राजनीतिक शिक्षा देना भी है और उनके आधार पर होनेवाली होड़ से जातिगत और संकीर्ण वफादारियाँ टूटती हैं। उनकी जगह स्वप्रेरित राजनीतिक और सेकुलर संगठन की प्रवृत्ति विकसित होती है। लोग आनुवंशिक सुविधाओं और सामाजिक दर्जे के संकीर्ण दायरों से निकलकर कार्यक्रमों और उसूलों से जुड़ते हैं।

ग्राम समुदायों में राजनीतिक प्रक्रिया की असलियत यह है कि स्थानीय, सामुदायिक और पार्टीगत गुटों ने मिलकर सत्ता पर इजारेदारी कायम कर ली है। जहाँ तक पालिकाओं का सवाल है, बड़े-बड़े शहरों की पालिकाओं ने तो बेहतर काम करके दिखाया है लेकिन छोटे स्तर पर कुछ अपवादों को छोड़ कर पालिकाएँ भीतरी काट-फाँस, निजी होड़, बेहद भ्रष्टाचार और राजनीतिक उखाड़-पछाड़ की शिकार हैं। इन नतीजों से लगता है कि सभी जगहों पर राजनीतिक चेतना के प्रसार की कमी के कारण स्वशासन का प्रयोग केवल वहाँ लाभप्रद हो पाया है जहाँ शहरी-मध्यवर्गीय मूल्यों की प्रमुखता है। अप्रत्यक्ष निर्वाचन के आधार पर ग्राम पंचायतों को मिला कर पंचायत समितियाँ गठित करने और उन्हें जिला परिषदों के आधीन कर देने से सक्षम स्वशासन के बजाय सत्ता का केंद्रीकरण ही होता है। देखा गया है कि पंचायती राज के जरिये ग्रामों और जिला प्रशासन के बीच बने सूत्र का नतीजा यह निकला है कि अफसरों ने स्थानीय पहलकदमी को हड़प लिया है और 'लोकतांत्रिक विकेंद्रीकरण' के असल में 'लोकतांत्रिक केंद्रवाद' में पतित होने का खतरा पैदा हो गया है।

पंचायती राज के हाल में किये गये अध्ययन बताते हैं कि स्थानीय निकायों में आमतौर पर ऊँची जातियों ने सत्ता पर इजारेदारी कायम कर ली है। पंचायत चुनावों का राज्यव्यापी सर्वेक्षण बताता है कि आबादी के १७ फीसदी होने के बाद भी अनुसूचित जातियों को केवल एक फीसद सीटें ही मिल पायी हैं। पदों पर निर्वाचित होने के इच्छुक छोटी जातियों के सदस्यों को डराना-धमकाना, उन्हें पैसा उधार देने से इनकार करना आम बात है। चुनाव मुहिम के दौरान ये सभी हथकंडे अपनाये जाते हैं। आरक्षित सीटों

होने लगी थी, पर ये लोग तभी टिक सकते थे जब स्थानीय जातिगत और धार्मिक नेताओं के साथ, संस्थाओं पर काबिज लोगों के साथ, स्थानीय स्तर पर जनता का दिमाग बनाने वाले सक्रिय बुद्धिजीवियों के साथ, हर समय राजनीति करते रहने वाले नये तत्त्वों के साथ, जनता को डराने से लेकर फुसलाने तक की भूमिका निभाने वाले स्थानीय दादा लोगों के साथ हर मुकाम पर एक विशिष्ट संबंध बना लेते। इन मध्यवर्ती संरचनाओं के केंद्र में कोई एक व्यक्ति भी हो सकता था, और यह संरचना एक ही इलाके में बहुकेंद्रीय किस्म की भी हो सकती थी। चाहे पारंपरिक समाज के नेटवर्क हों, अधिकारीतंत्र द्वारा मुहैया कराये जाने वाले संरक्षण के नेटवर्क हों या फिर

पर चूँकि मजबूरन छोटी जातियों के उम्मीदवार ही खड़े होने होते हैं, इसलिए रंग-रुतबेवाले लोग उनका नामांकन-सा कर देते हैं। बाद में ये सदस्य पंचायतों की बैठकों में कभी शामिल ही नहीं होते और प्रशासन पर ऊँची जातियों का कब्जा हो जाता है। हवा यह बाँधी जाती है कि अगर गाँव पंचायत का गठन चुनाव के बिना ही हो जाए तो गाँव को विकास के लिए ज्यादा कोष मिल सकता है। इन बातों का खंडन कोई नहीं करता और निवर्तमान सदस्य और गण्यमान्य समझे जानेवाले लोग निर्विरोध चुने जाते हैं। कहना न होगा कि यहाँ दिये गये तर्कों का मकसद ग्राम पंचायतों और दूसरे स्थानीय निकायों को अधिकार देने का खंडन नहीं है। लोग कितने भी अशिक्षित और अज्ञानी हों, उन्हें अधिकाधिक अधिकार देना और राजनीतिक प्रक्रिया में उनकी भागीदारी सुनिश्चित करना लोकतंत्र के लिए जरूरी है। सवाल केवल यह है कि यह काम किया कैसे जाए? समझदार लोगों को संगठित करना हो, नेतृत्व की नयी कतार खड़ी करनी हो या राजनीति से अलग-थलग पड़े लोगों को राजनीति में दीक्षित करना हो, ये तीनों काम एक-दूसरे से जुड़े हुए हैं। गारंटी इस बात की करनी होगी कि जनता को दी जानेवाली सत्ता वास्तव में जनता तक पहुँचे न कि पहले से मौजूद सत्ता के ठिकाने उसे हड़प जाएँ। लोकतांत्रिक विकेंद्रीकरण की यही कसौटी होनी चाहिए।

पंचायती राज की अपील करनेवाले प्रस्ताव का अध्ययन बताता है कि राजनीतिक विकास के स्तर को ध्यान में रखे बिना इस प्रणाली की स्थापना के प्रति मताग्रही नजरिया सिद्धांत के लिहाज से गलत समझ पर आधारित है। व्यवहार के लिहाज से इस तरह के राजनीतिक संगठन का दावा देश में चल रही राजनीति के ठोस राजनीतिक अनुभव से मेल नहीं खाता। हमारे लोकतंत्र में दो ऐसी संस्थाएँ हैं जिन्होंने व्यवस्थित, उद्देश्यपूर्ण और अनुशासित ढंग से काम किया है। ये हैं : राजनीतिक दल और प्रशासनिक नौकरशाही। इन दोनों ने राजनीतिक सत्ता का केंद्रीकरण भी किया है, लेकिन यह केंद्रीकरण कम संकीर्ण और ज्यादा लचीला है बनिस्पत पंचायती राज के। ये दोनों संस्थाएँ बृहत्तर और व्यापक समुदाय की एकता को चोट पहुँचाये बिना निचले स्तर के राजनीतिक संगठनों को धीरे-धीरे और क्रमशः सत्ता का हस्तांतरण करने में सक्षम हैं।

('राजनीति की किताब' से साभार)

पार्टियों के अपने नेटवर्क हों, इन सभी को निर्वाचन प्रणाली के जरिये अपनी अभिव्यक्ति करने का मौका मिलने लगा। राजनीतिक सहभागिता का सबसे बड़ा मौका तब मिलता था जब लोकसभा या विधानसभा के चुनाव होते थे। पंचायती राज के चुनावों, कांग्रेस उम्मीदवारों के चुनाव और कांग्रेस के भीतरी सांगठनिक चुनावों से भी सहभागिता के अवसर निकलते थे। इनके अलावा विकास संबंधी अनुदानों के वितरण, सहकारी और कृषिगत ऋणों के बारे में निर्णय, स्कूलों, लाइब्रेरियों, दवाखानों, संपर्क-मार्गों, ट्यूबवैल आदि के निर्माण संबंधी निर्णयों के समय भी सहभागिता के आयाम पैदा होने लगे। धीरे-धीरे ये सभी मौके एक तरह की सार्वजनिकता की भावना से लैस होते जा रहे थे। पंचायती राज ने इसके साथ मिलकर ग्रामीण सामाजिक संरचना की प्रतियोगितामूलक संभावनाओं को सामने ला दिया था।

विश्लेषण के इस मुकाम पर 'आधुनिकतावादियों' और आधुनिकीकरण में लगी ताकतों' के बीच फर्क करना जरूरी है। आधुनिकतावादी केवल महानगरीय राजनीतिक और बौद्धिक क्षेत्रों में मिलते थे। ये लोग आधुनिक भारत के लक्ष्यों को निर्धारित करते थे, और परिवर्तन के कार्यक्रमों को सूत्रबद्ध करते थे। लेकिन, उनकी शैली अमूर्त होती थी और अक्सर उनमें आम जनता की जरूरतों के प्रति संवेदनशीलता का अभाव पाया जाता था। जबकि आधुनिकीकरण में लगी ताकतें जमीनी स्तर पर काम करती थीं। वे बहस कम करती थीं, और काम ज्यादा। वे पारंपरिक क्षेत्रों को आधुनिक लक्ष्यों के लिए गोलबंद करती थीं। उन्हीं की रपटों के जरिये ऊपर बैठे लोग हकीकत के संपर्क में रह पाते थे। राष्ट्र-निर्माण और एकीकरण की प्रक्रिया को उन्हीं के जरिये आवेग मिल रहा था। थोड़ा और आगे चलकर आधुनिकीकरण में लगे लोगों ने धीरे-धीरे केंद्र में बैठे हुए आधुनिकतावादियों की जगह भी लेनी शुरू कर दी। लोकतांत्रिकीकरण के इसी पहलू को सरलीकृत ढंग से सत्ता का शहर से गाँव की तरफ जाना कहा जाता है।

अधिकारीतंत्र और राजनीतिक विकास

आगे बढ़ने से पहले मैं तीन मुद्दों को साफ करना चाहता हूँ : गाँधी ने कांग्रेस को जनांदोलन जरूर बना दिया था और उन्हीं के प्रयासों से गाँव विचाराधारात्मक रूप से राष्ट्रीय विकास के केंद्र के रूप में स्थापित भी हो गया था, लेकिन इस विचार को धरती पर उतारने का व्यावहारिक काम

आजादी के बाद ही किया जाना था। दूसरे, आजादी के बाद जो हुआ उसका मतलब यह नहीं निकाल लेना चाहिए कि हमने पहले दो दशकों में किसी तरह के एकीकृत राजनीतिक समुदाय बनने की दिशा में कदम बढ़ा दिये थे। दरअसल, संस्थानीकरण की रणनीति कुछ इस तरह की थी कि समाज का 'जन-चरित्र' उभरने के बजाय लंबे अरसे तक उप-प्रणालियों के संयोग से बनी राजनीतिक प्रणाली के हालात रहने वाले थे। अभी तक हमने जो भी विश्लेषण किया है वह राजनीतिक आधुनिकीकरण के संरचनागत एकीकरण के आयाम को दर्शाता है, न कि जन-सहभागिता के आयाम को। तीसरे, इस अध्याय में हमने प्रशासनिक और आर्थिक नियोजन के पहलुओं का महत्त्व स्वीकारते हुए पारंपरिक समाज में आधुनिक राजनीति की पैठ होने के सिलसिले का वर्णन ही किया है। दरअसल, इन तीनों बातों को राजनीतिक संस्थानीकरण की संपूर्ण रणनीति के परस्पर समन्वित हिस्सों के रूप में ही देखा जाना चाहिए। इसी जगह अधिकारीतंत्र की भूमिका का महत्त्व उभरता है।

आजादी के तुरंत बाद की अवधि बड़ी विकट थी। उथल-पुथल, सांप्रदायिक हिंसा और संकट के उस समय में मुख्यत: अंग्रेजों द्वारा छोड़े गये आईसीएस अफसरों (आजादी के बाद इनका नाम बदल कर आईएएस कर दिया गया) के नेतृत्व वाले प्रशासनिक उपकरण की वजह से स्थिरता कायम की जा सकी। प्रशासन ही राजनीतिक प्राधिकार का आधार बन गया, हालाँकि आजादी के आंदोलन के समय इंडियन सिविल सर्विस के प्रति काफी नाराजगी का माहौल था। माना जाता था कि अंग्रेजों के तहत बना प्रशासनिक ढाँचा आजाद भारत की आवश्यकताओं के अनुकूल नहीं होगा। लेकिन हालात ऐसे बने कि नयी राजनीतिक जरूरतों के मुताबिक नया प्रशासनिक ढाँचा बनाने का काम नहीं किया जा सका। इसमें परिस्थितियों के साथ-साथ प्रशासन की कला पर महारत रखनेवाले सरदार पटेल की भूमिका भी थी। पटेल ने असाधारण योग्यतावाले लोक-सेवकों की वफादारी जीत कर आजाद भारत के शुरुआती दौर में स्थिरता कायम करने का जबरदस्त काम करके दिखाया। इसका श्रेय उन्हें जितना दिया जाए उतना कम होगा। यह देशी रियासतों के नवोदित गणराज्य में विलय से भी ज्यादा महत्त्वपूर्ण कार्यभार था।

चूँकि नेता नये थे और उन्हें सरकार चलाने का तजरुबा कुछ कम था इसलिए राष्ट्र-निर्माण के पहले दौर में लोक-सेवाएँ ही राजनीतिक प्रक्रिया

पर हावी बनी रहीं। चाहे समय पर चुनाव कराने का काम हो, या फिर सामुदायिक विकास के जरिये लोकतांत्रिक विकेंद्रीकरण की प्रक्रिया हो, अधिकारीतंत्र की भूमिका सभी में प्रमुख रही। ऋण और सेवा सहकारी समितियाँ हों, स्वयंसेवी संस्थाओं का प्रायोजन हो, सरकारी क्षेत्र के बड़े-बड़े निगम या कारखाने हों, प्रौद्योगिकीय अनुसंधान और विकास के लिए भारी रकम आबंटित करने का मामला हो या पंचायती राज संस्थाओं की स्थापना हो या नागरिक आपूर्ति की जरूरतें पूरी करने का काम हो, सब कुछ अधिकारी तंत्र पर निर्भर रहा।

इस घटनाक्रम का नतीजा यह हुआ कि पहले दौर के बाद दूसरे दौर की राजनीतिक प्रक्रिया पर भी प्रशासनिक दायरा हावी बना रहा और परिणामस्वरूप जो राजनीतिक प्राधिकार का जो रूप सामने आया उसमें प्रशासनिक सेवाओं की भाँति ही लचीलेपन की कमी थी। पचास के दशक में जब राजनीतिक-आर्थिक पुनर्निर्माण की मुहिम चलायी गयी तो प्रशासन का भारी पैमाने पर विस्तार किया गया जिससे कार्यकुशलता और ईमानदारी के स्तर में खासी कमी आयी। योजना आयोग और सामुदायिक विकास जैसे नये उपकरणों की रचना भी पुराने प्रशासनिक रवैयों के तहत ही हुई। यह विकास के नये लक्ष्यों को वेधने के लिए सुविधाजनक नहीं था। एक नये किस्म का राज्य बनाने के लिए पुराने किस्म की नौकरशाही का इस्तेमाल किया जा रहा था। लेकिन, इसके बावजूद कहना पड़ेगा कि कोई बहुत बड़ी गतिरुद्धता नहीं आयी, बावजूद इसके सत्तर के दशक से पहले केवल तीन हजार आईएएस अफसर ही पूरे देश के अधिकारी तंत्र को चला रहे थे। भारत ने न तो समाजवादी देशों की तर्ज पर समांतर राजनीतिक तंत्र बनाया, और न ही पश्चिमी देशों की तरह बाजार की ताकतों पर भरोसा किया, और न ही अधिकारीतंत्र का पुनर्गठन किया। विकास संबंधी निर्णय जिला स्तर पर लिए जाने और शीर्ष पर किसी विशेषज्ञ के लगातार काबिज होने के बजाय इंचार्ज प्रशासकों में होने वाले परिवर्तनों के कारण इस तंत्र की कार्यशैली विकेंद्रीकृत किस्म की बनी रही। इसी तरह भारत ने स्थानीय और राष्ट्रीय विकास प्रशासन को अलग-अलग भी नहीं होने दिया। इन दोनों का समन्वय खड़े हुए और बिछे हुए दोनों रूपों में किया गया।

आजादी के बाद हुआ एक महत्त्वपूर्ण संस्थागत विकास यह हुआ कि आर्थिक समन्वय के लिए बनाये गये संगठनों का जाल तैयार हो गया। इसमें

काबीना सचिवालय, योजना आयोग, उसकी जाँच समितियाँ, नाना प्रकार के विकास मंत्रालय, विभागीय उद्यम, सरकारी कंपनियाँ, सरकारी निगम, केंद्र और राज्यों के बीच होने वाले सलाह-मशविरों के लिए बनायी जाने वाली समितियाँ इस नेटवर्क में शामिल थीं। कई विभागीय मंत्रालयों पर ऐसे नेताओं को बैठाया गया जो दरअसल तकनीकशाह (टेक्नोक्रेट) थे। राज्यों में भी ऐसा ही हुआ। एक और प्रवृत्ति थी जिसके मुताबिक अनुभवी अफसरों को या तो केंद्र में ही तैनात रखा जाता था, या फिर राज्यों में मुख्य सचिवों के पदों पर उनकी नियुक्ति होती थी। इन्हीं अफसरों पर विकास प्रक्रिया का पूरा भार था। उनके राजनीतिक आका यानी मंत्रिगण भी एक-एक मंत्रालय पर कई-कई साल तक काबिज रहते थे जिससे अफसरों और मंत्रियों के बीच एक-सा मानस और कामकाज के तकनीकी पहलुओं के ऊपर एक मुश्तरका महारत हासिल करने में मदद मिलती थी। इन अफसरों और मंत्रियों पर काम का बोझ जरूर ज्यादा था, लेकिन कार्यभार की जटिलता को देखते हुए यह प्रणाली फायदेमंद भी थी।

स्थानीय स्तर पर इन प्रशासनिक प्रवृत्तियों ने सत्ता के द्विस्तरीय ढाँचे को जन्म दिया। एक स्तर जिला कलक्टर का था जो पूरे जिले की प्रगति के लिए जिम्मेदार होता था और दूसरा स्तर कलक्टर स्तर के ही विकास अधिकारी का था जो मुख्यतः विकास से संबंधित कामों का संचालन और निग नी करता था। एक नयी बात यह भी पैदा हुई कि केंद्र और राज्य के संबंधों की तरह पंचायती राज के कारण जिला और ब्लाक स्तर के बीच प्रशासनिक-राजनीतिक संबंध बने। विकास का काम अफसर ही करते थे, पर उन्हें निर्वाचित राजनीति गैर-अधिकारियों के तहत रहना पड़ता था। ये गैर-अधिकारी ब्लाक और जिला स्तर के निर्वाचित गैर-अधिकारियों के समक्ष उत्तरदायी रहते थे। इस तरह स्थानीय स्वशासन और प्रादेशिक व केंद्रीय स्तर की स्थानीय नौकरशाही के बीच अन्योन्यक्रिया बढ़ने लगी। इस द्विस्तरीय प्रणाली में निर्णय प्रक्रिया के स्तर पर प्राथमिकताओं के हिसाब से विभिन्न हित विचार-विमर्श और परस्पर समायोजन के जरिये भागीदारी करते थे।

इस प्रणाली का सबसे बड़ा फायदा यह था कि इसके जरिये शीर्ष पर बैठी हुई सरकार नीचे तक प्रभाव डाल पाती थी, जरूरत और आफत के समय उसकी तरफ से इलाकों में मदद पहुँच जाती थी, नये विचार और नयी योजनाएँ नीचे तक आ पाती थीं और स्थानीय निर्णयों को आर्थिक मदद के

आश्वासनों के जरिये प्रभावित किया जा सकता था। दूसरी तरफ इस प्रणाली के जरिये ऊपर तक नीचे के हाल-हवाल पहुँचते रहते थे। शीर्ष को जानकारी होती रहती थी कि नीचे किस तरह के राजनीतिक दबाव काम कर रहे हैं जिनका निर्णय लेते समय ध्यान रखा जाना चाहिए।

विचारधारात्मक बाधाएँ

बहरहाल, यह राजनीतिक संस्थानीकरण सिर्फ पुराने तरीकों और संस्थाओं के रूपांतरण और नये तौर-तरीकों की स्थापना से अपने आप अनुकूल परिणाम देना शुरू नहीं कर सकता था। इसके लिए पूरे सरअंजाम को यथार्थोन्मुख बनाना भी जरूरी था। नये राष्ट्र के सामने सबसे बड़ी दिक्कत उसके 'गतिशील' अभिजन और 'गतिरुद्ध' समाज के बीच का अंतर्विरोध था। अभिजन विकास की प्रक्रिया को मताग्रही और एकांगी नजरिये से देखते थे। इसलिए जब उनके प्रयासों के उल्टे नतीजे निकलने शुरू हुए तो उन्हें नीतिगत प्रक्रिया में आवश्यक परिवर्तन करने पड़े।

पहली पंचवर्षीय योजना संतुलित आकार की थी। उसे जबरदस्त कामयाबी हासिल हुई। उसके बाद तेज विकास के आम फार्मूले के रूप में चौतरफा उद्योगीकरण की महत्त्वाकांक्षी नीति अपनायी गयी। राज्य सरकारों ने खेतिहर मोर्चे पर विस्तृत सामुदायिक विकास और विधि-निर्माण के जरिये भूमि सुधारों का काम शुरू किया। बेहद मताग्रही शैली में सहकारी खेती शुरू कर दी गयी। हुआ यह कि नतीजे के तौर पर तेज उद्योगीकरण ज्यादातर संसाधन खा गया और ग्रामीण विकास की समस्याओं से बिखरे हुए ढंग से निबटा गया। जबकि हकीकत यह थी कि ग्रामीण विकास में कामयाबी के बिना गाँवों में रहने वाले अस्सी फीसदी भारतीय आगे नहीं बढ़ सकते थे। जल्दी ही निराशा हाथ लगने लगी। योजनाओं के लिए निवेश की कमी पड़ गयी, राज्य सरकारें स्थानीय परिस्थितियों को ध्यान में रखकर भूमि सुधारों और सहकारी खेती के मुद्दों पर योजना आयोग की बात मानने से इनकार करने लगीं। जनता सामुदायिक विकास की रोमानी अपीलों से प्रभावित नहीं हुई। जाहिर था कि केवल लक्ष्यों को निर्धारित करने और उनके हिसाब से अफसरों को सक्रिय कर देने भर से विकास धरती प्रर उतरने वाला नहीं था।

नये विचारों का उत्पादन नहीं रुका, पर उन पर अमल नहीं हो पा रहा था। नियोजक और प्रशासक अपने-अपने केंद्रों में बैठे हुए किसानों और

जनता की अनिच्छा पर दोषारोपण करने लगे। विदेशी और देशी समाजवैज्ञानिकों ने भी अपनी सैद्धांतिक कलाबाजियों से जनता में प्रेरणा के अभाव और भाग्यवाद की प्रबलता के आलाप को बल प्रदान किया। असलियत यह थी कि खेती में आवश्यक धन, प्रौद्योगिकी और सामग्री के निवेश की कमी थी जिसे अपने आप में मगन अधिकारीतंत्र मुहैया कराने के मूड में नहीं था। किसान नये तरीके अपनाने के लिए तैयार नहीं थे। सरकारी प्रचार की एकरस शैली उन्हें अपनी ओर खींचने में नाकाम थी।

दूसरी तरफ लोकतांत्रिक प्रक्रिया ऐसे नेता पैदा कर रही थी जो वोट तो लेना चाहते ही थे, पर जनता की बुनियादी जरूरतों के प्रति भी सचेत थे। वे चाहते थे कि देश की वैकासिक रणनीति पर पुनर्विचार हो। मुख्यमंत्रियों, कांग्रेस अध्यक्ष कामराज, प्रधानमंत्री लालबहादुर शास्त्री और उनके बाद इंदिरा गाँधी ने इस पुनर्विचार को प्रोत्साहन दिया। बेहतर समझ रखने वाले खाद्य मंत्री सी. सुब्रह्मण्यम ने समर्पित लोक-सेवकों के एक दल की मदद से 'नयी आर्थिक रणनीति' बनायी। दो लगातार अकालों और अनाज के लिए विदेशी निर्भरता से होने वाली राष्ट्रीय अवमानना के एहसास ने इसमें निर्णायक भूमिका निभायी। नयी रणनीति के कारण योजना का टाइम-टेबिल गड़बड़ा गया, आर्थिक नियंत्रण ढीला करने के कई उपाय किये गये, योजना आयोग का पुनर्गठन करके उसे आसमान से नीचे उतारा गया और प्रशासनिक ढाँचे को समस्या-उन्मुख बनाकर प्राथमिकताओं की पुनः संधान किया गया। यही वह समय था जब कांग्रेस के राजनीतिक वर्चस्व को आजादी के बाद पहला झटका लगा। आर्थिक नीतियों की अपेक्षाकृत नाकामी का फायदा उठाकर गैर-कांग्रेसवाद के नारे के तहत विपक्षी दलों ने संयुक्त मोर्चा बनाकर कई राज्यों में कांग्रेस को अपदस्थ कर दिया।

जिस समय आर्थिक नीति राजनीतिक संकट का सामना कर रही थी, उसी समय कांग्रेस में प्रतिद्वंद्वी गुट आर्थिक और सामाजिक मुद्दों की आड़ में अपने टकराव की अभिव्यक्ति कर रहे थे। पार्टी संगठन के नेताओं और अपने बीच राजनीतिक रस्साकशी और आर्थिक नीति परिवर्तनों के इसी दौर में इंदिरा गाँधी ने १९६९ में बैंक राष्ट्रीयकरण का निर्णय लिया। इससे ऋण और निवेश नीतियाँ सरकार के हाथों में आ गयीं। उस समय यह समझना मुश्किल था कि इससे आर्थिक विकास को गति मिलेगी या यह विचारधारा की आड़ में राजनीतिक संकट को छिपाने का एक हथकंडा भर है। पर इतना तय था कि

राजनीति के दायरे में नीतिगत विवाद बड़े पैमाने पर शुरू हो चुके थे। संभावना यह थी कि अगले कुछ वर्षों में परिस्थितियाँ राष्ट्रीय लक्ष्यों का पुनःसूत्रीकरण करने का दबाव डालेंगी।

जाहिर था कि राजनीतिक संस्थानीकरण की अंतर्निहित गतिशीलता प्रणालीगत अस्पष्टताएँ दूर करने की माँग कर रही थी। भारतीय यूटोपिया में तब्दीलियों के जरिये केंद्रीकृत अधिकारीतंत्र और स्थानीय समाज के बीच अंतराल भरा जा रहा था। प्रणाली में अभी भी कई अपर्याप्तताएँ और विच्छिन्नताएँ थीं। केंद्र और परिधि के रिश्ते अस्पष्ट थे। नेक इरादों और ऊँचे-ऊँचे प्रस्तावों के बावजूद अतीत से मिले निहित स्वार्थों के मृत बोझ, जड़ता और अनम्यता बहुत-सी राष्ट्रीय संस्थाओं को गतिरुद्ध किये हुए थी। भारतीय राजनीति में राष्ट्रीय आम सहमति की स्थिति तरल थी और नेताओं को विकास प्रक्रिया की समस्याओं का मोटा गोटा एहसास ही था।

संस्थानीकरण और वैधता

प्रेक्षकों की राय है कि विकास प्रक्रिया में आने वाले तरह-तरह के तनावों और दबावों के बावजूद भारत की राजनीतिक स्थिरता का कारण संस्थानीकरण में देर न होना रही। आजादी से पहले और बाद के संस्थानीकरण पर हमारी चर्चा से भी आमतौर पर यही नतीजा निकला है। लेकिन इस सामान्यीकरण से परे जाते हुए हमें उन घटकों पर गौर करना होगा जिनके संयोग से भारतीय राजनीतिक अभिजन ने अपनी संस्थानीकरण संबंधी रणनीति तैयार की थी। जैसे ही हम यह विचार करते हैं हमें 'संस्थानीकरण' और 'सहभागिता' के बीच एवं 'संस्थानीकरण' और 'विचारधारा' के बीच की खाई दिखाई पड़ जाती है। ऐसे में जायज सवाल उठता है कि आखिर संस्थानीकरण किसका किया जा रहा था? आखिर संस्थानीकरण का आयाम किन उत्प्रेरणाओं और अनुक्रियाओं की उपज था? संस्थागत ढाँचे और उसकी वैधता के क्रम-विकास में विचारों और सहभागिता या गोलबंदी जैसी प्रक्रियाओं की क्या भूमिका रही?

इन सवालों का जवाब तलाश करने पर हमें भारतीय उदाहरण की चार खास बातें दिखाई पड़ती हैं :

पहली, भारत को सौभाग्य से काफी लंबे समय तक और निरंतर संस्थानीकरण करने का मौका मिला। औपनिवेशिक शासन की लंबी अवधि

ने भू-क्षेत्रीय और प्रशासनिक ढाँचा मोटे तौर पर बना दिया। लंबे राष्ट्रीय आंदोलन के दौरान उसके लक्ष्यों के प्रति आम सहमति बनी। इसके बाद कांग्रेस के बीस साला शासन के दौरान संविधान प्रदत्त संरचनाएँ और क्रियाविधियों के तौर-तरीके जड़ पकड़ते चले गये। इन सब बातों से लोकतंत्र का संस्थागत ढाँचा मजबूत हुआ। कुल मिलाकर कहा जा सकता है कि भारत को कभी कोई बड़ी विच्छिन्नता नहीं झेलनी पड़ी। राजनीतिक और प्रशासनिक परंपराएँ निरंतरता के लाभ उठाती हुई अनुभव से समृद्ध होती रहीं। 'तंत्र' कभी पूरी तरह 'चूर-चूर' नहीं हुआ। इसमें परंपरा की भी भूमिका रही, और विशेष तरह के नेतृत्व की भी।

दूसरी, लंबी अवधि के साथ-साथ प्रक्रिया की गहनता का पहलू भी नजरंदाज नहीं किया जा सकता। राष्ट्रवादी आंदोलन और राष्ट्र-निर्माण के आंदोलन ने ग्रामीण क्षेत्रों को अपने आगोश में समेटने की जानीबूझी कोशिश की। केंद्र लगातार परिधि तक पहुँचने का प्रयास करता रहा। एक साथ गोलबंदी और सहभागिता की प्रक्रिया चलायी गयी। सैद्धांतिक रूप से यह जोखिम भरी रणनीति थी और इसके कारण प्रणाली को कई तरह के दबाव भी झेलने पड़े, लेकिन इसके बिना संस्थागत ढाँचे को आवश्यक वैधता नहीं मिल सकती थी। संस्थानीकरण और सहभागिता में एक सर्पिलाकार संबंध बन गया। हर बार कुछ संस्थानीकरण के बाद सहभागिता का ज्वार आया जिसे संस्थाओं के ढाँचे के साथ समायोजित किया गया। नेतृत्व ने नये-नये समूहों को राष्ट्रीय राजनीति की मुख्यधारा में शामिल करने से परहेज नहीं किया। लोकतंत्र के नियमों का पालन करने के बदले उन्हें प्रगति के अवसरों का आश्वासन भी दिया गया। इस रवैये से व्यवस्था में खुलापन और तरलता आयी। मध्यवर्ती संरचनाओं और उनके काम करने की शैली का विकास हुआ। नतीजतन संस्थानीकरण ने संरचनाओं की स्थापना और रखरखाव से आगे बढ़कर एक सतत चलने वाली प्रक्रिया का रूप ले लिया।

तीसरी भूमिका विचारधारा की रही। अगर नेतृत्व खुद एक निश्चित विचारधारा पर अमल न करता, उसके आधार पर एक मतैक्य और एकीकरण कायम न करता, अपने विचारों को नीचे तक न पहुँचाता, आंदोलन के कद्दावर नेता धीरे-धीरे अपने यकीनों को कतारों को हस्तांतरित न करते तो संस्थानीकरण की उपलब्धि न हो पाती। अगर गाँधी के विशाल वाङ्मय को पढ़ा जाय तो लगेगा कि वे अपनी कुछ बातों और आस्थाओं को बार-बार दोहरा रहे हैं।

लेकिन, इसी दोहराव से वे बातें राष्ट्रीय मुहावरे और प्रतीकों का अंग बनीं। नेहरू ने भी यही किया। वे लगातार बिना थके हुए लोकतंत्र, समाजवाद, नियोजन, सत्ता की गुटबाजी से अलग रहने और संबंधित विचारों को वाणी देते रहे। उन्होंने इस प्रकार एक पूरे विमर्श की रूपरेखा बना दी जिसने राष्ट्रीय एकता के प्रतीकात्मक आधार की नींव डाली। ऐसा भी हुआ कि कभी-कभी यह वैचारिक प्रतीक कार्यक्रम की जगह लेता हुआ दिखा, लेकिन इस प्रतीकात्मक आधार के बिना भारतीय राजनीति का यह परिणामवादी दौर सत्ता के लिए आपाधापी में ही बदल सकता था। अगर विचारधारा और मुद्दों के बीच यह अन्योन्यक्रिया न होती तो संस्थानीकरण दलगत राजनीति में पतित हो सकता था।

चौथा पहलू संस्थागत परिवर्तन का है। भारतीय नेतृत्व लगातार संविधान प्रदत्त संस्थानीकरण को नया रूप देने और विकसित करने में लगा रहा। संस्थानीकरण की किसी भी रणनीति के लिए यह बात बहुत अहम थी। संस्थाओं को एक बार वैधता मिलने से ही उनका काम हमेशा नहीं चलता। नये मुद्दों और नयी परिस्थितियों के मुताबिक उन्हें लगातार अपनी वैधता का नवीकरण करते रहना पड़ता है। एक नये राष्ट्र में संस्थानीकरण और एकीकरण की समस्या पुन:संस्थानीकरण और पुनर्एकीकरण के रास्ते से गुजरती ही है। पुरानी सार्वभौमिकताएँ और उनके संस्थागत रूप (जैसे जाति, स्थानीय राजनीतिक व्यवस्था, क्षेत्रीय संगठन) नयी सार्वभौमिकता और नयी संस्थाओं द्वारा प्रतिस्थापित कर दिये जाते हैं। यह सिलसिला कभी नहीं रुकता। भारत जैसे देश में संस्थानीकरण को किसी जड़ नजरिये से नहीं देखा जा सकता।

आखिर में एक बार फिर मैं पुरानी चेतावनी दोहराना चाहता हूँ कि भारत में पहले दो दशकों में जो हुआ वह कोई बहुत जानबूझ कर चलायी गयी किसी गणितीय प्रक्रिया का नतीजा नहीं था। संस्थानीकरण की रणनीति जैसी अभिव्यक्तियों से यह नहीं समझ लेना चाहिए कि पहले से कोई सुनियोजित खाका मौजूद था जिसमें केवल रंग भरे जाने बाकी थे। मैंने तो विकास के अनुभव का अध्ययन करके यह अभिव्यक्ति ईजाद की है। हाँ, कुछ संकल्प और उद्देश्य जरूर थे। लेकिन, उनके परिणाम पहले से पता नहीं लगाये जा सकते थे। अधिकतर राष्ट्रों के इतिहास की ही तरह आधुनिक भारतीय राष्ट्र का इतिहास भी धुँधले इरादों, यथार्थ के मंद एहसास और स्पष्ट पूर्वानुमान के अभाव का इतिहास है।

II

दूसरा चरण / १९७० के बाद

१९६७ में कांग्रेस के वर्चस्व को विपक्ष की पहली चुनौती मिली और १९६९ में कांग्रेस का विभाजन हुआ। हम देख चुके हैं कि दूसरी पंचवर्षीय योजना के महत्त्वाकांक्षी इरादों के साथ क्या व्यावहारिक समस्याएँ थीं और किस तरह आर्थिक-सामाजिक संकट की आड़ में कांग्रेस के भीतर सत्ता की राजनीतिक होड़ शुरू हो गयी थी। श्रीमती गाँधी को संगठन में जमे बैठे नेताओं से संघर्ष करना पड़ा। वे बैंक राष्ट्रीयकरण, प्रिवी पर्स खत्म करने के आकर्षक और संभावनावान कदमों के साथ मैदान में उतरीं और गरीबी हटाओ का नारा बुलंद करने लगीं। इंदिरा गाँधी एक ऐसी प्रधानमंत्री थीं जिनकी उँगलियाँ न केवल राजनीति की नब्ज पर रहती थीं, बल्कि उनके पास भारत को एक महान शक्ति बनाने की दृष्टि भी थी। उनके पास देश के मानस को प्रभावित करने की क्षमता थी। गरीबी हटाओ का नारा सिर्फ एक राजनीतिक हथकंडा नहीं था। इस नारे ने सारे देश के पैमाने पर मामूली जनता का जो समर्थन हासिल किया, वैसा देश की सभी कम्युनिस्ट पार्टियाँ मिलकर भी प्राप्त नहीं कर सकीं। मैं यह कहूँगा कि कांग्रेस के भीतर सिंडीकेट के खिलाफ इंदिरा गाँधी का संघर्ष भी भारतीय राजनीति की एक बेहतर घटना समझी जानी चाहिए। इंदिरा गाँधी सत्ता पर काबिज एक छोटे से गुट की जकड़ को तोड़ कर सीधे जनता तक पहुँचना चाहती थीं। उनका यह प्रयास सराहनीय और संभावनापूर्ण था। वे ऐसा नहीं कर पायीं, यह एक अलग मसला है। उनके साथ समस्या यह रही कि 'गरीबी हटाओ' नारे की असाधारण कामयाबी के बाद भी वे कोई वैकल्पिक संस्थागत ढाँचा नहीं बना पायीं। उनकी राजनीति लुभावने नारे देकर जनता के वोट बटोरने से आगे नहीं बढ़ पाई। ध्यान रहे कि गरीबी हटाओ की पुकार से प्रभावित होकर दलितों, अल्पसंख्यकों और अन्य वंचितों ने बिना किसी अपवाद के इंदिरा गाँधी को वोट दिया था, लेकिन वे इस आधार पर खड़े होकर लोकतंत्र को नया रूप नहीं दे पायीं। यही काम अमेरिका में रूजवेल्ट ने 'न्यू डील' के दौर में ज्यादा कामयाबी के साथ कर दिखाया था।

इंदिरा गाँधी के लोकलुभावनवाद के नुकसान जल्दी ही सामने आने लगे। कांग्रेस विभाजन के बाद के वर्षों में नये राजनीतिकों ने कुछ को छोड़कर बाकी सभी मध्यस्थ ढाँचों को तहस-नहस कर दिया, क्योंकि उन्हें नष्ट किये

बिना वे जनता से सीधे संबंध कायम कर ही नहीं सकते थे। केंद्र और विभिन्न परिधियों के बीच स्थित मध्यवर्ती बफर प्रणालियाँ काफी कमजोर हो गयीं। इस नये नेतृत्व ने काम करने के जो पैमाने निर्धारित किये थे, राजनीतिक प्रणाली उन पर खरी नहीं उतर पायी और उसने जन-असंतोष को ज्यादा-से-ज्यादा ऊपर की तरफ बहाना शुरू कर दिया। पहले यह जन-असंतोष पार्टी और अन्य इकाइयों से सरकार की तरफ मुड़ा और आखिरकार राष्ट्रीय-क्षेत्रीय अभिजन से प्रधानमंत्री की तरफ। इंदिरा गाँधी को अपनी सत्ता बचाने के लिए १९७५ में संवैधानिक आपात्काल घोषित करना पड़ा। आपात्काल की घोषणा भारतीय राजनीति का सबसे निकृष्ट क्षण था। बुद्धिजीवियों, पत्रकारों और न्यायपालिका के कई जजों और वकीलों ने जिस तरह सत्ता के मामूली फायदे उठाने के मकसद से इसका समर्थन किया उसने इस क्षण को और संगीन बना दिया। इन लोगों को यह नहीं दिखा कि एक ताकतवर व्यक्ति पूरी भारतीय राजनीति को हड़प कर संजय गाँधी और उनके गुंडों के हवाले किये दे रहा है।

भारतीय राजनीति का सबसे ज्यादा गर्व करने लायक दौर वह था जब आपात्काल के खिलाफ संघर्ष किया गया। इस अवधि में सोशलिस्ट पार्टी या कुछ खास तरह के लोगों के किसी गुट ने नहीं, बल्कि नाना प्रकार के लोगों ने खुद पहलकदमी लेकर लोकतंत्र की फिर से स्थापना के लिए लड़ाई लड़ी। उस समय युवा लोग लोकतंत्र को बचाने के सिलसिले से खुद को काफी जुड़ा हुआ महसूस करते थे। आपात्काल के ठीक पहले और तुरंत बाद का दौर भी खासा संभावनापूर्ण था। वह जमाना काफी ताकतवर किस्म की खोजी पत्रकारिता का था। वह जमाना रेडिकल भूमिका निभानेवाली जनहित याचिकाओं का था। बुद्धिजीवियों ने उसी बीच आगे बढ़ कर महत्त्वपूर्ण मुद्दों पर पक्षधरता दिखाने का रवैया प्रदर्शित किया। आमतौर पर उस समय माहौल में एक तरह का उछाल था कि हम कुछ अलग जैसा करने जा रहे हैं। सोच यह था कि हम एक नया समाज बनाने जा रहे हैं। लेकिन, लोकतंत्र को सीमित करने के कारण पैदा हुए जनअसंतोष के कारण लोकसभा निर्वाचन में पराजित होकर मार्च १९७७ में जब कांग्रेस के सत्ता से हटने की नौबत आयी तो विभिन्न स्तरों पर संस्थाओं को आपस में जोड़नेवाली सत्ता की संरचना इस काबिल नहीं रह गयी थी कि व्यवस्था को उसका सहारा मिल पाता।

संस्था के रूप में राज्य का चरित्र परिवर्तन

पहले अध्याय में ही हम संस्थाओं के क्षरण और मूल्यों के संकट की चर्चा कर चुके हैं। कमोबेश मैं एक बार फिर स्पष्ट कर देना चाहता हूँ कि मेरी निगाह में इसका पहला कारण इंदिरा गाँधी द्वारा स्थापित लोकलुभावनवाद था, और फिर दूसरा कारण उनके बेटे राजीव गाँधी द्वारा प्रबंधकीय और तकनीकशाही राज्य का पल्ला पकड़ना था। इसमें लोकतंत्र को अभिजनोन्मुख, विकृत और विविधताविरोधी बनाकर बहुसंख्यकवादी बनाने की प्रवृत्तियाँ थीं। यह भारत के उस बुनियादी मॉडल की अवहेलना थी, जिसके आधार पर राष्ट्र-निर्माण की प्रक्रिया शुरू की गयी थी। यानी राष्ट्र नामक एक अस्मिता में कई अस्मिताओं और कई तरह के जुड़ावों को समेटा जाना था। यह तभी हो सकता था कि पहले से मौजूद अस्मिताएँ खुद को राष्ट्र के साथ एक तरह के लोकोत्तर संबंध में बँधी समझें, लेकिन साथ ही यह भी जरूरी था कि राष्ट्र उन सबको समेटता हुआ सामासिक ढंग से उनका 'प्रतिनिधित्व' करता हुआ लगे। नाना प्रकार की सामाजिक, आर्थिक, भाषायी और आर्थिक पहचानों को मिला-जुला कर एक पहचान देकर एक सामासिक राष्ट्र बनाने की परियोजना में राज्य की भूमिका महत्त्वपूर्ण थी। दरअसल, यह राज्य ही था जिसके कारण इस सांस्कृतिक क्षेत्र को एक नयी अस्मिता मिली, एक ऐसी अस्मिता जो एक साथ सब को समेटने वाली, सभी को प्रतिनिधित्व देने वाली और लोकोत्तर किस्म के गुणों से संपन्न थी। उस जमाने के अंतर्राष्ट्रीय चिंतन और सिद्धांत की दृष्टि से भी राज्य की संस्था को उत्तर-औपनिवेशिक समाजों में प्राधिकार के प्रतीक और समाज परिवर्तन के मुख्य माध्यम की तरह देखा जाता था। इस राज्य की बुनियादी विचारधारा संघटनवादी थी पर इसमें सामाजिक बदलाव और रूपांतरण की धारणाएँ भी शामिल थीं। शुरू में यह कमोबेश राज्य के हेगेलवादी विचार जैसा लगता था पर जैसे-जैसे भारत सरीखे देशों में बहुलताओं ने अपनी दावेदारी शुरू की और उसके कारण प्रतिनिधित्व का संकट पैदा हुआ, वैसे ही इस एकीकरणवादी विचारधारा के सर्वसत्तावादी रुझान स्पष्ट होते चले गये।

राष्ट्र-निर्माण की परियोजना के बारे में काफी समय तक समझ यह रही कि इससे न केवल राष्ट्र की एकता मजबूत होगी, बल्कि राज्य की संस्था में नागरिकों की भागीदारी और बढ़ेगी। 'खुले समाज' की अवधारणा के पीछे यही विचार था। समझा जाता था कि राष्ट्रीय एकीकरण हासिल करने का

सबसे अच्छा तरीका लोकतांत्रिक सहभागिता ही हो सकती है। राज्य के संस्थागत ढाँचों और संरचना के जरिये अभिजनों ने लोकतंत्र को प्रोत्साहित करने की जिम्मेदारी सँभाली। संसद, प्रांतों की विधानसभाओं और विभिन्न स्तरों पर मंत्रिपरिषद (काबीना) आधारित सरकार के जरिये विभिन्न क्षेत्रों और हितों को नुमाइंदगी दी गयी ताकि आम सहमति हासिल की जा सके। एक जवाबदेह प्रशासनिक ढाँचा बनाया गया। इस पूरे सरअंजाम को एक संघीय सिलसिले के माध्यम् से काम करना था। एक न्यायिक प्रणाली बनी जिसे यह देखना था कि सभी संस्थाएँ जिम्मेदार और विधिसम्मत ढंग से काम करें। एक खास तरह की दलीय प्रणाली विकसित हुई जिसने सरकार और सामाजिक ढाँचे के रिश्ते को ऊपर से नीचे और दाएँ से बाएँ नहीं टूटने दिया। कई तरह की मध्यवर्ती संस्थाओं और अभिजनों ने इस रिश्ते में मध्यस्थ की भूमिका निभायी। दलीय प्रणाली द्वारा विकसित राजनीतिक प्रक्रियाओं और राजनीतिक कारकुनों ने औपनिवेशिक राज्य द्वारा मिले अधिकारी तंत्र नामक 'इस्पाती ढाँचे' को नयी आबोहवा के अनुकूल बनाया।

ब्रिटेन से आयात किये गये वेस्टमिंस्टर मॉडल की खामी यह थी कि वह अभिजनों और समाज के विभिन्न हितों के बीच परायेपन का एहसास पैदा कर देता था। इससे बचने के लिए अभिजनों ने ख़ुद को इन विभिन्न हितों और समाज की पारंपरिक स्वयंसेवी अधिरचना से जोड़ा जिससे सरकार और विभिन्न तबकों के बीच का फासला कम हो गया, हालाँकि तंत्र के साथ निकटता महसूस करने वाले ये तबके संगठित हितों की श्रेणी में आते थे। अर्थात गैर-संगठित और हाशिये पर पड़े तबकों को तंत्र के प्रति अपनेपन का एहसास नहीं था। बहरहाल, सरकार और जनता के बीच घनिष्टता कायम करने के पीछे दो परस्पर विपरीत लगने वाले विचार जरूर थे पर उनका मकसद एक था : एक लोकतांत्रिक राष्ट्र-राज्य का निर्माण। जैसा कि पहले भी कहा जा चुका है, पहला विचार था विविध हितों और अस्मिताओं को समेटने वाला नया राज्य बनाना और दूसरा विचार था उस राज्य को राष्ट्र निर्माण की प्रक्रिया में केंद्रीय भूमिका प्रदान करना। पहले विचार के लिए जरूरी था कि अलग-अलग हितों और अस्मिताओं को एक समान उद्यम के मातहत लाने के लिए सत्ता में साझेदारी की विकेंद्रीकरण आधारित अवधारणा अपनायी जाती। दूसरे विचार के साथ समस्या यह थी कि अगर राज्य को अपने मन-माफिक चलने के लिए छोड़ दिया जाता तो वह शासन को केंद्रीकृत मॉडल

की तर्ज पर चला सकता था। लेकिन, दोनों विचारों को एक साथ अपनाने का मतलब यह था कि मजबूत और सुसंगत केंद्र का तरह-तरह की संरचनाओं और गुंजाइशों की नुमाइंदगी करने वाले जीवंत उपकेंद्रों के साथ कारगर संतुलन कायम करना, क्योंकि इसके जरिये ही एक सामासिक राष्ट्र-राज्य की रचना हो सकती थी। इस समझ की बुनियाद में जो राष्ट्रवादी विचारधारा थी, वह संघटनवादी होने के साथ-साथ नाना प्रकार के गुटों, हितों और असहमति रखने वाले तत्त्वों की बात पर विचार करने के लिए भी तैयार थी।

लेकिन, भूमंडलीकरण के गर्भ से एक इस तरह की परिघटना निकली जो सिद्धांतत: उसकी एंटीथीसिस प्रतीत होती है। यह है क्षेत्रीय उग्रवाद और धार्मिक रूढ़िवाद पर आधारित उग्र-राष्ट्रवाद का उदय। भूमंडलीकरण की ही भाँति यह भी विभिन्न बहुलताओं का दमन करना चाहता है, फर्क केवल यह है कि आर्थिक और प्रौद्योगिकीय दायरे के बजाय यह धार्मिक दायरे में सक्रिय रहता है। यह परिघटना राष्ट्र को प्रांतों के बरक्स खड़ा कर देती है जिससे अंदरूनी तौर पर कई तरह की दमित और उत्पीड़ित उपराष्ट्रीयताओं और जातीयताओं का एक सिलसिला राष्ट्र को चुनौती देने लगता है।

ऐसा लगता है कि भारत ही नहीं, बल्कि तीसरी दुनिया के अन्य देशों में आधुनिकीकरण की शुरुआती कोशिशों का नेतृत्व करने वालों को राष्ट्र-राज्य की रचना-प्रक्रिया में निहित अंतर्विरोधों की पूरी समझ नहीं थी। खासतौर से उन्हें इस असलियत का पूरा एहसास नहीं था कि वे राष्ट्र का एक ऐसी सामाजिक जमीन पर निर्माण करने की कोशिश कर रहे हैं जो न केवल तरह-तरह की विविधताओं से भरी हुई है वरन् वह घोर विषमताओं की शिकार भी है। वे यह भी नहीं समझ पाए थे कि ये विषमताएँ 'राज्य' के नये ढाँचे के जरिये कम होने के बजाय और बढ़ जाएँगी। बीसवीं सदी में भी जो नहीं हुआ वह इक्कीसवीं सदी में होने का अंदेशा है यानी देश संघटन के बजाय और भी ज्यादा विखंडनकारी रुझानों का शिकार होने वाला है।

संस्थाओं का संकट

संस्थाओं के पतन और क्षरण की इस प्रक्रिया के कारण महत्त्वपूर्ण व्यक्तियों और उनके द्वारा निजी सुरक्षा की भावना पर बहुत ज्यादा जोर दिया जाने लगा है। यही कारण है कि ये लोग निजी समस्याओं के हल के लिए सार्वजनिक जीवन के दायरों का इस्तेमाल करने लगे हैं। भारत में पिछले कई सालों से

यही हो रहा है। यह दौर संस्थाओं के तीव्र क्षरण का दौर रहा है। इस दौरान नेतृत्व पर तो बहुत जोर दिया गया है, पर संस्थाओं, उनकी स्वायत्तता और विश्वसनीयता पर बहुत कम। इससे न सिर्फ राज्यतंत्र के अहम अंगों, जैसे दलीय प्रणाली, संसद, नौकरशाही, कानून-व्यवस्था बनाये रखने के उपकरणों और न्यायपालिका के प्रभाव और मनोबल का क्षरण हुआ है, बल्कि उसी के साथ मनमानेपन और ऊपर से टपके हुए नेताओं की बेहद पक्षपाती और दुस्साहसी दखलंदाजी बढ़ गयी है। इससे भी ज्यादा बुरी बात यह है कि उसने सार्वजनिक जीवन के दायरे की सिलसिलेवार उपेक्षा की है और सत्ता को निजी तरक्की का साधन बनाकर राज्य को संरक्षण और मुनाफे का उपकरण बनाने की प्रवृत्ति विकसित कर दी। एक बार ऐसा हो जाने के बाद राजनीतिक प्रणाली का पूरा ताना-बाना जड़ता का शिकार हो जाता है। राज्य के अहम अंगों के प्रति किसी भी तरह की निष्ठा या प्रतिबद्धता के दावे से रोष पैदा होता है और राष्ट्रीयता की गहन भावनाएँ बिखरने लगती हैं। अंततः सत्ता की संरचना टूट-फूट जाती है।

यही वह बुनियादी संकट है जिसका भारत सामना कर रहा है। यानी व्यापक परिवर्तन के बावजूद उसका संस्थागत क्षरण हो रहा है। ध्यान रखने की बात है कि यह राष्ट्र निर्माण के भारतीय मॉडल की विशिष्टता ही है जो तीसरी दुनिया के ज्यादातर समाजों से उसे अलग करती है। यही वह विशिष्टता है जो हमें एक ऐसा शक्तिशाली बुनियादी ढाँचा खड़ा करने की क्षमता प्रदान करती है जो निजी प्रेरणाओं और आकांक्षाओं को व्यवस्थित करते हुए उन्हें उदार बना सकता है। ऐसे ढाँचे से मेरा तात्पर्य एक अनोखी दलीय प्रणाली, एक नियमबद्ध प्रशासकीय और न्यायिक ढाँचे, एक निष्पक्ष योजना-तंत्र, विभिन्न स्तरों पर काम करनेवाली स्वायत्त संस्थाओं और स्वयंसेवी इकाइयों के एक बड़े जाल और तथ्यपूर्ण आलोचना और बहस के एक बहुलवादी आधार से है। हम भारतवासियों ने सांस्कृतिक और ऐतिहासिक रूप से भी अपनी विविध अस्मिताओं और पर्याप्त वैचारिक अस्पष्टता को व्यवस्थित करने में उल्लेखनीय क्षमता प्रदर्शित की है। हमारे यहाँ निश्चित नियमों और परंपराओं पर आधारित सुव्यवस्थित श्रेणीबद्ध ढाँचा तैयार किया गया था। धार्मिक सहिष्णुता की भारतीय परंपरा ने भी हमें यथेष्ट वैचारिक लचीलेपन का अवसर प्रदान किया, लेकिन इसी परंपरा ने हमेशा एक व्यवस्थित करनेवाली प्रक्रिया पर भी जोर दिया। आधुनिक युग में भी यही

परंपरा जारी रही और राष्ट्र-राज्य को एक व्यवस्थित करनेवाली प्रणाली मानकर नये बौद्धिक वर्ग के विचारों और आदर्शों पर आधारित एक नयी अखिल भारतीय सांस्कृतिक परंपरा स्थापित हुई। इसी परंपरा पर भारतीय राष्ट्रीय कांग्रेस और नया राज्य आधारित था। शुरुआती दो दशकों का व्यवस्थित विकास संस्थागत कारणों की वजह से ही हुआ। लेकिन यह भी एक सच्चाई है कि समय के साथ एक विशेष संस्थागत उपादान बेकार हो जाता है और सामाजिक परिवर्तन के मार्ग में बाधा बनने लगता है। तब उसकी पूरी तरह मरम्मत और उसे बदलने की जरूरत पड़ती है। साठ के दशक के अंतिम वर्षों में कांग्रेस का ढाँचा, औपनिवेशिक नौकरशाही, कानून लागू करने और न्याय करनेवाली प्रणाली और योजना-उपकरण इतने ही अनम्य और अनुदार हो गये थे। उनमें आबादी, समाज और मनोसांस्कृतिक स्तर पर होनेवाले व्यापक परिवर्तनों के समक्ष नयी सामाजिक संरचना और एक न्यायिक और मानवीय समाज उपलब्ध कराने की क्षमता नहीं रह गयी थी। इसलिए व्यवस्था के सक्रिय ढाँचे में परिवर्तन की जरूरत महसूस हुई।

आज का भारत राष्ट्र-निर्माण के अगले चरण की तरफ संक्रमण कर रहा है। उसके सामने संस्थागत क्षरण और नयी संस्थागत संरचना के निर्माण का केंद्रीय मुद्दा खड़ा है। लोकतांत्रिक राजनीतिक प्रणाली से पैदा हुए सामाजिक परिवर्तनों से निकली गत्यात्मकता को आत्मसात करने के लिए लोकलुभावनवाद ने पुराने संस्थागत ढाँचे को बेकार तो कर दिया, लेकिन वह इसकी जगह नया ढाँचा खड़ा नहीं कर सका। बजाय इसके उसने पुराने ढाँचे की जगह संस्थाओं और परंपराओं को महत्त्वहीन करने की प्रवृत्ति पैदा की और साथ-साथ उत्तरोत्तर व्यक्तिवादी और जनमत-संग्रही राजनीति अपनायी। दूसरी तरफ उसने राजनीति को अधिकाधिक संकीर्ण बना दिया और राजनीतिक और आर्थिक मुद्दों पर अखिल भारतीय अभिजन की बजाय अपने स्थानीय सूबेदारों से मिलकर मामले सुलझा लेने की प्रवृत्ति पैदा की।

पूर्ववर्ती भारतीय मॉडल का बुनियादी जोर एक ऐसी एकीकृत प्रणाली बनाने पर था जो एक बेहद बिखरे और विकेंद्रित समाज के यथार्थ के प्रति भी संवेदनशील थी और राज्य के परिक्षेत्र के बाहर स्वैच्छिक प्रयासों की बड़ी भूमिका को अनुमति भी देती थी। यह भारत की उस सहजात विविधता के आधार पर एकता स्थापित करने का मॉडल था जो एक स्वैच्छिक भावना से युक्त जनगणों और उनके विशाल भौगोलिक क्षेत्र से उपजी थी। यह मॉडल

इसलिए बनाया जा सका था क्योंकि एक विलक्षण दलीय प्रणाली हमारे लिए लगातार सुलभ रही। इसी प्रणाली ने यह सुनिश्चित किया था कि वेस्टमिंस्टर मॉडल में अंतर्निहित विकासवादी धारा और नौकरशाही को सर्वोच्च बनाने की केंद्रोन्मुखी प्रक्रिया जनता द्वारा डाले गये दबावों के जरिये संयमित बनी रहे और उसे समायोजन और सहमति की संस्कृति से ओतप्रोत किया जा सके। लेकिन बुनियादी संस्था के तौर पर कांग्रेस पार्टी के पतन, उसे नौकरशाही द्वारा प्रतिस्थापित कर दिये जाने और निजी करिश्मे के उभार ने व्यवस्था को संकट के दौर में धकेल दिया।

टिप्पणियाँ और संदर्भ

यहाँ यह याद करना प्रासंगिक होगा कि गाँधी कांग्रेस के सरकारी पार्टी बनने के खिलाफ थे। वे उसे भंग करके समाज सेवा का एक गैर-राजनीतिक संगठन बनाना चाहते थे। राजनीति के प्रति उनके नैतिक नजरिए के मुताबिक उनका यह आग्रह सही था, पर लेकिन उनकी इस सलाह में राजनीतिक यथार्थ का आश्चर्यजनक अभाव दिखता है। स्वाभाविक ही था कि कोई उनकी यह सलाह न मानता। कांग्रेस के इतिहास के लिए देखें पट्टाभि सीतारमैया की रचना *दि हिस्ट्री ऑव इंडियन नेशनल कांग्रेस* (बंबई, १९४६)।

भारत में संस्थानीकरण की प्रक्रिया के बारे में जानने के लिए कई तरह के स्रोत उपलब्ध हैं। जवाहरलाल नेहरू के भाषण (१९४९-५३), नवंबर, १९६४ के *सेमिनार* में प्रकाशित जितेंद्र सिंह का लेख 'ए न्यू लेजिटमेसी', नियोजन प्रक्रिया के विस्तृत अध्ययन के लिए ए.एच. हेंसन की पुस्तक *दि प्रोसेस ऑव प्लानिंग* (लंदन, १९६६), नियोजन और खुफिया तंत्र के शुरुआती मूल्यांकन के लिए विल्फ्रेड मेंडेलबॉम और मेरिल आर. गुडस्टाल के लेख (संकलित : रिचर्ड एल. पार्क और आइरीन टिंकर (सं.), *लीडरशिप एंड पॉलिटिकल इंस्टीट्यूशंस इन इंडिया*, प्रिंसटन, १९५८) देखे जा सकते हैं। नियोजन प्रक्रिया के आकलन के लिए बलवंत राय मेहता कमेटी की रपट (नयी दिल्ली, १९५७) भी देखना आवश्यक है।

नव-स्वतंत्र देशों में संविधान निर्माण की प्रक्रिया और उससे जुड़ी दिक्कतों पर उन दिनों एडवर्ड शिल्ज और सेमुअल पी. हटिंगटन की रचनाएँ प्रकाशित हुई थीं। भारत की संविधान सभा दिसंबर, १९४६ से नवंबर, १९४९ तक १६५ दिन बैठी। २६ जनवरी, १९५० को नया संविधान पारित किया गया जिसमें भारत को संप्रभु लोकतांत्रिक गणराज्य घोषित किया गया था। मोतीलाल नेहरू कमेटी की नियुक्ति करने वाली आल इंडिया कांफ्रेंस में ३४ राजनीतिक संगठनों की नुमाइंदगी थी। ग्रेनविले ऑस्टिन ने अपनी विख्यात रचना *दि इंडियन कांस्टीट्यूशन : दि कार्नर स्टोन ऑव ए नेशन* (लंदन, १९६६) में संविधान रचना के लिए अपनायी जाने वाली निर्णय प्रक्रिया और उसमें प्रमुख नेताओं की भूमिका का विस्तार से वर्णन किया है।

ऑस्टिन की पुस्तक यह भी साफ कर देती है कि हिंदी को राजभाषा बनाने का निर्णय एक वोट से किए जाने की लोकप्रिय धारणा सही नहीं है। असलियत यह थी कि

कांग्रेस एसेंबली पार्टी की एक बैठक में हिंदी में इस्तेमाल किए जाने वाले अंकों के प्रश्न पर हुए विवादास्पद मतदान के कारण यह धारणा बनी। ऑस्टिन दिखाते हैं कि भाषा के प्रश्न पर संविधान सभा में हुआ फैसला पाने-गँवाने और समझौते की लंबी प्रक्रिया का नतीजा था।

जहाँ तक यूटोपिया का सवाल है, संविधान का निर्देशक सिद्धांतों वाला अध्याय आदर्शों और प्रतिबद्धताओं की बात करके उस दस्तावेज को महज संवैधानिक व्यवस्थाओं वाले चार्टर से आगे ले जाकर यूटोपिया सृजन करने के प्रयास की श्रेणी में खड़ा कर देता है। जहाँ तक राष्ट्रपति के अधिकारों और भूमिका का प्रश्न है, भारत के पहले राष्ट्रपति राजेंद्र प्रसाद ने संविधान मसविदा समिति के सदस्य टी.टी. कृष्णमाचारी का यह दावा मानने से इंकार कर दिया था कि इस मामले में भारतीय संविधान ब्रिटेन में अपनाये गये उत्तरदायित्वपूर्ण शासन की अनुकृति ही है।

संवैधानिक इतिहास में दिलचस्पी रखने वाले बी. शिवा राव का पाँच खंडों में प्रकाशित अध्ययन देख सकते हैं : *दि फ्रेमिंग ऑव इंडियाज़ कांस्टीट्यूशन* (नयी दिल्ली, १९६६-६८)। संविधान सभा में राज्य व्यवस्था संबंधी विकल्पों पर चर्चा के लिए डब्ल्यू.एच. मॉरिस जोंस की रचना *पार्लियामेंट इन इंडिया* (लंदन, १९५७) पढ़ी जा सकती है। एरिक स्टोक्स ने अपनी रचना *दि इंगलिश यूटेलिटेरियनिज्म एंड इंडिया* (ऑक्सफोर्ड, १९५९) में बताया है कि ब्रिटिश प्रशासन की उपयोगितावादी प्रवृत्तियों ने किस तरह भारत में अधिनायकवादी रवैया अख्तियार कर लिया था।

भारत का संविधान तीन तरह के राज्यों का प्रावधान करता है। ए श्रेणी के राज्य वे हैं जो पहले ब्रिटिश इंडिया के अंग थे। बी श्रेणी के राज्य वे हैं जो पहले देशी रियासतें थीं। सी श्रेणी के राज्य केंद्र शासित है। राज्यों के पुनर्गठन के सिलसिले में यहाँ यह उल्लेख करना जरूरी है कि बीसवीं सदी में अंग्रेजों ने भी भू-क्षेत्रीय गठन के संदर्भ में भाषायी और सांस्कृतिक पहलुओं का महत्त्व स्वीकार करना शुरू कर दिया था। उसकी झलक मोंटेग्यू चेम्सफोर्ड रपट और साइमन कमीशन की रपट में देखी जा सकती है। अंग्रजों द्वारा किए गए बिहार, ओडीशा, असम और सिंध के गठन में इस पहलुओं को देखा जा सकता है। आजाद भारत में राज्यों के बढ़ते हुए महत्त्व पर इस तथ्य से भी रोशनी पड़ती है कि १९५५ में नेहरू द्वारा कांग्रेस की अध्यक्षता छोड़े जाने के बाद इंदिरा गाँधी के एक वर्ष के अध्यक्ष-काल को छोड़ कर हमेशा किसी राज्य का मुख्यमंत्री ही कांग्रेस अध्यक्ष बनता रहा। इसी सिलसिले में पाल एपलबाई की रचना *पब्लिक एडमिनिस्ट्रेशन इन इंडिया : रिपोर्ट ऑव ए सर्वे* (दिल्ली, १९५३) भी देखी जानी चाहिए।

राज्य पुनर्गठन आयोग ने राष्ट्रीय भावनाओं और भाषायी स्वायत्तता की माँगों से आगे जाते हुए एक भाषा बोलने वाले राज्यों की वकालत की थी (हिंदी भाषी क्षेत्रों के अपवाद को छोड़ कर)। लेकिन बाद के अनुभवों ने बताया कि राजनीतिक सुसंगठन, प्रशासनिक सक्षमता और आर्थिक विकास के लिए भाषा के अलावा और भी कई पहलू महत्त्वपूर्ण होते हैं। *टाइम्स ऑव इंडिया* में मैंने ('नेशनल यूनिटी इन डेंजर : दि केस फार स्मालर यूनिट्स') १० फरबरी १९६८ को और एम.एन. श्रीनिवास ('दि फ्यूचर ऑव फिशन') ने १६ नवंबर १९६७ को इस विषय में लेख लिखे थे।

जैसे ही देशी भाषाएँ बोलने वाले अभिजन शासक वर्ग का सदस्य बनने की दावेदारी पेश करते हैं वैसे ही खुद को राष्ट्रीय एकता का सबसे बड़ा वाहक मानने वाला अंग्रेजी शिक्षित शासक वर्ग चौकन्ना हो जाता है। यह प्रवृत्ति मॉरिस जोंस जैसे यथार्थवादी प्रेक्षकों से लेकर सेलिग हैरिसन जैसे एकतरफा किस्म के प्रेक्षकों में देखी जा सकती है। आंध्र प्रदेश बनाने के आंदोलन पर जोंस की रचना *पार्लियामेंट इन इंडिया में* की गई टिप्पणी और हैरिसन की रचना *दि मोस्ट डेंजरस डिकेड्स* (प्रिंसटन, १९६०) इसका प्रमाण है।

राज्यों की राजनीति को राष्ट्रीय के बजाय प्रादेशिक नजरिये से देखते हुए मायरन वीनर द्वारा संपादित पुस्तक *स्टेट पॉलिटिक्स इन इंडिया* (प्रिंसटन, १९६७), इकबाल नारायण द्वारा संपादित इसी नाम की पुस्तक (मेरठ, १९६५), बलदेव राज नैयर की पुस्तक *माइनॉरिटी पॉलिटिक्स इन पंजाब* (प्रिंसटन, १९६६), ओडीशा पर एफ.जी. बेली की पुस्तक *पॉलिटिक्स एंड सोशल चेंज : ओडीशा इन १९५९* (बर्कले एंड लास एंजेलिस, १९६३) और सेलिग हैरिसन का लेख 'कास्ट एंड दि आंध्रा कम्युनिस्ट्स', *अमेरिकन पॉलिटिकल साइंस रिव्यू,* जुलाई १९५६ देखा जा सकता है।

स्थानीय विकेंद्रीकरण के प्रश्न पर अध्ययन करते हुए यह ध्यान रखना जरूरी है कि जिला बोर्ड और सहकारी समितियाँ आजादी से पहले भी बंबई और मद्रास प्रेसीडेंसियों जैसे विकसित इलाकों में सक्रिय थीं। लेकिन, इनके पीछे की पहलकदमी तदर्थ किस्म की की थी जिसमें लोकप्रिय पहलकदमी का अभाव था। पंचायती राज, स्वायत्तशासी संस्थाओं और विकेंद्रीकरण के प्रश्न पर मेरे संदेहों और आलोचनाओं के लिए देखें मेरी रचना 'भारतीय राजनीति की असलियत', संकलित : *राजनीति की किताब / रजनी कोठारी का कृतित्व,* (संपादक : अभय कुमार दुबे, वाणी, दिल्ली, २००३)।

५

दलीय प्रणाली और गठजोड़-रचना

भारतीय राज्य व्यवस्था के तहत विकसित दलीय प्रणाली और गठजोड़ रचना का यह अध्ययन एक पार्टी के वर्चस्व वाली प्रणाली से लेकर गठजोड़ सरकारों के युग तक फैला हुआ है। सिद्धांतत: चार मुख्य बातें सामने आती हैं : पहली, लोकतंत्र का सारतत्त्व मुख्यत: गठजोड़ रचना है, चाहे वह किसी एक पार्टी की सरकार के भीतर काम कर रहा विभिन्न समुदायों, हितों, राजनीतिक प्रवृत्तियों और विचारधाराओं का गठजोड़ हो या दो या दो से अधिक दलों का आपसी गठजोड़ हो। लोकतंत्र में राजनीति चलती गठजोड़-रचना से ही है, और दलीय प्रणाली उसी के मुताबिक बनती-बिगड़ती रहती है। दूसरी, भारत में दलीय प्रणाली पश्चिमी शैली में हित आधारित समूहों के राजनीतिक दावों के रूप में विकसित नहीं हुई है। तीसरी, दलीय प्रणाली का विकास तीन चरणों से गुजरा है। पहले चरण में साठ के दशक के आखिर तक कांग्रेस एक वर्चस्व वाली पार्टी के तौर पर हावी रही। दूसरे चरण में एक पार्टी के वर्चस्व की जगह वर्चस्व के लिए बहु-दलीय होड़ ने ले ली। तीसरे चरण में बहु-दलीय प्रतियोगिता राज्य व्यवस्था को उत्तरोत्तर खुली गठजोड़ राजनीति और परिणामस्वरूप गठजोड़ राजनीति की ओर धकेलती चली गयी। इस अध्याय में गैर-दलीय राजनीति का एक खाका भी दिया गया है जो दलीय प्रणाली के साथ जुड़ कर संसदीय लोकतंत्र को और समृद्ध कर सकता है।

I

कांग्रेस की दोहरी भूमिका और विपक्ष की हताशा

पिछले चार अध्यायों में हमने सिद्धांत, इतिहास, पद्धति और रणनीति के लिहाज से भारतीय राजनीति के आधुनिकीकरण की चर्चा की। हमने यह भी देखा कि साठ के दशक के अंत तक भारतीय राजनीतिक अभिजन ने कांग्रेस और उसकी विचारधारा के नेतृत्व में बहुकेंद्रीय समाज की जरूरतों को ध्यान में रखते हुए बनाये गये आधुनिकीकरण के मॉडल को कमोबेश अपनाया। १९७० आने से पहले ही राजनीतिक व्यवस्था में आर्थिक-राजनीतिक संकट व्यक्त होने लगे, जिनसे निबटने के लिए उत्तर-नेहरू युग के नेताओं ने नये तौर-तरीके अपनाये जिनका परिणाम लोकलुभावनवाद की राजनीति और फिर प्रबंधकीय-तकनीकशाही राज्य के उदय में निकला। यह नया विकास-क्रम राजनीतिक आधुनिकीकरण के बुनियादी मॉडल के खिलाफ था।

इसी मुकाम पर जरूरी है कि हम राज्य व्यवस्था के एक प्रमुख घटक के रूप में दलीय प्रणाली पर गौर करें, ताकि पता लग सके कि राज्य व्यवस्था का रोजमर्रा की राजनीति से क्या संबंध था। दलीय प्रणाली की संरचनाएँ गठजोड़ बनाने के संस्थागत प्रयास किस तरह करती थीं और १९७० के बाद उनके रूप पर क्या असर पड़ा। इसके साथ ही आगे के अध्यायों में हम जाति-प्रथा और राजनीति की सामाजिक अधिरचना के रूप में उसके विकास पर भी गौर करेंगे। इसी के साथ राजनीतिक संस्कृति और उसके तहत हुई भारतीय व्यक्ति की राजनीतिक शख्सियत के विकास की जाँच की जाएगी।

हमारे विश्लेषण से साफ हो जाता है कि भारतीय राजनीति की संस्थागत व्यवस्था के केंद्र में कांग्रेस पार्टी थी। कांग्रेस के जरिये ही देश को पहली बार एक एकीकृत नेतृत्व मिला, जो पूरे राष्ट्र के नाम पर कुछ भी कहने का प्राधिकार रखता था। इस प्रक्रिया में कांग्रेस ने एक ऐसी ताकतवर पहचान और वैधता हासिल कर ली, जो बहुत लंबे समय तक बिना किसी चुनौती के कायम रही। सत्तर के दशक से कुछ पहले उसे चुनौतियाँ मिलनी शुरू हुईं, पर कुल मिलाकर उसी वैधता के अंशों के सहारे कांग्रेस अभी तक टिकी हुई है। यहाँ ध्यान रखने की जरूरत है कि कांग्रेस मूलतः विरोध की राजनीति करने वाले संगठन के तौर पर विकसित हुई थी। वह न केवल औपनिवेशिक व्यवस्था का विरोध करती थी, बल्कि भारतीय समाज के परिवर्तनविरोधी पहलुओं के खिलाफ भी काम करती थी। राष्ट्रीय स्वाधीनता के साथ-साथ

सामाजिक नवीकरण भी उसका लक्ष्य था। दरअसल, बाद वाले लक्ष्य को वेधने के लिए ही वह स्वाधीनता हासिल करना चाहती थी। आजादी मिलने के बाद जब कांग्रेस शासक दल में बदली, तो भी उसने अपना यह दोहरा चरित्र बनाये रखा। शासन करने और शांति-व्यवस्था बनाये रखने के साथ-साथ सामाजिक स्तर पर असहमति की आवाज बुलंद करते रहने का द्वैध कांग्रेस के बुनियादी चरित्र में घुल-मिल गया। एशिया और अफ्रीका के कई शासक दलों की भीतरी संरचनाएँ इस प्रकार के द्वैध से निबट पाने में नाकाम रही थीं। लेकिन, भारतीय दलीय प्रणाली के विकास का क्रम इसी द्वैध के साथ बढ़ता रहा। उसकी यह विशिष्टता उसे अन्य देशों की दलीय प्रणाली से अलग करती रही।

यह एक ऐसी दलीय प्रणाली थी जिसमें राजनीतिक संबंधों की संरचनाएँ आधार की तरफ जाती हैं और वहाँ से नये और नाना प्रकार के हितों को अपने आगोश में समेटती हुई केंद्र की तरफ गति करके संगठन का रूप प्राप्त करती हैं। पश्चिमी देशों में यह विकास दूसरे तरीके से हुआ था। वहाँ जैसे-जैसे मताधिकार विस्तृत हुआ, दो या उससे अधिक संसदीय दल निर्वाचन क्षेत्रों में अपना विस्तार करते चले गये। कांग्रेस की खास बात यह थी कि उसने राजनीतिक गोलबंदी के लिए राष्ट्रीय आंदोलन के नेटवर्क का इस्तेमाल किया, जिससे निकली वर्चस्व और असहमति की संरचनाओं ने सत्ता के नये उत्तराधिकारियों को वैधता और संसाधन तो प्रदान किये ही, साथ ही निरंतर आलोचना और निगरानी के कई सामाजिक-राजनीतिक स्रोत भी पैदा कर दिये। यह प्रणाली सार्विक मताधिकार को पूरे भरोसे के साथ लागू करने का परिणाम थी, जिसके कारण खुली राजनीतिक होड़ को मौका मिला और चुनाव के परिणामस्वरूप सत्ता में आयी पार्टी की हुकूमत की वैधता स्वीकार करना अनिवार्य हो गया। चुनाव प्रक्रिया से कांग्रेस ने अपना राष्ट्रीय वर्चस्व स्थापित किया, अन्य स्तरों पर भी राजनीतिक सुदृढ़ीकरण हुआ, राष्ट्र-निर्माण के लिए ग्रामीण क्षेत्रों का समर्थन हासिल किया जा सका। इसी दौरान कांग्रेस का विरोध करने वाली राजनीतिक ताकतें मजबूत होती रहीं, और अंततः उसे चुनौती देने की हैसियत में आ गयीं।

दिलचस्प बात यह है कि भारत के मुख्य राष्ट्र-निर्माता दलीय प्रणाली के इस तर्क के प्रति सचेत नहीं थे। राष्ट्रीय सुदृढ़ीकरण के सत्ता संबंधी आयामों के प्रति गाँधी भी सजग नहीं थे। अगर ऐसा न होता तो वे अपनी

मृत्यु से कुछ पहले १९४८ में एक राजनीतिक तंत्र के रूप में कांग्रेस को भंग करके उसकी जगह समाज सेवा और रचनात्मक कार्य करने वाला लोक-सेवक संघ बनाने का सुझाव न देते। उनका कहना था कि जो नेता राजनीतिक और सरकारी पद हासिल करना चाहते हैं उन्हें अपने राजनीतिक दल बना लेने चाहिए और कांग्रेस को राजनीतिक होड़ से मुक्त रखना चाहिए। इस सुझाव के पीछे खयाल यह था कि कांग्रेस की आंदोलनकारी भूमिका अभी खत्म नहीं हुई है, पर चूँकि इस सुझाव से राजनीतिक आयामों की पूरी तरह उपेक्षा हो जाती थी, इसलिए यथार्थोन्मुख न होने के कारण अन्य नेताओं द्वारा उसे नजरंदाज कर दिया गया।

पटेल की राय गाँधी से एकदम उलट थी। वे तो कांग्रेस को उसके भीतर काम कर रहे राजनीतिक धड़ों से छुटकारा दिलाकर उसे एक अनुशासित पार्टी की शक्ल देना चाहते थे। १९४८ में उन्होंने कांग्रेस कार्यसमिति को एक प्रस्ताव पास करने पर राजी कर लिया, जिसके मुताबिक अलग संविधान, सदस्यता और कार्यक्रम रखने वाले धड़ों का कांग्रेस में रहना नामुमकिन हो गया। नतीजे के तौर पर कांग्रेस समाजवादी दल बाहर चला गया। एक तरह से पटेल ने भी गाँधी की ही तरह अतिवादी रवैया अपनाया। अगर गाँधी 'आंदोलन जारी रखने' के रोमानी भाववाद के शिकार थे, तो पटेल पार्टी की सर्वग्रहणशीलता को खत्म करके उसे एकल विचारधारा वाला अनुशासित दल बनाने पर तुले थे।

वस्तुस्थिति यह थी कि आजाद भारत की सरकार चलाने की भूमिका निभाने में कांग्रेस को एक आंदोलन की तरह भी काम करना था, और एक संगठित पार्टी की तरह भी। पटेल के मुकाबले नेहरू यह बात ज्यादा अच्छी तरह समझते थे। वे पार्टी के भीतर विचारधारात्मक विभेदों से भी उतने ज्यादा चिंतित नहीं थे। इसकी दो वजहें थीं : एक तो यह कि उन्हें भविष्य की दिशा के बारे में पार्टी से अपनी बात मनवाने की अपनी क्षमता पर पूरा विश्वास था; दूसरे यह कि वे जब तक संभव हो पार्टी के भीतर टकराव की खुली अभिव्यक्त करने से परहेज करते थे। अपने प्रधानमंत्रित्व के शुरुआती दौर में उन्होंने टकराव को निमंत्रण देने वाले मसलों को स्थगित करने का स्पष्ट रुझान दिखाया था। हालाँकि नेहरू को भी राजनीतिक प्रणाली के अंतर्निहित तर्क पर कोई बौद्धिक महारत हासिल नहीं थी, पर अपनी अंतश्चेतना के दम पर वे अपने समकालीनों के मुकाबले आम सहमति स्थापित करने वाली

कांग्रेस की भूमिका को ज्यादा समझ सकते थे। लेकिन, दूसरी तरफ कांग्रेस के संगठन वाले पहलू को समझने में उन्हें उतनी कामयाबी नहीं मिली। यह सही है कि आजादी के बाद संगठन के बजाय सरकार पर ध्यान देना जरूरी था, क्योंकि सरकार को ही गोलबंदी की मुख्य भूमिका निभानी थी, पर विभिन्न हितों और मतों की अभिव्यक्ति के साथ-साथ जनता और सरकार के बीच संचार-सूत्र की तरह काम करने के लिए संगठन के महत्त्व को भी कम करके नहीं आँका जा सकता था। उस समय राष्ट्रीय पटल पर न सक्षम विपक्ष था, और न ही संसद शिकायतों और असहमति को वाणी देने वाली संस्था के रूप में विकसित हो पायी थी। ऐसे में कांग्रेस को ही सभी तरह के काम करने थे। आम सहमति कायम करने और नेतृत्व पर अपनी श्रेष्ठता कायम करने के चक्कर में नेहरू ने कांग्रेस संगठन को ये भूमिकाएँ निभाने से रोक दिया। विरोधियों से शुरुआती टकराव होते ही उन्होंने कड़ाई बरतते हुए पार्टी के स्वायत्त रूप लेने की गुंजाइशों पर पानी फेर दिया। खास बात यह थी कि राज्य स्तर पर वे कांग्रेस संगठन के भीतर सरकारी और उसके विपक्षी धड़ों की प्रतियोगिता को प्रोत्साहित करते थे और राजनीतिक प्रणाली के मुख्य कारकुन की हैसियत से इस होड़ में उनकी प्रमुख भूमिका रहती थी, पर केंद्र में उनका जोर एकीकृत नियंत्रण पर रहता था। नेहरू के जीवन के आखिरी दिनों में ही ऐसा हो पाया कि पार्टी के दिग्गज केंद्रीय संगठन में अपनी पूर्व-भूमिका में लौट पाए और संगठन एक हद तक स्वायत्तता ग्रहण कर पाया, हालाँकि उस समय तक सामाजिक और राजनीतिक परिवर्तन के मुख्य प्रेरक के रूप में सरकार की भूमिका पूरी तरह स्थापित हो चुकी थी।

पार्टी और सरकार के संबंधों की समस्या के साथ-साथ राजनीतिक प्रणाली में विपक्ष की भूमिका भी एक समस्या थी, जिस पर गंभीरता से ध्यान नहीं दिया गया। विपक्ष को शुरू में लगता था कि वह कांग्रेस को सत्ता से बाहर कर देगा। पहले और फिर दूसरे आम चुनाव में नाकामी मिलने के बाद विपक्ष हताश होकर विभिन्न दलों की कांग्रेस विरोधी एकता बनाने में लग गया। उस समय बुद्धिजीवियों के बीच द्वि-दलीय प्रणाली का मॉडल बहुत लोकप्रिय था। कांग्रेस के कई अहम नेता भी समय-समय पर द्वि-दलीय प्रणाली के उभरने की कल्पनाएँ करते रहते थे। यह सिलसिला आज तक थमा नहीं है।

इसी दौरान कई संभावनावान विपक्षी नेताओं में से एक जयप्रकाश

नारायण ने सक्रिय राजनीति यह कहते हुए छोड़ दी कि पार्टी-पॉलिटिक्स भारतीय परिस्थितियों के अनुकूल नहीं है। दूसरी तरफ समाजवादी नेता अशोक मेहता ने यह पैंतरा लिया कि आर्थिक पिछड़ेपन को देखते हुए हर तरह की प्रतिभा को विकास के काम में लगाना जरूरी है, इसलिए विपक्ष को सरकार का विरोध करने के बजाय उसका सहयोग करना चाहिए। कांग्रेस के वर्चस्व के प्रति अशोक मेहता यह समर्पण विपक्ष की भूमिका को राजनीतिक होड़ की तरफ ले जाने के बजाय सरकार के कामकाज के लिए मात्र 'संशोधनकारी' के रूप में सीमित कर देता था। पराजय की मजबूरी से निकला मेहता का यह उपदेश किसी को नहीं भाया। बहरहाल, नेतृत्व यह नहीं समझ पाया कि तत्कालीन विपक्ष की वास्तविक भूमिका सत्ता की क्षेत्रीय संरचनाओं की रोशनी में देखी जानी चाहिए थी। दरअसल, विपक्ष कांग्रेस के भीतर चलने वाली राजनीतिक होड़ के थर्मोस्टेट की तरह काम करता था। साठ के दशक में जब कांग्रेस की कतारों में फूट पड़ी, तभी विपक्ष की यह भूमिका सभी के सामने स्पष्ट हो पायी। राम मनोहर लोहिया के चमकदार नेतृत्व और व्यंग्य बाणों के नतीजे के रूप में असंतुष्ट कांग्रेसी और विपक्षी दल मिलकर किसी सुसंगत 'विपक्षी रणनीति' की तरफ बढने लगे।

दलीय प्रणाली के विश्लेषण की विधि

जाहिर है कि कई अन्य देशों की तरह भारत में भी प्रणाली के संचालक राजनीतिक व्यवस्था के विभिन्न हिस्सों के बीच का कारगर संबंध समझने में नाकाम रहे। इसकी आंशिक जिम्मेदारी विद्वानों के बीच उस समय प्रचलित दलीय प्रणाली की समझ पर जाती है। वे मानते थे कि पार्टियाँ हित समूहों का प्रतिनिधित्व करती हुईं सरकारी संस्थानों से अलग सुगठित समर्थन और अस्मिताओं के आधार पर सक्रिय रहती हैं। विद्वानगण संसदीय सरकार के प्रतिनिधित्वमूलक ढाँचे के अंग के रूप में पार्टियों को वोटों और सीटों के लिए होड़ करने वाली ऐसी संरचनाओं के रूप में देखते थे जिनमें सामाजिक विभेदों के समूहन की अभिव्यक्ति होती हो।

इस प्रकार की दृष्टि वर्चस्व और असहमति की संरचनाओं के प्रणालीगत संबंधों को समझने में नाकाम थी। इन संरचनाओं के साथ पार्टी और सरकार का अनिवार्यतः गुँथा होना भी उसे नहीं दिखाई पड़ता था। वह प्राधिकार के नेटवर्कों, गोलबंदी की भूमिकाओं, सरकार विरोधी और समर्थक

अनुक्रियाओं के विभिन्न स्तरों पर आपसी संबंधों को नजरंदाज कर देती थी। दलीय प्रणाली को देखने का यह तरीका इस हकीकत को भी नहीं समझ पाता था कि पार्टियाँ विभेदों को सिर्फ आपस में जोड़ती ही नहीं, बल्कि मध्यवर्ती संरचनाओं के माध्यम से टकराव को स्थानीय स्तर तक ही सीमित करके समूची प्रणाली पर दबाव बढ़ने से भी रोकती हैं। इस तरह पार्टियों के जरिये विभिन्न अस्मिताएँ एक जगह सिमटने के बजाय फैलती चली जाती हैं और उनके जरिये सरकार को नीचे तक पहुँचने में मदद मिलती है। दूसरे, दलीय प्रणाली का बेहद अहम काम विभिन्न स्तरों पर सरकारी कामकाज को गति प्रदान करना भी था। पार्टियाँ न केवल आपसी होड़ और नुमाइंदगी में व्यस्त रहती थीं, बल्कि इन प्रक्रियाओं को सरकार के पक्ष या विपक्ष में खड़ा करने का काम भी करती थीं।

इस विश्लेषण से साफ है कि द्वि-दलीय प्रणाली का मॉडल एक बहुल और खंडित समाज के लिए उपयुक्त नहीं था। दो दलों की होड़ के जरिये ऐसे समाज में गठजोड़-रचना और विविध अस्मिताओं के राष्ट्रीय मुख्यधारा में आत्मसातीकरण का परिप्रेक्ष्य नहीं मिल सकता। पश्चिमी समाजों का

गैर-दलीय राजनीति का संदर्भ

सत्तर के दशक के बाद से तरह-तरह की पार्टियों द्वारा बनायी गयी सरकारों से हुए मोहभंग ने भी जनता का विक्षोभ बढ़ाया है। यह विक्षोभ बिखरा हुआ और असंगठित जरूर है लेकिन लोग अपने अधिकारों के प्रति बढ़ती हुई जागरूकता को राजनीतिक रूप से महसूस ही नहीं करते वरन उसे राजनीतिक रूप से व्यक्त भी करते हैं। गोलबंदी का कोई तरीका हाथ लगते ही उनकी भावनाएँ मुखर हो उठती हैं। वे तमाम दिक्कतों और बेहद ताकतवर निहित स्वार्थों की बाधाओं के बाद भी उठ कर खड़े हो जाते हैं। संघर्ष के लिए आतुर जनता के ये तबके दरिद्रों को जानबूझ कर भुखमरी के कगार पर फेंकनेवाले प्रतिमान के विरोध में हैं।

हमें समझना होगा कि गरीबों को इस समस्या का सामना केवल सरकार की विफलता के कारण ही नहीं, बल्कि संगठित राजनीतिक दलों और शासक अभिजनों का विरोध करनेवाले पारंपरिक रूपों की विफलता के कारण भी करना पड़ रहा है। दलीय स्पर्धा के जरिये चलनेवाली संसदीय लोकतंत्र की प्रणाली उत्तरोत्तर निराशोन्मत और हिंसक होती जा रही है। मिश्रित अर्थव्यवस्था सभी के लिए अवसर मुहैया कराने में सफल नहीं हो पायी है। खेतिहर और वन आधारित अर्थव्यवस्था की उत्पादकता कमजोर हो गयी है और उस पर व्यावसायिक हित हावी हो गये हैं। विज्ञान और प्रौद्योगिकी का प्रतिष्ठान आयातित विचारों के दम पर चल रहा है। आत्मनिर्भरता के विचार की जगह अंतर-निर्भरता के दावों ने ले ली है। फौजी प्रतिष्ठान लगातार अपना बजट बढ़ाने की

तजरुबा भी बता रहा था कि वहाँ भी द्वि-दलीय प्रणाली राजनीतिक विकल्पों और अन्योन्यक्रिया को खोलने में असमर्थ रहती है। खासकर अल्पसंख्यकों और असहमति की आवाज बुलंद करने वाले गुटों को इस प्रणाली में दिक्कतें होती हैं।

यह नतीजा निकाला जा सकता था कि कई पार्टियों वाली दलीय प्रणाली सरकार के साथ विभिन्न स्तरों पर अपने सूत्र कायम रखकर ज्यादा खुली राजनीतिक प्रणाली के रूप में विकसित हो सकती है।

दलीय प्रणाली की महत्त्वपूर्ण विशेषताएँ

आइये, इस विश्लेषण की रोशनी में उन सामान्य संदर्भों पर विचार करें जिनसे भारत की ऐसी विशिष्ट दलीय प्रणाली निकली थी जिससे सहमति और असहमति की संरचनाएँ बन सकी थीं :

१. यह दलीय प्रणाली एक राजनीतिक 'केंद्र' की देन थी जो देश में आजादी के दशकों पहले उभरा था। इस केंद्र की संस्थागत अभिव्यक्ति भारतीय राष्ट्रीय कांग्रेस, उसके राष्ट्रव्यापी संगठन और एक मान्यताप्राप्त

बजट बढ़ाने की माँग करता रहता है और नागरिक अशांति होने पर उसकी तैनाती की प्रवृत्ति बढ़ती जा रही है। न्यायपालिका और प्रेस के हस्तक्षेप को सेफ्टी वाल्व की तरह इस्तेमाल किया जा रहा है। संसद, योजना आयोग और कार्यपालिका बदली हुई परिस्थिति का सामना करने में अक्षम हैं। न वे जनता की उम्मीदों पर खरे उतर पा रहे हैं और न टकराव, हिंसा और उत्पात को रोक पाने की क्षमता दिखा पा रहे हैं। यह विफलता विपक्षी दलों, ट्रेड यूनियनों, किसान संगठनों और वामपंथी बुद्धिजीवियों की भी है। सबसे ज्यादा फायदे में मध्यवर्ग है जिसे विकास के सभी लाभों को हड़प लेने दिया गया है। लंपट तत्त्वों ने नौकरशाही के निचले स्तरों में घुसपैठ कर ली है। राजनीति प्रक्रिया दलबदलुओं की मोहताज हो गयी है।

लोकतांत्रिक प्रणाली की इस नाकामी की जड़ सिद्धांत के संकट में है। बाजार के जरिये हितों की होड़ को व्यवस्थित करने का विचार बहुत पहले ही बेकार हो चुका है। दूसरी तरफ ऊँची विकास दर, भरे हुए सरकारी खजाने और ईमानदार और दक्ष राजतंत्र की गैर-मौजूदगी में राज्य की कल्याणकारी भूमिका का कोई मतलब नहीं रह गया है। मार्क्सवाद जैसी रेडिकल विचारधाराएँ भी ऐसे देश में कोई कारगर कार्यक्रम देने में नाकाम हैं जिसकी खास बात फैलता हुआ मजदूर वर्ग न हो कर ग्रामीण अर्थव्यवस्था की जड़ता और रोजगार को बाधित करनेवाली प्रौद्योगिकीय जकड़ का संयोग है। इसके साथ अगर हाशिये पर पड़ी हुई जनता की आबादी में जबरदस्त बढ़ोतरी और निचले वर्गों के भीतर नागरिक अशांति और हिंसा के प्रकोप को जोड़ लिया जाये तो हालात काफी

अभिजन के रूप में होती देखी जा सकती थी।

२. यह अभिजन छोटा-सा, अपनी सामाजिक संरचना में समरूप, मुख्यतः ऊँची जातियों से निकले अंग्रेजी शिक्षित लोगों से बना था। एक तरह से इसके सभी लोग 'एक वर्ग' के रूप में देखे जा सकते थे।

३. विपक्षी दल भी इसी वर्ग से निकले थे। आजादी से पहले कांग्रेस के भीतर ही कई किस्म के धड़े थे। आजादी के बाद कांग्रेस के भीतर के धड़े भी मजबूत हुए और बाहर विपक्ष की रचना और सुदृढ़ हुई। असहमति का स्वर बुलंद करने वाले अधिकांश अभिजन कभी न कभी कांग्रेसी रह चुके थे और कांग्रेसी किस्म की सामाजिक-बौद्धिक पृष्ठभूमि ही रखते थे।

४. राजनीतिक असहमति सामाजिक-आर्थिक दायरों में सक्रिय स्वायत्त हितों की अभिव्यक्ति न होकर समाज के राजनीतिक केंद्र में घटित होने वाली टूट की अभिव्यक्ति थी। सरकारी और वैकासिक गतिविधियों के विविध स्तरों पर यह असहमति संसदीय लोकतंत्र और वयस्क मताधिकार

काफी जटिल हो जाते हैं। पारस्थितिकीय विनाश के कारण देहाती गरीबों से पेट भरने के पारंपरिक स्रोत भी छिन गये हैं। गैर-राजनीतिकरण के तर्क ने स्थानीय स्तर के ध्रुवीकरणों को राष्ट्रीय और अंतर्राष्ट्रीय स्तर के ध्रुवीकरण में विकसित करने की संभावनाओं का अंत कर दिया है। किसी और जमाने और किसी अन्य सांस्कृतिक पृष्ठभूमि में सूत्रीकृत किये गये सिद्धांतों और मॉडलों की उपयोगिता न के बराबर रह गयी है, क्योंकि भारत जैसे देश में गरीबी पूरी तरह नये रूपों में प्रगट हो रही है। यहाँ तो 'प्रगति' और 'दरिद्रता' के बीच एक आत्यंतिक संबंध स्थापित हो चुका है। इसीलिए भागीदारी के सभी सिद्धांत भी अप्रासंगिक हो गये हैं। पूरे परिदृश्य का सिंहावलोकन करने पर ताज्जुब होता है कि न केवल नेतृत्व की क्वालिटी और नैतिक मूल्यों में जबररदस्त गिरावट आयी है, बल्कि सिद्धांत किसी भी किस्म का सार्थक कार्यक्रम देने के मामले में किस कदर दरिद्र साबित हो रहे हैं। परिणामस्वरूप पैदा हुआ बौद्धिक और नैतिक शून्य लोकलुभावन नारों से भरा जा रहा है। यह नारेबाजी सिद्धांतों की जगह लेती जा रही है। जोर-जबरदस्ती और भ्रष्टाचार ने नीतियों की जगह ले ली है। ऊपर से इन दोनों को करिश्माई नेतागीरी अपने आवरण में छिपा लेती है जिससे होता यह है कि शासक वर्ग को किसी किस्म की नाकामी और संकट का एहसास तक नहीं हो पाता।

गैर-पार्टी संरचनाओं का राजनीतिक और विचारधारात्मक संदर्भ

यही है वह बृहत्तर संदर्भ जिसमें हम जनता के आंदोलनों, जमीनी (ग्रासरूट्स) राजनीति और गैर-पार्टी राजनीतिक संरचनाओं की परिघटना पर चर्चा कर सकते हैं। समाज, संगठित राजनीति, क्रांतिकारी सिद्धांतों और सभी तरह के आयातित विचारों के दायरों से बहिष्कृत जनसमूह इन संरचनाओं के दायरे में आते हैं। इस परिघटना को लोकतांत्रिक

के जरिये व्यक्त होती थी। सामाजिक हितों की विविधता के जरिये नहीं, बल्कि राजनीतिक गुटों के बनने-बिगड़ने के जरिये विपक्षी गतिविधियों को प्रोत्साहन मिलता था।

५. असहमति की प्रक्रिया का यह विश्लेषण भारतीय राजनीति की एक और विशेषता पर रोशनी डालता था : सरकार, सरकारी पार्टी के होड़रत धड़ों, विपक्षी दलों और उनके भीतर सक्रिय धड़ों का अस्पष्ट और परस्परव्यापी विभेद। प्राधिकार और विपक्ष दोनों की संरचनाएँ बिखराव और टूटन के अंदेशे से ग्रस्त रहती थीं। सरकार और विपक्ष में कोई विभाजक रेखा नहीं थी। शासक वर्ग की रचना दोनों मिलकर करते थे। इसी प्रकार सरकार और पार्टी के बीच भी कोई विभाजक रेखा खींचनी मुश्किल थी।

६. अभिजनों की इस ढीली-ढाली निरंतरता को सरकारी सत्ता और सरकारी पार्टी का बहुस्तरीय प्राधिकार अनुशासन और संरचना प्रदान करता था। एक ही जैसे लालन-पालन की पृष्ठभूमि से आने के कारण ये अभिजन

दायरों से बहिष्कृत जनसमूह इन संरचनाओं के दायरे में आते हैं। इस परिघटना को लोकतांत्रिक संघर्ष का अंग मानना होगा। यह परिघटना जन-चेतना में हो रही गहरी उथल-पुथल के साथ संकट के प्रति उस जागरूकता का परिणाम है जिसके आधार पर संकट को नया रास्ता खोजने के अवसर में बदला जा सकता है। इन कोशिशों को प्रचलित दलगत और सरकारी हलकों के बाहर (राज्य की संस्था के बाहर नहीं) वैकल्पिक राजनीतिक गुंजाइशें बनाने के रूप में परिभाषित किया जाना चाहिए। यह राजनीति संघर्ष और संगठन के नये रूप अपना कर राज्य की संस्था को फिर से शोषणकारी संरचनाओं से छुटकारा दिलाने का औजार बनाने की कोशिश करेगी। राजनीति की सीमाओं को संकीर्ण बनाने की कोशिशों के जमाने में गैरदलीय संरचनाएँ राजनीति को चुनावी और संसदीय अर्थों की जकड़ से निकालने के कार्यभार पर अपना ध्यान केंद्रित करेंगी। यह राजनीति चालू राजनीति के मुहावरे से इसलिए भिन्न होगी कि उसकी शक्ति राजसत्ता पर कब्जा करने पर केंद्रित न हो कर ऐतिहासिक प्रक्रिया में व्यापक हस्तक्षेप करने में खर्च होगी। गैर-दलीय राजनीति प्रचलित राजनीति की सारवस्तु, मुद्दों और कार्यक्रम को नये सिरे से निर्धारित करना चाहेगी। इस नयी राजनीति के मुद्दे वे होंगे जिन्हें आमतौर पर आंदोलन करने लायक ही नहीं समझा जाता है : मसलन, जन-स्वास्थ्य, कुपोषण, वन और सामुदायिक संसाधनों पर अधिकार, लैंगिक विषमता, स्त्री अधिकारों के दायरे में आनेवाले काफी निजी और मूलगामी किस्म के मुद्दे, आदि। गैर-दलीय राजनीति इन प्रश्नों को राजनीतिक प्रश्न के रूप में सामने रखेगी। ऐसे गैर-दलीय आंदोलनों और संगठनों के कई नमूने हमारे सामने हैं : वामपंथ की मुख्यधारा से अलग काम कर रहे वाम संगठनों द्वारा शुरू किये गये आंदोलन, चिपको, छत्तीसगढ़ के खनिकों का संघर्ष, आंध्र के रैयत कुली संघम का आंदोलन, ग्रेनाइट के खनन और निर्यात के खिलाफ

एक से नजरिये और एक से विचारधारात्मक परिप्रेक्ष्य से लैस रहते थे। तत्कालीन सरकारी ढाँचे के संपर्क में रहना एक मजबूरी थी। राजनीतिक प्रणाली का अंग बने रहने के लिए जरूरी था कि धड़ों और पार्टियों की पहचान बनी रहे, वरना किसी जमाने में बेहद असरदार रही ताकतें निष्प्रभावी हो जाती थीं। यही कारण था कि पार्टियाँ अपनी संरचना में कमजोर होने के बावजूद किसी न किसी प्रकार अपना वजूद बनाये रखती थीं। इसी तथ्य से यह विरोधाभास समझा जा सकता है कि अपने बीच नेताओं की आवाजाही बने रहने के बावजूद भारतीय राजनीतिक दल अमेरिकी दलों के मुकाबले अधिक अनुशासित क्यों लगते थे। चूँकि सरकार प्रत्येक राजनीतिक आयाम के केंद्र में रहती थी, इसलिए चाहे पक्ष में हो या विपक्ष में, उसके संपर्क में रहने वाली ताकतें ही टिक पाती थीं।

७. इन्हीं सब कारणों से भारत में एक बेहद खुली राजनीतिक प्रणाली विकसित हुई। इसके तहत न केवल नई पार्टियाँ बनाना आसान था, नेता एक से दूसरी पार्टी में जाते-आते रहते थे, बल्कि एक नयी भारतीय विशिष्टता यह थी कि विपक्षी दलों और सरकारी पार्टी के असंतुष्ट धड़ों के बीच लगातार

ग्रेनाइट के खनन और निर्यात के खिलाफ कर्नाटक के कनकपुरा में किसानों का सत्याग्रह, झारखंड मुक्ति मोर्चे का संघर्ष, आदि। ये तमाम लड़ाइयाँ आर्थिक और राजनीतिक माँगों तक ही सीमित नहीं हैं, बल्कि पारिस्थितिकीय, सांस्कृतिक और शैक्षणिक प्रश्नों को भी अपने दायरे में समेट लेती हैं। ये लड़ाइयाँ समाज के भीतर भी झाँक कर देखती हैं और शराबखोरी, पर्यावरण को नुकसान पहुँचाने, गंदे और अस्वास्थ्यकर तरीकों से रहने की आदतों जैसी वजहों की तरफ भी ध्यान देती हैं। इस लिहाज से ये स्वराज्य के लिए छेड़े गये उस संघर्ष की याद दिला देती हैं जिसमें न केवल विजातीय शासन के खिलाफ संघर्ष होता था, बल्कि आंतरिक क्षय को राकने की कोशिश की जाती थी। इस तरह यह परिघटना व्यवस्था विरोधी ताकतों को विश्वास और ऊर्जा से पुनः आवेशित करना चाहती है। यह उत्पीड़ित जनता को आधुनिक क्षेत्र की लोकलुभावन नारेबाजी और परंपरा की पितृसत्तात्मक जकड़ से बचाते हुए संघर्ष और सृजनशीलता के मार्ग पर चलाना चाहती है ताकि वह केवल किसी स्थानीय शोषक के खिलाफ ही नहीं, वरन पूरी समाज-व्यवस्था के खिलाफ भी खड़ी हो सके।

लोकप्रिय आंदोलनों में लगी हुई बहुत-सी ताकतें फौरी लड़ाइयों में इतनी उलझी हुई हैं कि वे गैर-दलीय संरचनाओं की इन व्यापक संभावनाओं को देख पाने में असमर्थ हैं। कुछ ताकतें विचार और व्यवहार के लिहाज से इस आयाम पर भरोसा नहीं कर पा रही हैं। वैसे भी हम देख चुके हैं कि ठोस और संगठित कार्यक्रम बनाने के लिए हमारे पास कोई तैयारशुदा सिद्धांत नहीं है। लेकिन यह जरूर लगता है कि छोटे पैमाने के ये

अन्योन्यक्रिया होती रहती थी। कांग्रेस की तरह लंबे समय तक हुकूमत करने वाली किसी भी पार्टी में भीतरी धड़े विकसित होना लाजमी था। इन्हीं धड़ों के कारण विपक्षी दलों के लिए गुंजाइशें खुलीं। वे न केवल सरकारी पार्टी का विकल्प देने का दावा करके नीतियों और निर्णय प्रक्रिया को प्रभावित करने लगे, बल्कि निर्वाचन क्षेत्रों और विधायिकाओं में आलोचना के जरिये शासक दल के धड़ों पर असर डालने लगे। बड़े विपक्षी नेताओं ने अपनी कद्दावर शख्सियत से भी शासक दल को प्रभावित किया, क्योंकि पितृ संगठन छोड़ जाने के बाद भी उसमें उनका सम्मान बचा हुआ था। १९६७ तक विपक्ष की बाहरी चुनौती के अभाव में कांग्रेस के भीतरी धड़े विपक्ष की भूमिका निभाते रहे। यह काम उन्होंने काफी खुली शैली में किया। अक्सर उनकी बातों में कई मुद्दों पर विपक्षी दलों का लहजा झलकता था।

८. जहाँ शासक दल का बहुमत मजबूत था, वहाँ विपक्ष की तरफ से निर्णय प्रक्रिया पर डाला गया यह प्रभाव ज्यादा असरदार साबित हुआ। होता यह था कि बहुमत कमजोर होने पर सरकार को अपदस्थ करने का प्रलोभन काफी होता था और राजनीति के खेल के नियमों का उल्लंघन होने लगता था।

पैमाने के ये आंदोलन एक तलाश में लगे हुए हैं। उनमें इस युग की प्रभावी ताकतों की समझ विकसित करने की बेचैनी अवश्य है। इन आंदोलनों की कतारों में एक ऐसा भरोसा व्याप्त है जो प्रचलित विचारधाराओं और औपचारिक राजनीति के उपादानों के जरिये नहीं मिल सकता। **लोकायन** में काम करने के दौरान हमने दलितों, भूमिहीनों, बँधुआ मजदूरों, आदिवासियों और ग्रामीण गरीबों के विभिन्न तबकों में काम करनेवाले कार्यकर्ताओं के साथ संवाद करते हुए पाया कि रेडिकल नारेबाजी करनेवाली मौजूदा राजनीतिक पार्टियाँ इस विशाल असंगठित क्षेत्र के प्रति कतई चिंतित नहीं हैं। इससे हमारे सामने स्पष्ट होता है कि जनता के इन हिस्सों को एक नये किस्म के संगठन और नयी किस्म की राजनीति की जरूरत है। गैर-पार्टी राजनीतिक संरचनाओं से हमारा तात्पर्य विभिन्न वैकासिक योजनाओं से जुड़ी हुई गैर-राजनीतिक स्वयंसेवी संस्थाओं से नहीं है। गैर-पार्टी परिघटना एक तरह की राजनीति ही है जो एक तरफ तो उन भूमिकाओं का निर्वाह कर रही है जिनसे सरकार और विपक्षी दलों ने अपना पल्ला झाड़ लिया है, और दूसरी तरफ करोड़ों जनता की विकट बदहाली के कारण पैदा हुई समस्याओं को राजनीतिक अभिव्यक्ति दे रही है। गैर-दलीय राजनीति करनेवाले कुछ ऐसे संगठन भी हैं जो अपने लघु और स्थानीय स्तर के संघर्षों को बड़े पैमाने के संघर्षों के साथ जोड़ने के प्रयास भी कर रहे हैं। उनकी कोशिश है कि यह काम या तो बहुत से मुकामों पर छोटे-छोटे आंदोलन चलाने और उन्हें एक दूसरे से जोड़ने की विधि से होगा या फिर अपने आंदोलन को मिसाल के तौर पर पेश करके जनता की राय को प्रभावित करके हो

बहुमत मजबूत होने की दशा में शासक पार्टी के लिए अपने भीतर धड़ेबाजी की इजाजत देना सुरक्षित होता था, और विपक्ष के साथ संबंध भी ठीक रहते थे। असुरक्षित बहुमत और कमजोर संस्थानीकरण मिलकर असंतोष को इतना बढ़ा देते हैं कि व्यवस्था की आधारभूत आम सहमति का क्षय हो जाता है। भारत की दलीय प्रणाली में दोनों प्रकार के विपक्ष देखे जा सकते थे।

९. दलीय प्रणाली का खुलापन पार्टियों की गतिविधियों से परे जाता था। इस खुलेपन के कारण सहभागिता की विचारधारा के विभिन्न पहलुओं को बढ़ावा मिलना स्वाभाविक ही था। जिन्हें संस्थागत जरियों से अपनी आवाज उठाने का मौका नहीं मिलता था वे गैर-संवैधानिक तरीकों से अपना असंतोष व्यक्त करते थे। इस तरह विरोध प्रदर्शन की राजनीतिक संस्कृति विकसित होती थी, जिसे एक तरह की वैधता भी प्राप्त थी। राष्ट्रीय आंदोलन से मिली विरोध प्रदर्शन की विरासत का असर भी था। उसके बाद से विरोध प्रदर्शन की राजनीतिक संस्कृति में नये-नये तरीके और जुड़ गये थे। लोकतंत्र की अवधारणा कुछ-कुछ अस्पष्ट होती है, इसलिए जनता के नाम पर किये जाने वाले विरोध प्रदर्शन को न्यायसंगत ठहराना आसान होता है। कुछ कानूनी

प्रभावित करके हो सकेगा। ऊपर से नीचे और दायें से बायें तक इन आंदोलनों को आपस में जोड़ने की जरूरत महसूस की जा रही है पर ऐसा बृहद सांगठनिक प्रयास फिलहाल होता हुआ नहीं दिख रहा है।

आंदोलनरत समूहों को राजनीतिक दलों की तरह नहीं देखा जाना चाहिए। उनकी भूमिका न तो पार्टियों की पूरक है, न ही उनके खिलाफ है। इन समूहों की भूमिका तो काफी सीमित लेकिन काफी रेडिकल है। वे पार्टियों से प्रतियोगिता नहीं कर रहे हैं लेकिन उन मुद्दों को उठा रहे हैं जिन्हें पार्टियाँ नहीं उठाना चाहतीं। इनमें वे मुद्दे भी शामिल हैं जो अंतर्राष्ट्रीय शक्तियों की कारगुजारियों से जुड़ते हैं। ऐसे आंदोलनों की अभिव्यक्ति लघु रूप में अवश्य होती है, पर वे उन हालात से जूझते हैं जिनके पीछे विराट अंतर्राष्ट्रीय ताकतों की योजनाओं के फलितार्थ होते हैं। इसलिए गैर-पार्टी संरचनाओं को भूमंडलीय रूपांतरण की बृहत्तर परियोजना के अंग के रूप में भी देखा जाना चाहिए। इस रूपांतरण में एक तरफ राज्य से इतर ताकतों और दूसरी तरफ भू-क्षेत्रीय सीमाओं को लाँघनेवाले बहुराष्ट्रीय निगमों की नकारात्मक भूमिका है जिनके खिलाफ गैर-पार्टी संरचनाएँ गोलबंद हो रही हैं।

खास बात यह है कि तीसरी दुनिया के देशों की अधिकतर सरकारों की कार्यसूची में भूमंडलीय चौधराहट और शोषण के खिलाफ संघर्ष की प्राथमिकता घटती जा रही है। वाम समेत ज्यादातर राजनीतिक दलों की भी यही स्थिति है। भारत में तो जैसे ही विदेश नीति के और अंतर्राष्ट्रीय मुद्दे सामने आते हैं, ये पार्टियाँ काफी रक्षात्मक रुख अख्तियार

दिमाग के लोग इससे चिढ़ते थे, पर कुल मिलाकर विरोध प्रदर्शनों का अपना महत्त्व था और सरकार इनके प्रति संवेदनशील थी। जहाँ सरकार इनके प्रति सख्त रवैया अपनाती थी, वहाँ उसकी वैधता का क्षय होने लगता था।

१०. कुल मिलाकर स्थिति यह थी कि किनारे पड़े हुए अतिवादी आंदोलनों को छोड़कर शासक दल के भीतर और दलीय प्रणाली के बाहर के आंदोलन व्यवस्था को भंग करने के बजाय उसमें प्रवेश का रास्ता खोजने की तरफ निर्देशित होते थे। यही कारण था कि समृद्ध राष्ट्रों के अनुभव के विपरीत भारत में आंदोलन अचानक फूट पड़ते थे, और उनमें असंतोष का समूहन करने की प्रवृत्ति नहीं होती थी। संघर्ष के दौर में टकराव की भाषा बोलने वाले ये आंदोलन सामान्य राजनीति की धारा में जगह मिलते ही अपने रेडिकल प्रतीत होने वाले लक्ष्यों को भूल जाते थे।

११. दावेदारियाँ कुछ भी होती हों, लेकिन असंतोष और असहमति की ताकतों के लक्ष्य सीमित ही होते थे। कुछ अपवादों को छोड़कर वे व्यवस्था के कुछ बुनियादी संस्थानों और मूल्यों का विरोध नहीं करते थे। एक तरह से व्यवस्था के केंद्र में जगह बनाने की कोशिश के जरिये वे उसकी आधारभूत

रुख अख्तियार कर लेती हैं। दरअसल, सत्तारूढ़ दल ने इन्हें अपने पक्ष में खींच लिया है। हालत यह है कि कारपोरेट हितों, भूमंडलीय वित्तीय और सैन्य संस्थानों के सामने खड़े होने का साहस इस समय न सरकारों को है और न ही विपक्षी दलों को। अगर कोई कहीं प्रतिरोध कर रहा है तो वह गैर-पार्टी और राज्य की संस्था से इतर ताकतें ही कर रही हैं। राष्ट्र-राज्यों की हालत तो यह है कि वे नयी विश्व व्यवस्था की बड़ी-बड़ी बातों के बाद भी विश्व बाजार की मातहती कबूल करते जा रहे हैं। प्रगतिशील और क्रांतिकारी कार्यसूची के आधार पर सक्रिय रहनेवाली पारंपरिक राजनीति के पतन और व्यवस्था द्वारा उसे फुसला कर अपने पक्ष में कर लिये जाने के बाद तो गैर-पार्टी राजनीतिक प्रक्रिया का महत्त्व और बढ़ गया है।

यहाँ सवाल उठता है कि विफलता के इस चौतरफा माहौल में गैर-दलीय संरचनाओं के कामयाब होने की क्या गारंटी है? इस संदेह के बाद भी संघर्ष की जरूरत से तो मुँह नहीं चुराया जा सकता। ऐसी रणनीति तो बनानी ही पड़ेगी जो लोगों, कार्यकर्ताओं और लोकतांत्रिक प्रक्रिया में नया यकीन पैदा कर सके, ताकि वे पिट चुकी विचारधाराओं और रुझानों से पिंड छुड़ा कर नयी ठोस संभावनाओं को आजमा सकें। इन संघर्षों को केवल फौरी लक्ष्यों तक ही सीमित नहीं रहना होगा। इन्हें लोकतांत्रिक प्रक्रियाओं को जनहित के मातहत बनाने के दूरगामी और बृहत्तर मकसद के साथ जुड़ना होगा। इसी पर मुख्यधारा की संरचनाओं के पुनर्जीवन, रूपांतरण और राज्य के राजनीतिकरण का दारोमदार है। केवल इसी तरह राज्य को साम्राज्यवाद के चुंगल से

आम सहमति में साझेदारी करते ही नजर आते थे। अक्सर वे अपनी अपील सत्तारूढ़ अभिजन द्वारा प्रवर्तित उन मूल्यों के आधार पर ही करते थे, जिन पर अमल नहीं हो पा रहा था। दरअसल, असंतोष को व्यक्त करने वाले नेता भी शासक कांग्रेस के नेताओं जैसी राजनीतिक पृष्ठभूमि के थे। इसीलिए जब चौथे आम चुनाव के बाद आधे राज्यों में गैर-कांग्रेसी सरकारें बनीं, तो आठ में से छः में नेतृत्व का जिम्मा पूर्व कांग्रेसियों को ही सौंपा गया। अधिक स्पष्ट कांग्रेस विरोधी राजनीतिक शैली तो बाद में उभरी।

१२. सरकार की केंद्रीय भूमिका पूरी प्रणाली को टिकाने का काम करती थी। अधिकांशतः दलीय प्रणाली सरकार के जरिये सक्रिय रहती थी। सत्तारूढ़ पार्टी के नेटवर्कों के प्रसार के जरिये संरक्षण की संरचनाएँ और वैकासिक संसाधन उपलब्ध कराने का आश्वासन मिलता था। असंतुष्ट धड़े संसाधनों के इसी ढाँचे को नियंत्रित करने के लिए होड़ करते थे और विरोध प्रदर्शन के आंदोलन इसी ढाँचे के सामने अपनी माँगें रखते थे। इसके अलावा अधिकारीतंत्र द्वारा संचालित रोजमर्रा का प्रशासन अपने वैकासिक नेटवर्क के साथ राजनीतिक प्रणाली को संकट के उस काल में भी टिकाये रखता था जब

आजाद कराया जा सकता है। इसी तरीके से उस स्वदेशी और वास्तविक संस्कृति को उपलब्ध किया जा सकता है जिसमें भारत की जनता रमी हुई है। धीरूभाई शेठ ने कहा भी है कि जनता तो हमेशा जमीन से जुड़ी ही रहती है। संघर्ष तो उन लोगों से करना है जो उसे अपनी जमीन से उखाड़ना चाहते हैं। यह एक ऐसा संघर्ष है जिसमें रोमानी विचारों और बेतहाशा आशावाद से काम नहीं चलेगा। एक तरफ व्यवस्था की दैत्याकार ताकत को असलियत के रूप में स्वीकारना होगा और दूसरी तरफ यह भी मानना होगा कि बहुत-सी जगहों पर गंभीर और ठोस काम हो रहा है, हालाँकि यह प्रक्रिया अभी कमजोर, बिखरी हुई, तमाम तरह की निजी, संगठनात्मक और समझ-संबंधी समस्याओं और संसाधनों की कमी की शिकार है। गैर-दलीय संरचनाओं की समस्याओं और संभावनाओं को ठीक से ग्रहण करके ही राजनीतिक गतिविधि की नयी विधा को स्थापित किया जा सकता है। इसके लिए पुराने तौर-तरीके छोड़ कर कदम जमाने होंगे, मैदान में टिके रहना होगा और करिश्माई हस्तियों की प्रतीक्षा बंद कर देनी होगी।

हो सकता है कि यथास्थिति के प्रति बढ़ते हुए असंतोष के कारण कभी-कभी गैर-पार्टी संगठनों और पार्टी जैसे संगठनों को आपस में तालमेल भी करना पड़े। इसी संदर्भ में हमें क्षेत्रीय राजनीति की परिघटना को समझना पड़ेगा। अभी इस किस्म की राजनीति के सभी पहलू साफ नहीं हुए हैं लेकिन क्षेत्रीय राजनीति केंद्र की निरंकुशता, महानगरों के वर्चस्व, पूँजीवादी सार्वदेशिकता के सांस्कृतिक प्रभुत्व और राष्ट्रवादी अभिजनों के केंद्रीकरणवादी अभियानों के प्रति-ध्रुव के रूप में उभरी है। इस कारण से

राजनीतिक गठजोड़ अस्थिर हो जाते थे। ऐसे संकटों से निबटने के लिए न केवल संवैधानिक उपाय उपलब्ध थे, बल्कि वह प्रशासनिक ढाँचा भी था जो उस जमाने में विकसित हुआ था जब पार्टियाँ नहीं थीं। जाहिर था कि यह ढाँचा उस समय भी काम चलाता रह सकता था जब पार्टियाँ राजनीति का खेल नियमानुसार खेलने से इनकार कर देती थीं। दूसरी बात यह थी कि समाज के एकीकरण में सरकार की सृजनशील भूमिका ही पार्टियों की गतिविधियों के लिए व्यापक मंच प्रदान करती थी। कांग्रेस और उसके राष्ट्रीय अभिजन को ही इसका श्रेय जाता था, क्योंकि सत्ता सँभालने के बाद इस पार्टी ने समाज के विकास में सरकार और राजनीति को बेहद सकारात्मक और महत्त्वपूर्ण भूमिका प्रदान की थी। दूसरे, कांग्रेस ने केंद्रीय प्राधिकार की सत्ता को राष्ट्र के टिके रहने की मुख्य शर्त बना दिया था। उसने इस सत्ता को न केवल सुदृढ़ किया था, बल्कि उसकी क्षमताओं को बहुत बढ़ा दिया था। तीसरे, कांग्रेस ने वैधता को राजनीति का मुख्य मुद्दा बनाकर सरकार और सरकारी पार्टी को बहुत बड़ी प्रतीकात्मक अहमियत प्रदान करने में कामयाबी हासिल कर ली थी। राजनीतिक प्रणाली एक खास तरह के नेतृत्व, उसके

इसे व्यापक लोकतांत्रिक संघर्ष का अंग समझा जा सकता है। एक तरह से ये क्षेत्रीय आंदोलन पूरी तरह गैर-पार्टी गुटों द्वारा चलाये जा रहे आंदोलनों के अंतरनिहित आवेग के नजदीक ही लगते हैं। आखिर ये राष्ट्रीय संकट के स्थानीय जवाब ही तो हैं। अपनी गैर-पार्टी किस्म की ऐतिहासिक विशेषताओं और राजनीतिक प्रकृति के साथ इस क्षेत्रीय परिघटना को व्यवस्था के खिलाफ जनाक्रोश व्यक्त करनेवाले उभारों के रूप में देखना होगा। विकास का एजेंट होने का दावा करनेवाली स्वयंसेवी संस्थाओं से अलग गैर-पार्टी आंदोलन भी तो दरअसल विकल्प की तलाश में ही है और समाज के निचले हिस्सों तक सत्ता का विकेंद्रीकरण करना चाहता है। इसी भाँति असम, झारखंड, उत्तर-पूर्व के जनजाति बहुल प्रदेशों और आंध्र प्रदेश जैसे इलाकों में ही नहीं, बल्कि कश्मीर में एक अलग तरीके से और पश्चिम बंगाल और कर्नाटक में दूसरे तरीके से क्षेत्रीय स्वायत्तता की माँग एक स्वर में गूँज रही है। लगता है कि समाज के आधार में क्षेत्रीय और उपराष्ट्रीयता के प्रश्नों के आसपास कुछ असंतोष गोलबंद हो रहा है, हालाँकि दुर्भाग्य से यह खदबदाहट सामाजिक सवालों से संबंधित नहीं है। क्षेत्रीय राजनीति भाषा, संस्कृति और आत्मगरिमा पर अपने दावे केंद्रित करने के साथ-साथ शिक्षा, रोजगार और पारिस्थितिकी पर भी जोर देते हुए लगती है। वह स्थानीय संसाधनों और सत्ता के केंद्र की तरफ गमन के खिलाफ है। क्षेत्रीय राजनीति के इन पहलुओं की तरफ गैर-पार्टी परिघटना को ध्यान देना ही पड़ेगा।

क्षेत्रीय परिघटना की दो खूबियाँ ऐसी हैं जो उन्हें गैर-पार्टी आंदोलनों के नजदीक

एजेंटों और उसके उत्तराधिकारियों के साथ अपनी शिनाख्त करके वैधता हासिल करती थी। बाद में जब असहमति की ताकतें मजबूत हुईं तो उन्होंने भी 'सरकार विरोधी' लकब के आधार पर ही राजनीति की। यानी सरकार हर तरह से केंद्र में रही।

१३. इसका मतलब यह नहीं था कि प्रणाली को बुनियादी स्तर पर कोई चुनौती ही नहीं थी। भारतीय राजनीति का यह एक खास तरह का विचारधारात्मक आयाम है कि व्यवस्था के ऊपर बौद्धिक संदेह अक्सर व्यक्त किये जाते रहते हैं। अक्सर समाज के प्रमुख सदस्यों के स्वर में इन्हें वाणी मिलती है। लेकिन, इससे व्यवस्था के संचालन में कोई गंभीर गड़बड़ी नहीं होती। यहाँ इतना कहना काफी होगा कि उस समय तक प्रणाली की वैधता पर्याप्त रूप से गहन नहीं हो पायी थी, आर्थिक मोर्चे पर उसके प्रदर्शन में काफी सुधार की गुंजाइश थी, उसे काफी बड़ी-बड़ी समस्याओं का सामना करना पड़ रहा था और कई मुद्दों पर असंतोष की भावना ने केंद्र में अपनी जगह बना ली थी। इसीलिए कुछ लोग प्रणाली के कामकाज के प्रति एक तरह की निराशा व्यक्त करते रहते थे। चूँकि ये आलोचक शहरी और बौद्धिक

ले जाती हैं। पहली, पार्टी हो या गैर-पार्टी, क्षेत्रीय भावना सभी हलकों में फैली हुई है और रूपांतरण के लिए संघर्ष को एक बहुत बड़े दायरे में ले जा सकती है। दूसरी, यह राजनीति वास्तविक जमीनी राजनीति से लेकर राष्ट्रीय-अंतर्राष्ट्रीय स्तरों तक सक्रिय है। अब यह कार्यकर्ताओं का फर्ज है कि वे क्षेत्रीय राजनीति में लोकतांत्रिक हस्तक्षेप करके इन पार्टी सरीखी संरचनाओं को जनता के उन वर्गों और श्रेणियों की आकांक्षाओं का वाहक बनायें जिनके विश्वास को सरकार और विपक्ष दोनों ने ही धोखा दिया है। सवाल यह है कि क्या तेलुगु देशम, नेशनल कांफ्रेंस, असम और झारखंड के आंदोलन क्षेत्रीयतावाद और विकेंद्रीकरण के अन्य दावेदारों से मिल कर राजनीति और सत्ता में जनता की ज्यादा भागीदारी सुनिश्चित करेंगे या फिर वे भी अन्य विपक्षी दलों की भाँति जनअसंतोष का सहारा ले कर राजनीतिक जोड़-तोड़ करते हुए सत्तारूढ़ दल की जगह खुद लेने तक ही सीमित रहेंगे? इस सवाल का जवाब काफी-कुछ गैर-पार्टी समूहों और उनके कार्यकर्ताओं पर निर्भर है कि वे कैसे इन क्षेत्रीय आकांक्षाओं को परिवर्तन की बृहत्तर परियोजना से जोड़ पाते हैं और इसके लिए क्षेत्रीय संरचनाओं को नवचिंतन के लिए मजबूर कर पाते हैं।

इतिहास की भूमिका

गैर-दलीय, ग्रासरूट्स या जमीनी आंदोलनों के सामने सबसे बड़ी उलझन यह है कि वे अपने लघु और स्थानीय स्वरूप को विराट और राष्ट्रव्यापी स्वरूप से कैसे जोड़ें। गैर-

क्षेत्रों से आते थे और अभिव्यक्ति की आजादी और असहमति की स्वतंत्रता उन्हें भी प्रिय थी, इसलिए उनकी अधिकांश 'रेडिकल आलोचना' जुबानी-जमाखर्च ही थी।

१४. हालाँकि सरकार के लक्ष्य और संरचनाओं की अभिव्यक्ति आधुनिक दायरे में होती थी, पर उसकी शैली पारंपरिक दायरे से ली हुई लगती थी। निजी नेटवर्कों का महत्त्व काफी था। ये नेटवर्क बहुत सुदृढ़ किस्म के नहीं थे और उनमें संगठित समूहन की खूबी नहीं होती थी। एक ही संगठन के विभिन्न हिस्से टूटने की प्रक्रिया से गुजरते रहते थे। एक पार्टी की प्रांतीय और राष्ट्रीय संरचनाएँ एक-दूसरे के खिलाफ काम करती नजर आती थीं। सामाजिक और विचारधारात्मक रूप से विसंगत तत्त्वों से साज-बाज करने के कारण उनके ऊपर अवसरवाद का इलजाम लगता रहता था। विभिन्न क्षेत्रों की सामाजिक परिस्थितियों और समस्याओं में आपसी फर्क इतना ज्यादा था कि वहाँ कार्यरत संगठन को अपनी रणनीति बनाने की स्वायत्तता देनी पड़ती थी। गठजोड़ों में विविधता इतनी होती थी कि राजनीतिक संगठन का चरित्र एकीकृत छवि और नीतिगत संगति का प्रभाव नहीं छोड़ पाता था। एक ही

पार्टी समूहों को इस समस्या से संबंधित दो तरह की आलोचनाओं का सामना करना पड़ता है। पहली, ये समूह राजनीतिक प्रक्रिया में किसी बुनियादी परिवर्तन के वाहक नहीं हैं। ज्यादा-से-ज्यादा ये एक संक्रमणकालीन अंतराल को भरते हुए लगते हैं। जैसे ही वामपंथी दल अपनी क्रांतिकारी भूमिका अपना कर राजसत्ता पर कब्जा करने की मुहिम शुरू करेंगे, इन संगठनों की जरूरत नहीं रह जायेगी। दूसरी, इन संगठनों की सफलता स्थानीय किस्म की ही रहेगी और इनके कारण हुआ रूपांतरण राष्ट्रीय या अंतर्राष्ट्रीय चरित्र ग्रहण नहीं कर पायेगा।

ये दोनों आलोचनाएँ इतनी प्रभावशाली और तर्कसंगत हैं कि बहुत से गैर-पार्टी कार्यकर्ता भी इनके कारण आत्मसंदेह के शिकार हो जाते हैं। मैं इन आलोचनाओं से सहमत नहीं हूँ। मेरी मान्यता है कि इन नये किस्म के संगठनों और नये किस्म की राजनीति को रूपांतरित होते हुए विश्व की रोशनी में देखा जाना चाहिए। बहुत से समाजों के निचले और हाशिये पर पड़े हुए तबके राजनीति के सारतत्त्व को पुनर्परिभाषित करना चाहते हैं। सामाजिक टकराव, भागीदारी के बंद दायरों और निरंतर विषमतामूलक होती जा रही दुनिया में इन तबकों की यह कोशिश नयी चेतना, अधिकारों और उत्तरदायित्व की नयी समझ और नयी गुंजाइशें निकालने की कोशिशों का प्रतिनिधित्व करती है। शासन व्यवस्थाएँ, पार्टियाँ, ट्रेड यूनियनें और विकास एजेंसियाँ जैसी सत्ता की संरचनाएँ इन तबकों की महत्त्वाकांक्षाएँ पूरी करने में नाकाम हैं; संस्थागत ढाँचा शून्य का शिकार होता जा रहा है; राजनीति की संभावनाओं का विस्तार करने की कोशिशों और उन्हें और

पार्टी एक स्तर पर शासक दल की और दूसरे स्तर पर विपक्षी दल की भूमिका निभाती नजर आती थी। केवल कांग्रेस ही ऐसी पार्टी थी जो अपनी राष्ट्रीय पृष्ठभूमि और इतिहास के कारण एकीकृत पार्टी लगती थी। उसके अलावा तमिलनाडु में द्रविड़ मुनेत्र कषगम (द्रमुक), पंजाब में अकाली दल और असम व उड़ीसा में आदिवासी पार्टियाँ ही एकीकृत छवि रखती थीं। दूसरी पार्टियों की अपेक्षा अधिक सांगठनिक एकजुटता रखने वाले कम्युनिस्ट भी भारत में एकीकृत छवि पेश करने में नाकाम थे। केरल और पश्चिम बंगाल में दोनों कम्युनिस्ट पार्टियों के कदम जरूर जमे हुए थे, पर कुल मिलाकर वे क्षेत्रीय पार्टियों की तरह ही काम कर रही थीं। राजनीतिक गोलबंदी में बढ़ोतरी के साथ ही स्थानीय पार्टियों, निर्दलियों और राष्ट्रीय दलों के 'क्षेत्रीयकरण' की प्रवृत्ति और बढ़ने वाली लग रही थी।

१५. इन्हीं कारणों से राजनीतिक संबंधों पर निजी शख्सियतों का असर काफी दिखाई देता था। हालाँकि करिश्माई व्यक्तियों की भूमिका घट रही थी, पर समय-समय पर ताकतवर लोग राजनीतिक संबंधों की रचना करने में

विस्तार करने की कोशिशों और उन्हें और घटाने के प्रयासों के बीच टकराव जारी है; राज्य की भूमिका बदलती जा रही है और अंतर्राष्ट्रीय हालात पहले के मुकाबले कतई अलग हैं। जनता और 'विकास' के बीच का रिश्ता पूरी तरह बदल चुका है। जैसे ही हम गैर-पार्टी परिघटना को इस परिप्रेक्ष्य में रख कर देखते हैं, वैसे ही उन पर लगाया जा रहा अस्थायी प्रकृति का बिल्ला हमें गलत लगने लगता है। तब गैर-पार्टी-राजनीति हमें ऐतिहासिक परिघटना लगने लगती है जिसकी खास सामाजिक भूमिका है और जो अचानक कहीं से टपक नहीं पड़ी है, वरन जो समकालीन दुनिया की समस्याओं के कारण अपने आप उभरी है।

अगर इस परिघटना को मौजूदा राजनीतिक सिद्धांतों और वैचारिक संरचनाओं के जरिये व्याख्यायित करने में दिक्कत आ रही है तो यह सिद्धांत की कमी है, उधार ली हुई बुद्धि की कमी है, न कि इस परिघटना की। मेरा विचार है कि जिस तरह राजनीति की प्रकृति और व्यापकता को हमें नये सिरे से समझना होगा उसी तरह हमें क्रांतिकारी परिवर्तन की धारणा पर भी पुनर्विचार करना होगा। यह मान्यता घिसपिट गयी है कि क्रांतिकारी तख्तापलट के लिए जरूरी मजदूर वर्ग पूँजीवादी व्यवस्था से ही निकलेगा और हिंसक रास्ते से ही सत्ता पर कब्जा करके क्रांतिकारी हरावल एक नये युग का सूत्रपात कर पायेगा। आज के उत्पीड़ितों को तो व्यवस्था के बाहर से संघर्ष करना होगा, शासक वर्ग को पराजित करके राजसत्ता पर कब्जा करने के बजाय उसे राजनीति को नये सिरे से परिभाषित करना होगा ताकि समाज के सबसे निचले तबकों का सबलीकरण हो सके और रूपांतरण के फायदे आखिरी आदमी को भी मिल सकें।

मनमानी भूमिका निभाते नजर आते थे। इन हस्तियों के प्रभाव के कारण राजनीतिक दल उत्तराधिकार के संकट का सामना करते रहते थे। संयुक्त सोशलिस्ट पार्टी(संसोपा) राम मनोहर लोहिया के निधन के बाद उत्तराधिकार के संकट से जूझ रही थी। कम्युनिस्टों में पार्टी के प्रति वफादारी का तत्त्व काफी होता है, पर पी.सी. जोशी, बी.टी. रणदिवे और श्रीपाद अमृत डाँगे को एक के बाद एक हटाये जाने के कारण इस पार्टी में भी टूट-फूट हो गयी थी। ऐसा लग रहा था कि स्वतंत्र पार्टी का जीवन अपने योग्य संस्थापक चक्रवर्ती राजगोपालाचारी के जीवन से अधिक लंबा साबित नहीं होगा। जनसंघ राष्ट्रीय छवि पाने के चक्कर में क्षेत्रों में समर्थन खो बैठा था। कांग्रेस के ऊपर से उसके कद्दावर नेताओं की छाया हटते ही उसमें भी दरारें दिखने लगी थीं। १९६९ में शीर्ष स्तर पर पार्टी बँट गयी और काफी दिनों तक पार्टी के हलकों में भ्रम छाया रहा। लेकिन, फिर भी कांग्रेस ने दूसरों से अधिक दृढ़ता और टिकाऊपन दिखाया, और वह अपने सामूहिक नेतृत्व की शैली के कारण अपना नैतिक बल और एकजुटता कायम रख पायी। सत्ताधारी होने के कारण भी उसे नेतृत्व के संकट का सामना करने में ज्यादा सफलता मिली। केरल

इसकी कोई गारंटी नहीं है कि गैर-पार्टी परिघटना राजनीति के इस संकट का समाधान कर ही पायेगी। लेकिन इस सच्चाई से इंकार नहीं किया जा सकता कि इस आंदोलन में कुछ प्रणालीगत लक्षण हैं। इसलिए इसे सिद्धांतबद्ध करना वक्त की जरूरत है और इसका लाभ उठा कर राजनीतिक कार्रवाई के नये रूपों और दायरों की रचना की जानी चाहिए। इसी जगह मैं यह भी कहना चाहूँगा कि 'भूमंडलीय समस्याएँ, स्थानीय समाधान' जैसी उक्ति कोरी नारेबाजी नहीं है। हम अच्छी तरह जानते हैं कि जिस दुनिया में हम रह रहे हैं उसमें अंतर्राष्ट्रीय समस्याओं के कोई अंतर्राष्ट्रीय हल उपलब्ध नहीं हैं। जीवन निजी, सामुदायिक और राजनीतिक स्तरों पर अनिश्चित, जोखिमग्रस्त और खतरनाक हो गया है। उसे प्रभावित करनेवाली ताकतें हमारे नियंत्रण से पूरी तरह बाहर हो चुकी हैं। इसलिए अब संभावना भूमंडलीय समस्याओं के स्थानीय समाधानों में ही रह गयी है। साथ ही हम यह भी कह चुके हैं कि स्थानीय समाधानों के लिए काम करने वालों के पास राष्ट्रीय और अंतर्राष्ट्रीय परिप्रेक्ष्य का अभाव नहीं है। आज हम कह सकते हैं कि अंतर्राष्ट्रीय परिप्रेक्ष्य भूमंडलीय बुद्धिजीवियों और सत्ता के बहुराष्ट्रीय प्रबंधकों की ठेकेदारी नहीं है। दरअसल, ये लोग तो इस समय किसी भी दृष्टि और परिप्रेक्ष्य से वंचित हैं।

अगर हम व्यष्टि और समष्टि या लघु और विराट के संबंध को इस गतिशील नजरिये से समझेंगे तो पायेंगे कि ये दोनों तो एक ही प्रक्रिया की दो अभिव्यक्तियाँ हैं।

और पश्चिम बंगाल में मार्क्सवादी कम्युनिस्ट पार्टी के सुसंगत ढाँचे के पीछे भी शायद उसका सत्तारूढ़ होना ही था।

१६. हालाँकि गैर-कांग्रेसी पार्टियों में काफी बिखराव था, पर १९६७ के बाद कांग्रेस के घटते हुए वर्चस्व और सत्ता से उनकी बढ़ी हुई निकटता ने उनमें ताकत का कुछ एहसास पैदा किया। हालाँकि ज्यादातर विपक्षी दल अधिक दिनों तक सत्ता में नहीं रह पाए, पर उन्हें आजादी के बाद पहले दो दशकों के मुकाबले सत्ता में वापसी की संभावनाएँ ज्यादा वास्तविक लगने लगीं। उस समय तक कांग्रेस भी पहले जैसी अपराजेय ताकत नहीं रह गयी थी। उसके वर्चस्व को अनिवार्य और अनुलंघनीय मानने जैसे हालात नहीं थे। अन्य पार्टियों के लिए इसके दो अहम नतीजे निकले। एक ओर तो उनके भीतर राजनीतिक प्रणाली में बेहतर भागीदारी का एहसास पैदा हुआ, उन्हें लगा कि इस व्यवस्था में उनका भी कुछ दाँव पर लगा है, और इससे विपक्षियों के अतिवादी रवैये और मताग्रहों का भी काफी हद तक शमन हुआ। दूसरी ओर तरह-तरह की हित आधारित पृष्ठभूमियों और विचारधाराओं की पार्टियों के उभरने से भारतीय राजनीति में मुद्दा आधारित टकराव की

हमें देखना होगा कि ये दो अभिव्यक्तियाँ किन्हीं विपरीत ध्रुवों को नहीं, बल्कि विविधताओं की आपस में गुँथी हुई लेकिन उसके बाद भी स्वायत्त और अंतर्संबधित संरचनाओं का प्रतिनिधित्व करती हैं। पता नहीं गैर-पार्टी आंदोलन के विराट दायरे में कब और कैसे समष्टिगत आयाम विकसित होना शुरू होंगे। अभी तक तो यही समझा जाता रहा है कि या तो हिंसक क्रांति के जरिये या फिर वोट के जरिये सत्ता पर कब्जा करके ही ये आयाम उपलब्ध किये जा सकते हैं। लेकिन संभावनाओं को केवल इन्हीं दोनों रूपों तक सीमित रखना भी एक तरह के अराजनीतिकरण को बढ़ावा देना है। मौजूदा संकट के समय में हम यह खतरा नहीं उठा सकते। यह वक्त रूपांतरण और प्रतिक्रिया के बीच संघर्ष का है, दरिद्रता और अमानवीयकरण के खिलाफ नयी संभावाओं के उदय का है, साथ ही यह वक्त राजनीति की गुंजाइशों को विस्तृत करते हुए जनसंघर्षों के क्षितिज के विस्तार का है। नये-नये तजुर्बे किये जा रहे हैं, नयी ऊर्जा का विस्फोट हो रहा है। फिल्म, रंगमंच, कला और साहित्य में मानवीय जीवन को शक्तिमंत अभिव्यक्ति मिल रही है। अभी हाल तक अलग-थलग पड़े हुए स्कूलों और कालेजों के युवा आदिवासियों के हकों के जुलूस निकालने लगे हैं। यही वह मुकाम है जहाँ से नये समाज की रचना की सामग्री मिलती है और लोग अपने भाग्य के खुद निर्माता बनने के लिए आगे आते हैं। इतिहास बताता है कि जब यथास्थिति खुद को कायम रखने के लिए घबराहट में परिवर्तनकामियों को धकेल कर दीवार से लगा देती है तभी बदलाव की आकांक्षा और बलवती हो कर सांगठनिक रूप में फूट पड़ती है।

संभावनाएँ बढ़ गईं। कुछ विशिष्ट नीतिगत आयामों पर राजनीतिक विवाद बढ़ने की प्रवृत्ति पैदा हो गयी और उन मुद्दों पर ज्यादा नजदीकी निगाह डाली जाने लगी जो अभी तक ठंडे बस्ते में पड़े हुए थे। कुल मिलाकर राजनीति की शैली अधिक समस्या-उन्मुख हो गयी। परिणामस्वरूप व्यवस्था में हैसियत प्राप्त करने के बजाय जोर सरकार के कामकाज को कसौटी पर कसने का होने लगा। इसका मतलब यह था कि राजनीतिक प्रणाली की असली परीक्षा का वक्त आने वाला था।

दलीय प्रणाली का विकास

गाँधी की मृत्यु के बाद नेहरू और पटेल के गठजोड़ को राजनीति की कमान मिली थी। कई तरह से यह एक विचित्र गठबंधन था, क्योंकि दोनों नेताओं के व्यक्तित्व, वैचारिक प्राथमिकताएँ, बुनियादी प्रवृत्तियाँ और राजनीतिक अपील हमेशा से अलग-अलग तरह की रही थी। नेहरू का रुझान बुद्धिवादी था, वे जनता के बीच बेहद लोकप्रिय थे और उन्हें प्रगतिशीलता का खयाल पसंद था। इसके ठीक विपरीत पटेल की राजनीतिक शैली ठोस परिणामवादी

> जब संगठन के मौजूदा रूप अपनी प्रासंगिकता खोने लगते हैं तब जनता नयी समझ के साथ स्वयं सक्रिय हो कर हस्तक्षेप करती है। उसे नयी दृष्टि मुहैया कराने के लिए कुछ शख्सियतें, कुछ नये बुद्धिजीवी, कुछ युवा कार्यकर्ता और कुछ नये किस्म के राजनीतिज्ञ सामने आते हैं। जनता की यह स्वत:स्फूर्त सक्रियता अनिवार्यत: स्थानीय और क्षेत्रीय स्तर पर ही शुरू हो सकती है। वहीं से प्रयास और इच्छाशक्ति के दम पर वह पूरी राजनीति में प्रतिध्वनित हो सकती है।
>
> सैद्धांतिक नजरिये से गैर-पार्टी परिघटना स्थानीयता को निहित स्वार्थों का गढ़ मानने और राज्य, प्रौद्योगिकी, क्रांतिकारी हरावल जैसे दूरस्थ उपादानों को मुक्ति के केंद्र मानने के रवैये पर पुनर्विचार करने की माँग करती है। इस परिघटना को ऐसी राजनीतिक संरचनाओं का इंतजार है जो लघु और स्थानीय को ही नहीं, भूमंडलीय को भी पार कर जाएँगी। हम अभी नहीं कह सकते कि ये राजनीतिक संरचनाएँ किस हद तक राज्य जैसी संरचनाओं सरीखी होंगी और किस हद तक ये नयी शैली की संस्थाएँ बनायेंगी। इस सवाल पर चर्चा जारी रखनी होगी। गैर-पार्टी परिघटना और दूसरे संभावित रूपों के उदय पर विचार के सिलसिले में हमें देखना होगा कि मानवता के समकालीन हालात की रोशनी में संगठन और विचारधारा के बीच कौन से वैकल्पिक संबंध हो सकते हैं। सैद्धांतिक अनुसंधान का एक पूरा कार्यभार हमारी प्रतीक्षा कर रहा है।
>
> *('राजनीति की किताब' से साभार)*

थी। वे संगठन पर बहुत ध्यान देते थे और उनका रुझान गैर-विचारधारात्मक था। आजादी के बाद के नाजुक वर्षों में दोनों को एक-दूसरे की जरूरत थी, इसलिए आम तौर पर ये दोनों नेता खुले टकराव की अभिव्यक्ति से बचते थे। फिर भी १९५० में नेहरू और पटेल का मतभेद सतह पर आ ही गया। पटेल के समर्थन से अनुदारतावादी नेता पुरुषोत्तम दास टंडन कांग्रेस के अध्यक्ष पद के लिए प्रगतिशील नेता आचार्य कृपलानी को हराकर निर्वाचित हो गये। इसी चुनाव के बाद पटेल की मृत्यु हो गयी। सरकार पर अकेले नेहरू का वर्चस्व हो गया और संगठन दूसरी दिशा में खिंचने लगा। पार्टी की कार्यसमिति ने ऐसे कई कदम उठाये जिससे कांग्रेस के प्रगतिशील खेमे को धक्का लगा। उसने कृपलानी और उनके कांग्रेस डेमोक्रेटिक फ्रंट को पार्टी छोड़ने पर मजबूर कर दिया, और यहाँ तक स्वायत्तता हासिल कर ली कि नेहरू पर केंद्रीय और राज्य सरकारों में अनावश्यक हस्तक्षेप का दोषारोपण करने लगी। नेहरू सरकार और पार्टी के बीच यह टकराव बर्दाश्त करने के लिए तैयार नहीं थे। साथ ही वे चाहते थे कि १९५२ के पहले आम चुनाव में उनकी मर्जी के लोग ही चुन कर सरकार में आएँ।

नेहरू ने दृढ़ता से पार्टी पर काबिज होने के लिए कदम उठाये। सबसे पहले उन्होंने टंडन के सामने विकल्प रखा कि या तो वे नेहरू को कार्यसमिति का पुनर्गठन करने दें या फिर कार्यसमिति से उनका इस्तीफा मंजूर कर लें। इस पर टंडन को मजबूरन पार्टी के अध्यक्ष पद से इस्तीफा देना पड़ा। इसके बाद नेहरू खुद पार्टी अध्यक्ष बन गये और अगले चार साल तक संगठन और सरकार दोनों पर काबिज बने रहे। इस दौरान उन्होंने पार्टी को पहला चुनाव जितवाया, घरेलू और विदेश नीति के सवाल पर कई अहम फैसले लिए, जिससे भविष्य की रूपरेखा तय हो गयी। कांग्रेस पर अपना पर्याप्त वर्चस्व कायम करने के बाद उन्होंने अन्य नेताओं के लिए अध्यक्ष पद छोड़ दिया।

इस पुस्तक में राजनीतिक संगठन, खासकर कांग्रेस के सर्वग्रहणशील और कुछ-कुछ अव्यवस्थित किस्म के चरित्र पर बार-बार जोर दिया गया है। लेकिन, इसका मतलब यह नहीं है कि हमें 'आम सहमति' बनाने के दौरान होने वाले टकरावों को नजरंदाज कर देना चाहिए। अधिकांश नवस्वाधीन देशों में जैसे ही नेतृत्व सरकार में आ कर नीतिगत फैसले करने की दिशा में बढ़ता है, वैसे ही इस तरह के विवाद होने लगते हैं। जिन देशों में इस समस्या को फटाफट और ठीक ढंग से हल कर लिया जाता है, वे ही सुदृढ़ीकरण करते

हुए उद्देश्यपूर्ण विकास की ओर बढ़ पाते हैं। १९५० के बाद भारत ने नेहरू के नेतृत्व में यही काम करके दिखाया। अगले दस सालों में नेहरू ने बेहद आत्मविश्वास का परिचय देते हुए देश को लोकतंत्र और विकास के रास्ते पर चलाया। इस दौरान वे राजनीतिक शिखर पर रहे। ये दोनों लक्ष्य उन्हें बहुत प्रिय थे। पिछले अध्याय में संस्थानीकरण की जिस रणनीति का वर्णन किया गया है, वह नेहरू के नेतृत्व में इसी दौरान धरती पर उतारी गयी।

दलीय प्रणाली की चुनावी अभिव्यक्ति

दलीय प्रणाली की चुनावी अभिव्यक्ति इस बात पर निर्भर थी कि आधुनिकतावादी अभिजन आम जनता तक किस तरह पहुँचते हैं। चुनाव की बात आते ही उनके समर्थन का दायरा अखिल भारतीय कांग्रेस कमेटी के प्रतिनिधियों तक ही सीमित नहीं रह जाने वाला था। नेहरू और नेहरू के सत्ताधारी साथी इन प्रतिनिधियों से तो अपने नेतृत्व पर अक्सर आसानी से मुहर लगवा लेते थे, लेकिन चुनाव जीतने के लिए उन्हें पूरे राष्ट्र की मुहर चाहिए थी। संगठन पर वर्चस्व की लड़ाई में पुरुषोत्तम दास टंडन को परास्त करने के कुछ महीने के बाद ही फरवरी १९५२ में वयस्क मताधिकार के आधार पर देश में पहले आम चुनाव हुए। देश में उस समय असमंजस और बेचैनी का माहौल था। राजनीतिक रूप से जागरूक जनता मुख्यतः शहरों में थी जहाँ कांग्रेस को मिल सकने वाली चुनौती साफ दिख रही थी। लेकिन, किसी को नहीं पता था कि देहाती जनता का क्या रुख होगा। सरकार और समाज के संबंधों को तय करने वाला चुनाव नामक आयोजन भारत के लिए एकदम नया था। हर पार्टी के सामने अपना संदेश समाज के आधार तक पुहँचाने का अवसर था, लेकिन हर दल के लिए यह अँधेरे में छलाँग लगाने के समान ही था। चुनाव कराने का प्रशासनिक कार्यभार भी बहुत भारी था। डर था कि कहीं स्थानीय समाज खुली राजनीतिक प्रतियोगिता के कारण हिंसा के ज्वार में न डूब जाए। एक तरफ सांप्रदायिक तत्त्वों से और दूसरी तरफ कम्युनिस्ट तत्त्वों की तरफ से लोकतांत्रिक प्रक्रिया के लिए खतरे का अंदेशा भी था। खुद कांग्रेस पार्टी अपने भीतरी विवादों से आहत थी। वह आश्वस्त नहीं थी कि चुनाव लड़ने के लिए जरूरी एकता कायम रख पाएगी। कुल मिलाकर कोई नहीं जानता था कि १,९६,००० बूथों में वोट डालने वाले १७ करोड़ तीस लाख वोटर १९२ राजनीतिक दलों के १७,००० उम्मीदवारों में से

३,७०० सीटों के लिए किसे चुनेंगे।

जब नतीजे निकले तो उन सभी लोगों को ताज्जुब ही हुआ जो वयस्क मताधिकार को भारतीय समाज के लिए एक जोखिम भरा प्रयोग मानकर चल रहे थे। केंद्र और अधिकतर राज्यों में जबरदस्त बहुमत प्राप्त करके कांग्रेस देश की प्रमुख राजनीतिक ताकत के रूप में उभरी। लोकसभा की ४८९ सीटों में से ३६४ जीत कर उसने ७४.४ फीसदी सीटों पर कब्जा जमाया। राज्य विधानसभाओं की ३,२८३ सीटों में से २,२४६ जीत कर कांग्रेस ने ६८.४ फीसदी सीटें जीतीं। अगले पंद्रह साल में हुए तीन आम चुनावों और कुछ मध्यावधि चुनावों में कांग्रेस ने कमोबेश जीत का यह सिलसिला कायम रखा। १९६७ में हुए चौथे आम चुनावों में विपक्षी दलों और उनके गठजोड़ों ने कई राज्यों में कांग्रेस को अपदस्थ जरूर किया, लेकिन इसके बाद भी कांग्रेस देश की प्रमुख राजनीतिक ताकत बनी रही। केवल उसी के पास राष्ट्रव्यापी समर्थन आधार था।

लेकिन, यह मानना उचित नहीं होगा कि कांग्रेस के पास सत्ता की इजारेदारी थी। १९६७ से पहले भी बहु-दलीय राजनीतिक प्रतियोगिता में कांग्रेस कई जगहों पर सत्ता से हटायी जा चुकी थी। विपक्षी दलों की संयुक्त ताकत कांग्रेस की ताकत से हमेशा ज्यादा होती थी। वोटों के आँकड़ों में यह हकीकत साफ झलकती थी। सीटों के हिसाब से भी कांग्रेस के पास सभी विधानसभाओं में पूर्ण बहुमत कभी नहीं रहा था। १९५२-५३ और १९६३-६४ की छोटी-छोटी अवधियों को छोड़ कर कांग्रेस ने पूरे देश पर कभी शासन नहीं किया। १९५२ में भी उसे मद्रास, पेप्सू, ओडीशा और ट्रावनकोर-कोचीन में बहुमत नहीं मिल पाया था। अलग आंध्र राज्य बनने से मद्रास में कांग्रेस की नाक किसी तरह ही बच पायी थी। लेकिन, उधर आंध्र में भारतीय कम्युनिस्ट पार्टी (भाकपा) ने नवंबर १९५४ में उसकी सरकार गिरा दी और प्रदेश में राष्ट्रपति शासन लगाना पड़ा। पेप्सू और ट्रावनकोर-कोचीन में १९५४ में और आंध्र प्रदेश में १९५५ में दोबारा चुनाव कराने पड़े। पेप्सू में उसे साफ बहुमत मिल गया। आंध्र में उसके कुशल चुनावी तंत्र ने कम्युनिस्टों की ताकत को पीछे छोड़ दिया। पर ट्रावनकोर-कोचीन में कम्युनिस्टों को सत्ता से बाहर रखने के लिए उस प्रजा सोशलिस्ट पार्टी (प्रसोपा) के नेतृत्व में अल्पमत सरकार बनाने पर राजी होना पड़ा। यह सरकार १९५६ तक रही। राज्यों के पुनर्गठन के बाद इस राज्य का नाम केरल हो गया, जिसमें प्रसोपा सरकार

गिरने के बाद १९५७ में अगले आम चुनावों तक राष्ट्रपति शासन लगा रहा।

१९५६ में हुए राज्यों के भाषाई पुनर्गठन ने कांग्रेस की ही ताकत को मजबूत किया। १९५७ के चुनाव में वह और ताकतवर होकर उभरी। मद्रास के तेलुगूभाषी इलाकों को हैदराबाद से जोड़कर बनाये गये आंध्र प्रदेश में तो उसने जीत हासिल की ही, साथ ही कम्युनिस्ट प्रभुत्व वाले मालाबार के मद्रास से अलग हो जाने के कारण वह मद्रास में भी जीत गयी। लेकिन, केरल और ओडीशा में उसे बहुमत नहीं मिला। ओडीशा में उसे स्थानीय पार्टी गणतंत्र परिषद के साथ गठजोड़ करना पड़ा। केरल में वह भाकपा के मुकाबले पराजित हो गयी। १९५९ तक केरल में भाकपा की सरकार बनी रही जिसे कम्युनिस्ट विरोधी ताकतों द्वारा मिलकर गिराया गया। १९६० में कांग्रेस, प्रसोपा और मुस्लिम लीग के डेमोक्रेटिक फ्रंट ने भाकपा को पराजित करने में कामयाबी हासिल की, पर जल्दी ही कांग्रेस की तरफ से पड़ने वाले दबाव के कारण पहले मुस्लिम लीग और फिर प्रसोपा सरकार से बाहर चली गयी। १९६४ में कांग्रेस की सरकार भी नहीं रही। लंबे राष्ट्रपति शासन और १९६५ और १९६७ के दो चुनावों के बाद कम्युनिस्टों के नेतृत्व वाले गठजोड़ ने राज्य विधानसभा में कांग्रेस की ताकत ६३ से घटा कर सिर्फ ९ कर दी।

१९६७ तक कांग्रेस पाँच अन्य राज्यों में सत्ता से अपदस्थ हो चुकी थी। तीन अन्य राज्यों में दलबदल के कारण उसे सत्ता छोड़नी पड़ी थी। इसके बाद कांग्रेस ने राज्यों में अपनी हालत कुछ सुधारी और १९६९ के आसपास केंद्र में आराम से हुकूमत करते हुए नजर आयी। कुल मिलाकर वह एक खंडित राजनीतिक स्थिति में एकमात्र एकजुटताकारी ताकत थी। उस समय तक भी कांग्रेस पार्टी-बहुल राजनीतिक परिदृश्य में एक ऐसी पार्टी थी जिसकी आंतरिक बहुलता का कोई जवाब नहीं था।

दलीय प्रणाली और चुनाव के बारे में चर्चा करते हुए यह समझना जरूरी है कि अन्य राजनीतिक दल कांग्रेस पर किस तरह का दबाव डालते थे। इससे यह पता लगता है कि १९६७ में कांग्रेस की पराजय भारतीय राजनीति में किसी महत्त्वपूर्ण मोड़ या बड़ी तब्दीली की परिचायक नहीं थी, हालाँकि ऊपर से देखने पर ऐसा लग सकता था। इस विचार में कोई खास दम नहीं था कि १९६७ से पहले कांग्रेस सब कुछ थी, और १९६७ के बाद वह कई पार्टियों में से एक हो गयी। १९६७ ने दलीय प्रणाली को कहीं बेहतर राजनीतिक होड़ की तरफ निस्संदेह धकेला, लेकिन यह नहीं भूलना चाहिए कि इससे पहले

भी कांग्रेस को खासी चुनौतियों का सामना करना पड़ा था, और बाद में भी वह इन चुनौतियों का सामना करते हुए केंद्रीय राजनीतिक ताकत बनी हुई थी। दो लिहाज से १९६७ के बाद भी कांग्रेस को केंद्र कहा जा सकता था : पहला, अन्य पार्टियाँ और धड़े कांग्रेस के भीतर से निकलकर विकसित हुए थे और उन्होंने अपनी नीतियाँ और व्यूह-रचना कांग्रेस के केंद्र के इर्द-गिर्द विकसित की थीं। दूसरे, कांग्रेस भारतीय राजनीति के विचारधारात्मक प्रवाहों के केंद्र में भी थी, जिसके दोनों तरफ अन्य दलों की विचारधाराएँ मौजूद रहती थीं।

तीसरे, निरंतरता और परिवर्तन को एक साथ देखने का यह नजरिया कांग्रेस को यांत्रिक रूप से एक वर्चस्वी पार्टी के रूप में देखने के बजाय अन्य पार्टियों और धड़ों की राजनीतिक शख्सियत के विकास में मददगार ताकत के रूप में देखने के लिए मजबूर करता है। चौथे, इससे यह भी साफ होता है कि दलीय प्रणाली के अध्ययन के लिए कांग्रेस के भीतर होने वाली राजनीतिक होड़ भी उतनी ही महत्त्वपूर्ण थी जितनी उसे बाहर से मिलने वाली चुनौतियाँ। दरअसल, दोनों आपस में गुँथी हुई थीं। अंत में कांग्रेस के प्रति इस किस्म का नजरिया १९६७-६९ के बीच हुए परिवर्तनों का मतलब भी स्पष्ट करता था। वह बताता था कि कांग्रेस बनाम कांग्रेस विरोधी और सरकार बनाम सरकार विरोधी ध्रुवीकरण की तर्ज पर हुआ यह परिवर्तन किस प्रकार एक भारतीय किस्म का परिवर्तन ही है। एक तरफ तो इस परिवर्तन ने असहमति के स्वरों को प्रभावी ढंग से संगठित कर दिया था, और दूसरी ओर कांग्रेस के तहत केंद्रीय नेतृत्व और सरकार के प्रतीकों पर ही जिम्मेदारी का बोझ डालना जारी रखा था, हालाँकि कांग्रेस के हाथ में कई राज्यों की निर्णयकारी प्रक्रिया नहीं रह गयी थी। सरकार का प्रदर्शन कसौटी पर कसे जाने के हालात आ गये थे और अब केंद्र सरकार को पहले से ज्यादा माँगों का सामना करना था। यह भारतीय राजनीतिक प्रणाली और एक पार्टी के वर्चस्व पर आधारित दलीय प्रणाली का नतीजा था। आजादी के बाद भारतीय राजनीति का यह सबसे ज्यादा समस्याग्रस्त दौर था।

१९६७ से पहले विपक्ष की स्थिति

कांग्रेस के भीतर असहमति की प्रक्रियाओं के जरिये भारतीय दलीय प्रणाली खुलना शुरू हुई। कांग्रेस पश्चिमी अर्थों में राजनीतिक दल होने के बजाय एक खास तरह की आम सहमति की पार्टी थी। सरकार के जरिये काम करने के

कारण उसके पास विभिन्न स्तरों पर संसाधनों का नियंत्रण रहता था, और संगठन के जरिये काम करने के कारण वह नाना प्रकार के अभिजनों को अपनी कतारों में भर्ती करके मध्यवर्ती ताकतों और आम लोगों को इन अभिजनों के समर्थन में गोलबंद कर पाती थी। इन दोहरी प्रक्रियाओं के कारण कांग्रेस जल्दी ही टकराव, लेन-देन और पंच फैसले के दायरे के रूप में उभर आयी। कई स्तरों पर तरह-तरह के सामाजिक-राजनीतिक संगठन उभर आए। दलीय धड़े, जाति सभाएँ, क्षेत्रीय और आदिवासी पार्टियाँ और अपना काम कराने के लिए उत्सुक खास तरह के गुट सक्रिय हो गये। वे सरकार और कांग्रेस पर सहभागिता, संसाधनों, मान्यता, शिकायतों के निबटारे आदि के लिए दबाव डालने लगे। समाज के विभिन्न हितों की नुमाइंदगी करने वाली ये संरचनाएँ कांग्रेस के भीतर असंतुष्ट गुटों और बाहर विपक्षी दलों के रूप में स्वयं को व्यक्त करने लगीं। चूँकि कुल मिलाकर भारतीय राजनीति केंद्र से नीचे की ओर जाने की रणनीति के आधार पर विकसित हो रही थी, इसलिए संस्थागत और अभिजनों के बीच के हित ज्यादा महत्त्वपूर्ण थे। उन्हीं के जरिये धड़ों और हितों के समीकरण बनते थे।

जिला और राज्य स्तर पर कांग्रेस में धड़ों का यह खेल साफ नजर आता था। सरकारी कांग्रेसियों और संगठन वाले कांग्रेसियों में जंग छिड़ी रहती थी। संगठन वाले विपक्ष की भूमिका निभाते थे और कभी-कभी सरकारी अभिजनों को हटवाने में कामयाब भी हो जाते थे। १९५३ में ही कामराज ने मद्रास के मुख्यमंत्री पद से सी. राजगोपालाचारी को हटाकर खुद बैठने में कामयाबी हासिल कर ली थी। दरअसल, सरकार में काम करनेवाले नेताओं की जगह पार्टी को नियंत्रित करने वाले नेताओं द्वारा लेने की शुरुआत मद्रास के इसी राजनीतिक घटनाक्रम से हुई। उत्तर प्रदेश में चंद्रभानु गुप्ता ने, मैसूर में निजलिंगप्पा ने, बीजू पटनायक ने ओडीशा में और गुजरात में सरकार विरोधी तत्त्वों ने पहले विधायक दल में अपने लिए समर्थन जुटाया और फिर सरकार को उलट दिया। उत्तर प्रदेश में चंद्रभानु गुप्ता ने पहले तो राज्य पार्टी पर कब्जा जमाया और फिर १९६१ में प्रधानमंत्री जवाहरलाल नेहरू की इच्छा के विपरीत संपूर्णानंद सरकार को हटा दिया। १९६२ में ओडीशा के मुख्यमंत्री हरेकृष्ण मेहताब की गद्दी पार्टी अध्यक्ष बीजू पटनायक ने छीन ली थी। मेहताब कांग्रेस और गणतंत्र गठजोड़ की सरकार चला रहे थे। पटनायक ने पार्टी की ओर से सरकार के खिलाफ आंदोलन छेड़कर आलाकमान को अपने

पक्ष में हस्तक्षेप करने पर मजबूर कर दिया। इसी तरह गुजरात और मैसूर में प्रदेश कांग्रेस कमेटियों के नेताओं ने मुख्यमंत्रियों की गद्दी हस्तगत कर ली।

केरल को छोड़कर तकरीबन हर राज्य में कांग्रेस की सरकार तो रहती थी, लेकिन उसके नेता और काबीना मंत्री बदलते रहते थे। यानी शासक अभिजनों में अलट-पलट की दर काफी ज्यादा थी। मतभेद चाहे नीतिगत हों या पीढ़ीगत, जल्दी ही नये समीकरणों और गठजोड़ों की राजनीति में बदल जाते थे। आलाकमान हस्तक्षेप करके कई बार नये नेता के चुनाव को प्रभावित करने में कामयाब भी हो जाता था। लेकिन, बुनियादी रूप से उसकी भूमिका राज्य में शक्तियों के तत्कालीन संतुलन का ध्यान रखते हुए नेतृत्व में परिवर्तन करवाने की होती थी। राज्यों में पार्टी की आपसी धड़ेबंदी से पैदा होनेवाली समस्याओं को सुलझाने के लिए केंद्र खासी भूमिका निभाता था। इसमें केंद्रीय संसदीय बोर्ड और तीखे सांगठनिक विवादों में फँसे राज्यों के मामले देखने के लिए नियुक्त की जानेवाली कार्यकारिणी की उपसमितियों के साथ-साथ राज्यों के सांगठनिक चुनावों के लिए बनाये जानेवाले आलाकमान के 'प्रेक्षकों' का इस्तेमाल किया जाता था। इन 'प्रेक्षकों' के पास काफी अधिकार होते थे। वे प्रदेश के पदाधिकारियों के चुनाव करवाने से लेकर प्राथमिक सदस्यों के वोट दे सकने का पैमाना तक निर्धारित करते थे। ये 'प्रेक्षक' राज्य स्तर पर किसी एक गुट के खिलाफ दूसरे गुट का समर्थन करके प्रदेश के संगठन पर उसका कब्जाकरवाने में मदद करते थे। खुद आलाकमान कुछ मामलों में इस या उस पक्ष में पलड़ा झुकाने की भूमिका निभाता था, या स्थानीय गुटों की प्रार्थना पर वह आपस में झगड़ रहे गुटों के बीच सुलह-सफाई कराने के लिए भी हस्तक्षेप करता था।

अभिजनों की अलट-पलट : कामराज योजना

१९६१ में अभिजनों की अलट-पलट का एक नाटकीय फार्मूला सामने आया जब नीलम संजीव रेड्डी ने पार्टी अध्यक्ष के रूप में पेशकश की कि दस साल तक सरकार में रहने के बाद नेताओं को अपने आप मंत्रिपद छोड़कर संगठन में आ जाना चाहिए। लेकिन, इस फार्मूले को कारगर रूप दिया नाडर कामराज ने जिससे संगठन की ताकत और सरकार की ताकत के समीकरण ने नया रूप ले लिया। इस पेशकश को हम कामराज योजना के नाम से जानते हैं। अखिल भारतीय कांग्रेस कमेटी ने १० अगस्त, १९६३ को कामराज योजना पर अमल

करना स्वीकार किया। इसका प्रस्ताव मद्रास के तत्कालीन मुख्यमंत्री कामराज ने पेश किया और एस.के. पाटिल ने इसका समर्थन किया जो उस समय केंद्र में खाद्य और आपूर्ति मंत्री थे। इस योजना का घोषित उद्देश्य वरिष्ठ कांग्रेसजनों द्वारा खुद-ब-खुद मंत्रिपद छुड़ाकर पार्टी के सांगठनिक काम में लगाना था ताकि पार्टी में गुटबंदी और धड़ेबंदी के उस 'अस्वस्थ रुझान' को रोका जा सके जिसके कारण माना जा रहा था कि 'कांग्रेस संगठन में ढिलाई' आती जा रही है। सर्वसम्मति से प्रस्ताव पास होते ही राज्यों और केंद्र में सभी मंत्रियों ने अपने इस्तीफे कांग्रेस कार्यकारिणी को भेज दिये और कार्यकारिणी ने नेहरू को उन्हें स्वीकार करने का अधिकार दे दिया। २४ अगस्त को नेहरू ने काबीना स्तर के छः केंद्रीय मंत्रियों और छः मुख्यमंत्रियों की सूची कार्यकारिणी को सौंपी जिनसे संगठन का काम करने के लिए कहा जाना था। नेहरू का सुझाव मानकर कार्यकारिणी ने सिफारिश की कि इन बारह वरिष्ठ कांग्रेसजनों के त्यागपत्र स्वीकार कर लिए जाएँ। ये छः केंद्रीय मंत्री थे : मोरारजी देसाई, लालबहादुर शास्त्री, जगजीवन राम, एस.के. पाटिल, बी. गोपाल रेड्डी और डॉ. के.एल. श्रीमाली। छः मुख्यमंत्री थे : मद्रास के के. कामराज, ओडीशा के बीजू पटनायक, कश्मीर के बख्शी गुलाम मुहम्मद, उत्तर प्रदेश के चंद्रभानु गुप्ता, बिहार के विनोदानंद झा और मध्य प्रदेश के बी.ए. मंडलोई।

कामराज योजना को कुछ नेताओं को साफ करने के हथकंडे के रूप में ही समझा गया है। यह एक तरह की औपचारिक व्याख्या ही है। कामराज योजना का महत्त्व उसके तहत की गयी फौरी कार्रवाई में न होकर उसके बाद उठाये गये कदमों में निहित है। पार्टी के काम के लिए केंद्रीय मंत्रियों और मुख्यमंत्रियों को पदों से हटाये जाने से ज्यादा ध्यान इस तथ्य पर दिया जाना चाहिए कि पार्टी के प्रबंधकों को राष्ट्रीय स्तर पर सत्ता में स्थान दिया गया था। राज्य स्तर के इन पार्टी प्रबंधकों को केंद्र में स्थान देने का मतलब राष्ट्रीय मामलों में उनके महत्त्व को स्वीकार करने के साथ-साथ नेहरू के हावी रहने के कारण केंद्रीय संगठन की खोई हुई प्रतिष्ठा फिर से स्थापित होना भी था। इस रोशनी में देखने पर कामराज योजना एक दुस्साहसवादी तख्तापलट न होकर संगठन का जीर्णोद्धार ज्यादा लगती है। लेकिन इसका एक दूसरा पक्ष भी था। जैसे ही नेहरू का स्वास्थ्य खराब हुआ, पार्टी में उनके उत्तराधिकार के सवाल पर तीखा संघर्ष छिड़ गया। १९६९ में जब तक इंदिरा गाँधी ने

प्रधानमंत्री पद का रुतबा दोबारा कायम नहीं कर दिया, स्थिति ऐसी ही बनी रही। कामराज योजना की खास बात यह दिखाना थी कि एक ही पार्टी के सत्ता में रहते हुए उसके अभिजनों में अलट-पलट कैसे हो सकती है।

अन्य पार्टियों की भूमिका : इस अलट-पलट पर विपक्षी दल बाहर से असर डालते थे। चूँकि कांग्रेस के भीतर सभी तरह के मत और हित व्यक्त होते थे, इसलिए विपक्षियों को उन्हें प्रभावित करने में आसानी होती थी। मसलन, जब वामपंथी बाहर आंदोलन करते थे तो कांग्रेस के भीतर के वामपंथियों का महत्त्व बढ़ जाता था। इसी तरह जब स्वतंत्र पार्टी सहकारी खेती के खिलाफ और भू-स्वामियों के पक्ष में समर्थन हासिल करने की कोशिश करती थी तो कांग्रेस के भीतर दक्षिणपंथियों को ताकत मिलती थी। इस तरह दलीय प्रणाली का मॉडल यह था कि 'दबाव की कई पार्टियाँ' अपनी गतिविधियों से 'आम सहमति की एक पार्टी' के भीतरी संतुलन को प्रभावित करती थीं। दूसरे, विपक्षी दल कांग्रेस के असंतुष्टों को थोड़े दिनों के लिए शरण देने का काम भी करते थे। कांग्रेस के सत्ताधारी गुट से बाहर रहकर संघर्ष करने के बाद जब वह गुट अपदस्थ हो जाता था तो असंतुष्ट नेता फिर पार्टी में लौट आता था। तीसरे, नये विपक्षी दलों का गठन किसी उपेक्षित पड़े मुद्दे पर रोशनी डालने की भूमिका निभाता था। हालाँकि जैसे ही महाराष्ट्र और गुजरात के भाषाई मुद्दों का निबटारा हुआ, राजनीति के नवागंतुकों को कांग्रेस में जगह दिये जाने की प्रक्रिया शुरू हो गयी, लेकिन ऐसे असंतुष्ट तत्त्व भी थे जिन्होंने कांग्रेस के भीतर रहकर संघर्ष करने की उम्मीद छोड़ दी थी। इन तत्त्वों के कारण भी विपक्षी कतारों में बढ़ोतरी हुई। जे.बी. कृपलानी, सी.डी. देशमुख, सी. राजगोपालाचारी और कृष्ण मेनन जैसे नेता स्थायी रूप से कांग्रेस छोड़कर चले गये। इसी तरह गुजरात के क्षत्रिय, राजस्थान के जाट और हरियाणा के अहीर भी धीरे-धीरे कांग्रेस से निराश होकर अलग हो गये।

१९६२ और १९६६ के बीच बहुत लोगों ने कांग्रेस छोड़ी। यह संकट का काल था। १९६२ और १९६५ के युद्धों ने देश के जान-माल की काफी क्षति की थी। नेहरू और शास्त्री की एक के बाद एक मृत्यु हो जाने से कांग्रेस आलाकमान में गुटबाजी बहुत बढ़ गयी थी। दो बार सूखा पड़ने, महँगाई बढ़ने, मुद्रा का अवमूल्यन होने और आर्थिक मदद देने वाली विदेशी संस्थाओं का दबाव बढ़ने के कारण कांग्रेस नेतृत्व साँसत में था। ऐसे माहौल में कांग्रेस से नेताओं का बहिर्गमन तेज होना स्वाभाविक ही था।

१९६७ का परिवर्तन : फरवरी १९६७ में हुए चौथे आम चुनाव ने दलीय प्रणाली के खंडित होते चले जाने में और योगदान किया। पार्टी के भीतर चल रही असंतोष और आलोचना की प्रक्रिया लोगों के पार्टी छोड़कर दूसरे दलों में चले जाने में बदल गयी। चुनाव के बाद भी यही सिलसिला जारी रहा, कांग्रेस ने पाँच राज्यों में हार जाने के बाद तीन और राज्यों में दलबदल के कारण अपनी सरकारें गिरते देखीं। दलबदल के दो संस्थागत पहलू थे : पहला, चुनाव से पहले टिकट के लिए उम्मीदवार की नामजदगी, दूसरा, चुनाव के बाद मंत्रिमंडल की रचना। पहले भी ऐसा होता था, पर १९६७ की खास बात यह थी कि इस बार कांग्रेसजन पार्टी छोड़ने के लिए ज्यादा तत्पर थे और पार्टी के भीतर उन्हें रोकने वाले पहलू कमजोर हो गये लगते थे। अभी तक होता यह था कि टिकट न मिलने से या मंत्री न बनाये जाने से असंतुष्ट लोग पार्टी के भीतर अपना गुट बना लेते थे, लेकिन इस बार वे खुले दलबदल पर आमादा थे।

गुटबाजी का रोग दूसरी पार्टियों को भी सता रहा था। कुछ राज्यों में एक से ज्यादा कांग्रेस पार्टियाँ थीं, दो या कुछ जगहों पर तीन-तीन कम्युनिस्ट पार्टियाँ थीं, सोशलिस्ट पार्टी के दो हिस्से हो गये थे और उनके बड़े हिस्से संयुक्त सोशलिस्ट पार्टी के भीतर जम कर गुटीय संघर्ष हो रहा था। जनसंघ अपने उग्रवादी और नरमपंथी धड़ों में बँटा हुआ था। स्वतंत्र पार्टी में भी लगातार अंदरूनी दरारें थीं। उत्पीड़ित वर्गों की पार्टियाँ, खासकर आदिवासी दल, आंतरिक फूट के अंदेशों की ज्यादा शिकार रहती थीं। उनके कई मोर्चे सक्रिय थे। १९६७ के बाद सभी गैर-कांग्रेस पार्टियों ने गठजोड़ बनाये और कुल मिलाकर कांग्रेस से निकले तत्त्वों को मिलाकर इतने किस्म के गुट और धड़े बन गये जितने कभी कांग्रेस में भी नहीं थे। नतीजे के तौर पर पहले कांग्रेस की सरकारें अपदस्थ हुईं, और फिर गैर-कांग्रेसी गठजोड़ टिकने में कामयाब नहीं हो पाए और उनकी सरकारें एक-एक करके गिरीं।

खास बात यह थी कि आजादी के बाद कांग्रेस की रणनीति और १९६७ से १९६९ के बीच गैर-कांग्रेसी शक्तियों की रणनीति एक ही थी। दोनों ही हर तरह की ताकत को अपने आगोश में समेटकर गठजोड़ बनाने की राह पर चले। कांग्रेस अपने आप में हिंदू समाज की ही तरह एक महा-गठजोड़ के समान थी। विपक्ष ने देखा कि वह कांग्रेस को तब तक पराजित नहीं कर सकता जब तक अल्पमत पाने वाली तमाम पार्टियों को जोड़कर कांग्रेस से

बड़ा बहुमत न बना ले। कांग्रेस को उस समय औसतन ४५ फीसदी से ज्यादा वोट नहीं मिलते थे। विपक्ष की गैर-कांग्रेस रणनीति के मुख्य सूत्रधार राम मनोहर लोहिया बने, जो करिश्माई समाजवादी नेता और संसोपा के संस्थापक थे। लोहिया मानते थे कि कांग्रेस की सत्ता पर इजारेदारी तोड़ने के लिए गैर-कांग्रेसी दलों को एक करना पड़ेगा। वे अपने अभियान में खासे कामयाब हुए और दलीय प्रणाली कांग्रेस और गैर-कांग्रेस की तर्ज पर ध्रुवीकृत हो गयी। कांग्रेस का विरोध करने की इच्छुक हर ताकत को लोहिया की इस व्यूह रचना ने अपने में समेट लिया। इस तरह उन्होंने कांग्रेस का वर्चस्व तो तोड़ दिया, पर इसके नतीजे अनुकूल नहीं निकले जिन्हें अपनी मृत्यु से कुछ पहले खुद लोहिया ने स्वीकार किया।

१९६७-६९ के बीच टूट और पुनर्गठजोड़ : १९६७ से १९६९ के बीच की अवधि दलीय प्रणाली के लिहाज से सभी के लिए शिक्षाप्रद अवधि थी। दलबदल और राजनीतिक अवसरवाद ने जल्दी ही इस तरह की राजनीति की साख गिरा दी और गठजोड़-रचना का भिन्न तरीका अपनाया जाने लगा। कांग्रेस ने असंतुष्टों को बाहर निकल जाने दिया और अधिक एकीकृत और अनुशासित पार्टी बनने की तरफ चल पड़ी। हरियाणा में हुए १९६८ के और १९६९ में उप्र के मध्यावधि चुनावों में उसे इसका फायदा मिला जब उसने आपस में लड़ते-झगड़ते गुटों को एक साथ लाकर अपने किस्म का संयुक्त मोर्चा बनाकर दिखाया।

गैर-कांग्रेसी शक्तियों में १९६७ के बाद केवल केरल में मार्क्सवादी कम्युनिस्ट पार्टी (माकपा), मद्रास की द्रमुक और ओडीशा में स्वतंत्र पार्टी और जनसंघ की ताकतें कुछ स्थायी प्रकृति के गठजोड़ बना सकीं। इन्होंने क्षेत्रीय शक्तियों की तरह स्थानीय समर्थन के आधार पर अपना समर्थन आधार विकसित किया। ये दलबदलू कांग्रेसियों के आधार पर बने विभिन्न पार्टियों के उन गठजोड़ों जैसी नहीं थीं जिन्होंने एक चुनाव में कांग्रेस से अधिक सीटें जीत ली थीं। १९६९ में जब मिनी आम चुनाव हुए तो पश्चिम बंगाल और पंजाब में सक्रिय क्षेत्रीय आधार वाले गठजोड़ कांग्रेस के टिकाऊ विकल्प के रूप में उभरे और उप्र व बिहार में दलबदलुओं वाले गठजोड़ पराजित हो गये।

इस राजनीति का गठजोड़ बनाने की प्रक्रिया पर गहरा असर पड़ा। बंगाल का गैर-कांग्रेसी संयुक्त मोर्चा चुनाव से पहले ही सत्ता के बँटवारे की शर्तें तय कर चुका था, इसलिए उसकी एकजुटता जोरदार थी। उसने कांग्रेस

का मजबूत विकल्प पेश किया। अन्य प्रदेशों की तरह बंगाल में भी कांग्रेस को कभी पड़े हुए मतों का बहुमत नहीं प्राप्त हुआ था। संयुक्त मोर्चे ने उसकी यह कमजोरी जाहिर करके भारी बहुमत प्राप्त किया। कांग्रेस का वोट प्रतिशत कोई खास नहीं गिरा लेकिन सीटों के मामले में उसकी हवा निकल गयी। इस तरह १९६९ में हुए बंगाल के चुनाव हर जगह संयुक्त मोर्चे के मॉडल के रूप में देखे गये। यह अलग बात है कि दूसरे प्रदेशों में ठीक-ठीक ऐसा ही संयुक्त मोर्चा बनाना बहुत मुश्किल था। पंजाब में एक-दूसरे ही तरीके से अकाली दल ने अपनी भीतरी एकजुटता के दम पर अपने पारंपरिक प्रतिद्वंद्वी जनसंघ को अपनी ओर खींच लिया। केरल के कम्युनिस्ट १९६७ में ही इस तरह का मोर्चा बनाने में कामयाब हो चुके थे।

१९६९ तक आते-आते तस्वीर कुछ इस तरह की थी : मद्रास में संयुक्त मोर्चे की नहीं, बल्कि एक पार्टी की सरकार चल रही थी। केरल, बंगाल, ओडीशा और पंजाब में खासे स्थायी गठजोड़ सत्ता में थे। मप्र, बिहार और उत्तर प्रदेश कांग्रेस के हाथों में जा चुके थे। बिहार की हालत तो यह थी कि १९६९ के चुनाव के चार महीने के भीतर-भीतर दो गठजोड़ सरकारें (एक कांग्रेस के नेतृत्व में और दूसरी असंतुष्ट कांग्रेसियों के नेतृत्व में) बनकर गिर चुकी थीं और राज्य में राष्ट्रपति शासन लगा दिया गया था। इन तीनों राज्यों की राजनीति शुरू से ही गुटबाज़ी की शिकार थी। इसका कारण संभवतः इन प्रदेशों का बड़ा आकार, आबादी की विविधता, सामंती पृष्ठभूमि और सामाजिक-आर्थिक पिछड़ापन था। ऐसा लग रहा था कि आगे कुछ समय तक उप्र जैसे प्रांत में कांग्रेस, भारतीय क्रांति दल और जनसंघ जैसी 'राष्ट्रीय' पार्टियों की प्रादेशिक इकाइयों के बीच ध्रुवीकरण चलता रहेगा। लेकिन, एक बात साफ थी कि भारतीय मतदाता ने इन निर्वाचनों में काफी जागरूकता और समझदारी का परिचय देकर कांग्रेस और गैर-कांग्रेसी ताकतों को उन जगहों पर दंडित किया था जहाँ वे अच्छी सरकार दे पाने में नाकाम रहे थे।

पुनर्गठजोड़ की प्रक्रिया का एक पहलू यह था कि पार्टियाँ अपने वोटों को सीटों में नहीं बदल पा रही थीं। वोट रुझानों के चुनावी अध्ययन बताते हैं कि गैर-कांग्रेस उम्मीदवार एक-दूसरे के बजाय कांग्रेस के वोट ज्यादा काटते थे। कांग्रेस बहुकोणीय संघर्ष में जीत अवश्य जाती थी, पर चुनावी होड़ में ज्यादा उम्मीदवार होने के कारण उसके कुल वोटों की संख्या कम हो जाती थी। जब संघर्ष दोतरफा होता था तो कांग्रेस के वोट बढ़ जाते थे, पर जरूरी

नहीं कि वह सीट जीतती ही हो। इसीलिए १९६७ में केरल और १९६९ में पश्चिम बंगाल के चुनावों में कांग्रेस हारी जरूर लेकिन उसके वोटों के प्रतिशत में कोई उल्लेखनीय कमी नहीं आयी। कांग्रेस अपने समर्थन आधार यानी ३५ से ४० फीसदी वोट हमेशा कायम रखने में कामयाब रही। कांग्रेस की यह असाधारण खूबी समझी जानी चाहिए। कम्युनिस्टों और द्रमुक को छोड़कर विभिन्न गैर-कांग्रेस पार्टियों के वोट अस्थिर साबित हुए।

II

राजनीति का क्षेत्रीयकरण और कांग्रेस का बदलता चरित्र

परंतु, इससे यह भी स्पष्ट हो रहा था कि मात्र ४० फीसदी का समर्थन आधार कांग्रेस के लिए राज्यों के चुनाव जीतते रहने और सत्ता बनाये रखने के लिए काफी नहीं माना जा सकता। यह समर्थन आधार कांग्रेस को केंद्रीय राजनीति के लिए भी सुरक्षा का आश्वासन नहीं दे सकता था। राज्य स्तर पर एकता करके कांग्रेस को टक्कर देना सीख चुके विपक्षी दल कभी भी लोकसभा चुनावों में भी इसी व्यूह रचना को अपनाकर कांग्रेस को हरा सकते थे। वैसे भी कांग्रेस १९६७ में अपने विरोधी वोटों के इसी विभाजन के कारण केंद्रीय सत्ता बचा पायी थी। मद्रास में द्रमुक ने सभी लोकसभा सीटें जीत कर और स्वतंत्र पार्टी ने विधानसभा की ही तरह लोकसभा में भी अच्छे नतीजे हासिल करके यह दिखा दिया था कि कांग्रेस केंद्र में कभी भी चुनावी पराजय की तरफ जा सकती है।

इन परिस्थितियों के बावजूद कांग्रेस के पक्ष में कुछ बातें जाती दिख रही थीं : पहली, राज्यों की राजनीति केंद्रीय स्तर पर किसी योगफल के रूप में जुड़ते नहीं दिख रही थी। दूसरी, बड़े प्रांतों में क्षेत्रीय प्रकृति के दल राष्ट्रीय प्रकृति की पार्टियों को पीछे छोड़कर कांग्रेस के बाद दूसरे नंबर की ताकत बनते जा रहे थे। उप्र में चरण सिंह की पार्टी भारतीय क्रांति दल (भाक्रांद) ने जनसंघ को दूसरे नंबर से हटा दिया था' संसोपा भी बिहार और उप्र में कई जगहों पर पराजित हो गयी थी। दोनों कम्युनिस्ट पार्टियाँ केरल और पश्चिम बंगाल में तो मजबूत हुई थीं, पर पंजाब और उप्र समेत अन्य राज्यों में हार गई थीं। ऐसा लगता था कि पार्टी-पॉलिटिक्स का ऐसा क्षेत्रीयकरण आने वाले समय में कांग्रेस के राष्ट्रीय वर्चस्व को टिकाये रखेगा। तीसरी, केरल और बंगाल को छोड़कर बाकी राज्यों में गैर-कांग्रेसी शक्तियों में जम कर आपसी

होड़ चल रही थी, जिसका फायदा कांग्रेस को ही हो रहा था। चौथी, कई क्षेत्रीय दल कांग्रेस की केंद्र में भूमिका और उसके आधार पर राज्यों की राजनीति को प्रभावित करने की भूमिका को स्वीकार करने के लिए तैयार थे, बशर्ते कांग्रेस राज्यों में उनकी प्रमुखता मानने के लिए तैयार हो जाती।

कहना न होगा कि इन बातों के बावजूद चालीस फीसदी समर्थन आधार कांग्रेस के भविष्य के लिए आश्वस्तिदायक नहीं हो सकता था। अपने बीस साल के शासन में कांग्रेस एक परिवर्तकामी पार्टी से यथास्थितिवादी दल में बदल चुकी थी। उसे देहाती और शहरी इलाकों में जमे हुए हितों के दल के रूप में देखा जाने लगा था। उसके पास पहले जैसा नीतिगत आवेग और पुनर्रचना की इच्छा नहीं रह गयी थी। साफ दिख रहा था कि जब तक वह इन दोनों खोयी हुई खूबियों को फिर से हासिल नहीं कर लेती, सत्ता में बने रहना उसके लिए मुश्किल होता चला जाएगा। कांग्रेस राष्ट्र की मुख्य राजनीतिक ताकत थी और उसका कोई राष्ट्रीय विकल्प भी नहीं था। ऐसे में उसके लिए यह भी जरूरी था कि नये नीतिगत आवेग को भारतीय समाज के बहुकेंद्रीय और संघीय चरित्र के मुताबिक एक सुचिंतित गठजोड़मूलक रणनीति से भी पुष्ट किया जाए। राजनीति के एकताकारी आयामों को नजरंदाज करके किसी किस्म की व्यूह रचना देश के भविष्य के लिए घातक साबित हो सकती थी। यह कोई आसान काम नहीं था, क्योंकि इसके लिए जिस ऐतिहासिक अंतर्दृष्टि की जरूरत थी उसके बिना पूरी राज्य व्यवस्था और राजनीतिक प्रणाली लंबी अस्थिरता और जड़ता का शिकार हो सकती थी या फिर विचारधारात्मक ध्रुवीकरण के चलते देश में अराजकता फैल सकती थी।

स्पष्ट था कि विकल्पहीनता की स्थिति में सिर्फ कांग्रेस ही व्यवस्था को संचालित कर सकती थी। उसे दो मोर्चों पर एक साथ काम करना था : ऐसी नीतियाँ बनाना था जो अभी तक हाशिये पर पड़े रहे देहाती और शहरी तबकों की निष्ठा जीत सकें; और ऐसी संगठनात्मक मुहिम चलाना जो स्थानीय अभिजनों द्वारा संचालित वोट बैंकों से परे जाकर निर्वाचन क्षेत्रों में समर्थन आधार गोलबंद कर सके। यानी कांग्रेस को सरकार और पार्टी के दोहरे स्तर पर यह काम अंजाम देना था।

दिक्कत यह थी कि कांग्रेस को इस जिम्मेदारी का पूरा एहसास दिख नहीं रहा था। इसके कारण उल्टे नतीजों के अंदेशे ही लग रहे थे। कांग्रेस के लिए पहला खतरा यह था कि गैर-कांग्रेस दलों का क्षेत्रीय समर्थन जैसे ही

संसदीय सीटों की जीतने के लिए एकजुट हुआ कांग्रेस के हाथ से केंद्र की सत्ता छिन सकती थी। उसके लिए दूसरा खतरा यह था कि पश्चिम बंगाल और केरल में कम्युनिस्टों एवं मद्रास में द्रमुक की स्थिति मजबूत हो सकती थी। उधर दक्षिणपंथियों के रूप में जनसंघ उत्तरी राज्यों में, ओडीशा में स्वतंत्र पार्टी और पंजाब में अकाली अपनी ताकत बढ़ा सकते थे। ऐसे में हालत यह बन सकती थी कि अस्थिर केंद्र दायें और बायें बाजू की राजनीतिक ताकतों का दोतरफा दबाव में घिर सकता था। तीसरा नतीजा यह निकल सकता था कि इस घटनाक्रम के कारण राजनीति उत्तरोत्तर मुद्दा आधारित होती चली जाती और कांग्रेस के संगठन पर पड़ने वाला धड़ेबंदी का दबाव उसे विभाजन की तरफ धकेल देता। वस्तुत: १९६९ के मध्य में कांग्रेस आलाकमान में बैंक राष्ट्रीयकरण और राष्ट्रपति चुनाव के मुद्दों पर पड़ी फूट का आगे चलकर यही नतीजा निकला। एक तरफ इंदिरा गाँधी के युवा तुर्क थे जिनका दावा था कि वे सामाजिक और आर्थिक पुनर्निर्माण संबंधी पार्टी की भूमिका को गति देना चाहते हैं, और दूसरी ओर संगठन पर हावी पुराने नेता थे जो पुराने तौर-तरीकों को कायम रखना चाहते थे। दूसरी तरफ जनता थी, राजनीति की मुख्य धार में आ रहे नये तबके थे, और कुल मिलाकर काफी बेचैनी का आलम था। चुनावी रुझानों का अध्ययन यह भी बता रहा था कि नवशिक्षितों, खेतिहर मजदूरों और छोटे किसानों का समर्थन गोलबंद करने में कांग्रेस के अलावा अन्य पार्टियाँ भी लगी हुई थीं। जाहिर है कि वामोन्मुख चरित्र पर केवल कांग्रेस की इजारेदारी नहीं रहने वाली थी।

इस रुझान के चलते रहने की स्थिति में लगता था कि कांग्रेस नये वर्गों और तबकों के बीच अपनी पैठ नहीं बना पाएगी। इससे यह नतीजा भी निकाला जा सकता था कि देश गठजोड़ राजनीति की तरफ जा रहा है। संभावना थी कि कुछ राज्यों में एक पार्टी की सरकार रहे या फिर पश्चिम बंगाल की तर्ज पर एक पार्टी के प्रभुत्व वाला मोर्चा हुकूमत करे, और केंद्र में गठजोड़ सरकार का शासन हो। हालात को देखने पर साफ लगता था कि केंद्र में जो भी गठजोड़ होगा, उसमें कांग्रेस की हैसियत ही लंबे समय तक मुख्य रहेगी, क्योंकि अन्य दल क्षेत्रों में ही सीमित हैं और लोकसभा में पर्याप्त सीटे जीतने में असमर्थ हैं। साथ में यह भी लग रहा था कि राज्यों में हुकूमत करने वाले गठजोड़ों पर कांग्रेस के बजाय अन्य पार्टियों का दबदबा रह सकता है, मसलन केरल और पश्चिम बंगाल में मार्क्सवादियों का, मप्र और उप्र में

जनसंघ का एवं मद्रास, पंजाब और ओडीशा में वहाँ प्रमुखता प्राप्त करने वाले क्षेत्रीय दलों का। राष्ट्रीय स्तर पर कांग्रेस के पास सबसे ज्यादा ताकत रहेगी, पर वह उसे सारे देश में अपनी सत्ता सुदृढ़ करने के स्तर तक विकसित कर पाने में संभवत: नाकाम रहेगी। अगर उसने ऐसा कर लिया और अपना खोया हुआ आवेग हासिल कर दिखाया तो जाहिर है कि दलीय प्रणाली और राजनीतिक व्यवस्था में उसकी केंद्रीयता और बढ़ जाएगी।

गठजोड़ों का समय : सवाल यह उठता है कि क्या गठजोड़ सरकारें एकल पार्टी सरकारों के मुकाबले कम प्रभावी या उद्देश्यपूर्ण होती हैं? कतई नहीं। साठ के दशक के अंत में केरल की सरकार किसी भी तरह से आंध्र की सरकार से कम प्रभावी नहीं थी। इसी तरह ओडीशा की सरकार असम की सरकार से और पंजाब की सरकार हरियाणा की सरकार से किसी तरह कमतर नहीं मानी जा सकती थी। एकल-पार्टी सरकार हो, या बहु-पार्टी सरकार, उसका प्रदर्शन इस बात पर निर्भर करता है कि उसके भीतर कार्यरत धड़ों की प्रकृति क्या है। कांग्रेस की सरकार एकल पार्टी की होने के बावजूद गठजोड़ प्रकृति की ही सरकार थी। कांग्रेस एक तरह से 'कांग्रेस प्रणाली' की तरह काम करती थी। उसके भीतर बहुत से गुट एक साथ सत्ता के बँटवारे के आधार पर काम करते थे। कांग्रेस का उदाहरण बताता है कि अगर सरकार को बाहर से चुनौती न मिले और वह लंबे अरसे तक शासन करती रहे तो उसमें जनता के प्रति उत्तरदायित्व की भावना कम हो जाती है। राजनीतिक होड़ और चुनाव में हार जाने का डर उसे बेहतर काम करने की तरफ ले जाता है। चूँकि भारत की राजनीति में सरकार और सरकारी संसाधन राजनीतिक जुड़ाव या अलगाव का प्रमुख कारण बन जाते हैं, एवं लोगों की बुनियादी जरूरतों को पूरा करने की दिशा में बहुत कुछ किया जाना शेष है, गठजोड़ सरकारें बेहतर काम करते हुए नजर आ सकती हैं, क्योंकि केवल अच्छा प्रशासन देकर ही वे राजनीतिक व्यवस्था की आधारभूत आम सहमति में अपनी जगह बना सकती हैं।

पूरी संभावना थी कि शुरुआत में कई तरह के तजरुबों से गुजरने के बाद गठजोड़ राजनीति अपनी जरूरतों और कार्यशैली का एक मीज़ान बनाने में कामयाब हो जाए, एवं उधार लिए हुए मॉडलों के बजाय भारतीय राजनीति की आवश्यकताओं के मुताबिक कार्यान्वयन और प्रदर्शन पर जोर देने वाली सरकार चलाने की कला पर महारत दिखा सके। नेहरू के जमाने में कांग्रेस की

सत्ता पर इजारेदारी थी। उनके बाद राजनीति को कहीं ज्यादा तनाव और दबाव का सामना करना पड़ा, नतीजतन नीतिगत परिवर्तन ज्यादा करने पड़े और कार्यान्वयन पर ज्यादा जोर देना पड़ा। १९६७ में गठजोड़ राजनीति के पहले अनुभव ने अस्थिरता और अव्यवस्था को जन्म दिया, पर संभावना थी कि जैसे-जैसे इस राजनीति के नियम स्थिर होंगे और सरकार अधिक प्रदर्शोन्मुख होगी, यह स्थिति नहीं रहेगी। इस पुस्तक का बुनियादी दावा यही है कि वयस्क मताधिकार और सहभागिता में से राजनीतिक सत्ता के विकेंद्रीकरण का जन्म होगा और एक ऐसी राज्य व्यवस्था बनेगी जो एकीकृत होने के साथ-साथ अधिक उत्तरदायी भी होगी। इस लिहाज से कहा जा सकता है कि १९६७ और १९६९ के चुनाव हमें इसी लक्ष्य की तरफ कदम बढ़ा रहे थे।

सरकार की केंद्रीयता : अभी तक के विश्लेषण से काफी कुछ साफ हो गया होगा कि भारत में राजनीति का पक्ष-विपक्ष सरकार के आसपास ही गोलबंद होता था। विपक्ष का मतलब ही था सरकार का विरोध, चाहे वह शासक पार्टी के भीतर व्यक्त हो रहा हो या बाहर। कांग्रेस सत्ता में हो, या कोई अन्य पार्टी, हकीकत यही थी। १९५४ से १९६७ के बीच कांग्रेस पार्टी को मिलने वाली चुनौतियाँ दरअसल उसके शासक धड़े के खिलाफ थीं। इसी तरह १९५९ में केरल में चलने वाला कम्युनिस्ट विरोधी आंदोलन तत्कालीन कम्युनिस्ट सरकार के खिलाफ था। १९६७ के बाद यह परिघटना और खुल कर सामने आयी जब विपक्ष के निशाने पर वे पार्टियाँ आ गयीं जो सरकारी पार्टियाँ थीं, चाहे १९६८ में केरल में हुए म्युनिसिपल चुनावों की राजनीति हो या फिर उप्र या हरियाणा में हुए मध्यावधि चुनावों के दौरान जनसंघ का विरोध हो या बिहार में संसोपा और उसके गठजोड़ सहयोगियों के खिलाफ असंतोष हो। कुल मिलाकर स्थिति यह थी कि चाहे अभिजनों का रवैया हो या फिर चुनावी परिणामों का प्रश्न हो, सरकार के प्रति नजरिया ही राजनीति का केंद्र बना हुआ था। चाहे कांग्रेस हो या गैर-कांग्रेस पार्टियाँ, १९६७ के बाद सरकार-केंद्रीयता की परिघटना एकदम साफ हो चुकी थी। आने वाले वर्षों में सरकार चलाने वाले मजबूत और एकीकृत गठबंधनीय मंत्रिमंडल, सरकार का प्रदर्शन और उसके इर्द-गिर्द होने वाला पार्टी-समर्थन का संस्थानीकरण महत्त्वपूर्ण साबित होने वाला था।

१९६९ तक की स्थिति यह थी कि देश की प्रमुख राजनीतिक ताकत और केंद्रीय सरकार पर काबिज होने की स्थिति में कांग्रेस राज्यों की राजनीति

को प्रभावित कर रही थी। जब भी किसी राज्य में विपक्षी दल सत्ता सँभालने में नाकाम होते दिखते थे, वह राष्ट्रपति शासन, लोकसभा और राज्यपालों का इस्तेमाल करके हस्तक्षेप करती थी। केंद्र सरकार ने राज्यों की सरकारों के साथ अच्छे संबंध कायम कर रखे थे। और कुछ मामलों में तो उसके संबंध कांग्रेस की राज्य सरकारों के मुकाबले गैर-कांग्रेसी सरकारों से ज्यादा मधुर थे।

संघीय सहमति : स्पष्ट है कि दलीय प्रणाली का क्षेत्रीयकरण एक सकारात्मक घटना थी। इससे पता लगता है कि बुनियादी संस्थागत आम सहमति का संस्थागत विस्तार हो रहा था। पहले केवल कांग्रेस ही उसकी नुमाइंदगी करती थी, १९६७ के बाद अन्य पार्टियाँ भी उस दायरे में आ गयीं। हम देख चुके हैं कि जब सिर्फ कांग्रेस ही सत्ता में थी, उस समय भी अन्य पार्टियाँ उसकी भीतरी राजनीति को प्रभावित करके इस आम सहमति में अप्रत्यक्ष सहभागिता कर लेती थीं। १९६७ के बाद वे यह सहभागिता सीधे-सीधे करने लगीं। पहले वे सत्ता से दूर रहने के कारण कुंठित हो जाती थीं, पर बाद में सत्ता से जुड़कर उनमें सक्षमता का एहसास जागने लगा। उनमें उत्तरदायित्व की भावना बढ़ी, सरकार चलाने से जुड़ी समस्याओं के प्रति वे जागरूक हुईं और व्यवस्था के प्रति शत्रुता का वह रवैया कम हुआ जो लगातार सत्ता से बाहर रहने के कारण पनप गया था।

१९६७ के परिवर्तनों के कारण विरोधियों के नजरिये के प्रति समायोजन की प्रवृत्ति बढ़ी। केंद्र और राज्यों के बीच एक सहमति बनते हुए दिखी, एक ऐसी सहमति जो पार्टी निष्ठाओं से परे जाकर सरकार चलाने और राजनीतिक प्रबंधन की आम समस्याओं को हल करने में दिलचस्पी रखती थी। प्रधानमंत्री इंदिरा गाँधी और उनके गृहमंत्री चव्हाण गैर-कांग्रेसी मुख्यमंत्रियों के साथ कामकाजी संबंध बनाने में लग गये। साफ था कि कांग्रेसी आलाकमान को कुछ गैर-कांग्रेसी मुख्यमंत्रियों के साथ तालमेल रखना आसान लग रहा था, मुकाबले उन कांग्रेसी मुख्यमंत्रियों के जो राष्ट्रीय भूमिका निभाने के लिए उतावले हो रहे थे। इंदिरा गाँधी और चव्हाण ने मद्रास के सी.एन. अन्नादुरै, ओडीशा के आर.एन. सिंह देव, उप्र के चरण सिंह और पंजाब के गुरनाम सिंह का विश्वास जल्दी ही जीत लिया। हालत यह हो गयी कि जब ये सरकारें अंदरूनी संकट की शिकार हुईं तो उनके नेताओं ने कांग्रेस आलाकमान से अक्सर सलाह लेनी शुरू कर दी, भले ही इससे उनके साथियों

और राज्यों में कांग्रेसी विपक्ष को उलझन हुई हो। कुल मिलाकर कहा जा सकता है कि गैर-कांग्रेसी दलों के सत्ता में आने पर दलीय प्रणाली के टूटने की भविष्यवाणियाँ गलत साबित हुईं, क्योंकि उन्होंने केंद्र और राज्य के स्तर पर नेतृत्व के समान आधार और प्रणाली के लचीलेपन को नजरअंजाद कर दिया था।

इस उदाहरण से साफ हो जाता है कि १९६७ तक व्यवस्थागत आम सहमति लोकतंत्र में होने वाले अभिजनों के शांतिपूर्ण अलट-पलट से परे जा चुकी थी। नीतियों और कार्यक्रमों के लिहाज से भी कांग्रेस सरकारों, स्वतंत्र पार्टी और कम्युनिस्ट पार्टी की सरकारों में कोई बुनियादी भेद नहीं साबित हुआ, जबकि स्वतंत्र पार्टी और कम्युनिस्ट पार्टी विचारधारात्मक रूप से भिन्न ध्रुवों की नुमाइंदगी करती थीं। लगता था कि हर नयी सरकार कांग्रेस द्वारा शुरू की गयी मध्यवर्ती किस्म की नीतियों को ही लागू करना चाहती है। मद्रास की द्रमुक और केरल के कम्युनिस्ट तो यह तक कहते नजर आए कि वे कांग्रेस की कार्यक्रम उसके मुकाबले बेहतर लागू कर रहे हैं। संयुक्त मोर्चों और उनकी समन्वय समितियों ने जो न्यूनतम कार्यक्रम बनाये वे तकरीबन वैसे ही थे जिन पर कांग्रेस के भीतर एक-दूसरे से भिड़ने वाले धड़े सहमत हो जाते थे। गठजोड़ बनाने की राजनीतिक शैली भी कांग्रेस और उनकी जगह लेने वाली पार्टियों की तकरीबन एक-सी थी। जाहिर है कि १९६७ के परिवर्तन में निहित निरंतरता के कारण ही जब कई जगहों पर कांग्रेस की सत्ता में वापसी हुई तो उसने पाया कि राजनीतिक संस्कृति के हालात लगभग वैसे ही हैं जैसे उसने छोड़े थे।

इस निरंतरता के बावजूद यह भी एक हकीकत थी कि राजनीतिक आम सहमति में कुछ परिवर्तन अवश्य हुआ था। १९६७ के बाद देश में न तो कांग्रेस पार्टी के मोटे-मोटे परिप्रेक्ष्य के तहत चलने वाली नेहरूवादी सहमति कायम थी, और न ही लालबहादुर शास्त्री के जमाने में चलने वाली वह सहमति कायम रह गयी थी जिसके तहत किसी बड़े निर्णय को लेते समय विपक्ष से सलाह ली जाती थी। नेहरू की बेटी के नेतृत्व में बनने वाली नयी आम सहमति का आधार अधिक विस्तृत और तरल था। राजनीति के विभिन्न रंगों की नुमाइंदगी करने वाली राज्य सरकारें, राज्यों के कांग्रेस नेता, पहले से कहीं अधिक मुखर संसद और अधिकारीतंत्र के शीर्ष पर बैठे हुए तजरुबेकार अफसरों की राय इसमें शामिल थी। राजनीतिक प्रणाली के विभिन्न तत्त्व इसमें

ज्यादा सीधी और अबाध भूमिका निभा रहे थे।

नयी आम सहमति का सार : विश्लेषण के इस मुकाम पर नयी आम सहमति की तत्कालीन तरलता पर गौर किया जाना आवश्यक है। अपने वर्चस्व के जमाने में कांग्रेस की प्रवृत्ति आमतौर पर वामोन्मुख रहती थी और अपने भीतरी संयोजन में पड़ने वाले बायें या दायें बाजू के दबावों के मुताबिक यह रुझान बदलता रहता था। १९६७-६९ के बीच स्थिति यह बनी कि कांग्रेस को छोड़कर सिर्फ कम्युनिस्ट पार्टियों का ही राष्ट्रीय स्तर पर कोई विकास हो पा रहा था और विभिन्न मुद्दों पर केवल उनकी ही कोई राय होती थी। अन्य क्षेत्रीय दल तो बहुत से मामलों पर कोई राय ही नहीं रखते थे। इसी माहौल के कारण कांग्रेस के नये नेतृत्व को एक बार फिर वामोन्मुख रुझान वाली आम सहमति कायम करने में आसानी होने वाली थी। दूसरी तरफ जनसंघ जैसी दक्षिणपंथी पार्टियों ने एक वैकल्पिक विचारधारात्मक मुद्रा अख्तियार करने पर जोर देना बंद कर दिया था। भाषा और गोरक्षा जैसे अतिवादी मुद्दों पर जनसंघ अपेक्षाकृत मौन था। बिहार, राजस्थान और गुजरात में स्वतंत्र पार्टी का प्रभाव गिरावट पर था और ओडीशा में सरकार चलाने के कारण वह राष्ट्रीय आम सहमति के ज्यादा नजदीक आती लग रही थी। तीसरे, विकास के लिए जूझ रहे समाज में सरकार की भूमिका इस कदर प्रबल थी कि एक वामोन्मुख रुझान ही स्वाभाविक लगता था।

नयी आम सहमति के इस सारतत्त्व के पीछे हितों या पार्टियों के समूहन की भूमिका नहीं थी। इसके उलट इसके पीछे राजनीतिक प्रणाली में स्थानीय और क्षेत्रीय सहभागिता की भूमिका थी, एवं मध्यवर्ती संरचनाओं की भूमिका बहुत बढ़ गयी थी। राजनीतिक प्रणाली और उसके प्रतीकों का फैलाव परिधि पर पड़े तबकों को गोलबंद करके राष्ट्रीय राजनीति से जोड़ रहा था। इसीलिए १९६७ के बाद से राज्य और क्षेत्रीय दलों की भूमिका बढ़ती चली गयी, यहाँ तक कि निर्दलियों की अहमियत भी बढ़ गयी। मद्रास में द्रमुक, पंजाब में अकाली दंल, उप्र में भाक्रांद, ओडीशा में पूर्व गणतंत्र परिषद, केरल और बंगाल में वामपंथी पार्टियों ने कमोबेश स्थायी दलीय संरचनाएँ बना डालीं। इससे हुआ यह कि कांग्रेस का केंद्र में वर्चस्व बना रहा, क्योंकि राज्य की राजनीति दिल्ली के स्तर पर समूहन की प्रक्रिया में नहीं गयी, पर संघीय राजनीतिक व्यवस्था को आगे-पीछे के सूत्र जोड़ने वाला एक सक्षम नेटवर्क मिल गया जिससे कुल मिलाकर संविधान प्रदत्त औपचारिक ढाँचे को जमीन

पर उतारने की स्थिति बनी।

समझ की खामियाँ : दिक्कत यह थी कि राजनीतिक व्यवस्था की नयी बनती हुई शक्ल-सूरत का पूरा खाका साफ नहीं था। संघीय सहमति कोई ऐसी आसान चीज नहीं थी जिसे हमेशा कायम रखा जा सकता हो, न ही केंद्रीय नेतृत्व से हमेशा इतने पारदर्शी व्यवहार की अपेक्षा की जा सकती थी कि वह राज्यों के साथ नाइंसाफी नहीं करेगा। वह अक्सर राज्यों पर नाजायज दबाव डालते हुए देखा जा सकता था। १९५९ में केरल की बाकायदा चुनी हुई सरकार भंग करने और १९६७ के संकट में पश्चिम बंगाल के कम्युनिस्ट विरोधी तत्त्वों की मदद करके केंद्र सरकार ने अपने पूर्वग्रहों का परिचय ही दिया। असल बात यह है कि कुछ नेता प्रणाली के संचालन की समझ से नावाकिफ थे, हालाँकि खुद उनकी राजनीति भी उसी की कामयाबी के तहत परवान चढ़नी थी। कुछ कांग्रेस नेता यह समझने के लिए तैयार नहीं थे कि जब तक नाना प्रकार की पार्टियाँ और विचारधाराएँ राजनीति के खेल के नये नियमों में पारदर्शिता के साथ भागीदारी नहीं करेंगी तब तक राजनीति व्यवस्था को सुदृढ़ नहीं किया जा सकता। न ही तब तक प्रणाली का बाकायदा संस्थानीकरण मुमकिन था।

हकीकत को समझने के बजाय हो यह रहा था कि कांग्रेस के भीतरी विभाजनों से उत्साहित होकर केरल और बंगाल के कम्युनिस्ट केंद्र के साथ टकराव की राह पर चलने की कोशिश करते दिखाई दिये। उन्होंने व्यवस्था को भीतर से तोड़ने की चर्चा तक शुरू कर दी। व्यवस्था के भीतर आ कर उसे और रेडिकल बनाने की कोशिश करना एक अलग बात थी, उसे नष्ट-भ्रष्ट करने की रणनीति पर चलना एक दूसरी ही बात थी।

१९६७ से १९६९ के बीच हुए परिवर्तनों का एक संदेश यह भी था कि भारत एक पार्टी के वर्चस्व वाली दलीय प्रणाली से वर्चस्व के लिए होड़ की प्रणाली की तरफ बढ़ चुका था। इस नये घटना-क्रम का एक आयाम संघीय था जिसके तहत केंद्र में कांग्रेस और राज्यों में नाना प्रकार की पार्टियों के नेतृत्व आपस में तालमेल करके चल रहे थे। इसे अ सगूहन का आयाम कहा जा सकता था। दूसरा आयाम राज्यों का था जहाँ महाराष्ट्र, मैसूर, आंध्र प्रदेश आदि में कांग्रेस का प्रभुत्व था, और कई राज्यों में गैर-कांग्रेसी पार्टियों का। तीसरा आयाम निर्वाचन क्षेत्र के स्तर पर काम कर रहा था जहाँ एक पार्टी के वर्चस्व वाले चुनाव क्षेत्रों की संख्या कम होती जा रही थी, हालाँकि इसके

बावजूद निर्वाचन क्षेत्रों का राजनीतिक चरित्र मूलतः एक पार्टी के वर्चस्व वाला ही था जिसके तहत एक पार्टी को किसी क्षेत्र में ४५ फीसदी के आसपास वोट मिलते थे और उसके निकटतम प्रतिद्वंद्वी बारह से सोलह फीसदी वोटों से पीछे रहते थे।

पार्टीगत पहचान और पार्टीगत असंतोष : शुरू से ही कांग्रेस का वर्चस्व होने के कारण आम जनता तक अधिकांशतः इसी पार्टी की पहुँच थी। राजनीतिक जुड़ाव के रूप में मतदाता केवल कांग्रेस के साथ ही अपनी शिनाख्त कर पाते थे, भले ही वह शिनाख्त कमजोर, अस्पष्ट या एकदम साफ किस्म की हो। १९६७ के चुनाव में किये गये एक राष्ट्रीय अध्ययन के अनुसार पार्टीगत पहचान के सवाल का जवाब देने वाले लोगों में से ४३.१ फीसदी लोगों ने कांग्रेस के साथ अपनी राजनीतिक पहचान बतायी और बाकी विभिन्न पार्टियों के साथ जुड़े हुए निकले। ३.४ फीसदी निर्दलियों के साथ जुड़े निकले। २६.७ फीसदी लोगों ने किसी पार्टी के साथ अपनी पहचान न होने की बात कही या सवाल का जवाब देना पसंद नहीं किया। केवल ११.८ फीसदी लोग ही ऐसे थे जो वोट डालने नहीं गये थे। अगर इसमें ६.६ फीसदी वे लोग भी जोड़ दिये जाएँ जिन्होंने सवाल का जवाब देना पसंद नहीं किया, तो भी वोट न डालना कबूल करने वालों का प्रतिशत वास्तव में वोट न डालने वालों से कम बैठता है, यानी लोग यह मानने में संकोच करते नजर आए कि उन्होंने मतदान करने का अपना लोकतांत्रिक कर्तव्य पूरा नहीं किया।

इस सर्वेक्षण की सीमाएँ अपने आप में स्पष्ट थीं, पर इससे एक बात निकलती थी कि पार्टियाँ किस सीमा तक जनता के बीच पहुँच चुकी हैं, उनकी पैठ का चरित्र क्या है और राजनीतिकरण की आम प्रक्रिया में उनका योगदान किस किस्म का है। खास बात यह है कि इस सर्वेक्षण में खुले किस्म के सवाल पूछे गये और जवाब देने वालों ने अपनी पसंदीदा पार्टियों के चुनाव चिह्नों के बारे में खुद ही बताया। दलीय प्रणाली के घटकों के बारे में वोटरों की यह जागरूकता उल्लेखनीय थी, भले ही इसमें उन पार्टियों की स्पष्ट पैरोकारी के तत्त्व न हों।

सभी पार्टियों में जनता के बीच शिनाख्त के मामले में कांग्रेस काफी आगे साबित हुई। लेकिन, साथ में उसके प्रति असंतोष भी काफी उभरकर आया। लोग कांग्रेस शासन की कड़ी आलोचना करते नजर आए और उसी का असर चुनाव नतीजों पर भी दिखाई पड़ा। जब कांग्रेस सरकार के खिलाफ

प्रचलित आरोपों के ऊपर लोगों की प्रतिक्रिया पूछी गयी तो खास बात यह निकली कि ७५ से ९० फीसदी लोगों ने इस सवाल का जवाब देना पसंद किया और ज्यादातर ने कांग्रेस के रिकॉर्ड को खारिज कर दिया। लेकिन, जब हम इस सर्वेक्षण के नतीजों और कांग्रेस के वोटों के बीच तुलना करते हैं तो पता चलता है कि १९६७ के चौथे आम चुनाव में कांग्रेस के वोटों में इस नाराजगी के मुताबिक गिरावट नहीं आयी थी। इससे सर्वेक्षण की एक और सीमा स्पष्ट होती थी, पर साथ में एक संदेश भी मिलता था कि जनता की राजनीतिक समझ बनाने में पार्टी और सरकार की मिली-जुली छवियाँ काम कर रही थीं। समाचार माध्यमों के अपेक्षाकृत कम प्रसार, साक्षरता की नीची दर और चुनावी इतिहास की छोटी-सी अवधि के बावजूद १९६७ में साठ फीसदी वोटरों के बीच इस प्रकार की राजनीतिक जागरूकता निश्चित रूप से उल्लेखनीय थी। लेकिन, हमें इसके कारण बढ़े-चढ़े नतीजे नहीं निकाल लेने चाहिए। कुल मिलाकर १९६७ में पार्टियों के चिह्न, सरकार और राष्ट्र के प्रतीक भारतीय मानस में बहुत गहरे तक नहीं पैठ पाए थे। राजनीतिकरण का आम स्तर कम ही था। मध्यवर्ती संरचनाएँ ही राष्ट्रीय प्रतीकों को जनता तक पहुँचाने का माध्यम बनी हुई थीं। अधिकतर जनता अपने घर-परिवार और जाति की समस्याओं में इतनी मगन थी कि पार्टियों और सरकार के प्रति उसके मन में लगाव विकसित नहीं हो पाया था।

दलों की सामाजिक संरचना

दलीय प्रणाली और राजनीतिक व्यवस्था की जनता में पैठ का जायजा लेने के बाद आइये हम देखें कि आजादी के पहले दो दशकों में हमारे राजनीतिक दलों की शख्सियत किन तत्त्वों से मिलकर बनी थी। इससे इन सवालों का जवाब मिल सकता है कि उनकी सामाजिक पृष्ठभूमि कौन-सी थी और उन्हें समर्थन देने वाले सामाजिक तबके कौन-से थे? क्या उनके समर्थन आधार में कोई अंतर था?

संसद सदस्य : १९६९ में प्रकाशित सांसदों की सामाजिक पृष्ठभूमि की एक समीक्षा बताती है कि उनके बीच वकीलों की बहुतायत कम हो रही थी और उनके बजाय बड़े किसानों और अन्य खेती करने वालों की संख्या बढ़ रही थी। पहली लोकसभा में वकील ३५ फीसदी थे जो दूसरी, तीसरी और चौथी लोकसभा में क्रमशः घट कर ३०, २४.५ और १७ फीसदी रह गये।

कृषि क्षेत्र से आए सांसदों की संख्या क्रमश: २२.४, २९.१, २७.४ और ३१.१ फीसदी होती चली गयी। कहना न होगा कि देहात से आए सांसदों में जमींदार, मँझोले और छोटे किसान, यानी सभी तरह के लोग थे, पर इससे यह तो पता लगता ही था कि राष्ट्रीय आंदोलन और उसके तुरंत बाद राजनीति पर हावी शहरी हितों की प्रधानता कम होने लगी थी।

कांग्रेस के सांसदों में पेशागत विविधता सबसे ज्यादा थी, जबकि गैर-कांग्रेस पार्टियों के सांसदों का पेशागत आधार संकीर्ण था। स्वतंत्र पार्टी के सांसद की पृष्ठभूमि भू-स्वामियों (जमींदारों के बीच से अधिक), राजों-रजवाड़ों, व्यापारियों और रिटायर अफसरों के बीच सीमित थी, जबकि कांग्रेस, जनसंघ, द्रमुक और दो समाजवादी दलों के अधिकांश सांसदों में मँझोले किसानों का प्रतिशत ज्यादा था। इसी तरह व्यापारियों और उद्योगपतियों के मामले में स्वतंत्र पार्टी बड़े उद्यमियों की पार्टी लगती थी, जबकि जनसंघ और द्रमुक छोटे व्यापारियों और दूकानदारों के दल प्रतीत होते थे। कम्युनिस्ट पार्टियों के सांसदों में ट्रेड यूनियन नेता और राजनीति या पत्रकारिता को अपना पेशा बना चुके नेता भरे हुए थे।

द्रमुक और जनसंघ के सांसद मुख्यत: शहरी और निम्न-मध्यम वर्गीय पृष्ठभूमि के थे। जनसंघ के सांसदों का अध्ययन बताता था कि यद्यपि सारे देश में वह एक शहरी दल ही है, पर उत्तर प्रदेश में वह कांग्रेस के देहाती आधार में सेंध लगाने लगी है। देश भर के समर्थन आधार का आधा जनसंघ को उप्र से ही प्राप्त हो रहा था और वह कुछ बर्ष पहले के मुकाबले अधिक व्यापक आधार दिखा रही थी। इसी तरह द्रमुक ने मद्रास के शहरी इलाकों में सक्रिय विरोध प्रदर्शन की पार्टी से विकसित होकर देहातों में कांग्रेस के जनाधार को काफी-कुछ छीन लिया था। विचारधारात्मक रूप से परस्पर विपरीत होने के बावजूद जनसंघ और द्रमुक दोनों ही भाषा और क्षेत्रीयतावाद की अपील पर टिके हुए थे। उत्तर और दक्षिण में क्रमश: दोनों ही निम्न और निम्न-मध्यम वर्ग की पार्टियाँ बनी हुई थीं।

संसोपा और प्रसोपा समाजवादी होने के बावजूद काफी अलग-अलग किस्म की पार्टियाँ थीं। प्रसोपा पर उसकी बेहद सेकुलर विचारधारा की स्पष्ट छाप थी और उसे सांसदों में सामाजिक कार्यकर्ता, ट्रेड यूनियन नेता, वकील और पत्रकारों की बहुतायत थी। उसका काम मैसूर, महाराष्ट्र, असम और उप्र के देहाती इलाकों में भी था। संसोपा ने राम मनोहर लोहिया के नेतृत्व में एक

रेडिकल कार्यक्रम अपनाते हुए अलग पहचान बनायी थी। वह देहातों में वंचितों के सवाल उठा रही थी और शहरों में राष्ट्रीय चेतना के भाषा सरीखे नये प्रतीकों के माध्यम से अपना प्रसार करने की कोशिश कर रही थी। प्रसोपा के सांसद ज्यादा बड़े सामाजिक दायरे से आते थे, जबकि संसोपा के सांसदों में पार्टी नेताओं और छोटे-मध्यम किसानों की भरमार थी। अपनी राजनीतिक अपील और क्षेत्रीय फैलाव में संसोपा का चरित्र प्रसोपा और जनसंघ के ही समान था। चौथी लोकसभा में निर्दलीय नाना प्रकार की पृष्ठभूमियों की नुमाइंदगी करते थे। प्रचलित धारणा के विपरीत उनमें से ७० फीसदी ऐसे समूहों की नुमाइंदगी करते थे जिनका राजनीतिकरण काफी हो चुका था।

राजनीतिकरण की बढ़ती प्रक्रिया के बावजूद यह देखा जा सकता था कि चौथी लोकसभा में केवल २९.३ फीसदी सांसद ऐसे थे जिन्हें किसी भी स्तर का विधायी अनुभव नहीं था, यानी नये लोगों का राष्ट्रीय राजनीति में प्रवेश उस समय तक बहुत ज्यादा नहीं बढ़ा था। अनुभवहीन सांसदों में कांग्रेस का आँकड़ा सबसे कम यानी १५.९ फीसदी था। जाहिर था कि नये तत्त्वों को राजनीति के शीर्ष पर लाने का काम गैर-कांग्रेस पार्टियाँ ज्यादा कर रही थीं। प्रसोपा ३०.८, द्रमुक ३३.३, संसोपा ४२.१,माकपा ४५, भाकपा ४७.४, जनसंघ ४८.७ और स्वतंत्र पार्टी ६४.३ फीसदी नये सांसदों को लाने की जिम्मेदार थी।

मजदूर आंदोलन के सबसे ज्यादा नुमाइंदे कम्युनिस्ट और सोशलिस्ट पार्टियों के पास थे। कांग्रेस के पास ऐसे सांसदों की संख्या केवल २२.२ फीसदी थी। कांग्रेस के पास सहकारी आंदोलन से जुड़े सांसद ज्यादा थे। यह आंदोलन महाराष्ट्र में खासतौर से मजबूत था। स्वतंत्र और जनसंघ के पास सहकारी या पंचायती राज संस्थाओं या जिला राजनीति में काम करने का अनुभव रखने वाले सांसद अपेक्षाकृत कम थे। कम्युनिस्ट सांसदों में से चालीस फीसदी के पास राज्य स्तर पर काम करने का अनुभव था।

पार्टियों का समर्थन आधार : कांग्रेस एक अखिल भारतीय पार्टी थी जिसका सारे देश में लगभग चालीस फीसदी समर्थन आधार था। अन्य पार्टियाँ स्थानीय किस्म के समर्थन के दम पर टिकी हुई थीं। अर्थात कांग्रेस को छोड़कर समर्थन आधार के मामले में अन्य सभी पार्टियों का चरित्र आमतौर पर क्षेत्रीय किस्म का ही माना जा सकता था। चौथी लोकसभा में कांग्रेस को तकरीबन हर तबके से सबसे ज्यादा वोट मिलते दिखाई पड़े। यह जरूर था

कि कांग्रेस का प्रदर्शन दफ्तरी कर्मचारियों और बेरोजगारों के बीच गिरता दिख रहा था। खेतिहर वोटरों और कुशल-अकुशल वोटरों के बीच उसका समर्थन आधार मजबूत था। जनसंघ दफ्तरी कर्मचारियों और अन्य शहरी समूहों में अच्छे वोट हासिल कर रहा था। साथ ही किसानों में उसकी पैठ बन रही थी। चाहे शहर हो या देहात, मजदूर वर्ग पर उसकी पकड़ कमजोर थी। कम्युनिस्टों और समाजवादियों को इसी वर्ग से समर्थन अच्छा था, पर इस समर्थन की प्रकृति में अंतर था। माकपाई कम्युनिस्ट शहरी मजदूरों में भाकपाई कम्युनिस्टों से अच्छा समर्थन प्राप्त कर रहे थे। भाकपा का समर्थन किसानों में ज्यादा था। यही स्थिति द्रमुक की थी।

संसोपा वंचितों की पार्टी बनती हुई लग रही थी। उसका ४४ फीसदी से ज्यादा वोट खेतिहर मजदूरों, अकुशल शहरी मजदूरों और बेरोजगारों के बीच से आया था। यह समर्थन आधार पार्टी की रेडिकल विचारधारा की बानगी था, क्योंकि वंचितों से जुड़े मुद्दों पर उसने कई बार संयुक्त मोर्चों को गड़बड़ा देने में भी हिचक नहीं दिखाई थी। स्वतंत्र पार्टी का आधार सर्वाधिक संकीर्ण था। उसका ज्यादातर समर्थन भू-स्वामियों के बीच से आया था और इसके बाद वह मालिक-चाकर संबंधों में बँधे खेतिहर मजदूरों के बीच से वोट हासिल कर रही थी। स्वतंत्रता के बाद जमींदारों की दूसरी पसंद जनसंघ था। वामपंथी छोटे किसानों और भूमिहीनों के बीच लोकप्रिय थे। फर्क यह था कि जनसंघ अपना समर्थन आधार बढ़ा रहा था, पर स्वतंत्र पार्टी उसे सीमित किये हुए थी। इस पार्टी की दुविधा और अंतर्विरोध इसके मीनू मसानी और एन.जी. रंगा जैसे सेकुलर नेताओं के साथ इसके सांसदों की सामाजिक पृष्ठभूमि में देखी जा सकती थी। निर्दलियों का समर्थन आधार अधिकतर शहरी इलाकों में था। देहाती समर्थन आधार कमोबेश पार्टी उम्मीदवारों के साथ ही प्रतीत हो रहा था।

दलीय विचारधारा : भारत जैसे खेतिहर समाजों में पश्चिम के उद्योगीकृत समाजों की तरह वाम, दक्षिण या मध्यमार्गी जैसे विचारधारात्मक लकबों का ज्यादा महत्त्व नहीं था। चौथी लोकसभा का अध्ययन बताता है कि पार्टियों के समर्थन आधार में उनके विचारधारात्मक रवैये अनिवार्यत: नहीं झलक रहे थे। भाकपा अगर किसानों के वोट हासिल कर पा रही थी, तो संसोपा रेडिकल सामाजिक नीतियों के साथ हिंदी के प्रश्न पर दक्षिणपंथी रवैया अख्तियार करने की तरफ जा रही थी। द्रमुक की सामाजिक अपील भी

समाजवादियों की शैली की थी। इन बातों से अंदाजा लग सकता है कि साठ के दशक के अंत में भारत में विपक्षी आंदोलनों का चरित्र कितना जटिल था। ज्यादातर विपक्षी पार्टियाँ स्थानीय हालात के मुताबिक राज्य और सरकारी कार्यक्रमों पर अपना रवैया बनाती थीं, जिससे होता यह था कि विचारधारात्मक फर्क होने के बावजूद उनकी कार्रवाइयाँ एक-सी हो जाती थीं।

इस पहलू के बावजूद कहा जा सकता था कि समर्थन आधार के हिसाब से स्वतंत्र पार्टी दक्षिणपंथी थी। वह अर्थव्यवस्था पर खुले बाजार का वर्चस्व चाहती थी, पश्चिमी लोकतंत्रों से बेहतर संबंधों की पैरोकारी कर रही थी और उदारतावादी राजनीतिक कार्यक्रम की समर्थक थी। हिंदू सांप्रदायिक पृष्ठभूमि और छोटे व्यापारियों वाले समर्थन आधार के हिसाब से जनसंघ अधिक दक्षिणपंथी लगता था, पर उसकी राष्ट्रीय महत्त्वाकांक्षाएँ उसे अपना समर्थन आधार फैलाने की तरफ धकेल रही थीं। उसकी कोशिश थी कि दक्षिण में भी उसे पैर जमाने का मौका मिले और उत्तर में मुसलमान भी उसे वोट दें। उसने उप्र के देहाती इलाकों में व्यापक समर्थन आधार बनाने में सफलता हासिल कर ली थी। अंततः लग रहा था कि जनसंघ कुछ-कुछ दक्षिणोन्मुख पैंतरा लेते हुए कांग्रेस को कांग्रेस जैसे ही कार्यक्रम की बिना पर चुनौती देना चाहता है। उसकी कोशिश होगी कि वह कई राज्यों में कांग्रेस के टिकाऊ विकल्प के रूप में उभर सके। हालाँकि द्रमुक, अकाली दल और कुछ अन्य क्षेत्रीय दल विचारधारात्मक रूप से वाम या दक्षिण के खाने में फिट नहीं होतीं, लेकिन इस हकीकत से इनकार नहीं किया जा सकता कि साठ के दशक के अंत में गैर-कांग्रेस पार्टियों के रूप में दो कम्युनिस्ट पार्टियाँ ही सर्वाधिक सफल थीं। उनके पास मजदूर वर्ग का ठोस समर्थन था और संख्यात्मक रूप से बढ़ते हुए मध्यवर्ग का भी। शहरों के बेरोजगार और देहातों के छोटे किसान और भूमिहीन उनके साथ थे। दिक्कत यह थी कि उनका क्षेत्रीय आधार संकीर्ण था और वे केवल केरल, पश्चिम बंगाल, कुछ-कुछ बिहार के औद्योगिक क्षेत्रों और आंध्र तक ही सीमित थीं। लगता था कि उद्योगीकरण बढ़ने पर वे अन्य राज्यों में भी अपनी पैठ बढ़ाएँगी जिससे वामोन्मुख राजनीति पर कांग्रेसी आम सहमति को और बढ़ावा मिलेगा।

हितों की अभिव्यक्ति : इस पुस्तक में दलीय प्रणाली का अध्ययन हित समूहों की राजनीति के आधार पर करने का विरोध किया गया है। साठ के दशक के अंत में हम जब विभिन्न हित समूहों की राजनीतिक अभिव्यक्ति पर

गौर करते हैं तो हमें एक बार फिर लगता है कि भारतीय स्थिति पश्चिम में प्रचलित हित समूहों की राजनीति के मुताबिक नहीं समझी जा सकती।

चूँकि राजनीतिक संस्थानीकरण और सामाजिक-आर्थिक विकास में सरकार की अहम भूमिका थी, इसलिए आजादी के बाद उभरे सबसे महत्त्वपूर्ण हित समूह वे थे जिन्हें 'संस्थागत हित समूह' कहा जा सकता है। इनमें प्रमुख राजनीतिक दल, अधिकारीतंत्र और सरकारी कामकाज के दायरे में फैले हुए अन्य धड़े थे। दरअसल, भारत में हितों की बहुलता इतनी ज्यादा थी कि उनकी अभिव्यक्ति पार्टियों, उनके धड़ों और उनके सहयोगी क्षेत्रीय दलों द्वारा ही हो सकती थी। स्वायत्त एसोसियेशनों के बजाय हित समूह पार्टियों के जरिये ही राजनीति में सहभागिता कर पा रहे थे। दूसरे, हितों के समीकरण आपस में घुले-मिले किस्म के थे, न कि अलग-अलग किस्म के। उनमें बृहत्तर गठजोड़ात्मक प्रवृत्तियाँ थीं जो भारतीय राजनीतिक प्रणाली के विकेंद्रित स्वरूप के अनुकूल बैठती थीं। इसलिए भारत में हित समूहों की राजनीति को समझने के लिए उन्हें अलग-अलग संगठनों में व्यक्त होता हुआ समझने से काम नहीं चलने वाला था। एसोसियेशनों के नाम पर भारत में केवल चैंबर्स ऑव कामर्स, टीचर्स एसोसियेशन या ट्रेड यूनियनों जैसे उदाहरण ही थे जिनका राजनीति पर असर राष्ट्रीय स्तर तक पहुँचता ही नहीं था। पश्चिम में हित समूह अपनी राजनीति एसोसियेशनों के जरिये करते थे, जबकि भारत में उनकी अभिव्यक्ति संस्थागत माध्यमों से होती थी।

आधुनिक क्षेत्र पर भी परिवार और नातेदारियों की संरचनाओं का बड़ा प्रभाव था। व्यापार और उद्योग में पारंपरिक व्यापारिक परिवारों की भूमिका थी, न कि अन्य नवस्वाधीन देशों की भाँति व्यापार और उद्योग व्यापारियों के हाथ में था। यहाँ पर भी जो हित पश्चिम की तरह एसोसियेशनों के जरिये व्यक्त हो सकते थे, वे पारिवारिक हितों की तरह व्यक्त हो रहे थे। उद्योग-व्यापार का संचालन करने वाले घरानों ने मैनेजिंग एजेंसियों के माध्यम से अपने हितों को सुरक्षित रखा था।

ट्रेड यूनियन क्षेत्र में भी परिवार, समुदाय और जाति का बोलबाला था। यहाँ भी निजी हितों का समूहन इसलिए नहीं हो पाता था कि ये प्राक्-आधुनिक संस्थाएँ उन्हें भिन्न रास्ते पर ले जाती थीं और टकराव की परिस्थितियाँ टल जाती थीं। यही वजह है कि भारत में राजनीतिक पार्टियों का 'वर्ग चरित्र' नहीं बन पाया। पश्चिम की तरह भारत में वयस्क मताधिकार

और राजनीतिक गोलबंदी अलग-अलग नहीं आए, बल्कि एक साथ आए जिस प्रक्रिया में सभी तरह के समूह और हित एक साथ राजनीतिक प्रक्रिया में आ गये। हितों की राजनीतिक अभिव्यक्ति का चरित्र विकेंद्रित और समूह-बहुल हो गयी।

हित समूहों के संबंध में सबसे बड़ी खास बात यह थी कि वे आधुनिक क्षेत्र में सामाजिक-आर्थिक रुप में न होकर जाति और समुदाय के संदर्भों में पारंपरिक रुपों में खुद को व्यक्त कर रहे थे। चूँकि भारत की वैकासिक रणनीति विशाल देहाती इलाकों के राजनीतिकरण पर जोर दे रही थी, इसलिए ऐसे हितों को ज्यादा प्रमुखता दी गयी जो पारंपरिक संरचनाओं और संस्थाओं को आधुनिक क्षेत्र के साथ जोड़ सकते हों। अंत में यह कहा जा सकता है कि सामाजिक-आर्थिक संरचनाओं के सरकारीकरण से भारत में हितों की राजनीतिक अभिव्यक्ति बहुत ज्यादा प्रभावित थी। एसोसियेशनगत हितों की राजनीति की अहमियत न होने के कारण उन्हें पार्टी-पॉलिटिक्स और अधिकारीतंत्र के मार्फत अपनी आवाज उठानी पड़ रही थी। व्यापारियों की एसोसियेशनें, ट्रेड यूनियनें, किसानों के धड़े राजनीतिक दायरे में अपने दम पर पाने-गँवाने के आधार पर अपना हित-साधन नहीं कर पाते थे। मिश्रित अर्थव्यवस्था होने के कारण आधुनिकीकरण की प्रक्रिया में सरकार की भूमिका इतनी बढ़ी हुई थी कि हित समूहों को उन एजेंसियों का माध्यम अपनाना पड़ता था जो किसी न किसी रूप में सरकार से जुड़ी हुई थीं। इसका मतलब यह नहीं था कि मध्यवर्ती संरचनाओं की कोई जगह नहीं थी। असल में मध्यवर्ती संरचनाएँ बहुत-सी थीं। लेकिन उनका चरित्र पश्चिमी शैली में एसोसियेशनगत न होकर बुनियादी रूप से राजनीतिक था। यही कारण है कि साठ के दशक के अंत तक भारत में राजनीतिक माँगों की अभिव्यक्ति आर्थिक संघर्षों में न होकर राजनीतिक हड़तालों और प्रदर्शनों के रूप में हो रही थी।

जाहिर है कि ये सभी प्रवृत्तियाँ भारतीय अनुभव को पश्चिमी अनुभव से अलग करती थीं। इसके फायदे स्पष्ट थे, पर इसके कुछ नुकसान भी थे जिनमें पहला यह था कि एसोसियेशनगत अभिव्यक्तियों की प्रमुखता न होने के कारण प्रत्येक हित को राजनीतिक भाषा बोलनी पड़ रही थी, और इस चक्कर में उसकी अभिव्यक्ति प्रतिरोधनुमा और अक्सर हिंसक हो जाती थी। जिन हितों को पैरोकारी के लिए कोई राजनीतिक दल नहीं मिलता था, वे सड़कों पर उतरते हुए दिख सकते थे। राजनीतिक व्यवस्था इन विरोध प्रदर्शनों

के प्रति सहिष्णु रवैया अपनाकर खुद को बचाती रहती थी। व्यवस्था के सामने दो रास्ते थे : पहला, प्रणाली को राजनीतिक माँगों के दबाव से बचाने के लिए बीच-बीच में थोड़ी-बहुत हिंसा होने दी जाए ताकि लोगों का दबा हुआ असंतोष निकलता रहे। दूसरा, एसोसियेशनगत शैली के हित-साधन को भी राजनीतिक अहमियत प्रदान की जाए और इस प्रकार पाने-गँवाने के आधार पर एक भिन्न किस्म का ज्यादा टिकाऊ राजनीतिक लेन-देन का माहौल बने। पहले रास्ते के साथ अंदेशा यह था कि राष्ट्रीय स्तर पर कम उत्पादन की दशा में बीच-बीच में होने वाली हिंसा ज्यादा विकराल रूप धारण कर सकती थी। लेकिन, ऐसा लग रहा था कि तत्कालीन अभिजन पहला रास्ता अपनाने के पक्ष में ही हैं।

विरोध प्रदर्शन की भूमिका : भारतीय राजनीति में विरोध प्रदर्शन की अपनी अहमियत है। दरअसल, कोई भी खुली राजनीतिक व्यवस्था विरोध प्रदर्शन को मान्यता देती ही है, और जब विरोध करने के तरीके संस्थागत रूप नहीं ले पाते तो गैर-संस्थागत और गैर-संवैधानिक विरोध प्रदर्शन का महत्त्व केंद्रीय होता चला जाता है। भारतीय संसदीय विपक्ष विरोध प्रदर्शनों और हड़तालों का जम कर इस्तेमाल करता रहा है। भारत की खास बात यह है कि इन विरोध प्रदर्शनों में उपवास, धरने, घेराव और धरने भी शामिल हो गये थे। इनके पीछे राष्ट्रीय आंदोलन की विरासत थी। आजादी के बाद बीस साल की राजनीति कभी राज्य सरकारों, कभी केंद्रीय सरकार के खिलाफ और कभी किसी खास अफसर या विभाग के खिलाफ विरोध प्रदर्शनों से भरी रही। कभी राशन के सवाल पर, कभी कम मजदूरी के सवाल पर, तो कभी काम की खराब दशाओं के सवाल पर संगठित या स्वतःस्फूर्त आंदोलन होते रहे। इनमें ट्रेड यूनियनें, छात्र संघ और राजनीतिक दल भाग लेते रहे। राज्य सरकारें भी केंद्र के खिलाफ आंदोलन करती हुई नजर आयीं। केरल के कम्युनिस्ट मंत्रियों द्वारा नयी दिल्ली में प्रधानमंत्री निवास के परिसर में दिया गया नाटकीय धरना इसकी मिसाल थी। ज्यादातर विरोध प्रदर्शनों का निशाना कांग्रेस की राजनीतिक ताकत ही होती थी, पर गैर-कांग्रेसी सरकारों के खिलाफ कांग्रेस भी विरोध प्रदर्शन आयोजित करती थी। कांग्रेस प्रवक्ताओं का दावा होता था कि ऐसे विरोध प्रदर्शन लोकतंत्र में अपनी माँग उठाने के वैध तरीके हैं।

हिंसक हो जाने वाले आंदोलनों के खिलाफ सरकार (चाहे वह कम्युनिस्ट सरकार ही क्यों न हो) अपनी दमनकारी मशीनरी का इस्तेमाल

करती थी, पर आम तौर पर कोशिश यही होती थी कि आंदोलनों से नरमी से निबटा जाए। इसका मतलब यह था कि आंदोलन करना अगर वैध है और हिंसक हो जाने वाले आंदोलनों पर सख्ती करना भी वैध है, पर सरकार को आंदोलनों का दमन करते वक्त जिम्मेदारी से काम लेना चाहिए।

साठ के दशक तक यह स्पष्ट हो गया था कि आंदोलन की राजनीति देश के विशाल भौगोलिक आकार और संचार के कम साधनों के कारण सीमित प्रभाव ही छोड़ पाती है। यह भी स्पष्ट था कि सरकार के पास इच्छा होने पर आंदोलनों को कुचलने की पूरी क्षमता है। दूसरे, भारतीय जनता की प्रकृति हिंसा, शत्रुता और क्रोध के सार्वजनिक प्रदर्शन को बहुत ज्यादा प्रोत्साहित करने वाली नहीं थी। धीरे-धीरे यह एहसास भी होता जा रहा था कि हर समय और हर परिस्थिति में आंदोलनों का सहारा लेने से लाभ नहीं होता।

विरोध प्रदर्शनों की राजनीति ने व्यवस्था को नेहरूवादी आम सहमति के जमाने से निकालकर कुछ-कुछ मुद्दा आधारित राजनीति की तरफ ले जाने की भूमिका भी निभायी। साठ के दशक के आखिर तक भारी-भरकम राजनीतिक शख्सियतों, सर्वग्रहणशील राजनीति, सिद्धांतों की भाषा बोल कर काम चला लेने वाले दलों, नियोजन और यूटोपियायी अपीलों के जादू का जमाना ढलने लगा था। सरकार से अच्छे प्रदर्शन की माँग की जाने लगी थी। काम करके दिखाने की बातें हवा में थीं, वरना वोटरों का गुस्सा झेलना पड़ सकता था।

बुद्धिजीवियों की हताशा : साठ के दशक की राजनीति का एक अन्य उल्लेखनीय पहलू यह भी था कि बुद्धिजीवियों के बीच राजनीति के तत्कालीन स्वरूप के बारे में हताशा का जन्म होने लगा था। दलबदल, सरकार पर बढ़ता हुआ तरह-तरह का दबाव, राष्ट्रीय एकता और आर्थिक विकास की विकट समस्याओं और वायदे पूरे करने में नेताओं की नाकामी से बुद्धिजीवी हलके वयस्क मताधिकार के आधार पर चल रही व्यवस्था पर शक करने लगे थे। हालाँकि फौजी तानाशाही का विकल्प बुद्धिजीवियों के बीच लोकप्रिय नहीं था, पर प्रणाली में बदलाव लाने की चर्चा चल पड़ी थी। राष्ट्रपति प्रणाली लागू करने की बातें होने लगी थीं। कुछ लोग झिझक के साथ सीमित किस्म की तानाशाही की पेशकश भी करने लगे थे। दलगत राजनीति और पश्चिमी किस्म की किसी भी राजनीति को अच्छी निगाह से देखने वाले

तत्त्व भी थे। उच्च शिक्षा से संपन्न और खुले समाज के प्रखर पैरोकार ये लोग दलविहीन लोकतंत्र का फारमूला पेश करते थे। इनकी बातें दुनिया के अन्य भागों में विकसित हो रहे लोकलुभावन राज्य के खयालों से मेल खाती थीं। असल में ये लोग आम राजनीतिक नेता द्वारा अपनायी जाने वाली परिणामोन्मुख और अक्सर 'नैतिकताविहीन' प्रतीत होने वाली राजनीति के प्रति अरुचि से भरे हुए थे। इन लोगों की भूमिका राजनीति को शुद्ध करने वालों की तो हो सकती थी, पर व्यवस्था पर उनका प्रभाव नगण्य था।

नाना प्रकार का विपक्ष तरह-तरह के मुकामों से बोल रहा था। पर वह व्यवस्था पर टीका-टिप्पणी करके रह जाता था। उसका विरोध बिखरा हुआ, असंगठित और संस्थागत रूप लेने में नाक़ाम था। विपक्ष के पास व्यवस्था का कोई विकल्प नहीं था, इसलिए वह व्यवस्था को चुनौती देते-देते उसके प्राधिकार का अंग बनकर प्रचलित आम सहमति को मजबूत ही कर रहा था। प्रणाली की खामी यह थी कि वह बीच-बीच में अस्थिरता के दौर में फँसती हुई लगती थी, पर खूबी यह थी कि वह बेइंतिहा लचीलेपन, राजनीतिक माहौल की अपेक्षाकृत कम गरमाहट और व्यवस्था में प्रवेश पाने के लिए आतुर तत्त्वों को जोड़ने व आत्मसात करने की क्षमता के कारण टिकी हुई थी। भविष्य के लिए सवाल यह था कि परिधि की तरफ व्यवस्था का और विकास होने पर उसका क्या रूप बनेगा? और, वायदे पूरे करने की कसौटी पर वह खरी उतर पाएगी या नहीं? क्या वह अतीत की तरह इसी तरह अपना प्रसार करती चली जाएगी या ध्रुवीकरण के लंबे चक्कर में फँस जाएगी?

III

सत्तर के दशक और उसके बाद दलीय प्रणाली की समस्याएँ

यद्यपि मतदान के लिहाज से कांग्रेस का जनाधार ४० फीसदी के आगे नहीं बढ़ पा रहा था और उसके वर्चस्व के आधार पर चल रही प्रणाली तिरोहित होकर वर्चस्व के लिए पार्टियों के बीच की होड़ द्वारा प्रतिस्थापित की जा चुकी थी, पर ऊपर के विश्लेषण से यह भी स्पष्ट हो रहा था कि भारतीय दलीय प्रणाली का केंद्र अभी कांग्रेस ही थी और विपक्ष की कमजोरी के कारण उसके लिए फायदे की स्थिति भी बन रही थी। दूसरी ओर इंदिरा गाँधी के नेतृत्व में नयी आर्थिक नीतियों के सहारे कांग्रेस राजनीतिक पहलकदमी अपने हाथ में लेने की तरफ बढ़ते दिख रही थी।

उत्तरोत्तर बहु-दलीय होती जा रही दलीय प्रणाली में अपनी प्रमुखता बनाये रखने के लिए पार्टी को सांगठनिक जड़ता से उबारा जाना जरूरी था। सरकार और नौकरशाही पर बढ़ती निर्भरता के कारण बहुत सारे जिलों और तालुकों में पार्टी का ढाँचा जंग खाया पड़ा था। होना यह चाहिए था कि ताल्लुकों, जिला पंचायतों, नगर पालिकाओं और सहकारी संगठनों से जुड़े कार्यकर्ताओं और स्थानीय शक्तियों के जरिये पार्टी का जीर्णोद्धार किया जाता। कार्यकर्ताओं और जनता के साथ प्रदेश के नेतृत्व और आलाकमान का जीवंत संपर्क फिर से स्थापित किया जाता। अखिल भारतीय कांग्रेस कमेटी और प्रदेश कांग्रेस कमेटियों को समितियों की संरचना और सुदृढ़ सचिवालयों की मदद से सक्रिय किया जाता, विचार-विमर्श और पार्टी सिद्धांतकारों की मदद से पार्टी के अधिवेशनों की बाकायदा तैयारियाँ की जातीं और कुल मिलाकर पार्टी में हर स्तर पर नयी जान फूँकने की महत्त्वाकांक्षी योजना पर अमल होता। दिक्कत यह थी कि इंदिरा गाँधी के नेतृत्व में कांग्रेस चुनावों पर तो धुआँधार धन खर्च करने के लिए तैयार थी, पर पार्टी संगठन को गति प्रदान करने के लिए वह थोड़े व्यय के लिए भी तत्पर नहीं दिख रही थी।

संभवत: इंदिरा गाँधी का खयाल था कि वे संगठन पर आधारित राजनीति न करके अपनी नयी आर्थिक नीतियों के दम पर सीधे जनता तक पहुँचने वाली राजनीति कर सकती हैं। नयी आर्थिक नीतियों के कारण और राष्ट्रपति-चुनाव के माध्यम से उभरे पार्टी-सरकार संबंधों के विवाद के आधार पर अगस्त १९६९ में कांग्रेस का विभाजन हो गया। सरकारी कांग्रेस और संगठन कांग्रेस अलग-अलग हो गये। संगठन कांग्रेस ने जनसंघ, स्वतंत्र पार्टी और बाद में संसोपा का साथ पकड़ा। श्रीमती गाँधी संसद में अल्पमत सरकार चला रही थीं। दिसंबर १९७० में उन्होंने आर-पार की लड़ाई के लिए लोकसभा भंग करने की सिफारिश की और जनता से अपने नये वामोन्मुखी प्रतीत होने वाले आर्थिक कार्यक्रम के लिए जनादेश माँगा। इस ऐतिहासिक चुनाव में इंदिरा गाँधी ने गैर-कम्युनिस्ट विपक्ष (जिसे अखबार वाले उन दिनों इंदिरा विरोधी चौगुटा के रूप में पेश करते थे, क्योंकि उसमें चार पार्टियाँ जनसंघ, संसोपा, स्वतंत्र पार्टी और संगठन कांग्रेस शामिल थे) को ध्वस्त करते हुए संसद में दो-तिहाई बहुमत प्राप्त किया। इसके बाद बांग्लादेश संकट में भारत की निर्णायक फौजी जीत का लाभ भी उन्हें ही मिला और मार्च १९७२ में हुए विधानसभा चुनावों में इंदिरा गाँधी की कांग्रेस को १६ में से

१४ राज्यों में जबरदस्त जीत हासिल हुई। 'गरीबी हटाओ' के नारे और ढाका में पाकिस्तानी सेना के समर्पण से इंदिरा गाँधी की लोकप्रियता उन दिनों चरम पर थी। विपक्षी दलों को वोट तो सम्मानजनक मिले, लेकिन उनकी कतारों में फूट के कारण वे उन्हें सीटों में नहीं बदल पाए।

ऐसा लगा कि पाँच साल की राजनीतिक अस्थिरता के बाद अब केंद्र और राज्यों में कांग्रेस की मजबूत वापसी से राज्य व्यवस्था में स्थिरता आएगी। फौरी तौर पर ऐसा ही हुआ, पर इस चुनाव परिणाम ने उस साझी सहमति को बदल दिया जो सत्तारूढ़ और विपक्षी दलों के बीच चलती रहती थी, और जिसके कारण व्यवस्था को झटके नहीं लगते थे। इंदिरा गाँधी ने अपने प्रभुत्व के मॉडल की राजनीति स्थापित की जिसमें विपक्ष की सहमति की कोई गुंजाइश नहीं थी, साथ ही कांग्रेस के संगठन के ऊपर वोट खींचने वाले करिश्माई नेता की शख्सियत बहुत ज्यादा हावी हो गयी थी।

जैसा कि हम देख चुके हैं कि भारत में विपक्ष क्षेत्रीय राजनीति के जरिये अपनी पहचान बनाता हुआ कांग्रेस की लोकप्रियता के थर्मोस्टेट की तरह काम करता रहा था। १९७४ तक आते-आते विपक्षी आवाजें ज्यादा सुनी जाने लगीं और श्रीमती गाँधी की लोकप्रियता में गिरावट आने लगी। दरअसल, उन्होंने आर्थिक पुनर्निर्माण के जो वायदे किये थे, उन पर उनकी सरकार अमल नहीं कर पायी। उन्होंने जनता की कामनाएँ तो बढ़ा दीं, पर उनकी भरपाई नहीं की। बातें बहुत की गयीं, पर गरीबी और बेरोजगारी में कमी नहीं आयी। 'गरीबी हटाओ' के नारे से लोगों का मोह भंग हो गया। श्रीमती गाँधी अधिकारीतंत्र द्वारा नियंत्रण पर इतनी ज्यादा निर्भर थीं कि वे और उनकी पार्टी विफलता का राजनीतिक संदेश समझने में असमर्थ रही। जनता के बिगड़ते मूड के कारण आंदोलनकारी राजनीति पैदा हुई जिसका सामना सरकार ने दमन से किया जिसने उसकी वैधता का और भी ज्यादा क्षय किया। सामान्य पुलिस की जगह अर्ध सैनिक बलों का इस्तेमाल बढ़ गया और कानून की सामान्य दफाओं की जगह डीआईआर और मीसा जैसे निवारक नजरबंदी कांनूनों का इस्तेमाल ज्यादा होने लगा। गुजरात और बिहार में अर्धसैनिक बलों की बर्बर भूमिका ने माहौल को एकदम सरकार के खिलाफ कर दिया।

विपक्ष की भूमिका और १९७४ का आंदोलन : जिस समय व्यवस्था इस संकट के दौर से गुजर रही थी, विपक्ष ने भी कतई बुद्धिमानी से काम नहीं लिया। उसके रवैये के कारण भी इंदिरा गाँधी नकारात्मक चिंतन की तरफ

चली गयीं। विपक्ष की कोशिश यह रही कि वह जयप्रकाश नारायण के नेतृत्व में चल रहे बिहार के छात्र आंदोलन या रेलवे हड़ताल जैसी परिघटनाओं की लहर पर सवार होकर इस संकट का राजनीतिक लाभ उठा ले।

गुजरात में चिमनभाई पटेल की अलोकप्रिय सरकार को हटाने में बागी कांग्रेसियों के साथ मिलकर कामयाब हो जाने के बाद विपक्ष ने छात्रों के जरिये विधायकों पर शर्मनाक हमले करवाकर विधानसभा भंग करवाने की नीति अपनायी, जबकि सदन में कांग्रेस के पास बहुत बड़ा बहुमत था। राष्ट्रपति शासन के दौरान मँहगाई और बढ़ी, प्रशासन की हालत और खराब हो गयी। छात्रों और अध्यापकों की नवनिर्माण समिति एक बेहतरीन युवा आंदोलन में बदलने की संभावना रखती थी, पर विपक्षी दलों ने उसमें घुसपैठ करके उसे बरबाद कर दिया। गुजरात का नवनिर्माण आंदोलन अपनी व्यापकता खोकर सिर्फ विधानसभा भंग कराने की माँग में ही सीमित रह गया, और अंतिम विश्लेषण में कुछ भी सकारात्मक हासिल करने में नाकाम रहा। यही हालत बिहार की लोकसंघर्ष समिति की होते दिख रही थी। वहाँ भी छात्र-युवा ताकत पर साख को चुके आधारहीन राजनेता हावी हो जाने की जुगाड़ में थे।

१९४२ के नायक जयप्रकाश नारायण द्वारा आंदोलन की बागडोर ग्रहण कर लेने के बाद एक संभावना पैदा हुई कि वह फौरी किस्म की राजनीति से परे जाकर लोकतांत्रिक मूल्यों के प्रति नयी आस्था जगाने का काम कर सकेगा। जेपी ने आंदोलन को भ्रष्टाचार, चुनाव सुधार और लोकतंत्र को और जनोन्मुख बनाने के आयामों से जोड़ा। लेकिन, इस आंदोलन की सीमाएँ बहुत जल्दी ही साफ होनी शुरू हो गयीं। शहरी मध्यवर्ग के हाथ में आंदोलन की बागडोर थी। वह सरकार और विपक्ष के द्विभाजन की रोशनी में राजनीति को देखता था, पर सामाजिक-आर्थिक मुद्दों के संदर्भ में राजनीतिक कार्रवाई को नियोजित करना उसके एजेंडे में शामिल नहीं था।

आंदोलन के मध्यवर्गीय शहरी चरित्र ने सरकार को सुविधा प्रदान की कि वह उसे किसानों और मजदूरों के समर्थन से वंचित करार दे। आंदोलनकारियों द्वारा बेइंतिहा टकराव की शैली अपनाने और विधानसभा भंग करने की जिद के कारण सरकार ने उसे अलोकतांत्रिक करार देकर हालात पुलिस और अर्धसैनिक बलों के हवाले कर दिये। जेपी को फासीवादी, अलोकतांत्रिक, प्रतिक्रियावादी, जन-विरोधी करार दे दिया गया और इसमें

सरकार की मदद भाकपा ने की। १९६४ में कम्युनिस्ट पार्टी के विभाजन के बाद अपने टिके रहने के लिए कांग्रेस के साथ अपने गठजोड़ पर निर्भर इस पार्टी का खयाल था कि वह देश की एकता और संसदीय लोकतंत्र के नाम पर मुहिम चलाकर कुछ राजनीतिक पूँजी कमा सकती है। उधर अपनी निष्पक्षता के बावजूद जेपी उत्तरोत्तर विपक्षी पार्टियों की संकीर्ण राजनीतिक माँगों के मोहरे बनते चले जा रहे थे।

चुनाव प्रक्रिया की वैधता पर प्रश्न चिह्न : १९७४ के आंदोलन ने जिस मुद्दे को सबसे अहमियत प्रदान की वह जनता के नुमाइंदों के चुने जाने के तरीके और उनकी भूमिका का था।

धीरे-धीरे स्थिति यह बनती जा रही थी कि केवल वही लोग ठीक से चुनाव लड़ सकते थे जिनके पास काले धन का समर्थन हो, और यह गुंजाइश सबसे ज्यादा सत्तारूढ़ पार्टी के पास ही हो सकती थी। १९७४ में हेमवतीनंदन बहुगुणा के नेतृत्व में उत्तर प्रदेश के चुनावों में धन और मतदान में गड़बड़ियों की भूमिका ने सभी का ध्यान अपनी ओर खींचा। पहले भी इस तरह के आरोप लगते रहे थे, पर उप्र का उदाहरण इस समस्या को एक ऐसी परिघटना के रूप में पेश कर रहा था जो पूरी चुनाव प्रक्रिया की वैधता पर प्रश्न चिह्न लगा सकती थी। आम छवि ऐसी बन रही थी कि अगर कांग्रेस की सरकार से लोग बेहद नाराज हों, तो भी चुनाव के जरिये उसे सत्ता से नहीं हटाया जा सकता, क्योंकि वह पैसे और संसाधनों के दम पर हर हालत में चुनाव जीत लेगी।

चुनाव प्रणाली को दूसरी चुनौती जनआंदोलन की तरफ से मिल रही थी, जिसके कारण चुनी हुई विधानसभाएँ ताश के पत्तों की तरह ढही जा रही थीं। गुजरात की विधानसभा भंग हो चुकी थी, और बिहार विधानसभा के लिए भी वही माँग की जा रही थी।

तीसरी चुनौती अमरनाथ शुक्ला के चुनाव को खारिज करने वाले सर्वोच्च न्यायालय के फैसले से निकलती थी। अदालत ने अपने फैसले में चुनाव प्रक्रिया की जम कर खिंचाई की थी। उसने उम्मीदवार द्वारा किये गये खर्चे को पार्टी के खर्च की तरह मानने की हिदायत दी थी, जबकि सरकार अध्यादेश जारी करके इस फैसले के असर को उलट देना चाहती थी।

राजनीतिक सहमति का टूटना और आपात्काल की घोषणा : १९७५ के पहले छः महीने आर्थिक लिहाज से सरकार के लिए सकारात्मक

थे। मुद्रास्फीति पर नियंत्रण होता लग रहा था और उत्पादन में बढ़ोतरी हो रही थी कि तभी विपक्ष ने और ज्यादा आक्रामक तेवर लेने का फैसला किया। जेपी का आंदोलन अपना आवेग खोता जा रहा था। वे चुनाव के जरिये आंदोलन की जन-लोकप्रियता साबित करने की प्रधानमंत्री की चुनौती मानने के लिए तैयार लग रहे थे। मोरारजी के अनशन के सामने झुक कर गुजरात विधानसभा के चुनाव कराने के लिए राजी होकर प्रधानमंत्री ने भी मेल-मिलाप के अपने इरादे जता दिये थे।

गुजरात के चुनाव में विपक्षी पार्टियाँ जनता फ्रंट के रूप में एक हो गयीं और उन्होंने उन चिमनभाई की पार्टी किसान मजदूर लोकपक्ष का भी समर्थन ले लिया जिन्हें हटाने के लिए कुछ दिन पहले मुहिम चलायी गयी थी। कांग्रेस को ४४ फीसदी वोट मिले जो कोई खराब नतीजा नहीं था, पर विपक्ष थोड़े से बहुमत से आगे निकल गया। इसका श्रेय इंदिरा गाँधी द्वारा की गयी जबरदस्त चुनावी मुहिम को जाता था। गुजरात में कांग्रेसियों के गिरे हुए मनोबल के बावजूद गरीबों और आदिवासियों ने पार्टी का समर्थन किया था। इस बात की पूरी उम्मीद लग रही थी कि आठ महीने दूर अगला आम चुनाव कांग्रेस जीत सकती है।

तभी आसमान से इलाहाबाद हाई कोर्ट का फैसला आया। १२ जून १९७५ को न्यायमूर्ति जगमोहन लाल सिन्हा ने रायबरेली से श्रीमती गाँधी का चुनाव रद्द कर दिया। २४ जून को सुप्रीम कोर्ट के अवकाशकालीन जज से प्रधानमंत्री को सशर्त स्थगन आदेश मिल गया। अब सुप्रीम कोर्ट की संविधान पीठ को मामले पर अपना फैसला सुनाना था। पर विपक्ष ने इस फैसले का इंतजार करना पसंद नहीं किया और वह इंदिरा गाँधी के इस्तीफे की माँग करने लगा। सरकार ने भी तीखी प्रतिक्रिया करते हुए आपात्कालीन स्थिति घोषित कर दी, संविधान को तकरीबन मुल्तवी कर दिया और बड़े पैमाने पर अपने विरोधियों की गिरफ्तारियाँ शुरू कर दी गयीं।

आपात्काल और जनता प्रयोग की विफलता : लोकतंत्र को मुल्तवी करने का सबसे बड़ा नुकसान अगर किसी पार्टी को हुआ तो वह कांग्रेस थी। इंदिरा गाँधी और उनके सलाहकारों ने मुख्यत: दो गलतफहमियाँ पाल ली थीं : पहली, अभिव्यक्ति की स्वतंत्रता छीन लेने का असर केवल मध्यवर्ग पर पड़ेगा और गरीब जनता उससे कतई चिंतित नहीं होगी। दूसरे, नौकरशाही के जरिये राजनीति की जा सकती है और यहाँ तक कि अपने इंदिरा गाँधी के

परिवार के सदस्य गैर-संवैधानिक सत्ता केंद्र बन सकते हैं।

आपात्काल के दौरान खुद राजधानी दिल्ली में घटी घटनाओं से अंदाजा लगाया जा सकता है कि सारे देश, खासकर उत्तर भारत, में क्या हुआ होगा। वर्तमान हिंसा के दौर के बीज दिल्ली पर जगमोहन राज के इतिहास में छिपे हैं। इंदिरा गाँधी के पुत्र संजय गाँधी की छत्रछाया में दिल्ली के उपराज्यपाल जगमोहन ने सफाई और सुंदरीकरण के नाम पर गरीबों को जम कर बेघरबार किया। तुर्कमान गेट से धार्मिक अल्पसंख्यकों को उजाड़ा गया। परिवार नियोजन के नाम पर जबरिया नसबंदी के अत्याचार से बड़े पैमाने पर इंदिरा गाँधी के खिलाफ जनरोष जमा होने लगा।

१९७७ के चुनाव में जमीन से पूरी तरह कट जाने के कारण इंदिरा गाँधी को बहुत बुरी चुनावी पराजय झेलनी पड़ी। नौकरशाही ने उन्हें धोखे में रखा कि वे भारी बहुमत से जीतने वाली हैं। लेकिन गैर-कम्युनिस्ट संयुक्त विपक्षी दल जनता पार्टी के रूप में पैदा हुई लहर में उनकी सत्ता पूरी तरह डूब गयी। वे और उनका बेटा, दोनों खुद चुनाव हार गये। केंद्र में पहली बार गैर-कांग्रेस सरकार बनी जिसका नेतृत्व एक पूर्व कांग्रेसी के हाथ में था, पर सरकार में विपक्ष के तकरीबन सभी बड़े नेता शामिल थे।

यह दलीय प्रणाली और गठजोड़-रचना की राजनीति का एक तरह से तीसरा चरण था। एक पार्टी के वर्चस्व वाली प्रणाली की जगह बहु-दलीय होड़ वाली प्रणाली आयी थी। इन दोनों में राजनीतिक केंद्र पर कांग्रेस का ही कब्जा रहा था, पहली बार विपक्ष के साथ साझी सहमति के रूप में और दूसरी बार विपक्ष को बाहर कर सिर्फ अपने प्रभुत्व के तौर पर। पर तीसरी बार नजारा बदला हुआ था। कांग्रेस केंद्र की सत्ता से बाहर हो चुकी थी, और जनता पार्टी कांग्रेस जैसी नहीं थी। उसका प्रभाव सारे देश में एक जैसा नहीं था। वह बाहर और भीतर दोनों तरफ से सीमित प्रभाव वाला गठजोड़ था। आपात्काल ने संघीय सहमति, लोकतांत्रिक निर्णय प्रक्रिया और सत्ता के बहुलवादी ढाँचे को तोड़-फोड़ दिया था। संस्थाओं का क्षय हो रहा था। जनता पार्टी को पूरी राजनीतिक प्रणाली में दोबारा जान डालनी थी।

जनता पार्टी को समझना चाहिए था कि राजनीतिकरण की प्रक्रिया ने शहरी और देहाती जनता के जिन विशाल तबकों को राजनीति से जोड़ दिया है, उन्होंने ही इंदिरा गाँधी की निरंकुशता को ठिकाने लगाया है और वही उसे सत्ता में लाये हैं। जनता पार्टी को नातिगत और सत्तामूलक ढाँचे को इन्हीं

तबकों के हित की तरफ मोड़ना था, जो वह नहीं कर पायी। इसलिए 'दूसरी आजादी' का ढोल सिर्फ एक उदारतावादी आवाज निकालकर रह गया। उसका जनता पार्टी के लिए तो महत्त्व रहा, पर वास्तविक जनता के लिए नहीं। अपनी जीत को किसी कारगर संस्थागत उपायों से न जोड़ पाने के कारण ही जनता पार्टी नहीं टिक सकी। उसके कई नेताओं द्वारा सत्ता में रहते हुए भी विपक्ष की तरह आचरण करने की आदत ने भी पार्टी के टूटने में अपनी भूमिका निभाई, पर जनता प्रयोग की विफलता का सबसे बड़ा कारण यही था कि वह लोकतांत्रिक संस्थाओं और प्रणाली के उन खँडहरों का नयी सामाजिक-राजनीतिक शक्तियों के पक्ष में पुनर्निर्माण नहीं कर पायी जो इंदिरा गाँधी के आपात्काल ने छोड़े थे। जनता पार्टी कार्यपालिका पर संसदीय श्रेष्ठता फिर से कायम करने में नाकाम रही, उसने संविधान को पहुँचे नुकसान को दुरुस्त नहीं किया, चुनाव सुधार नहीं किये और न ही जमीनी स्तर पर पार्टी संगठन का निर्माण करने की कोई कोशिश की। उसकी नाकामी और राजनीतिक अस्थिरता का लाभ उठाकर इंदिरा गाँधी की १९८० के चुनाव में वापसी हो गयी।

IV

अस्सी का दशक : इंदिरा-राजीव दौर का मूल्यांकन

बहुत सारे लोग यह मानते हैं कि इंदिरा गाँधी ने कांग्रेस के बहुलवादी मॉडल को कमजोर किया। यह लेखक इस सपाट निष्कर्ष से असहमत है। इंदिरा गाँधी हमारी सारी समस्याओं की जननी नहीं थीं। दरअसल, जब इंदिरा गाँधी और उनके सलाहकार सत्ता में आए तो उन्होंने देखा कि उनके पिता से विरासत में मिली और पार्टी नेताओं द्वारा प्रबंधित राजनीतिक प्रक्रिया में सामाजिक-आर्थिक सार का अभाव है। उन्होंने आर्थिक मुद्दों को केंद्रीय मुद्दा बनाकर पार्टी और राज्य-तंत्र का राजनीतिकरण प्रारम्भ किया। 'गरीबी हटाओ' का नारा सामने आया। हालाँकि यह एक नारा-भर ही था, फिर भी स्वीकार करना पड़ेगा कि वह ऐसा नारा था, जो इस विशाल देश के कोने-कोने में काफी लोकप्रिय हुआ। इसके बाद ही श्रीमती गाँधी के बहुचर्चित सामाजिक गठबंधन ने आकार ग्रहण किया जिसमें अल्पसंख्यकों, 'हरिजनों', आदिवासियों और दक्षिण का एक बड़ा हिस्सा शामिल था। इसके तहत बहुत से ऐसे कदम उठाए गये जिनके जरिये सरकार को विशाल संसाधन मिल

सके। यह माना गया कि इन संसाधनों का इस्तेमाल गरीबों का हितसाधन करनेवाले कार्यक्रमों में किया जाएगा। दुर्भाग्यवश, सत्ता को लेकर श्रीमती गाँधी में घोर असुरक्षा की भावना थी। स्वतंत्र विचारों वाले और योग्य लोगों के साथ काम कर पाने की उनकी अक्षमता ने उन्हें इस नये राजनीतिक कार्यक्रम को अमली जामा नहीं पहनाने दिया। जल्दी ही बीस सूत्री कार्यक्रम और समाजवाद वास्तव में लोगों को झाँसा देने के लोकलुभावनवादी शब्दाडंबर में परिवर्तित हो गये। अपने छोटे बेटे के प्रभाव में उन्होंने पूरे पार्टी संगठन और सरकारी तंत्र को विघटित कर दिया। १९८० में सत्ता में पुनः काबिज होने के बाद उनका पूरा नजरिया ही बदल गया। वे गरीबों, अल्पसंख्यकों और आम लोगों के बजाय अपने व्यक्तिगत करिश्मे, दमनकारी और प्रबंधकीय उपायों पर ज्यादा भरोसा करने लगीं।

चंद लोग ही इस बात को समझ सके हैं कि देश के कामकाज में लोंकलुभावनवादी तौर-तरीकों की जगह प्रबंधकीय तौर-तरीकों के इस्तेमाल का मतलब 'सेकुलर' राजनीति के बदले 'सांप्रदायिक' राजनीति की ओर बढ़ना था। बहुत सारे लोग यह सोचते थे कि अर्थव्यवस्था को उदार बनाना, निजी विदेशी निवेश को बढ़ावा देना और अंतर्राष्ट्रीय मुद्रा कोष और विश्व बैंक को ज्यादा छूट देना और वरिष्ठ पार्टी नेताओं को हटाकर उनकी जगह युवा नेताओं को बिठाना इत्यादि एक नये व्यवहारकुशल युग के सूचक हैं। इसकी शुरुआत इंदिरा गाँधी के छोटे बेटे ने की थी और बड़े बेटे ने इसे और आगे बढ़ाया। वे इस बात को महसूस ही नहीं कर सके कि इस परिवर्तन का निहितार्थ है अराजनीतिकरण की प्रक्रिया और ऐसा अराजनीतिकरण एक विशाल शून्य को जन्म देगा, जिसे भरने के लिए सतही और राक्षसी किस्म के हरसंभव उपाय किये जाएँगे। यह शून्य अंतहीन द्वन्द्वों और हिंसा को जन्म देगा। लोगों की अव्यक्त हताशा और उन्मादी प्रवृत्तियाँ इसे और बढ़ाएँगी।

१९८२-८३ तक 'गरीबी हटाओ' के नारे का आकर्षण समाप्त हो चुका था और कांग्रेस का ठोस वोट बैंक माने जानेवाले अल्पसंख्यक, आदिवासी और गाँव के गरीब उससे दूर जाने लगे थे। कांग्रेस का गढ़ समझे जानेवाले राज्यों में भी सत्ता के सूत्र उनके हाथों से खिसकते जा रहे थे। ऐसी स्थिति में, हर कीमत पर सत्ता में बने रहने की श्रीमती गाँधी की निराशोन्मत्त चाहत ने उन्हें इस बात के लिए मजबूर किया कि वे कोई नया रास्ता ढूँढें और एक वैकल्पिक 'विजयी गठबंधन' का निर्णय करें। ऐसा गठबंधन उन्हें देश के

हिंदी-भाषी मर्म-स्थल में लगभग तैयारशुदा मिल गया। इस गठबंधन में शहरी मध्य और निम्न-मध्य वर्ग के साथ-साथ हिंदी-भाषी क्षेत्र की लगभग पूरी जनता शामिल थी। इन लोगों में राष्ट्र की एकता पर मँडराते खतरे की एक आम चिंता पैदा करना ज्यादा आसान था, क्योंकि पूरा माहौल भिंडराँवाले से आक्रांत था। श्रीमती गाँधी ने ही अकाली दल को शिकस्त देने के चक्कर में उसे बढ़ावा दिया था और अब वह उनके ही लिए भस्मासुर साबित हो रहा था। श्रीमती गाँधी ने पंजाब-समस्या को हिंदू-सिख समस्या में बदल दिया और इसका इस्तेमाल 'भीतरी और बाहरी' खतरे का हौवा पैदा करने में किया। इस खतरे का केंद्र बिंदु पाकिस्तान बना। लेकिन जल्दी ही इसे भारतीय मुसलमानों के खिलाफ मोड़ दिया गया। बंबई-भिवंडी दंगों के पहले और बाद में शिव सेना के साथ गुपचुप दोस्ती, कश्मीर में फारूक़ अब्दुल्ला की निलंबित सरकार का गिराया जाना और ऊपरी तौर पर आतंकवादियों के खिलाफ निर्देशित, लेकिन वास्तव में सरकार और पुलिस को राजनीतिक विरोधियों के खिलाफ अभूतपूर्व और निरंकुश शक्तियों से लैस करनेवाले नये-नये 'काले कानूनों' का निर्माण इसी रणनीति के अंग थे। विपक्षी दलों और प्रेस सहित व्यापक जनसमर्थन से संचालित आपरेशन ब्लूस्टार से पैदा माहौल में लोगों ने इन सबको चुपचाप बर्दाश्त कर लिया।

इंदिरा गाँधी की हत्या के बाद उनके पुत्र राजीव गाँधी प्रधानमंत्री बने। वे बिगड़ती सामाजिक स्थिति को समझने में पूरी तरह अक्षम थे और 'राजनीति' के प्रति तिरस्कार की भावना रखते थे। उन्होंने जनसमुदाय से मुँह मोड़ने और तकनीक आधारित आधुनिकीकरण की उस नयी विचारधारा पर ज्यादा भरोसा किया, जिसका आज दुनिया-भर में बोलबाला है। इसका अनिवार्य मतलब था रूपांतरण के लिए समाज के आगे बढ़े हिस्से पर ध्यान केंद्रित करना और पिछड़े हिस्से को भाग्य के भरोसे छोड़ देना। इस रणनीति का दूसरा पहलू था जनता के बीच सांप्रदायिकता और धर्म के प्रति आकर्षण में बढ़ोतरी के साथ-साथ विभिन्न अभिजन समूहों और राजनीतिक पार्टियों को क्षेत्रीय 'समझौतों' के जरिये अपने पक्ष में करना ताकि नयी दिल्ली और उसके उपनगरों में शांति बनी रहे।

यह कोई सुविचारित योजना नहीं थी, बल्कि यह एक प्रबंधकीय दिमाग से सत्ता और प्राधिकार के मुद्दों को दंभ और आक्रामकता की हद तक अनुचित आत्मविश्वास के साथ सुलझाने की कोशिश थी। प्रबंधकीय नजरिया

आक्रामक प्रवृत्तियों को बढ़ावा देता है और समझौतों के जरिये अपना रास्ता बनाने के बजाय चुस्ती-दुरुस्ती और हठधर्मिता पर ज्यादा भरोसा करता है। जगजाहिर है कि श्रीमती गाँधी के अंतिम वर्षों में उनके बेटे के इर्द-गिर्द जमा युवकों का दल पंजाब, जम्मू और कश्मीर इत्यादि में कठोरता की नीति की वकालत कर रहा था। यह दृष्टिकोण उनकी हत्या के बाद भी जारी रहा, बल्कि ज्यादा मजबूत हुआ। यहाँ हत्या के बाद घटनेवाली जघन्य और पीड़ादायी घटनाओं के विस्तार में जाने की जरूरत नहीं है, न ही यह बताने की जरूरत है कि पंजाब 'समझौते' को दोनों पक्षों ने किस तरह निष्प्रभावी बनाया। असम और मिजोरम के प्रश्नों पर राजीव सरकार का दृष्टिकोण यह दिखलाता है कि राज्यों में सांप्रदायिक या जातीयतावादी द्वन्द्वों के परिणामों के प्रति वह संवेदनशील नहीं थी। मुसलमान जनसमुदाय के खिलाफ दमन और तिरस्कार का सिलसिला जारी रहा। उनके खिलाफ 'दंगे' न सिर्फ जारी रहे, बल्कि पूरे देश में उनके फैलने का खतरा पैदा हो गया। शाहबानो प्रकरण का इस्तेमाल घृणा और द्वेष फैलाने के लिए किया गया। इन सबके साथ 'राष्ट्रीय एकता पर खतरे' के अनवरत शोर ने हिंदुओं में व्यापक तौर पर सांप्रदायिक प्रवृत्तियों को भड़काया। उनसे लगातार यह अपील की जाती रही कि वे एक हों और अल्पसंख्यकों को इस बात के लिए बाध्य करें कि वे चुपचाप घुटने टेक दें या परिणाम भुगतने के लिए तैयार रहें।

बदले में इसने दूसरे पक्ष के भीतर भी सांप्रदायिकीकरण को बढ़ावा दिया, अर्थात सिखों, मुसलमानों, दलितों और आदिवासियों और हाशिये पर पड़ी 'राष्ट्रीयताओं' को प्रतिक्रियाजन्य सांप्रदायिकता का शिकार बनाया। बहुसंख्यक सांप्रदायिकता ने अल्पसंख्यक सांप्रदायिकता को जन्म दिया। एक बार इस महामारी के शुरू होने के बाद इसकी चपेट से कोई भी अछूता नहीं रहा। अब नरमपंथी माने जानेवाले सिख नेताओं ने भी घोर सांप्रदायिकों और यहाँ तक कि संदिग्ध 'आतंकवादियों' से मेलजोल बढ़ाना शुरू कर दिया। नेताओं द्वारा बढ़ा-चढ़ा कर पेश किये गये प्रादेशिक दावों से जन्मे अंतहीन विवादों की वजह से केंद्र अपने रास्ते से भटक गया। परिणामस्वरूप, पंजाब के बारे में पूरा सोच चण्डीगढ़ के बारे में समझौते यानी हरियाणा के साथ चण्डीगढ़ की अदला-बदली के समझौते तक सिमट कर रह गया। इसके बाद आयोगों का बेतुका सिलसिला शुरू हुआ, जिसने इस सम्मानजनक अर्द्ध-न्यायिक संस्था को भी उपहास का पात्र बना दिया। फिर 'कानून और

व्यवस्था' को बहाल करने के नाम पर दुर्भाग्यों का एक सिलसिला शुरू हो गया। संघवाद के केंद्रीय मुद्दे को, जो आनंदपुर साहिब प्रस्ताव की आत्मा है, पर्दे के पीछे धकेल दिया गया और नौजवानों को बेरोजगारी और मजहबी सिखों को हाशिए पर धकेले जाने जैसे बड़े मुद्दों को महत्त्वहीन बना दिया गया। परिणामस्वरूप उत्पन्न सामाजिक शून्य ने न सिर्फ आतंकवादियों, बल्कि हर तरह के जोखिमबाज और अपराधी तत्त्वों को सर उठाने का सुनहरा मौका प्रदान किया। इसने पंजाब में हिंदुओं और पंजाब के बाहर रहनेवाले सिखों के बीच भय और असुरक्षा का भाव पैदा किया और दोनों ही पक्षों की भावनाओं को भड़काया। परिणामस्वरूप, निचले स्तरों पर भी अलगाव बढ़ा, जबकि पहले ऐसा नहीं था।

V

गठजोड़ सरकारें और उनका भविष्य

हालाँकि राजीव गाँधी ने अपनी माँ की हत्या से पैदा हुई सहानुभूति की लहर पर सवार होकर अपने नाना जवाहरलाल नेहरू से भी बड़ा बहुमत जीतने में कामयाबी हासिल की थी, लेकिन हम ऊपर देख चुके हैं कि उन्होंने इस लोकतांत्रिक बहुमत का इस्तेमाल एक प्रबंधकीय और तकनीकशाही राज्य कायम करने में किया। उनकी हुकूमत का अंत १९८९ के आम चुनावों ने किया जब उन्हीं के मंत्रिमंडल में वित्त और फिर रक्षा मंत्री रहे विश्वनाथ प्रताप सिंह के नेतृत्व में विपक्ष ने एकजुट होकर उन्हें पराजित कर दिया। वी.पी. सिंह के साथ कांग्रेस से निकले नेताओं की कतार भी थी। दलीय प्रणाली के लिहाज से यह एक १९७७ जैसा ही नजारा था। फर्क यह था कि नयी सरकार अल्पमत की थी और उसे बने रहने के लिए एक तरफ कम्युनिस्टों का और दूसरी तरफ भारतीय जनता पार्टी (पूर्व जनसंघ) के समर्थन की जरूरत थी। यह एक बेहद अस्थिर बंदोबस्त था जिसका शीघ्र अंत होने पर कोई आश्चर्यचकित होने वाला नहीं था।

राजीव गाँधी ने 'मिस्टर क्लीन' के रूप में अपनी राजनीतिक यात्रा शुरू की थी, पर जब उसका अंत रक्षा सौदों में हुए भ्रष्टाचार में आरोपित देश के पहले प्रधानमंत्री के रूप में हुआ। नये प्रधानमंत्री वी.पी. सिंह की छवि तो ईमानदारी की थी, पर राजनीतिक रूप से उनका पिछला रिकार्ड अच्छा नहीं था। उन्होंने आपातकाल का समर्थन किया था और वे इंदिरा गाँधी की तरफ

काफी झुके रहे थे। यहाँ तक कि राजीव गाँधी के प्रधानमंत्रित्व में भी उन्होंने अपने नेता को सूर्य और खुद को उनकी रोशनी में चमकने वाला तारा जैसी अलंकारिक भाषा का इस्तेमाल किया था। बहरहाल, इन बातों का उनके पास जवाब यह होता था कि वे उस समय इंदिरा गाँधी और फिर राजीव को नेता मानते थे। राजनीति के बारे में वी.पी. सिंह का विचार यह था कि वे अंतर्विरोधों और विरोधाभासों को प्रबंधित करते हुए प्रधानमंत्री बने रहेंगे। दरअसल, वे राजनीति में पूरी तरह रमे हुए नहीं थे। उनकी राजनीतिक समझ भी कमजोर थी। उन दिनों वी.पी. सिंह काफी दौरे किया करते थे। शायद पूर्वी उ.प्र. में उन्हें कुछ गाँधीवादी नेताओं ने किसी दौरे के समय गरीबी और पिछड़ेपन के बारे में कुछ समझाया था कि ऊपर प्रधानमंत्री पद पर बैठकर आप ज्यादा कुछ नहीं बदल सकते। कुछ ऐसा करना होगा जिससे नीचे के स्तर पर कुछ बदलाव आए। इन बातों से शायद वी.पी. के चिंतन में कुछ परिवर्तन आया होगा। वह नेता आचार्य राममूर्ति या कोई और रहा होगा। फिर राजनीतिक जरूरतें भी थीं, जो हरियाणा के नेता देवीलाल के साथ उनके संघर्ष के कारण और मुखर होती चली गयीं। मंडल आयोग की रपट को एक राजनीतिक अस्त्र की तरह इस्तेमाल करने का विचार संभवत: इसी कारण उनके दिमाग में आया होगा। जब वी.पी. सरकार ने मंडल को लागू करने का फैसला कर लिया और विश्वविद्यालयों में उत्पात मचने लगा, बसें जलाई जाने लगीं और बुद्धिजीवी समुदाय में ध्रुवीकरण होने लगा तो बड़ी बेचैनी पैदा हुई। दिलचस्प बात यह थी कि खुद वी.पी. सिंह का इतिहास तो पिछड़े वर्ग के विरोधी का था। उत्तर प्रदेश के मुख्यमंत्री के रूप में उन्होंने एक दस्यु उन्मूलन अभियान चलाया था जिसमें हुई फर्जी मुठभेड़ों में बड़े पैमाने पर यादव युवकों की हत्याएँ की गयी थीं। चरण सिंह, जार्ज और मुलायम सिंह यादव ने इस मुद्दे पर उनके खिलाफ आंदोलन छेड़ा था, एमनेस्टी इंटरनेशनल को चिट्ठी लिखी गयी थी।

बहरहाल, वी.पी. सिंह द्वारा उठाये गये इस कदम के दूरगामी राजनीतिक-सामाजिक परिणाम हुए जो खुद उनकी राजनीति के हश्र के परे जाते थे। मंडल परिघटना ने सामाजिक न्याय के मुहावरे को प्रचलित कर दिया। बिहार में लालू प्रसाद यादव, उत्तर प्रदेश में मुलायम सिंह यादव और मायावती के नेतृत्व ने पिछड़ी और दलित जातियों को मुसलमानों के साथ जोड़कर सेकुलर गठजोड़ बनाने के प्रयास शुरू कर दिये। यह राजनीति अभी

तक किसी स्पष्ट निष्कर्ष तक नहीं पहुँची है, पर इसके कारण पूरे उत्तर भारत में सांप्रदायिकता की हिंदुत्ववादी राजनीति को टक्कर देने की संभावना पैदा हुई है और गठजोड़ सरकारों के युग के बाकायदा सूत्रपात हो गया है। विभिन्न जातियाँ अपनी अलग-अलग पार्टियाँ बनाकर राजनीतिक सत्ता में सीधी हिस्सेदारी का दावा कर पा रही हैं। स्थानीय आधार पर समर्थन हासिल करके कोई छोटा-सा दल भी केंद्र सरकार में अपनी नुमाइंदगी प्राप्त कर सकता है। इस परिघटना ने पक्ष-विपक्ष दोनों की राजनीति को बदल दिया है। पार्टियों की संख्या बहुत बढ़ गयी है। वे चुनाव के पहले और बाद में गठजोड़करके सरकार की संरचना को बदलने में सक्षम हैं। इस परिघटना के कारण कम से कम इतना जरूर कहा जा सकता है कि केंद्र का चुनाव परिणाम राज्यों और उससे भी छोटे क्षेत्रों व समुदायों के राजनीतिक रुझानों के योगफल में बदलता जा रहा है।

दलीय प्रणाली के एक अध्येता के तौर पर मैं मानता हूँ कि पार्टी के तौर पर तो नहीं, पर एक दलीय प्रणाली के तौर पर कांग्रेस सबसे अच्छी है। मुझे उम्मीद है कि किसी न किसी प्रकार सोनिया गाँधी की कांग्रेस नहीं, बल्कि वही कांग्रेस प्रणाली किसी दूसरे रूप में वापस आएगी। तभी स्थिरता मिलेगी। केवल इसी प्रणाली ने देश की जनता की सबसे लंबे समय तक सेवा की है, केवल इसी प्रणाली में नाना प्रकार के तत्त्वों को आपसी तालमेल के साथ रखने की क्षमता है, केवल इसी प्रणाली में टिकने का दम है। देखने की बात यह है कि हजारों साल पुरानी भारतीय सभ्यता इस समय एकदम नयी चुनौतियों का सामना कर रही है। भारतीय राज्य अभिजनवादी होता जा रहा है और उन बुनियादी मूल्यों के खिलाफ काम कर रहा है जिनकी तरफदारी के लिए यह सभ्यता जानी जाती रही है। इसके जिम्मेदार आज के बुद्धिजीवी, आज के प्रोफेशनल और इसका कारोबार चलानेवाले गुट हैं। यह एक विचित्र विरोधाभास है कि इतनी महान सभ्यता इस बुरी हालत में आ गयी है। एकमात्र उत्साहित करनेवाली बात यह है कि उत्पीड़ित जनता के तबके मातहती की स्थिति से बाहर आ रहे हैं। वे लोकतंत्र में भागीदारी कर रहे हैं। यह देख कर मुझे लगता है कि एक बार फिर राजनीतिक प्रक्रिया ही भारत का उद्धार करेगी। अंतर सिर्फ यह होगा कि पहले इस प्रक्रिया के शीर्ष पर मध्य वर्ग था लेकिन इस बार उत्पीड़ित तबके और गरीब होंगे। इस प्रक्रिया का नेतृत्व करने के लिए और इससे सबसे अच्छे नतीजे निकालने के लिए कांग्रेस प्रणाली ही

सबसे बेहतर माध्यम हो सकती है। मैं एक बार फिर यह साफ कर देना चाहता हूँ कि मैं यह उम्मीद कांग्रेस प्रणाली से कर रहा हूँ न कि आज की सोनिया गाँधी की कांग्रेस से।

जनसंघ सबसे बुरी राजनीतिक पार्टी थी। इसके अवशेष आज हम शिव सेना, बजरंग दल और विश्व हिंदू परिषद के रूप में देखते हैं। मैं भाजपा को ठीक जनसंघ जैसा नहीं मानता। भाजपा तो जनसंघ की विचारधारा और परियोजना की पराजय का प्रमाण है। जेपी और काफी हद तक वाजपेयी की भूमिका ने भाजपा को जनसंघ से अलग कर दिया है। भाजपा द्वारा जनसंघ की रीति-नीति से अलग हटने का सिलसिला अभी लगातार चल रहा है। वह मंदिर की राजनीति से दूर खिसकती जा रही है। भाजपा में कुछ ऐसे नेता जरूर हैं कि जो जनसंघी रवैये का प्रतिनिधित्व करते हैं। आडवाणी ऐसे ही नेता हैं। वे भाजपा के गैर-जनसंघी रुख के नुमाइंदे नहीं हैं, जबकि वाजपेयी हैं। यह समझना होगा कि भाजपा हिंदुत्व की पार्टी के तौर पर नाकाम हो चुकी है। निराशा के अंधकार में जो कुछ रोशनी की किरणें हैं उनमें एक तो यही है कि भूमंडलीकरण वह काम नहीं कर पा रहा है जो उसके पैरोकारों को उम्मीद थी और भारतीय स्तर पर सांप्रदायिकता जनता के बीच में अपनी अपील खोती जा रही है। आज जनता को रामशिलाएँ अयोध्या ले जाने के लिए तैयार नहीं किया जा सकता। हाँ, यह जरूर है कि भाजपा के भीतर की दो धाराएँ कहा नहीं जा सकता कि किस करवट बैठेंगी। अगर आडवाणी वगैरह राष्ट्रीय लोकतांत्रिक गठजोड़ (राजग) की राजनीति पर हावी हो गये तो वाजपेयी का उदार चेहरा आखिर में एक धोखा भी साबित हो सकता है। संघ को तगड़ा झटका लगनेवाला है। अयोध्या आंदोलन के बाद से सांप्रदायिक पार्टियों के लिए कोई खास हमदर्दी नहीं बची है। दूसरे संघ ने रोजमर्रा की राजनीति से जुड़कर अपना खास चरित्र खो दिया है। वह अपनी छवि खो चुका है कि यह संगठन क्षुद्र राजनीति से अलग किस्म का है। जब बाढ़ आएगी या कोई अन्य विपदा आएगी, यह संगठन आगे आकर मदद करेगा। इससे संघ की प्रतिष्ठा बढ़ती थी। राजनीतिक प्रक्रिया में कूदकर इस संगठन ने यह करिश्मा खो दिया है। उसने हिंदुत्व की राजनीति का आगाज किया और अब वह राजनीति नाकामी के कगार पर खड़ी है। इसलिए संघ का भविष्य उज्ज्वल नहीं है।

एक हद तक कहा जा सकता है कि गठजोड़ राजनीति काफी समय तक

टिकेगी। राजनीतिक दलों से लोगों का मोहभंग हो चुका है और किसी एक पार्टी को बहुमत मिलने की संभावना दूर-दूर तक नहीं दिखाई देती। त्रिशंकु सरकारें ही बनती रहेंगी। और जब तक ऐसा होता रहेगा तब तक दो बातों का महत्त्व कायम रहेगा : पहला, गठजोड़ राजनीति का महत्त्व और ग्रासरूट्स राजनीति का महत्त्व। यह परिस्थिति कांग्रेस के वर्चस्व के जमाने की राजनीति से पूरी तरह से भिन्न है। इस माहौल में हमेशा एक कारगर गठजोड़ की तलाश की जाती रहती है। मुझे नहीं लगता कि ऐसा कोई गठजोड़ अभी तक उपपब्ध हो पाया है। राजग ऐसा गठजोड़ नहीं है। इसे तो अभी हासिल किया जाना है। लेकिन इसका मतलब यह नहीं है कि कांग्रेस प्रणाली निकट भविष्य में ही दोबारा केंद्रीय मंच पर आ जाएगी। यह मेरी इच्छा जरूर है, लेकिन देश की राजनीति किसी और तरफ ही इशारा कर रही है। मेरा विश्वास है कि जैसे-जैसे उत्पीड़ितों के तबके और उनकी राजनीति की अहमियत बढ़ेगी, वैसे-वैसे एक नयी किस्म की गठजोड़ राजनीति का मीजान बनेगा। मुलायम सिंह जैसे क्षेत्रीय नेता के साथ-साथ राष्ट्रीय पहुँच रखनेवाले नेता आपस में जुड़ेंगे और हाशिये पर पड़े तबकों के नेताओं के साथ मिलकर नयी राजनीति की रचना करेंगे। वह गठजोड़ राजनीति का सबसे श्रेयस्कर रूप होगा। वह एक ऐसा रूप होगा जो उसी तरह काम करेगा जैसे कांग्रेस प्रणाली काम करती थी। सोचिये, अगर पिछड़े, दलित, अल्पसंख्यक और आदिवासी मिल जाएँ तो कितना जोरदार बहुमत बनेगा। मंडल के बाद हुए चुनावों में जो लोकसभा बनी थी, उसमें ब्राह्मण हमेशा से खासे कम थे। उसमें द्विज जातियों की संख्या कुल मिलाकर कम ही थी। छोटी जातियाँ ज्यादा थीं। लोकसभा का यह रूप बड़ा उम्मीद दिलानेवाला था। बाद में यह रूप उस राजनीति के उफान में डूब गया जिस पर राष्ट्रीय स्वयंसेवक संघ हावी था। अगर एक बार फिर वह स्थिति बनती है जिसमें निचले तबकों के लोग ऊपर के बजाय नीचे से गठजोड़ बनाकर उभरते हैं तो वही परिदृश्य सामने आ सकता है। विचार के तौर पर और प्रवृत्तियों के तौर पर चीजें मौजूद हैं ही। लोग स्वशासन की चर्चा करते हैं। विकेंद्रीकरण संविधान में स्थापित किया जा चुका है। लोग ज्यादा अधिकारों की माँग करने लगे हैं। आदिवासियों द्वारा अपनी जीवनशैली को बचाने की माँग की जा रही है। प्राकृतिक संसाधनों की सुरक्षा का आंदोलन मजबूत होता दिखाई दे रहा है। इन सब बातों को मुख्यधारा बनने में थोड़ा वक्त तो लगेगा, क्योंकि दुर्भाग्य से ये सभी ताकतें फिलहाल मिलजुल कर

काम नहीं कर पा रही हैं। इन ताकतों के गठजोड़ से हो सकनेवाले फायदे और उनके मौजूदा आपसी संबंधों की दुखद स्थिति देखनी है तो मुलायम सिंह और कांशी राम के गठजोड़ के नतीजे और उनके बीच के विवादों को देखिए। अब वे कभी मिलकर काम नहीं करेंगे। अगर वे काम कर पाएँ तो कुछ दिनों के भीतर ही राजनीति की शक्ल बदल डालेंगे।

गठजोड़ राजनीति का तर्क संकेत दे रहा है कि हम वामपंथियों की ताकत के आमतौर से क्षय की तरफ बढ़ रहे हैं। लेकिन भारत जैसे गरीब देश में जहाँ इतना शोषण है, आखिर में जवाब वहीं से आएगा जहाँ कुछ रूपांतरणकारी राजनीति करने के बारे में सोचा जा रहा है। यह देश तो क्रांति के लिए तैयार है। सवाल यह है कि यह क्रांति कौन करेगा : आज के वामपंथी करेंगे या कोई नये किस्म के वामपंथी उभरेंगे और इस जिम्मेदारी को पूरा करेंगे। मुझे काफी कुछ मार्क्सवादी-लेनिनवादी धारा से उम्मीद है, क्योंकि पीपुल्स वार गुट और माओवादी कम्युनिस्ट केंद्र को छोड़कर लिबरेशन और अन्य एमएल समूह लोकतांत्रिक प्रक्रिया के नजदीक आ रहे हैं। लिबरेशन ने पिछले दिनों नागभूषण पटनायक और विनोद मिश्र जैसे नेता खो दिए हैं, लेकिन फिर भी उनकी संभावनाएँ मुखर हैं। एमएल गुटों के साथ-साथ मेरा ख्याल है कि बुद्धिजीवियों के समूह भी एक अलग तरह की राजनीति की आवश्यकता को रेखांकित करेंगे जो भले ही आज के प्रतिनिधित्वमूलक लोकतंत्र जैसी नहीं होगी पर जो नीचे से लोकतंत्र की स्थापना के लिए प्रयासरत होगी। वह राजनीति उस कांग्रेस प्रणाली को जन्म नहीं देगी जिसका संचालन जवाहरलाल नेहरू ने किया था, पर ऐसी कांग्रेस प्रणाली को पैदा करेगी जिस पर गरीबों और कमजोरों का वर्चस्व होगा।

टिप्पणियाँ और संदर्भ

इंग्लैंड को छोड़ कर यूरोपीय देशों की दलीय प्रणालियों में अंतर करने के लिए न्यूमान ने कुछ तरीकों का सुझाव दिया है। वे सत्ता से नजदीकी के हिसाब से 'पार्टी ऑव एक्शन' और 'पार्टी ऑव प्लेटफार्म' में फर्क करके देखते हैं। एक दूसरा फर्क वे कार्यक्रम आधारित पार्टी और व्यक्ति आधारित पार्टी के रूप में करते हैं। देखें : सिग्मंड न्यूमान (सं.), *माडर्न पॉलिटिकल पार्टीज,* शिकागो, शिकागो यूनिवर्सिटी प्रेस, १९५६

दलीय प्रणाली की व्याख्या मैंने एक बार पहले भी की है। उस प्रयास के लिए देखें मेरा लेख : 'पार्टी सिस्टम', *पूर्वोद्धृत*। डब्ल्यू.एच. मॉरिस-जांस द्वारा विकसित ऐसी ही

अवधारणा पर भी मेरी नजर पड़ी है जिसे उनके लेख 'पार्लियामेंट एंड डामिनेंट पार्टी : इंडियन एक्सपीरियेंस', *पार्लियामेंटी एफेयर्स*, खंड १७, अंक ३, (ग्रीष्म १९६४) में देखा जा सकता है। वर्चस्ववाली पार्टी का मेरा विश्लेषण उनसे कुछ अलग है, खासतौर से कांग्रेस को आमसहमति की पार्टी करार देने के संदर्भ में।

इसके अलावा दलीय प्रणाली से संबंधित अन्य रचनाएँ देखें : सेमुअल जे. एल्डर्सवेल, *पार्टी सिस्टम : ए बिहेवियरल एनालैसिस*, रैंड मेकनेली, १९६४; आर. रोज, 'पार्टीज, फेक्शंस एंड टेंडेंसीज इन ब्रिटेन', पॉलिटिकल स्टडीज, खंड १२, अंक-१, १ फरबरी १९६४; रॉबर्ट मेकेंजी, *ब्रिटिश पॉलिटिकल पार्टीज*, दूसरा संस्करण (लंदन: हाइनमेन, १९६३); रजनी कोठारी, 'पार्टी सिस्टम', 'दि फार्म एंड सब्सटेंस ऑव इंडियन पॉलिटिक्स' नामक लेखमाला का पाँचवा हिस्सा, *दि इकनॉमिक वीकली*, बंबई, ३ जून, १९६१; रजनी कोठारी, 'इंडियाज पॉलिटिकल टेकऑफ', *दि इकनॉमिक वीकली*, बंबई, विशेषांक, जुलाई, १९६२; रजनी कोठारी और घनश्याम शाह, 'कास्ट ओरियेंटेशन ऑव पॉलिटिकल फेक्शंस : मोडासा कांस्टीट्वेंसी—ए केस स्टडी', *दि इकनॉमिक वीकली*, बंबई, विशेषांक, जुलाई, १९६३; एफ.जी. बेली, *पॉलिटिक्स एंड सोशल चेंज* (बर्कले : यूनिवर्सिटी ऑव केलिफोर्निया प्रेस, १९६३); बेली ने इन लोगों के लिए 'ब्रोकर' शब्द का इस्तेमाल किया है।

कांग्रेस को भंग कर देने का गाँधी का सुझाव आज तक भारतीय राजनीति का एक नैतिक मुहावरा बना हुआ है। पार्टी-पॉलिटिक्स को नापसंद करने वाले पूर्व कांग्रेसी जब-तब इसका उल्लेख करते रहते हैं। इसी तरह जनसंघ और स्वतंत्र पार्टी भी साठ के दशक में इस कथन का इस्तेमाल करती थी। इन लोगों का ख्याल था कि अगर गाँधी की सलाह पर अमल किया जाता तो भारत में दो या तीन दलों की प्रणाली विकसित हो सकती थी। जहाँ तक कांग्रेस का सवाल है, तीस के दशक में हिंदू महासभा को और चालीस के दशक में कम्युनिस्टों को कांग्रेस से बाहर निकाले जाने से पहले इस पार्टी में कम्युनिस्ट, सोशलिस्ट और हिंदू धड़ा सक्रिय था। कांग्रेस के नेतृत्व से नाराज तत्त्व पार्टी के बाहर जाते रहते थे। वे बाहर अलग संगठन भी बना लेते थे, और परिस्थिति अनुकूल होने पर वापस भी लौट आते थे। लेकिन, आजादी के बाद परिस्थिति बदल गयी। पटेल इस पक्ष में थे कि 'वामपंथियों' यानी समाजवादियों को भी कांग्रेस से बाहर कर देना चाहिए। लेकिन, वे दक्षिणपंथियों के प्रति नरम लगते थे। १९४९ में नेहरू की अनुपस्थिति में कांग्रेस कार्यसमिति ने एक प्रस्ताव पास करके राष्ट्रीय स्वयंसेवक संघ के सदस्यों को व्यक्तिगत हैसियत से पार्टी में रहने की इजाजत दे दी। बाद में नेहरू के दबाव में इस प्रस्ताव को खारिज किया गया। नेहरू वामपंथियों को पार्टी में रखने के पक्ष में थे। उनके बाहर चले जाने के बावजूद वे बार-बार कोशिशें करते रहे कि उनके कोई न कोई हिस्से किसी तरह कांग्रेस में लौट आएँ। जाहिर है कि कांग्रेस के चरित्र और उद्देश्यों के बारे में नेहरू और पटेल के विचारों में फर्क था।

सरकार में काम करनेवाले नेताओं की जगह पार्टी को नियंत्रित करनेवाले नेताओं द्वारा लेने की शुरुआत मद्रास में हुई थी जब मुख्यमंत्री के तौर पर चक्रवर्ती राजगोपालाचारी की जगह १९५३ में राज्य कांग्रेस के अध्यक्ष कामराज नाडर को बैठाया गया था। उत्तर

प्रदेश में चंद्रभानु गुप्ता ने पहले तो राज्य पार्टी पर कब्जा जमाया और फिर १९६१ में प्रधानमंत्री जवाहरलाल नेहरू की इच्छा के विपरीत संपूर्णानंद सरकार को हटा दिया। १९६२ में ओडीशा के मुख्यमंत्री हेरकृष्ण मेहताब की गद्दी पार्टी अध्यक्ष विजयनंद पटनायक ने छीन ली थी। मेहताब कांग्रेस और गणतंत्र गठजोड़ की सरकार चला रहे थे। पटनायक ने पार्टी की ओर से सरकार के खिलाफ आंदोलन छेड़ कर आलाकमान को अपने पक्ष में हस्तक्षेप करने पर मजबूर कर दिया। इसी तरह गुजरात और मैसूर में प्रदेश कांग्रेस कमेटियों के नेताओं ने मुख्यमंत्रियों की गद्दी हस्तगत कर ली थी।

राज्यों में पार्टी की आपसी धड़ेबंदी से पैदा होनेवाली समस्याओं को सुलझाने के लिए केंद्र खासी भूमिका निभाता है। इसमें केंद्रीय संसदीय बोर्ड और तीखे सांगठनिक विवादों में फँसे राज्यों के मामले देखने के लिए नियुक्त की जानेवाली कार्यकारिणी की उपसमितियों के साथ-साथ राज्यों के सांगठनिक चुनावों के लिए बनाये जानेवाले आलाकमान के 'प्रेक्षकों' का इस्तेमाल किया जाता है। इन 'प्रेक्षकों' के पास काफी अधिकार होते थे। वे प्रदेश के पदाधिकारियों के चुनाव करवाने से लेकर प्राथमिक सदस्यों के वोट दे सकने का पैमाना तक निर्धारित करते हैं। ये 'प्रेक्षक' राज्य स्तर पर किसी एक गुट के खिलाफ दूसरे गुट का समर्थन करके प्रदेश के संगठन पर उसका कब्जा करवाने में मदद करते हैं। खुद आलाकमान कुछ मामलों में इस या उस पक्ष में पलड़ा झुकाने की भूमिका निभाता है या स्थानीय गुटों की प्रार्थना पर वह आपस में झगड़ रहे गुटों के बीच सुलह-सफाई कराने के लिए भी हस्तक्षेप करता है। संतुलन बिगड़ जाने से तात्पर्य है धड़ेबंदी की प्रक्रिया द्वारा अपनी समस्याएँ खुद सुलझा लेने की क्षमता में कमी आ जाना।

अखिल भारतीय कांग्रेस कमेटी ने १० अगस्त, १९६३ को कामराज योजना पर अमल करना स्वीकार किया। इसका प्रस्ताव मद्रास के तत्कालीन मुख्यमंत्री कामराज ने पेश किया और एस.के. पाटिल ने इसका समर्थन किया जो उस समय केंद्र में खाद्य और आपूर्ति मंत्री थे। इस योजना का घोषित उद्देश्य वरिष्ठ कांग्रेसजनों द्वारा खुद-ब-खुद मंत्रिपद छुड़ा कर पार्टी के सांगठनिक काम में लगाना था ताकि पार्टी में गुटबंदी और धड़ेबंदी के उस 'अस्वस्थ रुझान' को रोका जा सके जिसके कारण माना जा रहा था कि 'कांग्रेस संगठन में ढिलाई' आती जा रही है। सर्वसम्मति से प्रस्ताव पास होते ही राज्यों और केंद्र में सभी मंत्रियों ने अपने इस्तीफे कांग्रेस कार्यकारिणी को भेज दिये और कार्यकारिणी ने नेहरू को उन्हें स्वीकार करने का अधिकार दे दिया। २४ अगस्त को नेहरू ने काबीन स्तर के छः केंद्रीय मंत्रियों और छः मुख्यमंत्रियों की सूची कार्यकारिणी को सौंपी जिनसे संगठन का काम करने के लिए कहा जाना था। नेहरू का सुझाव मान कर कार्यकारिणी ने सिफारिश की कि इन बारह वरिष्ठ कांग्रेसजनों के त्यागपत्र स्वीकार कर लिए जायें। ये छः केंद्रीय मंत्री थे : मोरारजी देसाई, लालबहादुर शास्त्री, जगजीवन राम, एस.के. पाटिल, बी. गोपाल रेड्डी और डॉ. के.एल. श्रीमाली। छः मुख्यमंत्री थे : मद्रास के के. कामराज, ओडीशा के बीजू पटनायक, कश्मीर के बख्शी गुलाम मुहम्मद, उत्तर प्रदेश के चंद्रभानु गुप्ता, बिहार के विनोदानंद झा और मध्य प्रदेश के बी.ए. मंडलोई।

कामराज योजना के बारे में कुछ विश्लेषणों के बारे में टिप्पणी के लिए देखें : के. संथानम, 'केन कामराज प्लान प्रोवाइड ऑल दि आंसर्स?', *हिंदुस्तान टाइम्स*, १४ अगस्त, १९६४; कृष्ण भाटिया, 'कांग्रेस पार्टी प्रपोजिज ए मेजर टोनिंग अप', *स्टेट्समेन*, १५

अगस्त, १९६३; 'गो बैक टु दि पीपुल', संपादकीय, *ईस्टर्न इकनॉमिस्ट,* खंड ४१, अंक १०, (६ सितंबर, १९६३); रोमेश थापर, 'कांग्रेस रिबर्थ ऑर हारा कीरी?', *दि इकनॉमिक वीकली,* खंड १५, अंक ३५, (३१ अगस्त, १९६३); कुछ अन्य रचनाओं के लिए देखें छ : शिशिर गुप्ता, 'सम आस्पेक्ट्स ऑव दि प्राब्लम्स ऑव नेशनल इंटीग्रेशन इन इंडिया, पाकिस्तान एंड सीलोन', *पार्लियामेंटरी स्टडीज,* खंड ८, अंक १ और दो, १९६४; रजनी कोठारी, 'दि मीनिंग ऑव जवाहरलाल नेहरू', *दि इकनॉमिक वीकली,* विशेषांक, जुलाई १९६४

नेहरू के उत्तराधिकारी के चुनाव में कामराज ने महत्त्वपूर्ण भूमिका निभाई थी। मुकाबला लालबहादुर शास्त्री, जगजीवन राम और मोरारजी देसाई में था और कामराज को यह आकलन करना था कि कितने-कितने सांसद, प्रदेश अध्यक्ष और मुख्यमंत्री किसके साथ हैं। सभी से अनौपचारिक रूप से बात करने के बाद कामराज ने संसदीय दल की बैठक को बताया कि सांसदों और अन्य पक्षों का सबसे ज्यादा समर्थन शास्त्री को है। चूँकि अनुरोध किया गया था, इसलिए इस बैठक की अध्यक्षता कामराज ने ही की थी। संसदीय दल ने कामराज की रपट को स्वीकार किया और शास्त्री को सर्वसम्मति से नेता चुन लिया।

आंदोलन के जरिये जाति संघों द्वारा संपूर्ण राजनीतिक प्रक्रिया में भागीदारी के वर्णन के लिए देखें : रजनी कोठारी और ऋषिकेष मारू, 'कास्ट एंड सेकुलरिज्म इन इंडिया : ए केस स्टडी ऑव गुजरात क्षत्रिय सभा', *जरनल ऑव एशियन स्टडीज,* २५, अंक १, नवंबर १९६५

महाराष्ट्र और गुजरात में भाषायी राज्यों के लिए हुए ताकतवर आंदोलनों को देखा जा सकता है। इनके जरिये राजनीति को बहुत से नये कार्यकर्ता मिले। आंदोलन की सफल परिणति के बाद कांग्रेस ने बड़ी संख्या में इन नये लोगों को समेट लिया और प्रदेश की राजनीति में पहलकदमी अपने हाथ में ले ली। इसी तरह पंजाब में मुख्यमंत्री प्रतापसिंह कैरों के खिलाफ आंदोलन करते समय जो लोग कांग्रेस छोड़ गये थे वे रामकिशन के नेतृत्व में नयी सरकार बनते ही पार्टी में वापस आ गये।

अमरोहा, फरुखाबाद और राजकोट के निर्वाचन क्षेत्रों में हुए उपचुनावों में १९६३ में कांग्रेस चुनाव हार गयी थी। इन पर बशीरुद्दीन अहमद, रामाश्रय रॉय और आर.एम. मारू ने लेख लिखे थे। इनका परिचय मैंने लिखा था और *दि इकनॉमिक वीकली,* १७ (२१ से २४), १९६५ ने इन्हें प्रकाशित किया था।

६

जातियों का राजनीतिकरण

जाति और लोकतांत्रिक राजनीति की अन्योन्यक्रिया को आमतौर पर 'राजनीति में जातिवाद' की संज्ञा दी जाती है, पर असल में यह 'जातियों का राजनीतिकरण' है। यह समझना जरूरी है कि राजनीतिक और वैकासिक संस्थाएँ कहीं भी शून्य में सक्रिय नहीं रहतीं। उन्हें भी समाज में अपना आधार तलाशना पड़ता है। इसके लिए वे या तो मौजूदा सांगठनिक रूपों का इस्तेमाल करती हैं, या इन रूपों को मिला-जुला कर किसी नयी संरचना का आह्वान करती हैं और इस प्रकार सामाजिक आधार ग्रहण कर लेती हैं। जाति और आधुनिक संस्थाओं के बीच हुई वास्तविक अन्योन्यक्रिया अनिवार्यत: चयनात्मक थी। अर्थात उसने जाति के कुछ पहलुओं का कुछ अन्य पहलुओं की अपेक्षा अधिक अतिक्रमण किया। उसने सबसे पहले जाति-प्रथा की सत्तामूलक संरचना को आधुनिकीकरण की धारा में खींचा। फिर आर्थिक लाभों के वितरण की बारी आयी। दोनों में घनिष्ठ संबंध था। आर्थिक लाभों के वितरण और जाति-प्रथा की सत्ता-संबंधी संरचना में एक आंतरिक सूत्र था। इन दोनों के साथ तीसरा पहलू जुड़ा जातिगत चेतना और बोध का। जाति-प्रथा के ये सभी परंपरागत घटक परिवर्तन की नयी प्रक्रिया के अंग बन गये। भारतीय जाति-प्रथा और आधुनिक संसदीय राजनीति की अन्योन्यक्रिया ने समाज परिवर्तन की प्रक्रिया को जन्म दिया। जाति और राजनीति के इस मेल के कारण बिना किसी भारी उथल-पुथल के समाज का सेकुलरीकरण हुआ। इसी वजह से लोकतंत्र में आम जनता सक्रिय हुई और इस राज्य-व्यवस्था को उसकी विशिष्ट भारतीय शक्ल मिली।

I
प्रचलित धारणाएँ

हम देख चुके हैं कि लोकतंत्र के भारतीय मॉडल के संस्थानीकरण ने किस प्रकार राजनीतिक केंद्र को अपने आधुनिकतावादी दुर्ग से समाज और उसकी विविधताओं तक पहुँचने में मदद की। हमारे विश्लेषण के इस मुकाम पर मुख्य सैद्धांतिक प्रश्न यह है कि भारत जैसे पारंपरिक समाज में एक राजनीतिक व्यवस्था आधुनिक लक्ष्यों के लिए जनता की गोलबंदी किस प्रकार करती है? हम जानते हैं कि भारत एक प्राचीन सभ्यता है। उसका सामाजिक ढाँचा नाना प्रकार के विभेदों से रचित है और यह समाज दीर्घकालीन परंपराओं और सामूहिक रुझानों के आधार पर चलता है। इसके उलट संसदीय सरकार, पार्टियाँ और विपक्षी आंदोलन मूलतः आधुनिकतावादी निर्मितियाँ हैं। आखिर इन दोनों पहलुओं का मिलन कैसे हो सकता था? क्या ऐसा तो नहीं है कि आधुनिक राजनीति ने एक पारंपरिक समाज पर खुद को थोप भर दिया था, या फिर दोनों के बीच कोई जीवंत संवाद भी चलता रहा और जिस संवाद के चलते धीरे-धीरे ये दोनों परिघटनाएँ किसी तरह की गतिशील एकात्मकता की तरफ बढ़ने लगीं? जाहिर है कि इस सैद्धांतिक मसले पर विस्तार से चर्चा करने की जरूरत है।

भारत की पारंपरिक समाज-व्यवस्था जाति-संबंधी संरचनाओं और अस्मिताओं के आसपास संगठित है। इस तथ्य से शायद ही कोई इनकार करेगा। लेकिन जैसे ही जाति और राजनीति के संबंधों का प्रश्न उभरता है, वैसे ही आधुनिकीकरण के हामी मताग्रही बुद्धिजीवी भारतीय परिस्थिति के प्रति गंभीर द्वेष के शिकार लगने लगते हैं। वे अपनी शुरुआत ही इस सवाल से करते हैं—क्या जातियाँ विलुप्त हो रही हैं? जाहिर है कि कोई समाज-व्यवस्था इस तरह विलुप्त नहीं होती। बेहतर होता कि वे शुरुआत कुछ इस तरह करते : आधुनिक राजनीति के दबाव में जाति क्या रूप ले रही है, और जातिगत समाज में राजनीति की शक्ल कैसी बन रही है? दूसरी तरफ राजनीति में जातिवाद का रोना रोनेवाले भारतीय बुद्धिजीवी हैं जो दरअसल एक ऐसी राजनीति की चाह से ग्रस्त हैं जिसका समाज में कोई आधार ही नहीं है। संभवतः इन लोगों को न तो राजनीति की प्रकृति की साफ समझ है और न ही वे जाति-प्रथा के बारे में ज्यादा कुछ जानते हैं। (इनमें से कई तो राजनीति और जाति-प्रथा दोनों से ही चिढ़ने लगे हैं)। वे राजनीति को एक ऐसी

स्पर्धात्मक कार्रवाई की तरह नहीं समझते जिसका उद्देश्य कुछ निश्चित लक्ष्यों को वेधने के लिए सत्ता प्राप्त करना होता है। राजनीति गोलबंदी करने और अपनी स्थिति मजबूत करने के लिए पहले से मौजूद और उभरती हुई निष्ठाओं की शिनाख्त करती है और फिर उनका अपने हक में इस्तेमाल करती है। इसके लिए जरूरी है कि संगठन और उसके समर्थन का आधार सुस्पष्ट हो। खासतौर पर जनाधारित राजनीति में जनसमर्थन संगठनों के जरिये व्यक्त होता है और संगठनों के ही झंडे तले विशाल जनसमूह गोलबंद किये जाते हैं। इस परिभाषा का सीधा मतलब है कि जिस समाज में जातिगत संरचनाओं के माध्यम से संगठन और गोलबंदी की सुविधा हो और जिस समाज में अधिकांश जनगण जातियों के रूप में ही संगठित हों, वहाँ राजनीति जाति आधारित गोलबंदी की कोशिश करेगी ही। इस विश्लेषण से साफ हो जाना चाहिए कि 'राजनीति में जातिवाद' की कथित परिघटना असल में 'जाति का राजनीतिकरण' ही है। जाति और राजनीति को एक-दूसरे के नजदीक लाते हुए इस प्रक्रिया ने दोनों के रूपों को बदला है। अपने संगठन के दायरे में लाकर राजनीति ने जाति से अपनी अभिव्यक्ति के लिए सामग्री प्राप्त की है और उसे अपनी योजना के अनुसार ढाला है।

उधर जाति-समूहों ने राजनीति को अपनी गतिविधियों का केंद्र बनाकर अस्मिता का दावा पेश करने और राज्य व्यवस्था में अपनी स्थिति सुधारने का मौका हासिल किया है। इन दोनों संरचनाओं की अन्योन्यक्रिया से राजसत्ता के मंच पर स्पर्धारत वास्तविक राजनीतिक अभिनेता उभर आए हैं। ये राजनीतिक तत्त्व अपनी सत्ता के संगठन के लिए जाति-समूहों और अस्मिताओं पर निर्भर करते हैं जिनमें उन्हें संगठन के लिए बेहद सुस्पष्ट और ललीचा आधार मिल जाता है। यह आधार सामाजिक प्रतिष्ठा-क्रम की विभिन्न श्रेणियों में बँधा हो सकता है, लेकिन उसकी जड़ उस समूह की चेतना में भी होती है और साथ में वह राजनीति के हाथों में खेले जाने के लिए खुद को प्रस्तुत भी करता है। राजनीतिक नेता जाति से इतर समूहों और संगठनों से भी संवाद स्थापित करते हैं। इस प्रकार वे हर जगह इन संगठनों के रूप को तो बदलते हैं, साथ-साथ इन संगठनों के सान्निध्य के कारण जाति के रूप को भी बदलते हैं।

कुछ बुद्धिजीवी ऐसे भी हैं जो आधुनिकीकरण के मताग्रही हामियों की भाँति विचारधारात्मक मजबूरियों से घिरे हुए नहीं हैं। वे जाति और राजनीति

के सुस्पष्ट तथ्यात्मक संबंधों को समझना चाहते हैं, लेकिन एक-दूसरे किस्म की पूर्वधारणा से ग्रस्त होकर अक्सर अपने ही विरोधी के सैद्धांतिक जाल में फँस जाते हैं। समाजविज्ञान में प्रचलित सैद्धांतिकता की मातहती में ये लेखकगण यांत्रिक नजरिया अपनाकर राजनीतिक गतिविधि को सामाजिक गतिविधि का सहायक मात्र मानने की गलती कर बैठते हैं। उनके विचार में राजनीतिक संबंध सामाजिक संबंधों की प्रतिच्छायाओं से अधिक कुछ नहीं होते, अर्थात वे सामाजिक और आर्थिक प्रभुत्व को प्रभावित करने की स्वतंत्र हैसियत नहीं रखते।

इन बुद्धिजीवियों के विचार से समाज के विशेष तबके अपनी हैसियत बढ़ाने अथवा मजबूत करने के लिए राजनीति को औजार की तरह इस्तेमाल कर लेते हैं यानी राजनीति के गर्भ से सामाजिक प्रभुत्व की संरचनाओं का पुनरुत्पादन ही हो सकता है और राजनीति खुद में समाज के मौजूदा अथवा बदलते हुए ढाँचे में कोई भूमिका नहीं निभाती। चिंतन का यह तरीका विकासशील यथार्थ को ठीक से समझने में मदद नहीं करता। दरअसल, यथार्थ पूर्ववर्ती समाज से संबंधित मोटे-मोटे अनुमानों और पूर्वनिर्धारित विचार श्रृंखलाओं पर आधारित नहीं होता। वह एक गतिमान परिस्थिति के घटकों की निरंतर परिवर्तनशील अन्योन्यक्रिया पर निर्भर करता है। जाति और राजनीति के विशेष संदर्भ में तो यह बात भी आंशिक रूप से ही प्रासंगिक है। जब जाति स्वयं में एक राजनीतिक श्रेणी बन जाती है तो यह बहस करना फिजूल हो जाता है कि जाति राजनीति का इस्तेमाल कर रही है या राजनीति जाति का। इस विवाद से निजी पूर्वग्रहों अथवा कुछ खास तरह के बौद्धिक प्रशिक्षण के कारण उपजे पूर्वग्रहों को तो बल मिल सकता है, लेकिन इससे जाति और राजनीति के अंतःसंबंधों की समझ बढ़ने में मदद नहीं मिलती। यह तो एक बेजान विवाद ही है।

विसर्जनवादी आग्रह रखने वाले बुद्धिजीवियों की एक ऐसी किस्म भी है जो राजनीति में जाति-प्रथा के महत्त्व से चकाचौंध रहती है। ये लोग धीरे-धीरे जाति और राजनीति की अन्योन्यक्रिया को एक साफ-सुथरे मॉडल में सीमित करनेवाले चिंतकों के रूप में उभरते जा रहे हैं। यह सही है कि इन लोगों ने जाति के प्रति पारंपरिक राजनीतिशास्त्रियों की अरुचि से अपना दामन बचा लिया है। यह भी सही है कि ये लोग स्वयंसेवी और राजनीतिक गतिविधियों के द्विभाजन (अर्थात 'आधुनिक' सेकुलर व्यवस्था के मुकाबले

जाति रूपों की 'परंपरागत' व्यवस्था) को भी पहले की तरह अब नहीं मानते। लेकिन राजनीति में भागीदारी के जरिये जाति-प्रथा के पूर्ण रूपांतरण की कल्पना करके ये लोग वही पुरानी गलती कर देते हैं। इसी काल्पनिक रूपांतरण को एक अमेरिकी विश्लेषक ने 'जाति का लोकतांत्रिक पुनर्जन्म' करार दिया था। यह विश्लेषण एक दूसरी अति पर जाकर समकालीन भारत में जाति को एक राजनीतिक शक्ति के दर्जे पर प्रतिष्ठित कर देता है। जाहिर है कि यह वैचारिक रवैया एक तथ्यात्मक परिघटना को एकीकृत धारणात्मक मॉडल में फिट करके व्याख्यायित करता है और इस तरह एक जटिल यथार्थ पर सरलीकृत सामान्यीकरण थोप देता है।

ये सभी चिंतन पद्धतियाँ मूलतः जाति और राजनीति के प्रचलित 'अंतर्विरोध' से निकलनेवाले द्विभाजन के रास्ते पर ले जाती हैं। यह चिंतन विभिन्न तरह की विचारधारात्मक जकड़बंदियों और बौद्धिक प्रशिक्षण की सीमाओं का एहसास कराता है। ये पद्धतियाँ नहीं समझ पातीं कि जाति-प्रथा और राजनीतिक व्यवस्था में पूर्ण ध्रुवीकरण की स्थिति कभी थी ही नहीं। वे यह भी नहीं समझ पातीं कि परिवर्तन की समकालीन प्रक्रियाओं के पीछे न तो निहित स्वार्थों का खेल है, न इसमें एक व्यवस्था से दूसरी व्यवस्था में पूर्ण संक्रमण निहित है। ये चिंतन पद्धतियाँ वास्तविकता देख पाने में असमर्थ हैं। यह वास्तविकता राजनीतिक गतिविधियों के बदलते हुए संदर्भ और सामाजिक प्राथमिकताओं में बदलाव के संयोग से बनी है। इस वास्तविकता ने भारतीय सामाजिक-राजनीतिक कार्य-व्यापार में गतिशील नाना प्रकार के तत्त्वों में से कुछ को अपनी जरूरत के मुताबिक चुन कर अपनाया है। यही वजह है कि आज जातिगत ऊँच-नीच में छुआछूत का महत्त्व पहले से कम हो गया है, और जजमानी प्रणाली जैसी व्यवस्थाओं की साख उतनी नहीं रह गयी है।

आइए, अब जाति और राजनीति के संबंधों की पड़ताल करें। इस संबंध को हम मूलतः सार्वजनिक जीवन के संगठन की जरूरतों के तहत देखेंगे। जाँच-पड़ताल के दौरान हमारा जोर राजनीति में भागीदारी के कारण जाति-प्रथा पर पड़े असर पर ज्यादा नहीं होगा। बजाय इसके हमारी रुचि इस बात में होगी कि संबंधों की कौन-कौन-सी संरचनाएँ और कौन-कौन-से गठजोड़ राजनीति में क्यों और कैसे प्रवेश करते हैं। जाहिर है कि हम जाति-प्रथा पर राजनीति के असर को पूरी तरह नजरअंदाज नहीं कर सकते, क्योंकि व्यापक सेकुलर संबंधों के दबाव में ही जातियों ने भी अपनी सभाएँ और संघ बनाये

हैं। यहाँ तक कि उनके पारंपरिक अंतरजातीय संबंध भी राजनीति के अंग बनते जा रहे हैं। लेकिन फिर भी हम इस पहलू पर इतना ही जोर देंगे जितने से सामुदायिक हित साधन के अध्ययन में मदद मिल सके।

जाति के राजनीतिक आयाम

चूँकि हमारे अध्ययन का मकसद जातिगत समाज द्वारा विशिष्ट उद्देश्यों के लिए किये गये जन-राजनीति और जन-गतिविधि के संगठन को केंद्र में रखना है, इसलिए हमें जाति-प्रथा के तीन पहलुओं पर विशेष ध्यान देना होगा। पहले नंबर पर आता है—जाति द्वारा स्वयं अपनी सीमाओं को लाँघनेवाला (अथवा सेकुलर जाति-उत्तर अथवा सेकुलर) पहलू। हम जानते हैं कि जाति को एक स्तरित प्रणाली बताया जाता रहा है। इस परिभाषा के अनुसार सजातीय विवाह, छुआछूत और रीति-रिवाजों के माध्यम से एक जाति दूसरी जातियों से दूरी बनाकर रखती है। इस व्याख्या की खामी यह है कि इसके कारण टकराव और अन्योन्यक्रिया की प्रणाली के रूप में जाति की भूमिका पर कम ध्यान जा पाता है। जातीय दलबंदियाँ, जातीय विभेद, विभिन्न तबकों के बीच गटबंधन-पुनर्गठबंधन और सामाजिक प्रगति की लगातार कोशिशें हमेशा से जाति-प्रथा के प्रमुख तत्त्वों में शामिल रही हैं। समाज के जाति-निरपेक्ष विकास के लिए जाति-प्रथा का यह पक्ष हर तरह से बेहद प्रासंगिक है।

जाति-उत्तर संगठनों के हमेशा से दो पहलू रहे हैं—**संस्थागत पहलू** (जातिगत पंचायतें, ग्रामीण पंच फैसले की प्रक्रिया, आदि) और **राजनीतिक पहलू** (जातिगत और अंतरजातीय चौधराहट और सामाजिक दर्जे के गठजोड़ या विभेद)। राजनीतिक व्यवस्था के केंद्र के साथ स्थानीय प्रभु-वर्ग के प्राधिकारात्मक संबंधों के हिसाब से ये पहलू महत्त्वपूर्ण या महत्त्वहीन होते रहते हैं। सेकुलर गतिशीलता अपना आधार धर्म, व्यवसाय और भौगोलिक क्षेत्र में प्राप्त करती है। जाति-उत्तर विकास की सामान्य प्रक्रिया के लिए ये तीनों बातें आज भी प्रासंगिक हैं। जाति आधारित समाज में हुए प्रमुख परिवर्तनों के पीछे इन कारणों को देखा जा सकता है। हालाँकि समय के साथ इस या उस पहलू पर जोर और अनुपात घटता-बढ़ता रहता है। इन्हीं परिवर्तनों के कारण आज स्थिति यह है कि जातियों को किसी राजशाही के प्रति निष्ठा दिखाने में कोई रुचि नहीं है। न ही उनमें किसी नये संप्रदाय अथवा किसी

खास जाति या क्षेत्रीय दलबंदी के उभार के बिना पर राजशाही का औचित्य साबित करने की कोई इच्छा है। जातियों को विभिन्न स्तरों पर समाज के नियमन में भी दिलचस्पी नहीं है। बजाय इसके जातियों ने निर्वाचन और दलगत राजनीति से खुद को जोड़ दिया है। परिणामस्वरूप गतिशीलता के अधिक सामूहिक और सहभागी रूप सामने आए हैं और विभिन्न स्तरों के बीच बेहतर समन्वय हुआ है। राष्ट्र-राज्य और राजनीतिक लोकतंत्र के उत्थान और उनमें अंतर्निहित सांगठनिक ढाँचे के कारण जातियों का परिप्रेक्ष्य भी काफी बदला है। यह जरूर है कि यह परिवर्तन उतना आमूल-चूल साबित नहीं हुआ जितना पहली नजर में लगता था। लेकिन यह निरंतर हो रहा है। इसकी मात्रा क्रमशः बढ़ती जा रही है। राजनीति की निर्णयकारी प्रक्रिया में अधिकाधिक तबके भागीदारी करते जा रहे हैं। यह प्रक्रिया उन्हें अपना अंग बनाये ले रही है।

कई क्षेत्रों में अंग्रेजी शिक्षा को सबसे पहले द्विजों ने स्वीकार किया था। इसीलिए राजनीतिक और प्रशासनिक सत्ता की संरचनाओं से वे ही सबसे पहले लाभान्वित भी हुए थे। लेकिन धीरे-धीरे मताधिकार और दलीय प्रणाली का विस्तार हुआ और अन्य तबके भी उसके दायरे में आए। कुछ ऐसे क्षेत्र भी थे जिनमें ब्राह्मणों का प्रभुत्व नहीं था और सामाजिक सत्ता की बागडोर खेती करनेवाली ऊँची जातियों के हाथ में थी। इन इलाकों में जातियों के बीच संबंधों की प्रकृति पिरामिडीय अथवा लंबवत थी जिसके कारण राजनीति में दीक्षित होने के लिए संरचनागत आधार मिलता रहता था। इन परिस्थितिंयों में सवर्ण जातियों का राजनीति से परिचय होते ही इन क्षेत्रों का पूरा-का-पूरा सामाजिक ढाँचा ही राजनीति से जुड़ गया। फलस्वरूप इन क्षेत्रों में मजबूत क्षैतिज गठबंधनों के निर्माण लायक अनुकूल परिस्थितियाँ नहीं बन सकीं। कुछ अन्य क्षेत्रों में नये धार्मिक संप्रदायों का प्रसार हो रहा था। गुजरात और मारवाड़ के जैन और वैष्णव सरीखे समुदाय इन परिवर्तनों को समझते हुए आर्थिक सत्ता सँभालने पर ध्यान दे रहे थे। ये शक्तियाँ राजसत्ता प्राप्त करने के लिए एक-दूसरे सिलसिले का सहारा ले रही थीं।

मध्य जातियों में एक तरह की नयी एकता का प्रस्फुटन ब्रिटिश प्रभाव की शुरुआत के पहले ही होने लगा था। कृषि उत्पादन की सामाजिक अर्थव्यवस्था की मुख्य धारा में पशुचारी और जनजातीय समाजों के नये और 'निचले' तबके शामिल होते जा रहे थे। इससे निचली और ऊँची जातियों के

बीच विवाह संबंधों की परिघटना सामने आ चुकी थी। इसे व्यावसायिक जड़ता टूटने की एक मिसाल की तरह लेना चाहिए। व्यवसाय-संबंधी परिवर्तनशीलता ने न केवल कौटुम्बिक संबंधों के ढाँचे को बदला, वरन पारंपरिक समाज के जाति से इतर संगठनात्मक पक्ष का प्रचार करने में भी योगदान दिया। साफ है कि पिछले पचास साल में चली सेकुलरवाद की प्रक्रिया का श्रेय बहुत कुछ बहुजातीय समाज को भी है। यहाँ तक कि आधुनिकीकरण के प्रभाव से पहले हमारे समाज में मौजूद वर्णक्रम और बहुदेववादी धर्मों के कारण भी यह प्रक्रिया आगे बढ़ी। उधर क्षेत्रीय सीमाओं का उल्लंघन करते हुए व्यावसायिक परिवर्तनशीलता का आधार विस्तृत करनेवाली एक और घटना हो रही थी। सौराष्ट्र की पशुचारी जाति रबाड़ी गुजरात के खेतिहर कणबियों में बदल गयी थी। बाद में निचली जाति के यही कणबी उस इलाके के ताकतवर और ऊँची जाति के पट्टीदारों के साथ विवाह संबंध स्थापित करके अपना दर्जा बढ़ाने में कामयाब हो गये। इसी तरह सौराष्ट्र के मोची (जूता गाँठनेवाले) गुजरात के दर्जियों में बदल गये। और भी परिवर्तन हो रहे थे। नये भूमि अधिकारों की उपलब्धि के साथ ही मराठों की एक उपजाति पाटील से देशमुखों की नयी उपजाति निकल आयी। इस प्रक्रिया के परिणामस्वरूप भी नीची और ऊँची जाति के बीच विवाह संबंध पैदा हुए, जो उस समय तक जारी रहे जब तक ब्राह्मण विरोधी राजनीतिक आंदोलन और बाद में बने भूमि कानूनों ने इन दोनों उपजातियों की पहचान पुनः एक नहीं कर दी। सजातीय और नीची-ऊँची जाति के बीच होनेवाले विवाह की परंपराओं को अपनानेवाली उपजातियों की रचना ने दोनों काम किये। उन्होंने परंपरागत विभेदीकरण को बढ़ाया और उनका तीखापन भी कम किया। पुरुष को श्रेष्ठ और महिला को अधीनस्थ दर्जा देनेवाले भारतीय समाज के विशिष्ट स्त्री-पुरुष संबंध ने भी जाति-प्रथा में कुछ खास तरह के श्रेणीबद्ध संबंधों के विकास में अपनी भूमिका निभाई। इससे भी खास किस्म के विभेदीकरण और गतिशीलता को बल मिला। इन दोनों बातों ने राजनीतिक अस्मिताओं और सेकुलर (संगठनात्मक) आकांक्षाओं के लिए रास्ता खोला।

हमारे विश्लेषण के इसी मोड़ पर एकीकरण से संबंधित पहलू उभरता है। जाति-प्रथा व्यक्ति को न केवल अपने जन्मना समूह के साथ बाँध देती है, बल्कि उसे दूसरे समूहों से अलग करती हुई उसकी व्यावसायिक और आर्थिक भूमिका भी तय कर देती है। इस तरह जाति-प्रथा में ऊँचे से ऊँचे

और नीचे से नीचे व्यक्ति को अलग-अलग हैसियत मिल जाती है। वह सभी को जातिगत पहचान और उसके जरिये एकीकरण का पूरा मौका देती है। एकीकरण की इस विशिष्ट संरचना को गतिशील करती हुई यह प्रक्रिया एक तरफ तो छोटे समुदाय के हितों और एकनिष्ठ वफादारियों में व्यक्त होती है, और दूसरी तरफ उसमें विभेदीकरण के जरिए बनी व्यापक वफादारियाँ भी निहित होती हैं। लोकतांत्रिक राष्ट्र-निर्माण के संरचनात्मक प्रभाव को समझने के लिहाज से यह एक महत्त्वपूर्ण पहलू है। हमें ध्यान रखना चाहिए कि लोकतांत्रिक राजनीति की स्पर्धात्मक शैली न सिर्फ वितरण और विग्रह की ओर ले जाती है, बल्कि सामूहिक कार्रवाई और संबद्धता को भी बढ़ावा देती है। लोकतांत्रिक राजनीति में सामूहिकता और जुड़ाव और बिखराव और विभाजन एक साथ होता है। लेकिन जाति-प्रथा के अध्ययनों में विभेदीकरण और विभाजन पर ज्यादा जोर दिया जाता रहा है। उसके जुड़ाव और एकीकरणवाले पक्षों की उपेक्षा होती रही है। इस इकतरफापन के विपरीत आज का राजनीतिक युग दोनों पहलुओं पर जोर देता है। वह जाति के जोड़नेवाले पक्ष को प्रभावी बनाता है, लेकिन साथ में इसी प्रक्रिया में निहित विग्रहकारी अंदेशों को भी एक व्यापक संदर्भ में उभार देता है। हमें नहीं भूलना चाहिए कि भारतीय चिंतन पद्धति के तहत विभेदीकरण के तत्त्व जोड़नेवाली प्रक्रिया के विभिन्न अंग रहे हैं। वर्तमान लोकतांत्रिक प्रक्रिया के विकास में ये परिवर्तनकारी कारक महत्त्वपूर्ण हैं।

हम दूसरे अध्याय में देख चुके हैं कि जाति संबंध व्यावहारिक धरातल पर वर्णों के पिरामिडीय, समरूप, वर्गीय और श्रेणीगत रूपों को न अपनाकर जाति के क्षैतिज, विकेंद्रित और विभाजित रूपों को अपनाते हैं। इस सबके अलावा इतने लंबे समय से टिकी हुई यह व्यवस्था अपने निजी मिथकशास्त्र, अपना औचित्य और अपने निजी प्रतीकों की दुनिया भी रचती चलती है। इसमें वर्ण की भूमिका 'मूल्य विधान' प्रदत्त करनेवाले स्रोत के रूप में सामने आती है। एकीकरण के आग्रह को भी यही मूल्य विधान प्रेरित करता है, और स्पर्धा के जरिये और ऊँचे दर्जे का दावा करनेवाले गतिशील महत्त्वाकांक्षी समूहों को भी इसी से प्रेरणा मिलती है। यह मूल्य विधान एक अखिल भारतीय परिप्रेक्ष्य देता है, जिसमें किसी भी भाषायी इलाके की अनगिनत जातियाँ समा सकती हैं। कुछ वर्ण ऊँचे सामाजिक दर्जे के ही प्रतीक नहीं होते, वे परस्पर 'विरोध' के प्रतीक भी होते हैं। इस सिलसिले में ब्राह्मण और

क्षत्रियों का आपसी विरोध उदाहरण के रूप में देखा जा सकता है। दरअसल सामाजिक दर्जे को लेकर चलनेवाले विवाद जाति-प्रथा के अनिवार्य अंग रहे हैं। इन विवादों के कारण ही छोटी जातियों को भारतीय समाज के सर्वमान्य मूल्य अपनाने और उसी आधार पर ऊँची हैसियत का दावा करने का मौका मिल जाता है। इस विश्लेषण से साफ है कि भारतीय समाज-व्यवस्था में जाति और वर्ण के बीच एक अंतरंग सूत्र है। प्रौद्योगिकीय और राजनीतिक परिवर्तन की प्रक्रिया के कारण उभरनेवाले अनिवार्य संरचनागत और मनोवैज्ञानिक तनावों को सीमित करने के साथ-साथ यह सूत्र पूरी व्यवस्था में अखंडता के आग्रह को भी कायम रखता है।

एक अन्य पहलू चेतना का है। हम देखते हैं कि समाजशास्त्री जाति-प्रथा की व्याख्या में स्तरीकरण के चक्कर में इस कदर फँस जाते हैं कि उन्हें समाज-व्यवस्था में अनिवार्यतः मौजूद रहनेवाली चिंतन की एक अंतर्धारा का ध्यान ही नहीं रहता। होता यह है कि सामाजिक दर्जे के लिए विभिन्न जातियों में होनेवाली होड़ का असर वर्णों पर पड़ता है, जिससे वर्ण अपनी जगह से हिल जाते हैं। मसलन, ब्राह्मणों को अपनी वैचारिक हवाबाजी छोड़कर थोड़ा जमीन के साथ भी जुड़ना पड़ता है, और कुछ अन्य जातियाँ क्षत्रिय होने का दावा करने लगती हैं। क्षत्रिय वर्ण धारणा के लिहाज से बड़ा तरल और अस्थिर है लेकिन ऊँचा सामाजिक दर्जा प्राप्त करने के लिए उसका ऐतिहासिक रूप से प्रतीकात्मक महत्त्व है। वस्तुतः यह एक ऐसा वर्ण है जिसने समय-समय पर विभिन्न क्षेत्रों में जाति-निरपेक्षता के लिए संघर्षों में महत्त्वपूर्ण आलंब की भूमिका निभाई है। इस वर्ण के कारण विभिन्न समूहों की सामाजिक और आर्थिक हैसियतों में वास्तविक परिवर्तन आया है। ब्राह्मण प्रतीकों और साथ में कुछ मध्य जातियों के प्रतीकों के लिए भी यह व्याख्या थोड़ी-बहुत सही लगती है। वर्ण जहाँ एक सुगठित और तार्किक संरचना है, वहीं जाति लाक्षणिक रूप से अस्पष्ट संरचना है। जाति कई तरह से खुद को व्यक्त करती है। एक स्तर पर वह वर्ण के साथ जुड़ती है, तो दूसरे स्तरों पर विभाजन के अन्य रूपों से जुड़ जाती है। एक संदर्भ से दूसरे में जाते हुए वह विभिन्न संदर्भों की बुनियादी निरंतरता प्रदर्शित करती चलती है। ये संदर्भ मतवादी, क्षेत्रीय, आर्थिक, व्यावसायिक, कर्मकांडीय और संगठनात्मक (राजनीतिक) आदि होते हैं। इससे पता चलता है कि जाति को उसके किसी एक गुण अथवा लक्षण के आधार पर व्याख्यायित नहीं किया जा सकता। सामाजिक

अन्योन्यक्रिया की विभिन्न परिस्थितियों में विभिन्न तरीकों से व्यक्त होकर जाति बेहद लचीली, निरंतरता से परिपूर्ण और तनाव शैथिल्य की क्षमता से युक्त संस्था के रूप में सामने आती है। जाति के माध्यम से लोग स्वयं को और दूसरों को भी विभिन्न संदर्भों में परिस्थितियों की माँग के मुताबिक तरह-तरह की जीवन व्यवस्थाओं से जोड़ पाते हैं। इससे यह भी लगता है कि जाति-प्रथा अपनी कुछ खास विशेषताओं के क्षय के बावजूद टिकी रह सकती है। इन विशेषताओं को कुछ विद्वानों ने जाति के बने रहने के लिए अनिवार्य माना हुआ था। इनमें विभेद और संकलन की भूमिका निभानेवाली जजमानी प्रथा और ऊँच-नीच करनेवाली छुआछूत की प्रथा भी शामिल है। हम जानते हैं कि अब अंत:संबंधों की नव विकसित सेकुलर आधारभूमि पर इन प्रथाओं द्वारा निभायी गयी भूमिकाओं का जिम्मा दूसरे तत्त्वों ने उठा लिया है।

उक्त व्यवस्था हमें यह देखने पर मजबूर कर देती है कि 'संस्कृतीकरण' की परंपरागत आकांक्षा कितने महत्त्वपूर्ण ढंग से 'पश्चिमीकरण' और सेकुलरीकरण की आधुनिक आकांक्षा से घुल-मिल गयी है। लगभग सभी जातियाँ आर्थिक खुशहाली, तर्कसंगत सोच-विचार और राजनीतिक एकीकरण की सार्वभौम आकांक्षाओं को पाल रही हैं। इनके प्रभाव में इन जातियों के नेतृत्वकारी तत्त्व ब्राह्मणीकरण की इच्छा के विरोध में खड़े हो सकते हैं। आधुनिकता की दुनिया में आगे बढ़ने की कोशिशों को अपनी जाति की मान्यता और एकजुट समर्थन दिलाने के लिए इन नेतृत्वकारी तत्त्वों को अपनी गैर-ब्राह्मण जड़ों की तरफ लौटना पड़ सकता है। इसकी मिसाल नये औद्योगिक वर्गों में देखी जा सकती है। एक दूसरी परिघटना भी संभव है। कोई जाति अपनी समकालीन आकांक्षाओं की जरूरतों के मुताबिक आगनी पारंपरिक हैसियत की पुनर्व्याख्या कर सकती है, और उस नयी व्याख्या के अनुकूल बैठनेवाले मिथक गढ़ सकती है। गुजरात के पट्टीदार, बंगाल के महीषिया और राजस्थान के जाट ऐसा ही कर चुके हैं। जिन इलाकों में ब्राह्मणों का वर्चस्व नहीं रहा और जहाँ आधुनिकीकरण के हरावल में शक्तिशाली किसान जातियाँ रहीं, वहाँ एक दूसरी ही प्रक्रिया चली। इन किसान जातियों ने अन्य जातियों से लंबवत संबंध कायम कर लिए। इससे ब्राह्मणीकरण और जातिगत एकजुटता में समय खर्च करने की जरूरत ही नहीं रह गयी, और ये जातियाँ सीधे-सीधे अंतरजातीय राजनीतिक धड़ेबंदी के माध्यम से सामाजिक प्रगति के रास्ते पर चल पड़ीं। विभिन्न जाति-समूह

आपसी गठबंधनों के जरिये राजनीतिक दलबंदी को अपनी प्रगति का कितना बेहतर माध्यम बना सकते हैं, इसका प्रमाण बिहार और आंध्र प्रदेश की किसान जातियों ने दे दिया है।

'ब्राह्मणीकरण' की आकांक्षा जाति-समूह में एक आधारभूत मनोवैज्ञानिक तनाव पैदा कर देती है। ऊँचे सामाजिक दर्जे के लिए नयी पहचान हासिल करने के चक्कर में उस जाति की सामाजिक हैसियत आत्मगत अस्पष्टता का शिकार हो जाती है। इसी कारण से वह समूह असुरक्षित महसूस करने लगता है। यहूदियों, नीग्रो लोगों और अन्य अल्पसंख्यक समूहों के साथ ऐसा ही हो चुका है। 'ब्राह्मणीकरण' के लिए की जानेवाली कोशिश दरअसल एक 'नकारात्मक' कोशिश ही है जिसके कारण जाति-समूह अपने से ऊँचे दर्जेवाले समूह के सामने घुटने टेकने और साथ ही उसका मुकाबला करने की विरोधाभासी मानसिकता में फँस जाता है। यह स्थिति उसे तनावग्रस्त कर देती है। खासतौर पर उस समूह के सचेत हिस्से को यह तनाव ज्यादा झेलना पड़ता है। सामाजिक दर्जा बढ़ाने के इस लक्ष्य को वेधने में हमेशा ही बेहद लंबा समय लगता है। इस दौरान उस जाति-समूह की अनिश्चित हैसियत उसे समाज में अस्थिर और असुरक्षित बनाती है। सामाजिक मान्यता के लिए उसे एवजी तौर-तरीकों का सहारा लेना पड़ता है। अथवा वह किसी और ही दुनिया में चला जाता है। हिंदू समाज में ऊँचा दर्जा प्राप्त करने की आकांक्षा एक बेहद पीड़ाजनक और कुंठाजनक प्रक्रिया है। तकलीफ उस समय और बढ़ जाती है जब जाति के मूल अस्तित्व को ही नकारती हुई यह प्रक्रिया उस जाति-समूह को मृगतृष्णा के समान तड़पाती है। ऐसी विकट स्थिति में वह जाति कभी-कभी प्रतिपीड़न पर भी उतर सकती है। दक्षिण भारत की मिस्त्री जातियों के साथ यह दुर्घटना घट चुकी है।

इतनी बड़ी मनोवैज्ञानिक कीमत चुकाने के बावजूद हिंदू समाज 'ब्राह्मणीकरण' के साथ हमेशा तालमेल बैठाता रहता है। इसका श्रेय इस समाज की बेहद परिष्कृत परिवर्तनशीलता को दिया जाना चाहिए। होता यह है कि सामाजिक हैसियत बढ़ाने के लिए लगाई जानेवाली लंबी छलाँग अक्सर समाज के आधुनिकीकृत क्षेत्रों में सत्ता और हैसियत के अन्य सूचकांकों से जोड़कर देखी जाती है। न केवल छलाँग लगानेवाला समूह, वरन ज्यादातर दूसरे समूह भी इसी आधार पर इस परिवर्तन का मूल्यांकन करते हैं। इससे प्रयासरत समूह

की नयी हैसियत के बारे में एक तरह की सहमति बनाने की सुविधा मिल जाती है। उधर सेकुलर सत्ता का विवरणात्मक चरित्र हिंदू समाज के अंदर पद-प्रतिष्ठा निर्धारित करने में महत्त्वपूर्ण साबित होता है। परिणामस्वरूप पूरी व्यवस्था ही परिवर्तनशील श्रेणीबद्धता के साथ समायोजन करने की क्षमता प्राप्त करती रहती है।

कुल मिलाकर कहा जा सकता है कि जाति-प्रथा के सेकुलर दायरे में आनेवाले एकीकरणात्मक और विचारधारात्मक पक्षों के कारण हमारे समाज को एक काफी परिष्कृत और विशिष्ट सांस्कृतिक पृष्ठभूमि मिल गयी है। इसके सहारे वह बिना किसी भीषण अशांति, निराशा अथवा विग्रह में फँसे हुए आधुनिकता के प्रभावों को आत्मसात करके उनके प्रति अनुक्रिया करने में समर्थ हो गया है।

आधुनिक प्रभाव के विभिन्न चरण

इस प्रकार के समाज पर 'पश्चिमीकरण' और लोकतांत्रिक सेकुलरवाद के प्रभाव का अध्ययन भी अपने आप में दिलचस्प है। अपनी छाप छोड़ने में इन दोनों प्रभावों ने बेहद लंबा समय लिया और पूरे समाज ने इनके प्रति बड़ी सकारात्मक प्रतिक्रिया की। इसके इतिहास में जाना यहाँ अनावश्यक है। इतना कहना काफी होगा कि उदारतावादी मूल्यों की शिक्षा, सरकारी मदद, संरक्षण और धीरे-धीरे विस्तृत हुए मताधिकार ने कई चरणों में जाति-प्रथा को प्रभावित किया। जाति-प्रथा से इन तत्त्वों का तालमेल परस्पर लेन-देन की प्रक्रिया के तहत हुआ। नयी संस्थाओं और नये नेतृत्व ने आर्थिक अवसर, प्रशासनिक संरक्षण और सत्ता में भागीदारी की पेशकश करके समाज के मुखर तबकों को आधुनिकीकरण की तरफ खींचा। बदले में नेतृत्व को अपना जनाधार मिला जिसका शहरों से देहातों तक और एक जाति से दूसरी जाति तक विस्तार होता चला गया। लोकतांत्रिक राजनीति मूलतः आवश्यकताओं की राजनीति थी जिसके कारण पारंपरिक समाज और उसके नेतृत्व का उसके साथ जुड़ाव हुआ। इसके दो नतीजे निकले। पहला, जाति-प्रथा ने नेतृत्व को राजनीतिक गोलबंदी के लिए संरचनात्मक और विचारधारात्मक आधार प्रदान किया जिससे राजनीति को विभिन्न तबकों के प्रतिनिधि संगठन मिले और पहचान का वह पैमाना मिला जिसके जरिये समर्थन को जमीन पर उतारा जा सकता था। दूसरा, स्थानीय दावों के साथ नेतृत्व को रियायती सलूक करना

पड़ा। उनके बीच सत्ता की आकांक्षा को लेकर बनी सहमति को मान्यता देनी पड़ी और राजनीतिक स्पर्धा को पारंपरिक शैली में संयोजित करना पड़ा। इस तरह जातियाँ आर्थिक और राजनीतिक उद्देश्यों के लिए संगठित हुईं। इस सब के साथ राजनीतिक संगठन प्रणाली ने जन्म लिया जो विभिन्न समूहों के हितों से जुड़ी हुई थी और जिससे इन हितों को सेकुलरात्मक और सहभागिता की दिशा भी मिली। इस प्रकार राजनीति और समाज में निकटता की शुरुआत हुई और एक नयी अधिरचना उभरने लगी।

इस प्रक्रिया के तीन चरण थे। सत्ता और आर्थिक लाभों का संघर्ष पहले सामाजिक श्रेणीक्रम में जमी बैठी जातियों तक ही सीमित था। नेतृत्व देनेवाले और सरकारी संरक्षण तक पहुँच रखनेवाले लोग एक-सीमित दायरे से ही आते थे। ये वे लोग थे जिन्होंने आगे बढ़कर नये शैक्षणिक अवसरों को लपका था। ये लोग उस जमाने की सीमित राजनीति के लिए जरूरी वक्तृत्व कौशल और शैक्षणिक योग्यता से संपन्न थे। इनका स्रोत कुछ खास ऊँची जातियों तक सीमित था, लेकिन इसके बावजूद इन लोगों में कोई जुझारू जाति चेतना नहीं थी। इनकी एकता का कारण सांगठनिक अथवा राजनीतिक गोलबंदी न होकर एक समान सामाजिक-बौद्धिक प्रतिभा और अभिव्यक्ति थी। इसके बावजूद जब-जब नेतृत्वकारी व्यक्तियों की यह एकजुटता एक ऊँची जाति या उपजाति के आधार पर बनी, तब-तब इससे अन्य ऊँची जातियों में असंतोष और वंचित होने का एहसास पैदा हुआ, खास कर उन जातियों में जो कभी सामाजिक-आर्थिक सत्ता से लाभान्वित हो चुकी थीं। इसलिए दूसरी ऊँची जातियों से एक और राजनीतिक समूह उभरा। सत्ता के सोपानों पर जमी बैठी जाति के वर्चस्व की प्रतिक्रियास्वरूप एक उदीयमान जाति सामने आयी। यह उदीयमान जाति पारंपरिक व्यवस्था में चली आ रही अंतरनिर्भरता और अंत:पूरकता की भूमिका से संतुष्ट रहनेवाली नहीं थी। यही वह बिंदु था जहाँ जाति-प्रथा सेकुलरवाद के साथ पहली मुठभेड़ होते ही ध्रुवीकृत हो गयी। जाति-राजनीति का द्विपक्षीय ढाँचा पैदा हुआ। कभी वह दो जातियों या उपजातियों में बँटा हुआ नजर आता जिनमें एक वर्चस्ववाली जाति होती तो दूसरी उदीयमान जाति। कभी ऐसा भी होता कि उदीयमान जाति के दायरे में एक से ज्यादा जातियाँ और उपजातियाँ आ जातीं। यह ध्रुवीकरण उन जगहों पर नहीं हुआ जहाँ वर्चस्ववाली जाति और अन्य जातियों के बीच सामाजिक सत्ता और कर्मकांडीय प्रतिष्ठा का अंतर बहुत बड़ा था और जहाँ क्षेत्रीय अथवा संस्थागत सत्ता के सोपानों पर श्रेणीक्रम

में विभिन्न ऊँची जातियाँ ही जमी बैठी थीं और इसी कारण से उनमें गठजोड़ बनने की ज्यादा संभावना थी।

फिर आया दूसरा चरण। सत्ता की आकांक्षा और आर्थिक लाभों की माँग मौजूद संसाधनों से ज्यादा हो गयी। स्पर्धारत समूहों को अपने जनाधारों की संख्या बढ़ानी पड़ी और सत्ता क्रम में जमे बैठे मुखर तबकों के अंदर भी होड़ शुरू हो गयी। इस दौर को जातियों के टूटने अथवा 'दलबंदी' का दौर कहा जा सकता है। वर्चस्ववाली जाति और उदीयमान जाति के बीच होड़ के साथ-साथ अब इन जातियों के अंदर भी होड़ और राजनीतिकरण होने लगा। जाहिर है कि यह प्रक्रिया वर्चस्ववाली जाति (अथवा जातियों) से ही शुरू हुई। इन जातियों में दलबंदी होते ही राजनीतिक संगठन का नया ढाँचा उभरा। नेतृत्व में दरारें पड़ने लगीं। एकजुटता और सहमति के प्रतीकों को राजनीतिक प्रवृत्तियाँ अपने अनुकूल ढालने लगीं। बहुजातीय और बहुगुटीय गठजोड़ सामने आए। प्रत्येक स्पर्धारत गुट अपना समर्थन बढ़ाने के लिए उन जातियों को भी पटाने में लग गया जो अभी तक सत्ता के ढाँचे से दूर रखी जाती थीं। ठीक ऐसा ही 'उदीयमान जातियों' में भी हुआ। वे भी वर्चस्ववाली जातियों की तरह व्यवस्था का अंग बन चुकी थीं, इसलिए उनमें भी धड़ेबंदी हो गयी। इस परिघटना ने जाति-प्रथा का सत्तामूलक ढाँचा और पेचीदा बना दिया। अब उसमें अंत:संबंधों का जाल पहले से कहीं बारीक हो चुका था। उसने आर्थिक संरक्षण, संरक्षक-आश्रित संबंध में निहित वफादारियों, रिश्तेदारियों, जाति-सभाओं और संघों जैसे सांगठनिक रूपों के युग में कदम रखा।

जिन इलाकों में पिरामिडीय जाति संबंध पहले से मौजूद थे, वहाँ की तस्वीर थोड़ी अलग थी, क्योंकि वहाँ कृषिगत और अन्य आर्थिक संबंधों, परंपरागत रूप से ऊँची और नीची जातियों के बीच विवाह संबंधों और संरक्षक-आश्रित संबंधों में क्षेत्रवार विभिन्नताएँ थीं। इन क्षेत्रों में गोलबंदी और स्पर्धा के लिए बनायी गयी पिरामिडीय दलबंदियाँ और भी ज्यादा स्पष्ट होती चली गईं। जाहिर है कि संबंधों की इस श्रृंखला में पहले से ही बँधे हुए क्षेत्रों में राजनीति को एक तैयार जमीन मिल गयी और जाति सभाओं और जाति संघों के रूप में नये गठजोड़ों और एकजुटताओं का आह्वान करने की खास जरूरत नहीं रही। श्रृंखला की ऊपरी कड़ी के लोग सीधे-सीधे राजनीति में कूद पड़े। इस प्रक्रिया में उनके आसपास की दुनिया भी राजनीति में दीक्षित हो गयी। अन्य जातियों के नेतृत्वकारी तत्त्वों को व्यवस्था की तरफ आकर्षित

करना और भी सरल हो गया, क्योंकि इसकी परंपरा पहले ही पड़ चुकी थी। राजनीतिक गोलबंदी ने जैसे-जैसे अपना विस्तार किया वैसे-वैसे उसे पहले से बने हुए लंबवत सामाजिक संबंधों से मदद मिली। जहाँ ये संबंध नहीं थे, वहाँ राजनीति ने धड़ेबंदी के जरिये इन्हें कायम किया। जाति की सामाजिक संरचना राजनीतिक संगठन की महत्त्वपूर्ण वाहक बन गयी। उसने राजनीतिक संगठन का संरक्षण और सामाजिक-आर्थिक संबंधों के रूपों तक विस्तार कर दिया।

चूँकि राजनीतिक संगठन का ढाँचा पिरामिडीय था, इसलिए उच्च स्तर पर विभिन्न वर्चस्ववाली जातियाँ आमने-सामने आ गयीं। आंध्र में कम्मा और रेड्डी, गुजरात में पट्टीदार और अन्नावल, मैसूर में लिंगायत और वोक्कलिगा, मद्रास में जिला और क्षेत्रीय स्तर की कई ताकतवर जातियाँ और बिहार की रंग-रुतबेवाली जातियाँ राज्य स्तर पर एक-दूसरे के मुकाबले दलबंद हो गयीं। इस श्रेणी में हर स्तर पर जाति को नये तरह के विखंडन से गुजरना पड़ा। कहीं जाति सभाओं के रूप में, तो कहीं जाति संघों के रूप में और कहीं दलबंदियों के सिलसिले के रूप में यह गुट विभाजन हुआ। यह बँटवारा वंशानुक्रम और पूजा-पद्धतियों के आधार पर चले आ रहे बँटवारे का अक्सर इस्तेमाल करता था लेकिन वह इससे परे भी जा चुका था। इसी कारण से राजनीति में व्यक्तियों और व्यक्तिगत संबंधों का महत्त्व बढ़ा। नेतृत्व की भूमिका और सकारात्मक होने लगी।

लेकिन यह परिघटना दो-तीन नेतृत्वकारी जातियों तक ही सीमित रही। ये जातियाँ आमतौर पर सवर्ण, संपन्न और सुशिक्षित थीं। निचली जातियाँ अभी भी वर्चस्ववाली जातियों के साथ अधीनस्थ संबंधों में ही बँधी हुई थीं। यह जरूर है कि राजनीतिकरण के दूसरे चरण में स्पर्धारत नेताओं ने अपनी दलबंदियों का जनाधार बढ़ाने के लिए इन जातियों को राजनीति में लाना शुरू कर दिया था। लेकिन जातिगत पहचान अभी तक मजबूत और सुस्पष्ट थी। इसलिए वही राजनीतिक भागीदारी का मुख्य माध्यम बनी। लंबवत अंतरजातीय संबंधों की परंपरावाले इलाकों में भी यह घटित हुआ, क्योंकि वहाँ भी जाति-प्रथा अपने मूल्यों और संरचनाओं के लिए छोटी-छोटी इकाइयों की इस प्रवृत्ति पर ही निर्भर थी। वर्चस्ववाली जातियों के नेता एक-दूसरे के मुकाबले अपना जनाधार विस्तृत करने के लिए दो तरह की तरकीबें अपनाने लगे। उन्होंने निष्क्रिय पड़ी जातियों के नेताओं को अपनी ओर खींचा। चुनावी समर्थन के बदले में उन्हें

अपने से कनिष्ठ पदों पर आसीन किया। आर्थिक फायदे भी दिलवाए। जहाँ यह संभव न हो सका वहाँ उन्होंने जनाधार के लिए उपजातियों के गठजोड़ों का सहारा लिया। तरह-तरह के नेताओं से जुड़कर और 'बिचौलियों' से सौदेबाजी करके काम चलाया। उन्होंने जातियों की एक-दूसरे के प्रति दुर्भावना तक का फायदा उठाया। उनकी पहचान के व्यापक पहलुओं को स्पर्श दिया। पहलेवाले तरीके में पिछड़ी हुई 'जनता' की परवाह न करते हुए उसके नेताओं को पटाना ही काफी था। लेकिन जहाँ जनता ज्यादा जागरूक थी, वहाँ उन्होंने उस जनता को ही तरह-तरह की गोलबंदियों में ढाला। इस दूसरे तरीके में कुछ नयी संभावनाएँ भी थीं। राजनीति का नया स्वाद चखनेवाली जनता और उसके नेता अपने अलग गठजोड़ बनाकर वर्चस्ववाली जातियों के नेताओं को चुनौती देने लायक शक्ति अर्जित कर सकते थे। यह संभावना उन जातियों के संख्या बल, आर्थिक आत्मनिर्भरता और नेतृत्व की प्रकृति पर निर्भर थी। शर्त यह थी कि वे जातियाँ चेतना के स्तर पर खुद को राजनीतिक वर्ग के रूप में देखने लगी हों और उनमें अपनी आत्म-पहचान का दावा हो। वे द्विजों के शोषण के खिलाफ विक्षोभ से भरी हों और राजनीतिक सत्ता का स्वाद चखने के लिए बेचैन हों।

इस बिंदु पर जरूरी है कि अलग-अलग परिस्थितियों में आवश्यक नेतृत्व की किस्मों और सांगठनिक आंदोलनात्मक कौशल के महत्त्व को समझ लिया जाए। हो सकता है कि एक परिस्थिति के लिए उचित नेतृत्व दूसरी स्थिति के योग्य साबित न हो। ऐसी स्थिति में एक तरह की क्षमताओं से संपन्न सामाजिक समूह दूसरी तरह की क्षमताओंवाले समूह को प्रतिस्थापित कर ही देगा। बौद्धिक जागृति और शहरी किस्म के राजनीतिक संगठन के शुरुआती दौर में ऐसे लोगों की जरूरत थी जो पश्चिमीकृत प्रशासन के साथ तालमेल रख सकें। विचारधारात्मक विवादों और बहस की बारीकियों में महारत हासिल करना उस समय की माँग थी। कानूनी दिमाग और सार्वजनिक कार्यों में संलग्न छोटी-छोटी सभाओं के संचालन की योग्यता की भी उन दिनों बड़ी पूछ थी। ये सभाएँ कुछ खास मकसदों के लिए आंदोलनरत रहती थीं। इन जरूरतों को पूरा करनेवाला नेतृत्व मुख्यत: ब्राह्मणों और प्रशासनिक काम-काज से जुड़ी रही जातियों से निकला। इन लोगों ने न केवल नयी शिक्षा को अंगीकार किया था, बल्कि ये विद्वत्ता, ज्ञान और औपचारिक प्रतिभाओं से संस्कारित थे। लेकिन जैसे-जैसे अधिक विविध और जनाधारित राजनीति का

जमाना आया वैसे-वैसे अधिक विस्तृत जनाधार की आवश्यकता पड़ी। उसके लिए नये तरह की प्रबंधात्मक और संगठनात्मक कुशलता चाहिए थी। यही कारण था कि ब्राह्मणों और प्रशासनिक कामकाजवाली जातियों के साथ-साथ व्यापारिक पेशों और भूमिधर जातियों के लोग राजनीति में ज्यादा आने लगे। इन लोगों के पास व्यक्ति प्रबंधन का संस्कार कहीं ज्यादा गहरा था। इनका रवैया व्यावहारिक और समस्याओं को लेन-देन करके निपटानेवाला रहा था। वे अपनी जातियों में एक नवीन एकजुटता का आह्वान कर सकते थे। इसके लिए उन्हें अपनी पारंपरिक हैसियत की पुनर्व्याख्या करने और आकर्षक ब्राह्मण विरोधी सूत्रीकरणों का सहारा लेने में भी हिचक नहीं होती थी।

यही लोग राजनीति के नये उद्यमी और नये आविष्कारक थे। खास बात यह थी कि ये अपने पूर्ववर्ती प्रभु वर्ग के मुकाबले कम 'आधुनिक' थे, कम प्रशिक्षित थे, उनका ज्यादातर आधार गाँवों में था और अधिक सरलीकृत और पारंपरिक मुहावरे को अपनाते थे। लेकिन उनमें संगठन और समस्याओं के व्यावहारिक मूल्यांकन की क्षमता थी। वे जोखिम उठाने को तैयार थे और प्रौद्योगिकी और संगठन के 'आधुनिक' माध्यमों का उपयोग करते थे। इन लोगों ने ये खूबियाँ आनुवंशिक संस्कारों के रूप में प्राप्त की थीं और तत्कालीन जीवन-शैलियों से समरस होकर इन्हें विकसित कर लिया था। इनके पीछे आधुनिक संस्कृति को सचेत रूप से ग्रहण करने की भूमिका कम ही थी। मेरे ख्याल से भारत में राजनीतिक आधुनिकीकरण के लिए यह तथ्य सबसे महत्त्वपूर्ण है। आधुनिकता को परंपरा के मुकाबले रखनेवाली व्याख्याएँ इस पहलू को ठीक से नहीं उभार पातीं। इसे समझने के लिए ऐसे अवधारणात्मक चिंतन की जरूरत है जिसमें नयी राजनीतिक संस्कृति अपनाने में पूर्ववर्ती परंपराओं और कौशल के महत्त्व को उचित स्थान दिया जाता हो। जैसे ही ये नयी राजनीतिक-सांगठनिक कुशलताएँ स्थापित हुईं और उनके मुताबिक राजनीति का सामाजिक आधार बदला वैसे ही भारतीय राजनीति एकदम नये आयाम में पहुँच गयी। वह अन्य सामाजिक गतिविधियों से अलग लगने लगी। उसका अलग अस्तित्व बन गया। उसकी प्रवृत्ति, आंतरिक संरचना और प्रक्रिया ने एक निजीपन ग्रहण कर लिया। यह जरूर है कि राजनीति के इस आयाम की अभिव्यक्ति उस तीसरे चरण में ही हो पाई जब राजनीति के आधार का और भी विविधीकरण हुआ। जाति के अलावा अन्य तत्त्व भी अपना रंग दिखाने लगे।

वर्चस्ववाली जातियों की आंतरिक दलबंदी, उदीयमान जातियों की संरचनाओं में भी उसी के मुताबिक परिवर्तन, उनके नेतृत्व को व्यवस्था द्वारा अंगीकार करने और जातिगत गठजोड़ों की प्रक्रिया ने जाति-प्रथा को तोड़ा तो अवश्य था लेकिन अंतिम विश्लेषण में यह सब जाति आधारित ही रह गया था। जाति अस्मिताओं में ही अपना आधार तलाशा जाना आम बात थी। इसका सकारात्मक पहलू यह था कि जातियों में कुछ राजनीतिकृत मूल्य पैदा हो गये थे और व्यक्तियों में निजी सत्ता की महत्त्वाकांक्षा का बीजारोपण हो गया था। इस पहलू का फायदा उस समय मिला जब राजनीति ने तीसरे चरण में कदम रखा। शिक्षा, प्रौद्योगिकी, प्रतिष्ठा के प्रतीकों में परिवर्तन और शहरीकरण के प्रभाव के कारण समाज में आए बदलाव ने पुरानी अस्मिताओं को और कमजोर करते हुए राजनीतिकृत मूल्यों को और प्रमुखता दी। नये और अधिक विस्तृत संबंधों की शृंखलाएँ सामने आयीं। आतातुष्टि के नये मानदंड खड़े किये गये। लगभग सभी तबके भौतिक लाभों की कामना करने लगे। परिवार की संस्था और एक इलाके से दूसरे इलाके में जा बसने के तरीकों में भारी परिवर्तन आया। इन सबके कारण एकनिष्ठ वफादारियोंवाली राजनीति पर सामाजिक-राजनीतिक सहभागितावाली अधिक परिष्कृत व्यवस्था हावी हो गयी। यह नयी व्यवस्था जाति-निष्ठाओं से परे जाती थी और व्यक्तिगत स्वार्थों के प्रति सतर्क थी। इसमें जुड़ाव और अलगाव के वे रूप शामिल थे जो मूलतः आधुनिक शिक्षा और आधुनिक संचार प्रणाली के गर्भ से निकले थे। विभेदीकरण के नवीन और सुस्पष्ट रूपों का विकास आधुनिकीकरण का अनिवार्य तत्व था। पहले केवल एक सामाजिक संरचना को ही राजनीतिक, आर्थिक, शैक्षणिक और संचारगत जिम्मेदारियाँ उठानी पड़ती थीं। अब इन सभी कार्रवाइयों ने अपना अलग-अलग उद्देश्य, गतिशीलता और संरचना प्राप्त कर ली।

राजनीति इन सभी कारकों को अभी भी समान रूप से प्रभावित कर रही है। लेकिन नयी परिस्थिति में उसे आधुनिकीकरण में सक्रिय भागीदारी के रूप में समझना बेहतर है। राजनीति को जाति की जगह लेनेवाले या उसे नष्ट करनेवाले सेकुलर सामाजिक कारक की तरह न देखकर विकासशील समाज-व्यवस्था पर एकीकरण और विभाजन लागू करनेवाले योजनागत आधार के रूप में देखा जाना उचित होगा। इस नयी दृष्टि ने संस्थाओं के संगठनात्मक आधार को विस्तृत किया है। जाति अस्मिताओं ने स्वयं को नये रूपों में व्यक्त

किया है। जाति का कर्मकांडीय और पूजा पद्धति-संबंधी महत्त्व घटा है और समाज-व्यवस्था के नीतिगत मूल्य बदल गये हैं। दूसरी तरफ नाना प्रकार के संगठनों और हितों की पहचान ने राजनीतिक प्रणाली में कदम रखा है, जिनके जरिये बेहद गतिशील और व्यापक किस्म की निष्ठाओं ने अपना स्थान बना लिया है। जाति राजनीतिक जनाधार का अकेला स्रोत नहीं रह गयी है और दूसरी तरफ उसे कहीं अधिक राजनीतिक सुस्पष्टता मिली है। ये दोनों बातें जाति को संबंधों के ज्यादा व्यापक दायरे में खींच ले गयी हैं। एक जड़ स्तरित प्रणाली की जगह स्पर्धा और एकीकरण के गतिशील आधार को अधिक महत्त्व मिलने लगा है। जाति की संस्था ने अपने पारंपरिक रूप में मूल अस्मिताओं को हैसियत और व्यवसाय के श्रेणीक्रम से बाँध कर सामाजिक एकीकरण की भूमिका निभाई थी। वही जाति जब आधुनिक राजनीतिक प्रणाली के संपर्क में आयी तो पहले टूट का शिकार हुई और बाद में सार्वभौम एकनिष्ठ संबंधों के नये रास्ते पर चलकर नए तरह से एकीकृत हो गयी। हम देख चुके हैं कि यह परिवर्तन एक प्रणाली द्वारा दूसरी का सहज प्रतिस्थापन नहीं था, बल्कि संक्रमण के दौरान जाति ने राजनीति को विभाजन और सामंजस्य का द्वंद्वात्मक स्पर्श दिया था। उसे संबद्धता के कुछ ऐसे तत्त्वों से लाभान्वित किया था जिनके दम पर राजनीति जाति के अंतर्भूत एकनिष्ठ माध्यमों के जरिये तनावों और कुंठाओं को पचा जाने में सफल रही। परिवर्तन की यह तरतीब बड़ी अन्योन्यक्रियात्मक थी। वह तबकों के आपसी मतभेदों और निजी हितों को दबाती नहीं थी। यह सत्ता संबंधों में आए आकस्मिक परिवर्तनों को उभारती थी। यह आधुनिक समाज में संक्रमण के दौरान अनिवार्यतः पैदा होनेवाले विग्रहमूलक और असमतल आवेगों को संयमित भी रखती थी।

आधुनिक युग में सेकुलर आग्रहों के कारण नयी प्रवृत्तियों ने जन्म लिया और नयी उपलब्धियों की संभावनाएँ जगीं। इन आग्रहों ने एक बात और साबित की कि केवल जातिगत और समुदायगत संबंध स्थायी समर्थन आधार बनाने के लिए नाकाफी ही नहीं, वरन हानिकारक भी होते हैं। पहली बात तो यह थी कि बड़ी-बड़ी जातियाँ समरूप नहीं थीं और जहाँ वे छोटी और समरूप थीं, वहाँ उनमें संख्याबल का अभाव था। दूसरे, एक जाति से अधिक निकटता का मतलब दूसरी जातियों से अलगाव में निकलता था। तीसरे, राजनीतिक दल सभी तबकों की भागीदारी से ही स्थिरता प्राप्त कर सकते थे।

ऊपर से जातियों के राजनीतिकरण ने उनमें बहिर्मुखी और ऊर्ध्वगामी रुझान पैदा कर दिए थे। इन कारणों से जातिगत अस्मिताएँ अस्पष्ट हो गयी थीं और विभिन्न जातिगत हितों से जुड़ने की परिघटना उभर आयी थी। इस चीज ने समाज और राज्य व्यवस्था दोनों को और ज्यादा सेकुलर बनने में मदद की।

समूहन के नये रूप

व्यवस्था के इस 'गहन विकास' का और ज्यादा बारीक विश्लेषण करना होगा। देखना होगा कि राजनीति में जातिवाद और 'सांप्रदायिकता' पर चल रही चौतरफा बहस से पैदा हुए भ्रम की असलियत क्या है। पार्टियों का नेतृत्व भी इस बहस से भ्रमित हो गया है जबकि उसे अधिक सावधान रहना चाहिए था। लोगों के मन में एक बात बैठ गयी है कि शिक्षा, शहरीकरण और उद्योगीकरण ने पारंपरिक संकीर्ण निष्ठाओं को झकझोरा तो है लेकिन चुनावी राजनीति ने इन निष्ठाओं को उनकी वैधता के साथ पुनःस्थापित कर दिया है। इससे विखंडनकारी प्रवृत्तियाँ पैदा हुई हैं जो भारतीय राज्य व्यवस्था के लोकतांत्रिक और सेकुलर ढाँचे को नष्ट करने पर तुली हुई हैं। इस विचार के पक्ष में पार्टियों की कार्रवाइयों के उदाहरण दिए जाते हैं कि उन्होंने कब और कैसे जातिगत प्रभाव के जरिये पुरातन/धर्म-आधारित भावनाओं का इस्तेमाल कर के समर्थन हासिल किया। कुछ अतिशयोक्तिपूर्ण होने के बावजूद ऐसे ज्यादातर उदाहरण अक्सर सही होते हैं लेकिन उनसे निष्कर्ष गलत निकाले जाते हैं। जाति और राजनीति की आपसी क्रिया के परिणाम वे नहीं होते जो बताए जाते हैं, बल्कि उसके ठीक विपरीत होते हैं। राजनीति जाति से प्रभावित नहीं होती, बल्कि जाति का राजनीतिकरण हो जाता है। यह परिघटना कुछ द्वंद्वात्मक-सी जरूर लगती है लेकिन यह एक सच्चाई है कि स्पर्धात्मक राजनीति की गतिविधियों ने जाति को उसके अराजनीतिक संदर्भ से बाहर निकाल लिया है। उसे एक नयी हैसियत प्रदान की है। अब तक जिसे हम जाति-प्रथा कहते थे उसका क्षय हो गया है। उसमें विखंडन शुरू हो चुका है। कुछ धीमी गति से यही घटना सामुदायिक और धार्मिक निष्ठाओं के साथ घट रही है। हम इस दलील का उल्लेख पहले भी कर चुके हैं कि चुनाव प्रणाली ने जाति अस्मिताओं को नवजीवन प्रदान कर दिया है। यह एक सही समझ है लेकिन इससे आमतौर पर गलत निष्कर्ष निकाल लिया जाता है। दरअसल राजनीतिक सत्ता के एकमात्र आधार के रूप में जाति की वैधता का

क्षय हो जाने के कारण जातीय गणित का महत्त्व बढ़ गया है। विभिन्न परिस्थितियों में विभिन्न जातियों के संख्या बल, उम्मीदवारों के चुनाव, जातियों की अंदरूनी दलबंदी और जातियों के आर्थिक संबंधों का गणित बदलता रहता है। यह किसी भी राजनीतिक प्रणाली के लिए स्वाभाविक ही है और अन्य तरह के सामाजिक संगठनों और जातीय समूहों पर भी लागू होता है। समझने की बात तो यह है कि जातीय गणित की उस समय जरूरत नहीं थी जब कुछ जातियों के लोग ही सत्ता के दावेदार थे। जाति अपनी सर्वशक्तिमत्तता के कारण राजनीति के लिए अप्रासंगिक थी। आज ऐसा नहीं रह गया है। सत्ता के लिए व्यावहारिक होड़ में जाति अन्य तत्त्वों की भाँति राजनीति की दुनिया को प्रभावित करनेवाला एक तत्त्व मात्र रह गयी है। हेरल्ड ए. गोल्ड के शब्दों में जाति राजनीति की निर्धारक भूमिका से गिरकर उसे प्रभावित करनेवाला एक परिवर्ती तत्त्व बन गयी है।

यहाँ तर्क दिया जा सकता है कि भारत में आधुनिक संस्थाओं की पैठ और राजनीतिक एकीकरण की खुली प्रक्रिया इसीलिए संभव हो सकी क्योंकि यहाँ 'जातीय' अस्मिताओं को खुल कर स्वीकार किया गया, उन्हें राजनीतिक रूप से गोलबंद किया गया और उनके आधार पर ही राजनीतिक लेन-देन चलाया गया। जिन समाजों में प्रचलित सेकुलर विचारधारा के आधार पर इन पारंपरिक निष्ठाओं की स्पष्ट अभिव्यक्ति को खारिज किया गया, वहाँ आत्मसातीकरण की प्रक्रिया काफी कष्टदायक और पारंपरिक संस्कृति के लिए विनाशकारी साबित हुई है। भारत में भी इस कड़वे तजरुबे से सबक सीखा गया है। यहाँ भी हद दर्जे की सेकुलर दावेदारी के कारण जातीय अस्मिताओं के खुले संगठन को राजनीतिक लेन-देन और गठजोड़-रचना का आधार न बनाने का नुकसान उठाया जा चुका है (कांग्रेस ने मुसलमानों के संदर्भ में ऐसा ही किया था, जिसका एहसास होने तक काफी देर हो चुकी थी)। लेकिन, यह मानना पड़ेगा कि जाति के मामले में नेतृत्व और बुद्धिजीवी वर्ग के आधुनिकतावादी आग्रहों के बावजूद जातियाँ राजनीति में अपनी अभिव्यक्ति कर सकीं और समूहन की तरफ जा सकीं। इससे राजनीतिक सत्ता के सामाजिक आधार में महत्त्वपूर्ण बदलाव और समायोजन आ सका।

यहाँ मैंने समूहन की एक बेहद गहन प्रक्रिया का वर्णन करने की कोशिश की है। यह समूहन तीन अलग-अलग लेकिन अंत:संबंधित रूपों में व्यक्त होता है। पहला, इससे एक प्रभावशाली अभिजन वर्ग पैदा होता है।

इसके सदस्य विभिन्न समूहों से आने के बावजूद समान दृष्टिकोण और समान सेकुलर दिशा के हामी होते हैं। यह प्रभु वर्ग संबंधों की एक ऐसी छितरी हुई संरचना से बनता है जो सामाजिक सीमाओं से परे भी जाती है और साथ ही महत्त्वपूर्ण तबकों में से नेताओं को लेकर अपने वर्ग में शामिल भी करती जाती है। यह प्रभु वर्ग राजनीतिक मूल्यों और नियमों के मामले में समरूप होता है लेकिन इसके अंदर छोटे-छोटे गुट और तरह-तरह के प्रमुखों और उपप्रभुओं के हित टकराते रहते हैं। प्रभु वर्ग की यह जटिल संरचना विशेष हितों को व्यक्त करती हुई समाज के अधिक संगठित तबकों का सार्थक प्रतिनिधित्व करती है। यह प्रभु वर्ग विशाल जन-समूहों को अपने हिसाब और अपनी गति से बदलने की गुंजाइश देता हुआ आधुनिक विश्व से समायोजन करता रहता है।

दूसरा, जातियाँ संगठन के नये लक्ष्यों के लिए खुले सेकुलर रूपों को अपनाने में नहीं हिचकतीं। 'जाति सभाएँ', 'जाति संस्थान' अथवा 'सम्मेलन' और 'जाति संघ' भी इन्हीं रूपों में से एक हैं। जाति सभाओं में जाति सदस्यों के छात्रावास, आमोद-प्रमोद की संस्थाएँ, सुधार क्लब और दबाव-समूह आते हैं। जाति संस्थाओं अथवा सम्मेलनों का गठन जिला और राज्य स्तर पर अधिक व्यापक आधार पर होता है। ये कई जातियों को मिलाकर गठित होते हैं। इनकी सदस्य जातियाँ कभी तो सामाजिक तौर से समरूप होने के कारण एक जगह जमा होती हैं तो कभी कुछ खास हितों और राजनीतिक उद्देश्यों की समानता के लिए गठजोड़करती हैं। इन्हीं खास उद्देश्यों और हितों के कारण जाति सभाएँ और जाति संघ अर्थात संगठन के नये रूप पारंपरिक जातियों के कर्मकांडीय और पूजा-पद्धति संबंधित लाभों, नौकरियों विशेष रियायतों के लिए ही नहीं, बल्कि 'द्विजों', या 'शासक जातियों' की चौधराहट के खिलाफ एकताबद्ध संघर्ष करने के स्पष्ट राजनीतिक उद्देश्य के लिए भी काम करते हैं। ये सभाएँ और जातियाँ विभिन्न दलों से सौदेबाजी करती हैं। लेकिन हर हालत में इनके लक्ष्य कुछ खास हितों से ही बँधे होते हैं। जाति संघों के बारे में यह एक दिलचस्प तथ्य है कि कभी इनका गठन जातिगत पहचान के आधार पर जरूर हुआ था लेकिन उनकी परिणति गैर-जातिगत लक्ष्यों में हुई। वक्त गुजरने के साथ उनके संगठन में अधिक लचीलापन आया और वे अपनी मूल सदस्य जातियों के अलावा दूसरी जातियों के सदस्यों को भी स्वीकारने लगे। इन संघों की पहुँच नये क्षेत्रों तक हुई। उन्होंने अन्य

स्वयंसेवी संगठनों, हित-समूहों और राजनीतिक दलों के साथ समान लक्ष्यों के लिए मेल-जोल किया।

आगे चलकर ये जाति संघ राजनीतिक समूह में ही बदल गये। लेन-देन की काफी ताकत और संख्या बल उनकी विशेषता हो गयी। साथ में वे 'गैर-ब्राह्मण' अथवा 'क्षत्रिय' जैसे लकबों के रूप में परिभाषित होकर जातिगत भावनाओं और जातिगत चेतना का आह्वान भी करते रहे। इन संघों ने अतीत में अपनी ऊँची हैसियत और वर्तमान में उससे वंचित किये जाने के एहसास को कुरेदना जारी रखा। इन तमाम तरकीबों ने उन्हें मजबूत और सुसंबद्ध राजनीतिक समूह बना दिया। राजनीतिक माध्यम से अपने समूहगत हितों को व्यक्त करने में ये संघ पूर्ववर्ती जाति सभाओं से काफी आगे निकल गये। ऊपर जिस 'वर्चस्ववाले अभिजात वर्ग' का जिक्र किया गया है उसमें ऐसे ही संगठनों से आए नेता शामिल किये जाते हैं और वह वर्ग ऐसे ही संगठनों से जुड़ा रहता है।

इन नये सांगठनिक रूपों के विकास में सेकुलर विचारधारा की भूमिका अभी साफ नहीं है। यह सही है कि इन विचारों के आधार पर समाज सुधार और समाज के पिछड़े तबकों की हालत सुधारने के आंदोलनों को प्रोत्साहित किया गया था, ताकि उनकी संकीर्णता और अलगाव को तोड़कर उन्हें नये अवसरों से परिचित कराया जा सके और वे समाज के उदीयमान केंद्रों के साथ जुड़ सकें। तत्कालीन अस्मिताओं को नये लक्ष्यों के लिए गोलबंद करने के लिए जाति के नामों से ही एसोसियेशनें बनायी गयीं। उनके पीछे पहलकदमी मुख्यतः उन समुदायों के शहरी और शिक्षित सदस्यों की ही थी। जैसे ही ये नयी एसोसियेशनें सक्रिय हुईं, सेकुलर हलकों में उनकी राजनीति में भागीदारी पर विवाद पैदा हो गया। निहित स्वार्थों और सेकुलरवाद की सीमित समझ के गठजोड़ ने इन एसोसियेशनों की राजनीति में सीधी भागीदारी को खारिज कर दिया। दूसरी तरफ, देहात आधारित कुछ ऐसे तत्त्व भी थे जो लोकतंत्र में संख्या की ताकत से वाकिफ होने के साथ-साथ सामूहिक पहचानों की ताकत से भी परिचित थे। इन लोगों ने जाति की राजनीतिक भूमिका पर जोर देते हुए एक जाति की सभाओं के बजाय बहु-जाति महासंघों की स्थापना करने की शुरुआत की। एक जाति के सदस्यों के लिए शैक्षिक और रोजगार के अवसरों की वकालत करने के बजाय इन लोगों ने पूरे के पूरे समुदायों के लिए संख्या की ताकत के दम पर लेन-देन किया और राजनीतिक

गठजोड़ों का सूत्रपात किया। आगे चलकर यही दूसरे किस्म के लोग राजनीति में प्रमुखता प्राप्त करते चले गये। जो जाति-समूह राजनीतिक भागीदारी के लिए कामयाबी से संगठित नहीं हो पाए, उनकी राजनीतिक लेन-देन की ताकत कमजोर रही और उनके सदस्यों को अपनी माँगें उठाने के लिए कम संगठित और व्यवस्था के प्रति अधिक शत्रुतापूर्ण गतिविधियों का सहारा लेना पड़ा। कुल मिलाकर कहा जा सकता है कि जाति संघ और जाति महासंघ भारत में राजनीति के सामाजिक आधार की भूमिका अदा करते हैं और उनकी तकरीबन वही हैसियत है जो पश्चिम में हित समूहों की है।

जातियों के राजनीतिकरण के सेकुलर पहलू

जाति और राजनीति के बीच अन्योन्यक्रिया की व्याख्या करने वाले इस अध्याय को खत्म करने से पहले जरूरी है कि दो संबंधित मुद्दों पर भी चर्चा कर ली जाए। ये मुद्दे हैं : अनुसूचित जातियों और आदिवासियों के सवाल, और धार्मिक अल्पसंख्यकों यानी खासकर मुसलमानों से जुड़े प्रश्न।

दलित और आदिवासी : जहाँ तक दलितों (साठ के दशक में इन्हें गाँधी द्वारा दिये गये 'हरिजन' संबोधन से पुकारा जाता था) के राजनीतिकरण का सवाल है, संविधान प्रदत्त विधायिकाओं में सीटों और सरकार में नौकरियों के आरक्षण के जरिये साठ के दशक तक उसे काफी गति प्राप्त हो चुकी थी। दलितों और आदिवासियों की राजनीतिक लेन-देन की ताकत (उनके लिए आरक्षित निर्वाचन क्षेत्रों से बाहर भी), उनके अभिजनों को परस्पर होड़रत राजनीतिक गठजोड़ों में जगह मिलने की बारंबारता और ऊँची जाति के नेताओं के लिए उनका समर्थन लेने की जरूरत उनकी सामाजिक और आर्थिक हैसियत के मुकाबले कहीं ज्यादा थी। राजनीति में उन्हें जो लाभ मिल रहा था, वह समाज के स्तर पर उनके पिछड़ेपन की कुछ भरपाई कर देता था। अपने अवसरों को बढ़ाने के लिए दोनों जातीय समूह अपने संघों-महासंघों और राजनीतिक दलों के जरिये प्रयासरत थे। असम के आदिवासियों ने आल पार्टी हिल कांफ्रेंस के जरिये स्वायत्तशासी परिषद प्राप्त करके अपने लिए विशेष स्थिति हासिल कर ली थी। इन जातीय समूहों की विशेष संवैधानिक हैसियत उनकी जातिगत या जनजातिगत दावेदारियाँ उन्हें जातिवादी होने जैसी निंदाओं से बचा लेती थीं। इसके उलट ज्यादातर राजनीतिक पार्टियों ने अपने संगठनों में उनके लिए अलग से प्रकोष्ठ बना रखे

थे। इससे प्रतीत होता था कि राजनीतिक मान्यता ने उनकी विशिष्टताओं को सेकुलर सामान्यीकरण की तरफ ले जाने में मदद की है और वे समाज के आधुनिक केंद्रों के नजदीक आए हैं।

मुसलमानों का प्रश्न : मुसलमानों के मामले में साठ के दशक के अंत तक स्थिति इतनी आशाजनक नहीं थी। अन्य गैर-हिंदू धार्मिक अल्पसंख्यकों की संख्या बहुत कम थी। केरल में कैथोलिक ईसाई थे, पंजाब में सिख थे। राजनीतिक महत्त्व होने के कारण ये अल्पसंख्यक जाति और राजनीति की ऊपर दी गयी व्याख्या में फिट हो जाते थे। दूसरे अध्याय में हम देख चुके हैं कि किस तरह राष्ट्रवादी विचारधारा के कारण कांग्रेस राजनीति में मुस्लिम पहचान की खुली अभिव्यक्तियों को आपत्तिजनक मानती थी। मुसलमानों के अलग राजनीतिक संगठन उसे पसंद नहीं थे। मुस्लिम लीग द्वारा प्रवर्तित द्वि-राष्ट्र सिद्धांत के खिलाफ़ संघर्ष करते हुए और देश के सभी समुदायों की नुमाइंदगी का दावा करते हुए कांग्रेस के नेतृत्व में चला राष्ट्रीय आंदोलन विभिन्न समुदायों के बीच सेकुलर अन्योन्यक्रिया का माहौल तैयार करने में नाकाम रहा था। इस मामले में उसकी विरासत प्रशंसनीय नहीं थी। पाकिस्तान की स्थापना के बाद तो मुसलमानों के अलग राजनीतिक दावे को स्वाभाविक निगाह से देखा जाना मुश्किल ही हो गया। आजादी के बाद खुली राजनीतिक प्रतियोगिता के माहौल में भी भारत के मुसलमान तय नहीं कर पाए कि उन्हें खुद को अलग से संगठित करना है या नहीं। समय के साथ उनके बीच दो संगठन उभरे। पहला जमाइत-उल-उलेमा था, जो राजनीति के बजाय शैक्षिक और धार्मिक गतिविधियों पर जोर देता था। दूसरा संगठन जमात-ए-इस्लामी था (साठ के दशक में मजलिस-ए-मशावरात ने भी अपनी दावेदारी पेश की थी) जिसने राजनीतिक माँगें उठायीं और चुनाव में अपने उम्मीदवार भी खड़े किये।

इन दोनों गुटों के बीच का विभाजन तकरीबन वैसा ही था जैसा जाति संघों और महासंघों के बीच होता था। साथ ही लंबे अरसे की राजनीतिक कुंठा ने मुसलमानों का स्वर कुछ तीखा भी कर दिया था, जिसके कारण उनके कई नेता यदा-कदा गैर-संवैधानिक भाषा का इस्तेमाल करते हुए भी नजर आते थे। लेकिन, जहाँ-जहाँ भी मुसलमानों को राजनीति में शामिल किया जा सका, वहाँ-वहाँ उन्हें उनके सामाजिक दायरे से बाहर लाया जा सका और उनके सोच में भी तब्दीलियाँ आयीं। केरल में मुस्लिम लीग का एक

राजनीतिक दल के रूप में वजूद बचा हुआ था। वहाँ देश के अन्य भागों के मुकाबले उसका नजरिया ज्यादा सेकुलर हुआ था, और राज्य की गठजोड़ राजनीति में उसकी अहमियत बढ़ गयी थी। कुल मिलाकर वह बेहतर राजनीतिक क्षमताओं का प्रदर्शन कर रही थी। तीसरे और चौथे आम चुनावों में मुसलमान संगठन राजनीति में पहले से ज्यादा सक्रिय हुए थे जिससे उनकी सेकुलर भागीदारी की गुंजाइशें खुली थीं, हालाँकि राजनीतिक सहभागिता के मामले में उनकी राजनीतिक हिचक अभी बाकी थी। मुसलमानों के लिए सीटें आरक्षित नहीं थीं, पर कांग्रेस और दूसरी पार्टियाँ उन्हें न्यूनतम टिकट देने की कोशिश करती थीं। इससे देश के सबसे बड़े अल्पसंख्यक समुदाय का राष्ट्रीय मुख्यधारा में आत्मसातीकरण बढ़ रहा था। निर्वाचन क्षेत्रों के चुनावी अध्ययन बताते थे कि मुसलमान किसी एक जगह वोट डालने के बजाय बँट कर वोट डालते हैं, उनके समुदाय में धड़ेबंदियाँ हैं, वे अन्य समुदायों के साथ गठजोड़ भी बनाते हैं, एसोसियेशन सरीखे संगठनों में भागीदारी करते हैं और कुल मिलाकर सेकुलरीकरण की आम प्रक्रिया के अंग बनते जा रहे हैं। मुसलमान सामाजिक और आर्थिक स्तर पर अविश्वास और दुष्चिंताओं से भरे हुए थे, पर राजनीतिक स्तर पर वे समायोजन और अन्योन्यक्रिया की तरफ जाते लग रहे थे। दूसरी ओर, राजनीतिकरण की प्रक्रिया में निहित तनाव और यदा-कदा हिंसक अभिव्यक्तियाँ मुसलमानों के संदर्भ में देखने को भी मिल सकती थीं।

सांप्रदायिकता विरोधी पहलू : साठ के दशक के बाद की राजनीतिक परिस्थितियों में जाति और राजनीति के प्रश्न पर सैद्धांतिक नजरिये से विचार करने पर एम. एन. श्रीनिवास और कुछ अन्य समाजविज्ञानियों की मान्यता याद आती है कि लोकतंत्र जाति को पुनर्जीवन प्रदान कर देगा। आज इस धारणा को और भी जोरदारी से दोहराया जा रहा है। इसी संदर्भ में मैं फिर से कहना चाहता हूँ कि लोकतांत्रिक प्रक्रिया के परिणामस्वरूप जाति का पुनः प्रकटीकरण तो होता है, लेकिन इस चक्कर में जाति अपने आप में परिवर्तित हो जाती है। मैं बेहिचक कहना चाहता हूँ कि 'राजनीति में जातिवाद' के जरिये जाति प्रथा का रूपांतरण मुमकिन है। मैं पहले भी कह चुका हूँ कि 'राजनीति में जातिवाद असल में जातियों के राजनीतिकरण के अलावा और कुछ नहीं है' जिसका परिणाम जाति प्रथा के संरचनागत और विचारधारात्मक रूपांतरण में निकलता है। राजनीति के कारण जाति की सामाजिक संरचना के दायरे में तरह-तरह के गठजोड़ करने पड़ते हैं जिससे इस प्रथा की कठोरता

और अनम्यता का उल्लंघन होता है। धर्म-जाति निरपेक्ष राजनीतिक उद्देश्यों से जाति का टूटना और जातियों का आपस में जुड़ना उन्हें विभिन्न पार्टियों के साथ लेन-देन की स्थिति में ले जाता है और राजनीति की माँगों को पूरा करने के लिए जातियों को आवश्यकतानुसार उपयुक्त सांगठनिक रूप ग्रहण करने पड़ते हैं। विचारधारात्मक लिहाज से इस प्रक्रिया में जाति श्रेणीगत से बहुलवादी होने के बुनियादी परिवर्तन से गुजरती है। वह दैवी सामाजिक दर्जे की वाहक न रहकर राजनीतिक प्रयास के जरिए हसिल की जाने वाली सत्ता का स्रोत हो जाती है। इस तरह जातिगत भूमिकाएँ कर्मकांडीय न रहकर नागरिक और राजनीतिक दायरों में परिभाषित होने लगती हैं।

यह एक तथ्य है कि आजादी के बाद की अवधि में जाति की सामाजिक शक्ति को घटाने और धीर-धीरे उसकी सक्रियता का उन्मूलन करने के कई प्रयास हुए थे। ये प्रयास नाकाम रहे। इन कोशिशों के पीछे कुछ लोगों का विचार यह था कि धर्मनिरपेक्षता के विकास के साथ-साथ सांप्रदायिक और धार्मिक अस्मिताएँ ही नहीं, जातिगत पहचानों का विलोपन भी होता चला जाएगा। कुछ दूसरी तरह के लोग मानते थे कि वर्ग चेतना के बढ़ने के साथ ही जाति चेतना घटती चली जाएगी। इन दोनों मान्यताओं के अनुसार अवसरों की सुलभता और समानता मिलने पर लोग जाति, पंथ और अन्य ऐसी ही पारंपरिक पहचान के दायरे से निकलकर आधुनिक दायरे में आएँगे। आधुनिक शिक्षा उन्हें एक समरूप मध्य वर्ग का अंग बना देगी और इस तरह एकता आधारित राष्ट्रीय पहचान की नई अवधारणा उभर आएगी। इस विकासक्रम में धार्मिक दावे पर आधारित सांप्रदायिकता और जाति या वर्ण के दावे पर आधारित परंपरागत अस्मिताएँ महत्त्वहीन हो जाएँगी।

'जाति' और 'सांप्रदायिकता' को एक श्रेणी मानने से सबसे ज्यादा गलतफहमी फैलती है। इसमें होता यह है कि धार्मिक आधार पर ध्रुवीकरण की कोशिशों और बहुलवादी अस्मिताओं के राजनीतिक दावों को एक समान समझा जाने लगता है। ध्यान रहे कि 'सांप्रदायिक पहचान' के दो परस्पर विपरीत असर पड़ सकते हैं : एक ओर वह सर्वभारतीय सांप्रदायिक अस्मिता की रचना करती है और दूसरी ओर पहले से जारी छोटी-छोटी अस्मिताओं का क्षय करते हुए उन्हें अधीनस्थ बनाकर उनका उन्मूलन कर देती है। इसी तरह 'समुदाय' के भी दो अलग-अलग अर्थ हो सकते हैं। इसका मतलब सर्वभारतीय पैमाने पर समुदायों का ध्रुवीकरण करके एक समुदाय बनाने की

कोशिश के रूप में भी निकाला जा सकता है (इस अर्थ का महत्त्व हाल ही में बढ़ा है) और छोटे दायरे में समुदायों के बहुलीकरण के रूप में भी इसे देखा जा सकता है (ग्रामीण भारत में यह प्रवृत्ति हमेशा से मौजूद रही है)। लोकतांत्रिक राजनीतिक प्रक्रिया के प्रभाव के कारण बहुलवाद को बढ़ावा देने वाले लघु और स्थानीय परिप्रेक्ष्य ने बड़े पैमाने पर ध्रुवीकरण में यकीन करने वाले सर्वभारतीय परिप्रेक्ष्य के ऊपर प्रमुखता प्राप्त कर ली। सर्वभारतीय ध्रुवीकरण की यह समझ विभाजन से पहले की राजनीति की देन है। इस दौरान हुआ यह कि छोटे पैमाने पर होने वाली नाना प्रकार की राजनीतिक प्रक्रियाओं ने समाज और राजनीति के बीच अन्योन्यक्रिया का एक दूसरा सर्वभारतीय परिप्रेक्ष्य रच दिया। इस माहौल में तब्दीली तब आयी जब मंडल परिघटना की चुनौती के जवाब में ध्रुवीकरण वाले सर्वभारतीय नजरिये ने एक धमाके के साथ राष्ट्रीय मंच पर खुद को पेश कर दिया।

उत्तर प्रदेश में संघ परिवार के कारसेवकों द्वारा बाबरी मस्जिद ध्वस्त करने के बाद हुए १९९३ के राज्य विधानसभा चुनावों में लगे धक्के से सांप्रदायिक शैली के ध्रुवीकरण की इन कोशिशों को ठेस लगी और सेकुलर पार्टियों और बुद्धिजीवियों को राहत की साँस लेने का मौका मिला। ऐसा लगा कि भारतीय राज्य व्यवस्था में ध्रुवीकरण और अतिवादी प्रवृत्तियों को सीमित करने की अंतर्निहित क्षमता है और वह संपूर्ण विनाश के खड्ड में गिरने से इनकार कर देता है। लेकिन इन चुनाव नतीजों से यह पूरी तरह साफ नहीं हो पाया कि हिंदुत्व की ताकतें अंतिम तौर पर पीछे धकेल दी गई हैं या नहीं। न ही यह समझ में आया कि उनकी जगह कौन लेगा। ध्यान रखने की बात यह है कि पार्टियों और बुद्धिजीवियों के कारण नहीं, बल्कि चेतना और दावेदारी के संदर्भ में दलित जनता के जबरदस्त उभार और उत्तर प्रदेश में मुसलमानों के मध्यवर्ती नेतृत्व की कोशिशों के कारण ऐसा हो पाया। उस समय तक यह भी साफ नहीं था कि हिंदुत्व की इस पराजय का असली फायदा कौन उठाएगा। डर यह था कि कहीं एक बार फिर पुरानी यथास्थितिवादी कांग्रेस प्रतिरोध के आंदोलनों, जमीनी संगठनों, स्वयंसेवी संगठनों और विपक्ष के एक हिस्से द्वारा किए हुए सांगठनिक काम का फायदा उठाकर अपनी प्रमुख प्रतिद्वंद्वी भाजपा को ही नहीं, बल्कि दलितों और निचली जातियों से पैदा हुई नई सामाजिक शक्तियों को भी हाशिये पर डालने में कामयाब न हो जाए। उप्र की नई सरकार कांग्रेस के समर्थन पर निर्भर जो थी।

बहरहाल, पिछले कुछ वर्षों के राजनीतिक घटनाक्रम से लगता है कि बेहद जटिल और उथल-पुथल भरी यह प्रक्रिया अभी जारी है और इसमें कुछ नये सामाजिक पहलुओं का समावेश हुआ है। निस्संदेह सांप्रदयिकता और जाति व्यवस्था लोकतांत्रिक प्रक्रिया के लिए खतरा हैं, लेकिन सकारात्मक दृष्टि की माँग है कि दोनों को एक-दूसरे से अलग करके देखा जाए, क्योंकि जाति को सेकुलरीकरण और लोकतंत्रीकरण के आंदोलनों के समर्थन में इस्तेमाल किया जा सकता है। नकारात्मक लिहाज से जाति और सांप्रदायिकता मिलकर लोकतंत्र को काफी नुकसान पहुँचा सकते हैं। सांप्रदायिकता समाज की बहुलता-विविधता और उसकी बुनियादी लोकतांत्रिक दृष्टि को क्षति पहुँचा सकती है, और जाति प्रथा उस ब्राह्मणवादी समाजव्यवस्था को नवजीवन दे सकती है जिसमें मेहनतकश वर्गों और खासकर अत्यंत दुष्कर और नीच समझे जाने वाले श्रम के लिए तिरस्कार के अलावा और कुछ नहीं है। इस व्यवस्था का अंतिम तर्क छुआछूत की परिघटना के रूप में निकला है जिसके पीछे सभी तरह के ज्ञान का अवदान करने वाले ब्राह्मण और सभी तरह के श्रम और सेवा की जिम्मेदारी का वहन करने वाले शूद्र का बुनियादी द्विभाजन मौजूद है। दूसरी तरफ जाति प्रथा से निकलने वाले बहुलवाद की अंतर्निहित सीमाओं को भी नजरअंदाज नहीं किया जाना चाहिए। बहुलवाद सुधारक की ही नहीं, शोषणकारी भूमिका भी निभा सकता है। बहुलता को भी श्रेणीक्रम में आबद्ध करके विद्वेष और नृशंसता से भरा जा सकता है। ऐसी बहुलता आर्थिक अभाव और सामाजिक छुआछूत के परंपरागत रवैयों से मिलकर कारपोरेट पूँजीवाद और नौकरशाहाना चौधराहट के प्रभाव को और मजबूत कर सकती है। इस प्रक्रिया से करोड़ों लोगों को गैरजरूरी मानकर अपने दायरे से बाहर फेंक देने वाली दुनिया का जन्म हो सकता है। इस दुनिया में दलित और प्रगतिकांक्षी लगने वाली जातियाँ हाशिये पर जा सकती हैं। ऐसे में खतरा यह है कि सुविधासम्पन्न ऊँची जातियों से नीचे की सम्पूर्ण सामाजिक जमीन सर्वहाराकरण, दरिद्रीकरण और यहाँ तक कि दलितीकरण की भी शिकार हो सकती है।

आज यह कहना मुश्किल है कि जाति की परिघटना भारतीय समाज को किस दिशा में ले जाएगी। काफी कुछ इस बात पर निर्भर है कि लोकतांत्रिक प्रक्रिया जीवनी शक्ति का प्रदर्शन करती है, या उसका क्षय होता है। बुद्धिजीवीगण विकास प्रक्रिया में सामाजिक तात्पर्य का समावेश कर पाते हैं,

या नहीं। यह इस बात पर भी निर्भर है कि निजीकरण और भूमंडलीकरण की ताकतों और धर्म-आधारित राज्य बनाने की परियोजना की साठगाँठ के खिलाफ कितना संघर्ष किया जा सकता है। नतीजा जो भी निकले, आने वाले दशकों में सामाजिक प्रक्रिया के लिए जाति के महत्त्व से इनकार नहीं किया जा सकता।

निष्कर्ष : नए एकीकरण की प्रक्रिया

जाहिर है कि समाज और राजनीति जातियों और राजनीति की अन्योन्यक्रिया से एक साथ प्रभावित हुए और एकीकरण के नये रूपों की ओर बढ़े। इस एकीकरण की खास बात यह थी कि आधुनिक राजनीतिक संस्थाओं के साथ पारंपरिक सामाजिक रूप भी जुड़े रहे। एकीकरण ने पारंपरिक निष्ठाओं के आधार को खत्म करने की कोशिश नहीं की। लेकिन उन्हें बदलने में कोई हिचक भी नहीं दिखाई और उनकी पहचान सहभागिता की अधिक व्यापक व्यवस्था के अधीन कर दी। हम पहले कही गयी इस बात को दोहराना चाहेंगे कि राजनीति और समाज में हुआ जुड़ाव दरअसल संगठन और एकीकरण की विभिन्न प्रणालियों का जुड़ाव था। जाति का पारंपरिक रूप सामाजिक एकीकरण का वाहक था, जिसके लिए वह स्थानीय और एकनिष्ठ अस्मिताओं को बल देते हुए जाति के अंदर विभिन्न समूहों और समूहों के अंदर व्यक्तियों की भूमिका निर्धारित करता चला जाता था। दूसरी ओर जाति की विभाजक और दलबंदी संबंधित अभिव्यक्तियाँ थीं उसकी आत्मचेतना थी, उसकी अलग-अलग अस्मिताएँ थीं जिन्हें प्रोत्साहित करके जाति-प्रथा सेकुलर संगठन और संघर्ष के लिए समय-समय पर गुंजाइश पैदा करती थी।

यह सही है कि राजनीति खुद में विभाजन और विग्रह की प्रणाली होती है और उसी के लिए सामग्री की तलाश में रहती है। लेकिन वह साथ में एकीकरण का औजार भी है जिसके अपने तर्क और संगठन के अपने तरीके हैं। जब जाति-प्रथा और राजनीति के एकीकरणात्मक और विभाजक पहलू अन्योन्यक्रिया करते हैं तो विभिन्न चरणों में एक नये तरह का एकीकरण और विभाजन पैदा होता है। इसी प्रक्रिया को समाज-व्यवस्था का सेकुलरीकरण कहा सकता है और यही प्रक्रिया भारतीय समाज में राजनीति द्वारा लाए गये जबरदस्त बदलाव को समझने की कुंजी भी है। ब्राह्मणीकरण हाशिए पर पड़े जाति-समूहों को समाज की मुख्य धारा में ले आया है और पश्चिमीकरण ने

ब्राह्मणीकरण से गुजर चुकी जातियों को आधुनिकीकरण के दायरे में जोड़ दिया है। दोनों तरह के समूहों का राजनीति में भागीदारी के जरिये सेकुलरीकरण हो गया है। पुरानी व्यवस्था टूटकर फिर धीरे-धीरे सेकुलर संगठनात्मक आधार पर पुनः एकीकृत हुई है। संक्रमण के दौरान पुनः एकीकरण की यह प्रक्रिया संकीर्ण प्रतीकवाद का सहारा भी लेती है, क्योंकि उसी में उसे पहचान और संबद्धता मिलती है। इससे सार्विक और एकनिष्ठ रुझानों का नया मिश्रण तैयार होता है। यह सेकुलर संबंधों के पारंपरिक आधार को अक्षम और व्यक्तिगत और समूहगत हितों के लिए हानिकारक साबित कर देता है। यही मिश्रण राजनीतिक निरक्षरता की शिकार जनता को धीमी गति से राजनीतिक सामुदायिकता के महत्त्व के प्रति जागरूक करता है और फिर राजनीतिक सामुदायिकता उस जनता की जरूरत बन जाती है।

हमें ध्यान रखना चाहिए कि कोई भी राजनीतिक प्रणाली तभी स्थायित्व प्राप्त कर सकती है जब उसकी प्रक्रियाओं और प्रतीकों को समाज आत्मसात करके परंपराओं में ढाल ले। केवल उपयोगिता के नजरिये से स्वीकार न करके उन्हें नैसर्गिक रूप से सराहनीय, मूल्यवान, अंतर्निहित अच्छाइयों से युक्त मान कर स्वीकार किया जाना चाहिए। अर्थात नयी प्रक्रियाओं और मूल्यों को खुद में 'परंपरा' बन जाना चाहिए। इस परंपरा का सावधानी से पालन-पोषण करते हुए विकसित और मजबूत किया जाना चाहिए। कोई भी समाज परंपराओं के बिना जीवित नहीं रहता। आधुनिकता की असली चुनौती परंपरा को नष्ट करने में नहीं, बल्कि स्वयं आधुनिकता के पारंपरीकरण में निहित है। जाति और राजनीति के संदर्भ में इसके दो अर्थ होते हैं। पहला अर्थ है जाति-प्रथा के सेकुलर और एकीकरण की संभावनाओं वाले पहलुओं को पुरातनपंथी और निष्क्रिय तत्त्वों की कीमत पर मजबूत किया जाना। हम देखते हैं कि ऐसा पहले से ही हो रहा है। दूसरा अर्थ यह है कि लोकतांत्रिक राजनीति ने समाज-व्यवस्था में जिन आयामों का समावेश किया है उन्हें भारतीय परंपरा का एक स्थायी अंग बना देना। यह काम अभी होना है। समाज परिवर्तन की भारतीय रणनीति की असली परीक्षा आधुनिकता के इसी पारंपरीकरण की कसौटी पर होगी। सहिष्णुता और आत्मसातीकरण की लोकप्रसिद्ध क्षमताओं से संपन्न महान भारतीय समाज-व्यवस्था की कसौटी भी यही है। सवाल यह है कि क्या इस समाज-व्यवस्था में नये मूल्यों और नयी संस्थाओं को हिंदू समाज की स्मृति का अंग बनाने के लिए आवश्यक नम्यता है? यही कसौटी

उस द्वैत की जगह ले सकती है जिसके केंद्र में पुरातन को पूरी तरह हटाकर नवीन को लाने की जिद छिपी हुई है।

टिप्पणियाँ एवं संदर्भ

'संस्कृतीकरण' या ब्राह्मणीकरण और 'पश्चिमीकरण' की अवधारणाएँ एम.एन. श्रीनिवास की रचनाओं से प्रचलन में आयी हैं। इस विषय पर उनकी राय के लिए देखें *द सोशल चेंज इन माडर्न इंडिया* (बर्कले : केलीफोर्निया यूनिवर्सिटी प्रेस, १९६६) और *द कोहिसिव रोल ऑव सेंस्कृटाइजेशन* (मीमियोग्राफ्ड, दिल्ली विश्वविद्यालय, १९६६)। श्रीनिवास ने 'प्रभुत्वशाली जाति' अभिव्यक्ति का इस्तेमाल किया है। मेरी अभिव्यक्ति 'वर्चस्ववाली जाति' उससे अलग है। श्रीनिवास के मुताबिक प्रभुत्वशाली जाति न केवल आर्थिक और राजनीतिक रूप से अपने असर का इस्तेमाल करती है वरन 'गाँव अथवा स्थानीय इलाके में संख्या बल में भी सबसे ज्यादा मजबूत होती है।' ('द डोमिनेंट कास्ट इन रामपुरा', *अमेरिकन एँथ्रोपोलोजिस्ट*, फरवरी १९५८)। जबकि वर्चस्ववाली जाति आर्थिक राजनीति सत्ता में मजबूत होने के पैमाने पर तो खरी उतरती है और वह आमतौर पर 'कर्मकांडीय' रूप से ऊँची जाति भी होती है। पर यह जाति संख्या बल के लिहाज से अक्सर छोटे आकारवाली होती है। जिन इलाकों में संख्या बल के लिहाज से विशाल कृषक जातियाँ सत्ता के सोपानों पर जमी बैठी हैं, जैसा कि मैंने उसी पैरे में कहा भी है, वहाँ 'प्रभुत्वशाली' और 'वर्चस्ववाली जाति' में काफी मिलावट भी हो सकती है, भले ही श्रीनिवास द्वारा बतायी गयी सभी शर्तें उन इलाकों में पूरी न भी होती हों।

उदाहरणस्वरूप, मद्रास और महाराष्ट्र में ब्राह्मण बनाम गैर-ब्राह्मण, राजस्थान में राजपूत बनाम जाट, गुजरात में बनिया-ब्राह्मण बनाम पट्टीदार, बिहार में कायस्थ बनाम राजपूत, आंध्र में कम्मा बनाम रेड्डी, केरल में नायर बनाम एडवा इत्यादि। इस प्रक्रिया में जब किसी एक जाति या जाति-समूह के पक्ष में एक ध्रुवीकरण का फैसला हो जाता है तो दूसरा ध्रुवीकरण उभर आता है। गुजरात में पट्टीदार बनाम क्षत्रिय और महाराष्ट्र में मराठा बनाम महार का उदाहरण सामने है। कभी-कभी सत्ता का अधिक छितरा हुआ और जटिल गठजोड़ भी उभर आता है।

धड़ेबंदी को जातिगत समाज की पारंपरिक धड़ेबंदी से अलग करके समझना चाहिए। पारंपरिक धड़ेबंदी कौटुंबिक और वंशगत आधार पर होती है जबकि जिस धड़ेबंदी की मैंने चर्चा की है, वह राजनीतिक होड़ का परिणाम होती है और जिसमें सेकुलर सत्ता के लिए अलग-अलग नेताओं का समर्थन आधार स्पर्धारत रहता है।

धड़ेबंदी को जातिगत समाज की पारंपरिक धड़ेबंदी से अलग करके समझना चाहिए। पारंपरिक धड़ेबंदी कौटुंबिक और वंशगत आधार पर होती है जबकि जिस धड़ेबंदी की मैंने चर्चा की है, वह राजनीतिक होड़ का परिणाम होती है और जिसमें सेकुलर सत्ता के लिए अलग-अलग नेताओं का समर्थन आधार स्पर्धारत रहता है।

हम इस दलील का उल्लेख पहले भी कर चुके हैं कि चुनाव प्रणाली ने जाति अस्मिताओं को नवजीवन प्रदान कर दिया है। यह एक सही समझ है लेकिन इससे

आमतौर पर गलत निष्कर्ष निकाल लिया जाता है। दरअसल राजनीतिक सत्ता के एकमात्र आधार के रूप में जाति की वैधता का क्षय हो जाने के कारण जातीय गणित का महत्त्व बढ़ गया है। विभिन्न परिस्थितियों में विभिन्न जातियों के संख्या बल, उम्मीदवारों के चुनाव, जातियों की अंदरूनी दलबंदी और जातियों के आर्थिक संबंधों का गणित बदलता रहता है। यह किसी भी राजनीतिक प्रणाली के लिए स्वाभाविक ही है और अन्य तरह के सामाजिक संगठनों और जातीय समूहों पर भी लागू होता है। समझने की बात तो यह है कि जातीय गणित की उस समय जरूरत नहीं थी जब कुछ जातियों के लोग ही सत्ता के दावेदार थे। जाति अपनी सर्वशक्तिमत्तता के कारण राजनीति के लिए अप्रासंगिक थी। आज ऐसा नहीं रह गया है। सत्ता के लिए व्यावहारिक होड़ में जाति अन्य तत्वों की भाँति राजनीति की दुनिया को प्रभावित करनेवाला एक तत्त्व मात्र रह गयी है। हेरल्ड ए. गोल्ड के शब्दों में जाति राजनीति की निर्धारक भूमिका से गिर कर उसे प्रभावित करनेवाला एक परिवर्ती तत्त्व बन गयी है। देखें गोल्ड का आलेख: 'चेंजिंग पॉलिटिकल बिहेवियर इन रूरल इंडियन सोसाइटी', ईपीडब्ल्यू, खंड-२, नं. ३३-३५, विशेषांक, अगस्त १९६

इन मुद्दों पर प्रवृत्तियों के विश्लेषण के लिए देखें- गोपाल कृष्ण, 'इलेक्ट्रोरल पार्टिसिपेशन एंड पोलिटिकल इंटीग्रेशन', ईपीडब्ल्यू, सालाना विशेषांक, खंड-२ नं.-३, ४, ५ फरवरी १९६७; सांप्रदायिक दायरों को तोड़नेवाले मतदान के आँकड़ागत विश्लेषण के लिए देखें रजनी कोठारी और तरुण शेठ, 'एक्सटेंट एंड लिमिट्स ऑव कम्युनल वोटिंग : द केस ऑव बड़ौदा ईस्ट', मायरन वीनर और रजनी कोठारी (सं), *इंडियन वोटिंग बिहेवियर,* (कलकत्ता : फर्मा केएल मुखोपाध्याय, १९६५)। पुन: एकीकरण की प्रक्रिया और उस में संक्रमण के विस्तृत विवरण के लिए देखें डी.एल. शेठ और रजनी कोठारी, 'सोशल चेंज, पॉलिटिकल इंटीग्रेशन एंड द वेल्यू प्रोसिस' (*इंटरनेशनल राउंडटेबल आन वेल्यूज इन पॉलिटिक्स* में पढ़ा गया आलेख), दुब्रोन्निक, युगोस्लाविया। इसी विचार को दोनों लेखकों ने 'ट्रेडीशन एंड मॉडर्निटी रिविजिटिड' गवर्नमेंट एंड अपोजीशन, खंड ३, नं.-३, ग्रीष्म, १९६८ में आगे बढ़ाया।

कुछ संबंधित रचनाओं के लिए देखें : गोपाल कृष्ण, 'इलेक्ट्रोरल पार्टिसिपेशन एंड पोलिटिकल इंटीग्रेशन', ईपीडब्ल्यू, सालाना विशेषांक, खंड-२ नं.-३, ४, ५ फरवरी १९६७; सांप्रदायिक दायरों को तोड़नेवाले मतदान के आँकड़ागत विश्लेषण के लिए देखें रजनी कोठारी और तरुण शेठ, 'एक्सटेंट एंड लिमिट्स ऑव कम्युनल वोटिंग : द केस ऑव बड़ौदा ईस्ट', मायरन वीनर और रजनी कोठारी (सं), *इंडियन वोटिंग बिहेवियर,* (कलकत्ता : फर्मा केएल मुखोपाध्याय, १९६५)। पुन: एकीकरण की प्रक्रिया और उस में संक्रमण के विस्तृत विवरण के लिए देखें डी.एल. शेठ और रज़नी कोठारी, 'सोशल चेंज, पॉलिटिकल इंटीग्रेशन एंड द वेल्यू प्रोसिस' (*इंटरनेशनल राउंडटेबल आन वेल्यूज इन पॉलिटिक्स* में पढ़ा गया आलेख), दुब्रोन्निक, युगोस्लाविया। इसी विचार को दोनों लेखकों ने 'ट्रेडीशन एंड मॉडर्निटी रिविजिटिड' गवर्नमेंट एंड अपोजीशन, खंड ३, नं.-३, ग्रीष्म, १९६८ में आगे बढ़ाया। एमजी बेली, 'क्लोज्ड सोशल स्ट्रेटिफिकेशन', *आर्काइव्ज यूरोपियनेस डि सोशियोलोजी,* खंड-४, (१९६३) लायड आई. रुडोल्फ, 'द माडर्निटी ऑव ट्रेडीशन : द डेमोक्रेटिक इनकारनेशन ऑव कास्टइन इंडिया', द अमेरिकन पॉलिटिकल साइंस रिव्यू, खंड-Lxi, नं-४, दिसंबर १९६५; लायड आई. रुडोल्फ और

सूजन होवर रूडोल्फ ने अपनी रचना 'द पॉलिटिकल रोल ऑव इंडियाज कास्ट एसोसिएशंस,' पेसिफिक एफेयर्स, खंड-xxxiii, नं-१, मार्च १९६० में संगठन के 'स्वयंसेवी' और जाति-रूपों के उस द्विभाजन की व्याख्या भी की है जिसकी तरफ मैंने इशारा किया है। देखें इरावती कर्वे का ज्ञानवर्द्धक लेख 'हिंदू सोसाइटी: एन इंटरप्रिटेशनल' (पूना: डेकन कालेज, 1961)। वर्णों की संघटनवाली भूमिका के लिए देखें : एम.एन. श्रीनिवास, *रिलीजन एंड सोसाइटी एमंग द कुर्ग्स साउथ इंडिया,* (बंबई एशिया पब्लिशिंग हाउस, १९५२)।

हिंदुत्ववादी मुहिम की एक व्याख्या यह भी है कि पिछड़े वर्गों, दलितों और मुसलमानों के गठजोड़ के प्रतिक्रियास्वरूप यह परवान चढ़ी और अंत में यही गठजोड़ इसके उभार में बाधक बन गया। १९९३ में उप्र विधानसभा चुनाव में सपा-बसपा के हाथों अपनी हार के बाद से भाजपा इस राज्य में आज तक बहुमत हासिल नहीं कर पाई है। देखें २६ जनवरी १९९३ के *पायनियर* में छपा मेरा लेख 'एन ऑल आउट ब्राह्मनिक ऑफेंसिव अगेंस्ट मासिज़'। जाति और राजनीति के संबंधों पर ताजा बहस के लिए देखें २८ सितंबर १९९० के *द टाइम्स ऑव इंडिया* में प्रकाशित मेरा लेख 'कास्ट एंड पॉलिटिक्स : द ग्रेट सेकुलर अपसर्ज'। इसके बाद १७ अक्तूबर १९९० को इसके जवाब में इसी अखबार में एम.एन. श्रीनिवास, ए.एम. शाह और बी.एस. बाविस्कर का लेख 'कोठारीज़ इल्यूजन ऑव सेकुलर अपसर्ज' छपा।

गाँधी राजनीतिक संघर्ष और समाज सुधार के काम को अलग-अलग देखने के लिए तैयार नहीं थे। इसी तरह वे कांग्रेस में नरमपंथियों और गरमपंथियों के विभाजन को मान्यता भी नहीं देते थे। उन्होंने कोशिश की कि वे राजनीतिक और सामाजिक-आर्थिक मोर्चे पर अपने 'रचनात्मक कार्यक्रम' के जरिये एक साथ हमला करें। इसके तहत वे छुआछूत और जनजातियों की जीवन दशाओं से लेकर शिक्षा, स्वास्थ्य और सफाई के संपूर्ण सामाजिक कार्यक्रम पर अमल कर सकते थे। साथ ही वे इसी के जरिए खादी, ग्रामोद्योग और लघु उद्योगों की वकालत भी कर सकते थे। इस तरह से गाँधी असहयोग आंदोलन के विभिन्न चरणों के लिए गोलबंद किए गये विशाल समूहों और कार्यकर्ता पंक्तियों को व्यस्त रख पाते थे। लेकिन उनकी इस पूरी दृष्टि और कार्यनीति में एक खामी भी दिख सकती है कि उनकी प्राथमिकता हमेशा सामाजिक रूपांतरण न हो कर ब्रिटिश विरोधी संघर्ष ही रहता था। यहाँ गाँधी की खूबी यह थी कि इस तरीके से राष्ट्रीय मुक्ति के लिए कोई कार्यकर्ता आधारित पार्टी खड़ी किए बिना उन्होंने साम्राज्यवाद विरोधी अहिंसक संघर्ष के मॉडल को सफल बनाया। लेकिन दूसरी तरफ वे एक सामाजिक मुक्तिदाता के रूप में नाकाम रहे।

मैं आरक्षण का जोरदार समर्थन करता रहा हूँ लेकिन इसके पीछे मेरा मुख्य तात्पर्य उत्पीड़ित समूहों के सामाजिक और संख्यामूलक आधार को इस तरह बढ़ाना है कि वे स्थापित अथवा नई संस्थाओं में अपनी प्रभावी उपस्थिति दर्ज कर सकें। ऐसा किए बिना पंचायती राज संस्थाएँ वास्तविक जन प्रतिनिधित्व से लैस नहीं हो सकती और उन पर देहात की ऊँची जातियाँ और उनके माफिया गिरोह हावी बने रहेंगे। लेकिन आरक्षण से पूरी होने वाली केवल इसी जरूरत के आधार पर संघर्षशील समूहों की कोई जीवंत सामाजिक अस्मिता नहीं उभर सकती। न ही किसी नई और प्रासंगिक विचारधारा की शुरुआत हो सकती है।

७

राजनीतिक संस्कृति और भारतीय व्यक्ति की राजनीतिक शख़्सियत का विकास

राजनीतिक केंद्र और उसके प्रतीकों की समाज में पैठ उन संस्कृतियों में अधिक आसान साबित हुई है जो ऐतिहासिक रूप से गैर-सेकुलर रही हैं। ऐसे समाज इस पैठ को नौकरशाहीकरण और शासन की ताकत के माध्यम से नहीं, बल्कि अनुग्रह और कृपा के माध्यम से आत्मसात करते हैं। ऐसी संस्कृति में सरकार को समाज के विभिन्न हलकों में हो रहे बदलाव के प्रति संवेदनशील होना पड़ता है। तभी वह शासन कर पाती है। गैर-राजनीतिक समाजों में अगर सरकार अन्य क्षेत्रों में हो रहे परिवर्तनों के साथ हमदर्दी न रखते हुए उनके लिए रास्ता साफ करने का काम नहीं करती तो जल्दी ही अपनी वैधता खो देती है। उसके और नेताओं के प्रति नफरत का भाव पैदा होता चला जाता है। भारतीय व्यक्ति के मनोजगत में झाँक कर पता लग सकता है कि भारतीय संस्कृति और सामाजिक सरचना के कौन-से पहलू व्यक्ति के राजनीतिकरण की प्रक्रिया के अनुकूल निकले हैं और कौन-से प्रतिकूल। यह अध्याय बताता है कि भारतीय परिवार और समाज का ढाँचा जन्म से लेकर वयस्क होने तक जिस व्यक्ति की रचना करता है, वह आधुनिक सामूहिक जीवन की जरूरतों पर खरा उतर पाता है या नहीं? मूलत: सांस्कृतिक और अ-सेकुलर स्वभाववाले समाज में विकसित होने वाले राजनीतिक संस्कार जिस राजनीतिक शख़्सियत की रचना करते हैं, वह किन अर्थों में पश्चिमी समाजों में पनपे राजनीतिक व्यक्ति से अलग है?

I

ऐतिहासिक परिप्रेक्ष्य

समाज और राजनीति के प्रश्नों पर विचार करते समय आवश्यक हो जाता है कि हम राजनीतिक संस्कृति और राजनीति के बदलते हुए यथार्थ पर भी गौर करें। यह चर्चा सवाल उठाती है कि क्या हमारा प्राचीन समाज ऐसी मनोस्थितियाँ मुहैया कराता है जो आधुनिकीकरण की प्रक्रिया में मदद कर सकती हों? या, कहीं ऐसा तो नहीं है कि भारतीय समाज अपनी अ-सेकुलर प्रवृत्तियों के कारण ऐसे राजनीतिक संस्कार देता हो जो हमारी राजनीतिक शख्सियत को आधुनिक जरूरतों के लिए अपर्याप्त कर देते हैं? इस अध्याय में इन्हीं पहलुओं पर गौर किया गया है।

एक महान ऐतिहासिक सभ्यता के रूप में भारत की सांस्कृतिक अखंडता आज भी कायम है। खास बात यह है कि यह उपलब्धि सदियों तक किसी राजनीतिक केंद्र पर आधारित न होने के बावजूद हासिल की गयी है। साम्राज्य बनते-बिगड़ते रहे, सेनाएँ आती-जाती रहीं, युद्ध होते रहे पर सामुदायिक परंपराओं और मूल्यों का क्षय कभी नहीं हुआ। भारत की एकता किसी एक राजनीतिक प्रणाली के बजाय सांस्कृतिक प्रतीकों और आध्यात्मिक मूल्यों के व्यापक प्रसार पर निर्भर रही है। उसके सभ्यतामूलक नैरंतर्य की शिनाख्त कुछ खास तरह की भूमिकाओं और जिम्मेदारियों की शक्ल में की जा सकती है। इससे स्पष्ट होता है कि भारत की पहचान अनिवार्यतः राजनीतिक न होकर सांस्कृतिक ही है। भारतीय संस्कृति में हमेशा से एक सेकुलर आयाम रहा है। राजनीतिक और सांस्कृतिक के बीच और सेकुलर और आध्यात्मिक के बीच लगातार अन्योन्यक्रिया के जरिये भारत की व्यवस्था बदलती परिस्थितियों के साथ तालमेल बिठाती रही है। 'विदेशी' विजेताओं ने राजनीतिक केंद्रों की स्थापना जरूर की, लेकिन बाकी समाज राजाओं और हमलावरों के उठते-गिरते प्रताप के साथ अपना सामंजस्य बनाता रहा। कुछ लूटमार करके चले जानेवाले बर्बरों को छोड़कर बाकी विजेताओं ने भारतीय समाज की स्वायत्तता और धार्मिक परंपराओं का सम्मान किया। तमाम राजनीतिक अस्थिरता और परिवर्तनशीलता के बीच यह प्रक्रिया सरकार और समाज के बीच के पार्थक्य को कभी खत्म नहीं कर पायी और भारतीय लोग अपनी अस्मिता को राजनीतिक के बजाय सांस्कृतिक के रूप में ही पहचानते रहे।

राजनीति करने वालों और पौरोहित्य करने वालों के बीच गठजोड़ के

माध्यम से आध्यात्मिक और सेकुलर आयामों के बीच संबंधों को संस्थागत रूप मिला। मुख्यतः इसी तरीके से भारतीय समाज ने विजातीय प्रभावों को पचाने की क्षमता विकसित की। तरह-तरह के परिवर्तनों की इजाजत देते हुए भी समाज किसी भी मौके पर किसी एक पक्ष में हद से ज्यादा समूहन (एग्रीगेशन) से बचता रहा और संस्कृति के कुछ बुनियादी तत्त्वों में समाज की आस्था का क्षय नहीं हुआ। परिवर्तन के सार्वभौम आंदोलन भी चले, जैसे बुद्ध और जैन धर्म, वैष्णव धर्म और सिख परंपरा आदि। पुराने रीति-रिवाजों को कायम रखने के लिए परंपरागत और जुझारू किस्म के अभियान भी छेड़े गये, जैसे शंकराचार्य द्वारा चलायी गयी मुहिम। दोनों तरह के आंदोलन भारत की सांस्कृतिक परंपरा का लगातार पुनःसूत्रीकरण करते रहे। इससे हुआ यह कि जब उन्नीसवीं सदी में प्रमुख सामाजिक तबके से निकले अभिजनों ने विचारधारात्मक या सुधारवादी आंदोलन चलाये तो समाज ने उन्हें समाज-व्यवस्था में किसी क्रांतिकारी बदलाव की कोशिश के रूप में न देखकर हिंदू समाज से 'बुराइयों' को निकालने के प्रयासों के रूप में देखा। परिवर्तन की यह खास भारतीय परंपरा उन लोगों की निगाह से ओझल रहती है जो मानते हैं कि आधुनिकीकरण के कारण पारंपरिक समाजों में उथल-पुथल मच जाती है। भारत में तो आधुनिकता को निरंतर परिवर्तनशील परंपरा की रोशनी में देखना पड़ेगा। यहाँ के सेकुलर दायरे में दूरगामी बदलाव समय-समय पर इसीलिए हो पाए कि भारतीय संस्कृति में नाना प्रकार के प्रभावों को पचाने और अपनी विशेषताओं को बचाये रखने की प्रवृत्ति थी। परिवर्तन की प्रक्रिया ने भारतीयता के 'सार' को कभी क्षति नहीं पहुँचायी, क्योंकि यह सार राजनीतिक था ही नहीं। जिन समाजों की प्रमुख अस्मिता राजनीतिक होती है वहाँ इस तरह के परिवर्तन अपनी प्रतिक्रिया में दीर्घकालीन टकराव को जन्म देते हैं और जब परिवर्तन हो चुकता है तो एक तरह की सामाजिक अवमानना और व्यर्थता का एहसास बाकी रह जाता है। इस लिहाज से देखें तो साफ हो जाता है कि राष्ट्रवादी विरासत के बाद भी भारत के आधुनिकतावादी अभिजनों ने आधुनिकीकरण करने के लिए विजातीय राजनीतिक संस्थाओं को अपनाने पर कोई शत्रुभाव क्यों प्रदर्शित नहीं किया।

इस विशेषता का एक कारण यह भी है कि सांस्कृतिक और सेकुलर, दोनों परंपराओं के आधार अलग-अलग अस्मिताओं से फूटते हैं। साथ ही ये परंपराएँ लचीले, खुले और आत्मसचेत बहुलवाद से भी आत्यंतिक रूप से

जुड़ी हैं। सांस्कृतिक और सेकुलर का पार्थक्य सेकुलर दायरों में होनेवाले बदलाव के लिए रास्ता साफ करता रहा और बहुलवाद इस बदलाव को लोकतांत्रिक रुझान देने की जमीन तैयार करता रहा। इस तरह परिवर्तन की प्रक्रिया लगातार जमीन से जुड़ी रही। दरअसल, लोकतांत्रिक विचारधारा, सामाजिक और पुरातन / धार्मिक (प्राइमोर्डियल) संस्थाओं की स्वायत्तता, राज्य और समाज के बीच काम करनेवाली मध्यवर्ती संस्थाओं की वैधता, स्थानीय अस्मिताओं को कायम रखने की आजादी और सांस्कृतिक और धार्मिक विविधताओं के प्रति सहिष्णुता रखनेवाले भारतीय मानस को खूब रास आयी।

राजनीतिक दलों और मतदान में भागीदारी करने के बाद भी भारत में कथित 'संकीर्ण' अस्मिताओं ने और कटु रूप इसीलिए धारण नहीं किया कि वे बहुत लंबे समय तक राजनीतिक थी ही नहीं। आखिर में जब भारत में एक राजनीतिक प्रणाली बनी तो उसने दूसरे देशों की तरह पहले से मौजूद आदिवासी या क्षेत्रीय निष्ठाओं के बरक्स विकसित होने के बजाय एक नयी अखिल भारतीय सांस्कृतिक परंपरा का रूप ले लिया। जब तक यह राजनीतिक प्रणाली फैलकर और विकेंद्रीकृत होकर क्षेत्रीय और भाषायी अस्मिताओं के उदय के कारण पैदा हुए टकराव का शिकार बनती, तब तक एक ऐसा देशव्यापी ढाँचा बन चुका था जिसमें क्षेत्र और भाषा जैसी नयी राजनीतिक पहचान और जाति और धर्म जैसी पुरानी पहचान के दो अलग-अलग दायरे बन चुके थे। पहले दायरे में राष्ट्रीय अभिजन अपना राजनीतिक विनिमय करते रहते थे और दूसरे दायरे से लोकप्रिय राजनीति करने का मसाला मिलता रहता था। पश्चिमी समाजों में राष्ट्रीय पहचान एक तरह के राष्ट्रीय समूहन के आधार पर बनती रही है और बाद में उसका रूप राष्ट्रीय के अलावा अंतर्राष्ट्रीय भी होता रहा है। इस अनुभव पर जोर देनेवाले लोगों ने भारत में क्षेत्रीय और भाषायी पहचानों को लोकतंत्र और राष्ट्र के लिए संकट के रूप में देखा। लेकिन अस्मिता-रचना का भारतीय मॉडल पश्चिम से अलग तरह का था। स्थानीय परिस्थितियों के अनुसार भारत में समूहन की प्रक्रिया मध्यवर्ती अस्मिताओं की शृंखला के आसपास चलनी थी।

चूँकि बृहत्तर अस्मिताएँ मूलतः सांस्कृतिक थीं इसलिए नवस्थापित राजनीतिक केंद्र को अपनी सुविधा से काम करने की काफी गुंजाइश मिली। एक नवीन और विशिष्ट किस्म के अभिजन वर्ग का उदय हुआ और आधुनिक

क्षेत्र में प्रवेश करनेवाले लोगों की शख्सियत के विकास के लिए नये तरह के सामाजिकीकरण की प्रक्रिया चली। विविधता, स्वायत्तता और सहिष्णुता की परंपराओं ने तो इस नये विकास में मदद की ही, लेकिन यह भी सच है कि नवस्थापित भारतीय राज्य और उसकी राजनीतिक-सामाजिक विचारधारा में भी काफी-कुछ नया था। समाज के अन्य क्षेत्रों की दखलंदाजी न होने के कारण राजनीतिक और बौद्धिक क्षेत्रों के अभिजनों को इस नये सामाजिकीकरण के खाँचे में ढालने में आसानी हुई। उन लोगों ने विजातीय विचारों और संस्थाओं से सहज संबंध कायम किया और जनता की जीवन-शैली सुधारने के लिए महत्त्वाकांक्षी योजना बनायी। नयी राजनीतिक व्यवस्था पहले से मौजूद राजनीतिक अस्मिताओं के अभाव में जल्दी ही समाज में अपने लिए जगह बनाने में कामयाब हुई। दूसरी तरफ परंपरा नवीन और 'आधुनिक' के साथ घुल-मिल गयी। आधुनिकीकरण के अभियान में लगे हुए अभिजनों ने पुरातन / धार्मिक अस्मिताओं और स्थानीय परंपराओं के ऊपर किसी संपूर्णतावादी और समरूपता थोपनेवाली विचारधारा को हावी करने की कोशिश नहीं की। गाँधी ने शहरी अभिजनों को गाँव जाकर 'सेतु बनाने' की सलाह दी। सार्विक मताधिकार और आर्थिक विकास ने इस संदेश के महत्त्व पर और रोशनी डाली। इसके प्रत्युत्तर में पारंपरिक अभिजनों ने अपनी सामाजिक-सांस्कृतिक स्वायत्तता कायम रखते हुए राजनीति के साथ अपनी अन्योन्यक्रिया नये सिरे से व्यवस्थित की। इस प्रकार सार्विक मताधिकार ने परंपरा की निरंतर बहती धारा के साथ सहज रूप से संबंध बना लिया।

सजातीय विवाह और जातिगत पाबंदियोंवाली पंचायतों से लेकर जाति संघों और जाति महासंघों तक का विकास एक ऐसी सांस्कृतिक शैली को क्रमशः अपनाये जाने की कहानी कहता है जो आम सहमति पर आधारित, विकेंद्रीकृत और आत्मसातीकरण के गुणों से भरपूर थी। इसका नतीजा एक ऐसी सेकुलर व्यवस्था में निकला जो नाना प्रकार की विविधताओं और समाज में काम कर रही विभिन्न उपप्रणालियों का सम्मान करती थी। इससे हुआ यह कि भारत विग्रह और उथल-पुथल से बच गया जबकि यह समस्या उन समाजों को झेलनी पड़ी जिन्होंने क्रांति के नाम पर अपने सामाजिक जीवन के अन्य पहलुओं को खारिज करके सिर्फ राजनीतिक पहलुओं की श्रेष्ठता को स्वीकार किया था।

लेकिन इस विशेषता के कुछ नुकसान भी हुए। किसी ताकतवर राजनीतिक अस्मिता की गैर-मौजूदगी में सेकुलर प्राधिकार के प्रति कुछ नकारात्मक रुझान पैदा हो गये और इसीलिए भारतवासी आज सबको समेट लेनेवाली एक सेकुलर अस्मिता से संपन्न नहीं हैं। सांस्कृतिक और धार्मिक क्षेत्र के बीच लंबे अरसे तक पार्थक्य रहने और राजनीतिक केंद्र को तरजीह न देने के कारण भारत में ग्रामीण कृषि प्रधान समाज के अनुकूल मूल्य-प्रणाली अधिक स्वीकार्य हो गयी, हालाँकि इस देश में बड़े-बड़े शहरी क्षेत्र लंबे समय से मौजूद थे। राजनीतिक केंद्र न होने के कारण प्रांतीय अस्मिताओं पर सामूहिक माँगों का दबाव कम-से-कम पड़ा। नतीजतन नागरिक प्राधिकार को आत्मसात कम किया गया, सेकुलर प्राधिकार से उम्मीदें कम रहीं, राजनीतिक कार्यभारों के प्रति प्रतिबद्धता का स्तर नीचा रहा, राजनीतिक अभिजनों का सक्रिय समर्थन करने की मजबूरियाँ भी कम रहीं और कुल मिलाकर स्थानीय और पुरातन / धार्मिक स्तर को छोड़कर सामूहिक निष्ठाएँ नहीं बन पायीं। विराट और निर्वैयक्तिक किस्म की सामूहिकताओं के प्रति अविश्वास और असुरक्षा भाव खत्म नहीं हुआ, क्योंकि समाज के पास इस तरह की सामूहिकताओं में भागीदारी का कोई तजुर्बा नहीं था। राष्ट्रीय गौरव और राष्ट्रीय इतिहास के बोध की कमी ने भी इस समस्या को बढ़ाया। लचीलेपन पर जोर देते-देते भारतीय संस्कृति ने सामूहिक कार्यकुशलता पर खास ध्यान नहीं दिया। समाज ने राजनीतिक प्राधिकार से कम अपेक्षाएँ कीं। पुराने जमाने के लिए यह ठीक था पर सत्ता के प्रति समर्थन की भावना कमजोर होने के कारण संक्रमण की अवधि लंबी होने की संभावना पैदा हो गयी। एक अंदेशा यह भी था कि इस परिस्थिति के कारण टकराव और विग्रह हाशियों पर जमा होते चले जाते जबकि इन्हें हल करनेवाले राजनीतिक तौर-तरीकों का विकास नहीं होता। टकराव को हल करने के बजाय उसे बर्दाश्त करने पर जोर का नतीजा बेहद गड़बड़ हो सकता था। राजनीतिक कार्रवाई के दायरे से बाहर रखे जाने के कारण जाति-प्रथा की जड़ताएँ इस समस्या को बहुत ज्यादा गंभीर बना सकती थीं। कुल मिलाकर एक तरफ राजनीतिक केंद्र की पारंपरिक गैर-मौजूदगी और दूसरी तरफ सांस्कृतिक-आध्यात्मिक दायरे का वर्चस्व कुछ ऐसी परिस्थितियाँ पैदा कर सकता था कि समय के साथ बढ़ने वाली राजनीतिक होड़ के कारण जाति और वर्ग की अनम्यताएँ और कठोर हो जातीं। नतीजे के तौर पर राजनीतिक टकराव का जमाना आते

ही ये अनम्यताएँ सांप्रदायिक राजनीति की दावेदारी के रूप में व्यवस्था को तंग करने लगतीं।

राजनीति के युग में कदम रखने पर ऐसे समाज को उस युग की राष्ट्रीय और अंतर्राष्ट्रीय चुनौतियों का सामना करना ही था। स्वायत्त और एक-दूसरे से कटे विकासवाले सामाजिक क्षेत्रों के बीच संबंधों का विनिमयन विकट समस्या का रूप ले सकता था। अर्थात भारत में आधुनिक राजनीति के विविध और बहुलवादी ढाँचे का विकास आसान था लेकिन पूरे देश और समाज को किसी एक ध्रुव पर एकत्र करने के तौर-तरीकों और कार्यकुशलता की संस्कृति का विकास न होने के कारण राजनीतिक आधुनिकीकरण में बाधा पड़ने की आशंका भी थी।

राजनीतिक संस्कृति के आधार

१. अस्पष्टता के प्रति सहिष्णुता : भारत में अस्पष्टता के प्रति काफी ऊँचे दर्जे की सहनशीलता रही है। ऐतिहासिक और सांस्कृतिक रूप से यह समाज अपनी ग्रहणशीलता के लिए जाना जाता है। मतभेदों और अंतर्विरोधों को पचाने और खासी अनिश्चितता और आकस्मिकता के साथ जीने की इसे आदत पड़ चुकी है। उसने मान लिया है कि उसकी विविधता में ही एकता है और उसके बनाव में अंतर्विरोध होंगे ही। इन समस्याओं के साथ अपने सामाजिक प्रबंधन के लिए उसके पास सामाजिक दर्जों और उनके मुताबिक भूमिकाओं का एक बेहद औपचारिक ढाँचा है। दार्शनिक रूप से भारतीय लोग यह मानने के आदी हो गये हैं कि हर व्यक्ति अपनी इयत्ता और मोक्ष की खोज खुद करता है। नाना प्रकार के प्रभावों, चुनौतियों, वैचारिक सुधार आंदोलनों और अनिश्चित राजनीतिक स्थिति का सामना करते रहने के कारण इस समाज को विभेदों, गुटीय विवादों, तरह-तरह की मूल्यवत्ताओं और मताग्रहों के साथ तालमेल बैठाने का अभ्यास पड़ गया है। यहाँ सामूहिक मूल्य और निजी नैतिकता परिस्थिति-सापेक्ष और अस्थायी मानी जाती है जिसके कारण नैतिक सापेक्षतावाद और मतभेदों को बर्दाश्त करने की परंपरा पड़ गयी है। अस्मिताएँ एक-दूसरे में घुल-मिल गयी हैं। आस्थाओं में अस्पष्टता आ गयी है और समाज ने उस अस्पष्टता के साथ जीना सीख लिया है। सहअस्तित्व और विपरीत स्थितियों का संश्लेषण का सिद्धांत ही यहाँ कारगर है। परम तत्त्व को ही अंतिम सत्य मानकर बाकी सभी को सापेक्ष की

श्रेणी में डाल दिया गया है और सत्य को आत्म के बाहर अमूर्त रूप में उपलब्ध नहीं किया जा सकता, बल्कि उसे चेतना के उच्चतर अनुभव की सूरत में प्राप्त किया जाता है। चूँकि सत्य सही या गलत का निर्धारण नहीं करता इसलिए वह नैतिकता का आधार नहीं बनता। व्यक्ति अपनी आस्था के मुताबिक आत्मज्ञान और नैतिक श्रेष्ठता का रास्ता अपनाता चलता है। निर्वैयक्तिक होने के कारण ब्रह्म की अनुभूति हर व्यक्ति अलग-अलग करता है। इस समाज के लिए सत्य के रास्ते एक नहीं, कई हैं। संश्लेषण की धारणा भी इसी वैचारिक रवैये की उपज है। आधुनिक अर्थों में यही जीवन-शैली परंपरा और आधुनिकता को अनिवार्य रूप से अंतर्विरोधी न मानकर उनके बीच संश्लेषण की माँग करती है। जाहिर है कि इन्हीं विशेषताओं के कारण भारतीय मानस व्यक्तिगत आजादी, वैचारिक लचीलेपन और कई तरह की प्रणालियों की स्वायत्तता के लोकतांत्रिक मूल्यों के अनुकूल बैठता है।

भारतीय स्वभाव की अंतर्निहित सहिष्णुता के संबंध में दो बातों को समझना जरूरी है। पहली बात तो यह है कि हर खुली समाज प्रणाली अपना काम चलाने और आत्मविश्वास की उपलब्धि के लिए किसी न किसी दायरे में कुछ न कुछ अनम्यता विकसित कर लेती है। भारत में यह परिघटना सामाजिक और संस्थागत क्षेत्र में देखी जा सकती है। वैचारिक रूप से काफी लचीली लेकिन संस्थागत रूप से काफी कठोर भारतीय समाज-व्यवस्था जन्मना और अनिवार्य रूप से सुनिश्चित और सुपरिभाषित श्रेणियों, औपचारिक नियमों, परंपराओं, रिवाजों, व्यक्तियों के बीच प्रतीकात्मक और वास्तविक अंतरालों के आधार पर चलती रही है। इस विरोधाभास के कारण एक तरफ तो यह समाज तरह-तरह के मतों और संप्रदायों को अपने आगोश में समेटता रहा और दूसरी तरफ इसकी सहिष्णुता एक तरह की असहिष्णुता बनती चली गयी। अन्याय और विषमता को बर्दाश्त करना, ऊँची श्रेणी और ऊँचे दर्जे के हाथों अवमानना और शोषण सहन करना और इस सबको समाज की स्वाभाविक व्यवस्था और जीवन का कर्तव्य मानना भारतीय स्वभाव का अंग बन गया। ऐसी स्थिति में प्राधिकार और उसके प्रतीकों के साथ-साथ उच्च पदस्थ लोगों और आयु में वरिष्ठ लोगों के प्रति सम्मान का भाव स्थायी होता चला गया। इसने उत्पात और विद्रोही मानस को रोका। लेकिन इसी के नतीजे के कारण सामूहिकता का बोध कमजोर हो गया। हद से ज्यादा समर्पण की आदत पड़ गयी और व्यर्थता का एहसास पैदा हुआ। बृहत्तर प्रणाली की

अप्रत्यक्ष उपेक्षा की जाने लगी और उसके प्रति अनमनापन बढ़ गया, लेकिन इसके कारण समाज में विकल्प की जो बेचैनी पैदा हो जानी चाहिए थी, वह नहीं हुई। सत्ता के जायज या नाजायज इस्तेमाल की समाज अनदेखी करता रहा। परिवर्तन और अनिश्चितता के जमाने में यह अनदेखी और साफ तौर से उभरकर सामने आयी। सामूहिकता के बोध की कमजोरी का सबसे बड़ा नुकसान यह हुआ कि परिवर्तनकामी और क्रांतिकारी राजनीति का आयाम परवान नहीं चढ़ पाया।

दूसरी बात आधुनिकता के युग में सामाजिक रूपांतरण से जुड़ी है। आधुनिकता के प्रभाव के कारण जाति-प्रथा का कठोर संस्थागत ढाँचा जैसे ही टूटता है, वैसे ही कम-से-कम संक्रमण काल में वैचारिक लचीलापन और सहिष्णुता कमजोर होने लगती है, क्योंकि नयी परिस्थिति में समाज के भीतर विभिन्न समूहों को स्थान देना मुमकिन नहीं रह जाता। नतीजतन, उन समूहों और तबकों को तनाव और असुरक्षा झेलनी पड़ती है जो राजनीतिकरण, शहरीकरण और आधुनिक शिक्षा के दौर से गुजरते हैं।

लेकिन लगता यह है कि इस तनाव के बाद भी अस्पष्टता के प्रति सहिष्णुता और वैचारिक लचीलेपन की भारतीय परंपरा ने एक राष्ट्र के रूप में इस देश की नयी पहचान विकसित होने में प्रमुख भूमिका निभायी है। अल्पसंख्यकों के प्रति रवैये, राजनीतिक गठजोड़ बनाने की रणनीतियों, मतभेद और विपक्ष के प्रति सहनशीलता के रूप में इस भूमिका के दर्शन किये जा सकते हैं। लगता यह है कि संरचनागत और संस्थागत परिवर्तनों के कारण संक्रमण काल में प्रभावी हुई असुरक्षा की भावना और असहिष्णुता की प्रवृत्ति ऊपर वर्णित भारत की सभ्यतामूलक विशेषताओं को नुकसान नहीं पहुँचा पाएगी। एक सभ्यता के रूप में भारतीय मानस जिन परिवर्तनों से दो-चार हो रहा है वे धीरे-धीरे उसकी जीवन-शैली का अंग बनते चले जाएँगे। एक ऐसी राजनीतिक संस्कृति उभरेगी जो आधुनिकता की ऐतिहासिक चुनौती का सामना करने में उसकी मदद करेगी।

२. सत्ता का विखंडित स्वभाव : भारतीय जीवन-शैली प्राधिकार की अवधारणा को विखंडित, बिखरी हुई और रुक-रुक कर गतिशील मानती है। भारतीय परिवार, कुटुंब व्यवस्था, जाति-प्रथा, सामुदायिक व्यवस्था और ग्राम्य जीवन के बारे में भी यही सच है। कुल मिलाकर भारतीय समाज का ढाँचा अधिकारों और कर्तव्यों के स्पष्ट बँटवारे के आधार पर गठित सामाजिक

श्रेणियों के साथ एक ऐसी संस्कृति में रचा-बसा है जो वरिष्ठ और मातहत के भेद पर टिकी है। इस समाज के अभिजनों को मध्यस्थता की भूमिका में तभी आना पड़ता है जब इस बंदोबस्त में कोई उलझाव पैदा हो गया हो। जाहिर है कि अभिजनों द्वारा अपने प्राधिकार का इस्तेमाल यदा-कदा ही करना पड़ता है जिससे उसकी प्रकृति अस्थायी हो जाती है।

यहाँ पर प्राधिकार मध्यस्थता के रूप में सामने आता है और इसका फैलाव बृहत्तर राजनीतिक प्रणाली तक देखा जा सकता है। यानी इसका एक मतलब यह भी निकलता है कि भारतीय समाज-व्यवस्था न्याय करने को राजनीति का एक सार मानती है। राजा अपने सामने पेश किये गये विवादों में मध्यस्थता करता है और बाकी समाज अपने मामले निपटाता रहता है। आधुनिक युग में समाज 'नेता' से भी इसी भूमिका की अपेक्षा करता है। चाहे वह कोई पुरोहित हो, गुरु हो या फिर किसी संगठन का न्यायिक-राजनीतिक मुखिया हो। भारतीय गाँवों में जमकर धड़ेबंदी रहती है। खानदानों की आपसी होड़ भी चलती है। गाँव और उसकी सीमाओं को लेकर कलह चलता रहता है। इसलिए मध्यस्थता करना एक महत्त्वपूर्ण काम तो है पर यह कोई खास संस्थागत रूप नहीं ले पाया है, क्योंकि इसकी नौबत तभी आती है जब मामला हद से बाहर निकल गया हो।

आधुनिक राजनीति में इसी सामाजिक प्रवृत्ति को हम आम सहमति बनाने और उसके लिए मध्यस्थ के रूप में किसी उच्चाधिकार संपन्न व्यक्ति का जरिया अपनाने के रूप में देखते हैं। वह व्यक्ति जिला कलक्टर हो सकता है या किसी पार्टी (जैसे, कांग्रेस) का कोई बड़ा नेता या आलाकमान का प्रतिनिधि हो सकता है। अंग्रेजों के जमाने में भी ऐसा ही होता था।

लोकतंत्र की स्थापना से भारतीय समाज में राजनीतिक केंद्र का प्रवेश हुआ जिसने लोगों को मौका दिया कि वे झगड़े सुलझाने के लिए स्थानीय मध्यस्थों की मनमानी और उत्पीड़नकारी भूमिका से बच सकें। कांग्रेस से जुड़े स्थानीय नेताओं ने सामाजिक और व्यक्तिगत विवादों के निबटारे के लिए नये मध्यस्थों की भूमिका निभानी शुरू कर दी। प्राधिकार की मध्यस्थतामूलक धारणा इस नयी व्यवस्था में भी जारी रही। भारत में सरकार को कई तरह के मामलों में हस्तक्षेप करके निपटारा करना पड़ता है, जबकि किसी और समाज में सरकारें शायद ही यह जिम्मेदारी निभाती हों। यहाँ सरकार का मतलब ही न्याय करनेवाली संस्था से समझा जाता है। पंच फैसला सर्वोपरि होता है। उसे

सभी मानते हैं। इस परंपरा ने स्थानीय समाज का विस्तार बृहत्तर राजनीतिक समाज तक कर दिया है। बड़े नेता भी धीमी रफ्तार से सुलह-समझौता और बीच-बचाव जारी रखते हैं। उनकी कोशिश होती है कि ऐसा बीच का रास्ता निकाला जाए जो दोनों ही पक्षों को पूरी तरह पसंद न हो, लेकिन जिसे सभी स्वीकार कर लें। संगठित हितों के बीच टकराव के बजाय भारतीय राजनीति में व्याप्त 'सौदेबाजी की संस्कृति' यही है। सौदेबाजी का संस्थागत रूप भी निम्न स्तर का रहता है। सरकार परिवर्तन की वाहक बनकर तो उभरती है लेकिन वह बदलाव को थोपने के बजाय मौजूदा संबंधों के बीच मध्यस्थता करके इसके लिए रास्ता साफ करती है। इस संदर्भ में हमें दिखता है कि किस तरह नयी राजनीति एक समाज की सांस्कृतिक जीवन-शैली के खाँचे में ढल कर अपनी शक्ल-सूरत प्राप्त करती है।

३. विचारधारा और राजनीति : पुराने सामाजिक मानकों को नफासत से रूपांतरित करने का एक उदाहरण विचारधारा और राजनीति के संबंध में दिख सकता है। भारतीय समाज मध्यस्थता के अलावा अपने अभिजनों से यह उम्मीद भी रखता है कि वे उसे दुनियावी मामलों में नैतिकता का पाठ पढ़ायेंगे। चीन जैसी अधिक केंद्रीकृत सेकुलर संस्कृतियों में राज्य समाज की अच्छाइयों का संरक्षक माना जाता है और इस हैसियत से उसे नागरिकों के नैतिक सामाजिकीकरण का स्वाभाविक अधिकार मिल जाता है। भारत में चूँकि समाज राज्य से स्वायत्त है इसलिए कौटिल्य की अनुशंसाओं के बाद भी शासकों की समाज की नैतिकता पर इजारेदारी नहीं रहती। बजाय इसके ब्राह्मणों का शिक्षित समुदाय खुद अनुकरणीय जीवन गुजार कर समाज के नैतिक मानकों का संरक्षक बना रहा है। राजनीतिक शासकों से कुछ फौजी किस्म के बहादुराना कृत्यों की अपेक्षा की जाती है जिससे उनका स्थान देवताओं के समकक्ष हो जाता है। ब्राह्मणों के पुरोहित वर्ग में सेकुलर नायकों की हिस्सेदारी भी इस समाज के लिए कोई अनूठी बात नहीं है।

क्या आधुनिक राजनीति के नेताओं और ब्राह्मणों की भूमिका में समानता नहीं लगती? भारत के राजनीतिक अभिजन आधुनिक भारत के पुरोहित नहीं तो और क्या हैं? महान परिवर्तन में क्रांतिकारी भूमिका निभानेवाले इन अभिजनों में गाँधी जैसा अनुकरणीय जीवन है और नेहरू जैसा नायकत्व भी है। सामाजिक जीवन में नेता का महत्त्व बढ़ता चला जा रहा है और सामाजिक जीवन से उसकी अंतरंगता में भी बढ़ोतरी हो रही है। जनता राजनीतिक नेता

में विचार और कर्म की एकता देखना चाहती है। वह उसे संस्कृति और सद्‌गुणों का वाहक देखना चाहती है। वह उससे नैतिक बने रहने की अपेक्षा रखती है। दूसरी तरफ समाज के दबाव में नेता ऐसे-ऐसे वायदेकरता है जिन्हें हर कोई जानता है कि संपूर्णतः पूरा नहीं किया जा सकता। लेकिन दिलचस्प बात यह है कि समाज को आदर्श नेता की अपनी छवि और उसके वास्तविक आचरण के बीच फर्क से भी ज्यादा बेचैनी नहीं होती। इस अंतराल को समाज लगातार धड़ेबंदी के बीच आम सहमति कायम करके पूरा करता है और सार्वजनिक जीवन में भ्रष्टाचार की व्यापक निंदा करते रहने के बाद भी उसे वास्तव में खत्म करने का कोई ठोस संस्थागत प्रयास नहीं किया जाता।

आधुनिक युग में भारतीय समाज ने अपनी इन्हीं विशेषताओं को विचारधारा के प्रति रवैये में तब्दील कर दिया है। एक तरफ ऊँचे आदर्शों पर जोर दिया जाता है, हमेशा नैतिकता की बात की जाती है और सांस्कृतिक मूल्यों की प्रतिष्ठा का दावा किया जाता है लेकिन यदि सार्वजनिक जीवन में यह सब उपलब्ध नहीं हो पाता तो उस कमी और गलती को भी सहन कर लिया जाता है। किसी को शर्म या पराजय की अनुभूति नहीं होती। पाखंड के प्रति सहिष्णुता ही नहीं है वरन माना जाता है कि पाखंड कुछ-कुछ रहेगा भी। इससे अंदाजा लगाया जा सकता है कि भारतीय राजनीति में इतने बढ़-चढ़ कर लक्ष्य निर्धारित क्यों किये जाते हैं और फिर उन्हें ठोस माँगों में क्यों नहीं व्यक्त किया जाता। ऊँचे-ऊँचे प्रस्ताव क्यों पारित किये जाते हैं, और उनका इतना कमजोर कार्यान्वयन क्यों होता है और उन्हें जमीन पर उतारने की उम्मीद भी क्यों नहीं होती।

४. विश्वास और अविश्वास : इतना समझ लेने के बाद जरूरी हो जाता है कि हम राजनीतिक संस्कृति के विकास के सबसे जरूरी पहलू पर गौर करें। हमें देखना होगा कि भारत में सामाजिक और राजनीतिक मानकों का कितना संस्थानीकरण हुआ है, इसके कारण सहयोगियों के आचार-व्यवहार का कितना पूर्वानुमान लगाया जा सकता है और सामूहिक कार्रवाइयों के दौरान विश्वास करने और अविश्वास करने की सीमाएँ क्या-क्या हैं। ईसाई धारणा मानव को नैसर्गिक रूप से पापी प्रकृति का मानती है और कनफ्यूशस के विचार में मानव बुनियादी रूप से अच्छा होता है। भारतीय धारणा इन दोनों से भिन्न है। वह कर्म पर जोर देती है। ईसाइयों की तरह मानव की स्वार्थपरता को नियंत्रित किये बिना या चीनियों की तरह सामाजिकीकरण के जरिये

उसकी अच्छाइयों को सामने लाने की कोशिश किये बिना भारत में अच्छे-बुरे कर्मों के जमा-खर्च की धारणा के तहत निजी जीवन चलता है। व्यक्ति को अपनी निगाह में नैतिक रहना होता है और उसके कर्तव्य उसके आत्मज्ञान के अनुसार निर्धारित होते हैं। यहाँ नैतिकता दूसरे के नहीं, खुद के सापेक्ष मानी जाती है। कर्म सिद्धांत के मुताबिक अच्छे कर्मों से मोक्ष की प्राप्ति होती है। भारतीय मानस मिलजुल कर सामूहिक उपलब्धि करने की संभावना के मामले में संदिग्ध रहता है। वह दूसरों पर संदेह करता है कि कहीं वे पीठ पीछे कोई साजिश तो नहीं कर लेंगे। खास कर वह प्राधिकार को शक की निगाह से देखता है। अभिजनों के बीच भी, चाहे वे विशेषज्ञ हों या राजनेता, कोई किसी पर भरोसा नहीं करता। समानता के आधार पर नहीं, बल्कि वरिष्ठता और कनिष्ठता के आधार पर काम करना आसान होता है। गठजोड़ों की स्थिरता हमेशा संदेह के दायरे में रहती है और चिंता बनी रहती है कि अगला व्यक्ति अपने हिस्से की जिम्मेदारी पूरी करेगा या नहीं। यही स्वभावगत विशेषताएँ आधुनिक दायरे में जीवन को मुश्किल बना देती हैं। इससे निकलने के लिए लोग प्रायः भावातीत होकर खुद को ईश्वर के हाथ में छोड़कर संतोष कर लेते हैं।

आधुनिक जीवन के दबावों और बहुत बड़े पैमाने पर सामूहिक कार्रवाइयों में भाग लेने की विवशताओं ने भारतीय मानस के इन रुझानों को बदलना शुरू किया है। लेकिन अभी तक ऐसे हालात नहीं बन पाए हैं कि समानता और मैत्री के माहौल में परस्पर भरोसे और सहयोग की भावना से काम करने की प्रवृत्ति पैदा हुई हो। आज भी किसी चमत्कारी नेता या आध्यात्मिक गुरु के प्रति समर्पण के प्रभाव में ही ज्यादा खूबी से काम हो पाता है। गाँधी अपने आस-पास काफी समतामूलक माहौल रखते थे। उन्हें दूसरों की क्षमताओं से डर नहीं लगता था। नेहरू में भी ये खूबियाँ थीं लेकिन बाद में वे राष्ट्रीय स्तर पर उभरे नेताओं को अपनी हैसियत के लिए खतरे की निगाह से देखने लगे थे। गाँधी और नेहरू के बाद तो यह समस्या बहुत विकट हो गयी है। पहले स्थानीय स्तर पर गाँधी और नेहरू की छवि देने वाले नेता उपलब्ध थे लेकिन आज केंद्र में गाँधी और नेहरू की सशरीर उपस्थिति नहीं है और उनके साथ ही स्थानीय स्तर पर उनकी नुमाइंदगी करने वाली हस्तियों का भी अभाव हो गया है। जरूरत आपसी विश्वास रखनेवाले सामूहिक नेतृत्त्व की है लेकिन माहौल अविश्वास का है। यही आज की राजनीति की मुख्य चुनौती है कि गठबंधन के समान भागीदार एक-दूसरे पर यकीन कैसे करें।

राजनीतिक शख्सियत का विकास

भारतीय व्यक्तित्व के अध्येतागण भारतीय परिवार में बच्चे पर काफी लंबी अवधि तक बरसाये जानेवाले वात्सल्य को आश्चर्य की निगाह से देखते रहे हैं। अपनी माता और परिवार के अन्य सदस्यों की संरक्षा में लगातार रहने के कारण होता यह है कि वंचित होने की किसी भी कुंठा के अभाव में भारतीय बच्चे के स्वभाव को आंतरिक आक्रामकता का पर्याप्त स्पर्श नहीं मिल पाता। वह अपनी आक्रामक ऊर्जा को प्राधिकार के प्रतीकों के संदर्भ में व्यक्त करने में नाकाम रहता है। दूसरी तरफ भारतीय बच्चे में 'आत्म-विकास' की अंतर्मुखी प्रवृत्ति बढ़ जाती है। उसका अपना आदर्शीकृत अहम् तो ताकतवर होता चला जाता है पर उसे समाज की बृहत्तर जरूरतों से जोड़नेवाला परा-अहम् कमजोर रहता है । इस विकास-क्रम का नतीजा यह निकलता है कि उसकी नैतिक और रचनात्मक ऊर्जा अपने परा-अहम् की माँगों को पूरा करने में नाकामी के अपराधबोध पर नहीं, बल्कि स्वविकसित अहम् पर निर्भर करती है। बच्चा स्वनिर्धारित आदर्शों और लक्ष्यों से अधिक अनुप्राणित होता है न कि अपनी सामाजिक जिम्मेदारियों से। इस तरह के बचपन से भारतीय व्यक्ति की क्षमताएँ सामाजिक संदर्भ में समस्याग्रस्त हो जाती हैं। औसत भारतीय अंतर्मुखी होकर श्रेष्ठता प्राप्त करने की कोशिश में लगा रहता है पर उसमें समाज के लिए कुछ कर गुजरने की खास इच्छा नहीं होती। दूसरी तरफ भारतीय संस्कृति उसके सामने ऊँचे और सार्वभौम आदर्शों को पेश करती है। कुछ मुट्ठी-भर सृजनशील और सत्ताकांक्षी व्यक्ति इन आदर्शों से जुड़कर खुद को उच्चतर क्षमताओं से लैस करते चले जाते हैं। साधारण व्यक्तियों और इन 'महान लोगों' के बीच काफी बड़ी खाई पैदा हो जाती है जिसके कारण आम भारतीयों को लगता है कि ऐसा महामानव बनना उनके बस की बात नहीं है। परिणाम यह होता है कि उनके जीवन पर स्वतःस्फूर्तता और अनिश्चितता छा जाती है। इसीलिए वह गुरु, ऋषि और योद्धा को हद से ज्यादा महत्त्व देते हुए श्रेणीबद्ध भूमिकाओं और करिश्मे पर अप्रत्यक्ष भरोसा करने लगते हैं। ऐसे भारतीय मानस के लिए राजनीतिक नेता की हस्ती माता-पिता या बड़े भाई या बहिन जैसी होती है। दूसरी तरफ वह नेता भी किशोरों और नवयुवकों में ऐसे ही मूल्यों का विकास देखना चाहता है।

भारतीय परिवार की कुछ विशेषताएँ भी बालक से व्यक्ति बनने की प्रक्रिया में लगे बच्चे को इसी तरफ धकेलती हैं। परिवार में प्राधिकार की

संरचना बिखरी हुई होती है, भीड़ भरे माहौल में कुछ भी अलग और निजी होने के बारे में सोचना भी मुश्किल लगता है, कौटुम्बिक संबंध बेहद अंतरंग किस्म के होते हैं, संयुक्त और विस्तारित परिवार में पिता की हैसियत कई अन्य वरिष्ठों के बीच एक और वरिष्ठ से ज्यादा नहीं होती और बच्चे की मौजूदगी को एक व्यक्ति के रूप में स्वीकार न करके एक संक्रमणकालीन वजूद के रूप में देखा जाता है। कुल मिलाकर भारतीय परिवार का गठन किसी एक सर्वोच्च व्यक्ति या मुखिया के स्पष्ट प्राधिकार के आस-पास न हो कर मुख्यत: परस्पर निभायी जानेवाली जिम्मेदारियों के संदर्भ में होता है। चाचाओं, मामाओं, बुआओं और दादा या नाना सरीखे कौटुम्बिक संबंधों के जरिये भारतीय बच्चे को किसी न किसी प्रकार अपनी माँगें पूरी करने का मौका मिल ही जाता है। अनुकरण करने के लिए उसके पास कोई एक नहीं, बल्कि कई तरह की छवियाँ और व्यक्तित्व होते हैं। ये तमाम पहलू उसके परा-अहम् को और कमजोर करते हैं और उसकी कीमत पर उसका अंतर्मुखी आदर्शीकृत अहम् प्रभावी होता चला जाता है। बच्चा जैसे ही रोता है, उसे चुप कराने की कोशिश फौरन होती है लेकिन उसका बाकी वक्त किसी खटोले, झूले या गोद में बिना ध्यान दिये गुजर जाता है। वयस्क बच्चे को शांत करने की कोशिश तो करते हैं पर उसे सक्रिय करने या प्रतिक्रिया करने के लिए प्रोत्साहित करने के प्रयास आमतौर पर नहीं किये जाते। इस तरह परिवार में बच्चा न तो कभी पूरी तरह अकेला छोड़ा जाता है, न ही उस पर केंद्रीय रूप से ध्यान दिया जाता है। परिवार में बच्चे की हैसियत उसके जन्म के आधार पर निर्धारित हो जाती है। इन परिस्थितियों में वह तकरीबन निर्वैयक्तिक किस्म के सामाजिकीकरण से गुजरता है। सचेत रूप से सीखने की उम्र आने पर बच्चे को इस विश्वास के तहत पाला जाता है कि वह औपचारिक निर्देशों के पालन के बजाय स्वयं देख-समझ कर ज्यादा सीखता है। इससे बच्चे में एक तरफ तो स्वायत्तता की प्रवृत्ति बढ़ती है पर दूसरी ओर वह सचेत निर्देशों और अनुशासन के तहत प्राधिकार के प्रतीकों के प्रति किसी विशेष अनुपालन की भावना से लैस नहीं हो पाता। परिवार में साफतौर पर पीढ़ीगत या आयुगत फासले न रखे जाने के कारण बोलना और चलना सीखते ही बच्चा वयस्क जीवन की संरचनाओं में घुलमिल जाता है। परिवार में अपनी विशिष्ट स्थिति का लाभ उठाकर उसमें एक वयस्क को दूसरे वयस्क के मुकाबले इस्तेमाल करने की क्षमता पैदा हो जाती है। औपचारिक शिक्षा

शुरू होने से पहले बच्चे को वयस्क जीवन की गतिविधियों से अलग रखने की कोई कोशिश नहीं होती। वह वयस्कों की ही तरह देर तक जागता रहता है। बड़े चर्चा करते रहते हैं जिससे बच्चे को अलग रखने की कोई विधि नहीं अपनायी जाती। कुल मिलाकर भारतीय परिवार में बच्चा इतिहास की कालातीत और चक्रीय गति के अंग की तरह विद्यमान रहता है। अन्य संस्कृतियों की तरह रैखिक और समय द्वारा सीमित प्रतीकों से उपजनेवाले संयम से भारतीय बच्चे का साबका कम ही पड़ता है।

परिवार और बच्चे के लालन-पालन से जुड़ी ये विशेषताएँ भारतीय व्यक्तित्व में विविधता और मतभेदों को स्वीकार करने के रवैये का समावेश कर देती हैं। न तो वह किसी केंद्र पर जोर देता है और न ही दूसरों से ऐसी अपेक्षा करता है। परा-अहम् कमजोर होने के कारण किन्हीं खास मूल्यों और मानकों पर खरा उतरने का कोई मानसिक दबाव नहीं होता। अस्मिताओं की बहुलता, अस्पष्टताओं, असमानताओं और अनिश्चितताओं के प्रति सहिष्णुता जैसे गुण इसी तरह के सामाजिकीकरण की उपज होते हैं।

बचपन से ही परिवार के भीतर माँ और अन्य महिलाओं पर दीर्घकालीन निर्भरता के साथ-साथ मध्यवर्गीय घरों में नौकरों और नीच समझे जानेवाले काम करनेवाले चाकरों पर निर्भरता के कारण भारतीय व्यक्तित्व को आत्मनिर्भरता की भावना का ज्यादा स्पर्श नहीं मिल पाता। परिणामस्वरूप नौकरों से उसका जुड़ाव भावात्मक रूप ले लेता है। उसमें वरिष्ठों का आज्ञाकारी होने और कनिष्ठों से आज्ञापालन की अपेक्षा करने का रवैया पैदा होता है जो कुल मिलाकर विविधताओं और अनिश्चितताओं के बीच ऊँच-नीच की अनम्य श्रेणियों के माध्यम से व्यवस्था पैदा करने के सामाजिक रवैये को पुष्ट करता है। व्यक्ति और समाज की इन सहजात विशेषताओं में अफसरों और नेताओं के साथ चलनेवाले अधीनस्थों और नौकरों के फौजफाँटे का तर्क देखा जा सकता है। जीवन के हर क्षेत्र में 'वरिष्ठों' के प्रति आदर व्यक्त करने से लेकर ऊँचे प्राधिकार की क्षमताओं में जादुई किस्म का यकीन करने और ऊँचे हलकों पर जिम्मेदारी डालने से लेकर समकक्षों के साथ काम करने में असुरक्षा के बोध जैसे लक्षणों को इसी रोशनी में समझा जाना चाहिए।

ये भारतीय व्यक्तित्व के विरोधाभास ही हैं जिनके कारण किसी श्रेणीगत परिस्थिति की नामौजूदगी में भारतीय लोग भरोसे की कमी और संदेह के

शिकार हो जाते हैं। बच्चे की हर जिद पूरी करने और वयस्क जीवन में कड़े आत्मसंयम के आग्रह का विरोधाभास अस्थिरता और अनिश्चितता का एहसास पैदा करता है। माँ जैसे ही परिवार के अन्य कर्तव्यों की तरफ अपना ध्यान हटाती है, बच्चा भौचक्का रह जाता है। उसे लगता है कि उसे धोखा-सा दिया गया है। वह विश्वास और असुरक्षा के संकट का शिकार हो जाता है।

भारतीय स्वभाव के विकासक्रम के बारे में कही गयी ये सभी बातें काफी सामान्यीकृत किस्म की हैं। इनसे केवल कुछ मोटे-मोटे अंदाजे ही लगाये जा सकते हैं। इसी तरह यौनिकता के बारे में भारतीय व्यवहार-शैली के कुछ अनुमान लगाये जा सकते हैं। लेकिन यहाँ हमारा विषय सामाजिकीकरण के उन मनोवैज्ञानिक पहलुओं को सामने लाना है जो भारतवासियों के राजनीतिकरण को प्रभावित करते हैं।

परंपरा का आधुनिकीकरण

इस विश्लेषण से एक अंदाजा लगाया जा सकता है कि भारतीय परंपरा की अराजनीतिक प्रकृति और समाज की विविधतामूलक संरचना ने किस तरह बिना पुरानी व्यवस्था को ठुकराये हुए आधुनिकीकरण की चुनौतियों का सामना किया। इससे यह भी पता चला कि एक अराजनीतिक समाज ने नये किस्म के राजनीतिक केंद्र को कैसे स्वीकार किया। अब हम यह देख सकते हैं कि आधुनिक राज्य-तंत्र ने इस समाज की ठोस परंपराओं के साथ कैसा सुलूक किया।

परंपरा की पुनर्व्याख्या

विश्लेषण के इस मुकाम पर पहुँचकर हम भारतीय संस्कृति में व्याप्त परंपरानिष्ठा पर दो परस्पर विपरीत पहलुओं के संदर्भ में गौर करते हुए आगे बढ़ सकते हैं। एक तरफ नैतिकता की परिस्थिति सापेक्ष और बहुलवादी संहिता है, और दूसरी तरफ वह भावातीत और अद्वैतवादी नजरिया है जिसमें देश और काल के सारे अंतर्विरोध समा जाते हैं। यहाँ की समाज-व्यवस्था के स्थायित्व की गारंटी नैतिकता का कोई सार्वभौम प्रतिमान न अपनाने, कठोर पक्षधरताओं और कठमुल्लावादी रवैयों से बचने और विकल्पों में से किसी एक को चुनने के बजाय चयन से ही कतराने की प्रवृत्ति के कारण हुई है। सहिष्णुता की खूबी का इस्तेमाल भी असहमति के स्वर के साथ सहअस्तित्व

की सकारात्मकता के लिए नहीं, बल्कि अक्सर उसका सामना करने की स्थिति को टालने की नकारात्मकता के लिए किया जाता है। देकार्तपंथी दर्शन में निहित द्वैत के मुकाबले भारतीय समाज का पर्यावरण अद्वैतवादी चिंतन से बनता है जिसका दरवाजा नाना प्रकार के तत्त्वों के लिए खुला है, पर किसी एक तत्त्व के ऊपर खास जोर नहीं दिया जाता। इस तरह का विश्व-दृष्टिकोण अंतर्वैयक्तिक संबंधों और सांगठनिक कौशल को महत्त्व नहीं देता। इस विचार के लिए असहमति का प्रत्येक स्वर उसी एक परम सत्ता का ही अंग है जो सबमें समायी हुई है। जाहिर है कि इन आग्रहों के गर्भ से अपनी ही मूल्य प्रणाली के प्रति गहरी प्रतिबद्धता नहीं निकल सकती। ये वैचारिक आग्रह सुलह-सफाई और आम सहमति को प्रमुखता देते हैं। आधुनिक राजनीति में इन प्रवृत्तियों से काफी दिक्कत आती है, क्योंकि इनके आधार पर लोकतांत्रिक सहिष्णुता के लिए गुंजाइश मिलने के साथ-साथ *गीता* और कौटिल्य के *अर्थशास्त्र* द्वारा प्रतिपादित निरंकुशता के प्रति सहनशीलता भी पैदा हो जाती है। शायद इसी रुझान को संतुलित करने के लिए गाँधी ने भारतीय संस्कृति में सत्य की एक ऐसी अवधारणा का समावेश करना चाहा था जो मूलतः भारतीय न होकर पश्चिमी किस्म की थी।

पिछली दो शताब्दियों में चली सामाजिक-राजनीतिक रूपांतरण की प्रक्रिया भी भारतवासियों की इस विश्व-दृष्टि को बदलने में नाकाम रही है। हमारे नये अभिजनों ने सामाजिक-धार्मिक सुधारों के माध्यम से इसे प्रभावित करने की कोशिश की। इन सुधारों के दो पहलू थे : निजी आचरण पर जोर, परंपरा के परिप्रेक्ष्य के खिलाफ जाना और पश्चिमी किस्म के सामाजिक आचरण की श्रेष्ठता स्थापित करना। राममोहन राय और गाँधी जैसे सुधारकों और नेताओं ने पुरातन समाज के अतिरेकपूर्ण सापेक्षतावाद से मुक्ति पाने हेतु परंपरा का सार्वभौमिकीकरण करते हुए एक नयी विश्व-दृष्टि की आधारशिला रखी। इन सुधारकों ने व्यक्तिगत विवेक के नैतिक आयामों पर जोर दिया। बाद में भारतीय परंपरा की ग्रहणशीलता का हवाला देकर पश्चिमी संस्कृति से निकली हुई संस्थाओं और आदर्शों को वैधता देने की कोशिश की गयी।

यह भारतीय संस्कृति की परंपरा से चली आ रही नैतिकता ही थी जिसने राजनीतिक दायरे को पृथक करके उसकी मूल्य प्रणाली को अलग से विकसित होने का मौका दिया। इससे हुआ यह कि अंग्रेजी राज के खिलाफ

चले प्रतिरोध आंदोलन को तो वैधता मिली ही, आजादी के बाद नये राजनीतिक केंद्र की सत्ता को स्वीकार करने की परिस्थितियाँ भी तैयार हो गयीं। आजादी के पहले भी बाहर के आक्रमणों का प्रतिरोध करने और भीतरी स्तर पर सुधार की प्रक्रिया चलाते रहने की प्रवृत्ति मौजूद थी। नयी उदीयमान राष्ट्रीय राजनीतिक संस्कृति को व्यक्त करने के लिए नाना प्रकार के सांस्कृतिक मानकों के जगत और सेकुलर व्यवस्था के परस्पर विपरीत स्वभाव का इस्तेमाल किया गया। इस तरह यह सेकुलर सत्ता इस प्राचीन महादेश की विविध संस्कृतियों के बीच सूत्र बन गयी और उसने संघटन के नये एजेंट की भूमिका ग्रहण कर ली। नये प्रतीकों और नयी अस्मिताओं के विकास का रास्ता खुला। भावातीत और द्वैतवादी परंपराओं को पश्चिम के 'भौतिकवाद' के मुकाबले भारतीय दार्शनिक और आध्यात्मिक महानता के रूप में पेश किया गया। इस तरकीब ने विजातीय संस्थाओं और परंपराओं को अपनाने से होनेवाले बौद्धिक अपमान का मुकाबला करने की मानसिक सुविधा प्रदान कर दी। विलोमों की एकता की अद्वैतवादी अवधारणा ने नयी राजनीति के लिए समाज में सौदेबाजी और मध्यस्थता की भूमिका ग्रहण करना आसान कर दिया। राजनीतिक प्रबंधन के ऐसे रूप विकसित हुए जो परंपरा का स्पर्श तो लिए हुए थे ही, लेकिन समाज में विविधताओं के संघटन की नयी प्रणाली को पुष्ट भी करते थे। भारतीय संस्कृति की 'महान परंपराओं' और ग्रामीण संस्कृति की 'लघु परंपराओं' के साथ-साथ बहुसामाजिक और बहुक्षेत्रीय राजनीतिक संस्कृति की 'मध्यवर्ती परंपराओं' का विकास भी शुरू हो गया। इस प्रक्रिया के गर्भ से जिस राजनीतिक सौदेबाजी की संस्कृति का जन्म हुआ उसे दलीय प्रणाली के कामकाज में देखा जा सकता है। दलीय प्रणाली में आम सहमति का केंद्रीय सरोकार नीतियों और कार्यक्रमों से न जुड़ा होकर गुटों और धड़ों की राजनीति से होता है।

इतिहास की चक्रीय अवधारणा पर जोर देने के कारण भारतीय मानस पर छाई अनैतिहासिकता के परिणामस्वरूप पैदा हुआ प्रारब्धवाद भारतीय राजनीतिक नेतृत्व को परेशान करता रहा है। पश्चिमीकृत बुद्धिजीवियों की पहली पीढ़ी ने त्याग की भारतीय प्रवृत्ति को पूरी तरह ठुकराने की कोशिश की थी पर बाद में गाँधी ने इस परंपरा की पुनर्व्याख्या करके उसे भारतीय राष्ट्रवाद के खास आयाम के रूप में पेश कर दिया। उन्होंने इतिहास के वर्चस्व को मानने से इनकार किया और अ-ऐतिहासिक मुद्रा अख्तियार की। उन्होंने संतों जैसा

जीवन अपनाकर इतिहास की गति में हस्तक्षेप करने का अलग मानक स्थापित किया और पूरे संघर्ष को परंपरा से जोड़ते हुए उसमें एक नैतिक आयाम का समावेश किया। जीवन के कठोर यथार्थ से निष्क्रिय होकर मुँह चुरानेवाले भारतीय मन ने देखा कि उसके इस रवैये को भी असहयोग आंदोलन की अहिंसक व्यूह रचना में बदला जा सकता है।

विविध आस्थाओं के प्रति सहिष्णुता की परंपरा-प्रदत्त प्रवृत्ति के कारण नाना प्रकार के भाषायी और धार्मिक समुदायों को सेकुलरवाद के ढाँचे के तहत एकीकृत करने की सुविधा मिली। यह परंपरा का ही प्रभाव था जिसके तहत लोग सामाजिक विषमताओं के प्रति अपराधबोध महसूस किये बिना आधुनिक क्षेत्र में भागीदारी कर सके। इतिहास के निर्माण के प्रति अनुत्सुक जनता को आजादी के बाद विकसित हुए अभिजनों ने इतिहास के निर्माण का औजार बना लिया। नयी निष्ठाओं और नये प्रतीकों ने भारतीय परंपरानिष्ठा और भारतीय आधुनिकता के बीच सेतु का काम किया। राष्ट्र-निर्माण की प्रक्रिया में कदम-ब-कदम पुरानी विश्व-दृष्टि को खारिज करने का अवसर मिला। परंपरा की अधिक 'भौतिकवादी' व्याख्याएँ होने लगीं। महान साम्राज्यों और मध्ययुग की व्यापारिक परंपराओं के हवाले दिये जाने लगे। जाति-इतिहासों और भाषायी-इतिहासों का लेखन शुरू हुआ। एक नयी हैसियत की आकांक्षा से अनुप्राणित हो रहे भारतवासियों के लिए ये सभी सार्थक परिवर्तन थे। इसी संदर्भ में धर्म और कर्म की अवधारणा की पुनर्व्याख्या को भी देखा जा सकता है। आधुनिक राजनीति ने पुरानी अस्मिताओं और जाति-प्रथा की जकड़ को ढीला करके उपलब्धि और सामाजिक गतिशीलता के नये मानक बनाये। नयी संरचनाओं में अधिकारों और कर्तव्यों के नये रूप उभरे जिन्होंने धर्म और कर्म की अवधारणा को अचानक ठुकराये बिना उसे धीरे-धीरे प्रतिस्थापित कर दिया।

पारंपरिक अभिजनों के लिए राजनीति ऊँचे तबके के रुतबे को स्थापित करने का जरिया बनी लेकिन बहुत से समूहों के लिए वह बेहतर सामाजिक दर्जा हासिल करने की सीढ़ी भी साबित हुई। धर्म की जो अवधारणा इन समूहों को समाज-व्यवस्था की शोषणकारी संरचनाओं को बनाये रखने के लिए मजबूर करती थी, वही उत्पीड़नकारी संरचनाओं को उलट देने का धर्म बन गयी, क्योंकि गाँधी वगैरह ने औपनिवेशिक शासन के खिलाफ संघर्ष को अपना धर्म ही तो करार दिया था। पारंपरिक संस्कृति की अस्पष्टता और

अंतर्विरोधी मानकों ने समाज के निचले स्तरों पर पड़े हुए समूहों को अपने जातीय, वंशीय और मिथकीय इतिहास की मदद से नये दावे करने का मौका दिया। वे अधिकार के साथ आधुनिक बंदोबस्त में अपने लिए जगह की माँग करने लगे। नतीजे के तौर पर नयी राजनीति ने परंपरागत अस्मिताओं को उभारा, मगर उन्हें बुनियादी तौर पर बदल भी दिया। ये अस्मिताएँ नये मूल्यों से आवेशित होकर राजनीतिक संघटन का उपकरण बन गयीं और नयी सांस्कृतिक परंपराएँ विकसित होने लगीं।

परिवर्तन के इस दिलचस्प दौर का श्रेय राष्ट्रीय आंदोलन में और फिर आजादी के बाद उभरे नेतृत्व को जाता है। इस नेतृत्व पर पहले पश्चिमीकृत आधुनिकतावादी हावी थे। लेकिन आगे चलकर उसकी बागडोर आधुनिकीकरण में यकीन करनेवाले परंपरावादियों के हाथ में चली गयी।

नये राजनीतिक केंद्र की रचना

भारतीय समाज के राजनीतिकरण के संदर्भ में सबसे महत्त्वपूर्ण परिवर्तन नये राजनीतिक और शासकीय केंद्र की स्थापना के रूप में हुआ है। इसका श्रेय राष्ट्रीय आंदोलन की भूमिका को तो जाता ही है, लेकिन ब्रिटिश शासन की भूमिका उससे भी ज्यादा उभरकर आती है। आजादी मिलते ही नयी सरकार द्वारा अपनायी गयी नीतियों ने समाज के परंपरागत ढाँचे को बुरी तरह झकझोर डाला। सामंती विशेष सुविधाएँ खत्म कर दी गयीं, मालिक-मातहत के संबंध गड़बड़ा गये, ग्राम समुदाय का अलगाव टूट गया, नये मध्यस्थों और सत्ता के नये केंद्रों का जन्म हुआ। इस प्रक्रिया में खुद को प्रारब्ध के सहारे छोड़ने की प्रवृत्ति कम हुई, शास्त्रीय और धार्मिक के बजाय सेकुलर और राजनीतिक ताकतों ने समाज के संघटन की जिम्मेदारी सँभाली और सरकार, चुनाव, पार्टियों और नौकरशाही के केंद्रीय चिह्नों से सैकड़ों-हजारों समुदायों का सामना हुआ। इन परिवर्तनों के साथ-साथ पर्याप्त साक्षरता और संपत्ति को आधार बनाये बिना सभी लोगों को सार्विक मताधिकार दिये जाने से राजनीतिक समुदाय के निर्माण में निर्णायक मदद मिली। इससे पहले कि शिक्षा, शहरीकरण और तेज आर्थिक विकास की आधुनिक प्रक्रियाओं के असर में समाज नये विभेदीकरण की तरफ जाता, इस विकासक्रम ने कमोबेश एक नयी बृहत्तर राष्ट्रीय अस्मिता उपलब्ध कर ली। राजनीति और समाज के आर्थिक संगठन में आए परिवर्तनों को यह कहकर स्वीकार और आत्मसात

किया जाने लगा कि पहले तो ऐसा नहीं होता था। एक साथ कई मंजिलों को हासिल करने के लिए किए गये इस सफर की बेहद साहसिक परियोजना भारत की अनूठी उपलब्धि थी।

सेकुलर राजनीतिक व्यवस्था के प्रतीक चिह्नों का इस्तेमाल पारंपरिक व्यवस्था को नये सिरे से पुनर्व्यवस्थित करने में किया जाने लगा। 'तर्कबुद्धि' पर आधारित नयी शिक्षा ने अतीत और वर्तमान को एक-दूसरे के बरक्स सचेत रूप से खड़ा कर दिया। यह चेतना जैसे-जैसे बढ़ी, वैसे-वैसे लोगों को लगा कि अतीत में कुछ न कुछ गलत जरूर था जिससे समाज में जड़ता आयी और अब इससे छुटकारा पाने के लिए नियोजित परिवर्तन की जरूरत है। लोगों को यह भी लगा कि समाज के साथ कहीं कुछ नया-सा हो रहा है। इससे पहले के समयों में हुए बदलाव अनिवार्यतः विचारधारात्मक और समाज में समुदायों की हैसियत और दर्जे में यदा-कदा तब्दीली लानेवाले ही थे। उन परिवर्तनों के बाद भी समाज की संरचना स्थिर ही रही थी। लेकिन आजादी के बाद हुए परिवर्तनों से पहली बार लगा कि समाज की मुख्य धुरी पर ही आक्रमण हो रहा है। बदलाव भले ही कितना भी धीरे और क्रमशः हुआ हो, पर निश्चित रूप से वह समाज के ढाँचे को पुनर्व्यवस्थित करने के लिए था।

समाज के विकास में सरकार की भूमिका बढ़ी। सरकार का दायरा और आकार बढ़ने से राजनीतिक समुदाय का आकार भी बढ़ा। लोग आमतौर पर सरकारोन्मुख हुए। सरकार की वजह से न केवल राजनीतिक संरचनाएँ सामने आयीं, बल्कि आर्थिक कार्यक्रम बने, लक्ष्य और भूमिकाएँ निर्धारित की गयीं। सरकार ने निजी और परिवारगत जीवन-शैलियों और उत्पादक प्रक्रियाओं में परिवर्तन का रास्ता खोला। सरकार की इस व्यापक भूमिका के कारण बृहत्तर रूपांतरणकारी प्रभाव जमीन पर दिखने और सार्थक प्रतीत होने लगे।

यह भी कहा जा सकता है कि इस तरह का परिवर्तन लाने के लिए अभिजनों ने प्राधिकार और सत्ता की उस माई-बाप छवि का इस्तेमाल किया जो भारतीय मन पर गहराई से उकरी हुई थी। लेकिन सरकार के प्रति लोगों के रवैये में एक नयी बात भी थी कि अब वे सरकार को एक ऐसे दायरे के रूप में देखते थे जिसे अपने फायदों के लिए इस्तेमाल किया जा सकता था और जिससे जवाबतलब किया जा सकता था। समाज परिवर्तन के सिलसिले के इस विश्लेषण से जाहिर है कि भारतवासी शनैः-शनैः खुद को आधुनिकीकृत करते रहे और इसके लिए उन्होंने किसी हिंसक उथल-पुथल

का सहारा नहीं लिया। बाहर से देखने पर परिवर्तन की यह रफ्तार बेहद धीमी लगती है; और इस एहसास में देश के पश्चिमीकृत आधुनिकतावादियों के पूर्वग्रहों ने भी योगदान किया है।

और कुछ बाधाएँ

भारतीय परंपरा आधुनिकीकरण की परियोजना के लिए सुविधा ही नहीं, बल्कि अपने कुछ खास तरह के आयामों के कारण मुश्किलें भी पैदा करती है। इनमें एक पहलू जन्मना आरोपित श्रेणीगत विभाजन का है जिसके तहत परंपरा असहमति और विविधता समेत सभी तरह के विभेदों को व्यवस्थित करती चली जाती है। राष्ट्रीय आंदोलन और आजादी के बाद के शुरुआती वर्षों की राजनीतिक गोलबंदी के दौरान इस प्रवृत्ति का काफी कुछ सफलतापूर्वक सचेत मुकाबला किया गया था। लेकिन जैसे-जैसे नयी राजनीतिक प्रणाली मजबूत हुई और उसे नौकरशाहाना नियमों और कार्यविधियों का आधार मिला, वैसे-वैसे तरह-तरह की औपचारिकताओं और शासकीय कर्मकांडों की शक्ल में इस रवैये को फिर से जड़ जमाने का मौका मिल गया। सामाजिक-आर्थिक संबंधों और सरकारी कामकाज में लालफीताशाही या नियम आधारित अक्षमता की परिघटना प्रकाश में आयी। आधुनिक सेकुलर राजनीतिक संस्थाओं द्वारा प्रतिपादित सार्वभौम मूल्यों के जमने से पहले ही श्रेणीक्रम पर आधारित मूल्यों ने माहौल को प्रभावित करना शुरू कर दिया। नयी शिक्षा और नये पेशागत अवसर भी इसी हिसाब से स्थानीय श्रेणीक्रम से बाँधे जाने लगे। आधुनिक क्षेत्र में भी श्रेणीकरण ने अपने आप में एक सामूहिक मूल्य का दर्जा प्राप्त कर लिया। इसी शैली में असहमति से निपटने की तरकीबें बनायी जाने लगीं। प्रतिरोध को सत्ता और सामाजिक दर्जों की संरचना में जगह पाने का जरिया बनाया जाने लगा। इससे हुआ यह कि परिवर्तन की हर कोशिश का नतीजा जन्मना आरोपित श्रेणीपरक संबंधों को सुदृढ़ करने में भी निकला। भारतवासियों को आर्थिक और राजनीतिक क्षेत्र की बृहत्तर सेकुलर श्रेणियों पर उस समय तक अविश्वास रहता है जब तक वे राजनीतिक दल और स्थानीय अधिकारी तंत्र के माध्यम से छोटी-छोटी स्थानीय किस्म की श्रेणियों की शक्ल में उन तक नहीं पहुँचतीं। परिणामस्वरूप 'विकेंद्रीकरण' जैसी परिघटना कई उपसंस्कृतियों में विभक्त होकर रह जाती है। लगभग एक-सी संरचना के बावजूद इन उपसंस्कृतियों

का वजूद अलग-अलग होता है और वे उसी तरह की जन्मना आरोपित प्रवृत्तियों में रची-बसी होती हैं। करिश्माई सत्ता के प्रभाव को छोड़कर कुल मिलाकर कहा जा सकता है कि भारतीय लोग अनुशासित सामूहिक कार्रवाई और बृहदाकार श्रेणियों को नापसंद करते हैं। भारतीय परंपरा व्यक्ति के मनोजगत में कुछ ऐसी अंतर्बाधाएँ भी पैदा करती है जिनके कारण लोग विभाज़न और टूट के अंदेशे का सामना करके उसे हल करने के बजाय टालते रहते हैं। यह अलग बात है कि यह रवैया भारतीय परिस्थितियों में अक्सर कारगर भी रहता है।

निष्कर्ष

भारतीय संस्कृति में संस्थाओं और प्रतीकों की केंद्रीय प्रणाली और उसका नैरंतर्य नहीं है। यहाँ अस्मिताएँ बिखरी हुई हैं। समाज किसी केंद्र की निकटता महसूस नहीं करता। उपकेंद्र स्वायत्त किस्म के हैं। राजनीति और संस्कृति के बीच आमतौर पर अलगाव है।

केंद्राभिमुख संस्कृतियों में आधुनिकीकरण की प्रक्रिया प्राधिकार की पूरी प्रणाली को ही चुनौती दे डालती है। इस तरह व्यक्तियों और समूहों की अस्मिता पर सवालिया निशान लग जाता है। पूरी व्यवस्था ही हिल जाती है। लेकिन किसी केंद्र को समर्पित न होनेवाली भारत जैसी संस्कृति में आधुनिकीकरण के तत्त्व पूरी प्रणाली को हिलाने में कामयाब नहीं होते। केंद्राभिमुख संस्कृति की परंपराएँ ज्यादा सेकुलर होती हैं। उसके लोग ज्यादा राजनीतिकृत और प्राधिकार के प्रति ज्यादा निष्ठावान होते हैं। भारत में निष्ठाएँ टुकड़ों में बँटी होती हैं और मनुष्य की मुक्ति उसके निजी आत्मज्ञान पर निर्भर मानी जाती है। उसकी हैसियत समाज में उसके समुदाय की हैसियत के हिसाब से आँकी जाती है। ऐसे समाज में प्राधिकार बिखरा और विकेंद्रीकृत रहता है। केंद्राभिमुख राजतंत्र अस्थिर और अस्थायी प्रवृत्तियों का शिकार रहता है। संस्कृति स्थायी प्रवाह के रूप में मौजूद होती है। राजतंत्र और संस्कृति के बीच भारी अंतरालवाली इस व्यवस्था में 'समष्टि' व्यक्तिगत अंगों का योग नहीं होती, न ही वह उन अंगों से परे जा सकती है। यहाँ तो समष्टि संबंधों और गठजोड़ों के एक संजाल की तरह काम करती है।

केंद्राभिमुख संस्कृतियों में आक्रामकता के आयाम को प्राधिकार की प्रमुखता के तहत नरम कर लिया जाता है। समाज का परा-अहम् ही सर्वोच्च

रहता है जिससे आधुनिक युग में राजनीति को केंद्रीय भूमिका मिल जाती है। भारत जैसी गैर-धार्मिक संस्कृतियों में राजनीति की केंद्रीय भूमिका एकदम अलग कारणों से विकसित होती है। शेष संस्कृति से कटी होने के कारण भारत में 'नयी राजनीति' को एक तरह की स्वायत्तता और सत्ता मिल जाती है। भारत में राजनीतिक अभिजन परिवर्तन को प्रोत्साहित करने की भूमिका जरूर निभाते हैं पर वे सामुदायिक जीवन-शैली को पुनर्व्यवस्थित करने की हैसियत नहीं रखते। उनकी वैधता का स्रोत न तो इतिहास होता है और न ही वे अपनी सत्ता आरोपित करके वैधता प्राप्त कर पाते हैं। बजाय इसके उन्हें जीवन के अन्य क्षेत्रों में सत्ता के संसाधनों का प्रसार करके, मध्यस्थता करके और अपने प्रति लोगों को कायल करके वह भूमिका निभानी पड़ती है जो गैर-राजनीतिक अभिजन निभाते रहे हैं।

विरोधाभास यह है कि नये जरियों से राजनीतिक केंद्र और उसके प्रतीकों की समाज में पैठ ऐतिहासिक रूप से गैर-सेकुलर संस्कृतियों में अधिक आवश्यक और आसान साबित हुई है। ऐसे समाज इस पैठ को नौकरशाहीकरण और शासन की ताकत के माध्यम से नहीं, बल्कि अनुग्रह और कृपा के माध्यम से आत्मसात करते हैं। ऐसी संस्कृति में सरकार को समाज के विभिन्न हलकों में हो रहे बदलाव के प्रति संवेदनशील होना पड़ता है। तभी वह शासन कर पाती है। अधिक सेकुलर संस्कृतियों में सरकार ऐसे परिवर्तन की तरफ से आँखें बंद करके शासक अभिजनों की इच्छा थोप सकती है। गैर-राजनीतिक समाजों में अगर सरकार अन्य क्षेत्रों में हो रहे परिवर्तनों के साथ हमदर्दी न रखते हुए उनके लिए रास्ता साफ करने का काम नहीं करती तो ऐसी सरकार जल्दी ही अपनी वैधता खो देती है। उसके और नेताओं के प्रति नफरत का भाव पैदा होता चला जाता है।

टिप्पणियाँ एवं संदर्भ

जे.सी. हेस्टीरमान की मान्यता है कि परंपरा और आधुनिकता को एक-दूसरे के मुकाबले रख कर देखना पश्चिमी चिंतन की प्रवृत्ति है। भारतीय संदर्भ में परंपरा और आधुनिकता के बीच संश्लेषण के सबसे जोरदार प्रवक्ता जवाहरलाल नेहरू थे। उनकी पुस्तक *भारत की खोज* में इसके पर्याप्त प्रमाण मिलते हैं। बाद में गुटनिरपेक्ष नीति के तहत उनका यही सिद्धांत सहअस्तित्व की धारणा के रूप में व्यक्त हुआ। नेहरू का दूसरा योगदान लोकतांत्रिक तौर-तरीकों पर आस्था रखना था। हालाँकि वे विदेशी मॉडलों को सरलीकृत

ढंग से अपनाने के चक्कर में फँस जाते थे, पर कुल मिला कर उनकी दृढ़ मान्यता थी कि लोगों को समझा-बुझा कर ही नीतियों का अनुपालन किया जाना चाहिए, न कि राज्य की ताकत के जरिये।

लूसियन पी ने चीनी राजनीति के अध्ययन के जरिये यह दिखाया है कि जो समाज अपनी प्रमुख अस्मिता राजनीतिक व्यवस्था के साथ जोड़ कर चलते हैं या जो ऐतिहासिक समाज हैं उनमें परिवर्तन की प्रक्रिया बेचैनी, प्रतिरोध और उथल-पुथल को जन्म देती है। लूसियन पी ने इस संबंध में लिखे गए अपने एक लेख में भारत और चीन की राजनीतिक संस्कृतियों की तुलना भी की है।

जहाँ तक राजनीतिक एकता का प्रश्न है, अगर कांग्रेस ने १९३५ के गवर्नमेंट ऑव इंडिया एक्ट को न ठुकराया होता और सत्ता का हस्तांतरण देशी रियासतों के राजाओं की परिषद को हो गया होता तो नजारा कुछ और ही बनता। पुरानी सामंती अदावतें राजनीतिक एकता पर खराब असर डालतीं। १९४७ में जैसे ही सत्ता सीधे-सीधे राष्ट्रीय आंदोलन के नेताओं के हाथों में गई, वैसे ही देशी रियासतों की औकात तकरीबन खत्म हो गई। लेकिन, ब्रिटिश उपनिवेशवादियों ने अफ्रीका में कबीलाई सरदारों को सत्ता का हस्तांतरण किया जिससे राजनीतिक एकता की संभावनाओं पर घातक असर पड़ा।

८

राजनीतिक संस्थानीकरण और राष्ट्रीय एकता

किसी भी राज्य व्यवस्था की सफलता उसकी सैद्धांतिक खूबसूरती में नहीं, बल्कि चुनौतियों और संकटों का सामना करने की उसकी क्षमता में निहित होती है। भारतीय राज्य व्यवस्था ने अपने सभी चरणों में इस खूबी का परिचय दिया है। चाहे राजनीतिक उत्तराधिकार की समस्या हो, जो उसने साठ के दशक में कामयाबी से सुलझायी, या फिर भाषाई आधार पर राज्यों के पुनर्गठन की माँग हो, या फिर क्षेत्रीयतावाद या पृथकतावाद का खतरा हो, जिसका व्यवस्था ने अस्सी के दशक में कामयाबी से सामना किया। लेकिन, यह भी मानना होगा कि पिछले पचास साल की यात्रा में व्यवस्था कुछ विकृतियों का शिकार हुई है जिनमें सबसे बड़ी और चिंताजनक विकृतियाँ हैं : सांप्रदायिक राजनीति जिसकी जिम्मेदारी नेतृत्व की विफलता और चुनावी खेल पर जाती है, अभिजनों द्वारा तकनीकशाही-प्रबंधकीय राज्य की प्रवृत्तियों को प्रोत्साहन देना जिससे अल्पसंख्यकों और गरीबों के प्रति निष्ठुरता का जन्म होता है और कठोर राज्य की परिकल्पना जो भारतीय राजनीति के आधुनिकीकरण के लचीले और बहुलवादी मॉडल के विपरीत है।

I

व्यवस्था के कामकाज के आकलन का तरीका

पिछले अध्यायों में समकालीन भारत में हो रहे राजनीतिक परिवर्तन की संरचनाओं और प्रक्रियाओं का विश्लेषण करने के बाद अब इस सवाल का जवाब खोजना जरूरी हो गया है कि भारतीय राज्य व्यवस्था अपने सामने आने वाली समस्याओं और बाधाओं का सामना कैसे कर रही है? वह किस हद तक कामयाब हुई है, उसकी मुख्य खामियाँ क्या हैं और आने वाले वक्त में उसका स्वरूप क्या होगा? एक विकसित होती हुई गतिशील राजनीतिक व्यवस्था के बारे में तब तक कुछ ठीक से नहीं कहा जा सकता जब तक उसके कामकाज का ठोस आकलन नहीं कर लिया जाता। हकीकत यह है कि विभिन्न राज्य व्यवस्थाओं का तुलनात्मक अध्ययन करने की विधि से यह पता नहीं लग पाता है कि कोई राजनीतिक व्यवस्था अपने विकास के एक चरण से दूसरे चरण में जाने पर रास्ते में आने वाली समस्याओं से कैसे निबटती है। यह समझने के लिए आधुनिक राजनीति के सिद्धांतवेत्ता अक्सर 'इनपुट-आउटपुट' मॉडल पर भरोसा करते रहे हैं, पर इसकी भी सीमाएँ हैं। इस मॉडल के तहत इनपुट का मतलब होता है समाज और लोगों की जरूरतों, माँगों और व्यवस्था के बारे में लोगों की समझ। आउटपुट के तहत आते हैं इसी आधार पर अभिजनों द्वारा लिए गये निर्णय और नीतिगत पैठ। जबकि असलियत यह है कि किसी राष्ट्र की शिशु अवस्था में उसके अभिजनों द्वारा लिए गये निर्णय, उनकी वैचारिक कल्पनाशीलता और उनके द्वारा अपनाये गए कार्यक्रम मुख्य इनपुट की भूमिका निभाते हैं। उस विशेष अवधि में नवस्वाधीन राष्ट्रों के अभिजन बहुत बड़ी हद तक स्वायत्तता और सृजनशीलता से लैस होकर काम कर पाते हैं। साठ के दशक के अंत तक हालत यह थी कि राजनीतिक सिद्धांतवेत्ताओं ने इस पहलू की तरफ ध्यान देना शुरू नहीं किया था। वे ज्यादा ध्यान इनपुट पर ही दे रहे थे, और आउटपुट वाली श्रेणी की इनपुट वाली भूमिका उनके सामने स्पष्ट नहीं थी।

सत्तर के दशक की शुरुआत तक किसी व्यवस्था के कामकाज का आकलन करने के लिए कोई विश्वस्त सैद्धांतिक योजना उपलब्ध थी ही नहीं। जो कोशिशें की भी गयी थीं, वे आर्थिक विकास, सामाजिक गोलबंदी, समाचार माध्यमों के विकास जैसी श्रेणियों के आधार पर आकलन के तौर-तरीकों तक सामित थीं। इससे होता यह था कि आर्थिक रूप से विकसित

समाजों के लक्षण ही विकासशील समाजों के अध्ययन की कसौटी मान लिए जाते थे। आधुनिक समाजविज्ञान की विचारधाराओं पर पश्चिम का अनुभव इस कदर हावी था कि राजनीतिक परिघटना की व्याख्या आर्थिक-सामाजिक 'यथार्थ' की रोशनी में ही की जाती थी। राजनीतिक प्रक्रिया को एक स्वायत्त परिघटना के रूप में देखने और व्याख्यायित करने का चलन नहीं था। पश्चिमी देशों में हुआ यह था कि समाज की तरफ से पड़ने वाले दबाव के तहत राजनीति का विकास हुआ था, इसलिए इसकी उलट प्रक्रिया वैचारिक और राजनीतिक कल्पनाशीलता का अंग नहीं बनी थी। यानी राजनीतिक निर्णयों के समाज पर पड़ने वाले असर का अध्ययन नहीं किया जाता था। राजनीतिक प्रदर्शन और सामाजिक-आर्थिक विकास की राजनीतिक केंद्र के सुदृढ़ीकरण, परिधि की तरफ उसकी पैठ, विविधता और राजनीतिक माँगों की समस्या के निबटारे के बीच तुलना करने की कोशिश न के बराबर ही थी। दोनों ही पहलुओं की चर्चा खूब होती थी, पर अलग-अलग करके। नतीजा यह निकलता था कि राजनीतिक आयाम की चर्चा पार्टीगत धड़ों और गुटों की गतिविधियों और रुझानों तक सीमित रह जाती थी। राजनीतिक सूचकांक के साथ आर्थिक-सामाजिक सूचकांक व्यवस्थित ढंग से न जोड़ने के कारण राजनीतिक विकास की प्रक्रिया अवधारणा के स्तर पर बाह्य कारकों द्वारा निर्धारित एक परावलंबी परिघटना बनकर रह जाती थी। जबकि होना यह चाहिए था कि विभिन्न दायरों (राजनीतिक, सामाजिक और आर्थिक, आदि) के प्रदर्शन को आपस में जोड़कर तुलनात्मक दृष्टि से देखा जाता, जिससे राजनीतिक प्रणाली के असली मुद्दे और ऊहापोह ठोस रूप से निकलकर सामने आते, और उनके कारण नीतिगत परिप्रेक्ष्य पर पड़ने वाले प्रभाव का खुलासा हो पाता।

जाहिर है कि सिर्फ भारतीय राजनीति के अध्ययन से राजनीतिशास्त्र का यह सैद्धांतिक अंतराल नहीं भरा जा सकता था। इसलिए साठ के दशक के अंत तक भारतीय राजनीति के विकास का अध्ययन करके निकाले गये नतीजों का सामान्यीकरण करना उचित नहीं होगा। बहरहाल, हमारा मॉडल वही है जिसकी विश्लेषणगत व्याख्या हमने पिछले अध्यायों में की है, अर्थात परंपरा और आधुनिकता के खास तरह के भारतीय मिश्रण के संदर्भ में राजनीतिक केंद्र की रचना, उसका सुदृढ़ीकरण और परिधि की दिशा में उसकी राजनीतिक पैठ।

संस्थानीकरण के आयाम

राजनीतिक विकास से जुड़े सभी मुद्दों से कहीं अधिक अहम मुद्दा होता है उसकी एकीकरण की क्षमता का सवाल। इसका जवाब पाने के लिए हमें कई प्रश्नों का उत्तर खोजना होगा : क्या व्यवस्था एक राजनीतिक केंद्र की रचना और उसका सुदृढ़ीकरण कर पायी, क्या उस केंद्र ने परिधियों की तरफ अपना विस्तार कर पाया, क्या उसका संस्थानीकरण हो पाया और क्या उसने विविध अस्मिताओं और संरचनाओं का एक राष्ट्रीय राजनीतिक समुदाय के रूप में आत्मसातीकरण कर पाया? एकीकरण के सवाल की अहमियत नेहरू के इस कथन से समझी जा सकती है कि भारत का एकीकरण करना ही उनके जीवन की मुख्य व्यस्तता रही है। साठ के दशक के अंत में (और कई लिहाज से आज भी) भारत एक बनता हुआ राष्ट्र था। राष्ट्रीय एकता हासिल करने के लिए उस समय तक मुख्यत: प्रभुत्व और समायोजन के दो तरीके अपनाये गए थे। इन दोनों रवैयों के परस्पर संतुलन को ही भारत को एकीकृत राष्ट्र बनाने का श्रेय जाता है। दोनों रवैये एक-दूसरे को मजबूत करते हुए दिखाई देते हैं। इसी तरीके से राज्य व्यवस्था ने समाज व्यवस्था को बदलने के साथ-साथ उसे संरक्षित किया, और यह अक्सर विरोधाभासी प्रतीत होने वाला दायित्व पूरा करने के लिए उसे राजनीतिकरण की प्रक्रिया को काफी ऊँची प्राथमिकता देनी पड़ी। जो कुछ भी 'राजनीतिक' था, उसकी वैधता बढ़ती चली गयी। यह कोई आसान लक्ष्य नहीं था। फिर भी उसे आंशिक रूप से पूरा किया जा सका, केवल इसलिए नहीं कि आम जनता के निष्क्रिय सोच और राजनीति में अरुचि के कारण व्यवस्था को माँगों का दबाव बहुत ज्यादा नहीं झेलना पड़ा, बल्कि इसलिए कि अधिकारीतंत्र के प्रयासों के रूप में बड़े पैमाने पर प्रभुत्व की संरचनाओं की समाज में पैठ हुई, नेतृत्व की ऊँची प्रतिष्ठा ने राजनीति को वैधता दिलायी और कांग्रेस पार्टी के प्रसार के कारण व्यवस्था की पहुँच एक हद तक जमीन तक हो सकी। चूँकि एकीकरण का बुनियादी रास्ता जनता की राजनीति में अरुचि खत्म करने, नये हितों और गठजोड़ों को मुखर करने और यथास्थिति को चुनौती देते हुए बनना था इसलिए उसे समय-समय पर दुविधाओं और कठिनाइयों का सामना करना ही था।

सबसे बड़ी मुश्किल तो यह थी कि प्रभुत्व की ये संरचनाएँ परिवर्तन के गतिशील एजेंट का काम तो कर रही थीं, पर समय रहते उनके प्रभुत्व को

सत्ता और वैधता की अलग-अलग तरह की संरचनाओं से प्रतिस्थापित होना जरूरी था। व्यवस्था के प्रदर्शन की सबसे बड़ी कसौटी यही थी कि सत्ता के इस विकेंद्रीकरण को वह किस तरह व्यवस्थित और उद्देश्यपूर्ण ढंग से कर पाती है। दूसरे, यह भी देखना जरूरी था कि बहुलता की जरूरतों को केंद्र ने अपने दायरे में कैसे जगह दी है, और क्या प्राधिकार की यह पुनःसंरचना पूरी प्रणाली को व्यापक वैधता दे पाने में कामयाब हो रही है?

गठजोड़-रचना की प्रकृति : भारत की नयी राज्य व्यवस्था के सामने पहली समस्या दलीय प्रणाली की प्रकृति से जुड़ी हुई थी। भारत की उलझन अन्य नवस्वाधीन राष्ट्रों से अलग तरह की थी। यहाँ नेतृत्व ने संसदीय किस्म के लोकतांत्रिक संविधान को एकमत से पारित करके मान लिया था कि राजनीतिक होड़ करने वाली पार्टियाँ भी मौजूद हैं और उन्हें संसाधन मुहैया कराने वाली संरचनाएँ भी हैं। हालाँकि संविधान इस बात पर खामोश था लेकिन उसके राजनीतिक मर्म में यह मान्यता काम कर रही थी। हकीकत उलट थी। ऐसी आदर्श दलीय प्रणाली थी ही नहीं, और उसकी जगह एक पार्टी के प्रभुत्व वाली दलीय प्रणाली थी जिसके भीतर धड़ों और हितों की होड़ चलती रहती थी। पार्टी के भीतर चलने वाली अभिजनों की आपसी प्रतिद्वंद्विता को ही पार्टियों की अदला-बदली की संज्ञा दी जा सकती थी। आजादी मिलने के बाद कांग्रेस के सामने चुनौती यह थी कि वह उपनिवेशवादविरोधी आंदोलन के दौरान पार्टी अनुशासन और पदानुक्रम आधारित सांगठनिक संरचना पर जोर देने के बजाय आंतरिक प्रतियोगिता और अभिजनों के अलट-पलट पर आधारित एकीकरण की नयी शैली को कैसे अपनाये। हालाँकि कांग्रेस का आंदोलन काफी व्यापक आधार वाला और सर्वग्रहणशील प्रवृत्तियों से लैस था, पर फिर भी उसके भीतर विभेदों को मिलने वाली गुंजाइश एक समरूप किस्म के अंग्रेजी शिक्षित अभिजन के संकीर्ण दायरे में ही सीमित थी। इन अंग्रेजी पढ़े-लिखे प्रभुओं को वयस्क मताधिकार से पैदा होने वाले जन-राजनीति के गतिशील दबावों का तजरुबा नहीं था। न ही उन्हें इस बात का अंदाजा था कि सरकारी रंग-रुतबे और सरकारी संरक्षण के दावेदारों की संख्या बढ़ते जाने के नतीजे किस कदर दिक्कततलब हो सकते हैं।

एक राष्ट्रव्यापी एकीकृत विपक्ष या विपक्षी पार्टियों की नामौजूदगी के कारण कांग्रेस को अपने ही संगठन के भीतर बिना किसी वैचारिक और

कार्यक्रमगत शर्त के किस्म-किस्म के सक्रिय और संघर्षरत धड़ों को आने की इजाजत देनी पड़ी। कांग्रेस का शासन बहुत लंबे अरसे तक बिना किसी खास चुनौती या खतरे के चलता रहा, जिससे देश को एकता और निरंतरता का लाभ मिला। समस्या यह थी कि कांग्रेस की जगह दूसरी पार्टी के आ जाने काखतरा उतना नहीं था, जितना जोखिम राजनीतिक प्रणाली को कांग्रेस की भीतरी धड़ेबाजी से हो सकता था। दुनिया के कई देशों में सत्ता के फायदे हड़पने की ऐसी ही प्रतियोगिता से लोकतांत्रिक प्रणाली भरभरा कर ढह चुकी थी।

पिछले अध्यायों में हम देख चुके हैं कि कांग्रेस ने इस जोखिम का सामना कैसे किया, किस तरह संविधान-रचना करते समय बहुमत के फैसले के बजाय आम सहमति से फैसला करने का रवैया अपनाया गया। भारतीय संविधान पर सबसे बेहतरीन अनुसंधान करने वाले ग्रेनविले ऑस्टिन ने लिखा भी है कि संविधान-रचना में भारत का सबसे मौलिक योगदान 'आम सहमति से निर्णय' और 'समायोजन के उसूल' को अपनाना समझा जाना चाहिए। राज्य व्यवस्था को भारतीय समाज के खंडित स्वरूप से स्वायत्त रखने के लिए एकता के हित में आनुपातिक प्रतिनिधित्व, अप्रत्यक्ष निर्वाचन, धार्मिक अल्पसंख्यकों के लिए विशेष प्रतिनिधित्व और स्विटजरलैंड जैसी काबीना के प्रस्ताव ठुकरा दिये गये। नेतृत्व समायोजन और स्वायत्तता का एक साथ इस्तेमाल करता हुआ राजनीतिक वैधता प्राप्त करने का मुख्य लक्ष्य वेधना चाहता था। उसे विरासत में राज्य का एक निश्चित ढाँचा मिला था जिसके तहत उसे राष्ट्र-निर्माण करना था। उसने लोकतांत्रिक प्रक्रिया के तहत राष्ट्र का विकास करने के लिए उसे वैधता दिलायी और इसके लिए परंपरा और संसाधनों का अपने हिसाब से प्रयोग किया।

एक वर्चस्वी दल के रूप में कांग्रेस पार्टी भी इन्हीं नीतियों पर चली। उसने हर मुद्दे पर अपना रवैया अस्पष्ट रखते हुए असंतोष और पृथकतावाद को टालने के लिए आम सहमति निकालना जारी रखा। पार्टी के अंदर राज्य और स्थानीय स्तर पर धड़ेबाजी को बर्दाश्त किया गया, पर साथ में यह आग्रह भी रखा गया कि नेतृत्व में होने वाले हर परिवर्तन पर आलाकमान की मुहर लगना जरूरी है। कांग्रेस का तंत्र नीचे मेल-मिलाप चलाता था, और शीर्ष से पंच फैसले की प्रक्रिया चलती थी। अपना उम्मीदवार चुनने के लिए कांग्रेस के भीतर एक खास तरह की संस्थागत प्रणाली अपनायी गयी, राजनीतिक सहभागिता के अवसरों का विस्तार किया गया और दल के बाहर राजनीतिक

प्रतियोगिता के तकरीबन अभाव के बाद भी दल में अंदरूनी लोकतंत्र को प्रोत्साहित किया गया।

दो विशेषताएँ और थीं जिनके कारण कांग्रेस को तकनीकी रूप से केवल एक दल होते हुए भी एक पूरी दलीय प्रणाली की संज्ञा दी जा सकती थी। पहली बात यह थी कि देश की प्रत्येक प्रमुख विपक्षी पार्टी की राजनीति को कांग्रेस के भीतर भी होते हुए देखा जा सकता था। उसका समाजवादी धड़ा था, स्वतंत्र धड़ा था और यहाँ तक कि जनसंघ धड़ा भी था। दूसरी यह कि भारतीय नेतृत्व द्वारा स्थानीय लोकतंत्र पर बहुत अधिक जोर दिया जाता था। पंचायती राज और उसके आस-पास चलने वाली वैकासिक कार्रवाइयों को प्रोत्साहन देने का काम राष्ट्रीय नेतृत्व ऊपर से कर रहा था। इससे न केवल चुनावी फायदे मिलते थे और सरकारी संरक्षण के वितरण में आसानी होती थी, बल्कि सरकारी दायरों से बाहर राजनीतिक प्रतियोगिता के आयाम खुल जाते थे। परिणामस्वरूप केंद्र और परिधि के बीच संभावित असंतोष और दूरियों को पाटने के लिए बफर तैयार हो जाते थे। जमींदारी उन्मूलन और निचली जातियों को विशेष संरक्षण देने के कदमों से इस समग्र रणनीति को और बढ़ावा मिला जिससे असंतोष और विविधता के समायोजन के जरिये प्रभुत्व की संरचनाएँ बनाई जा सकीं।

एक पार्टी का वर्चस्व होने के बावजूद राजनीतिक होड़ की गुंजाइश निकाल लेने के पीछे नेताओं के निजी नेटवर्कों की भी भूमिका थी। इन्हीं नेटवर्कों के कारण हुआ यह कि राजनीतिक धड़ों का चरित्र स्थायी न रहकर ढुलमुल हो गया, उनकी आपसी दूरियाँ राजनीतिकृत हो गयीं और उनका स्थानीयतावाद या प्रांतीयतावाद अपनी संकीर्णता के बावजूद विनाशकारी भूमिका नहीं निभा पाया। इन नेटवर्कों ने एक तरह की काफी सक्षम सूचना प्रणाली की भूमिका भी निभायी। इनके जरिये केंद्र को पता चलता रहा कि परिधि पर क्या घट रहा है।

कुल मिलाकर कहा जा सकता है कि बिना पार्टी प्रतियोगिता के लोकतांत्रिक संविधान के तहत व्यवस्था का संचालन करने के लिए भारतीय नेतृत्व को असाधारण संरचनागत समायोजन की क्षमता दिखाई पड़ी।

चुनावी प्रक्रिया और प्रणालीगत समायोजन : जाहिर है कि कांग्रेस के भीतर चलने वाली इस प्रक्रिया को खुली चुनाव प्रणाली से निकलने वाले दबावों का सामना भी करना ही था। आम सहमति की जो संरचनाएँ एक पार्टी

के वर्चस्व वाली 'कांग्रेस प्रणाली' ने बनायी थीं, उनके लिए नये ध्रुवीकरण के साथ समायोजन करना लाजमी था। अगर सत्ता के नये दावेदार राजनीतिक व्यवस्था के स्थापित बुनियादी उसूलों को बिना किसी दिक्कत या अराजकता के आत्मसात कर लेते और पुराने से नये हाथों में बिना किसी दिक्कत के यह संक्रमण हो जाता तो व्यवस्था की वैधता भी बढ़ती और उसके संवैधानिक ढाँचे का संस्थानीकरण और पुष्ट होता। इसका उलट होने पर व्यवस्था अपनी वैधता खो कर संस्थागत बिखराव की तरफ जा सकती थी।

१९६२ और १९६५ के युद्धों, नेहरू के उत्तराधिकार की उलझन, आर्थिक संकट और अरसे से चली आ रही शासकीय स्थिरता को गड़बड़ा देने वाले चौथे आम चुनाव के कारण कांग्रेस प्रणाली साठ के दशक के अंत तक काफी टूट-फूट चुकी थी। कुल जमा चार-पाँच साल में ऐसा लगने लगा था कि व्यवस्था संकट में फँस चुकी है, पर भविष्य की कुछ संभावनाएँ भी दिख रही थीं। १९६७ के चुनाव को राजनीतिक व्यवस्था में एक बड़े परिवर्तन का द्योतक मानने के विपरीत चुनावी रुझानों और राज्यों में चुनाव-उपरांत हुई घटनाओं का आकलन करने से पता चलता था कि :

१. दुनिया के कई देशों में उपनिवेशवाद विरोधी आंदोलन के नतीजे के कारण सत्ता में आई पार्टियाँ अपना वर्चस्व खोते ही तबाह हो गयी थीं, लेकिन भारत में ऐसा नहीं हुआ। एक राजनीतिक दल के रूप में कांग्रेस का भविष्य उसके पूर्व-वर्चस्व पर निर्भर साबित नहीं हुआ। उसने नयी परिस्थितियों के साथ समायोजन करने, टिकने और सत्ता में लौटने के संदर्भों में जोरदार लचीलापन दिखाया। वह कई राज्यों और स्थानीय चुनावों में फिर कामयाब हुई। उसने समानधर्मा पार्टियों के साथ पाने-गँवाने के आधार पर गठबंधन करने में हिचक नहीं दिखाई और इस तरह अपनी गठजोड़ रणनीति को बदलने की तत्परता प्रदर्शित की। १९६७ के चुनाव के खराब नतीजों के बावजूद वह देश में सर्वाधिक जनाधार और जमीनी जड़ों वाली संगठित राजनीतिक पार्टी बनी रही। इसी कारण से राजनीतिक व्यवस्था का केंद्र बहुलता का पोषक बना रहा और कांग्रेस को गठजोड़-रचना में प्रमुखता हासिल होती रही। उन राज्यों में भी स्थानीय सत्ता और संरक्षण कांग्रेस के हाथ में रहा जिनकी सरकारें उसके हाथ से निकल गयी थीं।

२. गैर-कांग्रेसवाद के जुझारू नारे के आधार पर सत्ता में आए गठजोड़ों और पार्टियों ने कांग्रेस शासन में विकसित हुई आम सहमति और संस्थागत

संरचना को अस्थिर करने की मंशा नहीं दिखाई। चाहे वामपंथी सरकारें रही हों या दक्षिणपंथी, नीतियों और राजनीतिक शैली की निरंतरता जारी रही। गैर-कांग्रेसी दल यह कहते नजर आए कि कांग्रेस अपने जिन कार्यक्रमों पर व्यवहार में अमल नहीं कर रही थी, वे तो उन्हीं को लागू कर रहे हैं।

३. १९६७ के बाद हुई गठजोड़-रचना में भी राजनीतिक होड़ और गुटों का प्रतिनिधित्व वही रहा जो कांग्रेस-वर्चस्व के जमाने में हुआ करता था। कांग्रेस से निकले हुए गुट संविद सरकारों पर छाये रहे। समरूप किस्म की द्रमुक और जनसंघ जैसी पार्टियाँ या विचारधारात्मक किस्म के वाम दलों की गुटीय संरचना भी कांग्रेस जैसी ही निकली। जिस तरह कांग्रेस के भीतर दक्षिण और वाम अभिव्यक्तियाँ थीं, वैसे ही गैर-कांग्रेसी दलों के भीतर कांग्रेस के विचारों और राजनीति की अभिव्यक्ति करने वाले गुट दिखने लगे। पाने-गँवाने के आधार पर गठजोड़ बनाने की प्रक्रिया का विचारधाराओं और राजनीतिक मुद्राओं से परे जाकर विस्तार हो गया। पीढ़ी-दर-पीढ़ी नेताओं द्वारा एक ही राजनीतिक संस्कृति में पलने के कारण व्यवस्था को और गहराई मिली।

४. इसी अवधि में राजनीतिक संस्थानीकरण की दिशा में महत्त्वपूर्ण प्रगति होते हुए दिखी। पहले कांग्रेस सभी तरह के तत्त्वों को अपने आगोश में लेने का प्रयास करती थी, पर अब वह समानधर्मा तत्त्वों को ही अपनाने लगी और विपरीत तत्त्वों के पार्टी छोड़ देने पर चिंतित होना उसने बंद कर दिया। चूँकि उसका वर्चस्व घट गया था और मुद्दों के ऊपर पार्टी के भीतर मतभेद बढ़ते जा रहे थे, इसलिए उसका जोर नेतृत्व के मामले में कुछ अधिक समरूप पार्टी बनाने पर ज्यादा हो गया। इसी दौरान अन्य पार्टियों ने भी अनुभव से सबक सीखा कि सिर्फ कांग्रेस के नकारात्मक विरोध के नाम पर कहीं की ईंट-कहीं का रोड़ा जोड़ने से स्थायी राजनीतिक गठजोड़ तैयार नहीं किये जा सकते। उन्हें निर्वाचन क्षेत्र के स्तर पर पार्टी का ढाँचा खड़ा करने की कवायद करनी ही होगी। उनके सामने साफ होने लगा कि उन्हें अपने दम पर कांग्रेस का मुकाबला करने लायक शक्ति अर्जित करनी होगी।

५. केंद्र-राज्य संबंधों के नये आयाम खुले और केंद्रीय पहकलदमी और केंद्राभिमुख प्रवृत्तियाँ पुष्ट हुईं। केंद्र में बैठे हुए कांग्रेस नेताओं को लगा कि राज्यों में कुछ कांग्रेस सरकारों के मुकाबले कुछ अपेक्षाकृत स्थिर किस्म के विपक्षी मुख्यमंत्रियों से संवाद करना आसान है। केरल और पश्चिम बंगाल

की वाम सरकारों में कुछ अतिवादी आवेग दिखाई पड़ रहे थे, पर यदि वहाँ की सरकारों की रेडिकल प्रचारात्मक मुद्रा पर ध्यान न दिया जाता तो यह भी दिख सकता था कि वे पाने-गँवाने के फारमूले के आधार पर केंद्र से बातचीत करने के लिए तैयार हैं। गैर-कांग्रेस पार्टियों के सत्ता में आने पर संघात्मक संबंधों के नष्ट हो जाने की भविष्यवाणियाँ गलत साबित हो चुकी थीं। राज्यों में सत्ता पर काबिज गठजोड़ों के बीच मतभेद पैदा होने पर केंद्र ने दोनों तरह से हस्तक्षेप किया था : झगड़े को सुलझवाने के लिए भी और जरूरत पड़ने पर संविधान के प्रावधानों का उपयोग करने के रूप में भी। चूँकि बैंकों का राष्ट्रीयकरण करके केंद्र ने ऋण और निवेश नीतियों पर कहीं ज्यादा नियंत्रण कर लिया था, इसलिए संसाधनों के आबंटन और जनता की बुनियादी जरूरतों की पूर्ति के लिए केंद्र पर निर्भरता पहले से ज्यादा बढ़ गयी थी। राज्यों का वोटर अपनी सरकारों से उपलब्धियों का ब्योरा माँगने का इच्छुक लग रहा था, इसलिए सरकारों को अपने बेहतर प्रदर्शन के लिए केंद्र सरकार के सकारात्मक योगदान की जरूरत पड़ रही थी। शासन चलाना केंद्रीय प्राधिकार की भूमिका के बिना संभव नहीं था।

६. इस संरचनागत समायोजन और लोकतांत्रिक प्रक्रिया के और अधिक संस्थानीकरण के साथ-साथ कुछ नकारात्मक प्रवृत्तियाँ भी थीं। पहली समस्या थी सरकारों की अस्थिरता की। सौभाग्य से साठ का दशक खत्म होते-होते पार्टियों और नेताओं को लगने लगा था कि दलबदल के खेल से उनकी न केवल छवि खराब होती है बल्कि वोट बटोरने की क्षमता भी कम हो जाती है। इसी तरह राज्यपाल और केंद्र के हस्तक्षेपकारी अधिकारों ने भी गैर-कांग्रेसी सरकारों को सरकारी अस्थिरता के विपरीत परिणामों का एहसास करा दिया था। लेकिन, इसके बावजूद देश में गैर-कांग्रेसी दलों के खंडित सांगठनिक चरित्र और अस्थिर पार्टी-अस्मिताओं के कारण बहु-दलीय गठजोड़ समस्याग्रस्त दिख रहे थे। अगर हरियाणा और उप्र की तरह कांग्रेस ने अन्य राज्यों में मजबूत वापसी न की और अगले चुनावों ने स्थिर बहुमत वाली सरकारें न बनायीं, तो लगता था कि कई राज्यों में इसी तरह अस्थिर सरकारों और बीच-बीच में केंद्रीय शासन का दौर चलता रहेगा। साथ ही मद्रास, ओडीशा, पश्चिम बंगाल और केरल जैसे प्रांतों में कुछ गैर-कांग्रेसी दल स्थिर किस्म के विकल्प भी प्रदान करते रहेंगे।

दूसरा नकारात्मक पहलू यह था कि गैर-कांग्रेसी दलों को सत्ता का

स्वाद मिल चुका था। पहले वे संसदीय राजनीति की उन गुंजाइशों में सक्रिय रहकर संतुष्ट थे जिनके जरिये वे कांग्रेस के अंदर अपने समान रुझानों वाले धड़ों को बहस-मुबाहिसे और आलोचना-प्रत्यालोचना के जरिये प्रभावित करते रहते थे। लेकिन, सत्ता में आने के बाद उन्हें महसूस हुआ कि उसे टिकाने लायक एकजुटता और समर्थन आधार उनके पास नहीं है। इस अनुभूति का एक दुष्परिणाम यह हो सकता था कि कुंठित होकर उनका रवैया अधिक टकराव-पसंद और 'रेडिकल' होता चला जाए। इंदिरा गाँधी एक ताकतवर राष्ट्रीय नेता के रूप में उभर रही थीं। उनकी लोकप्रियता सभी वर्गों और तबकों में फैलती जा रही थी। कुछ गैर-कांग्रेसी दलों ने इस परिघटना को सकारात्मक नजरिये से देखा था, पर इसके कारण बाकी की कुंठा और बढ़ सकती थी। १९६७ के चुनावों ने तकरीबन हर पार्टी को सत्ता से जोड़कर राष्ट्रीय आम सहमति का दायरा और व्यापक कर दिया था, पर अगर इस नयी प्रवृत्ति का ठीक से संस्थानीकरण न हुआ तो बहुत-सी राजनीतिक दलबंदियों में व्यवस्था के प्रति क्षोभ बढ़ सकता था। चूँकि भारत में दलीय प्रणाली की संरचना एक राष्ट्रीय पार्टी के प्रभुत्व के मुकाबले खड़ी हुई मजबूत क्षेत्रीय पार्टियों के रूप में विकसित हो रही थी, इसलिए यह अंदेशा और प्रबल हो सकता था। इस तरह की दलीय प्रणाली माँगों का समूहन नहीं होने देती जिसके कारण व्यवस्था पर बोझ नहीं बढ़ता, लेकिन दूसरी तरफ प्रणाली के इसी चरित्र के कारण क्षेत्रीय दल लंबे अरसे तक क्षेत्रीय सत्ता से नहीं जुड़ पाते जिसके कारण उनमें अलगाव और अतिवादी प्रवृत्तियाँ उभरने लगती हैं।

तीसरा नकारात्मक पहलू यह था कि राज्यों की अस्थिरता के कारण केंद्रीय नेतृत्व पर देश में कानून और व्यवस्था बनाये रखने का बोझ बढ़ सकता था। इसकी वजह से निकट भविष्य में अन्य मुद्दों, जैसे आर्थिक विकास, के ऊपर स्थिरता और राजनीतिक एकीकरण का मुद्दा हावी हो सकता था।

७. १९६७ से पहले विपक्ष की प्रभावी नामौजूदगी के कारण दलीय प्रणाली संविधान प्रदत्त परिकल्पना के मुताबिक वास्तव में बहुदलीय नहीं थी। कांग्रेस के भीतर ही पक्ष-विपक्ष था। चौथे आम चुनाव ने उसे कुछ-कुछ संविधान की इच्छा के मुताबिक जरूर बना दिया था, पर फिर भी एक पार्टी के प्रभुत्व के तत्त्व बरकरार थे। दलीय प्रणाली की अस्पष्टताओं ने क्षेत्रों में नये अभिजनों के उदय को आसान बना दिया था, पर संसदीय लोकतंत्र के तहत राजनीति के खेल के विस्तृत नियम इन्हीं अस्पष्टताओं के कारण पूरी

तरह साफ नहीं हो पाए थे। कई तरह के विवाद पैदा हो रहे थे। केंद्रीय नेतृत्व के बीच मतभेदों के कारण केंद्र की क्षमताएँ शक के घेरे में आती जा रही थीं, और राजनीतिक शिष्टाचार और मर्यादा को अक्सर ताक पर रखकर राजनीति करने की प्रवृत्ति पैदा हो रही थी। इससे जुड़े हुए प्रमुख मुद्दे यह थे कि संवैधानिक संकट के समय राष्ट्रपति के अधिकार क्या होंगे, राज्यपाल किन कसौटियों के आधार पर केंद्र को सलाह देगा कि राज्य में कानून-व्यवस्था का तंत्र काम नहीं कर पा रहा है, स्पष्ट बहुमत न होने की दशा में सदन के पटल पर सरकार बनाने के अधिकार का फैसला कैसे किया जाएगा, राज्य विधानसभा भंग करने का फैसला किन परिस्थितियों में होगा और विधायिकाओं के सभापतियों या पीठासीन अधिकारियों के अधिकार क्या होंगे। हालाँकि इन सभी प्रश्नों पर संविधान में कुछ न कुछ मिल सकता था, पर इनके ठीक-ठीक कारगर जवाब संसदीय परंपराओं के निर्माण और विकास के जरिये हासिल किये जाने बाकी थे। राजनीतिक संस्थानीकरण का यह पहलू अभी अधूरा था। अच्छी बात यह थी कि साठ के दशक के अंत तक इन विवादों से संसदीय लोकतंत्र के बुनियादी उसूलों को कोई खतरा नहीं पहुँचा था और न ही किसी पार्टी या नेता ने इन अस्पष्टताओं का लाभ उठा कर संविधान को धता बताने की कोशिश की थी।

राजनीतिक सत्ता हस्तांतरण का संस्थानीकरण : किसी भी राष्ट्र या राज्य व्यवस्था के लिए सत्ता हस्तांतरण का प्रश्न निर्णायक महत्त्व का होता है। बिना किसी विवाद या बेचैनी पैदा किये हुए रुटीन ढंग से सत्ता हस्तांतरण कर पाने वाली व्यवस्थाएँ परिपक्व मानी जा सकती हैं। भारतीय लोकतंत्र के संदर्भ में शुरू से ही यह आयाम प्रश्नांकित किया जाता रहा था। साठ के दशक में यह चर्चा प्रबल थी कि केंद्र में कांग्रेस के लंबे वर्चस्व और जवाहर लाल नेहरू जैसे कद्दावर और करिश्माई नेता के कारण प्राप्त हुई राजनीतिक स्थिरता के कारण सत्ता हस्तांतरण की प्रक्रिया भारत में शांतिपूर्ण ढंग से होती रही है, लेकिन जैसे ही ये दोनों कारक कमजोर पड़ेंगे, प्रणाली की असल परीक्षा की घड़ी आ जाएगी। सवाल काफी प्रचलित था कि 'नेहरू के बाद कौन?'। इसके बाद पूछा जाता था 'नेहरू के बाद क्या?' नेहरू के साथ देश की सत्ता सँभालने वाले प्रतिष्ठित नेताओं की एक के बाद एक मृत्यु होने के कारण इन प्रश्नों की गंभीरता और बढ़ गयी थी। सारी दुनिया की निगाहें उस क्षण का इंतजार कर रही थीं, जब भारतीय लोकतंत्र को यह संकट झेलना पड़ सकता

था। १९६४ में नेहरू की मृत्यु के बाद देश को एक नहीं, बल्कि दो बार उत्तराधिकार के संकट का सामना करना पड़ा। तीन साल खत्म नहीं हो पाए थे कि तीसरा संकट आ गया, जब राजनीतिक उत्तराधिकार के लिए एक बहुत ही नजदीकी मुकाबला हुआ। आइये देखें कि इन बेचैनी भरे वर्षों में भारतीय लोकतंत्र ने अपने संविधानसम्मत स्वरूप की हिफाजत कैसे की :

१. नेहरू ने अपने जीवन में अपना उत्तराधिकारी कभी नामजद नहीं किया। वे अक्सर कहा करते थे कि उन्हें देश की राजनीतिक प्रणाली की परिपक्वता और कांग्रेस पार्टी की इस क्षमता में पूरा भरोसा है कि वे बिना किसी दिक्कत के प्रधानमंत्री पद के लायक व्यक्ति खोज निकालेंगे। लोकतांत्रिक प्रक्रिया में उनकी आस्था का प्रमाण उनके इन शब्दों से मिल सकता है, 'अगर मैंने किसी को नामजद कर दिया तो वह निश्चित रूप से प्रधानमंत्री नहीं बन पाएगा। लोग ईर्ष्यावश उसे नापसंद करने लगेंगे।' नेहरू ने कोई उपप्रधानमंत्री नियुक्त करने से भी परहेज किया, जिससे उनके बाद एक तरह के वरीयता क्रम का संस्थानीकरण हो सकता था। यहाँ गाँधी और नेहरू के रवैये में फर्क देखा जा सकता है। गाँधी ने स्पष्ट रूप से नेहरू को अपना उत्तराधिकारी घोषित कर दिया था। जाहिर है कि दो नेताओं का यह अलग-अलग रवैया राजनीतिक संस्थानीकरण के विकास के दो चरणों की तरफ इशारा करता है।

२. लेकिन, इसका मतलब यह भी नहीं था कि नेहरू उत्तराधिकार के प्रति चिंतित नहीं थे। वे इस सवाल पर पार्टी और सरकार में किसी तीखे ध्रुवीकरण और विभाजन के अंदेशे के प्रति सतर्क रहते थे। वे कोई भी निर्णय शीर्ष पर करके थोपने के बजाय धीरे-धीरे एक सहमति विकसित करने का तरीका अपनाने के पक्ष में रहते थे। नेहरू ने कामराज योजना को समर्थन देकर कांग्रेस के उस संघात्मक चरित्र को पुन: सक्रिय किया जिसमें उन्हीं के प्रभुत्व के कारण निष्क्रियता आ गयी थी। उन्होंने इस योजना के जरिये सरकार में काम कर रहे बड़े नेताओं को इस्तीफा दिला कर संगठन के काम में लगाया, पार्टी के अध्यक्ष का रुतबा फिर से स्थापित किया, देश के नये नेता को चुनने के मामले में राज्यों के मुख्यमंत्रियों के महत्त्व को स्वीकारा, कामराज को पार्टी अध्यक्ष बनाने का समर्थन किया और फिर अपनी बीमारी की हालत में लालबहादुर शास्त्री को अपनी जिम्मेदारियाँ पूरी करने में मदद करने के लिए बिना विभाग का मंत्री बनाकर खासी दूरंदेशी और कुशलता का परिचय दिया।

उन्होंने न तो शास्त्री को उपप्रधानमंत्री बनाया और न ही औपचारिक रूप से अपना उत्तराधिकारी घोषित किया, पर एक तरह से अपने बाद की राजनीति के लिए जमीन जरूर तैयार कर दी।

जाहिर है कि तकनीकी रूप से नेहरू के निधन के बाद उत्तराधिकार का मसला खुला हुआ था। पर जोर उत्तराधिकार के लिए 'संघर्ष' से हट कर उसके लिए 'सहमति' निकालने पर आ चुका था। पार्टी के नेताओं ने फटाफट इसकी तरकीब खोज निकाली कि कैसे सभी प्रमुख लोगों से विचार-विमर्श करके एक ऐसा निर्णय लिया जाए जो थोपा हुआ तो लगे ही न, साथ में उस पर कांग्रेस द्वारा विकसित प्रधान 'सहमति' की स्पष्ट छाप भी हो। नेहरू के उत्तराधिकारी के चुनाव में कामराज ने महत्त्वपूर्ण भूमिका निभाई। मुकाबला लालबहादुर शास्त्री, जगजीवन राम और मोरारजी देसाई में था और कामराज को यह आकलन करना था कि कितने-कितने सांसद, प्रदेश अध्यक्ष और मुख्यमंत्री किसके साथ हैं। मुख्यमंत्रियों, कांग्रेस कार्यसमिति के सदस्यों, संसदीय दल के पदाधिकारियों, करीब दो सौ सांसदों और अन्य पार्टी नेताओं से अनौपचारिक रूप से बात करने के बाद कामराज ने संसदीय दल की बैठक को बताया कि सांसदों और अन्य पक्षों का सबसे ज्यादा समर्थन शास्त्री को है, इसलिए वे ही आम सहमति के नेता हैं। चूँकि अनुरोध किया गया था, इसलिए इस बैठक की अध्यक्षता कामराज ने ही की। संसदीय दल ने कामराज की रपट को स्वीकार किया और शास्त्री को सर्वसम्मति से नेता चुन लिया। राष्ट्रपति ने उन्हें नयी सरकार बनाने के लिए निमंत्रित कर लिया। इस निर्णय के खिलाफ किसी ने आवाज नहीं उठायी, कोई ध्रुवीकरण नहीं हुआ। जाहिर था कि यह पार्टी के सबसे ताकतवर लोगों के गठजोड़ का फैसला था। २ जून १९६४ को नेहरू की मृत्यु के ठीक पाँच दिन और १९ घंटे बाद उनका उत्तराधिकारी बिना किसी विवाद के इस तरह चुन लिया गया जैसे कि यह कोई रुटीन किस्म का काम हो। भारतीय राजनीति एक युग से दूसरे युग में बिना किसी हंगामे के प्रवेश कर गयी। न देश की एकता टूटी, न ही पार्टी की। भारतीय लोकतंत्र के भारी संकट में फँस जाने की प्रतीक्षा कर रहे प्रेक्षकों को इससे काफी निराशा हुई। उत्तराधिकार के पहले संकट को टालने में मिली इस कामयाबी के पीछे कांग्रेस के उत्तर-नेहरू नेताओं की प्रशंसनीय भूमिका तो थी ही जिसके तहत लोकतांत्रिक प्रक्रिया अपनाकर किसी भी तरह के सत्ता-संघर्ष से बचा गया, साथ ही इसकी पृष्ठभूमि बनाने में खुद नेहरू की भूमिका

को भी अनदेखा करना उचित नहीं होगा।

३. उन्नीस महीने बाद जब देश के दूसरे प्रधानमंत्री शास्त्री की मृत्यु हुई तो व्यवस्था उत्तराधिकार के संकट का सामना करने के तजरुबे से लैस थी। नेहरू की मृत्यु एक युग के अंत की सूचना थी, पर शास्त्री की मृत्यु से ऐसा कोई एहसास नहीं निकलता था। लेकिन, उनका निधन अचानक और नाटकीय था। भारत से हजारों किमी. दूर ताशकंद में भारत–पाक युद्ध के बाद हो रही शिखर वार्ता में उनका देहांत हुआ था। कांग्रेस संसदीय दल अवाक् रह गया। उसके सामने तीसरे प्रधानमंत्री के रूप में किसी का चेहरा साफ नहीं था। कई नाम सामने आए : चव्हाण, मोरारजी, नंदा, इंदिरा गाँधी, जगजीवन राम और खुद कामराज। पर किसी के नाम पर मतैक्य नहीं था। नेहरू के उत्तराधिकार का फैसला करने वाले कांग्रेस के दिग्गज नेता भी एकराय नहीं थे। उनमें केवल एक नकारात्मक सहमति थी कि किसी न किसी तरह मोरारजी को प्रधानमंत्री पद से दूर रखना है। नयी कसौटियाँ पेश की जा रही थीं कि नया प्रधानमंत्री उसी को बनाना चाहिए जिसके नेतृत्व में अगला आम चुनाव लड़ा जा सके।

इस नयी परिस्थिति के कारण ही नेता चुनने के लिए सहमति के बजाय संसदीय दल में गोपनीय मतदान की रीति अपनायी गयी। कांग्रेस पार्टी में नेता के चुनाव को लेकर किसी तरह के डर की भावना नहीं थी। मतदान से पहले मुख्यमंत्रियों की एक बैठक में श्रीमती गाँधी आम सहमति के उम्मीदवार के तौर पर उभरीं, नेता बनने के लिए उन्हें मोरारजी देसाई से चुनाव लड़ना पड़ा। सांसदों का समर्थन जीतने के लिए जम कर खुली कोशिशें हुईं और मोरारजी के १६९ वोटों के मुकाबले इंदिरा गाँधी को ३५५ वोट मिले। इस चुनाव से लोकतांत्रिक गरिमा आहत होने के बजाय पुष्ट ही हुई। मुख्यमंत्रियों से असहमत सांसदों ने उनकी राय के खिलाफ वोट दिया। यह संस्थागत प्रक्रिया की जीत थी, और इसमें व्यवस्था का आत्मविश्वास व परिपक्वता झलकती थी। पार्टी का संघात्मक चरित्र भी उभरकर आया। चुनाव के जरिये भी कांग्रेस की आम सहमति की ही जीत हुई। केवल, इस बार तरीका भिन्न था।

४. नेहरू के जमाने तक हर चुनाव के बाद कांग्रेस संसदीय दल के नेता का चुनाव महज रस्म अदायगी जैसा ही था। लेकिन, अब हालात बदल चुके थे। जनवरी १९६६ में इंदिरा गाँधी प्रधानमंत्री जरूर चुन ली गयी थीं, लेकिन वे पार्टी की सर्वमान्य नेता नहीं थीं। यह भी साफ हो चुका था कि १९६७ के

आम चुनाव के बाद नेतृत्व का मुद्दा एक बार फिर खुलेगा। नेतृत्व का यह तीसरा फैसला पहले दो फैसलों की ही तरह एक बार फिर एक नयी राजनीतिक परिस्थिति में होने जा रहा था। चुनाव परिणामों ने संसद में कांग्रेस की हैसियत काफी घटा दी थी। ५२१ सीटों के सदन में उसे केवल ४४ का बहुमत प्राप्त था। असंतुष्टों का कोई भी उपक्रम उसे सत्ता से हटा सकता था। सात राज्यों में कांग्रेस ने बहुमत खो दिया था जिनमें मद्रास भी शामिल था जहाँ खुद नाडर कामराज अपना चुनाव हार गये थे। जाहिर था कि मुख्यमंत्रियों की जिस मंडली ने इंदिरा गाँधी को कांग्रेस संसदीय दल के नेता पद पर चुनाव जितवाया था, वह अब उपलब्ध नहीं थी। पार्टी की बागडोर सँभालने वाले दिग्गजों में से कई वोट के मैदान में धूल चाट चुके थे। अब कामराज समेत ये लोग 'किंग मेकर' की भूमिका अदा करके अपने निर्णय को पार्टी का आम सहमति का निर्णय नहीं बता सकते थे। नेता का चुनाव न तो १९६४ वाली शैली में हो सकता था, न ही १९६६ वाली शैली में। खतरा यह था कि अगर चुनाव की नौबत आयी तो उम्मीदवारों को संसदीय दल के सदस्यों के बीच सीधा चुनाव प्रचार करना होगा जिसके कारण चुनाव के पहले और बाद में पार्टी एकता को खतरा पहुँच सकता था। इसलिए नेतृत्व ने चुनाव टालना ही बेहतर समझा।

प्रधानमंत्री पद के दोनों दावेदारों, मोरारजी और इंदिरा गाँधी, ने इस परिस्थिति में अपने पत्ते खेलने शुरू किये ताकि चुनाव के बिना ही अपने-अपने पक्ष में सहमति जुटा सकें। इसी प्रक्रिया में कामराज और कुछ राज्यों के पार्टी प्रमुखों समेत कुछ ऐसे मध्यस्थों का गुट उभरा जो हर कीमत पर चुनाव टालना चाहता था। साथ ही पार्टी इतिहास में पहली बार नेहरूवादी सांसदों का एक गुट भी सामने आया जो पार्टी एकता के नाम पर श्रीमती गाँधी को जिताने के लिए कटिबद्ध था। सांगठनिक श्रेष्ठता के इस खुंले संघर्ष में कोई भी पक्ष अपने विरोधी से ज्यादा कदम खींचने के लिए तैयार नहीं था। आखिरकार एक समझौता उभरा जिसके तहत श्रीमती गाँधी को पार्टी का नेता मान लिया गया और मोरारजी को औपचारिक रूप से उपप्रधानमंत्री का पद मिला। मोरारजी गृह मंत्रालय का चार्ज चाहते थे, पर उन्हें झुकना पड़ा और यह ताकतवर मंत्रालय इंदिरा समर्थक चव्हाण के पास ही रहा जो मोरारजी को उपप्रधानमंत्री मानने के लिए मुश्किल में ही राजी हुए थे। मोरारजी ने इस समझौते की गरिमा कायम रखते हुए मंत्रिमंडल बनाने के मामले में श्रीमती

गाँधी के रास्ते में कोई रोड़ा न डालने का फैसला किया, न ही उन्होंने उपप्रधानमंत्री पद की औपचारिक हैसियत को लेकर कोई बखेड़ा खड़ा किया।

नतीजे के तौर पर एक मिली-जुली मंत्रिपरिषद बनी और नेहरू युग की ही भाँति एक सर्वग्रहणशील गठजोड़ उभरा। पार्टी अपने सामूहिक नेतृत्व के तहत संसद और उसके बाहर एक आवाज में बोलती रही। अपनी संगठनगत अनुशासनप्रियता और सरकारी प्राधिकार का समर्थक होने के कारण मोरारजी ने श्रीमती गाँधी का साथ देने का निर्णय किया। प्रधानमंत्री ने भी मतभेद भुला कर मोरारजी को सरकार में महत्त्व प्रदान किया जिससे उन्हें न केवल शासन चलाने के लिए एक संतुलित टीम मिली, बल्कि पार्टी के भीतर अपने समर्थकों (कथित 'किचिन कैबिनेट') और पार्टी के बाहर राज्य के प्रभावशाली सूबेदारों पर उनकी निर्भरता भी कम हुई। उस समय देश की राजनीतिक स्थिति खासी अस्थिर थी, इसलिए केंद्र में एक सुदृढ़ गठजोड़ का उभरना एक अहम उपलब्धि थी।

१९६७ की राजनीति का एक और पहलू था जिसके जरिये हम देख सकते हैं कि साठ के दशक के उन वर्षों में हमारी राजनीतिक व्यवस्था किस तरह खुलती जा रही थी : पाने-गँवाने के जरिये राजनीतिक समझौतों पर पहुँचने में अब किसी को कोई शर्मिंदगी महसूस होना बंद हो गयी थी। सूचनाओं का आदान-प्रदान होता रहता था और संवाद के द्वार खुले रहते थे। मध्यस्थ अपनी भूमिका निभाते रहते थे ताकि पार्टी-हित निजी हितों पर हावी बनें रहें, और मुख्य प्रतियोगी अपने पत्ते खुल कर खेलने के बावजूद समय-समय पर मिलते रहते थे ताकि नाकाफी संपर्क के कारण हो सकने वाली गलतफहमियाँ जमा न हो पाएँ। न तो वे दूसरे पक्ष को हावी होने देते थे, और न ही हालात को गतिरोध का शिकार होने देते थे। यह नया विकास-क्रम कांग्रेस को समायोजन की नयी क्षमताओं से लैस कर रहा था। कांग्रेस करिश्माई नेतृत्व के दौर से निकलकर सामूहिक नेतृत्व के दौर में जा रही थी। राजनीतिक संस्थानीकरण की दिशा में इसे भी एक सकारात्मक कदम के तौर पर देखा जा सकता था।

लेकिन, राजनीतिक संस्थानीकरण के संदर्भ में यह संक्रमण का दौर भी था। चौथे आम चुनाव से पहले और बाद में पार्टी के बड़े नेता गठजोड़ बनाने और कायम रखने, रणनीतिक लाभ हासिल करने और निजी महत्त्वाकांक्षाओं

को संयमित करने की कवायद में लगे देखे जा सकते थे। कांग्रेस में उम्मीदवारों का चयन करते समय नेताओं की एक आँख प्रधानमंत्री के चुनाव पर टिकी हुई थी। कांग्रेस की अंदरूनी राजनीति में चुनाव के बाद होने वाले नेतृत्व के लिए संघर्ष की आहट सुनी जा सकती थी। पार्टी शीर्ष से लेकर चुनाव क्षेत्र स्तर तक बँटती जा रही थी। १९६९ में नेतृत्व का मसला फिर उभरा और 'सामूहिक नेतृत्व' के भीतर संघर्ष शुरू हो गया कि पार्टी पर किसका नियंत्रण होगा। यह राजनीतिक होड़ १९६७ की तरह सूचनाओं के मुक्त प्रवाह और खुले संपर्क-सूत्रों के लोकतांत्रिक माहौल में न होकर परस्पर संदेह के माहौल में हो रही थी। राजनीतिक केंद्र में सक्रिय परस्पर विरोधी ताकतों ने अपने दरवाजे बंद कर लिए थे, और वे एक-दूसरे से दूर होती जा रही थीं।

१९६९ का राष्ट्रपति चुनाव : पिछले विश्लेषण से स्पष्ट है कि भारतीय दलीय प्रणाली में सरकार और संगठन के बीच टकराव की एक अंतर्धारा चलती रहती थी, जिसे १९६७ तक जिसे कांग्रेस आलाकमान खुद एकजुट रहकर निचले स्तर पर विवादों का निबटारा करके किसी तरह काबू में बनाये रखता था। लेकिन, प्रधानमंत्री पद के लिए संघर्ष ने इन विवादों को शीर्ष तक पहुँचा दिया। पार्टी के बंगलूर अधिवेशन में संगठन के अध्यक्ष निजलिंगप्पा और सरकार की मुखिया इंदिरा गाँधी के बीच खुला टकराव हो गया। इस संघर्ष में व्यक्तित्वों का टकराव तो था ही, साथ ही दो भिन्न समर्थन आधारों और दो अलग-अलग कार्यक्रमगत निष्ठाओं की टक्कर भी शामिल थी। नेतृत्व के लिए संघर्ष के तीन नतीजे निकले : पहला, कामराज योजना के कारण दब गया वह मुद्दा फिर मुखर हो गया कि प्रधानमंत्री और उनकी सरकार की कांग्रेस पार्टी के सत्ता-समीकरण में क्या हैसियत है। दूसरा, सांगठनिक संघर्ष में जीतने के लिए पार्टी के बाहर भी गोलबंदी की जाने लगी। श्रीमती गाँधी ने वाम दलों, द्रमुक और अन्य क्षेत्रीय दलों को अपनी ओर खींचा, एवं संगठन के दिग्गजों ने जनसंघ और स्वतंत्र पार्टी से समर्थन माँगा। तीसरा, परिणामस्वरूप हुए ध्रुवीकरण ने क्षेत्रीय स्वरूप ग्रहण कर लिया। उत्तर भारत, पश्चिम बंगाल, केरल और मद्रास श्रीमती गाँधी के साथ गया; और पश्चिम भारत, राजस्थान और मैसूर संगठन के दिग्गजों के साथ। इस घटनाक्रम ने उस आम सहमति की चूलें हिला दीं जिसे हम अभी तक 'कांग्रेस सहमति' के नाम से पेश करते रहे हैं। वाम और दक्षिण की वे सीमाएँ

भी मिट गयीं जिनके कारण कांग्रेस का केंद्र अपनी पहचान बनाये रखता था। देश की राजनीति एक नये स्पर्द्धामूलक गठजोड़ों के दौर में चली गयी।

यह संघर्ष संकट के दौर में तब पहुँचा जब अगस्त १९६९ में होने वाले राष्ट्रपति के चुनाव के लिए पार्टी के उम्मीदवार को चुनने के प्रश्न पर प्रधानमंत्री कांग्रेस संसदीय बोर्ड में हुए मतदान में हार गयीं। इंदिरा गाँधी को लगा कि यह तो उनकी हैसियत घटाने और अंत में उन्हें सत्ता से हटाने की डिजाइन है। उन्होंने इसका जवाब कई आक्रामक कदमों से दिया। उन्होंने मोरारजी को उपप्रधानमंत्री पद से लगभग बर्खास्त कर दिया, आनन-फानन में एक अध्यादेश निकालकर बैंकों के राष्ट्रीयकरण के जरिये एक 'रेडिकल' आर्थिक कार्यक्रम की शुरुआत कर दी और राष्ट्रपति के चुनाव में सांसदों और विधायकों से आत्मा की आवाज पर वोट डालने की अपील की। कांग्रेस अध्यक्ष ने आत्मा की आवाज पर वोट डालने का विरोध किया और नतीजतन राष्ट्रपति के चुनाव की मुहिम पार्टियों की सीमा से परे जाकर अभूतपूर्व ढंग से चली। परिणाम यह हुआ कि विपक्ष के उम्मीदवार वी.वी. गिरि ने आजादी के बाद पहली बार कांग्रेस के उम्मीदवार नीलम संजीव रेड्डी को पराजित कर दिया। यह संगठन की ताकत और प्रधानमंत्री के पद की ताकत के बीच हुए मुकाबले की परिणति थी। राष्ट्रपति के चुनाव में इंदिरा खेमे की जीत से ऐसा लगने लगा था कि प्रधानमंत्री पार्टी के संगठन पर काबिज दिग्गजों के ऊपर अपनी श्रेष्ठता हासिल कर लेंगी। साथ ही यह भी प्रतीत हो रहा था कि कांग्रेस के प्रभुत्व के तहत एक बार फिर वामोन्मुखी सहमति कायम हो जाएगी।

दूसरी तरफ १९६९ के राष्ट्रपति चुनाव ने भारतीय दलीय प्रणली का खुला चरित्र और उसके खुलेपन से निकलने वाली अस्पष्टताएँ भी स्पष्ट कर दीं। परस्पर संदेह और कटुता की भावना ने पार्टी के भीतर संचार के रास्ते अवरुद्ध कर दिये थे, पर चुनाव प्रचार इस तरह का हुआ था जिसमें सभी प्रमुख पार्टियों और कांग्रेस के सभी प्रमुख धड़ों ने खुल कर भाग लिया था। कांग्रेस के धड़ों ने अन्य पार्टियों का इस्तेमाल संगठन में अपनी स्थिति मजबूत करने के लिए किया था, और कम्युनिस्टों ने एक तरफ से और जनसंघ व स्वतंत्र पार्टी ने दूसरी तरफ से कांग्रेस के प्रतिद्वंद्वी धड़ों का इस्तेमाल दलीय प्रणाली के तहत नये गठजोड़ों की संभावनाएँ तलाश करने के लिए किया था। इस चुनाव में संसाधनों की गोलबंदी और खुल कर संघर्ष करने में किसी तरह

की हिचक नहीं दिखाई गयी थी। किसी को इस बात का डर नहीं था कि इस तरह की चुनावी मुहिम से दलीय प्रणाली ध्रुवीकरण का शिकार हो जाएगी और व्यवस्था के संचालन में बाधा आ सकती है। यह एक ऐसा ध्रुवीकरण था जो राजनीतिक-विचारधारात्मक किस्म का भी था, और क्षेत्रीय-सांप्रदायिक किस्म का भी। हालाँकि चुनाव के दौरान और बाद में कांग्रेस में खुले विभाजन की हालत में केंद्रीय सरकार के अस्थिर होने के कयास हवा में रहे, पर लोकतंत्र के लिए किसी खतरे की बात नहीं की गयी। चुनाव के बाद पार्टी की कार्यसमिति बैठी और हालात की नजाकत को देखते हुए उसने एक 'एकता प्रस्ताव' पारित कर दिया जिसे यशवंतराव चव्हाण ने पेश किया था। पार्टी को बिखराव से बचाने में उनकी विशेष भूमिका थी।

एक तरह से उत्तराधिकार के तीन संकटों के मुकाबले नेतृत्व का यह संकट पार्टी के लिए ज्यदा अहम साबित हुआ। इस दौरान कांग्रेस प्रणाली पर टूट की हद तक दबाव पड़ा और अपनी तंदरुस्ती बहाल करने की उसकी क्षमता की परीक्षा भी हो गयी। इस संकट की वजह से विभिन्न स्तरों पर नये गठजोड़ों और टकरावों की शुरुआत हो गयी, बहसों और मुद्दों की सफाई का दौर चल निकला और एक नये तरह की राजनीतिक प्रतियोगिता ने जन्म लिया। अब लोकतांत्रिक प्रक्रिया के सामने यह दुविधा खड़ी थी कि संसाधनों और राजनीतिक हैसियत के लिए पड़ने वाले दबाव की स्थिति में राजनीतिक प्रणाली का संचालन कैसे किया जाना चाहिए।

जिस समय कांग्रेस इस संकट से गुजर रही थी, गैर-कांग्रेस कतारें फूट का सामना कर रही थीं। मध्यावधि चुनावों के सिलसिले और लगातार गठजोड़-रचना ने उन्हें थका दिया था। कई गैर-कांग्रेस पार्टियाँ गठजोड़ के लायक साबित नहीं हुई थीं। हितों, विचारधाराओं और शख्सियतों के आधार पर उनमें दरारें पड़ गयी थीं। कुछ पार्टियाँ तो कांग्रेस की ही तरह उत्तराधिकार के संकट का सामना कर रही थीं। विपक्ष की सर्वाधिक गतिशील पार्टी संसोपा को राममनोहर लोहिया की मृत्यु ने विभाजित कर दिया था। साठ के दशक की शुरुआत में विचारधारात्मक फाँकें हो जाने के बाद कम्युनिस्ट पार्टियाँ अपनी विख्यात एकता और अनुशासन गँवा चुकी थीं। जयप्रकाश नारायण के सर्वोदयी हो जाने और अशोक मेहता द्वारा 'पिछड़ी अर्थव्यवस्था की मजबूरियों' वाली थीसिस के प्रवर्तन के बाद से प्रसोपा नेता-विहीन थी। लगता था कि स्वतंत्र पार्टी को राष्ट्रीय नेतृत्व की जरूरत में ही यकीन नहीं

रह गया है। कांग्रेस के असंतुष्ट गुटों के पास नेता ही नेता थे, अनुयायी नहीं। केवल जनसंघ के पास एकजुटता और लक्ष्य के प्रति निष्ठा दिख रही थी, हालाँकि उसकी कतारें भी कांग्रेस की तर्ज पर धड़ेबंदी की शिकार थीं। लेकिन दिक्कत यह थी कि जिस तरह द्रमुक मुख्यत: दक्षिण की पार्टी थी, उसी तरह जनसंघ मुख्यत: उत्तर की पार्टी था। ये हालात बता रहे थे कि नेहरू की मृत्यु के बाद और कांग्रेस के वर्चस्व के दरक जाने के बाद देश की राजनीतिक हालत कितनी तरल हो गयी थी। चुनावी नजरिये से कमजोर हो जाने के बाद भी कांग्रेस ही व्यवस्था को टिका पाने की स्थिति में थी, पर परिस्थितियाँ कुछ इस प्रकार की बन रही थीं कि उसकी इस क्षमता पर भी संदेह किया जाने लगा था।

अधिकारीतंत्र की भूमिका : राजनीतिक परिस्थिति की इस तरलता के समय व्यवस्था को टिकाये रखने में अधिकारीतंत्र की खामोश भूमिका को कम करके नहीं आँका जा सकता। इस तंत्र के महत्त्व की चर्चा चौथे अध्याय में विस्तार से की जा चुकी है। यहाँ केवल इतना कहना काफी होगा कि यह तंत्र न केवल लोक-प्रशासन की निरंतरता कायम रखने वाला साबित हुआ, बल्कि वरिष्ठ सरकारी अफसरों ने अहम फैसले लेने में निर्णायक भूमिका भी निभायी। शास्त्री और इंदिरा गाँधी ने फ़ैसले लेने में हर स्तर पर अधिकारियों पर भरोसा किया। चाहे पाकिस्तान से युद्ध का वाकया हो, या ताशकंद वार्ता हो, या फिर दिल्ली में सरकार का संचालन हो, अधिकारीतंत्र की भूमिका देखी जा सकती थी। एल.के. झा, एल.पी. सिंह और पी.एन. हक्सर जैसे वरिष्ठ अफसरों, काबीना सचिवालय, प्रधानमंत्री के सचिवालय की बढ़ती भूमिका और उच्चस्तरीय कमेटियों में अधिकारियों की भागीदारी से जाहिर था कि निर्णय प्रक्रिया केवल नेताओं के हाथ में न होकर मिले-जुले चरित्र की बन चुकी है। वह जमाना कभी का जा चुका था जब काबीना मंत्री भी नेहरू के सामने मुँह खोलने से घबराते थे।

कुल मिलाकर स्थिति यह थी कि राजनीति के विकास ने एक नये तरह की सहभागिता और पाने गँवाने के आधार पर समझौते करने की प्रवृत्ति पैदा कर दी थी। इनके कारण केंद्र से परिधि की ओर हुई गति से विविधताओं और नयी अस्मिताओं की चेतना निकल रही थी। नयी माँगें और नयी दूरियाँ विखंडनकारी भी हो सकती थीं और एकताकारी भी। देश के नेताओं के सामने इस या उस नीति में से किसी एक को चुनने का सवाल नहीं था। उनकी

समस्या जटिल थी। उन्हें विकास के जरिये एकता की गारंटी करनी थी। उन्हें लाभों ही नहीं मूल्यों के भी विकीर्णन के जरिये राजनीतिक केंद्र को सुदृढ़ करना था। प्रांतीय माँगों को गठजोड़-रचना की प्रक्रिया में आत्मसात करना था। ये चुनौतियाँ विचारधारात्मक कम और परिणामगत अधिक थीं। देश एकता में अनेकता के एक स्तर से दूसरे स्तर की तरफ गति कर रहा था।

विविधता को आत्मसात करने के दबाव

भारतीय समाज जिन विविधताओं से मिलकर बना था, राजनीति का आधुनिकीकरण उनका भी राजनीतिकरण करता जा रहा था। जाति, धर्म, भाषा और क्षेत्र राजनीतिक रुख अख्तियार करते जा रहे थे। जातियों पर आधुनिक राजनीति के असर का विश्लेषण छठे अध्याय में किया जा चुका है। दूसरे अध्याय में धर्म के आधार पर हुए विभाजन, उसके कारण हुई हिंसा और समाज में पड़ चुकी गहरी दरारों की तरफ ध्यान खींचा गया है।

यद्यपि राष्ट्र को विभाजन की बहुत बड़ी कीमत चुकानी पड़ी, और यह सिलसिला अभी तक खत्म नहीं हुआ है, पर साठ के दशक के अंत तक यह लगने लगा था कि विभाजन की त्रासदी ने नवस्वाधीन राष्ट्र को दो तरह के सबक भी दिये हैं। पहला सबक यह था कि हर कीमत पर एकता, व्यवस्था और केंद्रीय प्राधिकार को कायम रखा जाना चाहिए, और दूसरा सबक नाना प्रकार के तत्त्वों और देश को एक साथ रखने की राजनीतिक आवश्यकता का था। जबसे संविधान सभा ने देश को एक केंद्रात्मक और समायोजनकारी चरित्र वाला संविधान दिया था, तभी से एकता राष्ट्रीय राजनीति का पर्याय बनी हुई थी। विभाजन और उसकी हिंसा ने भारतीय अभिजनों को राजकाज की कला की जरूरतों के प्रति काफी संवेदनशील बना दिया था। राष्ट्र का राजनीतिक ढाँचा खड़ा करते-करते वे जान गये थे कि राजनीतिक स्वायत्तता और प्रभुत्व को कैसे कायम रखा जाता है।

नवस्वाधीन राष्ट्रों के जीवन में विविधता को आत्मसात करके राष्ट्रीय एकता की गारंटी करना कोई आसान काम नहीं था। एशिया और अफ्रीका के अधिकांश राष्ट्रों को औपनिवेशिक विरासत के रूप में बना बनाया एकीकृत भू-क्षेत्र मिला था। उन्हें न तो 'राज्य' बनाना पड़ा था, और न ही 'राष्ट्र'। लेकिन यह एकता वास्तविक नहीं थी। इन देशों के नेता जिसे अपना प्रभुत्व समझ रहे थे, वह केवल प्रभुत्व का भ्रम था। वे प्राधिकार और आम सहमति

के प्रश्नों के प्रति आवश्यक संवेदनशीलता प्रदर्शित नहीं कर पाए। इसलिए जब ये मुद्दे अचानक उठ खड़े हुए तो वे चकित रह गये। न्क्रुमा के नेतृत्व में घाना और सुकर्ण के नेतृत्व में इंडोनेशिया इस प्रवृत्ति के प्रबल उदाहरण थे। मध्य-पूर्व के बड़े-बड़े हिस्सों में नासिर की कथित लोकप्रियता इतिहास के गर्भ से अनायास पैदा हुई राष्ट्रीय अस्मिताओं की व्यापक अस्थिरता का शिकार साबित हुई। दूसरी तरफ कांगो और नाइजीरिया के गृह युद्धों ने उन देशों के नेताओं को एकता और राष्ट्रीय अस्मिताओं से जुड़ी समस्याओं की यथार्थ अनुभूति करायी। भारत में भी विभाजन ने और कुछ किया हो या न किया हो, उसने हमारे नेताओं को राष्ट्रत्व और प्रभुत्व कायम करने की राजनीति का तात्पर्य जरूर समझा दिया था। भारतीय जनता की संरचना विभिन्न जातियों और धर्मों से तैयार हुई थी और आधुनिक राजनीति इन पहचानों के साथ बृहत्तर राजनीतिक और गठजोड़मूलक प्रक्रियाओं के तहत अन्योन्यक्रिया कर लेती थी। लेकिन, जातीयता की माँगों के साथ समायोजन करना कहीं मुश्किल था। जातीय अस्मिता विभिन्न धर्मों और जातियों को मिलाकर बनी अस्मिताएँ थीं। उनकी वजह से राष्ट्रीय एकता को ज्यादा खतरा पैदा हो रहा था।

भाषाई विविधता और राष्ट्रीय एकता : भारतीय समाज का भाषाई समीकरण कनाडा, बेल्जियम, स्विटज़रलैंड या सोवियत संघ के उदाहरणों से नहीं समझा जा सकता था। यूरोपीय राष्ट्रवाद के तहत भाषा और राजनीति में एक निर्णायक संबंध बन गया था, पर भारत में यह समस्या बहु-आयामी थी। सदैव से बहुभाषी सभ्यता के रूप में भारतीय समाज विशेष किस्म की अभिजन भाषाओं और स्थानीय, क्षेत्रीय और अखिल भारतीय भाषाओं के बीच अन्योन्यक्रिया के साथ रहता आया था। भाषाओं का यह आपसी संबंध लंबवत भी था और क्षैतिज भी। विभिन्न ऐतिहासिक युगों में भाषाओं का विकास कुछ इस तरह हुआ था कि उससे एकता और आत्मसातीकरण के विशिष्ट भारतीय तौर-तरीकों की रचना हुई थी। भाषाओं के विकास का ही परिणाम था कि भारतीय समाज पुराने जमाने में नाना प्रकार के समूहों की एकजुटता, सेकुलर समायोजन और सांस्कृतिक मानकों का अनुपालन उपलब्ध कर पाया। आजादी के बाद भारतीय नेतृत्व की भाषाई नीति में भी इसी तरह के तत्त्व देखे जा सकते थे। हमारी भाषा नीति में हिचक के पहलू थे जिसके तहत किसी एक फैसले के सूत्रीकरण के बजाय धीरे-धीरे समझौते

के जरिये एक भाषाई बंदोबस्त करने की तरफ बढ़ा जा सकता था।

किसी एक भाषा के प्रभुत्व को राष्ट्रीय एकता का पर्याय मानना भारतीय उदाहरण पर फिट नहीं बैठ रहा था। अपने राष्ट्रवादी रेडिकलिज्म में डूबे हुए लोग भी किसी एक भाषा का फारमूला सुझाने से बाज आ रहे थे। भाषाई कट्टरता की राजनीति करने वाले जनसंघ, संसोपा और द्रमुक जैसे दल भी धीरे-धीरे मध्यवर्ती रूप ग्रहण करते जा रहे थे। भाषाई समस्या न केवल भारतीय एकता की कड़ी परीक्षा ले रही थी, बल्कि उसके कारण सभी दल बहुलवादी हल अपनाने की तरफ भी जाते हुए प्रतीत हो रहे थे।

१९२७ के लिंग्विस्टिक सर्वे ऑव इंडिया में १७९ भाषाओं, ५४४ बोलियों और कुल मिलाकर १,६५२ 'मातृ भाषाओं' का जिक्र मिलता है। १९६१ की जनगणना में १,०१८ भाषाओं के बोलने वाले दर्ज किये गये थे। यह विकट भाषाई विविधता चार भाषा-परिवारों के तहत श्रेणीबद्ध की जा सकती थी : इंडो-आर्यन, द्रविड़, तिब्बती-चीनी और ऑस्ट्रो-एशियाटिक। खास बात यह थी कि महज दो फीसदी को छोड़कर बाकी सभी भाषाएँ या तो इंडो-आर्यन श्रेणी (७३.७३ फीसदी) में आती थीं या फिर द्रविड़ श्रेणी (२४.५ फीसदी) में। इन दो भाषा परिवारों के तहत आनी वाली भाषाएँ भी एक-दूसरे से आदान-प्रदान की सतत प्रक्रिया के चलते दो बड़े-बड़े भाषाई क्षेत्रों की रचना करती थीं। क्षेत्रीय भाषाई पट्टियों में भी साहित्य-रचना और राजनीतिक प्रयोग में आने वाली मानकीकृत भाषाएँ, अमानकीकृत ग्रामीण बोलियाँ और क्षेत्रीय बोलियाँ एक परस्परव्यापी प्रभाव से गुजरती रही थीं। संविधान की आठवीं अनुसूची में १४ मुख्य भाषाओं को दर्ज करते समय भी इन भाषाई आयामों को स्वीकार किया गया है। १९६१ की जनगणना में देश के ८७ फीसदी लोगों ने इन्हीं १४ भाषाओं को अपनी मातृभाषाओं के रूप में दर्ज कराया था। शिक्षा, शहरीकरण और राजनीतिक विकास के प्रभाव में क्षेत्रीय स्तर पर भाषाओं का खासा मानकीकरण हो चुका था। उनके साहित्य भी काफी विकसित था। भारत की भाषाई विविधता खामोशी से क्षेत्रीय एकीकरण की दिशा में बढ़ रही थी। इस प्रक्रिया की तरफ साठ के दशक के अंत तक कुछ ही भाषाविदों और नृतत्त्वशास्त्रियों का ध्यान जा पाया था।

भाषाई विविधता का एक अन्य पहलू यह भी था कि संभवत: प्राचीन काल को छोड़कर हमेशा एक या एक से अधिक कुछ भाषाएँ ऐसी जरूर रही हैं जिनका प्रयोग पूरे भारत में होता रहा है। सबसे पहले संस्कृत थी, फिर

फारसी रही, फिर उर्दू और उन्नीसवीं सदी से अंग्रेजी और हिंदी-उर्दू मिश्रित हिंदुस्तानी। आजादी के बाद राष्ट्र भाषा का प्रश्न विवादग्रस्त हो गया। बहस चल पड़ी कि ब्रिटिश राज की विरासत के रूप में अंग्रेजी को राष्ट्र भाषा का दर्जा दिया जाए या फिर संविधान के मुताबिक हिंदी को। यह विवाद साठ के दशक तक खत्म नहीं हुआ था। केवल एक बात गारंटी से कही जा सकती थी कि भाषाई विविधता के बीच कुछ समरूपता और केंद्रीयता की प्रवृत्तियाँ भी काम कर रही थीं जो भारत के राजनीतिक आधुनिकीकरण के साथ-साथ और मजबूत होने वाली थीं।

इस समस्या का सबसे विकट पहलू था अंग्रेजी में पारंगत अभिजनों का भारतीय भाषाएँ बोलने वाली जनता के साथ अलगाव। अंग्रेजी जानना अफसरशाही, ऊँचे पेशों और यहाँ तक कि राष्ट्रीय आंदोलन में अच्छी हैसियत का पासपोर्ट था। ये अभिजन अपनी मातृ भाषाओं और स्थानीय संस्कृतियों के विकास में कोई दिलचस्पी नहीं लेते थे। यह भाषाई फाँक आज तक जारी है। आजादी के आंदोलन के दौरान गाँधी के नेतृत्व में हुए जनांदोलन के तहत अभिजनों की अंग्रेजी, राष्ट्र भाषा बनने के लिए प्रस्तावित हिंदी और क्षेत्रों की मानक भाषाओं के बीच एक तरह का संवाद स्थापित हुआ था। स्थानीय अभिजनों ने क्षेत्रीय साहित्यिक और राजनीतिक रूप विकसित करने शुरू किये थे। आंदोलन की विचारधारा और संघर्ष की विधि क्षेत्रीय माध्यमों से जनता तक पहुँचाई जाती थी। गाँधी के आग्रह पर रचनात्मक कार्य के तहत जन-शिक्षण की मुहिम के जरिये देहातों के साथ राष्ट्रीय आंदोलन का संपर्क प्रगाढ़ करने की कोशिशें की गयी थीं। आंदोलन के दौरान ही भाषाई अस्मिताएँ मजबूत हुईं और स्वायत्तता की माँग पैदा हुई। अंग्रेजी की जगह हिंदी और अन्य क्षेत्रीय भाषाओं को लाने का आग्रह प्रबल हुआ। नेतृत्व ने उसूलन इन बातों को माना, पर इन्हें जमीन पर उतारने का कार्यभार पूरा नहीं किया जा सका। आजादी के बाद भी इस विवाद के रास्ते में आने वाली बाधाओं को दूर नहीं किया गया। नेहरू और उनके आधुनिकतावादी साथियों ने संकीर्ण प्रांतीयता के डर का राग अलापना जारी रखा जिसके कारण समस्या को हल करने के बजाय टाला जाता रहा। कुछ निश्चित किस्म की भाषाई नीतियाँ तब बनायी गईं जब क्षेत्रीय अभिजनों ने ताकतवर होने के बाद केंद्रीय नेताओं पर पर्याप्त दबाव डाला। भाषाई मसले जैसे कठिन मुद्दे हल करने के बारे में नेतृत्व का रवैया हर मामले में एक ही साबित हुआ है : जब तक

संकट सिर पर नहीं आ जाता, तब तक नेतागण कोई फैसला लेने से कतराते रहते हैं। यद्यपि कांग्रेस उपनिवेशवाद विरोधी संघर्ष के समय से ही इस वायदे के प्रति प्रतिबद्ध थी, पर नेतृत्व के इसी हीले-हवाले के कारण भाषाई आधार पर देश के पुनर्गठन का आंदोलन विस्फोटक स्थिति में पहुँचा, आमरण अनशन की नौबतें आयीं, पुलिस ने गोली चलायी, खून बहा। पिछले अध्यायों में हम देख चुके हैं कि भाषाई राज्यों की अभूतपूर्व रूप से ऐतिहासिक रचना का भारतीय लोकतंत्र को क्या फायदा हुआ, किस तरह आधुनिकतावादियों के डर पूरी तरह गलत साबित हुए, देश की एकता मजबूत हुई, अभिजनों और आम जनता के बीच की खाई कुछ कम हुई, विकास की गंगा को धरती तक पहुँचाने में मदद मिली, क्षेत्रीय अस्मिताओं के राजनीतिकरण ने उन्हें व्यवस्थित किया जिससे एक तरह की 'संघात्मक सहमति' बन पायी और केंद्र परिधि की तरफ अपना विस्तार कर सका।

कहना न होगा कि इस कामयाबी के बावजूद सारे देश की एक भारतीय संपर्क भाषा का लक्ष्य अधूरा रह गया। अंग्रेजी को यह दर्जा नहीं दिया जा सकता था। इसके बाद केवल हिंदी ही एकमात्र ऐसी भाषा थी, जिसके जरिये यह मकसद हासिल किया जा सकता था। लेकिन, आजादी के आंदोलन के दौरान गैर-हिंदी इलाकों में हिंदी का पर्याप्त प्रसार नहीं किया जा सका। न ही संविधान द्वारा प्रदत्त पंद्रह साल की अवधि में हिंदी प्रचार का आंदोलन यह काम कर सका। हिंदी को 'राष्ट्रीय' के बजाय 'राज ' भाषा कहा जाता रहा। १९६५ के बाद संसद द्वारा इस मसले की दोबारा समीक्षा होनी थी।

लेकिन, इससे पहले ही क्षेत्रीय अस्मिताएँ और प्रबल हो चुकी थीं। बंगाली, तमिल, तेलुगू और मराठी जैसी क्षेत्रीय भाषाओं के समृद्ध साहित्यिक विकास के सामने हिंदी बौनी साबित होने लगी। दूसरी तरफ हिंदी के कट्टरपंथियों ने शुद्धतावादी रवैया अपनाकर खुद को और अलगाव में डाल लिया। कुल मिलाकर हिंदी अधिसंख्यक लोगों द्वारा बोली जाने वाली एक क्षेत्रीय भाषा ही रह गयी। गैर-हिंदी भाषाई अभिजन हिंदी को इससे ज्यादा हैसियत देने के लिए तैयार नहीं थे। १९६५ के पहले जैसे ही राज भाषा समिति और इस मसले पर बनी सांसदों की समिति की रपट आयी वैसे ही गैर-हिंदी भाषी इलाकों में प्रतिक्रिया दिखने लगी और हिंदी विरोधी आंदोलनों की खबरें आने लगीं। इन रपटों में लचीलापन तो था, लेकिन वे १९६५ के बाद राजभाषा के तौर पर हिंदी द्वारा अंग्रेजी को क्रमश:

प्रतिस्थापित करने की बात भी कहती थीं।

इन दबावों की प्रतिक्रिया में नेहरू ने गैर-हिंदी राज्यों को निजी तौर पर आश्वासन दिया कि जब तक वे चाहेंगे उनके लिए अंग्रेजी अनिश्चित काल तक सहयोगी राज भाषा बनी रहेगी। नेहरू की मान्यता थी कि हिंदी थोपी नहीं जानी चाहिए। इसके बाद सरकार और कांग्रेस पार्टी के सभी भाषा-विषयक वक्तव्य इसी के अनुसार बदलते चले गये।

नेहरू के निजी आश्वासन से दक्षिणी राज्य संतुष्ट जरूर हो गये, लेकिन १९६४ में नेहरू का देहांत होते ही प्रशासन के रुटीन सर्कुलरों में हिंदी को राजभाषा के तौर पर अंग्रेजी की जगह लाने का आग्रह फिर से प्रगट होने लगा। दक्षिणी राज्यों का चिढ़ना जारी रहा। २६ जनवरी १९६५ को गणतंत्र दिवस के अवसर पर संकट चरम पर पहुँच गया जब मद्रास में दो द्रमुक नेताओं ने हिंदी के विरोध में आत्मदाह कर लिया। पूरे राज्य में हिंसा फूट पड़ी। छात्रों ने भाषाई संघर्ष के लिए अपना संगठन बना डाला। मद्रास के दो मंत्रियों ने केंद्रीय मंत्रिमंडल से इस्तीफा दे दिया जिनमें एक तो काफी प्रतिष्ठित कांग्रेसी नेता था। इस दबाव में नीतिगत परिवर्तन करना पड़ा और कुछ अस्पष्टताओं के बावजूद भाषाई फारमूला सूत्रबद्ध किया गया।

यह था त्रिभाषा सूत्र जिसकी तैयारी काफी अरसे से चल रही थी, लेकिन इसकी घोषणा हिंदी विरोधी आंदोलन के दबाव में और कांग्रेसी व सरकारी हलकों में काफी विचार-विमर्श के बाद ही हो पायी। इसके मुताबिक हर राज्य को अपना सरकारी कामकाज अपनी भाषा में करने का अधिकार था। वह अपने विश्वविद्यालयों में शिक्षा का माध्यम भी राज्य की भाषा को बना सकता था। अंग्रेजी राज्यों के बीच संपर्क की भाषा रहनी थी (हिंदी में लिखे गये पत्र के साथ उसका अंग्रेजी अनुवाद भी नत्थी किया जाना था)। गैर-हिंदी राज्य केंद्र के साथ अंग्रेजी में संपर्क कर सकते थे। अंग्रेजी संसद समेत केंद्र की राज भाषा रहनी थी। सरकारी नौकरियों के इम्तहान अंग्रेजी, हिंदी और अन्य क्षेत्रीय भाषाओं में होने थे। साथ में हिंदी के विकास के लिए एक चरणबद्ध कार्यक्रम चलाया जाना था। हालाँकि त्रिभाषा सूत्र से कोई पूरी तरह खुश नहीं हुआ, पर इसके आधार पर सहमति विकसित करने की धीमी प्रक्रिया जरूर चालू हो गयी।

मुख्य मतभेद इस बात पर था कि इस सूत्र को लागू करने के लिए संविधान में संशोधन किया जाए या सिर्फ संसद के साधारण प्रस्ताव से काम

चला लिया जाए। पाकिस्तान से युद्ध के कारण यह मसला कुछ टला, पर आखिरकार संसद ने प्रस्ताव पास कर दिया। मद्रास विधानसभा ने हिंदी की किसी भी भूमिका को एकतरफा खारिज करके कुछ हलचल जरूर मचायी, पर बाद में महसूस किया गया कि यह कदम किसी भी तरह की आंदोलनकारी गड़बड़ को रोकने के लिए उठाया गया था। बाद में द्रमुक का नेतृत्व त्रिभाषा सूत्र को लागू करने के लिए राजी हो गया। जनसंघ ने भी हिंदी के समर्थन में अपना मताग्रही रवैया छोड़कर त्रिभाषा सूत्र को मान्यता दे दी, क्योंकि उसकी महत्त्वाकांक्षाएँ राष्ट्रीय थीं और वह हिंदी पर अड़ कर दक्षिण भारत में अपनी जगह नहीं बना सकता था। द्रमुक सत्ता में आने के बाद अपना अड़ियल पैंतरा काफी हद तक नरम कर चुकी थी। सत्ता के स्पर्श ने उसे बीच के रास्ते पर चलना सिखा दिया था।

इस तरह कहा जा सकता है कि पचास के दशक में राज्यों के पुनर्गठन का मसला और साठ के दशक में भाषाई संकट के कारण बना त्रिभाषा सूत्र खुले टकराव के जरिये हल हुआ। एकबारगी देश की एकता खतरे में पड़ने के अंदेशे जरूर पैदा हुए, पर व्यवस्था ने आखिरकार दोनों संकटों पर पार पा लिया। ऐसा लगा कि उसमें भाषाई उपराष्ट्रीयता के आधार पर पैदा होने वाले राजनीतिक असंतोष से निबटने का माद्दा और भी ज्यादा है। इस बीच १९६१ की जनगणना ने बताया कि गैर-हिंदी राज्यों में दूसरी भाषा के तौर पर हिंदी और उर्दू शिक्षा, व्यापार और जन-माध्यमों की मदद से अंग्रेज़ी के मुकाबले थोड़ी आगे चल रही है। कुल मिलाकर हिंदी के विस्तार की रफ्तार काफी थी। अंग्रेजी का भी विस्तार हो रहा था, क्योंकि माध्यमिक स्कूलों में उसका अध्ययन अनिवार्य था, उच्च शिक्षा के कई 'केंद्रीय' संस्थानों में वह शिक्षा का माध्यम थी, समाचार माध्यमों और प्रकाशन जगत में उसका बोलबाला था। एक तरह से सभी प्रगतिकांक्षी समूह हिंदी और अंग्रेजी को विभिन्न स्तरों पर इस्तेमाल करना सीख रहे थे। इस तरह कुल मिलाकर साठ के दशक तक देश का भाषाई नजारा एक बार फिर वैसा ही हो गया था, जैसा कि हमेशा से था : एक अभिजन भाषा (अंग्रेजी), बड़े पैमाने पर कई तरह से बोली जाने वाली एक जनता की भाषा (हिंदी), क्षेत्रों की मानकीकृत भाषाएँ और बहुत-सी उपक्षेत्रीय व स्थानीय बोलियाँ। क्षेत्रीय भाषाई मानकों और स्थानीय बोलियों के बीच की खाई कम होती दिख रही थी। इस स्थानीय एकीकरण के साथ हिंदी और अंग्रेजी के रूप में दो राष्ट्रीय भाषाओं का विकास हो रहा था।

लगता था कि यही स्थिति इस देश में हमेशा के लिए चलने वाली है।

क्षेत्रीयतावाद और पृथकतावाद का खतरा : साठ के दशक में सेलिग हैरिसन जैसे अमेरिकी विद्वानों ने भविष्यवाणी कर दी थी कि अस्मिताओं के दबाव में भारत या तो टुकड़े-टुकड़े हो जाएगा या फिर उसके लोकतंत्र की जगह अधिनायकत्व ले लेगा। विनाश के इन भविष्यवाचकों की निगाह ऐतिहासिक मिथकों, जाति, जातीयता, क्षेत्रीय अस्मिता के आधार पर सूत्रबद्ध किये गये उन शक्तिशाली बौद्धिक सूत्रीकरणों पर थी जो भारत संघ से स्वायत्तता की वकालत करते थे। ऐसा ही एक आंदोलन द्रविड़ अस्मिता को केंद्र बनाकर मुख्यत: पुराने मद्रास राज्य में शुरू हुआ था। मोटे तौर पर यह उस गैर-ब्राह्मण आंदोलन की निरंतरता में ही था जो सरकारी और राजनीतिक पदों पर ब्राह्मणों की इजारेदारी के विरोध पर केंद्रित था। गैर-ब्राह्मण आंदोलन का नेतृत्व १९१७ से द्रविडियन एसोसियेशन और साउथ इंडियन लिबरल फेडरेशन (जस्टिस पार्टी) के हाथ में था। १९१४ में स्थापित उग्र तमिलों के संगठन द्रविड़ कझगम (द्रक) ने दक्षिण भारत की द्रविड़ जनता को अंग्रेजों द्वारा आर्यों को सत्ता हस्तांतरित करने के खिलाफ आगाह किया और अलग द्रविड़स्थान की माँग करते हुए भारतीय राज्य से पूरी तरह पृथक हो जाने की पैरोकारी की।

लेकिन, १९५४ में जैसे ही सत्ता गैर-ब्राह्मणों और तमिलीकृत नेतृत्व के हाथ में आयी, वैसे ही नये कांग्रेस मुख्यमंत्री कामराज को द्रक ने समर्थन दे दिया। इससे द्रक में टूट हो गयी और द्रविड़ मुनेत्र कझगम (द्रमुक) का जन्म हुआ जिसने द्रविड़स्थान की मुहिम चलाते रहने का फैसला किया। परंतु, जैसे-जैसे कांग्रेस का तमिलीकरण हुआ और द्रमुक ताकतवर क्षेत्रीय पार्टी बनी, वैसे-वैसे तमिल अलगाववाद ढीला पड़ता गया। द्रमुक ने पहले १९५९ में मद्रास नगर निगम का चुनाव जीता और १९६२ में वह विधानसभा में सबसे बड़ी विपक्षी पार्टी के रूप में उभरी। इसके बाद उसने कई कदम ऐसे उठाये जिनके कारण उसका गैर-संसदीय चरित्र घटता चला गया और उसने वोट के जरिये सत्ता हस्तगत करने का निर्णय किया। आंदोलन में फिर टूट हुई और ई.वी.के. संपत के नेतृत्व में एक हिस्सा द्रविड़स्थान का आंदोलन चलाने पर डटा रहा। इसके बाद धड़ेबंदी और गठजोड़ बनाने का सिलसिला शुरू हुआ जिसमें द्रविड़ नेता सी.एन. अन्नदुरै सर्वाधिक कुशल साबित हुए। उनके नेतृत्व में पार्टी को नयी ताकत मिली और वह देहाती इलाकों में फैलती चली गयी।

उसने पृथक राजनीतिक अस्मिता के बजाय आर्थिक-जातिगत समता और भाषाई स्वायत्तता पर जोर देना पसंद किया। १९६७ में द्रमुक राज्य विधानसभा में बहुमत पाने में कामयाब हो गयी। उसके बाद से ही भाषाई प्रश्न के अपवाद को छोड़कर मद्रास (जिसका नाम अब तमिलनाडु पड़ गया है) भारतीय संघ का सर्वाधिक व्यवस्थित और वफादार राज्य बना हुआ है।

१९६७ के बाद से कांग्रेस को राज्य में प्रमुख विपक्षी दल की भूमिका निभानी पड़ी और द्रमुक में कांग्रेस की ही तरह गुटबाजी देखी जाने लगी। इसका मतलब यह था कि तमिलनाडु में भी पार्टी बहुलता की स्थितियाँ बनने लगी थीं। प्राक्-आधुनिक भावनाओं का यह सेकुलर रूपांतरण क्षेत्रीय अभिव्यक्तियों के रूप में देश के अन्य भागों की ही तरह राजनीतिक प्रक्रिया के बहुकेंद्रीय स्वरूप को दर्शा रहा था। स्पष्ट था कि क्षेत्रीय अस्मिता की दावेदारी और फिर उसके राष्ट्रीय अस्मिता में आत्मसातीकरण की प्रक्रिया मूलतः राजनीतिक और गठजोड़मूलक ही थी।

भारत में अलगाववादी भावना गैर-आर्य जातीय समूहों में ही ज्यादा पायी जाती रही है। ऐसे समूहों का अखिल भारतीय सांस्कृतिक मुख्यधारा में कहीं कम और कहीं ज्यादा आत्मसातीकरण हुआ है। इस लिहाज से देश के उत्तर-पूर्व इलाके के जनजातीय समूहों की तरफ से अलगाववाद का खतरा सबसे ज्यादा लग रहा था। राजनीतिकरण के जरिये राजनीतिक प्रतियोगिता और सरकारी पैठ उनके आत्मसातीकरण की रफ्तार को बढ़ा रहे थे, पर साठ के दशक के अंत में यह सिलसिला शुरुआती दौर में ही था। आधुनिकीकरण में निहित अस्मिताओं को प्रबल करने के रुझान के मद्देनजर इस समस्या से निबटने के लिए संघात्मकता के नयी संरचनाओं के विकास की जरूरत दिख रही थी। नगालैंड का गठन करके केंद्र ने नगा पृथकतावाद के तीखेपन को मंद कर दिया था और नगा विद्रोहियों के प्रति नरम रवैया अपनाकर उनकी दलबंदियों में फूट डाल दी थी। असम के जनजातीय दल आल पार्टी हिल लीडर्स कांफ्रेंस की महत्त्वाकांक्षाएँ एक नये राजनीतिक बंदोबस्त के तहत समायोजित कर ली गयी थीं। असम राज्य के तहत एक उपसंघ बना दिया गया जिसके पास काफी स्वायत्तता और संसाधन थे। इससे पहले जम्मू और कश्मीर को विशेष दर्जा देकर एक अन्य संवैधानिक नवाचार का परिचय दिया जा चुका था।

इन सफलताओं के बाद भी उत्तर-पूर्व में मिजो उग्रवाद की समस्या हल

होनी बाकी थी। बिहार के छोटा नागपुर इलाके में, मप्र के जनजातीय हलकों में, दक्षिण गुजरात और ओडीशा के आदिवासी इलाकों में स्वायत्तता की माँगें जोर पकड़े हुए थीं। चूँकि राजनीतिकरण, शिक्षा और आर्थिक विकास का प्रसार नये विभेदों को जन्म देता है, इसलिए ये माँगें भविष्य में बढ़ सकती थीं। कई आदिवासी इलाकों की सीमाएँ चीन और पाकिस्तान की सीमाओं से गिली होने के कारण आदिवासी छापामारों को सीमापार से फौजी प्रशिक्षण की सुविधा भी मिल रही थी। जाहिर है कि सीमापार की चुनौती के मद्देनजर ऐसे सीमाई इलाकों में राजनीतिक गोलबंदी के लिए नयी नीतियाँ अपनाने की जरूरत थी। गृह मंत्रालय प्रयासरत था, लेकिन घरेलू समस्याओं और अंतर्राष्ट्रीय हस्तक्षेप के मिले-जुले असर से पार पाना कोई आसान साबित होने वाला नहीं था।

धरतीपुत्रों की दावेदारी : दो मुद्दे और थे जिनके प्रति नीतिगत अनुक्रिया की जानी थी। हर राज्य में औसतन १८ फीसदी लोग ऐसे थे जिनकी मातृभाषा वहाँ की राज भाषा से भिन्न थी (केरल में भाषाई अल्पसंख्यक ४ फीसदी, मैसूर में ३५ फीसदी और असम में ४४ फीसदी थे)। इस समस्या से दिक्कत केवल उन इलाकों में थी जहाँ 'बाहरी' लोगों के ऊँचे पदों पर बैठे होने से स्थानीय धरतीपुत्रों को एतराज था। वहाँ बाहरी लोगों की छवि शोषक की तरह पेश की जाने लगी थी। महाराष्ट्र में गुजराती और दक्षिण भारतीय बाहरी थे, असम और ओडीशा में बंगाली बाहरी थे और बंगाल में मारवाड़ियों पर यही लकब चिपका दिया गया था। शहरी इलाकों में धरतीपुत्रों के आंदोलन के रूप में महाराष्ट्र में शिव सेना और असम में लचित सेना उभर चुकी थी। राष्ट्रीय स्वयंसेवक संघ जैसे सांप्रदायिक संगठन धार्मिक अल्पसंख्यकों के खिलाफ भावनाएँ भड़काने में लगे थे। पश्चिम बंगाल और तमिलनाडु में मारवाड़ियों के खिलाफ गोलबंदी की जाने लगी थी। चूँकि शिव सेना जैसे ये संगठन निहायत ही दकियानूसी नेताओं के हाथ में थे, उनकी प्रतीक योजना उग्रवादी और अर्धसैनिक किस्म की थी, इसलिए इनसे लोकतंत्र को बड़ा खतरा हो सकता था। साफ था कि जब तक सरकार ऐसी प्रवृत्तियों को सख्ती से दबाने की कोई नीति विकसित नहीं करती, तब तक फासीवादी प्रवृत्तियों के उभरने का खतरा बरकरार रहेगा। ऐसे आंदोलन मध्यवर्ग की हताशा को भड़काने वाले थे और लोकतंत्र प्रदत्त अधिकारों का बेजा इस्तेमाल करके उसे विकृत कर सकते थे। इनकी वजह से 'बहुमत' और अल्पमत के

बीच की स्वाभाविक होड़ स्थायी शत्रुता में बदल सकती थी।

बीच-बीच में स्थानीय तौर पर हिंदू-मुस्लिम सांप्रदायिकता का खतरा भी उभरता रहता था। १९६७ में उत्तर प्रदेश के कई छोटे नगरों को हिंसक घटनाओं के एक सिलसिले के रूप में धार्मिक वैमनस्य की राजनीति झेलनी पड़ी। सितंबर १९६९ में तो उप्र से भी ज्यादा बुरी हालत अहमदाबाद और गुजरात के कुछ अन्य शहरों की हो गयी जब एक आकस्मिक घटना, अफवाहों और जानबूझ कर किये गये भड़कावों के कारण हुई प्रतिक्रियाओं के एक सिलसिले ने सांप्रदायिक हिंसा, आगजनी और लूटमार का दावानल फैला दिया। सैकड़ों लोग मारे गये। सांप्रदायिकता की इस समस्या का जवाब केवल दीर्घकालीन सेकुलर विकास से ही मिल सकता था, हालाँकि इसके अल्पकालीन हलों और हालात पर सतर्क निगरानी रखने की जरूरत भी महसूस की जा रही थी। इस चौकन्नेपन की जिम्मेदारी न केवल सरकार की थी, बल्कि राजनीतिक दलों और शैक्षिक व सांस्कृतिक दायरे में सक्रिय संगठित समूहों से भी उम्मीद की जा सकती थी कि वे अलीगढ़ मुस्लिम विश्वविद्यालय में हुई सांप्रदायिक घटनाओं की पुनरावृत्ति नहीं होने देंगे। हो यह रहा था कि चुनावी नुकसान के डर से राजनीतिक दल इस तरह की घटनाओं में हाथ डालते डर रहे थे, पर इस तरह के दुर्भाग्यपूर्ण प्रकरणों का स्थानीय स्तर पर राजनीतिक लाभ उठाने की कोशिशों के कारण शीर्ष की तरफ से आने वाली सांप्रदायिक सद्भाव कायम रखने वाली हिदायतें बेअसर हुई जा रही थीं। यद्यपि साठ के दशक के अंत तक सांप्रदायिक वारदातें किसी राष्ट्रीय परिघटना का रूप लेने में नाकाम थीं, लेकिन उनसे सेकुलर और लोकतांत्रिक राज्य व्यवस्था के तौर पर भारत की छवि पर गलत असर पड़ रहा था।

राज्यों के एक बार फिर पुनर्गठन का प्रश्न : राष्ट्रीय एकता को प्रभावित कर सकने वाला एक मुद्दा राज्यों का आकार और उनकी भू-क्षेत्रीय संरचना थी जिसकी तरफ साठ के दशक तक कोई खास ध्यान नहीं दिया गया था। भाषाई उसूल के आधार पर राज्यों के पुनर्गठन पर राजी हो जाना अलग बात थी, लेकिन 'एक राज्य-एक भाषा' के सूत्र को लागू करना एकदम दूसरी बात थी। चार हिंदीभाषी राज्यों को छोड़कर राज्य पुनर्गठन आयोग द्वारा यही सिफारिश की गई थी। नतीजा क्षेत्रीय संगठन के अन्य मानकों को अनदेखा करने में निकल रहा था। प्रदेशों के आकार, विकास के स्तर, प्रशासनिक

सुविधा, सामाजिक समरूपता और राजनीतिक तर्क पर ध्यान नहीं दिया गया था। साढ़े सात करोड़ की आबादी वाले उत्तर प्रदेश जैसा अप्रबंधनीय और बेडौल आकार का राज्य था, मध्य प्रदेश जैसा चार ऐतिहासिक रूप से अलग-अलग किस्म के क्षेत्रों वाला विशाल राज्य था, आंध्र प्रदेश था जिसमें तेलंगाना जैसा बेहद पिछड़ा हुआ इलाका तटीय क्षेत्र जैसे अत्यंत विकसित इलाके के साथ मौजूद था, जिसका नतीजा तेलंगाना द्वारा उसकी उपेक्षा की शिकायत में निकलना लाजमी ही था।

इन तमाम बातों से एकता के टूटने की प्रवृत्तियाँ पैदा हो रही थीं जिन्हें महाराष्ट्र और मैसूर में देखा जा सकता था। इन राज्यों को प्रशासनिक रूप से सुविधाजनक और राजनीतिक रूप से अधिक समरूप प्रदेशों में विभाजित किया जा सकता था। केंद्र को भी संख्या में ज्यादा, आकार में छोटे पर राजनीतिक रूप से सक्षम और समरूप राज्यों से निबटने में ज्यादा आसानी होती। इसी तरह साठ के दशक तक बड़े-बड़े महानगरीय इलाकों पर विशेष ध्यान देने की शुरुआत भी नहीं हुई थी, हालाँकि 'शहरी समस्या' का आकार लगातार बढ़ता जा रहा था। किया यह जाना चाहिए था कि इन महानगरों में स्वायत्त सरकारी और वैकासिक संस्थान खोले जाते जिन्हें संसाधनों के लिए राज्य सरकार का मोहताज न होना पड़ता। साठ के दशक के अंत तक इस लेखक समेत भारतीय विकास के कई अन्य प्रेक्षक देश के भू-क्षेत्रीय पुनर्गठन की पुनः समीक्षा करने के पक्षधर बन चुके थे। सुझाव यह था कि राज्यों को आकार, सामाजिक एकजुटता, प्रभावी प्रशासन, सक्षम केंद्र-राज्य संबंधों और एकल पार्टी सरकारों की संभावना को देखकर पुनर्गठित किया जाना चाहिए।

लोकतंत्र और राष्ट्रीय एकता

राष्ट्रीय एकता की समस्या के साथ और भी कई तरह की माँगें जुड़ी हुई थीं। आर्थिक विकास में क्षेत्रीय असंतुलन का भी पहलू था जिसके तहत वित्तीय संसाधनों के आबंटन, उद्योगों की स्थापना के लिए जगह के चुनाव और अन्य सूचकांकों का प्रश्न आता था। बहरहाल, कुल मिलाकर कहा जा सकता था कि भारतीय राजनीति के विकास ने देश को राष्ट्रीय एकता का एक मॉडल मुहैया करा दिया था। विविधताएँ और दूरियाँ एक समान ढाँचे के तहत आत्मसातीकरण के दौर से गुजर रही थीं। प्रांतीय और अन्य संकीर्ण माँगें

राजनीतिक प्रणाली पर दबाव डाल कर उसे कामकाज और प्रदर्शन के नये स्तरों को छूने के लिए प्रेरित कर रही थीं। इस मॉडल की वजह से राज्य व्यवस्था के विभिन्न घटकों के अंत:संबंधों की समस्या सामने आ गयी थी। राष्ट्रीय अस्मिता जैसी श्रेणी के व्यापकतर होते चले जाने की अवस्था प्राप्त करना आसान नहीं था। जैसा कि पहले कहा जा चुका है कि भारतीय अस्मिता किसी एकल संबंध के रूप में विकसित होने के बजाय रिश्तों के एक जटिल नेटवर्क के जरिये विकसित होने की प्रवृत्ति रखती थी। इसी नेटवर्क के बनने में राजनीतिक केंद्र अहम भूमिका निभा रहा था। डर यह था कि राजनीतिक गोलबंदी का विस्तार होते जाने, संस्थागत विकीर्णन में वृद्धि होते जाने और विकेंद्रीकरण बढ़ते जाने के साथ-साथ कहीं राज्य व्यवस्था उत्तरोत्तर मुद्दा आधारित न होती चली जाए। ऐसा होने पर प्रणाली के ऊपर बोझ बढ़ने का अंदेशा था। संभवत: इस मॉडल की यही कीमत थी जिसे आगे चलकर व्यवस्था को चुकाना पड़ सकता था।

इस अध्याय और इस पुस्तक में हमारा दावा रहा है कि भारत जैसे बहुलवादी आयामों वाले देश को केवल सहभागिता और समायोजन की राजनीति के जरिये ही एक रखा जा सकता है। भारत पर दिल्ली में बैठकर राज्य नहीं किया जा सकता। इस मॉडल में राजनीति की सृजनात्मक और स्वायत्त भूमिका के प्रति प्रतिबद्धता अंतर्निहित थी।

II

सांप्रदायिक राजनीति बनाम सेकुलरवाद

सत्तर, अस्सी और नब्बे के दशक में राजनीतिक संस्थानीकरण और राष्ट्रीय एकता के प्रश्न पर विचार करने से लगता है कि राज्य व्यवस्था ने नेता बदलने के मामले में हासिल आत्मविश्वास को और सुदृढ़ करना जारी रखा। राज्यों के भू-क्षेत्रीय पुनर्गठन की प्रक्रिया आंदोलनों द्वारा की जाने वाली दावेदारी के रूप में आगे बढ़ती रही। इसी के परिणामस्वरूप उत्तर प्रदेश में से काट कर एक पहाड़ी राज्य उत्तरांचल बना दिया गया। मध्य प्रदेश में से आदिवासी राज्य छत्तीसगढ़ बन गया और बिहार के कुछ इलाकों को लेकर एक अन्य आदिवासी राज्य झारखंड गठित हो गया। कुल मिलाकर भाषाई और क्षेत्रीय विविधताएँ आमतौर पर राष्ट्रीय एकता के लिए कोई समस्या नहीं रह गयीं। दरअसल, इस पूरे दौर में राष्ट्रीय एकता और राजनीतिक संस्थानीकरण के

प्रश्न को दोबारा जाँचने की परिस्थितियाँ पैदा करने में अभिजनों के बदले हुए चिंतन ने प्रमुख भूमिका निभाई। राजीव गाँधी के शासन काल में हुई घटनाओं और फिर विश्वनाथ प्रताप सिंह और पी.वी. नरसिंह राव के प्रधानमंत्रित्व में हुई उन्हीं घटनाओं के तार्किक विकास के कारण धीरे-धीरे सांप्रदायिक राजनीति और सेकुलरवाद पर बहस इसके केंद्र में आ गयी।

मेरा मानना है कि सांप्रदायिकता की उपज किसी सामाजिक शून्य से नहीं होती। जब देश अपनी 'सेकुलर' और प्रगतिशील सामाजिक-आर्थिक प्रतिबद्धताओं से पल्ला झाड़ लेता है, तो उसके सीधे नतीजे के रूप में सांप्रदायिकता का जन्म होता है। नयी सदी में गुजरात के साथ-साथ भारत के अधिकांश हिस्सों में हुई घटनाओं से यह स्पष्ट हो गया है कि भारतीय सेकुलरवाद इस समय चार तरह की बाधाओं से ग्रस्त है। दरअसल सेकुलरवाद के बहाने राष्ट्रीय एकता और राजनीतिक संस्थानीकरण का प्रश्न ही दाँव पर लगा हुआ है।

ये चार बाधाएँ हैं : तकनीकशाही और प्रबंधकीय राज्य का उदय, चुनाव आधारित लोकतंत्र की विकृत समझ के कारण आया बहुसंख्यकवाद, कठोर राज्य की अवधारणा से हुए नुकसान और राज्य की संस्था का खुला सांप्रदायिकीकरण। इन चारों बाधाओं को सामाजिक, राजनीतिक और धार्मिक ध्रुवीकरण के माहौल ने अनुकूल हालात प्रदान कर दिये हैं। मैं समझता हूँ कि इस ध्रुवीकरण ने बीच के रास्ते को असरदार नहीं रहने दिया है। किसी भी लोकतंत्र में मध्यवर्ग दो ध्रुवों के बीच के दायरे की रचना करता है और अपनी पूरी सृजनशीलता के साथ उसमें सक्रिय रहता है। भारत में तकनीकशाही और प्रबंधकीय राज्य के प्रभाव ने मध्यवर्ग को इस महत्त्वपूर्ण भूमिका से वंचित कर दिया है। सेकुलरवाद इन बाधाओं से तब तक पार नहीं पा सकता जब तक राजनीति पर एक बार फिर बीच का दायरा प्रभावी नहीं हो जाता। और, ऐसा करने के लिए केवल सेकुलर-राजनीतिक दायरे की तरफ ध्यान देना ही काफी नहीं होगा। इसके लिए भारतीय बहुलवाद की नैसर्गिकता को पकड़ना होगा। समझना होगा कि भारतीय आधुनिकता का इतिहास पश्चिमी आधुनिकता से भिन्न है। भारतीय बहुलवाद सेकुलर विकास-क्रम की उपज नहीं है, बल्कि भारतीय सेकुलरवाद हमारे बहुलवाद के आधार की देन है।

भारतीय सेकुलरवाद : एक परिचय

हालाँकि सैद्धांतिक दृष्टि और फिर ऐतिहासिक पृष्ठभूमि वाले अध्यायों में हमने इस प्रश्न पर विचार किया है, पर यहाँ ताजे संदर्भ में एक बार फिर यह सवाल उठाने की जरूरत है कि आखिर हिंदू कहे जानेवाले जनसमुदाय की खास बात क्या मानी जाती है? किसी भी प्रकार से 'सेकुलर' न होने के बावजूद हिंदू इस्लाम या ईसाइयत या यहूदी धर्म के अनुयायियों की तरह 'धार्मिक' नहीं हैं। सेकुलरवाद और संगठित धर्म, दोनों ही उनके लिए परायी अवधारणाएँ हैं। हिंदुओं की यह प्रवृत्ति विदेशी विद्वानों के लिए हमेशा कौतूहल, जाँच-पड़ताल और अनुसंधान का विषय रही है। इन विद्वानों को यह समझने में मुश्किल होती रही है कि एक स्वतंत्र राज्य के रूप में अपनी शुरुआत में ही जिस देश को बँटवारे के हाहाकारी अनुभव से गुजरना पड़ा हो वह 'सेकुलरवाद' पर एक बहु-सांस्कृतिक और बहु-धार्मिक विचारधारा के रूप में अमल कैसे कर पाया। लोग यह भी नहीं समझ पाते कि समय-समय पर भड़क उठनेवाले दंगे-फसादों और हिंसा के बावजूद अधिकांश भारतीय शांति के साथ कैसे रह पाए। ये विद्वान इस नतीजे पर पहुँचे हैं और भारतीय विद्वानों का निष्कर्ष भी यही है कि ऐसा 'हिंदू' समाज की विविधता के कारण हो सका और यह कि हिंदू लोग एक 'धर्म' की चौधराहट के तहत नहीं, बल्कि विभिन्न जातियों, समुदायों, क्षेत्रों और विचारधाराओं के बीच जुड़ावों और पारस्परिकता के ढाँचे के रूप में संगठित हैं। मैं भी अरसे से यह कहता रहा हूँ कि बहुलवाद हमारे लिए कार्यकारी लोकतंत्र का एक राजनीतिक उपाय मात्र नहीं है, बल्कि वह सामाजिक व्यवस्था की हमारी अवधारणा की बुनियाद है।

स्वभावत: सेकुलर न होते हुए भी आजादी के बाद भारत ने सेकुलरवाद को अनूठे ढंग से अपने निजी साँचे में ढाला। अर्थात राज्य और धर्म के बीच पूरे संबंध-विच्छेद की पाश्चात्य अवधारणा के बदले सर्वधर्मसमभाव के विचार को अपनाया। भारत में राजनीतिक लोकतंत्र, आर्थिक विकास और सामाजिक न्याय पर ज्यादा जोर दिया गया। सेकुलरवाद की इस अवधारणा में अल्पसंख्यकों और उनके अधिकारों के प्रति विशेष आदर का भाव शामिल था। लेकिन अल्पसंख्यक सांप्रदायिकता को भी बहुसंख्यक सांप्रदायिकता के समान ही हतोत्साहित किया जाना था। सांप्रदायिक पार्टियाँ इस दौरान भी मौजूद रहीं, लेकिन आजादी के बाद के लगभग चार दशकों तक उनका असर

इतना व्यापक नहीं हो पाया।

लेकिन, भारत आज उसी नशे में चूर लग सकता है जिसे मार्क्स ने कभी 'जनता की अफीम' करार दिया था। दिक्कत यह है कि भारतीय समाज का स्वाभाविक चरित्र इसकी इजाजत नहीं देता। आखिरकार इस देश की बुनियाद में एक ऐसी सभ्यता है जिसकी प्रकृति मूलतः न तो धार्मिक थी और न ही सेकुलर। लेकिन, इसके बाद भी भारत पर धार्मिक राजनीति का भरपूर असर दिख रहा है। विडंबना यह है कि मुसलमानों और ईसाइयों ने काफी संयम से काम लिया है, पर धर्मशास्त्रीय अर्थों में गैर-धार्मिक समझी जाने वाले 'हिंदू' समुदायों ने धर्म के आधार पर गोलबंदी को स्वीकार करना शुरू कर दिया है।

हाल के दिनों में उभरी 'हिंदू कट्टरता' एक नयी परिघटना है। बुनियादी तौर पर इसका जन्म लोकतांत्रिक संस्थाओं, खासकर पार्टी प्रणाली में आयी कमजोरी और विकास प्रक्रिया को जारी रख पाने में राज्य की असमर्थता से पैदा हुए शून्य की प्रतिक्रिया में हुआ है। इस शून्य ने जनसमुदाय के बीच हताशा और मोहभंग को जन्म दिया और इसका फायदा उठाकर कुछ नेताओं और पार्टियों ने जनसमुदाय को इस दलील के आधार पर गोलबंद किया कि भारत का बहुसंख्यक हिंदू समुदाय पिछड़ा, अशिक्षित और अविकसित है, जबकि अल्पसंख्यकों (मुसलमानों, ईसाइयों और सिखों) की खास तरफदारी की जाती है, यानी उनका 'तुष्टीकरण' किया जाता है। यह बात अविश्वसनीय भले ही हो, इसकी अपील काफी असरदार साबित हुई। तर्क दिया जाता है कि हिंदुओं के पिछड़े और सुविधाहीन होने का कारण है उनका बेहद विभाजित और बिखरा होना। इसलिए उन्हें एक एकीकृत विचारधारा के तहत गोलबंद करना जरूरी है। इस काम को भारतीय जनता पार्टी और उसके वैचारिक आका राष्ट्रीय स्वयंसेवक संघ और हिंदूवाद की कट्टरपंथी व्याख्या करने पर आमादा विश्व हिंदू परिषद (विहिप) ने बखूबी अंजाम दिया है। इन्हीं संगठनों ने रथ यात्राओं और कार सेवाओं के जरिये आम हिंदुओं, खासकर महिलाओं और युवकों को 'राम' मंदिर के निर्माण और अंत में छः दिसंबर के तांडव यानी बाबरी मस्जिद के विध्वंस के लिए गोलबंद किया।

अधिकांश स्वतंत्र और यथार्थवादी चिंतक और पर्यवेक्षक मानते हैं कि छः दिसंबर की घटना को जन्म देनेवाली हिंदू और हिंदुत्व की यह नयी परिभाषा भारत की आध्यात्मिक और सामाजिक सच्चाई को तोड़-मरोड़ कर पूरी तरह गलत ढंग से पेश करती है। मैंने अपने कई लेखों में इसे हिंदूवाद

के सामीकरण की संज्ञा दी है, यानी उसे इस्लाम या ईसाइयत या यहूदीवाद की तर्ज पर एक धर्मसिद्धांत, एक धर्मग्रंथ, एक पुजारी वर्ग और एक चर्च या मंदिर के अधीन लाने की चेष्टा की जा रही है। जाहिर है कि सेकुलरवाद की भारतीय किस्म गंभीर संकट की शिकार है। क्या इस संकट का कारण केवल हिंदुत्ववादी शक्तियाँ हैं? क्या इस संकट का इतिहास केवल रामजन्मभूमि आंदोलन से शुरू होता है? भारतीय समाज के दुःखद रूपांतरण की इस प्रक्रिया के लिए किन ताकतों को जिम्मेदार ठहराया जाना चाहिए? सवाल यह है कि भारतीय सेकुलरवाद की राह की बाधाएँ कौन-कौन-सी हैं और उन पर विजय पाने का रास्ता क्या हो सकता है?

तकनीकशाही-प्रबंधकीय राज्य

भारतीय सेकुलरवाद की राह में पहली बाधा वह तकनीकशाही-प्रबंधकीय राज्य है जिसकी स्थापना की शुरुआत अपने राजनीतिक खेल के स्वार्थ में इंदिरा गाँधी ने की थी।

तकनीकशाही-प्रबंधकीय राज्य राजनीतिक प्रक्रिया पर आधारित व्यवस्था की जगह एक ऐसी व्यवस्था की स्थापना करने की कोशिश करता है जो राजनीति को बदनाम करती है। उसकी जगह विशेषज्ञों और तकनीकशाहों के माध्यम से कारपोरेट क्षेत्र, आयात क्षेत्र और बहुराष्ट्रीय कंपनियों के वर्चस्व को कायम करने का प्रयास किया जाता है। ये तत्त्व हमेशा इस बात पर जोर देते हैं कि भारतीय राज्य कुछ ज्यादा ही राजनीतिक और खुला है। उनके ख्याल से भारतीय राज्य ट्रेड यूनियनों, झुग्गीवासियों और आदिवासियों के अधिकारों और प्रगति के मार्ग में आनेवाली दूसरी बाधाओं के प्रति कुछ ज्यादा ही सहनशील है। 'विकसित' राष्ट्रों की बराबरी तक पहुँचने के लिए उसे इस स्थिति को बदलना होगा। उसके लिहाज से प्रगति के लिए जरूरी है कि आधुनिक प्रौद्योगिकी, दूरसंचार, कृषि आधारित व्यवसाय, आदि में बड़े पैमाने पर निवेश किया जाय।

इस सोच के मुताबिक सामाजिक बदलाव के मायने ही बदल जाते हैं। इसके मुताबिक सामाजिक बदलाव का लक्ष्य ऐसे समाज की रचना होनी चाहिए जिसकी प्रेरक शक्ति लोकतांत्रिक राजनीति नहीं, बल्कि प्रौद्योगिकीय ज्ञान होगी। इसके अनुसार प्रौद्योगिकीय ज्ञान राष्ट्र को शक्तिशाली और महान बनाता है और उसकी एकता को मजबूत करता है। राजनीति की जरूरत सिर्फ

इसलिए है कि एक समूह के शासन को बनाये रखा जा सके, भले ही इसके लिए धार्मिक और जातीय अल्पसंख्यकों, सीमांत इलाकों और विभिन्न प्रकार के जनआंदोलनों का दिमाग दुरुस्त करने के उपाय क्यों न करने पड़ें, या उन्हें खरीदना ही क्यों न पड़े। राज्य के तकनीकशाही स्वरूप और राष्ट्र के सांप्रदायिक स्वरूप का यह मेल पिछले कुछ वर्षों की खासियत है। साधारणत: यह समझा जाता है कि तकनीकशाहों की कोई राजनीति नहीं होती और मुनाफा और सत्ता के अलावा उनका कुछ भी दाँव पर नहीं लगा है। लेकिन ध्यान रखना चाहिए कि अराजनीतिक दृष्टिकोण में चूँकि मूल्यों का अभाव होता है, इसलिए वह अनिवार्यत: निर्नैतिक होता है।

तकनीकशाही-प्रबंधकीय राज्य अपना मुख्य उपकरण बाजार को बनाता है। इसीलिए आजकल नौकरशाह-राज्य की समाप्ति के साथ-साथ उदारीकरण, अर्थव्यवस्था के निजीकरण, स्वयंसेवी संगठनों (गैर-सरकारी संगठनों) को ज्यादा बड़ी भूमिका सौंपने के विभिन्न प्रयास किये जा रहे हैं। कहा जा रहा है कि निजी क्षेत्र, स्वयंसेवी संस्थाएँ, व्यावसायिक घराने, विभिन्न राष्ट्रीय और अंतर्राष्ट्रीय सलाहकार समूह विकास के काम को राज्य की बनिस्बत ज्यादा बेहतर अंजाम दे सकते हैं। इस प्रकार का सोच हमें समाज के कारपोरेट मॉडल की ओर ले जाएगा। इस समाज में निगम, पंजीकृत संस्थाएँ, अंतर्राष्ट्रीय गैर-सरकारी संगठनों (एनजीओ) की तर्ज पर गठित तथाकथित 'स्वयंसेवी' संगठन निर्णायक भूमिका अदा करेंगे। संसद और जनसाधारण के प्रति जवाबदेह राजकीय मशीनरी पीछे धकेल दी जाएगी।

यह नया मॉडल सांप्रदायिक संगठनों के लिए दरवाजा खोलता है। इस प्रकार सामुदायिक संबंधों, जातीय समूहों के आपसी संबंधों और जातियों के बीच के संबंधों के नियमन में और विभिन्न प्रकार के चुनावी गठबंधनों के निर्माण में एक मध्यस्थ के रूप में राज्य या पार्टी की भूमिका समाप्त हो जाती है। उनकी जगह निजी संगठनों की भूमिका बढ़ने लगती है। ऐसे कई उदाहरण हमारे सामने हैं जब हिंसा की किसी बड़ी घटना, या दो संप्रदायों के बीच झड़प या दंगे के बाद संबंधित राज्य सरकार ने राजनीतिक पार्टियों या यूनियनों या व्यापार संघों जैसे सेकुलर संगठनों के बजाय हिंदू रक्षा समिति, बाबरी मस्जिद कमेटी या जामा मस्जिद के इमाम जैसी सांप्रदायिक संस्थाओं से समझौता किया। राज्य धीरे-धीरे ऐसी प्रक्रिया में फँसता जा रहा है जिसमें सेकुलर संगठनों के बदले सांप्रदायिक संगठन मान्यताप्राप्त पक्ष बन जाते हैं।

यह ब्रिटिश राज के दिनों की याद दिलाता है।

मुख्य बात यह है कि प्रौद्योगिकीय-आर्थिक किस्म के मुद्दे हों या सांप्रदायिक मुद्दों से निपटने का मामला हो, व्यवस्था का संचालन एक ऐसे अभिजन वर्ग के हाथों में आ गया है जिसे विविधता पर आधारित लोकतंत्र में कोई आस्था नहीं है। अभिजन वर्ग का प्रभावशाली हिस्सा खुल्लम-खुल्ला निचले तबकों को बाधा मानने के सोच को प्रतिध्वनित करता है। यह जनसंख्या के बारे में दिये जानेवाले पुराने तर्कों की तरह का तर्क नहीं है। यह वास्तव में पूरी गरीब आबादी के खिलाफ है। यह शोषित-उत्पीड़ित और किसी तरह गुजारा करनेवाले तबकों और अल्पसंख्यकों के खिलाफ है। अभिजन वर्ग राज्य और विकास एजेंसियों को प्रौद्योगिकीय बदलाव की व्यापक प्रक्रिया का औजार मानता है। तकनीकवादी सोच में एक महत्त्वपूर्ण बदलाव दिखाई देता है। पहले के दशकों में इस्तेमाल पुरानी पड़ चुकी प्रौद्योगिकी या प्रदूषण फैलानेवाली खतरनाक प्रौद्योगिकी को भारत जैसे देशों के मत्थे मढ़ दिया जाता था। लेकिन अब इन देशों को उनके लिहाज से 'नवीनतम' तकनीक दी जा रही है। जैव-प्रौद्योगिकी और जेनेटिक इंजीनियरिंग से संबंधित हाल के उदाहरणों से स्पष्ट है कि भारत जैसे देशों का नयी जेनेटिक इंजीनियरिंग के मॉडलों के लिए परीक्षण-भूमि के रूप में इस्तेमाल करने की योजना है।

पिछले दशक के दौरान विकास के बारे में सोच में विश्व-स्तर पर एक महत्त्वपूर्ण बदलाव आया है। पहले सोच यह था कि विज्ञान, प्रौद्योगिकी और आर्थिक उन्नति का लाभ संपूर्ण मानवजाति को मिलना चाहिए। कहा जाता था कि समाजवादी और मार्क्सवादी सिद्धांत और राष्ट्रीय आत्मनिर्भरता की रूमानी अवधारणा इसके मार्ग में बाधाएँ हैं। दावा यह था कि अगर औद्योगिक दिग्गजों को दुनिया के हर इलाके में जाने की इजाजत होती तो लाभों को हर व्यक्ति तक पहुँचाना संभव होता। आज यह तर्क नहीं दिया जाता। आज तो कहा जाता है कि दुनिया-भर के सभी लोगों की जरूरतों को पूरा करना संभव ही नहीं है। हमें एक भूमंडलीय मध्यवर्ग का निर्माण करना होगा, जो आधुनिक संचार माध्यमों का इस्तेमाल करते हुए एक अंतर्राष्ट्रीय व्यवस्था, एक विश्व-संस्कृति इत्यादि के निर्माण के लिए आधार प्रदान करेगा। लेकिन इस नये ढाँचे में सभी लोगों, इलाकों और राज्यों को जगह मिलेगी ही, इस बात की कोई गारंटी नहीं है।

इसके साथ-साथ एक दूसरा सैद्धांतिक बदलाव भी आया है। अब विकास का लक्ष्य समृद्धि के बजाय स्थायित्व बन गया है। सभी के जीवन स्तर में उन्नति के बदले विकास का उद्देश्य स्थायित्व और सुरक्षा के एक ढाँचे का निर्माण करना बन गया है। यह काफी महत्त्वपूर्ण बदलाव है। सभी चीजों का संचालन और द्वन्द्वों का निपटारा इसी स्थायित्व और सुरक्षा के ढाँचे के तहत होगा। हमें इस बात पर खासतौर पर गौर करना होगा, क्योंकि आज भारत में जो कुछ हो रहा है, यानी सुरक्षा और कानून-व्यवस्था पर जोर देना, वह विश्व चिंतन स्रोतों, बहुराष्ट्रीय कंपनियों के संचालक मंडलों और विश्व बैंक के सोच को ही प्रतिबिंबित करता है।

एकरूपीकरण के विचार के जोर पकड़ने के साथ-साथ जातीयतावाद और धार्मिक किस्म की विविधताएँ भी समस्या लगने लगती हैं। इस दौरान न सिर्फ गरीबों और शोषित-उत्पीड़ित लोगों ने, बल्कि धार्मिक और जातीय अल्पसंख्यकों ने भी, अपने अधिकारों का दावा पेश किया है। यह अवधि राज्य और निचले स्तरों पर ज्यादा स्वायत्तता और स्वतंत्रता की माँग और अल्पसंख्यकों, क्षेत्रीय स्तर की राष्ट्रीयताओं और आदिवासियों के आंदोलनों की है।

दूसरे शब्दों में, एक सच्चे संघीय ढाँचे की माँग बढ़ती जा रही है। इसे नयी एकीकृत विश्व व्यवस्था के अंग के रूप में राष्ट्र-निर्माण के एकरूप प्रौद्योगिकीय प्रयासों के मार्ग में रुकावट समझा जाता है। परिणामस्वरूप, विश्व का संचालन करने के प्रौद्योगिकीय-प्रबंधकीय सोच और सांप्रदायिक सोच के बीच एक सेकुलर मेल दिखाई देता है। सैद्धांतिक रूप से इन दोनों का मेल संभव नहीं है, यानी एक तकनीकशाह सांप्रदायिक नहीं हो सकता, बल्कि उसे ज्यादा सेकुलर होना चाहिए। लेकिन असलियत यह नहीं है। चूँकि नये किस्म के (गैर-राजनीतिक और गैर-नौकरशाह) प्रबंधक एकरूप प्रौद्योगिकीय-आर्थिक रुझान की उपज हैं, उनके लिए अल्पसंख्यकों को स्वीकार करना, विविधताओं को सहन करना, एक बेहद बहुरंगी दुनिया के साथ तालमेल बिठाना काफी मुश्किल है। फलस्वरूप आगे बढ़ने और ज्यादा एकीकृत भारत के निर्माण की अवधारणा अंधराष्ट्रवादी सोच को जन्म देती है। इस सोच के तहत हिंदू समाज के ऊपरी हिस्से को राज्य पर नियंत्रण कायम करने के उद्देश्य से ज्यादा-से-ज्यादा उग्र बहुसंख्यकवाद की ओर धकेला जा रहा है। यह भावना जोर पकड़ती जा रही है कि चूँकि हिंदू

'बहुसंख्यक' हैं, इसलिए राज्य के संचालन में उनका प्रभुत्व होना चाहिए और अल्पसंख्यकों को उनका मातहत बनकर रहना होगा। यह अपने आप में एकदम नया विचार है, क्योंकि हिंदू भी अपने बारे में इस ढंग से नहीं सोचते रहे हैं।

चुनाव आधारित लोकतंत्र की विकृत समझ

क्या चुनाव आधारित लोकतंत्र उग्रराष्ट्रवादी भावनाओं को भड़काता है? क्या वह सेकुलरवाद की स्थापना में दूसरी सबसे बड़ी बाधा है? हम बुद्धिजीवी अक्सर इस मुद्दे से कतराने की कोशिश करते रहे हैं। जब चुनावी मजबूरियाँ लोकतंत्र पर हावी हो जाती हैं तो नेताओं और पार्टियों की निगाह में लोगों की हैसियत सिर्फ वोटर की रह जाती है। ऐसे वोटरों की गिनती-भर की जाती है या उन्हें एक खास पक्ष में झुकने के लिए मजबूर कर दिया जाता है। यानी उनकी भूमिका बहुत ही सीमित हो जाती है। चुनाव के इस खेल का उद्देश्य है उसके बहुमत को येन-केन-प्रकारेण अपने पक्ष में कर लेना। यानी लोकतंत्र बहुसंख्यकवादी बन जाता है और समाज में बढ़ते ध्रुवीकरण के माहौल में यह बहुसंख्यकवाद बहुसंख्यकों और अल्पसंख्यकों के बीच झड़प का रूप ले लेता है। सेकुलरवाद विरोधी राजनीति इसी बहुसंख्यकवाद की उपज प्रतीत होती है।

लोकतंत्र की ऐसी विकृत समझ का जब तक जोरदार विरोध नहीं किया जाता, भारतीय सेकुलरवाद को नहीं बचाया जा सकता। इस बात पर जोर देने की जरूरत है कि चुनावी लोकतंत्र आंशिक लोकतंत्र है। चुनावी लोकतंत्र के भीतर घोर प्रतिक्रियावादी तत्त्व भी जिंदा रह सकते हैं। इसके उलट, सच्चा लोकतंत्र जनसंगठनों की व्यापक बुनियाद पर टिका होता है। ये जनसंगठन अमेरिकी तर्ज पर सत्ता के गलियारों तक सीमित 'दबाव गुट' भर नहीं, बल्कि हर स्तर पर, खासकर जमीनी स्तर पर काम करनेवाले संगठन होते हैं। अगर हमने इस सच्चाई को नहीं समझा तो हम आसन्न सर्वनाश की चपेट से बच नहीं पाएँगे। चुनावी और संसदीय मजबूरियों ने पार्टियों की जन-भूमिका को भी इस कदर सीमित बना दिया है कि चुनावी राजनीति का इस्तेमाल जनाधार के विस्तार के लिए नहीं होता, बल्कि जनाधार का इस्तेमाल चुनावी राजनीति के संकुचित उद्देश्य के लिए किया जाता है।

सचमुच, लोकतांत्रिक बदलाव में आस्था रखनेवाली पार्टियाँ और गैर-

पार्टी संगठनों के लिए यह निर्णायक मुद्दा है। अगर हमने इसे नजरंदाज किया तो हम चुनावी और संसदीय राजनीति की जद्दोजहद में फँसे रहेंगे और राष्ट्रीयता, विकेंद्रीकरण और गरीबों के वर्गीय संगठन सरीखे कहीं ज्यादा महत्त्वपूर्ण मुद्दे हमारी नजरों से ओझल हो जाएँगे। इन मुद्दों के नजरों से ओझल होते ही सांप्रदायिकता का मुकाबला करने की हमारी क्षमता भी घट जाएगी। इस प्रकार सांप्रदायिक राजनीति का बढ़ाव लोकतंत्र के बुनियादी ढाँचे को कमजोर होने के साथ जुड़ा है। अतः इसकी पराजय इस बुनियादी ढाँचे में नयी जान फूँकने के ऊपर निर्भर है। इस बुनियादी लोकतांत्रिक ढाँचे में नयी जान डालने के लिए प्रभावित तबकों को लगातार कोशिश करनी होगी, अर्थात खुद अल्पसंख्यकों को इसके लिए प्रयास करना होगा। न सिर्फ धार्मिक अल्पसंख्यकों को, बल्कि सामाजिक रूप से तमाम अल्पसंख्यक समूहों को भी इसके लिए काम करना होगा। दलितों, आदिवासियों, ऐतिहासिक रूप से उत्पीड़ित 'पिछड़े' समुदायों से लेकर जंगलवासी और प्रवासी सभी सामाजिक रूप से अल्पसंख्यक समुदाय हैं। यह जमावड़ा रंग-बिरंगा लग सकता है और है भी। लेकिन ये सभी उस आर्थिक और सामाजिक प्रक्रिया के जरिये हाशिए पर धकेले जा रहे हैं जो अपने स्वभाव में तकनीकशाही है।

भारत में तमाम अल्पसंख्यकों को एक जगह इकट्ठा करना संभव है। लेकिन असलियत यह है कि वास्तव में, इलाका और आबादी के लिहाज से भारत अल्पसंख्यकों का जमावड़ा है। उसकी समृद्धि इसी बात में निहित है कि हर समूह अल्पसंख्यक है और वह एक-दूसरे के साथ ताल-मेल के जरिये ही शक्तिशाली और सामर्थ्यवान बन सकता है। यही वजह है कि औपनिवेशिक काल के पहले 'सांप्रदायिकता' का नामोनिशान मौजूद नहीं था। निश्चय ही, यह एक आधुनिक परिघटना है और इसका सबसे घातक पहलू है भारत की विविधता, यानी अल्पसंख्यक-बहुल समाज की अवधारणा का परित्याग और बहुसंख्यकवादी एकरूपीकरण और सामान्यीकरण की अवधारणा का थोपा जाना। सांप्रदायिकता का उदय इसी का परिणाम है।

कठोर राज्य की अवधारणा

भारतीय सेकुलरवाद के रास्ते की तीसरी बाधा है कठोर राज्य की अवधारणा। एक सुस्पष्ट और संगठित केंद्र की अनिवार्यता मौलिक हिंदू ढाँचे से पूरी तरह भिन्न है, हालाँकि हिंदूवाद को आधुनिक बनाने के चक्कर में लगे लोग

हिंदूवाद को भी पश्चिमी ईसाइयत या इस्लाम की तर्ज पर संगठित करना चाहते हैं। यानी वे चाहते हैं कि उसके पास भी एकीकृत आदर्श हो, एक शक्तिशाली चर्च हो और एक प्रामाणिक धर्मग्रंथ हो। यहाँ जानबूझकर पश्चिमी ईसाइयत शब्द का इस्तेमाल किया गया है, क्योंकि पूर्वी ईसाइयत उस तरह की नहीं है। भारतीय इस्लाम भी अंदर से काफी विभाजित है। उसका स्वरूप भी उतना एकीकृत नहीं है, जितना कि दुनिया के दूसरे हिस्सों में। हिंदूवादी आज इन समुदायों की एक खास छवि प्रचारित कर रहे हैं और हिंदुओं से उन्हीं की तरह का बन जाने का आह्वान कर रहे हैं। अर्थात वे उनसे मौजूदा विभाजित, कमजोर और 'नपुंसक' नजरिया छोड़कर केंद्रीकृत, एकताबद्ध, मजबूत और कठोर नजरिया अपनाने की अपील कर रहे हैं। आधुनिकता के पुजारी यह मानते हैं कि हिंदुओं की संस्कृति बेहद पौरुषहीन है। वे उसे आक्रामक स्वरूप प्रदान करना चाहते हैं।

यह काफी दुर्भाग्यपूर्ण है। लेकिन यह सोच आज जोर पकड़ता जा रहा है। यह हिंदू पहचान और हिंदू संस्कृति को विकृत करने की कोशिश है, क्योंकि पूरे हिंदू सोच, दर्शन और आध्यात्मिक प्रवृत्ति में बहुरंगी आंतरिक ढाँचे का केंद्रीय स्थान है। उसका सारतत्व है : मेरे जीवन का उद्देश्य और ब्रह्म के साथ मेरा संबंध मेरा निजी मामला है, लेकिन मेरी कुछ जिम्मेदारियाँ, कर्तव्य और अधिकार हैं। जिस प्रकार मैं इनका आदर करता हूँ, उसी प्रकार दूसरों की जिम्मेदारियों, कर्तव्यों और अधिकारों का भी आदर करना होगा, क्योंकि सिर्फ मुझे और मेरी जाति को ही नहीं, बल्कि दूसरी जातियों, दूसरे समूहों, दूसरी पहचानों, दूसरी परंपराओं को भी सम्मान के साथ जीने का हक है।

आज इस विशाल, संवेदनशील और उदार सोच का स्थान एक पूरी तरह गैर-हिंदू और अंधराष्ट्रवादी प्रतिक्रिया ले रही है और यह हिंदू प्रतिक्रिया का रूप लेती जा रही है। इसके पीछे दो प्रमुख धारणाएँ काम करती हैं और इसे मजबूती प्रदान करती हैं। ये धारणाएँ आज हिंदुओं के मन में घर करती जा रही हैं। पहली धारणा यह है कि राष्ट्र और राष्ट्रीय एकता खतरे में है। शासक समूह लोगों में यह भावना भरने में कामयाब रहा है। परिणामस्वरूप, लगभग हर तबके के लोगों में इस बात को लेकर बेचैनी है कि हमारे देश की हालत काफी बुरी है, हम बिखराव की ओर बढ़ रहे हैं और इसके लिए मूलत: अल्पसंख्यकों की राजनीति और विदेशी प्रभाव, यानी बहुचर्चित 'विदेशी हाथ' जिम्मेदार है।

यह महज संयोग नहीं है कि 'विदेशी हाथ' को कुछ भीतरी समूहों के साथ जोड़ दिया जाता है—मसलन, मुसलमानों को पाकिस्तान के साथ, पश्चिमी देशों को ईसाइयों के साथ और सिखों के बारे में यह कहा जाता है कि उनकी मदद पाकिस्तान और पश्चिमवाले दोनों ही करते हैं ताकि देश को 'अस्थिर' बनाया जा सके। अत: एक ताकतवर राज्य के निर्माण की जरूरत है। हमें एक ऐसे राज्य का निर्माण करना होगा जो पड़ोसियों पर दबदबा कायम कर सके और हमें दुनिया के सर्वाधिक उद्योगीकृत और ताकतवर राष्ट्रों की कतार में खड़ा कर सके। अगर ऐसा करना है तो हमें अल्पसंख्यकों, आदिवासियों और अन्य समूहों के प्रति इस नरमी भरे बर्ताव को त्यागना होगा। एक सुसंगठित केंद्र का निर्माण करना होगा। धीरे-धीरे यह अघोषित रूप से एक मजबूत हिंदू राज्य की अवधारणा में बदलता जा रहा है। संभव है कि यह हिंदू राज्य पूरी तरह कट्टरपंथी इस्लामी राज्यों की तरह का न हो, फिर भी इसमें एक प्रभुत्ववादी संस्कृति और धर्म के रूप में हिंदुओं का वर्चस्व होगा और राज्य के बारे में बहुलवादी सोच का स्थान एक कहीं ज्यादा एकरूपतावादी सोच ले लेगी। यकीनन, यह राष्ट्रवाद की काफी विकृत अवधारणा है। यह भारतीय राष्ट्रीय कांग्रेस के नेतृत्व में संचालित राष्ट्रीय आंदोलन के सृजनात्मक राष्ट्रवाद से पूरी तरह अलग है, बल्कि यह तो उसी प्रकार का राष्ट्रवाद है जो तीसरी दुनिया के उन देशों में प्रचलित है, जहाँ निरंकुशतावादी, सैन्यवादी या कट्टरपंथी विचारधारा हावी है। लेकिन यह काफी शक्तिशाली विचारधारा भी है। यह धीरे-धीरे मध्यवर्ग, खासकर उच्च-मध्यवर्ग पर हावी होती जा रही है। यह अल्पसंख्यकों के प्रति सांप्रदायिक दृष्टिकोण को हवा देती है और उसे और तीखा बनाती है।

इस प्रकार हम काफी खतरनाक दौर में प्रवेश कर रहे हैं। अगर हिंदुओं में आक्रामकता की भावना घर कर जाती है और वे अल्पसंख्यकों को झुकाने या नियंत्रित करने के लिए बड़े पैमाने पर हिंसा के इस्तेमाल को स्वीकार कर लेते हैं तो एक स्थिर राजव्यवस्था का स्थायित्व खतरे में पड़ जाएगा। यह भावना धीरे-धीरे जोर पकड़ती जा रही है कि सिख काफी प्रभावशाली और सुविधासम्पन्न हैं, उन्होंने हमेशा अपने हिंदू भाइयों को नीची नजर से देखा है, इसलिए उनका सर कुचलने के लिए उनके साथ भी ऐसा ही बर्ताव करना होगा। अगर ऐसी भावना हावी हो रही है तो यह समाज उस स्थिति का मुकाबला नहीं कर पाएगा।

एक कठोर राज्य का निर्माण और गरीबों के प्रति उदारता साथ-साथ नहीं चल सकती। यह संभव नहीं है। संसाधनों की मौजूदा स्थिति, देश के मौजूदा वर्गीय चरित्र और कठोर राज्य की अवधारणा में निहित विकास, आधुनिकीकरण और राज्य-निर्माण के स्वरूप को देखते हुए गरीबी और अमीरी की खाई का और बढ़ना निश्चित है। ऐसे में गरीबों की मदद का दिखावा करना भी संभव नहीं रहेगा। ऐसा होना शुरू भी हो गया है। हमसे कहा जाता है कि अगर आप 'प्रगति' और आधुनिकीकरण चाहते हैं, तो आपको उसकी कीमत चुकानी पड़ेगी। अगर इस प्रक्रिया में ३०-४० फीसदी लोग कंगाल हो जाते हैं, लाचार और अशक्त हो जाते हैं, तो भी कुछ नहीं किया जा सकता। संभव है कि जब हम काफी शक्तिशाली और मजबूत देश बन जाएँ और पर्याप्त आर्थिक आधार, संभवत: उपनिवेशों की स्थापना कर लें, तब शायद हम उनकी ओर ध्यान दे सकें, लेकिन अगर इस दौरान उन्हें कष्ट झेलना पड़ता है या वे तबाह हो जाते हैं, तो भी हमें बर्दाश्त करना पड़ेगा।

१०-१५ साल पहले इस प्रकार की मानसिकता की कल्पना भी नहीं की जा सकती थी, लेकिन आज यह असलियत बनती जा रही है। यह पश्चिम के कुछ शक्तिशाली समूहों के इस सोच से ज्यादा भिन्न नहीं है कि हाँ, तीसरी दुनिया के गरीब देशों की मदद जरूर करनी चाहिए, लेकिन धीरे-धीरे ये बोझ बनते जा रहे हैं। अगर ये न हों, तो दुनिया कितनी खुशहाल होगी। विभिन्न समाजों के भीतर भी ऐसा ही कुछ हो रहा है। सैन्य विज्ञान में एक सिद्धांत है जिसे 'छँटाई (ट्रिएज) का सिद्धांत' कहा जाता है। इसके अनुसार लड़ाई के मोर्चे पर जाते समय अपंग या बीमार लोगों को पीछे छोड़ देना चाहिए। जिन लोगों के जल्दी ठीक हो जाने की आशा है उन्हें साथ ले जाना चाहिए और निस्संदेह, बाकी बचे तीसरे हिस्से को आगे बढ़ाना चाहिए। इस सिद्धांत के अनुसार एक-तिहाई हिस्से को आगे बढ़ने की कीमत चुकानी होगी। इसी प्रकार समाज के मामले में भी आगे बढ़ने के क्रम में अगर बीमार, गरीब और कमजोर लोग पीछे छूट जाते हैं तो दुर्भाग्यपूर्ण भले ही हो, लेकिन जरूरी है। यह सोच धीरे-धीरे यहाँ भी पैदा हो रही है और यह संयोग मात्र नहीं है कि 'समाजवाद', और 'गरीबी हटाओ' जैसे नारों का इस्तेमाल आज दिखावे के तौर पर भी नहीं होता। आज राजनीति धूर्तता का पर्याय बनती जा रही है। कुछ लोग इसे 'व्यावहारिक' राजनीति का नाम देते हैं। अल्पसंख्यकों और बहुसंख्यकों के आपसी संबंध को नियंत्रित करनेवाले सांस्कृतिक पहलू और

गरीबों और अमीरों के संबंध को नियंत्रित करनेवाले आर्थिक पहलू एक-दूसरे से संबंधित हैं। इन दोनों ही पहलुओं में समान बात है शक्तिशाली राज्य के निर्माण का प्रयास। ऐसे में राज्य बनाम जनता, ताकतवर बनाम कमजोर, शिक्षित बनाम अशिक्षित की धारणा जोर पकड़ने लगती है और गरीबों, पिछड़ों और अशिक्षित लोगों को फालतू मान लिया जाता है। अल्पसंख्यकों के खिलाफ ताकत और हिंसा का इस्तेमाल वैध बन जाता है। इस प्रकार भारतीय राष्ट्रीयता के बारे में उभरती इस नयी अवधारणा के तहत हम असल में पश्चिमी वर्चस्ववाली आधुनिक विश्व-व्यवस्था के अंग बनते जा रहे हैं। यह नयी अवधारणा भारतीय सोच और स्वतंत्रता आंदोलन और संविधान द्वारा निरूपित आदर्शों के ठीक उलट है।

राज्य का सांप्रदायिकीकरण

भारतीय सेकुलरवाद के रास्ते की चौथी बाधा है राज्य का सांप्रदायिकीकरण। नरेंद्र मोदी के नेतृत्व में गुजरात सरकार के सांप्रदायिकीकरण से आज बहुत से लोग चिंतित हैं, पर समग्र भारतीय राज्य के सांप्रदायिकीकरण का इतिहास तो पुराना है।

इंदिरा गाँधी की हत्या के तुरंत बाद फैली हिंसा के तथ्यों का संकलन किया जा चुका है। इंडियन एक्सप्रेस में छपी रपटें, मानवाधिकार संगठनों पी.यू.डी.आर.-पी.यू.सी.एल. की संयुक्त रिपोर्ट, दिल्ली के शिक्षाविदों द्वारा तैयार सुल्तानपुरी की रिपोर्ट, नानकसर आश्रम की रिपोर्ट इत्यादि सभी रपटें साहस और साफगोई के साथ इन घटनाओं का ब्योरा प्रस्तुत करती हैं। इनके आधार पर हम कह सकते हैं कि दिल्ली में जो कुछ हुआ, वह पंजाब की तरह छोटे-छोटे आतंकवादी समूहों की कार्रवाई नहीं थी, या हैदराबाद या जमशेदपुर जैसा सांप्रदायिक दंगा नहीं था, बल्कि वह एक समुदाय के खिलाफ राज्य का सुविचारित और सुनियोजित कहर था।

सच्चाई दिल दहलानेवाली है। सबसे पहले एक सूचनातंत्र के रूप में इस नरसंहार की पहुँच को ही लें। इसके लिए हर इलाके में सिखों के घरों की पहचान जरूरी थी। राशन की दुकानों या घासलेट डिपो के मालिकों की मिलीभगत के बगैर- मौके पर ऐसी पहचान संभव नहीं होती। कहीं-कहीं तो स्कूलों के हेडमास्टरों की भी मदद ली गयी और पहचान के लिए स्कूली रजिस्टरों का इस्तेमाल किया गया। सूचना के साथ-साथ साधन भी जरूरी थे।

कई इलाकों में व्यापक रूप से मिट्टी का तेल वितरित किया गया। दक्षिणी दिल्ली में तो लुटेरे गिरोहों द्वारा डी.टी.सी. की बसों का इस्तेमाल किया गया।

राज्य मशीनरी की भूमिका इनकी अनदेखी करने और पीड़ित लोगों की मदद न करने तक सीमित नहीं थी, उसने सीधे तौर पर इस सब में भाग भी लिया। पुलिस ने सिखों के हथियार रखवा लिए। लूट और बलात्कार में भी हिस्सा लिया। हरियाणा से ट्रकों में भर-भर कर दंगाइयों को दिल्ली लाया गया और उन्हें मिट्टी का तेल जैसी चीजें मुहैया करायी गयीं। गौरतलब यह है कि यह सब इंदिरा गाँधी की हत्या के बाद स्वाभाविक अलर्ट और दिल्ली की सीमाओं को सीलबंद कर देने के बाद हो रहा था। दरअसल, यह सब एक आतंकवादी राज्य का व्यवस्थित काम था।

इतिहासकारों के लिए यह घटना काफी महत्त्व रखती है। इसकी तुलना १९४७ के सांप्रदायिक बँटवारा-जनित कत्लेआम से नहीं की जा सकती। दोनों का आधार एक नहीं था। इतिहास के घालमेल से काम नहीं चलनेवाला। पहले हम बँटवारे के हिंसात्मक चरित्र को समझने में असफल रहे और आज एक को दूसरे के साथ गड्डमड्ड कर रहे हैं। यह इतिहास की गलत समझ है। सांप्रदायिक हिंसा के दौरान पड़ोसी आपस में लड़ते हैं। लेकिन इस मामले में इस सकारात्मक तथ्य की चर्चा की जानी चाहिए कि बहुत-से इलाकों में हिंदू पड़ोसियों ने असामाजिक तत्त्वों से अपने सिख दोस्तों को बचाया। सांप्रदायिक बँटवारे से जुड़ी हिंसा स्वतःस्फूर्त पागलपन का परिणाम थी, जिसमें हत्याएँ एक अनुष्ठान बन गयी थीं। नवंबर, १९८४ की हिंसा मूलतः पूर्वनियोजित थी। दिल्ली विश्वविद्यालय के एक इलाके में गड्ढे खोदे गये और उनको 'सरदार घाट' का नाम दे दिया गया। लोगों को जिंदा जलाया जाना हिंसा का कहीं ज्यादा नया ढंग था। डॉक्टरों के अनुसार मानव शरीर को जलाना काफी कठिन काम है। इस हिंसक कार्रवाई में फास्फोरस (सफेद चीज) की उपस्थिति पूर्व योजना का भयावह प्रमाण है।

इन सबसे यही निष्कर्ष निकलता है कि यह सांप्रदायिक हिंसा का स्वतःस्फूर्त उभार नहीं, बल्कि राज्य की छत्रछाया में विकसित उत्पीड़न की तकनीक का परिणाम था। लेकिन बहुत से लोगों की याददाश्त इतनी कमजोर है कि वे इमरजेंसी और हाल के राजकीय आतंकवाद के बीच संबंध को नहीं देख पाते। दोनों ही एक जन-विरोधी राज्य की स्थापना की घोषणा करते हैं। इस परिप्रेक्ष्य में दिल्ली का समाजशास्त्र हमारे विश्लेषण की पुष्टि करता है।

वर्तमान हिंसा के दौर के बीज दिल्ली पर जगमोहन राज के इतिहास में छिपे हैं। उनके और दूसरे नौकरशाहों द्वारा निर्मित इस शहर के समाजशास्त्र को हमें समझना होगा। मुगल काल की पुरानी दिल्ली में ब्रिटिश साम्राज्यवाद ने एडमंड लुटियंस की नयी दिल्ली को जोड़ा। एक तकनीकवादी वास्तुकार के रूप में लुटियंस ने भारत में नगर योजना की हाउसमानी शैली की शुरुआत की, जिसकी खासियत है रेखीय धाराएँ, जो मानव समुदायों को भावहीन तरीके से साम्राज्यवाद या मशीन की जरूरत के मुताबिक विभाजित कर देती हैं। इमरजेंसी की घोषणा के बाद तीसरे किस्म की दिल्ली जन्म लेती है। पहले वाइस चेयरमैन और बाद में लेफ्टिनेंट-गवर्नर के रूप में जगमोहन के कार्यकलाप इसके परिचायक हैं। इसमें आधुनिक राजनीति का तकनीकशाही झुकाव निहित है।

जगमोहन और इमरजेंसी काल के दूसरे नौकरशाहों की नजर में झुग्गी-झोपड़ियों में रहनेवाले गरीब लोग प्रगति के मार्ग में बाधक थे। कानूनी रूप से उन्हें गैर-कानूनी बाशिंदा माना जाता था, 'स्वास्थ्य' की दृष्टि से रोगों का वाहक माना जाता था, इसलिए उनके उद्धार, उनकी सफाई और उनसे छुटकारा पाने के लिए राज्य द्वारा सख्त कदम उठाना जरूरी था। स्वरचित एक कविता में जगमोहन ने स्वीकार किया है :

मैं जानता हूँ
मैं कोई जीनियस नहीं
न ही मैं हाउसमान का अवतार हूँ
मेरे पास न तो लुटियंस जैसा संयोग है
न कारबुजिए की तरह नेहरू का समर्थन ...

इस समर्पित नौकरशाह को इमरजेंसी में संजय गाँधी के समर्थन से अपने तकनीकशाही सपनों अर्थात हाउसमानवाद को जमीन पर उतारने का मौका मिला। पूरी दिल्ली में झुग्गी-झोपड़ियों के अस्तित्व को मिटा देने का प्रयास किया गया, ताकि देखने में दिल्ली साफ-सुथरी लगे। इस व्यक्ति के लेखों में प्रौद्योगिकीय प्रेरणा साफ दिखती है। उसने लिखा कि झुग्गी-झोपड़ियों का हटाया जाना राजनीति से परे एक प्रौद्योगिकीय कार्य है। उसने दावा किया कि 'स्लमों को नहीं, बल्कि उनकी राजनीति को ध्वस्त किया गया है। झुग्गी-झोपड़ियों को नहीं, बल्कि उनमें व्याप्त शारीरिक और मानसिक व्याधियों को मिटाया गया है। बुलडोजर विध्वंस के नहीं, बल्कि विकास के उपकरण हैं।'

साम्राज्यवादी लुटियंस के हाउसमानवाद को इमरजेंसी के नौकरशाहों ने असामाजिक मोड़ दे दिया। पुराने समुदायों को विभाजित करके शहर की सीमा पर धकेल दिया गया। पुनर्वास की प्रक्रिया अनिवार्यतः और स्वभावतः धीमी थी। इससे भी ज्यादा महत्त्वपूर्ण बात यह है कि नये इलाकों में सामुदायिकता की भावना का घोर अभाव था। नये संदर्भ में विभिन्न समूहों के बीच आदान-प्रदान का या तो पूर्णतः अभाव था या फिर बहुत ही सीमित था। इन्हीं सीमाओं से शासक दल अपनी रैलियों के लिए भीड़ जुटाता है। किसी समुदाय पर हमलों के लिए इन्हीं लंपट तत्त्वों का इस्तेमाल किया जाता है। इन्हें इससे कोई मतलब नहीं कि शिकार कौन है?

दिल्ली के यही बाहरी क्षेत्र, सुल्तानपुरी, त्रिलोकपुरी, शकरपुर, नवंबर १९८४ में हिंसा के सबसे ज्यादा शिकार हुए। जहाँ इमरजेंसी ने नेता और जनसमूह के बीच की मध्यस्थ संस्थाओं (मसलन, ट्रेड यूनियन, विश्वविद्यालय, न्यायपालिका, प्रेस) को कमजोर करके स्वायत्तता पर पहला आघात किया, वहीं नवंबर, १९८४ की हिंसा इस बात की सूचक है कि राज्य ने इन लपंट तत्त्वों के बीच से एक ऐसा औजार तैयार कर लिया है जिसका इस्तेमाल बचे-खुचे विरोध को भी शांत करने के लिए किया जाएगा।

उत्तर-इंदिरा और उत्तर-आडवाणी भारत

इंदिरा गाँधी के मातहत कांग्रेस के सांप्रदायिकीकरण और लालकृष्ण आडवाणी के मातहत भाजपा के 'मोदीत्व' में कोई खास फर्क नहीं है। असल में पहले ने जिस बीज को बोया, दूसरे ने उसी की फसल काटी। सांप्रदायिक कार्यक्रम को अंजाम देने के मामले में कांग्रेस के पास इंदिरा गाँधी के जमाने में भी उस प्रकार का अनुभव या वैचारिक प्रशिक्षण नहीं था जैसा कि संघ आधारित जनसंघ और बाद की भाजपा के पास है। फिर, व्यवस्था के भीतर 'सांप्रदायिकता' के हथकंडे के इस्तेमाल और मुसलमानों के खिलाफ धार्मिक उन्माद पैदा करने और इस प्रक्रिया में राजनीति के पूरे आधार को ही बदल देने के बीच काफी फर्क है। इस प्रक्रिया में बहुलवाद की जगह प्रभुत्ववाद ले लेता है, बहुदेववाद की जगह एकेश्वरवाद ले लेता है और विविधता की स्वीकृति की जगह एकरूपता की स्थापना और एक प्रभुत्वशाली 'धर्म' के ढाँचे के रूप में परिलक्षित आस्था की एकता ले लेती है। पुनर्जागरण के पहले पश्चिम के समाजों और इस्लामी समाजों में भी ऐसा ही हुआ था। कांग्रेस

द्वारा मूलतः चुनावी कारणों से सांप्रदायिक और धार्मिक भावनाओं के इस्तेमाल और भाजपा द्वारा मुसलमानों के खिलाफ धर्म के इस्तेमाल के बीच एक दूसरा फर्क भी है। कांग्रेस के विपरीत भाजपा एक ऐसी पार्टी है, जिस पर मूलतः ऊपरी जातियाँ हावी हैं। इस प्रकार वह न सिर्फ मुसलमान-विरोधी और ईसाई-विरोधी है, बल्कि वह दलित-विरोधी और पिछड़ा-विरोधी भी है। इसलिए यह बुनियादी तौर पर अलोकतांत्रिक है।

अतः अयोध्या में जमा कार सेवकों के उन्माद की उपलब्धि सिर्फ एक पूजास्थल की तबाही नहीं थी, बल्कि अयोध्या की घटना कहीं ज्यादा बुनियादी सूचकांक की प्रतीक थी—वह भारतीय सभ्यता और संस्कृति की बुनियाद, यानी भारतीय पहचान, उसकी परंपरा और उसकी विरासत पर भारी हमले का सूचक थी, हालाँकि ये कार सेवक और उनके राजनीतिक गुरु इन्हीं को बचाने का दावा करते हैं।

असल में आडवाणी और उनका कुनबा हिंदूवाद को आक्रामक और सुसंगठित स्वरूप प्रदान करने के प्रयासों का प्रतिनिधित्व करता है। यह धर्म के मामले में पश्चिमी अमीर देशों की बराबरी का प्रयास है। राजीव गाँधी भी उनकी बराबरी तक पहुँचने को आतुर थे। फर्क सिर्फ इतना था कि वे प्रौद्योगिकीय क्षेत्र में बराबरी का प्रयास कर रहे थे। दोनों ही प्रयास भारतीय संस्कृति और राज्य-व्यवस्था के देशी आधारों पर आघात करते हैं। नरसिंह राव और उनके बाद की पूरी राजनीति में दोनों धाराओं, सांप्रदायिक और तकनीकशाही रुझान, का मेल दिखाई देता है।

भले ही विरोधाभासी लगे, लेकिन शिक्षित भारतीय मध्यवर्ग का प्रौद्योगिकीय आभिजात्य और ब्राह्मणवादी वर्ग का सांप्रदायिक आभिजात्य मिल-जुल कर सत्ता और प्राधिकार के एकरूप और प्रभुत्ववादी ढाँचे का निर्माण करते हैं। दोनों ही उस बहुलवादी लोकतंत्र को कमजोर करते हैं जो इस उदार और समन्वयकारी सभ्यता को राजनीतिक अभिव्यक्ति प्रदान करता है। यह मेल वर्ग-आधारित द्वंद्वों के साथ-साथ धर्म-आधारित गृहयुद्धों को जन्म देता है। भारत इस दोहरे हमले को किस प्रकार झेल पाएगा, यह तो भविष्य ही बतायेगा। भारत का अस्तित्व बना रह पाएगा इसमें भी संदेह है, कम-से-कम उसका मौजूदा स्वरूप तो नहीं ही रहेगा।

इस नियति से हमें सिर्फ एक ही बात बचा सकती है कि भारतीय भीतर से उस प्रकार का 'धार्मिक' नहीं है, जैसा कि विश्व हिंदू परिषद प्रचारित करने

की कोशिश कर रही है और न ही एक समाज और सभ्यता के रूप में भारत की राष्ट्रीय विरासत किसी धर्म को मान्यता प्रदान करती है। तथाकथित हिंदूवाद भी (तथाकथित इसलिए कि यह भारतीय शब्द नहीं है, बल्कि इसे तो यूरोपीय प्राच्यविदों ने गढ़ा था) उस प्रकार का धर्म नहीं है जिसकी पहचान 'धार्मिक' किस्म की हो। आप किसी भी गाँव में चले जाएँ और किसी का भी दरवाजा खटखटाएँ और उससे उसका परिचय पूछें। कोई भी व्यक्ति हिंदू के रूप में अपना परिचय नहीं देगा, बल्कि यह बतायेगा कि वह फलाँ जाति का है और फलाँ गाँव या मोहल्ले का रहनेवाला है। भारतीय लोगों की पहचान के सदंर्भ में धर्म की बनिस्बत जाति ज्यादा महत्त्व रखती है। मुसलमान या ईसाई या सिख इसके अपवाद हों, ऐसा नहीं कहा जा सकता। उत्तरोत्तर इनकी पहचान भी जातीय या भौगोलिक बनती जा रही है। बुनियादी तौर पर 'हिंदू' विरासत के साथ अच्छी बात सिर्फ यही नहीं है कि वह खुद विविधतापूर्ण है, बल्कि वह दूसरे (गैर-हिंदू) समुदायों को भी विविधतापूर्ण बना देता है। विश्व हिंदू परिषद और आज की भाजपा जिस चीज का प्रचार कर रहे हैं, वह पूरी तरह गैर-भारतीय और गैर-हिंदू है।

भाजपा एक ऐसे गंगा-जमुनी और सबको समाहित करनेवाले ढाँचे का निर्माण नहीं कर सकती (जैसा कि कभी कांग्रेस ने किया था), जो परंपरागत और आधुनिक असमानताओं के शिकार बिखरे हुए सामाजिक तबकों को समुचित जगह दे सके। वह तो 'हिंदू' समुदाय के भीतर भी ऐसे तबकों को जगह दिला सकनेवाले ढाँचे का निर्माण नहीं कर सकती। प्रतिनिधिमूलक लोकतंत्र का संस्थागत ढाँचा अगर कायम रहा (वह कितना भी कमजोर क्यों न हो) तो भाजपा का कोई भविष्य नहीं है। एक राजनीतिक पार्टी से एक मजहबी 'आंदोलन' में उसका रूपान्तरण एक पार्टी के रूप में उसके भविष्य को अंधकारमय बनाता है। अगर शिक्षित और 'प्रबुद्ध' मध्यवर्ग उसके सामने स्वेच्छा से घुटने टेक दे और वह भारत के बिखरे और अतिसंवेदनशील जनसमुदाय के ऊपर एक मजहबी तानाशाही राज्य थोपने में कामयाब हो जाय, तभी और सिर्फ तभी उसका कोई भविष्य हो सकता है। यह असंभव नहीं है। हमें भारतीय जनगण के स्वभाव और प्रकृति के बारे में किसी भ्रम में नहीं रहना चाहिए। वे भविष्य के लिए किसी नये वैचारिक ढाँचे का निर्माण करने में विफल रहे हैं। उनकी सबसे बड़ी कमजोरी यह है कि वे किसी भी धारा में बह जा सकते हैं। वे धार्मिक उन्माद, मुसलमानों के खिलाफ घृणा और

प्रतिशोध की भावना से भी ग्रस्त हो सकते हैं। वे इतने भोले-भाले लोग हैं कि धार्मिक अंधराष्ट्रवाद के वीभत्स आकर्षण में भी फँस सकते हैं। वे बंधुत्व और 'जुड़ावों' की उस शृंखला के वाहक भी बन सकते हैं, जो हम सबको, बूढ़ों और बच्चों को, महिलाओं और पुरुषों को, अगड़ों और पिछड़ों को, विविध समुदायों और जातियों को, और हिंदुओं, मुसलमानों, सिखों और ईसाइयों को एकसूत्र में बाँधती है।

इंदिरा-काल और आडवाणी-काल के भारतीय जन की त्रासदी यह है कि वह खुद अपने बारे में और भविष्य के बारे में दिशाहीनता, असुरक्षा, अज्ञानता और अनिश्चय के भाव से ग्रस्त है। वे यह मानते हैं कि 'दूसरे जैसा करते हैं वैसा ही करो', यानी अगर दूसरे नाचते हैं तो उन्हें भी नाचना चाहिए, अगर दूसरे हत्या करते हैं तो उन्हें भी हत्या करनी चाहिए। कुछ मायने में वे संस्कृतिहीन बन गये हैं। ऐसे नेतृत्व का घोर अभाव है जो उनके भीतर छुपे संतुलन और विवेक का इस्तेमाल उनके लिए एक संतुलित और विवेकसम्मत भविष्य का निर्माण करने के लिए कर सके।

लोकतांत्रिक राजनीति और बीच का दायरा

दलीय प्रणाली वाले अध्याय में मैंने यह दिखाया है कि किस तरह कांग्रेस एक पार्टी न होकर लोकतांत्रिक राजनीति में बीच के दायरे की नुमाइंदगी करने वाली एक ऐसी संरचना थी। यह ऊपर से देखने में ही एक पार्टी है, वरना उसका चरित्र तो विभिन्न हितों का प्रतिनिधित्व करने वाला एक मोर्चे जैसा था। मैंने यह भी सूत्रबद्ध किया था कि अपने इसी अनूठेपन के कारण कांग्रेस इतने लंबे समय तक देश को ध्रुवीकरण से बचाते हुए सरकार चला पायी, क्योंकि वह काफी कुछ भारतीय समाज के अनुकूल थी। इंदिरा गाँधी ने कांग्रेस के इस चरित्र को अपने लोकलुभावनवाद और व्यक्तिवाद के कारण बदल डाला, जिसने राजनीतिक अस्थिरता और अन्य तरह की विकृतियों को जन्म दिया। गैर-कांग्रेसवादी राजनीति से उम्मीद थी कि वह इंदिरा पूर्व कांग्रेस जैसा ही कोई ढाँचा बनाकर इस कमी की भरपाई करेगी। लेकिन, इस मामले में गैर-कांग्रेसवादी राजनीति ने निराश ही किया है। न तो जनता पार्टी, जनता दल और राष्ट्रीय मोर्चे-वाम मोर्चे की राजनीति ऐसा कर पायी, और न ही अटल बिहारी वाजपेयी के नेतृत्व में काम कर रहा राष्ट्रीय जनतांत्रिक गठजोड़ इसमें कामयाब हो पाया। इस प्रक्रिया में धीरे-धीरे मध्यवर्ती राजनीतिक दायरे

का क्षय होता चला गया और नयी राष्ट्रीय-अंतर्राष्ट्रीय परिस्थितियों ने मिलकर ध्रुवीकरण के हालात को ही आगे बढ़ाया। राजीव गाँधी ने तकनीकशाही-प्रबंधकीय राज्य में भारतीय समस्याओं का हल ढूँढ़ा और अपने वक्तव्यों से दिल्ली के सिख हत्याकांड को वैधता प्रदान की। इस तरह से उन्होंने राज्य के खुले सांप्रदायिकीकरण के प्रयोग की पीठ थपथपायी। लालकृष्ण आडवाणी की प्राथमिकता कठोर राज्य के विकास में थी। उन्होंने नरेंद्र मोदी द्वारा गुजरात में राज्य के खुले सांप्रदायिकीकरण को वैधता दी। यानी तकनीकशाही-प्रबंधकीय राज्य और कठोर राज्य एक ही सिक्के के दो पहलू साबित हुए और दोनों के तहत राज्य का सांप्रदायिकीकरण हुआ।

इसके पीछे की राजनीति देखना आसान है। लेकिन, इसके गहरे विचारधारात्मक कारणों की थाह लेना थोड़ा मुश्किल है। मेरा खयाल है कि भारतीय परिस्थितियों में बहुलवाद के महत्त्व को न समझ पाने की समस्या ने भी इसमें खासा योगदान किया है। पश्चिम में बहुलवाद सेकुलर दायरे में हुए विकास-क्रम का परिणाम था। इसी प्रक्रिया में वहाँ बहु-पार्टी प्रणाली उभरी। साथ ही किस्म-किस्म के हित समूह और वर्ग समीकरण पैदा हुए। लेकिन, भारत में बहुलवाद सेकुलर विकास-क्रम का परिणाम न होकर उसके सांस्कृतिक परिवेश और उसके तत्त्व-चिंतन के लिए विधेयक की तरह था। विविधता और बहुलता का परिप्रेक्ष्य लोकतंत्र राजकाज से नहीं उपजा था, बल्कि लोकतंत्र के ज़ड़ जमाने के पीछे उसका आधार था।

गुजरात की घटनाओं से भारतीय बुद्धिजीवी और मीडिया पंडित चिंतित हैं। उन्हें लग रहा है कि देश नकारात्मक दिशा में जा रहा है। दरअसल, समस्या यह है कि वे बहुलवाद, सहिष्णुता और सहअस्तित्व की खूबियों को सेकुलर राजनीति की देन मान लेते हैं। वे यह भूल जाते हैं कि भारतीय सेकुलरवाद के साथ अन्योन्यक्रिया होने के बहुत पहले ही बहुलवाद हमारी सभ्यतामूलक पहचान बन चुका था। अपने बहुलवाद पर एक सावधान नजर डालने से हमें दिखाई दे जाएगा कि इसके पीछे धार्मिकता का एक भिन्न नजरिया काम करता रहा है।

यह खास तरह की धार्मिकता काफी कुछ उस हिंदू संस्कृति और अस्मिता की देन है जो अपने सार में बहुसांस्कृतिक है। राजनीतिक हिंदुत्व इसी बहुसांस्कृतिकता और उस पर आधारित खास तरह की धार्मिकता को अपना निशाना बनाता है। आडवाणी की रथयात्रा से लेकर गुजरात में मोदी-

राज तक भाजपा के सभी प्रयास हिंदुओं की इस परंपरागत धार्मिकता का उल्लंघन हैं। इस लिहाज से हिंदुत्व भारतीय सभ्यता के लिए सबसे बड़े खतरे के रूप में उभरता है। जाहिर है कि जब यह लड़ाई सेकुलर क्षेत्र में लड़ी जाएगी, तो उसके सांस्कृतिक और धार्मिक आयाम स्पष्ट होंगे।

इस वैचारिक आग्रह को साफ कर लेने के बाद हम सोच सकते हैं कि ध्रुवीकरण से बचने और मध्यवर्गीय राजनीतिक दायरे के महत्त्व को पुनः स्थापित करने की दिशा में कैसे बढ़ा जा सकता है। मैं फिलहाल इसके लिए दो तरीकों की तजवीज कर सकता हूँ। मेरी पहली पेशकश है मध्यवर्ग की भूमिका पर फिर से जोर देना। मेरी मान्यता है कि मध्यवर्ग ने राजनीति में अपनी परंपरागत भूमिका को पिछले दिनों काफी हद तक छोड़ा है। आजादी के पहले और बाद के शुरुआती वर्षों में मध्यवर्ग ने राजनीतिक स्वतंत्रता और सामाजिक मुक्ति के लाभों का विस्तार बृहत्तर समाज तक करने का कारनामा अंजाम दिया था। इसके अलावा मध्यवर्ग तीखे सामाजिक टकराव के हालात में संघर्ष की धार भोथरी करने की महत्त्वपूर्ण भूमिका भी निभाता रहा है। मेरी दूसरी पेशकश है मध्यवर्ग के पुनर्जागरण के बाद उसके और हाशिये पर पड़े संघर्षरत तबकों के बीच कोई मुश्तरका किस्म की कारगर और दूरगामी जमीन तैयार करना। इन हाशियाकृत संघर्षरत तबकों में दलित, मुसलमान, महिलाएँ और आदिवासी शामिल हैं।

क्या भारतीय समाज के जमीनी हालात के खिलाफ जाकर मैं ये पेशकश कर रहा हूँ? जाहिर है कि लोग यह सवाल उठाएँगे ही, क्योंकि पिछले कुछ दिनों तक मैं अपने मार्क्सवादी और रेडिकल दोस्तों की तर्ज पर मानने लगा था कि मध्यवर्ग अपनी परिवर्तनकारी भूमिका खो चुका है। वह न केवल यथास्थिति का हिस्सा बन चुका है, बल्कि वह समाज में विषमता और सांप्रदायिकता को बढ़ाने वाला माध्यम भी हो गया है। मैं इस प्रश्न के उत्तर में केवल यह कहूँगा कि हमारे देश में एक ऐसी ऐतिहासिक प्रक्रिया की शुरुआत हो गयी है जिसके तहत एक तरफ भूमंडलीकरण अबाध गति से जारी है और दूसरी तरफ धार्मिक कट्टरता की बेइंतिहा अभिव्यक्तियाँ उभरती जा रही हैं। इसका असर मध्यवर्ग के बहुत बड़े हिस्से पर हो रहा है। वह एक तरफ दरिद्रीकरण का शिकार हो रहा है, और दूसरी तरफ सांप्रदायिक उन्माद उसे अपना निशाना बनाये ले रहा है। यह हकीकत मुसलमानों के मध्यवर्ग पर भी लागू होती है। अल्पसंख्यकों का मध्यवर्ग असुरक्षा और घेटो मानसिकता

के भँवर में फँसता हुआ देखा जा सकता है।

हो सकता है कि मेरे कुछ पाठकों को मेरी यह सफाई नाकाफी लगे। पर, इस विषय पर फिलहाल मैं केवल इतना ही कहकर दो अन्य मुद्दों पर गौर करूँगा। पहला तो यह है कि मध्यवर्ग की सृजनशील भूमिका को पुनः स्थापित करने के लिए सरकार और राजनीतिक दलों को क्या करना होगा? दूसरा यह है कि मध्यवर्ग और हाशियाकृत संघर्षरत तबकों के बीच समान हित के सूत्र कैसे बनेंगे? मुझे लगता है कि वामपंथी दलों समेत मौजूदा राजनीतिक पार्टियाँ राष्ट्रीय सहमति की पुनर्रचना करने के अपने ऐतिहासिक दायित्व को निभाने में असफल हो चुकी हैं। एक व्यापकतम राष्ट्रीय गठजोड़ बनाना आसान नहीं रह गया है। इस श्रेयस्कर काम को अंजाम देने के लिए उन सीमाओं और परस्पर संदेहों को पार करना होगा जो जाति और वर्ग विभेदों के कारण बनती चली गयी हैं। इन सीमाओं को राजनीतिक दलों की कार्यशैली ने भी मजबूत किया है।

राजनीतिक दलों की नाकामी के बावजूद मैंने उम्मीद का दामन छोड़ा नहीं है। इसकी वजह खुद मध्यवर्ग का नैसर्गिक चरित्र और उसका लोकतंत्र के साथ रिश्ता है। यह भारतीय मध्यवर्ग का लोकतांत्रिक और रिपब्लिकन चरित्र ही था जिसने किसी जमाने में पहले अंग्रेजों को इस देश से निकाल बाहर किया, फिर गाँधीवादी एजेंडा अपनाया और फिर नेहरूवादी एजेंडे को केंद्र में रखकर राष्ट्रनिर्माण की मुहिम चलायी। इन दोनों ही एजेंडों को जमीन पर उतारने की कल्पना मध्यवर्ग की पहलकदमी के बिना असंभव थी। भले ही आज भ्रष्टाचार, सांप्रदायिकता और अपराधीकरण में बढ़ोतरी के कारण मध्यवर्ग लोकतांत्रिक राजनीति में दिलचस्पी खोता जा रहा है, लेकिन सैद्धांतिक रूप से मैं समझता हूँ कि लोकतंत्र मुख्यतः एक मध्यवर्गीय मूल्य ही है। मध्यवर्ग की राजनीति के प्रति अरुचि का एक कारण लोकलुभावन राजनीति, लोकलुभावन अर्थनीति और लोकलुभावन संस्कृति भी है। मध्यवर्ग को साफ दिख रहा है कि लोकलुभावन रवैये के कारण भारतीय राज्य निचली जातियों के तुष्टीकरण की राजनीति करके अपने व्यापक आधार वाले लोकतांत्रिक चरित्र को खोता जा रहा है। लेकिन, इन हताशाओं के बावजूद गुजरात की घटनाओं ने उसे बुरी तरह चौंका दिया है। नरेंद्र मोदी द्वारा राज्य का खुला सांप्रदायिकीकरण किये जाने से उसे एक तरह का सदमा लगा है।

इसी के नतीजे के तौर पर हम आज तरह-तरह के नागरिक समूहों की

सक्रियता देख सकते हैं। ये नागरिक समूह मोटे तौर पर सांप्रदायिकता के खिलाफ और सेकुलर राजनीति के पक्ष में खड़े हुए हैं। बुद्धिजीवी वर्ग धीरे-धीरे लोकतंत्र में यकीन खोता जा रहा था। गुजरात के नरसंहार ने उसे भी बेचैन कर दिया है। मेरे खयाल से मध्यवर्गीय बुद्धिजीवियों की बिरादरी व्यवस्था के प्रति अपनी तमाम तल्खी के बावजूद लोकतंत्र पर आने वाले संकट के समय खड़े होने की क्षमता रखती है। वह संघ परिवार और राष्ट्रीय जनतांत्रिक गठजोड़ के तहत खेली जा रही सांप्रदायिक राजनीति से बेहद नाखुश है। ये लोग इस बात से काफी परेशान हैं कि पार्टियाँ और राजनेता संविधान के प्रति प्रतिबद्धता का उल्लंघन कर रहे हैं।

इन लोगों को एक बार फिर कारगर पहलकदमी में उतारने के लिए केवल नये तरह के कार्यक्रम की ही नहीं, नये तरह की कल्पनाशक्ति की जरूरत भी पड़ेगी। बिना कल्पनाशक्ति के बनाये गये कार्यक्रम का हश्र वाजपेयी-मुशर्रफ गतिरोध जैसे हालात में निकलेगा या फिर जो शांति होगी वह मोदी-आडवाणी-गिल द्वारा लायी गयी मरघट की शांति सरीखी होगी। इसी तरह केवल समाजविज्ञानियों द्वारा किये जाने वाले विश्लेषणों से भी काम नहीं चलने वाला। आज का मध्यवर्ग जिस हकीकत का सामना कर रहा है, वह उस हकीकत से कहीं पेचीदा है जिसका आजादी मिलने के वक्त तत्कालीन मध्यवर्ग ने सामना किया था।

टिप्पणियाँ और संदर्भ

व्यवस्थागत आकलन के इनपुट-आउटपुट मॉडल के आधार पर चिंतन करने वाले इस बात से बहुत नाराज होंगे कि मैंने उनके मॉडल को उलट दिया है, पर मेरा ख्याल है कि इसे चक्रीय ढंग से भी अपनाया जा सकता है। राजनीतिक निर्णयों, सामाजिक संरचनाओं और प्रक्रियाओं पर पड़ने वाले असर को अक्सर राजनीतिक सिद्धांतशास्त्रियों ने नजरंदाज ही किया है। अर्थशास्त्रियों की भूमिका इस मामले में कुछ बेहतर रही है, हालाँकि राजनीतिक और आर्थिक पहलुओं को जोड़ कर देखने वाले इस अनुशासन में भी कम ही हैं।

संविधान सभा में अपनायी गयी सहमति और समायोजन आधारित निर्णय प्रक्रिया पर ग्रैनविले ऑस्टिन ने अपनी विख्यात पुस्तक *दि इंडियन कांस्टीट्यूशन : कॉर्नर स्टोन ऑव दि नेशन* (लंदन, १९६६) में विस्तार से प्रकाश डाला है।

कांग्रेस संस्कृति के अन्य राजनीतिक पार्टियों पर पड़े असर की एक मिसाल तब मिली जब मद्रास में द्रमुक के भीतर गुटीय संघर्ष से परेशान हो कर वहाँ भी कांग्रेस की ही भाँति एक 'कामराज योजना' लागू करने की माँग की गई। साठ के दशक में गैर-कांग्रेस

गठजोड़ों की विशेषता यह थी कि वे पश्चिमी यूरोप की भाँति स्थायी किस्म के समर्थन आधारों पर टिके हुए नहीं थे। संभवत कम्युनिस्टों और जनसंघ के छोड़ कर उनका समर्थन आधार बदलता रहता था। यही कारण था कि वे अपने समर्थन आधार के प्रति अधिक जवाबदेह महसूस नहीं करते थे।

कांग्रेस के भीतर १९६७ से पहले ही सोचा जाने लगा था कि जो लोग पार्टी छोड़ कर जाना चाहते हैं, उनकी फिक्र में दुबला क्यों होना चाहिए। कांग्रेस के नेता उद्देश्यों की एकता के बारे में अधिक चिंतित थे, जबकि पहले उनकी प्राथमिकता हर तरह के तत्त्व को संगठन के भीतर रखने की होती थी। डब्ल्यू.एच. मॉरिस जोंस ने इस नयी प्रवृत्ति की अपनी रचनाओं में शिनाख्त की थी।

इंदिरा गाँधी की विशेषता यह थी कि उन्होंने कांग्रेस में जमे बैठे राजनीतिक प्रबंधकों के खिलाफ विकास और सरकार के प्रदर्शन को लेकर जंग छेड़ी। हालाँकि उनका पैंतरा पूरी तरह राजनीतिक था जिसकी परिणति एक अभूतपूर्व राष्ट्रपति चुनाव में हुई, बहस के केंद्र में आर्थिक विकास और सामाजिक न्याय के प्रश्न आ गए। इससे हुआ यह कि नेहरू के बाद एक बार फिर कांग्रेस के भीतर बाएँ बाजू की विचारधारात्मक सहमति मजबूत हुई।

साठ के दशक के अंत तक राजनीतिक प्रयोगों के दौर से गुजरने वाले कई देशों की प्रणालियाँ सत्ता परिवर्तन बिना किसी उथल-पुथल के सफलतापूर्वक अंजाम देने की कसौटी पर नहीं कसी गई थीं। राजनीतिक परिवर्तन को रूटीन बनाए बिना यह कहना कठिन था कि इन देशों में संस्थानीकरण की प्रक्रिया पूरी हुई है या नहीं। केवल इजराइल ही इस मामले में कामयाब लग रहा था। वहां बेन गुरिअन के बाद लेवी एश्कोल और फिर उनके बाद गोल्डा माइर को हुए सत्ता हस्तांतरण में संस्थागत भूमिका साफ देखी जा सकती थी। पर, मलेशिया, तंजानिया, केन्या और एक हद तक सीलोन के बारे में यह नहीं कहा जा सकता था। सोवियत संघ, फ्रांस, चीन, क्यूबा, यूगोस्लाविया, पाकिस्तान और मिस्र भी शांतिपूर्वक सत्ता परिवर्तन में सफल नहीं कहे जा सकते थे। साठ के दशक की शुरुआत से ही भारत में भी नेहरू के बाद कौन जैसे सवाल के आसापास इसी तरह की बेचैनियाँ देखी जा सकती थीं। विद्वानों के बीच उत्तराधिकार के प्रश्न पर जम कर बहस हो रही थी। १९४७ से १९५० तक सरकार में नेहरू के बाद दूसरे नंबर पर पटेल थे, पर उनकी मृत्यु के बाद कांग्रेस संसदीय दल ने वरिष्ठता के प्रश्न पर विचार तो किया। पर कोई फैसला नहीं हो पाया। नेहरू का ख्याल था कि इस समय नंबर दो बनाने का मतलब एक तरह से अपना उत्तराधिकारी नामजद करना ही हो जाएगा।

शास्त्री के मुकाबले मुख्य रूप से मोरारजी देसाई खड़े थे, जिनके नेहरू के साथ मतभेद जगजाहिर थे। ज्यादातर मुख्यमंत्री उनके पक्ष में नहीं थे, और उनकी छवि भी दक्षिणपंथी की थी। कामराज और शास्त्री की छवि मध्यमार्गी की थी। कामराज के बारे में माना जाता था कि वे तटस्थ प्रकृति के व्यक्ति हैं, और उसी शैली में पंच फैसला करने में यकीन करते हैं। बाद मं सहमति निकालने की कला में महारत रखने वाले यही कामराज अपनी इन्हीं खूबियां के कारण 'किंग मेकर' कहलाए।

इंदिरा गाँधी ने जो नयी सांगठनिक एकता कायम की, उसका फायदा उन्हें उस समय मिला जब कांग्रेस ने डॉ. जाकिर हुसैन को राष्ट्रपति पद के लिए अपना उम्मीदवार चुना।

विपक्षी दल सुप्रीम कोर्ट के एक वरिष्ठ जज को ले कर आए। लेकिन, इंदिरा गाँधी ने सेकुलरवाद का मुद्दा उठाया और नीचे से ऊपर तक सांगठनिक एकता प्रदर्शित की, हालाँकि कांग्रेस इलाकों में गुटबाजी की शिकार थी। विपक्षी दल नाकाम रहे, और उनकी कतारों में ज्यादा फूट देखी गई।

१९६७ में राजनीतिक उत्तराधिकार की प्रक्रिया जिस तरह चली, उससे आभास होता है कि उस वक्त तक राजनीति किस तरह खुलने लगी थी। कांग्रेस के भीतर से समाचार माध्यगों के लिए सूचनाओं का प्रवाह होने लगा था। अखबार राजनीतिक समझौता वार्ताओं का एक-एक पहलू और चरण खोल कर सामने रख रहे थे। कांग्रेस की बातें बाहर जाने लगीं और बाहर से बनने वाले दबाव से कांग्रेस प्रभावित होने लगी। १९६७ में अपने चुने जाने के दो साल बाद खुद को सत्ता से बेदखल होने से रोकने के नाम पर इंदिरा गाँधी ने कुछ राजनीतिक और आर्थिक पैंतरे लिए जिनका नतीजा उपप्रधानमंत्री मोरारजी देसाई की तकरीबन बर्खास्तगी और बैंकों के राष्ट्रीयकरण जैसे कदमों में निकला। इंदिरा गाँधी का तर्क था कि कांग्रेस को अपनी गुटबाजी से परे जाना होगा। यह नये तरह की राजनीतिक संस्कृति की शुरुआत थी, जिसके सूत्र पार्टी के भीतर से बाहर तक फैले हुए थे।

९

राजनीतिक विकास के आर्थिक पहलू

आर्थिक विकास और राजनीतिक विकास का संबंध किसी भी तरह से सीधा और सरल नहीं होता। लेकिन गरीबी और साधनहीनता की समस्याओं को राजनीतिक समस्या का दर्जा न देने वाली कोई भी राजनीतिक प्रणाली स्थिरता प्राप्त नहीं कर सकती। राजनीतिक विकास के आर्थिक पहलुओं में जनसंख्यामूलक, पर्यावरणगत और राजनीतिक शख्सियत के विकास के आयाम भी शामिल होते हैं। जिस तरह कुछ संवेदनशील अर्थशास्त्री आर्थिक विकास में राजनीतिक प्रक्रिया के योगदान को 'आर्थिक विकास की राजनीति' के रूप में चिह्नित करते हैं, उसी तरह राजनीतिशास्त्रियों के लिए भी राजनीतिक विकास के आर्थिक घटकों पर 'राजनीतिक विकास के अर्थशास्त्र' की तरफ ध्यान देना जरूरी होता है। भारत में राजनीतिक विकास के आर्थिक पहलू दो चरणों से गुजरे हैं। पहले चरण में राज्य ने लोकोपकारी लक्ष्यों के साथ जनता का विकास करने के लिए हर क्षेत्र में आत्मनिर्भरता का नारा दिया और नतीजे के तौर पर भारी उद्योगीकरण और हरित क्रांति के कार्यक्रम चलाये गये। यह पब्लिक सेक्टर और आयात प्रतिस्थापन वाला दौर था। लेकिन, दूसरे चरण में पहले दौर की गलतियों को दुरुस्त करने के बहाने से भारतीय अभिजन ने भिन्न तरह का राजनीतिक अर्थशास्त्र अपनाया और विश्व पूँजीवाद की ताकतों के सामने समर्पण कर दिया। यह जनता और विकास प्रक्रिया में जनता की सीमित सहभागिता वाला मॉडल था।

I

रूपांतरण की रणनीति का खाका

भारतीय राजनीतिक विकास के जिस मॉडल की हमने पिछले अध्यायों में चर्चा की, वह बुनियादी तौर पर एकखुला मॉडल होने के साथ-साथ नागरिकों के विकास और कल्याण के लिए प्रतिबद्ध था। उसके तहत राजनीतिक प्रक्रिया की स्वायत्त भूमिका को प्रमुखता मिल जाती थी। राजनीतिक केंद्र अपने संस्थानीकरण की प्रक्रिया चलाते हुए परिधि की तरफ अपनी पैठ का विस्तार कर रहा था। राजनीतिकरण और उसके जरिये होने वाले आधुनिकीकरण के बढ़ते स्तर के परिणामस्वरूप व्यवस्था को उत्तरोत्तर बढ़ती हुई माँगों का सामना करना पड़ रहा था। ऐसे में सामाजिक-आर्थिक लक्ष्यों को वेधने के लिए कुछ नीतियों की आवश्यकता थी जिनकी सफलता-विफलता पर संवैधानिक व्यवस्था का स्थायित्व और वैधता निर्भर थी। राष्ट्रीय एकता और राजनीतिक प्रणाली की वैधता के प्रश्न विकास और प्रगति के सरोकारों से जुड़े हुए थे।

आर्थिक विकास और राजनीतिक विकास का संबंध किसी भी तरह से सीधा और सरल नहीं होता। लेकिन, इस हकीकत से इनकार नहीं किया जा सकता कि गरीबी और साधनहीनता की समस्याओं को राजनीतिक समस्या का दर्जा न देने वाली कोई भी राजनीतिक प्रणाली स्थिरता प्राप्त नहीं कर सकती। राजनीतिक विकास के आर्थिक पहलुओं में जनसंख्यामूलक, पर्यावरणगत और राजनीतिक शख्सियत के विकास के आयाम भी शामिल थे। जिस तरह कुछ संवेदनशील अर्थशास्त्री आर्थिक विकास में राजनीतिक प्रक्रिया के योगदान को 'आर्थिक विकास की राजनीति' के रूप में चिह्नित करने लगे हैं, उसी तरह राजनीतिशास्त्रियों के लिए भी राजनीतिक विकास के आर्थिक घटकों पर 'राजनीतिक विकास के अर्थशास्त्र' की तरफ ध्यान देना जरूरी था।

भारत के आर्थिक और सामाजिक विकास की रणनीति का आकलन करने के लिहाज से साठ का दशक एक कठिन समय था। १९६५ से १९६७ तक देश सूखा झेल चुका था। उसके बाद औद्योगिक मंदी शुरू हो गयी। पाकिस्तान से युद्ध और उसके कारण मिलने वाली अंतर्राष्ट्रीय मदद अचानक रुक चुकी थी। फिर चुनाव के घटनाप्रद वर्ष ने राजनीतिक अनिश्चितता की शुरुआत होकर दी। इन सभी घटनाओं ने दशक के आखिरी वर्षों को

राजनीतिक रूप से काफी तरल बना दिया था। विकास का संस्थागत चक्का थोड़े दिनों के लिए थम-सा गया लगता था और प्रगति की रफ्तार रुकी हुई लग रही थी। १९६७ से १९६९ के बीच कुछ हालत सुधरती हुई प्रतीत हुई, लेकिन कुल मिलाकर आर्थिक विकास विपरीत परिस्थितियों का सामना ही कर रहा था।

आर्थिक विकास और राजनीतिक विकास के संबंधों पर नजर डालने पर उनके कई पहलू अंतर्विरोधी लगते हैं। कभी विकास और न्याय के लक्ष्य, कभी उत्पादन और संचय के उद्देश्य और कभी वितरण और समता के मकसद आपस में टकराते प्रतीत होते हैं। भारत की समस्या यह थी कि उसके पास राजनीतिक और आर्थिक विकास की प्रक्रियाएँ अलग-अलग चरणबद्ध ढंग से चलाने की सुविधा नहीं थी। उसे परस्पर विपरीत लगने वाले ये दोनों काम एक साथ अंजाम देने थे। इसलिए शुरू से वह चार सुपरिभाषित लक्ष्यों को लेकर चल रहा था : पहला, आयात और विदेशी मदद पर निर्भरता से मुक्त विकास यानी आत्मनिर्भर विकास; दूसरा, संसाधन और पूँजी जमा करने के जरिये बचत और निवेश की दर बढ़ाना यानी विकास की उच्च दर प्राप्त करना; तीसरा, क्षेत्रीय और सामाजिक असंतुलन कम करना यानी संतुलित विकास का लक्ष्य प्राप्त करना; और चौथा, जनता के लिए जीवन की न्यूनतम परिस्थितियाँ मुहैया करना यानी समता और न्याय हासिल करना। इन चार लक्ष्यों के साथ वैकासिक रणनीति के व्यापक राजनीतिक सरोकारों में एकता को बढ़ावा देना, दूरियों और विभेदों से बचना और नये राजनीतिक केंद्र द्वारा नाना प्रकार के हितों को आत्मसात करना शामिल था।

आजादी के बाद अगर कांग्रेस द्वारा पारित प्रस्तावों पर नजर डाली जाए तो साफ हो जाता है कि नवस्वाधीन राष्ट्र के नेतृत्व ने इन सभी लक्ष्यों को एक साथ वेधने की योजना अपने लिए जनादेश के रूप में ग्रहण की थी। उसने सबसे पहले जो कदम उठाये उनमें जमींदारी उन्मूलन और भूमि सुधारों के उपाय शामिल थे ताकि भूमि संबंधों में समता लायी जा सके। इसके अलावा उसने नियोजित विकास के लिए एक योजना तंत्र बनाया था, सामुदायिक विकास कार्यक्रम की शुरुआत की थी, सहकारी आंदोलन चलाने के लिए नये संसाधनों का आबंटन किया था ताकि गाँव अपने पैरों पर खड़े हो सकें और ग्रामीण विकास की सुविधाएँ मुहैया करायी जा सकें। पचास के दशक के मध्य में जैसे ही प्रशासनिक ढाँचा और बुनियादी अधिरचना खड़ी

हुई, आत्मनिर्भर विकास के लिए नियोजित विकास शुरू हो गया। इसका जोर भारी उद्योगों में निवेश और जरूरी संयंत्रों और मशीनरी के आयात के लिए विदेशी मुद्रा के इस्तेमाल पर था। कुल मिलाकर कोशिश यह थी कि 'ऐसी मशीनें बनायी जाएँ जिनसे मशीनों का निर्माण किया जा सके'। इसे 'आयात प्रतिस्थापन' का नाम दिया गया, जिसका मतलब था घरेलू जरूरतें पूरी करने के लिए औद्योगिक माल का आयात करने के बजाय उसका देश में ही उत्पादन। भारी उद्योगीकरण पर निर्भर इस मॉडल की दिक्कतें यह थीं कि एक तरफ तो इसमें उत्पादन शुरू होने में काफी समय लगना था, दूसरी तरफ बड़े-बड़े संयंत्रों के खड़े हो जाने पर उनकी उत्पादन क्षमता का पूरा इस्तेमाल होने में देर लगनी थी। इससे देश की जनता को उपभोक्ता माल की कमी का सामना करना पड़ सकता था। लेकिन, ये कमियाँ उस आश्वासन के सामने कुछ नहीं थीं कि यह मॉडल विदेशों पर निर्भरता कम करके देश की स्वाधीनता और अखंडता की गारंटी करता रहेगा।

नतीजों के पहले दौर से ही साफ हो गया कि यह रणनीति यथार्थ पर आधारित नहीं थी। औद्योगिक आत्मनिर्भरता की कोशिश में नेतृत्व खेतिहर आत्मनिर्भरता के लक्ष्य को नजरंदाज़ कर बैठा और देश को खाद्यान्न आयात करने की अवमानना सहन करनी पड़ी।

आत्मनिर्भर विकास का लक्ष्य

करीब एक दशक तक भारतीय नियोजकों ने समतामूलक वितरण और लोक-कल्याण की जरूरतों का दबाव काफी हद तक महसूस नहीं किया। पूँजी संचय और उसके भारी उद्योगों में निवेश पर जोर दिया जाता रहा। यह जरूर है कि इस बीच भी ग्रामीण और खेतिहर विकास का कार्यक्रम चलाया जाता रहा, सूखे और बाढ़ की आपदाओं की दशा में राहत दी जाती रही, पर कुल मिलाकर नियोजकों को समाजवाद के तहत समतामूलक समाज बनाने की जवाबदेही का सामना नहीं करना पड़ा। हालाँकि साठ के दशक तक इस आर्थिक रणनीति के पूरे लाभ मिलने शुरू नहीं हुए थे, पर विकास दर कोई बहुत कम भी नहीं थी। अगर बेइंतिहा कमी वाले दो वर्ष निकाल दिये जाएँ तो १९५१ (पहली योजना का पहला साल) और १९६५ (तीसरी योजना का चौथा साल) के बीच कुल राष्ट्रीय आमदनी १९६०-६१ के मूल्यों के आधार पर ६९ फीसदी बढ़ी। पंद्रह साल में प्रति वर्ष ३.८ फीसदी की सकल विकास

दर दर्ज हुई। वस्तुतः हर योजना अवधि में विकास दर बढ़ते हुए देखी जा सकती थी। पहली योजना में यह दर अगर ३.४ थी, दूसरी योजना में चार फीसदी और तीसरी योजना के पहले चार सालों में दो खराब फसलों, दो युद्धों और विदेशी मुद्रा के एक गंभीर संकट के बावजूद ४.२ रही। सदी के पहले पचास सालों में देश की अर्थव्यवस्था ने केवल आधे से एक फीसदी के बीच की प्रगति की थी, इस लिहाज से आजादी के बाद की विकास दर बहुत संतोषजनक न होते हुए भी उल्लेखनीय थी। अगर १९५१ से १९६१ के बीच हुई आबादी में बेतहाशा वृद्धि (२१.५ फीसदी) को जोड़ लिया जाए, तो प्रति व्यक्ति आमदनी करीब दो फीसदी प्रति वर्ष रही थी।

इस दौरान खाद्यान्न का उत्पादन कुल ५० फीसदी और ३.५ फीसदी सालाना बढ़ा। हालाँकि बीसवीं सदी के पहले पचास सालों में खेतिहर उत्पादन में आयी जड़ता और प्रति व्यक्ति गिरावट को देखते हुए यह वृद्धि बुरी नहीं थी, पर भारत की गरीबी और आबादी के विस्फोट के लिहाज से यह प्रदर्शन अच्छा नहीं था। नियोजित प्रयास का असर उद्योगों पर जरूर दिखा। औद्योगिक सूचकांक पहले चौदह सालों में ७४ से बढ़ कर १८७ (१९५६ को आधार वर्ष मानने पर) पहुँच गया। यह १५२ फीसदी की वृद्धि थी। चूँकि सूचकांक में परंपरागत क्षेत्रों को ज्यादा वजन दिया गया था, इसलिए अधिरचनात्मक क्षेत्र में हुई जबरदस्त विकास दर इसमें पूरी तरह नहीं झलकती थी। इस दौरान कोयले का उत्पादन सौ फीसदी, इस्पात का ४०० फीसदी, बिजली का ६०० फीसदी बढ़ गया था। मशीनी कल-पुर्जे बनाने वाले उद्योग की शुरुआत तकरीबन शून्य से की जा चुकी थी। उत्पादन में काम आने वाली जिंसें, व्यापारिक वाहन और पेट्रोलियम पदार्थों का उत्पादन भी शुरू हो गया था। १९६५ खत्म होते-होते भारत रेल-मार्ग बनाने के मामले में दुनिया के किसी भी देश से आगे हो चुका था, बुने हुए कपड़े में उसका नंबर तीसरा था, कोयले में सातवाँ, पिटवाँ लोहे में नौवाँ, हाइड्रॉलिक सीमेंट में नौवाँ, जलवाँ कोयले में दसवाँ और बिजली के उत्पादन में बारहवें नंबर पर था। भू-सर्वेक्षण के जरिये खनिज उत्पादन की नयी संभावनाएँ सामने आ गयी थीं जिनके अनुसंधान और दोहन का सिलसिला शुरू होने वाला था। भारत के पास दुनिया में लौह अयस्क का सबसे बड़ा भंडार था, मेगनीज में वह तीसरे नंबर पर था, कोयले के भंडार की स्थिति सातवें नंबर की थी और जलाधारित विद्युत उत्पादन की उसकी संभावित क्षमता साठ फीसदी लोड पर

चार करोड़ दस लाख किलोवाट थी।

भारत सरकार ने मुख्य अधिरचनात्मक क्षेत्रों में पब्लिक सेक्टर के कारखाने खोले थे। चूँकि इनमें मुनाफा देर से मिलना था और निवेश बहुत ज्यादा होना था, इसलिए निजी क्षेत्र इस तरह के कारखानों में हाथ डालने के लिए तैयार नहीं था। पहली योजना के तहत पब्लिक सेक्टर में ५५ करोड़ रुपये निवेश किये गये थे, जो तीसरी योजना तक बढ़ते-बढ़ते ५२० करोड़ हो चुके थे। इसी बीच निजी क्षेत्र का निवेश २३३ से बढ़ कर १,०५० करोड़ हो गया था। राष्ट्रीय आमदनी के अनुपात में निबल घरेलू बचत ५.३ से उछल कर १०.५ तक पहुँच गयी थी। निवेश का निबल आँकड़ा भी ५.३ से बढ़ कर १४ फीसदी हो गया था। खास बात यह थी कि विकास की यह दर कम जरूर थी, पर इसके साथ मौद्रिक स्थिरता भी जुड़ी हुई थी। चीन से युद्ध, प्रतिरक्षा खर्चों में वृद्धि और थोड़े-बहुत घाटे के जरिये अर्थव्यवस्था चलाने के बावजूद थोक मूल्यों को ४० फीसदी ही चढ़ने दिया गया था। कराधान के जरिये संसाधन जमा करने की वृद्धि राष्ट्रीय आमदनी के सात फीसदी से बढ़कर १४ फीसदी हो गयी थी। खराब फसल के एक साल को छोड़कर १४ वर्ष की इस अवधि में राष्ट्रय आमदनी थोड़ी-बहुत लगातार बढ़ती रही थी।

लेकिन, प्रगति के ये आँकड़े आकार और आबादी के परिप्रेक्ष्य में काफी कमजोर लगते थे। आखिरकार भारत दुनिया का सातवें नंबर का सबसे बड़ा और सबसे ज्यादा आबादी वाला देश था। फिर भी औद्योगिक क्षेत्र में ये आँकड़े योजनागत लक्ष्यों से कुछ पिछड़ने के बाद भी थोड़े-बहुत संतोषजनक कहे जा सकते थे। दूसरी बात यह थी कि कई तरह के विकास एक साथ करने के बावजूद पूँजी संचय और आत्मनिर्भर विकास की कोशिशों को उनके कारण प्रभावित नहीं होने दिया गया था।

गँवाए गये अवसरों की कहानी : लेकिन, यह भी सच था कि इस अवधि में विभिन्न दबावों से मुक्ति के इस अवसर का पूरा दोहन नहीं किया जा सका, क्योंकि नेतृत्व नियोजित जोखिम उठाने के लिए तैयार नहीं था। यही कारण था कि भूमि सुधारों ने सामंतवाद के अवशेषों का उन्मूलन तो किया, पर समतामूलकता और जन-गोलबंदी वाले पहलुओं का लाभ उठाने के नजरिये से उनका संपूर्ण कार्यान्वयन नहीं किया गया। अभिजनों को डर था कि इसके कारण कहीं समाज में विभाजनकारी ताकतें प्रबल न हो जाएँ। सिंचाई के संसाधन सूखा राहत पर ज्यादा खर्च किये गये, न कि अच्छी

पैदावार वाले इलाकों पर। निजी और सरकारी क्षेत्र के बीच अकादमीय विवाद के चलते उर्वरक उत्पादन की दर रुक गयी। खाद्यान्न संकट से निबटने के लिए आयात की नरम नीति अपना ली गयी, बजाय इसके कि संकट के दबाव का इस्तेमाल करके खेतिहर उत्पादन बढ़ाने की आक्रामक मुहिम चलायी जाती।

औद्योगिक क्षेत्र में आयात प्रतिस्थापन की नीति संरक्षणवाद का बहाना बन गयी, जिसके कारण बहुत से अक्षम उद्यमों और संयंत्रों की संख्या बढ़ती चली गयी। औद्योगिक क्षमता का आधार कुछ ज्यादा ही विस्तृत करने की कोशिश काफी तेजी से की गयी जिसके कारण संयंत्रों की उत्पादक क्षमता में गिरावट आयी और आखिरकार आवश्यक संसाधन सभी क्षेत्रों के लिए काफी कम पड़ गये। पूरी अर्थव्यवस्था लागत बढ़ने की समस्या का शिकार हो गयी। माँग और आपूर्ति की विपरीत परिस्थितियों का मुकाबला करने के लिए नयी प्रौद्योगिकी का कौशलपूर्वक इस्तेमाल नहीं किया गया, न ही संसाधनों का आबंटन बदलने की तत्परता दिखाई गयी। आबंटन के मामले में सरकार दबावों के सामने झुकते नजर आयी। उसने संस्थागत निहित स्वार्थों का मुकाबला नहीं किया और निवेश व पूँजी-रचना के मौजूदा ढाँचे से ही चिपकी रही। दामों और तनख्वाहों पर दबाव बढ़ने के डर से बाजार की ताकतों को शक की निगाह से देखा जाता रहा। मुद्रास्फीति को काबू करने पर कुछ ज्यादा ही ध्यान दिया गया और मूल्य स्तर का इस्तेमाल करके उत्पादकता बढ़ाने की परवाह नहीं की गयी। विपणन योग्य पैदावार की कम कीमतों और किसानों को मुहैया करायी जाने वाली जिंसों की ऊँची लागत के कारण जड़ता के अंदेशे पैदा हुए। सरकार मुद्रास्फीति से इस कदर डरती थी कि जब सूखे के कारण दाम बढ़ने का खतरा पैदा हुआ तो उसने अपना निवेश कार्यक्रम घटा दिया जिससे अर्थव्यवस्था में और मंदी आ गयी।

स्पष्ट नीतियाँ न होने के कारण माँग और उत्पादन में तालमेल गड़बड़ा गया। प्रत्येक उद्योग की हालत यह हो गयी कि एक ओर आवश्यक सामग्री और कच्चे माल की कमी थी, दूसरी ओर मशीनी कल-पुर्जों और अन्य औद्योगिक वस्तुओं का ढेर लगता जा रहा था, क्योंकि उनकी जरूरत बहुत कम लोगों को पड़ रही थी। हिंदुस्तान मशीन टूल्स जैसे पब्लिक सेक्टर कारखाने की यह हालत नीतिगत विफलता की गवाह थी। हालाँकि योजनागत प्रयासों को कुछ सफलता मिली थी, पर प्राथमिकता वाले चुनिंदा क्षेत्रों में

संसाधन और प्रयास केंद्रित करने की तरफ ध्यान नहीं था। बढ़ते हुए राजनीतिकरण से निकलने वाले दबावों की अनुपस्थिति के जितने फायदे उठाये जा सकते थे, नहीं उठाये गये। संसाधनों की बरबादी, लक्ष्यों की तरफ से ध्यान हटने और प्रचार-सुलभ विकास के प्रति अतिरिक्त उत्साह से लगातार नुकसान हो रहा था।

खेतिहर और औद्योगिक क्षेत्रों के बीच प्रदर्शन के लिहाज से काफी विरोधाभास था। इसी तरह उपभोक्ता वस्तुओं और पूँजीगत व मध्यवर्ती ज़िंसों के उत्पादन में भी असंतुलन देखा जा सकता था। कुल मिलाकर दूसरी और तीसरी पंचवर्षीय योजना ने जिस तरह का विकास अंजाम दिया था, उसे असंतुलित ही कहा जा सकता था। विकास के मॉडल, मूल्य निर्धारण में अतिरिक्त चौकन्नेपन और भूमि सुधारों व सिंचाई परियोजनाओं के आधे-अधूरे कार्यान्वयन के कारण १४ साल के आर्थिक विकास ने अर्थव्यवस्था के विभिन्न क्षेत्रों को आगे-पीछे कर दिया था। खेतिहर क्षेत्र में देश की तीन-चौथाई आमदनी बसती थी, उसी के जरिये राष्ट्रीय आमदनी का आधा हिस्सा प्राप्त होता था और वहीं से अधिकतर माँग पैदा हो रही थी। यही क्षेत्र उद्योगों के लिए महत्त्वपूर्ण कच्चा माल मुहैया करता था। यह एक ऐसा असंतुलन था जिसका अर्थव्यवस्था पर खराब असर पड़ना लाजमी था।

जैसे ही दो साल लगातार सूखा पड़ा, आयात की आमदनी में गिरावट आयी, पाकिस्तान के साथ युद्ध के बाद विदेशी मदद कम हो गयी, कच्चे माल और स्पेयर पार्ट्स की कमी पड़ने लगी, मँहगाई के साथ-साथ मंदी बढ़ने का विकट मेल हो गया और चारों तरफ चीजों की किल्लत हो जाने से राजनीतिक अनिश्चितता का माहौल बन गया। कृषि और उद्योग के बीच असंतुलन ने इस संकट के समय में अर्थव्यवस्था का चक्का जाम कर दिया। मजबूरन आर्थिक रणनीति की व्यापक समीक्षा करनी पड़ी। कार्यक्रमगत प्राथमिकताओं, प्रशासनिक कामकाज, विचारधारात्मक रवैयों और राजनीतिक गठजोड़ की शैली में फेरबदल करना पड़ा।

असंतुलन और विकास

किसी भी समाज के जीवन में आने वाले वैकासिक संकट अक्सर यथार्थ के नये एहसास की तरफ ले जाने वाले होते हैं। असंतुलित विकास से होने वाली हानि जरूरी नहीं कि स्थायी किस्म की हो। उससे रणनीति और चिंतन में

परिवर्तन और पुनर्रचना के लिए आवेग भी मिलता है, और नवीन ऊर्जा का संचार भी होता है। शर्त यह है कि राजनीतिक संस्कृति बुनियादी आशावाद से संपन्न हो, और उसमें नयी चुनौतियों से निबटने लायक कौशल का अभाव न हो। जीवंत राजनीतिक संस्कृतियाँ वैकासिक संकटों का इस्तेमाल करके नयी प्रेरणाओं, नयी अंतर्दृष्टियों और नये सहयोगियों को खोज निकालती हैं। वे सीधी-सरल अवधारणाओं और सिद्धांतों की व्यावहारिक सीमाओं को समझ जाती हैं और हकीकत की जटिलता को कहीं बेहतर ढंग से पहचानने की कोशिश करती हैं। ऐसे संकट नेतृत्व और सरकारी संरचनाओं को अक्सर पड़ते रहने वाले दबावों से स्वायत्त करने की तरफ ले जाते हैं। संकट की रोशनी में मानसिक अंतर्बाधाएँ और पूर्वग्रह साफ दिखाई देने लगते हैं जिससे उन्हें छोड़ने में आसानी होती है। जो काम पहले सोचे भी नहीं जा सकते थे, वे संभव लगने लगते हैं। खासकर अरुचि और गतिहीनता की शिकार एवं जोखिम लेने से बचने वाली कार्य-संस्कृतियों के लिए वैकासिक संकट में नयी गतिशीलता के प्रमुख एजेंट बनने की संभावना होती है।

१९६५-६७ के खाद्य संकट का देश पर ऐसा ही असर हुआ। विकास का नजरिया पूरी तरह बदल देने वाली नयी कृषि नीति बनी जो हरित क्रांति को प्रोत्साहित करती थी। आर्थिक नीति की समीक्षा के परिणामस्वरूप कई नये कदम उठाये गये। छोटे पैमाने की सिंचाई पर जोर देने वाली नयी सिंचाई नीति बनी। ज्यादा उपज वाले क्षेत्रों में नये किस्म के बीजों और उर्वरकों का प्रसार किया गया। उर्वरता के लिहाज से मिट्टी का व्यापक सर्वेक्षण हुआ। नियोजन प्राथमिकताओं का पुनर्आकलन करके विदेशी मुद्रा संसाधनों का नया विनियोजन हुआ, नियंत्रणों को उदार बनाया गया, आयात प्रतिस्थापन की जगह निर्यात प्रोत्साहन पर जोर दिया गया, मूल्य नीति को अधिक उद्देश्यपूर्ण बनाने के साथ-साथ परियोजनाओं की संख्या बढ़ने के बजाय मौजूदा क्षमता के पूरे इस्तेमाल पर जोर देने का निर्णय किया गया।

इस परिवर्तन का ज्यादा अहम पहलू सोच और नजरिये में आयी तब्दीली थी। अपीलों और सरकारी आदेशों की जगह मुनाफा कमाने पर जोर दिया जाने लगा, किसान को संयम से रहने की सलाह देने के बजाय उसे उपभोग की तरफ ले जाने का रवैया अपनाया जाने लगा, उसे प्रेरित करके काम चलाने के बजाय खेती में काम आने वाली जिंसों को मुहैया कराने के लिए निवेश का रुख मोड़ने पर जोर दिया जाने लगा, संसाधनों को थोड़ा-थोड़ा सभी जगह

फैलाने के बजाय ज्यादा उपज वाले क्षेत्रों पर केंद्रित किया जाने लगा और बढ़ते दामों पर चिंतित होने के बजाय यह समझा जाने लगा कि बाजार और मूल्य विकास की दर बढ़ाने के लिए उत्प्रेरक की भूमिका भी निभा सकते हैं। खेतिहर उत्पादन को नियोजन और विस्तार का एक हिस्सा मानने के बजाय एक गंभीर आर्थिक समस्या के रूप में देखा जाने लगा। तकनीकशाहों और नौकरशाहों पर ज्यादा भरोसा करने के बजाय उनके राजनीतिक आकाओं के हाथ में पहल फिर से दे दी गयी। इन राजनीतिक तत्त्वों में से कई ग्रामीण इलाकों की ही देन थे। उनमें ग्रामीण क्षेत्रों के नये उद्यमी समूहों (भरत का कुलक वर्ग) की अच्छी समझ थी। ये नेतागण योजना आयोग के कल्पनाविहारी विशेषज्ञों पर अपना नजरिया आरोपित कर सकते थे।

प्रशासन ने भी नये संकल्प और दक्षता का परिचय दिया। केंद्र और राज्यों के खाद्य और कृषि मंत्रालयों ने सूखाग्रस्त इलाकों की स्थिति को अच्छी तरह सँभाला। अन्य क्षेत्रों में भी नीतिगत सामान्यीकरण की जगह ठोस कार्यान्वयन ने ले ली। अच्छे मानसून की मदद से इस नयी नीति का नतीजा बेहतर पैदावार में निकला। सत्तारूढ़ हलकों में आशा का संचार हो गया। सरकार ने पहली बार भविष्य के प्रति आश्वस्त होकर १९७० तक खाद्यान्न का आयात बंद करके अनाज में आत्मनिर्भर हो जाने की घोषणा कर दी। भले ही सरकार ने यह अनुमान लगाने में जल्दबाजी की हो, पर कुल मिलाकर उसे उम्मीद हो गयी थी कि कृषि क्षेत्र अर्थव्यवस्था की रुकावट न होकर विकास के स्रोत के रूप में उभर सकता है।

राजनीतिक मुद्दे : रणनीति में परिवर्तन के कई राजनीतिक नतीजे भी होने थे। चूँकि नीतिगत परिवर्तन की शुरुआत दो सूखों के पहले की गयी थी, इसलिए जब सूखे की वजह से संकट आया तो प्रशासनिक तंत्र उसके लिए एक हद तक तैयार था। सूखे से पैदा हुए हालात का राजनीतिक लाभ केंद्र ने यह उठाया कि वह अपनी स्वायत्तता के लिए चिंतित रहने वाले समृद्ध राज्यों और किल्लत के कारण केंद्र के सामने अपनी माँगें रखते रहने वाले राज्यों द्वारा पैदा की जाने वाली राजनीतिक बाधाओं से निबट सका। केंद्रीय खाद्य मंत्री सी. सुब्रह्मण्यम ने संकट को अवसर में बदलने के हर मौके का फायदा उठाया। वे इतने कुशल और क्षमतावान साबित हुए कि युद्ध और अमेरिकी दबाव से पैदा हुए हालात का लाभ उठाकर उन्होंने कई जटिल मसलों पर समझौते और फैसले कराने में कामयाबी हासिल कर ली। तीसरे, खाद्य संकट

की अल्पकालीन प्रकृति बेहतर वितरण और अंतर-राज्यीय सहयोग की माँग करती थी; और कृषि उत्पादन में गिरावट के संकट की दीर्घकालीन प्रकृति केंद्रीय पहलकदमी और सृजनशीलता की माँग करती थी। दोनों संकटों के स्वभाव में फर्क करना जरूरी था। चूँकि कई तरह के निहित स्वार्थ आड़े आ रहे थे, इसलिए जल्दी नतीजे निकालना मुश्किल हो रहा था। कई मोर्चों और कई स्तरों पर एक साथ काम करने की जरूरत थी। आखिर में केंद्र द्वारा राज्यों पर अपनी इच्छा थोपने के बजाय उनके साथ मिलकर काम करने से बात आगे बढ़ी। मुख्यमंत्रियों, केंद्र के खाद्य, नियोजन और वित्त मंत्रियों को मिलाकर प्रधानमंत्री की अध्यक्षता में महत्त्वपूर्ण निर्णय लेने के लिए एक राष्ट्रीय खाद्य परिषद गठित की गयी। यह संघीय किस्म की निर्णय प्रक्रिया का एक नमूना था। इससे केंद्र के ऊपर बोझ कम जरूर हुआ, पर यह भी साफ हो गया कि निर्णय प्रक्रिया के स्रोत और चरित्र के बारे में पहले से कोई भविष्यवाणी नहीं की जा सकती।

कई मुद्दे हल होने अभी बाकी थे और संकट से पूरा सबक सीखा जाना शेष था। विचारधारात्मक बाधाओं और निहित स्वार्थों के कारण नीतियों का गूरा लाभ नहीं मिल गा रहा था। कई मुख्यमंत्री अगने राज्यों की सीमा से बाहर खाद्यान्न न ले जाने देने वाली जोनल प्रणाली छोड़ने के लिए तैयार नहीं थे जिससे केंद्र को एक प्रभावी मूल्य और वितरण नीति लागू करने में मुश्किल आ रही थी। १९६५-६६ के सूखे में इसी जोनल प्रणाली के कारण पैदा हुए वितरण के संकट के कारण हालात खराब हुए थे। शहरी जनता को सस्ती दर पर अनाज देते रहने की पक्षधर कई विचारधारात्मक और राजनीतिक दलबंदियाँ अनाज खरीद के ऊँचे मूल्यों का विरोध कर रही थीं। यही हालत उर्वरक उत्पादन और आयात को सर्वोच्च प्राथमिकता देने की थी। इस नीति को लागू करने में भी ढील-ढाल दिखाई जा रही थी। इसमें निजी और सरकारी क्षेत्र के सैद्धांतिक पैरोकारों के बीच विवाद आड़े आ रहा था, तो सघन सिंचाई नीति सिद्धांतवेत्ताओं और सूखा राहत इंजीनियरों के परंपरागत विरोध का सामना कर रही थी।

कुछ और भी दिक्कतें थीं। मसलन, कार्यान्वयन के तकनीकी पहलुओं पर महारत न होने के कारण नाना प्रकार की आवश्यक क्षमताओं का विकास न होने से नाकामी की दशा में नियोजन संभव नहीं हो पा रहा था। प्राथमिकता खेती की तरफ झुके होने के कारण अंदेशा यह था कि कहीं उद्योगों को मुहैया

करायी जाने वाली सामग्री में कमी पड़ जाए, क्योंकि इससे खेती के लिए जरूरी सामग्री की कमी पड़ सकती थी। १९६९ की नाटकीय बैंक राष्ट्रीयकरण नीतिं भी नयी औद्योगिक नीति के तहत अतिरिक्त निवेश उद्योगों की तरफ मोड़ने के बजाय किसानों और खुदरा व्यापारियों को कर्ज देने में ज्यादा दिलचस्पी दिखा रही थी। कमियाँ सुधारने की प्रक्रिया जारी तो थी, पर कोई गारंटी नहीं थी कि वह सभी क्षेत्रों में अंत तक पूरी हो पाएगी।

पुनर्वितरण और समता के प्रश्न

आर्थिक विकास के तहत नीति और निर्णय प्रक्रिया के पहलुओं पर गौर करने के बाद यह जरूरी है कि हम देखें इस नीति से किसको क्या मिलने वाला था, क्योंकि आखिरकार राजनीति का मर्म तो यही है। इसके दो आयाम थे : अभिजन स्वयं भी पुनर्वितरण और समता को अन्य लक्ष्यों के साथ-साथ वेधा जाने वाला वांछनीय लक्ष्य मानते थे; और विकास के लाभों के असंतुलित बँटवारे के कारण पैदा हुई दूरियों और विषमताओं के कारण नीचे से दबाव पड़ रहा था।

भारतीय संदर्भ में पुनर्वितरण का सवाल शहर बनाम गाँव के विवाद से काफी-कुछ जुड़ा हुआ था। बेरोजगारी, आबादी का दबाव, मूल्य नीति, कर नीति और यहाँ तक कि शिक्षा नीति तक विभिन्न क्षेत्रों के अंत:संबंधों के रूप में इसी बृहत्तर संदर्भ की रोशनी में देखी जाती थी। राष्ट्रीय परिप्रेक्ष्य में होने वाली चर्चाओं में इन क्षेत्रों के भीतर की विषमताओं को नजरंदाज कर दिया जाता था। उपनिवेशवाद विरोधी आंदोलन, कांग्रेस पार्टी और नियोजन की विचारधारा पर ग्राम विकास और गाँव को जगाने की विचारधारा हावी थी, हालाँकि पंचवर्षीय योजनाएँ भारी उद्योगों पर आधारित तेज विकास के लक्ष्य को समर्पित थीं। उद्योगीकरण के फारमूले के तहत श्रम और संसाधन खेती से हटाकर उद्योगों और शहरों की तरफ मोड़े जाने थे। चूँकि खेती में श्रम की उत्पादकता कम और उद्योगों में ज्यादा होती थी, इसलिए मोटे तौर पर यह रणनीति तर्कसंगत लगती थी। दिक्कत यह थी कि औद्योगिक प्राथमिकता के बावजूद ७२ फीसदी श्रम-संसाधन १९५१ की भाँति १९६१ में भी खेती में ही ज्यादा लगे हुए थे। इसी तरह देश की ४० फीसदी उत्पादक पूँजी १९५०-५१ की तरह १९६०-६१ में भी खेती में लगी हुई थी। राष्ट्रीय आमदनी का खेती में हिस्सा ४९ से केवल थोड़ा ही घट कर ४६ हुआ था। जाहिर था कि

रोजगार, आमदनी और पूँजी के लिहाज से भारतीय अर्थव्यवस्था खेती से हट कर उद्योग की तरफ केंद्रित नहीं हो पायी थी।

क्षेत्रवार पुनर्वितरण : नीतिगत प्राथमिकता का असर सरकार द्वारा राजस्व की उगाही, राजकोषीय उपायों द्वारा निवेश, विकास के लिए तय की जाने वाली रकमों में भी नहीं दिखता था। नियोजन प्रक्रिया के बोलबाले की अवधि में, यानी जब वैकारिक प्रयासों पर किसी तरह का राजनीतिक दबाव नहीं था, विशुद्ध लाभ ग्रामीण क्षेत्रों को ही जा रहा था। १९५१-६१ के बीच ग्रामीण क्षेत्र से जमा किये गये कर ८० फीसदी बढ़े, पर इस क्षेत्र में खर्च की गयी करों की रकम १८० फीसदी बढ़ गयी। इसमें ज्यादातर शहर से कमाया गया पैसा था। हालत यह थी कि पहली दो योजनाओं में ४५ फीसदी और तीसरी योजना में ४० फीसदी खर्चा देहात के लिए ही रखा गया था। स्थिति यह बनती थी कि सरकारी नियोजन में खेती पर निवेश की उपेक्षा दिखती थी, पर कुल खर्चे तय करने में ग्रामीण क्षेत्र (अनिवार्यतः खेती नहीं) को काफी रकम मिल रही थी।

दूसरी तरफ ग्रामीण और उद्योग क्षेत्रों में उत्पादकता के फर्क को देखते हुए प्रति व्यक्ति प्रति श्रमिक राष्ट्रीय आमदनी शहरों में ज्यादा थी। लेकिन, यह सरकार द्वारा राजकोषीय उपायों द्वारा हस्तक्षेप से संभव हुआ था, वरना कर-पश्चात परिस्थिति ग्रामीण इलाकों की तरफ ही झुकी हुई थी। सरकार खेती से होने वाली आमदनी पर टैक्स लगाने के लिए तैयार नहीं थी, जिसने इस असंतुलन में काफी योगदान किया था। प्रत्यक्ष कर के रूप में केवल लगान था जिसे विश्व युद्ध के बाद एक बार भी बढ़ाया नहीं गया था, इसलिए इस कर से होने वाली वास्तविक आमदनी काफी कम हो गयी थी। विकास के लाभों का वितरण जाहिर है कि विषम होता जा रहा था। चूँकि लगान से आमदनी बहुत कम थी इसलिए कई राज्य सरकारों ने इसकी उगाही रोक ही दी थी। अप्रत्यक्ष करों की आमदनी भी शहर से ज्यादा होती थी। अर्थात संसाधन जमा करने के मामले में भी क्षेत्रवार असंतुलन था।

खेती की पैदावार बढ़ाने के लिए आर्थिक रणनीति में लाए गए बदलाव से यह असंतुलन और बढ़ सकता था। खेती एक आधुनिक व्यवसाय बनने जा रही थी जिसमें आधुनिक किस्म की सामग्री, प्रबंधकीय प्रतिभा और लाभकारी निवेश को झोंका जाना था। लक्ष्य थोड़ी-बहुत उपज बढ़ाना नहीं, बल्कि पैदावार में कई गुनी वृद्धि करने का था। जाहिर था कि इस क्षेत्र में

निजी और सरकारी निवेश की मात्रा बढ़ सकती थी। पंचायती राज की संस्थाओं, सहकारी समितियों और राष्ट्रीयकृत बैंकों द्वारा ग्रामीण क्षेत्र को दिये कर्जों के निरंतर वर्द्धमान प्रभाव से आर्थिक रणनीति का जोर खेती पर बढ़ते ही चले जाना था। कांग्रेस के स्थानीय स्तर के प्रभावशाली नेता और ताकतवर जातियों व जमे हुए हित-समूहों के प्रतिनिधियों के लिए ही नहीं, शहरों में जिंदगी गुजार रहे पुराने राजे-राजकुमारों, पूर्व जमींदारों, रिटायर हो चुके लोक-सेवकों और फौजी अफसरों की निगाह में इस नीति परिवर्तन ने खेती के धंधे की छवि बदल डाली थी। इससे आर्थिक ही नहीं, बल्कि राजनीतिक लाभ भी मिलने वाले थे। भारतीय राजनीति का सबसे नया शक्ति-समूह कुलकों का वर्ग बनता जा रहा था जिसने अपनी मिल्कियित वाली जमीन को नयी प्रौद्योगिकी की मदद से जोत-बो कर खेती को फायदे का धंधा बना लिया था। ताकत बढ़ने के साथ-साथ वह उच्च स्तर पर राजनीतिक हैसियत के लिए दावेदारियों के लिए खुद को तैयार कर रहा था।

विकास के लाभों का शहरों से गाँवों की ओर स्थानांतरण का औचित्य समझना कठिन नहीं था। सदियों से भारत के देहात की संभावनाओं का दोहन नहीं हुआ था। इसका दूसरा पहलू यह था कि कृषि आधारित विकास की रणनीति एक ऐसे मॉडल की तरफ ले जा सकती थी जिसकी मदद से भारत गरीबी और साधनहीनता की जबरदस्त समस्या से पार पा सकता था।

जनसंख्यामूलक परिवर्तन : आर्थिक रणनीति के ग्रामोन्मुख होने का एक और पहलू था— शहरीकरण की दर का धीमा होते चले जाना। १९५१ में शहरी आबादी १७.२९ फीसदी थी और १९६१ में यह आँकड़ा केवल १७.९७ ही हुआ था। यद्यपि शहरों की कुल आबादी १,६५,०००,०० बढ़ गयी थी, पर आनुपातिक रूप से यह वृद्धि केवल ०.६८ फीसदी ही थी। शहरीकरण की दर पिछले दशक में २४.८ थी जो चर्चित दशक में घट कर केवल ३.९ फीसदी रह गयी थी। १९२१ के बाद किसी भी दशक में शहरीकरण इससे धीमी रफ्तार से कभी नहीं हुआ था।

सरकार को भी शहरीकरण के गिर जाने का ऐसा पूर्वानुमान नहीं हो पाया था। होना यह चाहिए था कि आधुनिकीकरण के बढ़ने के साथ यह परिघटना भी बढ़ती। पर शिक्षा के प्रसार और राजनीतिक आधुनिकीकरण के बावजूद भारतीय उदाहरण भिन्न साबित हो रहा था। शहर में श्रमिकों की संख्या जरूर बढ़ी थी, और शहरों की आबादी भी, पर उसके पीछे शहरों के भीतर हुई

वृद्धि का ही पहलू था, न कि गाँव से रोजगार और बेहतर जीवनस्थितियों की तलाश में आए लोग। ऐसा लग रहा था कि ग्रामीण क्षेत्र के आधुनिकीकरण, खेती के धंधे में बढ़े मुनाफे और राजनीतिक कार्य-व्यापार के विकेंद्रीकरण ने गाँव की आबादी को शहर की तरफ प्रस्थान करने से रोक लिया था। आँकड़े इस तथ्य के गवाह थे। एक तथ्य यह भी था कि गाँव से शहर जाने वाले लोग अपने इलाके में वापस चले जाते थे। यानी न केवल शहरी इलाके गाँव को अपनी ओर खींचते थे, गाँव भी अपनी ताकत के जरिये जा चुके लोगों को वापस खींच रहे थे। फिर गाँव से शहर की बजाय जनसंख्यामूलक परिवर्तन छोटे शहर से बड़े शहर की ओर ज्यादा दिखाई दे रहा था। यह अर्ध-शहरी से पूर्ण शहरी बनने की प्रक्रिया थी, न कि ग्रामीण से शहरी बनने की। एक और महत्त्वपूर्ण तथ्य था कि ग्रामीण आबादी में १९५१-६१ के दौरान २० फीसदी बढ़ोतरी हुई थी, लेकिन खेती करने वालों की संख्या ४३ फीसदी बढ़ गयी थी। कुल मिलाकर एक व्यवसाय के तौर पर खेती में लगे हुए लोगों की संख्या ७४ फीसदी से बढ़ कर १९६१ तक ७६.४४ फीसदी हो चुकी थी।

इस विश्लेषण से लग सकता है कि आर्थिक विकास की रणनीति में शहर और गाँव के बीच हुआ यह स्थिरीकरण देश में किसी तरह के बाधारहित विकास या आपसी दूरियों के खात्मे की तरफ इशारा कर रहा था। दरअसल यह परिस्थिति दोनों क्षेत्रों की कुंठा और हताशा बढ़ा सकती थी। विकास के हिस्सेदार के रूप में औद्योगिक और पेशेवराना समूहों के प्रभुत्व में गिरावट आयी थी, ऊपर से ग्रामीण क्षेत्रों से शहरों की ओर आबादी का प्रस्थान भी नहीं हो रहा था। देहात में इसके कारण खेती योग्य जमीन पर दबाव बढ़ सकता था और सामाजिक-आर्थिक दूरियों में बढ़ोतरी हो सकती थी। शहरी इलाकों में बेरोजगारों, खासकर शिक्षित बेरोजगारों की संख्या बढ़ती चली जा सकती थी। दोनों क्षेत्रों में असंतुष्ट तत्त्वों के 'वर्गीय' किस्म के गठजोड़ बन सकते थे जिनकी तरफ से 'जातिगत' और 'हितआधारित' समीकरणों को प्रभावी चुनौती मिल सकती थी।

क्षेत्रों की अंदरूनी विषमताएँ : भूमि सुधारों की वजह से ग्रामीण क्षेत्रों में सत्ता के समीकरणों पर काफी फर्क पड़ा था। सामंतों की सत्ता पर दमनकारी इजारेदारी नहीं रह गयी थी, जमींदारी उन्मूलन और बँटाईदारी सुधार के कारण खेतीयोग्य जमीन का बहुत बड़ा हिस्सा भूमिधर किसानों के नियंत्रण में आ गया था। १९६१ की जनगणना के अनुसार ७७ फीसदी किसान परिवार

भूमिधरों की श्रेणी में आते थे, ८ फीसदी शुद्ध बँटाईदार थे और १५ फीसदी मिली-जुली काश्तकारी कर रहे थे। लेकिन, इन परिस्थितियों के बावजूद विकास कार्यक्रमों के आर्थिक लाभों का वितरण और संसाधनों पर नियंत्रण की स्थिति काफी विषमतापूर्ण थी। वजह यह थी कि भूमि सुधार पूरी तरह लागू नहीं किये गये थे, क्योंकि कांग्रेस बड़े भूस्वामियों का चुनावी समर्थन नहीं खोना चाहती थी। भूमि जोतने वाले परिवारों की कुल संपत्तियों के बारे में रिजर्व बैंक का अध्ययन बताता था कि २५ फीसदी परिवारों के पास ७५ फीसदी और ७५ फीसदी परिवारों के पास कुल २५ फीसदी संपत्तियाँ थीं। ज्यादा संपत्तियों वाली अल्पसंख्या में वे बड़े किसान और आधुनिक फार्मर शामिल थे जिन्हें विकास कार्यक्रमों से लाभ हुआ था। इन लोगों ने सहकारी आंदोलन, सामुदायिक विकास और कृषि विस्तार कार्यक्रमों से सबसे ज्यादा फायदा उठाया था, क्योंकि बैंकों की निगाह में उन्हीं के पास ऋण-क्षमता थी, देहात में उन्हीं का सामाजिक रंग-रुतबा था, वे बेहतर उद्यमी और जानकार थे। नयी कृषि नीतियों के कारण प्रति एकड़ उपज बढ़ने से भी उन्हीं को सबसे ज्यादा लाभ हुआ था। इस तरह बाकी ग्रामीण समाज के लाभों की कीमत पर ग्रामीण उद्यमियों का नया वर्ग बनता जा रहा था।

दिक्कत यह थी कि जब तक कुछ लोग एक 'बंद' समाज में पारंपरिक विशेष सुविधाएँ भोगते रहते हैं, तब तक आम लोगों में वंचित होने का एहसास ज्यादा नहीं पनपता; लेकिन जैसे ही इन सुविधासंपन्न लोगों की पारंपरिक हैसियत खत्म होती है और वही लोग नवधनाढ्यों के रूप में अपनी समृद्धि सरकार-प्रवर्तित कार्यक्रमों से हासिल करने लगते हैं, उन्हें वंचितों द्वारा चुनौती मिलने की संभावना बढ़ जाती है। सब कुछ इस बात पर निर्भर था कि विकास के लाभों का बाहर की तरफ विस्तार कितना और किस रफ्तार से हो रहा है और समृद्धि के केंद्रों के इर्द-गिर्द मौजूद खेतों, परिवारों और यहाँ तक कि भूमिहीनों तक इस लाभ के अंश पहुँचने दिये जा रहे हैं या नहीं। ऐसा न होने पर विषमताओं की निरंतरता न केवल प्रगति को रोक सकती थी, बल्कि सामाजिक-राजनीतिक उथल-पुथल को भी निमंत्रित कर सकती थी। १९६९ में गृह मंत्रालय की एक रपट ने चेतावनी दी थी कि ज्यादा उपज वाले क्षेत्रों में भूस्वामी काश्तकारी कानूनों को धता बताने के लिए बँटाईदारों को हटाकर अस्थायी खेतिहर मजदूरों से काम ले रहे हैं, देहाती बेरोजगारी की समस्या गंभीर होती जा रही है जिसके नतीजे के तौर पर खेतिहर असंतोष की

घटनाएँ बढ़ती जा रही हैं। बुनियादी संरचनागत सुधारों की गैर-मौजूदगी में 'हरित क्रांति' की कामयाबी विषमताओं को और बढ़ाने जा रही थी। यह सही है कि शुरुआती दौर में विकास की प्रक्रिया विषमताओं को जन्म देती है, पर बहुत लंबे समय तक विषमताओं के जारी रहने के कारण विकास को धक्का लगना और विकास के लिए आवश्यक राजनीतिक स्थिति का क्षय होना लाजमी हो जाता है।

ग्रामीण क्षेत्र के पहले दो वर्गों बड़े और मँझोले किसानों को नयी नीतियों से होने वाला लाभ साफ दिख रहा था, पर बाकी दो वर्गों की स्थिति शोचनीय थी। १९६१ की जनगणना के मुताबिक भूमि हदबंदी (हालाँकि इससे बचने के लिए कई तरह के हथकंडे प्रयोग किये जा रहे थे) के कारण छोटे किसानों की संख्या ४३ फीसदी बढ़ गयी थी। दूसरी तरफ १९५०-५१ और १९५६-५७ में किये गये दो अध्ययन बता रहे थे कि भूमि के पुनर्वितरण के कारण खेतिहर मजदूरों की संख्या घट तो गयी थी, पर उनकी जीवनदशाओं में सुधार नहीं आया था। ऐसा लगता था कि इन मजदूरों में जिनके पास थोड़ी-बहुत जमीन थी, वे भूमि सुधारों का लाभ उठाकर कुछ और जमीन हासिल करके इस श्रेणी से निकल गये थे। ग्रामीण आबादी कुल मिलाकर २० फीसदी बढ़ी थी, किसानी का काम करने वाले ४३ फीसदी बढ़ गये थे, पर खेतिहर मजदूरों की संख्या में २० से १७ फीसदी की कमी हो गयी थी। पंजाब, आंध्र प्रदेश और गुजरात के समृद्ध जिलों में खेतिहर मजदूरों की उन दिनों कमी महसूस की जाने लगी थी जब खेती का काम पूरे जोर पर होता है।

एग्रीकल्चर लेबर इनक्वारीज़ के मुताबिक आबादी बढ़ने और खेतिहर मजदूरों की संख्या में होने वाली कुल बढ़ोतरी के कारण उनकी आमदनी में दस फीसदी गिरावट आ गयी थी। इस आकलन की पद्धति पर शक हो सकता था, पर यह तय था कि मजदूरों की आर्थिक हालत पतली होती जा रही है। दूसरी तरफ आलम यह था कि हरित क्रांति के प्रभावों की वजह से कुछ छोटे किसानों की खुशहाली में थोड़ी-बहुत वृद्धि एक प्रदर्शनकारी प्रभाव पैदा कर रही थी जिसके कारण सामाजिक-आर्थिक असंतोष में बढ़ोतरी होने का अंदेशा था। वैसे भी क्रांतिकारी सिद्धांत की पुरानी कहावत है कि वंचित होने की निरंतरता नहीं, बल्कि हालत सुधरने की संभावना मुक्ति की कामनाओं को हवा देती है। जाहिर था कि अगले दस-पंद्रह वर्षों में भारतीय देहात व्यापक परिवर्तन की माँगों के गवाह बनने वाले थे। कुलकों की राजनीतिक-आर्थिक

सफलता को बँटाईदारों और भूमिहीनों के संघर्ष का सामना करना पड़ सकता था, हालाँकि बँटाईदारों के हित अक्सर भूमिहीनों के हितों के खिलाफ बैठते थे। ऐसी स्थिति में ठंडे बस्ते में पड़े हुए रेडिकल भूमि सुधार और खेती की आमदनी पर कर लगाने जैसे मुद्दे एक बार फिर जमीन से उठने वाली माँगों के दबाव में महत्त्वपूर्ण हो सकते थे।

अगर विकास के लाभों के उत्पादन और वितरण में हुई बढ़ोतरी के साथ-साथ उनके बीच के सूत्रों पर गौर किया जाए तो भी साठ के दशक के अंत में इसी अंदेशे को बल मिल रहा था। शुरू में नयी नीतियों से खेती योग्य जमीन का रकबा बढ़ा, जमीन के मालिकाने के कारण किसान की दिलचस्पी बढ़ने के कारण पैदावार में इजाफा हुआ, लेकिन धीरे-धीरे ग्रामीण अभिजनों ने नयी प्रौद्योगिकी और नयी सामग्री तक अपनी पहुँच और राजनीतिक-नौकरशाहाना नजदीकियों का लाभ उठाकर ज्यादा से ज्यादा फायदे उठाने शुरू कर दिये। आर्थिक विकास और विषमताओं के बीच अंत:संबंध पनपता चला गया। अगर यह प्रक्रिया इसी तरह नकारात्मक नतीजे पैदा करती रही तो साफ था कि उत्पादन और वितरण के लक्ष्यों पर विपरीत असर पड़ना शुरू हो जाएगा। उत्पादन में बढ़ोतरी रुक जाने पर उच्च स्तरीय अभिजन अधिकारीतंत्र द्वारा मुहैया करायी जाने वाली संरचनाओं पर निर्भर रहने के बजाय जनता के उन तबकों की राजनीतिक गोलबंदी शुरू कर सकते हैं, जिन्हें प्रगति के अवसरों का स्वाद नहीं मिल पाया था। परिणामस्वरूप स्थानीय स्तर पर हितों का ध्रुवीकरण बढ़ सकता था, असंतोष और सरकार विरोधी भावनाएँ बढ़ सकती थीं और चुनावी नतीजे खराब हो सकते थे। ये तमाम पहलू मिलकर बहुत बड़े पैमाने पर परिवर्तन के लिए दबाव डालने वाली राजनीति को जन्म दे सकते थे।

इस तरह के अंदेशों के खिलाफ एक बात जरूर जाती थी जिसके कारण लग रहा था कि देहाती समाज का असंतोष व्यवस्था के खिलाफ रुख नहीं ले पाएगा। खेतिहर अर्थव्यवस्थाएँ जब अपेक्षाकृत कम पैदावार के दौर से गुजरती हैं तो कृषि उत्पाद के दाम ऊँचे रखने पड़ते हैं, जिसके कारण पूरे क्षेत्र को होने वाले लाभ का फायदा न केवल खुशहाल किसान उठाते हैं, बल्कि दूसरे खेतिहर तबके भी फायदा उठाते हैं और विस्तार की हवा बनती है। साठ के दशक के आखिर में लग रहा था कि फिलहाल कई वर्ष तक उत्पादन माँग के मुकाबले कम रहेगा, देहात और शहर में जीवनस्तर बढ़ता रहेगा और

परिणामस्वरूप पैदावार के खरीद मूल्य और बाजार मूल्य ऊँचे रहेंगे। आबादी में होने वाली बढ़ोतरी और आयात में कटौती से भी पैदावार और मूल्य का यह संबंध बना रहेगा। शहरी इलाकों के तरफदार खाद्य के दाम घटाने के लिए दबाव डालेंगे, पर देहाती क्षेत्र का दबाव उनका विरोध करता रहेगा। यानी ग्रामीण समाज के बीच टकराव और अंतर्विरोध हो सकते थे, पर समूची व्यवस्था को उखाड़ फेंकने की कोशिश परवान नहीं चढ़ पाएगी।

शहरी क्षेत्र में परिस्थिति कुछ अन्य तरीके से विकसित हो सकती थी। यहाँ हित समूहों की संरचना अलग तरह की थी, और विकास के फायदों का बँटवारा ज्यादा समरूप हुआ था। मोटी तस्वीर इस तरह उभरती थी : कारपोरेट क्षेत्र का मुनाफा बढ़ गया था, कारखाने में काम करने वाले मजदूरों की तनख्वाहें बेहतर हुई थीं, निजी क्षेत्र के उच्च स्तरीय कर्मचारी रोजगार के विस्तार और आमदनी दोनों के लिहाज से फायदे में थे, निजी क्षेत्र के अन्य कर्मचारियों की वास्तविक आमदनी स्थिर थी पर रोजगार के अवसर कई गुने बढ़ गये थे, थोक और खुदरा व्यापार में लगे लोगों की आय बहुत सारे स्वरोजगारशुदा लोगों समेत बढ़ गयी थी। सरकार ने सरकारी कर्मचारियों की तनख्वाह न बढ़ाने का फैसला किया था जिससे उनकी वास्तविक आमदनी में गिरावट आ गयी थी। सरकारी क्षेत्र के कारखाना कर्मचारियों और हाथ से काम करने वाले मजदूरों की आमदनी इसलिए स्थिर थी, क्योंकि वेतन आयोग की सिफारिशों के कारण मँहगाई के हिसाब से उनके वास्तविक वेतन को कायम रखा जा रहा था। इन वेतनभोगियों की संख्या में भी बढ़ोतरी हुई थी। सबसे खराब असर हर तरह के अध्यापकों पर पड़ा था, हालाँकि शिक्षा व्यवस्था के विस्तार के कारण इस क्षेत्र में नौकरियाँ बहुत बड़े पैमाने पर बढ़ गयी थीं।

विकास प्रक्रिया का विशुद्ध लाभ निम्न-मध्य वर्ग को मिलने वाले रोजगार अवसरों के रूप में सामने आया था। दूसरी तरफ इस वर्ग और मजदूर वर्ग के बीच आमदनी के मामले में अंतर कम होता जा रहा था, एवं निजी रोजगार, व्यापार और वाणिज्य में लगे उच्च-मध्य वर्ग के मुकाबले यह वर्ग काफी पीछे छूटता जा रहा था। नतीजे के तौर पर निम्न-मध्य वर्ग की स्थिति विचित्र हो गयी थी। वह उच्च-मध्यम वर्ग के प्रति ईर्ष्या का शिकार था, और संगठित वेतनभोगियों की बढ़ती आमदनी के कारण उनसे पिछड़ने का रंज भी उसे था। एक वर्ग के रूप में ये लोग शहरों के सबसे ज्यादा असंतुष्ट तत्त्व

थे। दूसरी तरफ अभी तक सुविधाभोगी रहे बड़े अफसरों, बुद्धिजीवियों और पेशेवर लोगों की विशिष्ट हैसियत पहले जैसी न रह जाने से भी शहरों का आम बौद्धिक माहौल विरोध और निंदा का हो गया था। भारत की परिस्थितियों में औद्योगिक सर्वहारा द्वारा अक्सर दी जाने वाली वर्ग युद्ध की धमकी का ज्यादा महत्त्व नहीं था। असली खतरा तो असंतुष्ट निम्न-मध्यम वर्ग, लंपट सर्वहारा की तरफ से था। इनमें वे बुद्धिजीवी भी शामिल थे जिन्हें राजनीतिक आधुनिकीकरण और आर्थिक विकास की राजनीति ने उनकी पूर्व हैसियत और दबदबे से वंचित कर दिया था।

बेरोजगारी की समस्या : व्यवस्था से असंतुष्ट इन तत्त्वों के गठजोड़ की ताकत उस समय और बढ़ी हुई लगती थी जब बहुत बड़ी संख्या में शिक्षित बेरोजगारों पर नजर जाती थी। आर्थिक विकास की दर आबादी की वृद्धि दर से अधिक थी, पर अर्थव्यवस्था बढ़ती हुई श्रम शक्ति को पचा पाने में असमर्थ थी। १९५१-६१ के दौरान श्रम शक्ति में दो करोड़ दस लाख की वृद्धि हुई थी। रोजगार केवल एक करोड़ सत्तर लाख बढ़ा था। दूसरी योजना के अंत तक मौजूद ७० लाख बेरोजगार तीसरी योजना तक पौने दो करोड़ हो गये थे, जबकि रोजगार में केवल एक करोड़ पैंतालीस लाख की बढ़ोतरी ही हुई थी। तीसरी योजना के अंत तक करीब एक करोड़ रोजगार और पैदा किये जाने थे। इसका चौथाई केवल शहरों में केंद्रित था। अंदाज था कि सरकार द्वारा रोजगार बढ़ोतरी की योजनाओं पर अमल करने के बावजूद चौथी योजना के अंत तक बेरोजगारों की संख्या दो करोड़ हो जाने वाली है। बेरोजगारी की समस्या के कई कारण थे : आबादी के बढ़ने के कारण श्रम शक्ति का बढ़ना, विकास नीति का जोर संचय और आत्मनिर्भरता पर होना, कच्चे माल और जरूरी आयात की कमी के कारण उत्पादक क्षमता का पूरा इस्तेमाल न हो पाना।

इस समस्या का मुकाबला करने के तीन तरीके थे : पूँजी-श्रम अनुपात में कटौती करना, मौजूदा प्रौद्योगिकीय संरचना में श्रम का हिस्सा बढ़ाना और बेकार पड़ी उत्पादक क्षमता का पूरा इस्तेमाल करना। पहला विकल्प इसलिए व्यावहारिक नहीं था, क्योंकि निवेश का मौजूदा रुझान आर्थिक और प्रौद्योगिकीय लक्ष्यों को तेजी से हासिल करने की तरफ था, दूसरा तरीका अपनाने से उत्पादकता का और क्षय होने का डर था। १९५१-६१ के बीच श्रम उत्पादकता में बढ़ोतरी से उत्पादकता में ६५ फीसदी इजाफा हुआ था और

रोजगार की बढ़ोतरी केवल ३५ फीसदी ही हुई थी। इस प्रकार केवल तीसरा तरीका ही बचा था जिसके लिए बेकार पड़ी उत्पादक क्षमता का इस्तेमाल करने हेतु जरूरी आयात में वृद्धि करनी जरूरी थी। इसके लिए विदेशी मुद्रा निर्यात बढ़ाकर ही कमाई जा सकती थी। आने वाले सालों में सरकार इसी पहलू पर ध्यान केंद्रित करना चाहती थी। इसके लिए बनायी गयी नीतियों के फलदायक होने से पहले की अवधि के लिए नियोजकों ने निचली आमदनी और प्रौद्योगिकी के स्तर पर रोजगार की अतिरिक्त गुंजाइशें पैदा की थीं ताकि लोगों को कुछ फौरी राहत मिल सके। चौथी योजना में अपनाया गया ग्रामीण रोजगार कार्यक्रम इसका प्रमाण था। इंदिरा गाँधी ने विशेष पहलकदमी लेकर नियोजन प्रक्रिया पर हावी तकनीकी नजरिया राजनीतिक दृष्टिकोण से प्रतिस्थापित करने की कोशिश की थी ताकि गरीबी और विषमता कम की जा सकी। इससे प्रतीत होता था कि ग्रामीण रोजगार कार्यक्रम को जबरदस्त प्राथमिकता दी जाएगी ताकि बेरोजगारी और कम रोजगार की समस्या में कमी की जा सके। लेकिन, साठ के दशक के अंत तक ये सभी संभावानाएँ विचार-विमर्श और सूत्रीकरण की स्थिति में ही थीं और वंचितों की संख्या में वृद्धि होती जा रही थी।

भारत की अशिक्षित जनता कठोर जीवन-दशाओं को लगातार सहन कर सकती है, जाति-प्रथा और पारिवारिक संरचनाओं के जरिये वह जिंदगी के तनाव को जज़्ब कर सकती है, अपनी जमीन से उखड़ कर आए मजदूर अस्थायी नौकरियों और कामचलाऊ आमदनी पर गुजर-बसर कर सकते हैं और बृहत्तर संस्कृति और राज्य व्यवस्था के प्रति वंचितों में भी वफादारी बनी रहती है। इसलिए खतरे का स्रोत यहाँ न होकर शहरी क्षेत्रो के शिक्षित बेरोजगारों के बीच दिख रहा था। १९६१ तक के आँकड़े बता रहे थे कि शिक्षित बेरोजगारों की संख्या अशिक्षित बेरोज़गारों और केवल साक्षरों से बढ़ चुकी है। पंजाब, आंध्र, मद्रास, मैसूर जैसे अधिक शहरीकृत और उद्योगीकृत राज्यों के साथ-साथ दिल्ली और केरल जैसे राजनीतिक रूप से अधिक सक्रिय राज्यों में यही स्थिति थी। दो अन्य उद्योगीकृत राज्यों गुजरात और महाराष्ट्र में उच्च शिक्षितों के बीच रोजगार की हालत कुछ ठीक थी, पर मध्यवर्ती श्रेणी में वहाँ भी बेरोजगारी बहुत थी। १९५५ में रोजगार दफ्तरों में दो लाख नाम दर्ज थे, जो १९६१ में बढ़ कर छः लाख हो चुके थे। सरकार का यह भी अनुमान था कि कुल बेरोजगारों में से शायद आधे लोगों ने ही

खुद को पंजीकृत कराया था। इससे जाहिर होता था कि १९६१ तक करीब बेरोजगारों की संख्या दस लाख हो चुकी थी और आगे बढ़ती जा रही थी। पंजीकृत बेरोजगारों में विभिन्न पेशों और तकनीक में शिक्षित लोगों की संख्या करीब डेढ़ लाख थी। साढ़े छः लाख से ज्यादा हाई स्कूल पास थे और ७३,००० से ज्यादा विश्वविद्यालय के स्नातक और स्नातकोत्तर परीक्षा पास बेरोजगार थे।

आबादी के अनुपात के रूप में बेरोजगारों की यह संख्या चार फीसदी से ज्यादा नहीं थी और अन्य उद्योगीकृत देशों की तुलना में इस स्थिति को ज्यादा बुरा नहीं कहा जा सकता था, पर भारत के लिए प्रतिशत के बजाय पूरे आँकड़े ही ज्यादा महत्त्वपूर्ण थे क्योंकि एक आबादी बहुल देश होने के नाते दो फीसदी लोग ही २५ लाख हो जाते थे। चूँकि शहरीकरण की रफ्तार सुस्त थी और शहरी इलाकों में केवल एक-चौथाई बेरोजगार ही रहते थे, इसलिए समस्या की विकरालता का पता नहीं लगता था। विरोध प्रदर्शन, बंद और घेराव की समस्या का स्रोत यहीं था, यद्यपि साठ के दशक तक हालत यह थी कि प्रतिरोध की ताकतें असंगठित और बिखरी हुई थीं, ट्रेड यूनियन आंदोलन अपनी ही अनुदारता की गिरफ्त में था और छात्र आंदोलन के पास किसी सुसंगत विचारधारा का अभाव था। सरकार बिना किसी खास हिंसा के इन आंदोलनों से निबट पा रही थी। राजनीतिक व्यवस्था में तनाव पचाने की क्षमता थी। कृषि क्षेत्र की प्रमुखता, शहरी और देहाती क्षेत्रों को आपस में जोड़ने वाली पारिवारिक संरचनाओं की भूमिका और धीरे-धीरे ही सही पर लगातार बढ़ते जा रहे रोजगार अवसरों के कारण असंतोष किसी तरह सीमा के भीतर ही था। हालाँकि अर्थनीति की धुरी खेती बनी हुई थी, पर महानगरीय और प्रांतीय अभिजन कृषिगत मूल्यों के समर्थक नहीं थे। उनका रवैया आधुनिक और शहरी मूल्यों के राजनीतिक और संस्थागत प्रसार के पक्ष में था।

बैंकों के राष्ट्रीयकरण, इजारेदारी को काबू में करने के लिए अर्थव्यवस्था पर सरकारी नियंत्रण के बढ़ने और विकास के फायदे वंचितों तक पहुँचाने की प्राथमिकताओं के कारण अर्थव्यवस्था में कुछ नवाचार की संभावना बन रही थी। इनके कारण बेरोजगारी और उत्पादक क्षमता के बेकार पड़े होने की समस्याओं का निदान हो सकता था। लेकिन, इनके साथ स्वयंसेवी प्रयास को प्रोत्साहित करने वाले कार्यनीतिक कदम उठाने की जरूरत भी थी, वरना इनके

कारण उद्यमी हताश हो सकते थे। नयी नीतियों के कारण माँगों का दबाव भी बढ़ सकता था। चुनौती यह थी कि समतामूलक कदमों और विकास की जरूरतों के बीच तालमेल करने वाली नीतियों का सूत्रीकरण कैसे किया जाए।

यह कहना मुश्किल था कि इस पूरे हालात में युवाओं का रुख क्या होगा। आबादी की औसत आयु घट रही थी। १९६१ में ५७.७ फीसदी लोग २४ वर्ष या उससे कम के थे। ४१ फीसदी १४ साल से कम उम्र के थे। बेरोजगारी की दर युवकों के बीच ही सबसे ज्यादा थी। पीढ़ीगत मतभेदों और असंतोष की राजनीतिक प्रासंगिकता को नजरंदाज नहीं किया जा सकता था। लेकिन, व्यवस्था को युवाओं की तरफ से मिल सकने वाली चुनौती गंभीर न बनने के दो कारण हो सकते थे : पहला, भारतीय संस्कृति और लालन-पालन के तौर-तरीकों के कारण आयुगत वरिष्ठता का आदर करने की प्रवृत्ति, और दूसरा, छात्र आंदोलनों द्वारा व्यवस्था में जगह पाने की कोशिश करने के लिए विरोध करने की प्रवृत्ति, न कि उसे उलटने का प्रयास करने की प्रवृत्ति। खेती के लाभदायक होते जाने के कारण देहात के युवकों में शहर जाने की इच्छा कम थी। यह भी दिखाई पड़ रहा था कि आजादी के बाद पैदा हुई पीढ़ी अधिक यथार्थोन्मुख है और वह राष्ट्रीय आंदोलन के दौरान पैदा हुई पीढ़ी के यूटोपियायी रवैये से भिन्न आचरण करती है। लेकिन, इसका मतलब यह भी था कि युवा वर्ग केवल वायदों और दिवास्वप्नों से ही संतुष्ट रहने वाला नहीं था। वह नौकरियों और बढ़ती हुई आमदनी के रूप में व्यवस्था से नतीजे चाहता था। कुल मिलाकर भारत की राजनीतिक परिस्थिति न तो व्यवस्था के प्रति बहुत ज्यादा असंतोष के प्रमाण दे रही थी, न ही बहुत ज्यादा संतोष के। लेकिन, यह भी तय था कि अगर अर्थव्यवस्था रोजगार के पर्याप्त अवसर मुहैया न करा पायी, और बढ़ती हुई आबादी का दबाव बेरोजगारी की समस्या को विकराल बनाता चला गया तो युवकों का रवैया व्यवस्था से नाराजगी की तरफ झुकता चला जाएगा।

इन्हीं दीर्घकालीन रुझानों का खयाल करते हुए साठ के दशक के अंत में भारत सरकार ने आबादी नियंत्रण और परिवार नियोजन का महत्त्वाकांक्षी कार्यक्रम शुरू किया था। लक्ष्य था आबादी की बढ़ोतरी ४० प्रति हजार से घटा कर २५ प्रति हजार पर ले आना। तीसरी योजना में परिवार नियोजन पर २७ करोड़ रुपया खर्च किया गया था, पर चौथी योजना में इसे बढ़ा कर ३,०० करोड़ करने का इरादा था। सरकार चाहती थी कि समाज छोटे परिवार के

विचार को स्वीकार कर ले। लोगों को परिवार नियोजन की तकनीक की निजी तौर पर जानकारी हो जाए। इसके लिए जरूरी सामग्री और सेवाओं की उपलब्धता आसान हो जाए और विशेषज्ञों को बड़े पैमाने पर प्रशिक्षित किया जाए। यह कार्यक्रम अभी शिशु अवस्था में था और उसके असर केवल शहरी इलाकों में और उन जिलों में दिखने शुरू हुए थे जहाँ परिवार नियोजन की सघन मुहिमें चलाई गयी थीं।

शैक्षिक परिवर्तन और जीवन-अवसर : आधुनिकीकरण के संदर्भ में शिक्षा की भूमिका बहुमुखी होती है। वह इनसान की जीवन-शैली, चालक शक्ति और महत्त्वाकांक्षाओं की गतिशीलता को बदल देती है। व्यक्ति के लालन-पालन के अहम घटक के रूप में वह उसे अपनी पारंपरिक जड़ों से उखाड़ कर ऐसे अवसरों के लिए तैयार करती है जो आसानी से नहीं मिलते। शिक्षा ऐसी महत्त्वाकांक्षाओं को जन्म देती है जिनके पूरे न होने पर निराशा बढ़ती है और परिवर्तन की माँगें उठती हैं।

शिक्षा को केवल भद्र सामाजिक हैसियत प्राप्त करने के माध्यम के रूप में देखने का पुराना रवैया पूरी तरह सही नहीं कहा जा सकता। इस नजरिये के कारण होता यह है कि आधुनिकीकरण की चुनौतियों का सामना करने में शिक्षा की भूमिका को नजरंदाज किया जाता है। खासकर लोकतंत्र में शिक्षा के लिए दाखिलों के दरवाजे खुले रखते हुए श्रम शक्ति के विकास के लिए उपयुक्त नीतियाँ बनाने को प्राथमिकता नहीं मिल पाती। पूर्ण रोजगार देने में असमर्थ अर्थव्यवस्थाएँ शिक्षितों की बढ़ती संख्या और रोजगार के अवसरों में कमी की समस्या से जूझती नजर आती हैं। असंतोष और कुंठा का जन्म होता है। भारतीय अर्थव्यवस्था साठ के दशक के आखिर तक इन्हीं समस्याओं का सामना कर रही थी।

भारत की समस्या अन्य नवस्वाधीन देशों से अलग थी। यहाँ शिक्षा का विस्तार धीमा न होकर बहुत तेज था। आबादी बढ़ने के कारण साक्षरता का स्तर नीचा जरूर था (१९६१ में २४ फीसदी), पर लड़कों के स्कूलों में दाखिले दोगुने और लड़कियों के तीन गुने हो गये थे। माध्यमिक शिक्षा में दाखिले सात साल में और उच्च शिक्षा में दाखिले छः साल में दोगुने हुए जा रहे थे। संभावना यह थी कि इस आयु वर्ग में १९८० तक पूरी आबादी का अस्सी फीसदी माध्यमिक शिक्षा प्राप्त करता नजर आएगा और उच्च शिक्षा के मामले में यह आँकड़ा दस फीसदी तक हो जाएगा। लग रहा था कि अगले

दस-पंद्रह साल में आठवीं तक पढ़ाई करने वालों में माध्यमिक स्कूल तक जाने का रुझान पैदा हो जाएगा। इसी तरह माध्यमिक शिक्षा पूरी करने वालों में से साठ फीसदी कॉलेज की पढ़ाई करना चाहेंगे। जिसे नौकरी नहीं मिलेगी वह आगे पढ़ता चला जाएगा। लड़कियों के बीच शिक्षा का प्रसार होने का एक यह भी कारण होगा। अगर प्रशिक्षण के निचले स्तर पर लोगों को पचाने लायक आर्थिक विस्तार हो पाया तो यह हालत बदल सकती थी, पर दिक्कत यह थी कि नौकरी देने वाले जरूरत न होने पर भी ज्यादा बड़ी डिग्री की माँग करने की प्रवृत्ति से ग्रस्त दिख रहे थे।

खुले दरवाजे की नीति अपनाने के कारण शिक्षा का जबरदस्त प्रसार तो हुआ था, लेकिन उसके साथ तरह-तरह की समस्याएँ भी पैदा हो गयी थीं। न तो शिक्षा की गुणवत्ता बेहतर हो पा रही थी, न ही व्यावसायिक शिक्षा के लिए प्रशिक्षण की व्यवस्था थी। एक तरफ़ विज्ञान और इंजीनियरिंग समेत ज्ञान के सभी क्षेत्रों में डिग्रीधारियों की संख्या बढ़ती जा रही थी, और दूसरी तरफ खास तरह के कामों पर महारत रखने वाले विशेषज्ञों की कमी थी। शिक्षा के संसाधन लड़कियों की शिक्षा पर काफी ज्यादा खर्च हो रहे थे, पर अल्पावधि के लिहाज से इसका सीधा फायदा नहीं हो रहा था, क्योंकि लड़कों के मुकाबले कहीं कम लड़कियाँ अपने ज्ञान को नौकरियों के जरिये समाज के उपयोग में लगाने के लिए तैयार थीं।

शिक्षा आयोग ने शिक्षित लोगों के अतिउत्पादन को रोकने के लिए मिडिल स्कूल से सेकंडरी और उच्च शिक्षा में जाने पर बंदिशें लगाने की सिफारिश की थी। अंदाज यह था कि अगर ऐसा न किया गया तो १९८६ आते-आते अर्थव्यवस्था की जरूरत के मुकाबले चालीस लाख 'ज्यादा' लोग दसवाँ पास कर लेंगे और पंद्रह लाख 'ज्यादा' लोग स्नातक हो जाएँगे। उच्च शिक्षा में हालत यह हो जाने वाली थी कि जरूरत से दोगुने यानी ७० से ८० लाख लोग कॉलेजों में दाखिला ले लेने वाले थे। आँकड़े शिक्षा के प्रसार का एकतरफापन साफ दिखा रहे थे। माध्यमिक से नीचे तक की शिक्षा में दाखिला लेने वालों का प्रतिशत १९५०-५१ के ६.५ फीसदी से १९६५-६६ में बढ़कर १९.१ हो गया था, पर व्यावसायिक शिक्षा में दाखिला लेने वालों का प्रतिशत ३ से घट कर २.२ फीसदी रह गया था। उच्चतर-माध्यमिक स्तर पर भी इस प्रतिशत में गिरावट देखी जा सकती थी। अगर शिक्षा आयोग के अनुमान सही साबित होते तो भी १९८६ तक कुल दाखिलों के दस फीसदी दाखिले ही

व्यावसायिक शिक्षा में होते दिख रहे थे। यह आँकड़ा भारत में औद्योगिक अर्थव्यवस्था की जरूरतों से बहुत कम था। पश्चिम जर्मनी में सामान्य शिक्षा और व्यावसायिक शिक्षा का अनुपात ७० और ३० का और जापान में यही अनुपात ६० और ४० का था। इसके उलट भारत में विश्वविद्यालय स्तर पर भी व्यावसायिक शिक्षा का अनुपात केवल २३ फीसदी यानी जरूरत से बहुत कम था। संख्यात्मक लिहाज से इसमें सुधार जरूर देखा जा सकता था। १९५०-५१ में व्यावसायिक शिक्षा लेने वाले ५४,००० लोग बढ़कर १९६५-६६ में २,४९,००० हो गये थे। दुविधा साफ देखी जा सकती थी। प्रशिक्षित लोगों को भी रोजगार आसानी से नहीं मिल रहा था। १९६७ में बेरोजगारों में चालीस हजार तो इंजीनियर थे जिनके कारण विज्ञान और इंजीनियरिंग के छात्रों में व्यापक असंतोष देखा जा सकता था। इंजीनियरों की बेरोजगारी बढ़ती ही चली जा रही थी। यह त्रुटिपूर्ण नियोजन का नतीजा था। तकनीकी शिक्षा के संस्थानों का संख्यात्मक प्रसार हो रहा था, पर उनसे निकलने वाली प्रशिक्षित श्रम शक्ति के लिए अर्थव्यवस्था में रोजगार नहीं थे।

II

नया राजनीतिक अर्थशास्त्र : सीमित सहभागिता का सिद्धांत

१९७२ में ५५ करोड़ भारतवासी जिस समय आजादी की रजत जयंती मना रहे थे, उस समय देश की अर्थव्यवस्था इंदिरा गाँधी के नेतृत्व में प्रत्यक्षत: 'गरीबी हटाओ' नारे के तहत ऊपर वर्णित समस्याओं के निबटारे के लिए एक नये आर्थिक कार्यक्रम के दौर से गुजर रही थी। ऐसा लग रहा था कि प्रगति, समता और लोकतंत्र के उदारतावादी प्रतिमानों के लिए जमीन पर उतारे जाने का यह सुनहरा अवसर है। लेकिन, १९७४ आते-आते यह साफ हो गया कि गरीबी हटाओ का नारा वास्तव में एक छलावे के अलावा कुछ नहीं था। विकास प्रक्रिया में सभी की भागीदारी का दावा जरूर किया जा रहा था, पर वास्तव में जिनके नाम पर विकास चलाया जा रहा था, उसी गरीब जनता को इसमें हिस्सा नसीब नहीं था। इस असलियत के बाद भी लोकलुभावन राजनीति और लोकलुभावन अर्थशास्त्र की ताकतवर धाराओं ने भागीदारी का यह भ्रम टूटने नहीं दिया। इस तरह की राजनीति जनता को यकीन दिलाये रही कि वह उसी के हित के लिए काम कर रही है और यह अर्थशास्त्र इस राजनीति के लिए वैधता का बंदोबस्त करता रहा। ये धाराएँ कितनी ताकतवर

हैं इसका अंदाजा इससे लगाया जा सकता है कि गरीबी जितनी बढ़ती है, लोकलुभावनवाद भागीदारी के नाम पर लोगों को उतना ही ज्यादा पटाने में कामयाब होता चला जाता है। भागीदारी की अवधारणा का महत्त्व सर्वोच्च माना जाता है। उदारतावाद के विरोधियों समेत सभी तरह के पश्चिमी चिंतक इससे सहमत हैं। लेकिन दुनिया के पैमाने पर जैसे ही राजनीतिक प्रक्रिया में गरीब और पिछड़े समाजों की आम जनता के प्रवेश का युग शुरू हुआ, वैसे ही भागीदारी के सिद्धांत के अंतर्विरोध सामने आने शुरू हो गये। अपने घोषित लक्ष्यों में सफलता के लिए शासक वर्ग भागीदारी के नाम पर कम-से-कम टकराव, कम-से-कम आंदोलन और कानून के ज्यादा-से-ज्यादा पालन की माँग करता है। वह राजनीतिक प्रणाली का संचालन करने में विपक्ष और असहमति की भूमिका को विकास और रचनात्मक राजनीति की दुहाई देकर गैर-राजनीतिकरण के दायरे में धकेलना चाहता है। नतीजे के तौर पर संगठित क्षेत्र के हाशियों पर पड़ी गरीब जनता संगठित राजनीति के हाशियों पर चले जाने के लिए अभिशप्त हो जाती है। उसे अपने उद्धार के लिए कुछ दादा किस्म के लोगों, कुछ तकनीकशाहों और कुछ विशेषज्ञों का मोहताज हो जाना पड़ता है। विपक्षी दल भी इस तरह की राजनीति के फेर में फँस जाते हैं। लोकलुभावन राजनीति की अपील जितनी बढ़ती है, जनता की राजनीति में वास्तविक भागीदारी उतनी ही कम हो जाती है।

ऐसी बात नहीं कि भागीदारी के प्रतीक पूरी तरह ठुकरा दिये गये हों। उन्हें एक तरह की जनमतसंग्रही राजनीति में बदल दिया गया है। इसमें नेता जनता के पास सीधे जाता है और बिना पार्टीगत या संस्थागत मध्यस्थता के उसकी निष्ठा और वोट की माँग करता है। अपनी निजी शख्सियत को उभार कर वह जनता को एहसास दिलाता है कि उसका समुदाय, धर्म और राष्ट्र खतरे में है। लोकलुभावन राजनीति के इस जनमतसंग्रही चरित्र का परिणाम यह निकलता है कि जनता और उसके संगठनों की सत्ता से जितनी दूरी होती जाती है, उतना ही कुछ नेताओं के साथ उनका संबंध प्रगाढ़ होता चला जाता है। उत्पीड़न जितना बढ़ता है, सत्ता के केंद्र पर उतनी ही निर्भरता बढ़ती चली जाती है। चुनाव के दिनों में गरीबों के सामने रियायतों के कुछ टुकड़े फेंक दिये जाते हैं। भागीदारी का यह तरीका एक संकीर्ण पिरामिड की तरह होता है जिसमें सिर्फ ऊपर से गुंजाइशें टपकायी जाती हैं। विकास की ही भाँति भागीदारी का यह संस्करण भी केंद्रीकृत शासन, संस्थाओं की उपेक्षा और

कानून के शासन के नाम पर दमन को बढ़ावा देनेवाला साबित होता है। जनता को विकास और प्रगति के दायरों से जितना बाहर रखा जाता है उतना ही ज्यादा उसे भागीदारी का आमंत्रण दिया जाता है। गरीबी बढ़ने का दोष बाहरी कारणों पर मढ़ दिया जाता है : कभी भ्रष्टाचार की भूमंडलीय परिघटना का, कभी विश्व संस्थाओं की तरफ से पर्याप्त पूँजी न मिलने का, कभी तेल की कीमतें बढ़ने का, कभी विश्वव्यापी मंदी का और कभी विदेशी ताकतों की साजिशों का सहारा लेकर जनता को समझा लिया जाता है। शासक दावा करते हैं कि उनकी नीतियाँ ठीक हैं और विकास का मॉडल भी एकदम दुरुस्त है, बस उन्हें थोड़े और संसाधन चाहिए, और उन्नत प्रोद्योगिकी चाहिए, विदेशी मुद्रा के और कर्जे चाहिए ताकि वे उत्पादकता बढ़ा सकें, सेवा क्षेत्र का विकास कर सकें और कुल मिला कर जनता की खुशहाली में बढ़ोतरी कर सकें।

इन्हीं तर्कों के आधार पर भारत ने भूमंडलीकरण के दौर में अपनी भागीदारी १९९१ में दर्ज की। विदेशी मुद्रा संकट के कारण कांग्रेस की नरसिंह राव सरकार ने अंतर्राष्ट्रीय मुद्रा कोष से कर्ज लिया। अंतर्राष्ट्रीय वित्तीय पूँजी द्वारा निर्देशित ढाँचागत समायोजन कार्यक्रम अपनाने का निर्णय किया गया, जिसका मतलब था लोकहितकारी राज्य की संरचना को बदलकर आयात प्रतिस्थापन की जगह निर्यातोन्मुख विकासनीति पर आधारित बाजारोन्मुख नीतियाँ अपनाना, बड़े पैमाने पर निजीकरण का कार्यक्रम चलाना, विदेशी पूँजी को प्रोत्साहन देने वाली नीतियाँ बनाना, लाइसेंस-परमिट राज खत्म करके वाणिज्य और उद्योग नीति में भारी बदलाव करना। राव सरकार के इस रवैये की अभिव्यक्ति नयी उद्योग नीति में हुई जिस पर अमल २४ जुलाई की सुबह की गयी इसकी घोषणा और इसी दिन दोपहर के बाद संसद में पेश किये गये सालाना बजट से शुरू हुआ। इन नीतियों का वाम और दक्षिण खेमे ने तो विरोध किया ही पर कांग्रेस के भीतर भी इनके ऊपर स्पष्ट मतैक्य नहीं था।

२१ जून १९९१ को नरसिंह राव सरकार ने शपथ ली और अगले दिन राष्ट्र को बताया कि आर्थिक संकट की तलवार सिर पर झूल रही है। उनके वित्तमंत्री मनमोहन सिंह ने पहला कदम यह उठाया कि रिजर्व बैंक के गवर्नर एस. वेंकिटरामन से विदेशी मुद्रा कोष के बारे में रपट माँगी जिससे पता चला कि भारत के पास केवल दो हफ्ते के आयात का बिल चुकाने लायक क्षमता रह गयी है। यानी देश दिवालिया होने के कगार पर खड़ा है। राव ने प्रमुख

विपक्षी नेताओं की एक कमरा बंद बैठक बुलायी और उन्हें बताया कि मुद्रा कोष से कर्ज लेने के अलावा अब कोई चारा नहीं है। पिछली सरकार यानी मार्क्सवादी कम्युनिस्ट पार्टी और भारतीय जनता पार्टी के संयुक्त समर्थन से चलने वाली विश्वनाथ प्रताप सिंह की सरकार पहले से ही मुद्रा कोष से इस तरह की बातचीत चला रही थी। राव ने विपक्ष से समर्थन माँगा कि वे अर्थव्यवस्था को पटरी पर लाने के लिए कुछ कड़े कदम उठाना चाहते हैं, हालाँकि उन्होंने यह नहीं बताया कि इन कड़े कदमों में रुपये का अवमूल्यन भी शामिल है। बहरहाल, जुलाई के पहले तीन दिनों में रुपये का दो चरणों में बीस फीसदी अवमूल्यन किया गया। नये वाणिज्यमंत्री पी. चिदंबरम की हिचकिचाहट के बाद भी निर्यात सबसिडी खत्म करने का निर्णय लिया गया।

अस्सी और नब्बे के दशक में राजनीतिक अर्थशास्त्र के घटक के रूप में राज्य की भूमिका का तात्पर्य बदल गया। आजादी के बाद सत्तारूढ़ हुए अभिजन और रेडिकल समूह राज्य को रूपांतरण का औजार समझते थे। कुछ तो राज्य की अक्षमता के कारण और काफी कुछ जानबूझ कर आज इस रूपांतरणकारी भूमिका को नकारा जा रहा है। राज्य पर हावी अभिजनों ने करीब २५ साल तक उसके हस्तक्षेप के जरिये अपनी खास तरह की जीवन-शैली कायम रखने के लिए उत्पादन का आधार बढ़ाया और राजनीतिक खेल की सुविधा के लिए आवश्यक संसाधन पैदा किये। लेकिन जब राज्य की भूमिका जनोन्मुख और समृद्धि के वाजिब बँटवारे की हो सकती थी, इस अभिजन ने उसे सामाजिक और आर्थिक क्षेत्र से खींचना शुरू कर दिया। रूपांतरण का औजार होने के बजाय अब राज्य को प्रौद्योगिकीय आधुनिकीकरण के माध्यम की तरह देखा जाने लगा। गरीबों की जरूरतें पूरा करने के बजाय वह अमीर देशों की तरह बनना और कठोर राज्य के रूप में क्षेत्रीय शक्ति की तरह उभरना की इच्छा व्यक्त करने लगा।

इस तरह के राजनीतिक अर्थशास्त्र का दूसरा असर यह होता है कि शासक वर्ग समृद्धि के बँटवारे की नीतियाँ न अपनाकर आंतरिक बाजार का विकास करने से इनकार करता है जिससे आर्थिक जड़ता पैदा होती है। जनता का विक्षोभ बढ़ जाता है और व्यवस्था राजनीतिक अस्थिरता से पीड़ित हो जाती है। नतीजे के तौर पर राज्य को और ज्यादा दमनकारी होना पड़ता है। नागरिक समाज के भीतर से उद्‌भूत एकता और मतैक्य की जगह राज्य आज्ञापालन के नजरिये से इन चीजों की माँग करने लगता है। ऐसी परिस्थिति

में एक तरफ पुलिस और अर्धसैनिक बलों पर निर्भरता बढ़ती है और दूसरी तरफ स्थानीय माफिया और किराये पर उपलब्ध गुंडों की बन आती है। राजनीतिक प्रक्रिया एजेंटों और दूतों की गतिविधियों में सिमट जाती है जो धीरे-धीरे मध्यस्थ की जगह खुद को कानून समझने लगते हैं।

सरकार पर काबिज करिश्माई नेताओं का प्राधिकार कमजोर होता जा रहा है। वे कहीं ज्यादा बड़ी ताकतों के हाथ का खिलौना बन जाते हैं। आज उनका नियंत्रण न देहातों पर है, न फैलते हुए शहरों पर और न औद्योगिक ताकतों पर। कहीं जमींदार अपनी चला रहे हैं तो कहीं रंग-रुतबेवाली जातियाँ। व्यावसायिक हित देहातों और आदिवासी इलाकों का दोहन करने में लगे हैं। ठेकेदारों, नवधनाढ्यों, शराब के गैर-कानूनी व्यापारियों और जुआघर चलाने वालों की पीठ पर स्थानीय नेताओं, उनके कारिंदों, पुलिस वालों और नौकरशाहों का हाथ है। शासक अभिजनों के प्राधिकार में आयी इस गिरावट के कारण वे कट्टरतापंथी ताकतें फिर प्रभावी हो गयी हैं जिन्हें पहले पूरी तरह रक्षात्मक स्थिति में डाल दिया गया था। विश्व हिंदू परिषद, राष्ट्रीय स्वयंसेवक संघ, जमाते इस्लामी जैसे धर्म आधारित राजनीति करनेवाले संगठन सेकुलर राज्य के आवरण में सांप्रदायिकीकरण कर रहे हैं।

अन्य जमीनी राजनीति करनेवाली ताकतें भी राज्य की विफलताओं के कारण उसे चुनौती दे रही हैं। कुल मिलाकर राज्य सामाजिक अशांति के हालात में मध्यस्थता करने की हैसियत खोता जा रहा है। वैकासिक नियोजन की आड़ में दलालों का प्रभाव बढ़ रहा है। नंगे भ्रष्टाचार के कारण उत्पादन-प्रक्रिया का लंपटीकरण हो रहा है। प्रशासन तंत्र, न्यायिक नियंत्रण और जवाबदेही की कमजोरी ने हालात और बिगाड़ दिये हैं। असंगठित क्षेत्र के साथ-साथ आपराधिक क्षेत्र का विस्तार बहुत तेजी से हो रहा है।

अंतर्राष्ट्रीय शक्तियाँ राज्य की भूमिका में आयी तब्दीली, गैर-राजनीतिकरण के रुझान, विकास के दायरे से गरीबों के बहिष्करण और शोषणकारी-दमनकारी-तकनीकशाही व्यवस्था के उदय के रूप में सामने आयी इस नयी परिघटना को बढ़ावा दे रही हैं। नयी नस्ल के उद्यमी राज्य के प्रभाव का क्षरण करनेवाली भूमंडलीय यथास्थिति की सेवा में लगे हुए हैं। विश्व पूँजीवाद हथियारों की अभूतपूर्व होड़ और प्रौद्योगिकी के हमेशा भूखे राक्षस के जरिये श्रम का नया अंतर्राष्ट्रीय विभाजन करके संगठित सर्वहारा के प्रभाव को खत्म करने के दौर में पहुँच गया है। सारी दुनिया में मौज-मस्ती

की जीवन-शैलियों को अपनाने और ज्यादा-से-ज्यादा संसाधनों को हड़पने के सवाल पर आपाधापी मची हुई है। अंतर्राष्ट्रीय शक्तियों ने तीसरी दुनिया की सरकारों को पूँजी, प्रौद्योगिकी और हथियार सप्लाई करके पटा लिया है। इन देशों के आधुनिकतावादी मध्यवर्ग की महत्त्वाकांक्षाएँ पूरी की जा रही हैं। उन्हें गरीबों के गुस्से, सामाजिक उथल-पुथल और सामाजिक उत्तरदायित्व की भावना से दूर रखा जा रहा है। बदले में इन देशों की प्राकृतिक संपदा और सस्ते श्रम का तरह-तरह से दोहन हो रहा है। अंतर्राष्ट्रीय मुद्रा कोष और विश्व बैंक के सशर्त कर्जों को तीसरी दुनिया की भ्रष्ट और अक्षम सरकारों को टिकाये रखने के लिए इस्तेमाल किया जा रहा है। राष्ट्रों और विचारधाराओं से ऊपर अभिजनों और समृद्ध वर्गों का एक सार्वभौम संघ प्रतिरोध के सभी तर्कों और आंदोलनों को निष्प्रभावी करने की कला में पारंगत हो चुका है। उसने बुनियादी जरूरतों को पूरा करने के लिए बनायी जानेवाली वैकल्पिक रणनीतियों, राष्ट्रीय आत्मनिर्भरता के उसूल, सभी के लिए स्वास्थ्य और पोषण की योजनाओं, रोजगार बढ़ाने और उत्पादन की प्रक्रिया में सभी की भागीदारी को ठंडे बस्ते में डाल दिया है।

ऐसा होने के पीछे एक जानी-बूझी अंतर्राष्ट्रीय डिजाइन प्रतीत होती है। सत्तर के दशक के मध्य में ही अमेरिका, यूरोप और जापान के तीन प्रमुख बुद्धिजीवियों ने एक दस्तावेज प्रकाशित किया था। इसमें बदलते हुए घरेलू और अंतर्राष्ट्रीय माहौल के हवाले से पश्चिमी और जापानी उदार लोकतंत्रों के तहत राजनीतिक भागीदारी सीमित करने की आवश्यकता पर जोर था। एक त्रिपक्षीय सम्मेलन में एक रपट की तरह पेश किये गये इस दस्तावेज का शीर्षक था : 'क्राइसिस ऑव डेमौक्रेसी : रिपोर्ट ऑन द गवर्नेबिलिटी ऑव डेमौक्रेसी टु द ट्राईलेटरल कमीशन'। इसके लेखक थे मिशेल जे. क्रोजियर (फ्रांस), सेमुअल पी. हटिंग्टन (अमेरिका), जोजी वातानुकी (जापान)। नब्बे के दशक से ही विकासशील देशों के अकादमीशियन और अन्य बुद्धिजीवी इसी किस्म की चिंताओं से ग्रस्त लग रहे हैं, जबकि इन देशों की अपेक्षा पश्चिम इस तरह की चिंताओं में कुछ कम दिलचस्पी दिखा रहा है। प्रवासी हो चुके एक प्रमुख राजनीतिशास्त्री अतुल कोहली ने १९९० में एक किताब लिखी जिसे हाथोंहाथ लिया गया। इसका शीर्षक था : 'डेमौक्रेसी एंड डिस्कंटेंट : इंडियाज़ ग्रोइंग क्राइसिस ऑव गवर्नेबिलिटी'। इसे केम्ब्रिज यूनिवर्सिटी प्रेस, न्यूयार्क ने छापा था। देश के भीतर भी प्रमुख पत्रकार और

बुद्धिजीवी भी कोहली से मिलती-जुलती चिंताएँ व्यक्त करते देखे गये हैं कि अगर भारतीय राज्य को तरह-तरह के गुटों और क्षेत्रों की तरफ से उठने वाली सभी तरह की माँगों को मानना पड़ा तो वह कैसे टिक पाएगा।

अजीब बात यह है कि जो अभिजन जनता की माँगों के कारण राज्य के कमजोर होने का रोना रो रहे हैं, उन्हें उदारीकरण और भूमंडलीकरण की नीतियों के कारण हो रहे राज्य की ताकत के क्षय की कोई चिंता नहीं है। उन्हें अपनी ही जनता की माँगों और दबावों से तो ज्यादा खतरा लगता है, लेकिन विदेशी कारपोरेशनों, विश्व बैंक और अंतर्राष्ट्रीय मुद्रा कोष जैसी संस्थाओं, विश्व व्यापार संगठन, दुनिया-भर के आर्थिक और प्रौद्योगिकीय भविष्य को अपने शिकंजे में जकड़ने वाले अमेरिका और पश्चिमी यूरोप के व्यापारिक गठजोड़ों और तंत्रों की तरफ से भारतीय राज्य पर पड़ने वाले दबावों में उन्हें कोई जोखिम नहीं दिखाई देता। इस तथ्य के प्रमाण देखना मुश्किल नहीं है कि भूमंडलीकरण के विविध दबावों के सामने राज्य और राष्ट्रीय अभिजन कमजोर पड़ते जा रहे हैं। अब वे पहले की तरह न तो राष्ट्रीय प्राथमिकताएँ निर्धारित करने के काबिल रह गये हैं और न ही उनकी सत्ता अपने मातहतों पर पहले की तरह चलती है। नौकरशाही अब बाहरी एजेंसियों की तरफ से आने वाले इशारों का ज्यादा से ज्यादा ध्यान रखती है और प्रदेश सरकारें विदेशी कारपोरेशनों तक सीधी पहुँच बनाने की कोशिश में एक-दूसरे से होड़ करती रहती हैं। अभिजनों, नौकरशाही और राज्य सरकारों को इस बात की भी फिक्र नहीं रह गयी है कि ये बहुराष्ट्रीय कारपोरेशन उन्हीं देशों से आते हैं जो शीत युद्ध खत्म हो जाने के बाद भी हथियार बनाने और उनकी तिजारत करने वाले प्रमुख देश हैं। हथियारों के इन्हीं सौदागरों के कारण भारत जैसे देश अपनी सीमाओं पर खतरा महसूस करते रहे हैं। इन देशों का हाथ हमारी आंतरिक उथल-पुथल में भी समझा जाता है। विद्रोही राष्ट्रीयताओं और क्षेत्रों के साथ-साथ निचले तबकों और अल्पसंख्यकों के असंतोष का जिम्मा भी इन्हीं देशों की कारसाजियों पर डाला जाता रहा है।

अब यह तकरीबन साफ हो गया है कि बेहतर वेतन और बेहतर रोजगार अवसरों जैसी लोकतांत्रिक माँगों के प्रति कुछ बुद्धिजीवियों, पत्रकारों और राजनेताओं के रवैये और इस मुद्दे पर विदेशी निवेशकों के सरोकारों के बीच कोई खास फर्क नहीं रह गया है। दोनों के बीच इस बात पर भी लगभग सहमति ही बन गयी है कि राज्य की भूमिका को कम करके देश का

कामकाज बाजार के हाथों में सौंपते हुए 'विश्व बाजार' के साथ ज्यादा से ज्यादा एकजुट होते चले जाना चाहिए। देश में इस तरह से सोचने वालों की संख्या बढ़ती चली जा रही है कि उदारीकरण और भूमंडलीकरण न केवल हमारी आर्थिक दिक्कतों से छुटकारा दिला देगा वरन् उसके जरिये उदीयमान सामाजिक वर्गों की माँगों के कारण पैदा हुई राजनीतिक बीमारी का इलाज भी मिल जाएगा। लगता है कि ये लोग शासन की एक ऐसी प्रणाली चाहते हैं जिसे अपनी ताकत बाह्य हस्तक्षेप से प्राप्त करनी होगी। प्रस्तावित 'नयी विश्व-व्यवस्था' का असली मतलब यही हो सकता है। यह नयी विश्व-व्यवस्था ऐसी एकीकृत और प्रबंधित दुनिया बनाना चाहती है, जिसमें वह अपने ढंग से अपने किस्म की अंतर्राष्ट्रीय सुरक्षा और 'शांति' की गारंटी कर सके। शीत युद्ध खत्म होने के बाद राष्ट्रों और वर्गों के बीच जो भी विवाद और टकराव पैदा हुए हैं, उन्हें भी मानवीय हित के ये नये संरक्षक अपनी प्राथमिकताओं के हिसाब से निपटाना चाहते हैं।

मेरे विचार से राज्य संकट में जरूर है, पर मैं ऐसा नहीं मानता कि वह अंदरूनी और बाहरी दबावों के सामने नहीं टिक पाएगा। राज्य को एक बदलती हुई दुनिया का सामना करना पड़ रहा है जिसके कारण उसके ऊपर तरह-तरह के दबाव पड़ रहे हैं। इनमें मानवीय मसलों में अपनी पारंपरिक भूमिका को कम करने का दबाव भी शामिल है। यह संकट पहले से ज्यादा बेचैन होती जा रही जनता के कारण और गंभीर हो सकता है, क्योंकि यह जनता अब राज्य का प्राधिकार बदले में कुछ लिए बिना मानने के लिए तैयार नहीं है। किसी जमाने में होने वाली हित आधारित राजनीति से अब जनता बहलने वाली नहीं है। वह प्राथमिकताओं और संरचनाओं के पुनर्निर्माण की माँग कर रही है। उसके इसी रवैये को व्यवस्था बदलने की माँग के रूप में देखा जा सकता है।

टिप्पणियाँ और संदर्भ

फ्रांसीसी क्रांति के क्लासिक अध्ययन में अलेक्सिस टॉकवील ने टिप्पणी की है कि शताब्दियों की दरिद्रता और वंचन से नहीं, बल्कि आर्थिक प्रगति की परिस्थितियों से सामाजिक-राजनीतिक असंतोष की उत्पत्ति होती है, क्योंकि आर्थिक बहबूदी गरीबों को प्रगति की संभावनाओं के दर्शन करा देती है। समता और विषमता के प्रश्न उठने लगते

हैं। साठ के दशक में इस सवाल पर बड़ी तीखी बहस का माहौल था। भारत सरकार ने एक कमेटी बनाई थी जिसे संपत्ति के वितरण और आर्थिक ताकत के संकेंद्रण के संबंध में जाँच करनी थी। इस कमेटी की रपट से खास कुछ नहीं निकला, क्योंकि उस समय जरूरी आँकड़े ही उपलब्ध नहीं थे। १९६४ में प्रकाशित यह रपट महलनोबीस रपट के नाम से जाना जाता है। औद्योगिक क्षेत्र में संपत्ति के संकेंद्रण पर आर.के. हजारी की रचना *दि स्ट्रक्चर ऑव दि कारपोरेट प्राइवेट सेक्टर* (बांबे, न्यूयार्क, १९६६) देखी जा सकती है।

पचास के दशक में प्रकाशित के. मुखर्जी के अध्ययन से पता चलता है कि आजादी मिलने के समय खेतिहर उत्पादन का सूचकांक १९०० के मुकाबले छः फीसदी अधिक और १९३६-७ के मुकाबले १२ फीसदी कम था। इसी दौरान खाद्यान्न की पैदावार से खेती में नकदी फसलों की प्रधानता बढ़ी, जिससे प्रति व्यक्ति खाद्यान्न की कमी हो गई।

भारत में पब्लिक सेक्टर का मतलब निजी क्षेत्र का राष्ट्रीयकरण नहीं था, बल्कि कुछ महत्त्वपूर्ण जरूरतों को पूरा करना था जिन्हें पूरा करने में निजी क्षेत्र नाकाम था। मसलन, भारत इलेक्ट्रानिक्स, हिंदुस्तान मशीन टूल्स, हिंदुस्तान केबल्स जैसे कारखाने खोले गए। रेल इंजन बनाने वाली तीन फैक्ट्रियाँ चितरंजन, वाराणसी और पेरंबदूर में खोली गईं। उर्वरक बनाने वाले कारखानों की एक पूरी शृंखला खोली गई। लोहा और इस्पात बनाने के लिए राउरकेला, दुर्गापुर, भिलाई और बोकारो में विदेशी प्रौद्योगिकीय सहयोग से बड़े-बड़े संयत्र लगाए गए।

आयात किए जाने वाले माल को भारत में ही बनाए जाने में आने वाली दिक्कतों पर जैक बरानसन का अध्ययन *मैन्यूफैक्चरिंग प्रॉब्लम्स इन इंडिया : दि कमिंस डीजल एक्सपीरिएंस* १९६७ में प्रकाशित हुआ था। साठ के दशक में प्रकाशित अल्बर्ट ओ. हिर्शमन के अध्ययन बताते हैं कि 'असंतुलित विकास' के कारण पैदा हुआ संकट किस तरह विकास के एक नए दौर के लिए उत्प्रेरक बन जाता है।

आर्थिक चिंतन हावी होने के कारण राज्य व्यवस्था के सामाजिक उद्देश्यों पर जरूरत से कम ध्यान गया है। लेकिन इन्हें संविधान में राज्य की नीति के निर्देशक सिद्धांतों और मूलाधिकारों वाले अध्याय में पर्याप्त जगह दी गयी है। संविधान में ऐसे कई अनुच्छेद हैं जो जनजातियों, अल्पसंख्यकों और सामाजिक रूप से वंचित तबकों के राज्य द्वारा संरक्षण का प्रावधान करते हैं। राष्ट्रीय मोर्चा सरकार द्वारा बनवाये गये आठवीं योजना के मसविदा दस्तावेज में मैंने 'सामाजिक नीति' नामक अध्याय में (शेखर शर्मा की मदद से) इस आयाम को उभारा था। योजना आयोग के अन्य सदस्य भी इससे सहमत थे। लेकिन वी.पी. सिंह की सरकार के गिरने के बाद आने वाली सरकार के योजना आयोग ने इसे खारिज कर दिया। इस अध्याय को अब मेरी किताब *ग्रोइंग अमनीसिया* (उपरोक्त) में देखा जा सकता है। आदिवासियों और दलितों के बारे में राजकीय नीति की सप्रमाण आलोचना के लिए देखें बी.डी. शर्मा द्वारा राष्ट्रपति के सामने पेश की गयी रपट। शर्मा उन दिनों अनुसूचित जातियों और जनजातियों के आयुक्त थे। इस रपट को हर आनंद पब्लिकेशंस, नयी दिल्ली ने १९९४ में *दलित बिट्रेड* शीर्षक से पुर्नप्रकाशित किया। मुचकुंद दुबे द्वारा संपादित पुस्तक *इंडियन सोसाइटी टुडे : चेलेंजिज़ ऑव ईक्वलिटी, इंट्रीग्रेशन एंड इम्पावरमेंट* में छपे अपने लेख में इसी मुद्दे को उठाया है। यह पुस्तक मार्च १९९५ में

कोपनहेगन में हुए संयुक्त राष्ट्र द्वारा प्रायोजित 'सोशल सम्मिट' के संदर्भ में तैयार की गयी थी।

पिछले दिनों 'विलक्षण एशियायी मॉडल' की काफी चर्चा होती रही है। कहा जा रहा है कि इस मॉडल के तहत ऊँची विकास दर के माध्यम से पूर्वी और दक्षिण-पूर्वी देश पश्चिम से आगे निकल सकते हैं। इस मॉडल के साथ एक नये तरह की शासन कला को भी जोड़ा जा रहा है जो अमेरिका जैसी वर्चस्वी ताकतों को रक्षात्मक मुद्रा अपनाने पर मजबूर कर सकती है। व्यापार के मोर्चे पर जापान, मानवाधिकार और लोकतंत्र के मोर्चे पर चीन और पर्यावरण के मोर्चे पर मलेशिया की सफलताओं को एक सिलसिले में मिसाल के रूप में पेश किया जा रहा है। नवउद्योगीकृत देशों के महातिर बिन मुहम्मद (मलेशिया) जैसे नेताओं ने पश्चिम के खिलाफ तीसरी दुनिया की जुझारू एकता के नाम पर एक तरह के दक्षिणपंथी और दोस्ताना टकराव का झंडा उठाया लिया है (नासेर, न्क्रुमा और सुकर्ण ने यही झंडा वामपंथी रुझान के साथ उठाया था)। महातिर और उनके साथियों का दावा है विश्व बाजार द्वारा मुक्त व्यापार का आग्रह तो ठीक है पर एक स्वतंत्र राज्य के रूप में उनके राष्ट्र अपने बारे में अपने हितों के हिसाब से नीतियाँ तय करेंगे (जैसे, तिब्बतियों के अधिकारों के बारे में और युवाओं द्वारा किये गये विद्रोह से संबंधित चीन की नीतियों में कोई हस्तक्षेप नहीं होना चाहिए)। महातिर के इन दावों को समाचार माध्यमों और बौद्धिक हल्कों में काफी समर्थन मिला है। कुछ वामपंथियों ने भी उन्हें हाथों-हाथ लिया है। इससे भारत समेत तीसरी दुनिया के देशों में आर्थिक सुधारों के पैरोकारों का पक्ष काफी मजबूत हुआ है।

पश्चिमी उदारतावादी चिंतन में जन समूहों की राजनीति को लेकर काफी बेचैनी रही है। यह माना जाता रहा है कि भीड़ का मनोविज्ञान लोकतांत्रिक लफ्फाजी को जन्म दे सकता है जिसके कारण ऐसे जज़्बात भड़क सकते हैं जो आमतौर पर क्रांतियों के दौरान उभरते रहे हैं। उदारतावादी चिंतक आज के जमाने में लोकलुभावन राजनीति के कारण होने वाली अतियों को भी इसी नजरिये से देखते हैं। बर्क, टॉकवील, दुर्खायम, फ्रॉयड, नीत्शे और कामू ने जन समूहों की राजनीति पर आधारित समाज और क्रांतिकारी राजनीति के संभावित नतीजों पर गौर किया है। भारत में भी सत्तर के दशक के बाद से लोकलुभावन राजनीति की परिघटना उभरने के कारण इन मुद्दों पर विचार किया जाने लगा है। पश्चिम और भारत दोनों जगहों पर जनसमूहों के डर ने वर्ग (जाति), जातीय और अन्य जमीनी अस्मिताओं के आस-पास गोलबंद होने वाली लोकतांत्रिक राजनीति के विरोध को जन्म दिया है। उदारतावाद की इन बेचैनियों का एक फलितार्थ असहमति के स्वरों के खिलाफ आक्रामक आह्वानों में निकला है।

गैट पर होने वाली वार्ता के अंतिम चक्र में कुछ पश्चिमी देशों ने न्यूनतम वेतन लागू करने, दास श्रम और बाल श्रम खत्म करने की शर्तें रखी थीं। कुछ शर्तें पर्यावरण संबंधी भी थीं। इसके पीछे कारण यह था कि तीसरी दुनिया के निर्यात को कम करने के लिए पश्चिम की ट्रेड यूनियनें इस तरह के दबाव डाल रही थीं। जी-१५ के जो देश ढाँचागत समायोजन कार्यक्रम के सवाल पर घुटने टेक चुके थे, वे इस मसले पर अचानक पश्चिम विरोधी भाषणबाजी करने लगे।

देखें मेरे दो लेख : 'स्टेट एंड स्टेटलैसनेस इन अवर टाइम्स' और 'राइज ऑव

दलित्स एंड रिन्यूड डिबेट्स ऑन कास्ट', *इकोनॉमिक एंड पॉलिटिकल वीकली*, वार्षिकांक, खंड २६ (११-१२), मार्च १९९१ और इसी पत्रिका का २५ जून १९९४ का अंक। जनता के अधिकारवंचित होने के साथ-साथ राज्य की संस्थाओं और खुद राज्य को पूँजीवाद की भूमंडलीय संरचनाओं द्वारा अधिकारवंचित किये जाने के विरोधाभास की व्याख्या पर मेरी ये रचनाएँ देखें : *स्टेट अगेंस्ट डैमोक्रेसी : इन सर्च ऑव ह्यमेन गवर्नेंस*, अजंता, दिल्ली, १९८८; और *ग्रोइंग अमनीसिया : एन एसे ऑन पावर्टी एंड ह्यमन कांशसनेस*, वाइकिंग, पेंगुइन, नयी दिल्ली, खासकर इसका अध्याय 'द पॉलिटिकिल सिस्टम एंड द पुअर'।

विविध अस्मिताओं को मिला कर राष्ट्र-राज्य बनाने के बजाय बहुलताओं के परे जाने वाली संरचना बनाने के विषय में देखें मेरा लेख : 'हेंगिंग बाई ए फ्रेजाइल थ्रेड', *द टेलीग्राफ*, विशेष वर्षगाँठ परिशिष्ट, १४ जुलाई १९९४; बहुलतावादी अवधारणा को प्रतिनिधित्वमूलक बनाने में नाकामी पर देखें मेरा लेख : 'द क्राइसिस ऑव रिप्रजेंटेशन', द *हिंदू*, ३१ अगस्त, १९९४

१०

अंतर्राष्ट्रीय परिस्थितियाँ

द्वितीय विश्व युद्ध के बाद की परिस्थितियों में राज्यों की एकता और उनके द्वारा राष्ट्रत्व की उपलब्धि को आंतरिक उथल-पुथल से कम और बाह्य टकराव से ज्यादा खतरा हो सकता था। शीत युद्ध और एटमी होड़ ने सारी दुनिया को दो ध्रुवों में बाँट दिया था। भारतीय गणराज्य को लगातार बाहरी तौर पर एक जैसे हालात का सामना करना पड़ा, जिसमें महाशक्तियों के दोतरफा दबाव के बीच राष्ट्रीय स्वायत्तता और संप्रभुता के प्रश्न भीतरी विकास के लिए महत्त्वपूर्ण बने रहे। भीतरी विकास के लिए बाह्य संसाधनों की गोलबंदी एक अहम मुद्दा था। आर्थिक और फौजी मदद, आत्मनिर्भर विकास का प्रश्न, भुगतान अधिशेष का मुद्दा बाह्य कारकों से लगातार प्रभावित हो रहा था। नेहरू युग ने कमोबेश कामयाबी के साथ इन हालात का सामना किया। पर, साठ के दशक के आखिर तक साफ दिखाई देने लगा था कि दुनिया का द्वि-ध्रुवीय संतुलन टूट रहा है। भारत जैसे देशों पर नयी अंतर्राष्ट्रीय भूमिका और नयी नीतियाँ सूत्रबद्ध करने की जिम्मेदारी बढ़ती जा रही थी। लेकिन, भारतीय अभिजन इस जिम्मेदारी से कतराते रहे, और जैसे ही दिल्ली पर बाजारवादी प्रवृत्तियाँ हावी हुईं, विदेश नीति भूमंडलीकरण से प्रभावित होने लगी। भूमंडलीय अर्थव्यवस्था ने अर्थव्यवस्था को कर्ज के दलदल में धँसा दिया है जिससे निकलने के लिए भारत को या तो काफी नुकसानदेह किस्म का उद्योगीकरण करना पड़ रहा है या फिर हथियार उद्योग (जो खुद में उद्योगीकरण का काफी खतरनाक और नुकसानदेह रूप है) के चक्कर में फँस जाना पड़ रहा है। बदले में इन देशों को क्षेत्रीय और 'भूमंडलीय' महाशक्तियों की प्रतिक्रिया का सामना करना पड़ रहा है। इस परिप्रेक्ष्य में देखने से लगता है कि राष्ट्रीय अथवा क्षेत्रीय हितों से परे जाकर भी इन देशों को कुछ भी 'भूमंडलीय' हासिल नहीं हो सका है। भूमंडलीकरण अंततः असुरक्षा की भावना का भी भूमंडलीकरण कर देगा और जाने-अनजाने हम सभी फौजी और खुफिया नेटवर्कों की भूमंडलीय अंतर्निर्भरता' के शिकार हो जाएँगे। उग्रराष्ट्रवादी मुहिमों और उदारीकरण-निजीकरण की नीतियों के बीच संबंधों पर नजर डालने से यह बात और साफ हो जाती है।

I

विदेश नीति का विकास

इस पुस्तक में हम भारत के राजनीतिक विकास के भीतरी पहलुओं पर गौर करते समय उस पर पड़ने वाले औपनिवेशिकीकरण और पश्चिमीकरण के प्रभाव की चर्चा कर चुके हैं। लेकिन, इसके बावजूद विश्लेषण में हमारा जोर मुख्यत: राजनीतिक-प्रणाली के आंतरिक विकास पर ही था। दरअसल, एशिया और अफ्रीका के नवस्वाधीन देशों में राष्ट्र-निर्माण और राज्य-निर्माण की प्रक्रिया का अध्ययन करते समय अक्सर उन अंतर्राष्ट्रीय परिस्थितियों को भुला दिया जाता है जिनकी अनुकूलता किसी भी राज्य प्रणाली की सफलता के लिए बेहद आवश्यक होती है। सत्रहवीं, अठारहवीं और उन्नीसवीं सदी में राष्ट्र-निर्माण के यूरोपीय अनुभव का संपूर्ण विश्लेषण उस युग के अंतर्राष्ट्रीय माहौल पर एक गहरी नजर डाले बिना नहीं किया जा सकता। आखिरकार यूरोपीय देश राज्य-प्रणालियों की जिस बिरादरी के सदस्य थे, वह युद्धों, आक्रमणों, राष्ट्रों की टूट और संधियों से अप्रभावित नहीं रह सकते थे। यूरोपीय राष्ट्र-राज्यों की स्थापना और सुदृढ़ीकरण में इन अंतर्राष्ट्रीय घटनाओं ने बेहद महत्त्वपूर्ण भूमिका निभाई थी। जाहिर है कि भारतीय राज्य-प्रणाली के आधुनिकीकरण का सिलसिला भी अंतर्राष्ट्रीय माहौल से स्वायत्त नहीं हो सकता।

पिछली सदी में पचास और साठ के दशक तक लोकतांत्रिक आदर्श की सारी दुनिया में मान्यता हो जाने का परिणाम यह हुआ था कि समाजविज्ञान राष्ट्र-राज्यों पर अलग-अलग संपूर्ण इकाइयों की तरह विचार न करके उनकी आंतरिक संरचनाओं और प्रक्रियाओं का राजनीतिक-समाजशास्त्रीय अध्ययन करने पर जोर देने लगा था। दूसरे, अक्सर ऐसी परिस्थितियाँ बनने लगी थीं कि राज्यों की एकता और उनके द्वारा राष्ट्रत्व की उपलब्धि को आंतरिक उथल-पुथल से कम और बाह्य टकराव से ज्यादा खतरा हो सकता था। तीसरे, शीत युद्ध और एटमी होड़ ने सारी दुनिया को दो ध्रुवों में बाँट दिया था। पचास के दशक में दुनिया के इस माहौल के कारण भारतीय गणराज्य को लगातार बाहरी तौर पर एक जैसे हालात का सामना करना पड़ा, जिसमें महाशक्तियों के दोतरफा दबाव के बीच राष्ट्रीय स्वायत्तता और संप्रभुता के प्रश्न भीतरी विकास के लिए महत्त्वपूर्ण बने रहे। चौथे, भारत के भीतरी विकास के लिए बाह्य संसाधनों की गोलबंदी एक अहम मुद्दा था। आर्थिक और फौजी मदद,

आत्मनिर्भर विकास का प्रश्न, भुगतान अधिशेष का मुद्दा बाह्य कारकों से लगातार प्रभावित हो रहा था। चौथे, साठ के दशक के आखिर तक साफ दिखाई देने लगा था कि दुनिया का द्वि-ध्रुवीय संतुलन टूट रहा है। कुछ क्षेत्रों में हालात उत्तरोत्तर तरल होते जा रहे थे। भारत जैसे देशों पर नयी अंतर्राष्ट्रीय भूमिका और नयी नीतियाँ सूत्रबद्ध करने की जिम्मेदारी बढ़ती जा रही थी।

विदेश नीति और अंतर्राष्ट्रीय संबंधों पर विस्तार से चर्चा किये बिना हम यहाँ समकालीन दुनिया के साथ हुई विभिन्न स्तरों पर भारतीय अनुक्रिया के कुछ चुनिंदा पहलुओं पर गौर करेंगे : महाशक्तियों के आपसी संबंध एक राष्ट्र के रूप में भारत की अस्मिता और हैसियत को कैसे प्रभावित कर रहे थे, पड़ोसियों से देश की सीमाओं की रक्षा और महाशक्तियों द्वारा दुनिया पर थोपी जा रही हथियारों की होड़ से भारत कैसे निबट रहा था, अंतर्राष्ट्रीय आर्थिक संबंध और विदेशी आर्थिक मदद भारतीय आर्थिक विकास को कैसे प्रभावित कर रही थी। साथ ही हम इससे जुड़े हुए विषयों पर भी नजर डालेंगे कि आंतरिक रूप से राजनीतिक विकास में भारतीय फौज की क्या भूमिका बन रही थी, बाहरी टकरावों का राष्ट्रीय एकता पर क्या असर पड़ रहा था, प्रतिरक्षा और आर्थिक विकास के बीच क्या संबंध था, विदेशी आर्थिक मदद राष्ट्रीय प्राथमिकताओं और विकल्पों को कैसे प्रभावित कर रही थी, भारत की आत्म-छवि, अस्मिता और मनोबल की क्या स्थिति थी। इन्हीं प्रश्नों के साथ यह भी जुड़ा हुआ था कि राष्ट्रीय स्वतंत्रता और विश्व के पैमाने पर अपना रुतबा कायम करने के प्रयासों का एक कमजोर औद्योगिक आधार के कारण पैदा हुई आर्थिक परनिर्भरता से क्या ताल्लुक है, एवं भारत की अंतर्राष्ट्रीय क्षमता का उसकी 'विकासशील' स्थिति से क्या संबंध है।

आजादी मिलते समय जवाहर लाल नेहरू के नेतृत्व में भारत ने एक ऐसी नीति अपनायी थी जिसके तहत अंतर्राष्ट्रीय फँसाव से बचते हुए वह नियोजित परिवर्तन के भारी-भरकम कार्यभार को अंजाम दे सका। विचारधारात्मक पृष्ठभूमि के लिहाज से नवस्वाधीन भारत के लिए विश्व शांति, उपनिवेशों के लिए स्वतंत्रता और आत्मनिर्णय के अधिकार का समर्थन करना अनुकूल बैठता था। वह पश्चिमी लोकतंत्रों से संबंध कायम रखते हुए सैन्य संबंधी और विचारधारात्मक विवादों से निरपेक्षता की पैरोकारी के पक्ष में था। प्रथम विश्व युद्ध के दौरान कांग्रेस ने ब्रिटिश युद्ध प्रयास का समर्थन जरूर किया था, पर बीस और तीस के दशक तक उसका नजरिया बदल चुका

था। उसके बाद स्वतंत्रता और राष्ट्रीय आत्मनिर्णय की तरफदारी के साथ राष्ट्रवाद उसकी विचाधारा के मर्म में स्थापित हो चुका था। भारतवासियों की युवा पीढ़ी मार्क्सवाद और साम्यवाद की तरफ खिंचते हुए देखी जा सकती थी। इस विचारधारा को दुनिया भर में फैलाने में कुछ भारतवासियों की भूमिका भी थी। वे कम्युनिस्ट इंटरनेशनल के एशियायी देशों में विस्तार के लिए सक्रिय थे। ऐसे माहौल में नेहरू ने एक ऐसी विदेश नीति को सूत्रबद्ध किया जिसका मकसद भारत को एशिया और अफ्रीका के नवस्वाधीन देशों के बीच नेतृत्वकारी हैसियत दिलाना था।

उन्नीसवीं सदी में भारत पर पड़े यूरोपीय पुनर्जागरण और ज्ञानोदय के असर के तहत न जाने कब से दबी पड़ी भारतीय सार्वभौमिकता को पहली बार स्वयं को व्यक्त करने का मौका मिला था। आजादी के बाद की भारतीय विदेश नीति इसी प्रक्रिया की एक कड़ी थी। नेहरू के शब्दों में भारत की आत्मा को पहली बार अभिव्यक्ति का मौका मिल रहा था। उन्होंने आजादी की वेला को इतिहास के ऐसे ही दुर्लभ क्षण की तरह व्याख्यायित किया था। इस नजरिये के आधार पर बनी भारतीय विदेश नीति पर दुनिया और उसकी समस्याओं की आदर्शवादी समझ की छाप थी। एक बालसुलभ आशावाद था जो तत्कालीन निराशावाद और मौकापरस्ती के वातावरण में ताजगी के एक झोंके की तरह लगता था।

राष्ट्रीय स्वायत्तता : लेकिन, यह आदर्शवाद खोखला नहीं था। उसके पीछे राष्ट्रहित और विश्व के मुख्य घटना-प्रवाह की सुचिंतित धारणा थी। नेहरू ने तीसरी दुनिया के किसी भी अन्य नेता से पहले समझ लिया था कि द्वितीय विश्व युद्ध ने विश्व के शक्ति-संतुलन को आमूल-चूल बदल डाला है। नवस्वाधीन राष्ट्रों में अपनी स्वायत्तता बचाने की क्षमता बहुत कम थी और नयी ताकतें उन्हें शीत युद्ध में अपना पिछलग्गू बनाने पर तुली थीं। १९४५ में सैन फ्रांसिस्को की बैठक में बने संयुक्त राष्ट्र चार्टर ने जिस विश्व-व्यवस्था की स्थापना की थी, वह भारत जैसे देशों के अनुकूल नहीं थी। उसने तो महाशक्तियों और उनके अधीनस्थ शक्तियों वाली व्यवस्था की रचना की थी, न कि ऐसे विश्व की जिसमें हर राष्ट्र की समान रूप से स्वायत्त स्थिति होती। भारत को लग रहा था कि अमेरिका भूमध्य सागर से लेकर बंगाल की खाड़ी तक अपने प्रभाव का प्रसार करना चाहता है, जबकि दक्षिण चीन सागर में भारतीय हित भी दाँव पर लगे हुए थे।

नेहरू जानते थे कि वे भारी-भरकम फौज खड़ी करके इन हालात का सामना नहीं कर सकते। उनकी प्राथमिकता सीमित संसाधनों में घरेलू विकास पर जोर देने की थी। वैचारिक रूप से भी उनके रुझान सैनिक ताकत बनने के खिलाफ जाते थे। इसलिए उन्होंने एक नयी दृष्टि और नया नीति-सिद्धांत की रचना की। परिणामस्वरूप एक ऐसी विदेश नीति सामने आयी जिसका उद्देश्य तीन लक्ष्यों को वेधना था : पहला, साम्राज्यवाद विरोध और उपनिवेशवाद विरोध पर जोर देते हुए महाशक्तियों से टकराने में अक्षम देशों की स्वायत्तता की गारंटी करना; दूसरा, शक्ति-ध्रुवों का जम कर विरोध करते हुए संयुक्त राष्ट्र के फैसलों के जरिये की जाने वाली प्रभुत्व की होड़ को मर्यादित करना; तीसरा, उत्तर अफ्रीका से इंडोनेशिया तक के इलाके को बड़ी ताकतों की होड़ से बचाना। इसी मकसद के लिए नेहरू ने अपनी पहली राजनयिक कार्रवाई के तौर पर एशियायी कांफ्रेंस की और फिर अफ्रो-एशियायी सम्मेलनों का सिलसिला कायम किया। नेहरू की यह नीति अमेरिकी इरादों के खिलाफ जाती थी, इसलिए जल्दी ही उनका अमेरिका से टकराव हो गया जिसके कारण उन्हें रूसी मदद लेनी पड़ी। इसके अलावा नेहरू ने पूर्व बनाम पश्चिम की बहस भी चालू कर दी जिससे उन्हें भारत की स्वायत्तता सुरक्षित करने में मदद मिली।

नेहरू की विदेश नीति के कारण अमेरिकी विदेश मंत्री जान फॉस्टर डलेस के इरादों को नाकाम करने में भारत को असाधारण सफलता मिली। हालाँकि, बाद में नेहरू इस नीति के कुछ आयामों में नाकाम भी साबित हुए, लेकिन कुल मिलाकर उनकी उपलब्धि का महत्त्व ज्यादा व्यापक था। दरअसल, उनकी कोशिश यह थी कि विदेश नीति के उपकरण से राजनीतिक स्वतंत्रता को सच्ची राष्ट्रीय स्वायत्तता में बदला जाए ताकि घरेलू स्तर पर राष्ट्र-निर्माण की प्रक्रिया आगे चलायी जा सके। उनकी विदेश नीति ने इस मुख्य लक्ष्य के साथ-साथ पश्चिमी और पूर्वी ताकतों से आर्थिक मदद हासिल करने और घरेलू मोर्चे पर शांति कायम करने में भी मदद की।

नेहरू को कई असाधारण अंतर्दृष्टियों और विचारों का श्रेय जाता है। वे पहले गैर-कम्युनिस्ट नेता थे जिन्होंने सोवियत संघ की स्थापना और उसकी सकारात्मक उपलब्धियों की ओर सारी दुनिया का ध्यान खींचा। इसके अलावा १९२७ में अपने पहले रूसी दौरे के बाद ही उन्होंने भविष्यवाणी कर दी थी कि प्रौद्योगिकीय प्रगति से सोवियत संघ में आंतरिक उदारीकरण के लिए

दबाव पैदा होगा, वह विश्व की अन्य शक्तियों के प्रति और अधिक परिणामवादी रवैया अपनाएगा और अंत में अमेरिका के साथ उसके संबंधों में सुधार आएगा। भारत पहला देश था जिसने सोवियत नेताओं को बाहर की दुनिया की ओर से निमंत्रण भेजा जिसके बाद पश्चिमी देशों की तरफ से भी उनके पास न्योते पहुँचे। नेहरू ने सबसे पहले यह भी समझ लिया था कि रूस और चीन के बीच हितों का टकराव अवश्यम्भावी है, राष्ट्रवाद साम्यवाद के मुकाबले कहीं ताकतवर विचार है और साम्यवाद एक ही नहीं बल्कि कई रंगों का हो सकता है। अपनी इन्हीं अंतर्दृष्टियों के आधार पर नेहरू ने विपरीत विचारधारात्मक ताकतों के बीच शांतिपूर्ण सहअस्तित्व सिद्धांत तैयार किया, पूरी तरह प्रतिबंधित न हो पाने की दशा में एटमी हथियारों की होड़ काबू में रखने की जम कर पैरोकारी की और गुटनिरपेक्षता के सिद्धांत का प्रतिपादन किया। नेहरू ने बिना शर्त आर्थिक मदद को एक ऐसे आधार के रूप में व्याख्यायित किया जो विकसित और गैर-विकसित राष्ट्रों के आपसी आर्थिक संबंधों का मुख्य तत्त्व होना चाहिए।

गुटनिरपेक्षता : नेहरू गुटनिरपेक्षता को किसी विचारधारात्मक आग्रह के रूप में न देखकर सुचिंतित स्वहित के आधार पर बनायी गयी नीति के रूप में देखते थे। भारत को पूर्वी और पश्चिमी ताकतों की दोस्ती की जरूरत थी, वह किसी बाह्य हस्तक्षेप को नापसंद करता था और मानता था कि बड़ी ताकतों को क्षेत्र से बाहर रखे बिना न राजनीतिक स्वायत्तता सुदृढ़ की जा सकती है और न ही राष्ट्रीय पुनर्निर्माण किया जा सकता है। अपने इसी रवैये के कारण नेहरू ने आर्थिक विकास के लिए अमीर देशों की मदद ली, भारत के उत्तरी सीमांत पर मौजूद दो बड़ी ताकतों, चीन और रूस, के साथ टकराव टाला, उदीयमान देशों के साथ दोस्ती बढ़ायी और विश्व मंच पर अधिकारपूर्वक उनके हितों की पैरोकारी की।

अपने इन्हीं इरादों के तहत नेहरू ने आजादी मिलते ही १९४९ में नयी दिल्ली में पहली एशियायी कांफ्रेंस आयोजित की ताकि हालैंड के खिलाफ इंडोनेशियायी हितों का समर्थन किया जा सके। इसके बाद १९५५ में भारत ने बांदुग सम्मेलन में भाग लिया, १९५४ में चीन के साथ पंचशील की संधि पर हस्ताक्षर किये, १९५६ में स्वेज संकट के समय मिस्र को जम कर समर्थन दिया, फ्रांस के मुकाबले अल्जीरियायी संघर्ष की आवाज बुलंद की, कोरियायी युद्ध में कैदियों की अदला-बदली की समस्या सुलझाने और युद्ध

विराम करने में मदद की, भारत-चीन और लाओस के मुद्दे पर जिनेवा कांफ्रेंस आयोजित करने में हाथ बँटाया, कांगो में तैनात संयुक्त राष्ट्र सेनाओं में भागीदारी की, आंतरिक कलह से पीड़ित उस देश में राजनीतिक स्थिरता कायम करने में मदद की, संयुक्त राष्ट्र में चीन के दाखिले की लगातार पैरोकारी की और १९६१ में गुटनिरपेक्ष देशों के बेलग्रेड सम्मेलन यूगोस्लाविया और मिस्र के साथ मिलकर बड़ी ताकतों के साथ संवाद चलाये रखने में 'रचनात्मक' भूमिका का निर्वाह किया।

राष्ट्रत्व प्राप्त करने के लिए संघर्ष कर रहे एक नवस्वाधीन देश के लिए विश्व राजनीति में यह भूमिका काफी बहुआयामी थी। वह गुटनिरपेक्षता की नीति के साथ साम्राज्यवाद विरोधी आंदोलन का समर्थन भी कर रहा था। साथ ही पश्चिम के मुकाबले वह समाजवादी और गुटनिरपेक्ष दुनिया के प्रति ज्यादा संवेदनशील लगता था। इन कारणों से कुछ राजनयिक हलकों में उसकी नीति को गलत समझने की परिस्थितियाँ पैदा हो गयीं। बाद में जैसे ही भारतीय सीमाओं पर खतरा बढ़ा और विदशी कर्ज के बोझ में वृद्धि हुई, वैसे ही इस नीति की कड़ी परीक्षा शुरू हो गयी। लेकिन इस दिक्कत के बावजूद भारत किसी एक बड़ी ताकत के साथ जुड़ने की स्थिति टालता रहा। जब तक नीति की पुन: समीक्षा का समय आता, विश्व व्यवस्था खुद ही भ्रम और अस्थिरता के दौर में जा चुकी थी।

गुटनिरपेक्षता की नीति ने भारत के फौरी हितों को साधने में सकारात्मक भूमिका निभायी। इस शुरुआती दौर की शांति और किसी बाह्य विवाद में न फँसने से फायदा यह हुआ कि भारत ने अपनी स्थिति मजबूत कर ली, देशी रियासतों को भारतीय संघ में मिलाने का मौका मिल गया, नेपाल जैसे 'बफर राज्य' और सिक्किम व भूटान जैसी सीमा से लगी सहयोगी रियासतों के साथ संबंध सुदृढ़ करने का अवसर मिला। इसी दौर के परिणामस्वरूप भारत कश्मीर घाटी को अपने हाथ में रखने और दिसंबर १९६१ में पुर्तगाल के हाथ से गोवा को छीनने में कामयाब हुआ। पश्चिम की आलोचना के बावजूद उसने राष्ट्रमंडल के साथ संबंध कायम रखे, नये देशों की पैरोकारी करके उनका सम्मान हासिल किया, सहअस्तित्व के सिद्धांत का फायदा उठाते हुए दोनों खेमों से आर्थिक मदद प्राप्त की, अपना प्रतिरक्षा व्यय कम रखा और अधिकतर संसाधनों को नियोजित विकास में लगाने की सफलता प्राप्त की। विदेश नीति के आधारभूत आदर्शवाद के कारण देश और उसके बुद्धिजीवियों

को आत्मविश्वास का एहसास मिला और शीत युद्ध के हालात में भी सरकार अपनी ऊर्जा घरेलू मोर्चे पर लगाने में कामयाब रही।

राष्ट्रीय एकजुटता की चुनौतियाँ

अगर चार किस्म की गड़बड़ियाँ न हुई होतीं, तो भारत इसी आधार पर अपना विकास करता रहता। इन परेशानियों का स्रोत थी शीत युद्ध की राजनीति, अंग्रेजों के जमाने से चली आ रही परंपराएँ, कश्मीर की समस्या और आर्थिक नियोजन की उलझनें। अमेरिका अपने विदेश मंत्री जान फॉस्टर डलेस के नेतृत्व में 'कम्युनिस्ट खतरे' के खिलाफ फौजी अड्डों और फौजी संधियों के जरिये सारी दुनिया की नाकेबंदी करने में लगा हुआ था। दक्षिण एशिया में इसी नीति के कारण उसके और पाकिस्तान के बीच गठजोड़ हो गया और सीटो और सेंटो की सदस्यता प्राप्त करके पाक ने उपमहाद्वीप में फौजी अड्डों को स्थापित करने की इजाजत दे दी।

शीत युद्ध का विस्तार : भारत ने इस नीति का जम कर विरोध किया और इसका मुकाबला करने के लिए कई कदम उठाये : उसने १९५८ में अपना प्रतिरक्षा खर्च दो सौ करोड़ सालाना से पचास फीसदी बढ़ा दिया, अपनी मोल-तोल करने की ताकत बढ़ाने के लिए वह सोवियत संघ के नजदीक हो गया, कश्मीर के मुद्दे पर उसने बड़ी ताकतों का समर्थन हासिल करना शुरू किया और सबसे बड़ा कदम तो उसने यह उठाया कि तिब्बत में अपने विशेषाधिकारों को मंसूख करके उसे चीन का हिस्सा मान लिया ताकि चीन के साथ अनाक्रमण और परस्पर सहअस्तित्व के उसूल पर समझौता हो सके। इसी दौरान हथियारों की विदेशी सप्लाई पर अपनी निर्भरता खत्म करने के लिए भारत ने हथियारों का घरेलू उत्पादन भी शुरू कर दिया। इस तरह भारत ने कुछ रुक-रुक कर और रक्षात्मक मुद्रा अपनाते हुए उपमहाद्वीप में अमेरिकी नीतियों के कारण पैदा हुई समस्याओं का मुकाबला किया। पाकिस्तान के आक्रामक रवैये और क्षेत्र में शीत युद्ध के विस्तार के कारण उसने दो बड़े पड़ोसियों के साथ किसी विवाद में न पड़ने की नीति अपनाने का निर्णय किया। भारत को डर था कि कम्युनिस्ट खतरे के नाम पर पाकिस्तान को दिये गये अमेरिकी हथियारों का इस्तेमाल भारत के खिलाफ हो सकता है।

भारत-चीन युद्ध : चीन के साथ चल रहे लंबे सीमा विवाद के कारण

भारत को इसी दौर में सर्वाधिक गंभीर और अवमाननाकारी परिस्थितियों का सामना करना पड़ा। भारत ब्रिटिश तर्ज पर 'प्राकृतिक सीमाओं' का दावा कर रहा था, लेकिन चीन का आग्रह था कि 'साम्राज्यवादी बंदोबस्त' से चिपके रहने के बजाय सीमांकन की अस्पष्टता के कारण इस समस्या पर नये आधार पर पुनर्विचार होना चाहए। आमतौर पर भारत का प्रयास यह था कि सोवियत संघ से चीन की वैचारिक और ऐतिहासिक निकटता के बावजूद उसे शीत युद्धीन विवाद में न पड़ने के लिए प्रेरित किया जाए ताकि वह अफ्रीका और एशिया के हितों की सुरक्षा में मददगार बन सके। नेहरू को भारत-चीन सहयोग से बहुत उम्मीदें थीं। लेकिन, हुआ यह कि दोनों ही तरफ से स्पष्टवादिता और निष्कपटता की असाधारण कमी नुकसानदेह साबित हुई। दोनों ही समस्या के ठोस पहलुओं की उपेक्षा करते हुए सामान्य बातों में फँसे रहे। गलतफहमियाँ जमा होती रहीं, चीनी नेता आदतन वार्ता की चक्करदार शैली अपनाते रहे और भारत अप्रीतिकर यथार्थ को नजरंदाज करता रहा।

१९५९ में तिब्बत में हुऐ खम्पा विद्रोह से समस्या और उलझ गयी। चीन ने तिब्बत तक पहुँचने के सीधे पर कठिन पहाड़ी रास्ते का विकल्प तलाश करने का प्रयास शुरू किया। वह अपनी दावेदारियों को घुमा-फिरा कर और धूर्त शैली में पेश कर रहा था। उधर भारतीय संसद और प्रबुद्ध जनों के बीच सीमा विवाद के किसी भी हल की संभावना कमजोर होती जा रही थी, क्योंकि चीनी फौजों ने तिब्बती विद्रोह को बहुत निर्ममता से कुचला था। चीनियों को यकीन हो गया कि भारत तिब्बत पर 'ब्रिटिश खेल' खेल रहा है, और भारत ने चीन के इरादों को हमलावर मान लिया। आज पीछे मुड़ कर देखने से लगता है कि संकट के शुरुआती दिनों में इस विवाद को सुलझाने की गुंजाइशें मौजूद थीं। यह निबटारा या तो १९५४ की तिब्बत संधि के समय हो सकता था या उस समय जब चीन भारत के दावों को अस्वीकार करते हुए लद्दाख क्षेत्र में अक्साई चिन तक पहुँच का रास्ता बनाना चाहता था। भारत उसकी यह बात मान लेता तो बदले में वह उत्तर-पूर्व में मेकमोहन लाइन से लगे हुए हिमालयी रिज पर भारत के दावे को स्वीकार कर सकता था। लेकिन, ऐसा करने की बजाय चीन ने दुष्टतापूर्ण और भड़कावे की नीति अपनायी। भारत की दावेदारी वाले क्षेत्र को चीनी मानचित्र में दिखाया, अक्साई चिन में खुफिया मार्ग बना डाला और सीमाई झड़पों को बढ़ावा देने लगा। जवाब में भारत ने सीमा पर अपनी नाकेबंदी बढ़ाई और सतर्कतापूर्वक १९६१-६२ में

अपनी फौजें लद्दाख की तरफ बढ़ाईं। अप्रेल १९६० में चाऊ एन-लाई की नेहरू से दिल्ली में मुलाकात हुई जहाँ चीनी नेता ने सीमा समझौते का सुझाव दिया। लेकिन, तब तक देर हो चुकी थी। चीन ने लद्दाख की तरफ भारतीय सैन्य बढ़त और चीनियों को निकाल फेंकने जैसे नेहरू के बयान के बिना पर भारतीय सीमाओं पर भारी हमला बोल दिया। आज उस पूरे हालात पर मुड़ कर नजर दौड़ाने से यह भी लगता है कि हिंदी-चीनी भाई-भाई की प्रतीकात्मक और सैद्धांतिक बातों के चक्कर में समस्या के यथार्थपरक निबटारे की उपेक्षा की गयी।

इस अचानक हमले से भारत भौचक्का रह गया। उसे एक बेहद अपमानजनक पराजय झेलनी पड़ी। भारत और चीन लंबे अरसे के लिए दुश्मन पड़ोसी बन गये। बाद में चीन ने लद्दाख के विवादास्पद इलाके के परे अपनी फौजें 'एकतरफा' वापस कर लीं। वे सीमा विवाद के निबटारे का स्पष्ट सुझाव दे ही चुके थे। फिर उन्होंने नेफा क्षेत्र से भी सेनाएँ हटा लीं। ये तथ्य संकेत देते हैं कि चीनियों का इरादा सीमित था। लेकिन, हमले और उससे हुई राष्ट्रीय अवमानना की हकीकत कई दशकों तक दोनों देशों के संबंध खराब बनाये रखने के लिए पर्याप्त थी।

पराजय ने नेहरू और अन्य भारतीय नेताओं को हिला कर रख दिया। वे आदर्शवादी नींद से जागे और नेहरू ने कहा, 'अब भारत पहले जैसा कभी नहीं हो पाएगा।' अब भारत को दो-दो दुश्मन पड़ोसियों का मुकाबला करना था। १९६२-६३ के बजट में उसने प्रतिरक्षा पर ३०० करोड़ खर्च किये थे जो अलगे सालों के बजट में बढ़ा कर ८०० और ९०० करोड़ कर देने पड़े। साठ के दशक के अंत तक यह खर्च सकल घरेलू उत्पाद के पाँच फीसदी यानी १,००० करोड़ तक बढ़ चुका था। साठ के दशक के अंत तक इस प्रतिरक्षा व्यय का विकास के कामों पर असर का सीधा अनुमान लगाना मुमकिन नहीं था। पर इसके फायदे भी थे, और नुकसान भी। एक ओर तो इसकी वजह से औद्योगिक उत्पादन को थोड़ा-बहुत प्रोत्साहन मिलता था और कुछ-कुछ देश के मनोबल में भी वृद्धि होती थी, पर दूसरी और दो हजार किमी. लंबी सीमा की सुरक्षा पर किया जाने वाला जबरदस्त व्यय मुद्रास्फीति बढ़ाने वाला था और उससे उत्पादन की प्राथमिकताएँ भी प्रभावित होती थीं। चीन युद्ध का एक असर यह भी हुआ कि भारत लंबे अरसे तक अपनी प्रतिरक्षा क्षमताओं को लेकर अनिश्चितता का शिकार रहा, चीन और पाकिस्तान से जुड़ी किसी

भी घटना या संगठन के प्रति संदेह का वातावरण बन गया जिसकी अस्वस्थ अभिव्यक्ति घरेलू राजनीति में वामपंथी कम्युनिस्टों और मुसलामान राजनीतिक दलबंदियों पर शक करने के रूप में होने लगी।

चीनी हमले का एक सकारात्मक असर सारे देश में आयी देशभक्ति की लहर के रूप में दिखा। लोग बड़े पैमाने पर जन-धन राष्ट्र की सेवा में समर्पित करने के लिए आगे आए। राष्ट्रीय अस्मिता के प्रति लगाव बढ़ा और लोग सरकार के पीछे एकजुट हो गये। दूसरा फायदा यह हुआ कि अंतर्राष्ट्रीय संबंधों के प्रति रोमानी नजरिया खत्म हो गया और अपने प्रतिरक्षा प्रयासों को दीर्घकाल तक धीरे-धीरे विकसित करने के लिए कमर कस ली गयी। एक तरह की आपात्कालीन स्थिति में 'प्रतिरक्षा और विकास' की रणनीति सूत्रबद्ध की गयी, आंतरिक संसाधन जमा करने के लिए योजनाएँ बनायी गयीं, सामरिक महत्त्व की परियोजनाओं को फटाफट पूरा करने पर जोर दिया गया और सेवायोजकों और कर्मचारियों के बीच एक औद्योगिक करार किया गया।

अंतर्राष्ट्रीय स्तर पर लोकतांत्रिक देशों और गुटनिरपेक्ष देशों के बीच भारत के प्रति समर्थन गोलबंद किया गया। मिस्र खुल कर सामने आया। उसने चीनी हमले को गुटनिरपेक्षता पर आघात करार दिया। युगोस्लाविया और मलाया ने 'लोकतंत्र बचाओ कोष' की शुरुआत कर दी। सीलोन, घाना, बर्मा, कम्बोडिया और इंडोनेशिया ने भारत और चीन दोनों के लिए स्वीकार्य समझौता फारमूला खोजना शुरू कर दिया । भारत ने इस फारमूले को पूरी तरह माना, पर चीन ने उसे केवल उसूली मान्यता दी। अमेरिका, कनाडा और ब्रिटेन ने भारत को हथियार और गोला-बारूद भेजे। इन ताकतों और सोवियत संघ के साथ दीर्घकालीन फौजी मदद और साज-सामान आयात करने के समझौते हुए। पश्चिमी और सोवियत हथियार भारत आने लगे। केवल पश्चिमी मदद पर निर्भर न रहते हुए भारतीय नीति किसी चीनी-रूसी साजबाज के प्रति चौकन्नी रही और देश गुटनिरपेक्षता की नयी परिभाषा की तरफ बढ़ा। यानी आर्थिक मदद की तरह पूर्व और पश्चिम दोनों से फौजी मदद भी ली जाने लगी। रक्षा उत्पादन का एक विभाग गठित किया गया जिसकी वजह से भारत लड़ाकू विमान, रडार, गोला-बारूद और अन्य फौजी साज-सामान बनाने लगा। इन्हीं कारणों से जब १९६५ में जब दूसरा सैन्य संकट आया तो भारत उसके लिए अपेक्षाकृत तैयार था।

भारत-पाक संबंधों का बिगड़ना : १९६५ में पाकिस्तान के साथ युद्ध शुरू होने से पहले ही भारत को अंदेशा था कि अमेरिकी फौजी अड्डों और अतिआधुनिक हथियारों की सप्लाई के कारण एक न एक दिन पाकिस्तान का भारत विरोध रुख फौजी दुस्साहस में बदल जाएगा। ऊपर से मार्च १९६३ में उसका चीन के साथ सीमा समझौता हो गया था। अप्रेल १९६५ में पाकिस्तान ने कच्छ-सिंध सीमा पर भारतीय चौकियों पर सीमित हमला किया। उसने माना कि इस हमले में उसने अपनी सोलहवीं बटालियन और टैंकों समेत अमेरिकी-ब्रिटिश हथियारों का इस्तेमाल किया है। ३० जून को ब्रिटिश प्रधानमंत्री के हस्तक्षेप से युद्धविराम हुआ, यथास्थिति की वापसी हुई और पूरा विवाद दोनों पक्षों के लिए बाध्यकारी एक अंतर्राष्ट्रीय पंचाट के हवाले कर दिया गया।

लेकिन, ५ अगस्त को पाकिस्तानी घुसपैठिये युद्धविराम रेखा पार करके कश्मीर में घुस आए। नतीजे के तौर पर पहले छम्ब क्षेत्र में दोनों सेनाओं में जम कर युद्ध हुआ और फिर पाकिस्तान की तरफ से उत्तरी सीमा पर दबाव को कम करने और हमलावर इरादों को हतोत्साहित करने के लिए भारतीय सेना ने पश्चिमी पाकिस्तान में प्रवेश शुरू कर दिया। भारतीय सेना पाक-अधिकृत कश्मीर के हाजी पीर दर्रे और अन्य दर्रों पर भी काबिज हो गयी। पचास दिन चली लड़ाई में भारतीय सेना ने पश्चिमी हथियारों और साज-सामान से लैस पाकिस्तानी सेना को पीछे धकेल दिया। भारतीय थल सेना और वायु सेना ने प्रभावशाली ढंग से अपनी ताकत, टिकाऊपन और दृढ़ता का प्रदर्शन किया। भारतीय फैक्ट्रियों में बने साज-सामान, खासकर बमबार विमानों, के मुकाबले पश्चिमी हथियार असरदार साबित नहीं हुए। भारतीय सेनापतियों ने दूरअंदेशी और कुशलता का परिचय देते हुए पश्चिमी मोर्चा खोल कर लाहौर को खतरे में डाल दिया जिससे पाकिस्तानी भौचक्के रह गये।

भारतीय नेतृत्व ने चीनी धमकी के सामने झुकने से भी इनकार कर दिया कि अगर भारत ने सिक्किम-चीन सीमा से अपना फौजी बंदोबस्त तीन दिन के भीतर-भीतर न हटाया तो चीनी फौजें हमला बोल देंगी। चीन ने 'अपहरित सीमावासियों और जब्त मवेशियों की वापसी' की माँग की। प्रधानमंत्री शास्त्री ने बदले में सीमा के संयुक्त निरीक्षण की पेशकश की और साथ में संकल्प किया कि अगर भारत पर हमला किया गया तो वह चीन और पाकिस्तान से

एक साथ भिड़ने के लिए तैयार है। चीनी अल्टीमेटम एक तरह की भभकी साबित हुआ जिसकी पोल खोलने से भारत को सामरिक और मनोवैज्ञानिक लाभ मिला। दिल्ली में चीनियों का मजाक उड़ाने और उन्हें और भी ज्यादा शर्मिंदा करने के लिए आम लोग भेड़ों का एक झुंड लेकर चीनी दूतावास पहुँच गये जिससे चीनी राजदूत को अपनी सरकार की माँग के बावजूद 'मवेशियों की वापसी' से किनाराकशी करनी पड़ी।

आखिर में संयुक्त राष्ट्र के महासचिव ऊ थाँ और सुरक्षा परिषद में सोवियत संघ के प्रयासों से ताशकंद में प्रधानमंत्री शास्त्री और राष्ट्रपति अयूब खान में शिखर वार्ता हुई जिसका नतीजा २३ सितंबर १९६५ को युद्ध विराम के रूप में निकला। तीन से दस जनवरी के बीच ताशकंद में दोनों नेताओं के बीच उद्घोषणा पर दस्तखत हुए जिसके मुताबिक ५ अगस्त की यथास्थिति पर वापसी होनी थी, दोनों देशों को एक-दूसरे के मामले में हस्तक्षेप करने से बाज आना था, आर्थिक और राजनयिक संबंध फिर से शुरू होने थे और संयुक्त राष्ट्र चार्टर का पालन करते हुए आपसी विवादों को सुलझाने के लिए ताकत का सहारा लेने से परहेज करना था। दुर्भाग्यवश प्रधानमंत्री शास्त्री का इस उद्घोषणा पर दस्तखत करने के दूसरे दिन ही ताशकंद में देहांत हो गया। पर, उसे लागू किया गया, बावजूद इसके कि दिल्ली में पाक-अधिकृत कश्मीर के तहत हाजी पीर दर्रा छोड़ने के खिलाफ प्रदर्शन हुए। इसी तरह कच्छ समझौते का भी संसद में विरोध हुआ, पर कुछ-कुछ अपनी राय के विपरीत होने के बाद भी भारतीय सरकार ने उसका पालन करने का निश्चय किया। साठ के दशक तक स्थिति यह थी कि सीमा पर तनाव काबू में था और प्रधानमंत्री इंदिरा गाँधी ने पाक अधिकृत कश्मीर में मंगला बाँध पूरा करने पर राष्ट्रपति अयूब को बधाई संदेश भेजा था। इस पर उन्हें भारतीय संसद की नाराजगी झेलनी पड़ी थी कि उन्होंने अपने संदेश के जरिये कश्मीर के एक हिस्से पर पाक के कब्जे को मान्यता ही दे दी है। पर, इंदिरा गाँधी के इस कदम से साफ हो गया कि भारत ने युद्धविराम रेखा के आरपार कश्मीर के इस विभाजन को हकीकत में स्वीकार कर ही लिया है।

अंतर्राष्ट्रीय माहौल का बदलता संदर्भ

१९६५ के युद्ध में पश्चिमी हथियारों पर श्रेष्ठता दर्ज कर लेने से भारत को प्रतिरक्षा संबंधी आत्मविश्वास तो हासिल हुआ, पर युद्ध की कीमत भी उसके

सामने साफ हो गयी। जाहिर था कि वह एक और युद्ध झेलने के लिए तैयार नहीं था। पाकिस्तान से लड़ाई के कारण उपमहाद्वीप की राजनीति तो तनावग्रस्त होती ही थी, घरेलू मोर्चे पर हिंदू-मुसलमान अस्मिताएँ भी समस्याग्रस्त हो जाती थीं। बड़ी ताकतों ने भी उपमहाद्वीप में शक्ति संतुलन कायम करने के लिए अपना रुख बदलना शुरू कर दिया था। अमेरिका ने तो भारत को सभी तरह की मदद बंद कर ही दी थी, सोवियत संघ ने भी कश्मीर पर भारत के रुख को समर्थन देते हुए चीनी प्रभाव का मुकाबला करने के लिए पाकिस्तान से संबंध सुधारने की कोशिशें शुरू कर दी थीं। उसका मकसद दोनों देशों से बराबर की दोस्ती करना हो गया था, इसलिए पाकिस्तान को रूसी हथियारों की आपूर्ति भी होने लगी थी।

इस नये माहौल में भारत को १९६२ के चीन युद्ध से भी ज्यादा महाशक्तियों के रवैये से निराशा हुई। देश में आमतौर से विश्व राजनीति से हाथ खींच लेने की चर्चा होने लगी। अभी तक भारत के सामरिक और विचाराधारात्मक सरोकार रहे अफ्रीकी और एशियायी मुद्दों के प्रति राष्ट्रीय दिलचस्पी में कमी आ गई। आर्थिक मंदी और बड़ी ताकतों के रवैये से पैदा राजनीतिक निराशा के कारण ऐसे मनोवैज्ञानिक हालात पैदा हुए कि भारत की आत्म-छवि और अस्मिता को नुकसान होने लगा।

दरअसल, बात यह नहीं थी कि पाकिस्तान पर 'जीत' हासिल कर लेना भारत को मँहगा पड़ा था, बल्कि दुनिया का माहौल ही काफी-कुछ बदल गया था। शीत युद्ध का तर्क सीधा-सीधा नहीं चल रहा था। बड़ी ताकतें होशियारी से नये युग में खुद को समायोजित कर रही थीं। गुटनिरपेक्षता की उनकी अपनी परिभाषा थी जिसके मुताबिक वे तीसरी दुनिया के विवादों से निबटना चाहती थीं। इस नये माहौल में भारतीय विदेश नीति का पुराना रूप अपना औचित्य खोता लग रहा था। कोई महाशक्ति भारत के साथ गुट नहीं बनाना चाहती थी। हर कोई गुटनिरेपक्ष रहना चाहता था जिसके कारण पचास के दशक में नेहरू द्वारा प्रवर्तित गुटनिरपेक्षता विचारधारा और रणनीति के रूप में अपनी प्रासंगिकता खोती जा रही थी। लेकिन, भारत के पास कोई वैकल्पिक नीति भी नहीं थी।

भारत की फौजी और औद्योगिक ताकत में बढ़ोतरी ही हुई थी, पर दिक्कत यह थी कि दृष्टि और आदर्श के स्तर पर विश्वास की कमी हो गयी थी और कई अंतर्राष्ट्रीय मुद्दों पर उसने रक्षात्मक मुद्रा अख्तियार कर ली थी।

जिस समय विश्व-व्यवस्था संस्थानीकरण के दौर से गुजर रही थी, उस समय भारत जैसे देश द्वारा रचनात्मक ढंग से नयी नीति सूत्रबद्ध करने के बजाय अपने खोल में घुस जाना निश्चित रूप से अफसोसनाक था। दरअसल, समस्याएँ दो तरह की थीं : पहली, लंबी फौजी कार्रवाई से पैदा हुए तनाव को झेलने के अभ्यास की कमी; और दूसरी, एक कमजोर आर्थिक आधार। भारत ने प्रथम और द्वितीय विश्व युद्ध की तकलीफों का सामना भी नहीं किया था, और कमजोर औद्योगिक आधार के कारण वह उस ताजगी और आशावाद को टिकाने में असमर्थ मालूम दे रहा था जो नेहरू की नीति के आधार थे। एक तरफ तो बिना महाशक्ति बने हुए उसकी संभावनाओं का दावा था, दूसरी तरफ एक छोटी शक्ति की तरह मान्यता न मिल पाने से पैदा हुई दुविधाएँ और आत्मसंदेह थे जिनके कारण बाह्य दुनिया के मुकाबले एक प्रभावी मुद्रा अख्तियार करने में दिक्कत आ रही थी।

भारत को फायदा यह था कि उसके पास दुनिया का चौथा सबसे बड़ा फौज-फाँटा था जिसके कारण वह संभवतः वह चीन और पाकिस्तान के मिले-जुले हमले का मुकाबला करने में सक्षम था। उसकी एटमी क्षमता बढ़ रही थी, और वह चाहता तो एटमी ताकत बन सकता था। राजनयिक रूप से १९६५ के बाद से हालात उसके पक्ष में थे। चीन एशिया और अफ्रीका से कटता जा रहा था। राजनयिक रूप से चीन पर लगातार निर्भरता के कारण पाकिस्तान की इज्जत कई ताकतों की निगाह में गिरती जा रही थी। पाकिस्तान के भीतर यह एहसास बढ़ता जा रहा था कि भारत पर राजनयिक श्रेष्ठता हासिल करने के चक्कर में उसे फायदा तो खास कुछ नहीं हुआ, पर उसे अपनी राष्ट्रीय स्वायत्तता से समझौता जरूर करना पड़ रहा है। पाकिस्तान के राजनीतिक संकट के पीछे एक बड़ा कारण यह भी था कि पूर्व राष्ट्रपति अयूब के नेतृत्व में वह किसी भी तरह की सकारात्मक राष्ट्रीय अस्मिता विकसित करने में नाकाम रहा था।

यथास्थितिवादी ताकत : इसी दौरान भारत एक यथास्थितिवादी ताकत बनने की तरफ बढ़ा। जिस समय अमेरिका और सोवियत संघ एशिया, पश्चिम एशिया और अफ्रीका में प्रभुत्व की होड़ कर रहे थे, उस समय अफ्रो-एशियायी दुनिया के लिए भारत की राजनीतिक छवि चीनी छवि के विकल्प के रूप में उभर रही थी। वह एक ऐसे रचनात्मक रवैये का पैरोकार बना हुआ था जिसके तहत पश्चिम और सोवियत संघ के साथ तीसरी दुनिया

को अपने संपर्क-सूत्र खुले रखने थे। साठ के दशक के अंत तक भारत की आवाज न्याय और शिष्टता की प्रतीक बनकर उभर चुकी थी। उसने लोकतांत्रिक प्रतिबद्धताओं के साथ समझौता किये बिना घरेलू तनावों से निबटना सीख लिया था और उसकी अर्थव्यवस्था में भी कुछ सुधार हुआ था। इन कामयाबियों से भी भारत की अंतर्राष्ट्रीय हैसियत में बढ़ोतरी हुई थी। सोवियत-अमेरिकी प्रायोजित एटमी संधि पर दस्तखत करने से इनकार करके भारत ने दिखा दिया था कि वह जापान समेत ऐसे देशों में शामिल है जिनकी राय और प्राथमिकताओं को तरजीह देने के लिए बड़ी ताकतें मजबूर हैं।

समस्या यह थी कि भारत इस यथास्थितिवादी नीति पर एक ऐसे क्षेत्र में अमल कर रहा था जिसमें हालात परिवर्तन और क्रांति के थे। चीन एक असाधारण क्रांतिकारी सत्ता के रूप में उभरा था जिसका एशिया में सभी भय मिश्रित सम्मान करते थे। वह राष्ट्रीय मुक्ति आंदोलनों का हरावल बना हुआ था, यहाँ तक कि भारतीय सीमांत पर रहने वाले आदिवासी समूह भी उसी की तरफ प्रेरणाओं के लिए देखते थे। एक अनुदार राज्य व्यवस्था होने के बावजूद पाकिस्तान ने अपना दाँव उपमहाद्वीप की यथास्थिति बिगाड़ने पर लगा रखा था। कश्मीर के साथ-साथ संभवत: उसका निशाना उसके परे भी जाता था। युद्ध हो या न हो, माना यह जाता था कि चीन और भारत के हितों का टकराव देर-सबेर कोई न कोई गुल जरूर खिलाने वाला है। दलील दी जा रही थी कि यदि कश्मीर का मुद्दा हल हो भी जाए, फिर भी भारत और पाक में टकराव जारी रहेगा। ऐसा लगता था कि भारत का विरोध करने की नकारात्मकता पाकिस्तान की राष्ट्रीय अस्मिता में नैसर्गिक रूप से शामिल है।

एक साम्राज्यवाद विरोधी ताकत से यथास्थितिवादी ताकत में बदलने का नतीजा यह हुआ कि भारत को मजबूरन दक्षिण एशिया में सोवियत मौजूदगी में बढ़ोतरी स्वीकार करनी पड़ी। यह भारत जैसी लोकतांत्रिक ताकत के लिए कोई बेहतर स्थिति नहीं थी। उसे पूर्वी यूरोप में रूसी नीति (जैसे कि चेकोस्लोवाकिया पर वारसा संधि की फौजों का हमला) और पाकिस्तान को रूसी हथियारों की सप्लाई से दिक्कतों का सामना करना पड़ रहा था। साथ में भारत पश्चिमी आर्थिक मदद पर भी काफी कुछ निर्भर था। भारत को यह भी देखना था कि पश्चिम से कच्चे माल और बुनियादी जरूरत की चीजों का आयात करते हुए वह उसकी राजनीतिक आजादी कैसे सुरक्षित रखी जा सकती है।

चीन और पाकिस्तान से सीमा विवाद न सुलझा पाने के कारण भारत को रक्षात्मक स्थिति अपनानी पड़ रही थी। उसकी पहलकदमी सीमित हो गयी थी और वह नयी सकारात्मक विदेश नीति नहीं बना पा रहा था। समर्थनकारी हो या अ-समर्थनकारी, दोनों मुद्राएँ वह मजबूरी में अपनाता था। १९६७ के युद्ध में इजरायल के मुकाबले अरबों का समर्थन हो, या चेकोस्लोवाकिया में रूसी कार्रवाई या फिर वियतनाम युद्ध के प्रश्न पर अस्पष्ट रवैया हो, भारत की तथाकथित गुटनिरपेक्षता बेइंतिहा चौकन्नेपन और ढुलमुल रवैये की चुगली ही खाती रही थी।

आर्थिक स्वतंत्रता के लिए प्रयास

ऐसे अंतर्राष्ट्रीय माहौल में भारत का भविष्य काफी-कुछ इस बात पर निर्भर लगता था कि उसकी घरेलू क्षमताओं में कितनी वृद्धि होती है। तेज गति से किये जाने वाले उद्योगीकरण का एक नतीजा यह होता है कि शुरुआत में अक्सर विदेशी व्यापार का संतुलन गड़बड़ा जाता है और इस घाटे की पूर्ति के लिए विदेशी मदद और पूँजी की जरूरत पड़ती है।

व्यापार घाटे की समस्या : नियोजित आर्थिक विकास की शुरुआत से पहले ही भारतीय अर्थव्यवस्था वाणिज्यिक घाटे की शिकार थी और युद्ध के दौरान जमा पाउण्ड स्टर्लिंग का अधिशेष धीरे-धीरे कम होता जा रहा था। आजादी के वक्त विश्व युद्ध के कारण अनाज, जूट और कपास जैसे कच्चे माल की भारी कमी हो गयी थी। विभाजन के कारण अनाज उत्पादन के कई बेहतरीन इलाके पाकिस्तान में चले गये थे। १९५१-५२ में कोरियायी युद्ध की परिस्थिति को छोड़कर निर्यात आमदनी जड़ता की शिकार थी। पहली पंचवर्षीय योजना में खेती की पैदावार पर जोर देकर विदेशी मुद्रा कोष पर दबाव कम किया गया। इसे बेहद कामयाबी मिली। लेकिन, इसी के बाद दूसरी योजना में भारी उद्योगों की तरफ छलाँग लगा दी गयी जिससे मशीनरी, परिवहन का साज-सामान, रसायन, धातु आदि का बड़े पैमाने पर आयात करना पड़ा। इस योजना के आखिरी दौर में निर्यात की कुछ बढ़ोतरी जरूर दिखी, पर निर्यात और ज्यादा बढ़ गया। हालत यह हुई कि व्यापार का घाटा १६५ से बढ़कर ४०० करोड़ तक पहुँच गया।

तीसरी योजना ने उद्योगीकरण का काम और भी जोश से अपनाया जिससे भारतीय आर्थिक संरचना में आयात का घटक बहुत बढ़ गया।

आखिरकार इस योजना का मकसद प्रौद्योगिकीय स्तर उठाना भी था। योजना के तीन वर्षों में मौसम ने साथ नहीं दिया, सूखा पड़ा, दो युद्ध हुए, उत्पादन के लक्ष्य पूरे नहीं हो पाए, रखरखाव की कमी के कारण उत्पादक क्षमता का पूरा इस्तेमाल नहीं हुआ, निर्यात कम हुआ और जरूरी व गैर-जरूरी चीजों का आयात उछल गया। इसी के साथ प्रतिरक्षा सामान के आयात ने हालात को और बिगाड़ दिया। यही वह समय था जब आबादी बहुत तेजी से बढ़ रही थी जिससे हर चीज की माँग में जबरदस्त बढ़ोतरी दिख रही थी।

औपनिवेशिक शासन की विरासत के कारण भारत का निर्यात आमतौर पर चाय, मसालों, तम्बाकू, कॉफी, खनिज, अयस्क, सूती कपड़ा, नारियल और जूट की चीजों सरीखी 'पारंपरिक' जिंसों के व्यापार पर निर्भर था। हालाँकि अंग्रेज भारत के समृद्ध प्राकृतिक संसाधनों और उद्यमी कौशल के कारण उसे कई अफ्रीकी और कुछ एशियायी देशों की तरह बागान अर्थव्यवस्था में तो तब्दील नहीं कर पाए, पर उन्होंने ऐसी स्थिति जरूर बना दी थी कि भारतीय अर्थव्यवस्था बुनियादी जरूरत की और अर्ध-कारखाना निर्मित चीजें बनाकर उनके बदले में विनिर्मित और मशीनी माल आयात करती रहे। अर्थव्यवस्था के इसी पहलू के कारण भारत को औद्योगिक माल का भारी आयात करना पड़ता था और इस तरह का विदेश व्यापार समीकरण पारंपरिक जिंसों की मद पर कई सालों से घाटे का सौदा होता जा रहा था। दूसरे इन चीजों की कीमतों में होने वाले चढ़ाव-उतार और कम आमदनी की समस्या से उनकी माँग भी घटती जा रही थी, जिसका भारत के व्यापार संतुलन पर और विपरीत असर पड़ रहा था।

साठ के दशक के आखिर तक इंजीनियरिंग माल और मशीनी कल-पुर्जों के निर्यात में कुछ वृद्धि हुई थी। पेट्रोलियम और इस्पात की चीजें भी बाहर भेजी जाने लगी थीं। दूसरी तरफ आयात प्रतिस्थापन की नीति और स्थानीय विनिर्माण से होने वाली माँग की कुछ आपूर्ति से व्यापार असंतुलन की समस्या में कुछ कमी आयी थी। आयात घटाने वाली नीतियों के कुछ सकारात्मक परिणाम निकले थे। बढ़ती हुई आबादी के कारण माँग में हुई वृद्धि की भरपाई उत्तरोत्तर स्वदेशी उत्पादन से हो पा रही थी। अनुमान था कि चौथी योजना के अंत तक स्वदेशी उत्पादन मशीनी कल-पुर्जों और खास तरह के इस्पात की ७५ फीसदी तथा अलुमिनम की सौ फीसदी जरूरतें पूरी करने की स्थिति में आ जाएगा। लगता था कि अलुमिनम का तो निर्यात होने लगेगा।

नये बाजार : किसी भी विकासशील देश के लिए निर्यात का बाजार तलाश करना बहुत कठिन था। उसे अमीर देशों से प्रतियोगिता करनी पड़ती थी। सीमा शुल्क जैसी बंदिशें थीं। घरेलू बाजारों में आयात प्रतिस्थापन की नीतियों के चलते निर्यात के मौके बहुत ज्यादा उपलब्ध नहीं थे। इन सब बाधाओं के चलते भारत ने नाना प्रकार के बाजारों को अपना निशाना बनाया। पूर्वी यूरोप, दक्षिण-पूर्व एशिया, अफ्रीका और लातीनी अमेरिका पर उसने खास जोर दिया और ब्रिटेन और पश्चिमी यूरोप के बाजारों में हमेशा की तरह व्यापार करना जारी रखा। साठ के दशक के अंत तक उसके कई देशों से द्विपक्षीय करार हो चुके थे जिनके तहत सोवियत संघ, यूगोस्लाविया, हंगरी, पोलैंड, चेकोस्लोवाकिया, पूर्व जर्मनी, अर्जेंटीना, चिली, संयुक्त अरब गणराज्य, इराक, जापान, बर्मा, सीलोन, मलेशिया में व्यापार की संभावनाएँ उज्ज्वल हो रही थीं। यूगोस्लाविया और चेकोस्लोवाकिया के साथ सरकारों के स्तर पर सहयोग बढ़ाने के प्रयास भी हो रहे थे।

विदेशी फर्मों और भारतीय उद्योगपतियों के बीच सहयोग बढ़ रहा था। सरकार और उद्योगपति मिलकर केन्या, तंजानिया, ईरान, मलेशिया, फिलीपीन, सीलोन और आयरलैंड जैसे देशों में संयुक्त उद्यम लगाते दिख रहे थे। अफ्रीका और अन्य विकासशील देशों में भारतीय तकनीकी विशेषज्ञ जा रहे थे। वामपंथियों और दक्षिणपंथियों के बीच सतत विवाद के बावजूद देश में निजी विदेशी पूँजी का प्रवाह जारी था। यह पूँजी अब तक आयात पर निर्भर उद्योगों में आ रही थी। उसका देशी उद्यमियों से समझौता था। इस तरह अंतर्राष्ट्रीय वाणिज्य में भारत का आधार व्यापक हो रहा था, पर इसके पूरे नतीजे निकलने में कुछ देर थी। हाँ, भविष्य के संकेत दिखने लगे थे।

साठ के दशक के अंत में नजारा यह था कि १९६५-६६ तक सकल आयात बिल में मशीनरी का हिस्सा १४ से ३० फीसदी तक पहुँच गया था। ज्यादातर आयात खाद्यान्न का होता था। नयी कृषि नीतियों के नतीजे निकलने शुरू हो गये थे, पर उनके कारण उर्वरक और अन्य कृषि सामग्री का आयात भी करना पड़ रहा था। नये औद्योगिक प्लांटों, पुराने प्लांटों के कल-पुर्जे बदलने की जरूरतों से भी आयात बिल में बढ़ोतरी हो रही थी। भारत में स्वदेशी बाजार के संरक्षण की कई नीतियों, स्थानीय निर्माताओं को निर्यात के लिए प्रोत्साहित कर पाने में विफलता और सुचिंतित मूल्य-नीति के अभाव के कारण भी निर्यात के मोर्चे पर आवश्यक सफलता नहीं मिल पा रही थी।

संतोष की बात यह थी कि कुछ पुरानी नीतियों का असर दिखने लगा था और इस समस्या के प्रति संवेदनशील कुछ नयी नीतियाँ बनाई जा रही थीं। आयात प्रधान उद्योगों में लागत घटाने की कोशिश भी दिख रही थी। गुणवत्ता नियंत्रण के लिए भी कदम उठाये जा रहे थे। औद्योगिक अनुसंधान के जरिये विनिर्माण के नये तरीके खोजे जा रहे थे।

आयात के मोर्चे पर अपेक्षित सफलता न मिलने का एक बड़ा कारण यह था कि भारत के लोग अपना माल विश्व बाजार में उत्साहपूर्वक बेचने की कोशिश ही नहीं करते थे। आत्मनिर्भरता की नीति, आयात-प्रतिस्थापन की नीति और विदेशी मदद का प्रवाह भी इस तरह के उत्साह के खिलाफ जाता था। तीसरी योजना के दौरान पैदा हुए भुगतान अधिशेष के संकट के बाद से आयात प्रोत्साहन पर कुछ जोर बढ़ा था और बोर्ड ऑव ट्रेड जैसे संगठनों की सरकार में स्थिति कुछ बेहतर हुई थी। हर जिंस के लिए एक्सपोर्ट प्रमोशन कौंसिलें गठित की गयी थीं ताकि मार्केट रिसर्च, कमोडिटी रिसर्च और गुणवत्ता नियंत्रण का काम किया जा सके। स्टेट ट्रेडिंग कारपोरेशन के ढीले-ढाले काम की समीक्षा की जा रही थी। विचारधारात्मक रवैये का महत्त्व घटता लग रहा था, नियंत्रण घटाने और उदारीकरण के लिए कदम उठाये जा रहे थे, निर्यात-ऋण देने की नीति बनायी जा चुकी थी।

मुद्रा अवमूल्यन : भारतीय अर्थव्यवस्था कुछ बड़े नीतिगत परिवर्तनों से भी गुजर रही थी। जून १९६६ में मुद्रा का अवमूल्यन करके सरकार ने भुगतान अधिशेष की समस्या से निकलने का प्रयास किया। इसके पीछे समझ यह थी कि अवमूल्यन से निर्यात आमदनी में बढ़ोतरी होगी और आयात की माँग घट जाएगी। लेकिन, इस कदम से विवाद यह खड़ा हो गया कि सरकार ने विदेशी दबाव में आ कर यह काम किया है। बहरहाल, इस कदम का वाणिज्य के आँकड़ों पर असर काफी दिनों तक नहीं दिखाई पड़ा। वजहें कई थीं : पारंपरिक जिंसों की मूल्य समस्या इसका एक कारण थी, नये उद्योगों का आयात घटक बहुत ऊँचा था, अवमूल्यन को ही सभी समस्याओं का हल समझ कर कई निर्यात प्रोत्साहन योजनाएँ खत्म कर दी गयी थीं, और सबसे बड़ी बात तो यह थी कि विश्व बैंक और अन्य संस्थाओं ने वायदे के मुताबिक सस्ती दर पर आर्थिक मदद नहीं बढ़ाई थी। भारत ने ठीक से सौदेबाजी नहीं की, न ही राजनीतिक दबाव डाला गया जिससे वक्त रहते मदद नहीं मिल सकी और महत्त्वपूर्ण रख-रखाव के अभाव में उत्पादक क्षमता को नहीं

बढ़ाया जा सका। नतीजा यह हुआ कि जब विश्व बाजार में दाम बढ़े, भारत के पास निर्यात करने के लिए माल की बहुतायत नहीं थी। इस तरह अवमूल्यन का पूरा लाभ नहीं उठाया जा सका।

सरकार यह दावा जरूर कर रही थी कि कम आयात घटक वाले निर्यात में बढ़ोतरी हुई है और कच्चे माल की स्थानीय आपूर्ति भी बेहतर हुई है, पर विशेषज्ञों के बीच उसके इन दावों पर विवाद था। जाहिर था कि एक नीतिगत कदम के रूप में अवमूल्यन का फैसला जल्दबाजी में लिया गया था। उसे कामयाब करने के लिए पूर्व तैयारी का अभाव था। संभवत: इसके पीछे विदेशी दबाव की भूमिका भी थी। औद्योगिक नीति के इस पहलू की सी. सुब्रह्मण्यम के नेतृत्व में किये गये नयी कृषि नीति के कार्यान्वयन से तुलना करने पर साफ हो जाता था कि विशुद्ध रूप से आर्थिक प्रतीत होने वाले कदमों की कामयाबी के लिए भी किस स्तर की सोशल इंजीनियरिंग की जरूरत पड़ती है।

बाह्य संसाधनों का प्रश्न : इस विश्लेषण से स्पष्ट हो गया होगा कि एक औपनिवेशिक राज्य व्यवस्था का स्वतंत्र राष्ट्र-राज्य में बदलना जितना कठिन था, उससे भी ज्यादा कठिन एक औपनिवेशिक अर्थव्यवस्था को आधुनिक नियोजित अर्थव्यवस्था में बदलना था। राज्य व्यवस्था के परिवर्तन के लिए संस्कृति, करिश्मे और संस्थानीकरण की क्षमताओं की आवश्यकता थी जिन्हें देश के भीतर से ही हासिल किया जा सकता था, पर अर्थव्यवस्था के लिए पर्याप्त साधन शुरुआत में देश के भीतर उपलब्ध नहीं थे। विकासशील देशों को अपने आधुनिकीकरण के लिए आवश्यक संसाधनों को जमा करने हेतु अंतर्राष्ट्रीय संबंधों की एक नयी शाखा 'सस्ती दर पर आर्थिक सहायता' का आसरा लेना पड़ रहा था। इस सहायता के देश के आर्थिक और राजनीतिक जीवन पर सीधे और गहरे असर पड़ते थे। कुल मिलाकर यह विदेशी मदद विश्व व्यवस्था पर भी असर डालती थी।

विदेशी मदद पर भारत की निर्भरता एक बहुत बड़ी दुविधा को जन्म देती थी : राजनीतिक स्वाधीनता बनाम आर्थिक स्वाधीनता। इसी सिलसिले में 'विकसित' और 'विकासशील' देशों को 'स्वाधीन' और 'परनिर्भर' या 'दाता' और 'प्राप्तकर्ता' राष्ट्रों के रूप में भी पेश किया जाने लगा। सवाल सीधा था कि उपनिवेशवाद के खात्मे के उस युग में आर्थिक परनिर्भरता को राष्ट्रीय स्वाधीनता के साथ कैसे समायोजित किया जाए? सस्ती दर की

आर्थिक मदद के कई फायदे थे : उसके कारण अर्थव्यवस्था फौरी तौर पर कमी की स्थिति से उबार जाती थी, अभिजनों के लिए उपलब्ध विकल्प बढ़ जाते थे, सत्तारूढ़ गठजोड़ गंभीर राजनीतिक जरूरतों के लिए संसाधनों के एक हिस्से का इस्तेमाल कर पाता था, अपेक्षाकृत विस्तृत सामाजिक-आर्थिक परिवर्तनों का कार्यक्रम शुरू किया जा सकता था, नियोजन प्रक्रिया की प्राथमिकताओं के क्रम का पालन किया जा सकता था, और इन सभी भविष्योन्मुखी निवेशों के कारण राष्ट्र जनता की माँगों को तुष्ट करने की अपनी क्षमता का भविष्य में भी इस्तेमाल कर सकता था।

इस सहायता के नुकसान भी थे : सस्ती दर की मदद से आर्थिक उद्देश्य और प्राथमिकताएँ विकृत हो सकती थीं और उन परियोजनाओं पर ज्यादा जोर दिया जा सकता था जिनके लिए मदद मिलना आसान हो, कष्ट उठाकर आंतरिक हालत दुरुस्त करने की आवश्यकता का एहसास कमजोर पड़ सकता था, आर्थिक विषमताएँ बढ़ सकती थीं और एक आर्थिक-राजनीतिक गुट को दूसरे पर प्राथमिकता देने की प्रवृत्ति पैदा हो सकती थी, किसी खास कार्यक्रम के साथ सारे संसाधन जोड़ देने से वैकल्पिक लचीलापन कम हो सकता था, और समग्र नीतिगत प्रक्रिया लगातार पूर्वानुमान और अनिश्चितता के भँवर में फँस सकती थी जिसके कारण अक्सर अवमाननाकारी अनुभव होने और नतीजतन विस्फोटक राजनीतिक परिस्थितियों का खतरा हो सकता था।

कुल मिलाकर सस्ती दर की आर्थिक मदद सभी नवस्वाधीन और विकासशील देशों को फायदेमंद प्रतीत होती थी। सभी इस मदद को हासिल करना चाहते थे। जाहिर है कि उसके फायदे तो थे ही, पर नुकसान भी थे।

विदेशी मदद : भारतीय अर्थव्यवस्था साठ के दशक के अंत तक आर्थिक मदद के दोनों पहलुओं का अनुभव कर चुकी थी। इस परनिर्भरता पर नाखुशी जाहिर करते रहने के बावजूद नेतृत्व का इरादा यही था कि जब तक आत्मनिर्भर विकास की क्षमताएँ विकसित न हो जाएँ तब तक सस्ती दर की आर्थिक सहायता समेत विदेशी संसाधनों की मदद ली जानी चाहिए। कुछ अतिवादी बुद्धिजीवियों को छोड़कर ज्यादातर राजनीतिक दलबंदियाँ इसके पक्ष में थीं। मतभेद थे पर उनकी प्रकृति भिन्न थी कि मदद द्विपक्षीय हो या बहुपक्षीय, पूँजीवादी खेमे से ली जाए या समाजवादी खेमे से, उसके इस्तेमाल के संदर्भ में विदेशी हस्तक्षेप किस सीमा तक स्वीकार किया जाना चाहिए। वस्तुस्थिति यह थी कि भारत के लिए विदेशी मदद उसकी नियोजन रणनीति

और विदेश नीति के तार्किक विस्तार की तरह थी, पर उसे मदद देने वाले देश इस मसले पर या तो अंतर्राष्ट्रीय वाणिज्य और मौद्रिक नीतियों और शीत युद्ध संबंधी व्यूहरचना के आधार पर गौर करते थे, या फिर मानवीय और वैचारिक आधार पर निर्णय लिए जाते थे।

हम देख चुके हैं कि भारत द्वारा अपनाया गया विकास का मॉडल मशीनी माल के आयात को बढ़ावा देने वाला था। शुरू में तो यह जरूरत द्वितीय विश्व युद्ध और कोरियायी युद्ध के दौरान जमा किये गये पाउण्ड स्टर्लिंगों से पूरी हुई, लेकिन जल्दी ही यह कोष भी खाली होने लगा। दूसरी पंचवर्षीय योजना के बीच में देश ने विदेशी मुद्रा के पहले संकट का सामना किया जिससे नियोजकों को अपना यह विचार और पुष्ट होता हुआ लगा कि अर्थव्यवस्था का पूँजीगत आधार और भी तेजी से विस्तृत किया जाना चाहिए। वे इस नतीजे पर पहुँचे कि विदेशी मुद्रा की कमी और संक्रमणकालीन मुद्रास्फीति से बचने के लिए विदेशों से ऐसे ऋण करार किये जाने चाहिए कि जिनका भुगतान उस समय किया जा सके जब अर्थव्यवस्था निर्यात लायक माल खूब बनाने लगे। इसी नीति के तहत पहली योजना के दौरान ली गयी ३८२ करोड़ की मदद दूसरी योजना में २,५३१ हो गयी और तीसरी योजना में यह आँकड़ा २,९३६ करोड़ तक पहुँच गया। चौथी योजना तक विदेशी मदद ४,००० करोड़ तक पहुँचने की संभावना थी।

ज्यादातर विदेशी मदद पब्लिक सेक्टर को खड़ा करने में खर्च की गयी थी। पहले तीन चरणों में पब्लिक सेक्टर निवेश का १२.६, ३७ और ३९ फीसदी हिस्सा विदेशी मदद से ही प्राप्त किया गया था।

द्वि-ध्रुवीय मदद : दूसरी तरफ भारत अपनी गुटनिरपेक्षता की विदेश नीति के कारण और शीत युद्ध की राजनीति का लाभ उठाते हुए किसी एक शक्ति-ध्रुव विदेशी सहायता में अमेरिका का हिस्सा पचास फीसदी था, बाकी मदद अन्य राष्ट्रीय और अंतर्राष्ट्रीय स्रोतों से मिल रही थी जिसमें सोवियत मदद का भी बड़ा हिस्सा था। पश्चिमी देशों से मिलने वाली मदद कई तरह के नियोजन कार्यक्रमों के लिए थी जिनमें अधिरचनात्मक और लोकोपकारी क्षेत्र भी शामिल थे। लेकिन, सोवियत मदद खास तौर से इस्पात और विद्युत जैसे प्रमुख अधिरचनात्मक क्षेत्रों में ही केंद्रित थी। इस नीति का लचीलापन उस समय फायदेमंद साबित हुआ जब अमेरिका ने बोकारो इस्पात परियोजना में निवेश करने से इनकार कर दिया और सोवियत संघ ने आगे बढ़कर यह

जिम्मेदारी उठायी।

कर्ज का बोझ : इस मदद का सबसे नकारात्मक पहलू यह था कि फौरी लाभों के बावजूद भारत का भविष्य कर्ज के बोझ से दबता जा रहा था। हालाँकि हर विदेशी आर्थिक प्रवाह को मदद का नाम दे दिया जाता है, पर असलियत यह थी कि इसमें अनुदान का घटक बहुत कम ही होता था, इसका ऋण घटक बढ़ता ही जा रहा था। विदेशी मुद्रा की आमदनी और विदेशी आर्थिक प्रवाह के अनुपात के रूप में भुगतान का बोझ लगातार बढ़ रहा था। १९६०-६१ में यह प्रतिशत ७.८ था, १९६५-६६ में १८.६० हो गया और चौथी योजना में इसके ३६ फीसदी हो जाने का अनुमान था। हालत यह होने वाली थी कि विदेशी ऋण चुकाने के लिए विदेशी मदद की जरूरत पड़ने लगी थी। इस दिक्कत से उबरने के लिए भारत का मुख्य जोर नरम शर्तों पर मिलने वाले दीर्घकालीन ऋणों पर था।

विदेशी मदद के मुद्दे से कई राजनीतिक प्रश्न जुड़े हुए थे। बहुत लंबे अरसे ये ज्यादातर विदेशी मदद कुछ परियोजनाओं से जुड़कर आती रही थी। इससे औद्योगिक क्षमता बढ़ाने और उसके विविधीकरण में मदद तो मिली, पर संयंत्रों के रखरखाव और कच्चे माल के आयात के लिए विदेशी मुद्रा मिलने में दिक्कत होती रही जिसके कारण औद्योगिक क्षमता का पूरा उपयोग नहीं हो पाया। इसका सबसे बुरा असर विकास को उछाल देने वाले उद्योगों पर पड़ा जिनमें निर्यात प्रोत्साहन उद्योग भी शामिल थे। इससे भुगतान अधिशेष पर दबाव और बढ़ गया, विदेशी मदद पर निर्भरता और बढ़ी, नियोजन की संरचना में विकृति आयी, अर्थव्यवस्था सहायता देने वाले देशों के साथ तकरीबन औपनिवेशिक किस्म के संबंधों में बँध गयी। साठ के दशक के अंत तक समस्या के इस पहलू को दोनों पक्ष कुछ-कुछ समझने लगे थे, इसलिए मदद का जोर उसे खास तरह की परियोजनाओं से जोड़ने पर कम होता जा रहा था।

मदद संबंधी नीति परिवर्तन की भी अपनी दिक्कतें थीं। परियोजनाओं से बँधी हुई विदेशी मुद्रा के कारण अर्थव्यवस्था के एक छोटे से हिस्से की समीक्षा के ही अधिकार दाता स्रोत को मिलते थे, लेकिन गैर-परियोजना मदद के कारण पूरी नीतिगत प्रक्रिया और सामाजिक-राजनीतिक संरचना पर ही मदद देने वालों के साथ विचार करने का संकट आने लगा था। कई मुद्दों पर रूसियों और अमेरिकनों का हस्तक्षेप बढ़ता जा रहा था : बोकारो स्टील प्लांट

में भारतीय इंजीनियरों की भागीदारी पर रूसी रवैया और मुद्रा के अवमूल्यन में अमेरिकी और विश्व बैंक के विशेषज्ञों की भूमिका से भारत को विदेशी मदद की राजनीतिक कीमत का एहसास होने लगा था। १९६५-६६ के भारत-पाक युद्ध के बाद अमेरिकी द्वारा मदद पर एकतरफा रोक लगा देना भी इसी प्रकार का संकेत था। इस रोक के कारण हमारी कई नियोजनगत प्राथमिकताएँ गड़बड़ा गयी थीं, बेरोजगारी बढ़ गयी थी, उत्पादन क्षमता का इस्तेमाल नहीं हो पाया था और मंदी के हालात पैदा हो गये थे। रूस द्वारा भारतीय परिस्थितियों के अनुकूल न होने के बावजूद विमान बेचने की कोशिश इसका एक और उदाहरण था कि द्वि-ध्रुवीय मदद के कारण अर्थव्यवस्था को दबाव के एक से ज्यादा स्रोतों को झेलना भी पड़ सकता है जिससे निबटना हमेशा आसान नहीं होता।

विदेशी मदद का भविष्य : साठ के दशक तक लगने लगा था कि विदेशी आर्थिक मदद की संभावनाएँ उत्तरोत्तर कम होती जाने वाली हैं। इसके कारण कई थे : द्वि-ध्रुवीय विश्व खत्म हो चुका था, मदद देने वाले देश भी भुगतान अधिशेष की समस्याओं से जूझ रहे थे और इन देशों में अपनी भीतरी समस्याओं पर जोर देने का आग्रह बढ़ता जा रहा था। माहौल बदलता जा रहा था और दूसरों की समस्याओं से चिंतित होने की प्रवृत्ति घट रही थी। समझा जा रहा था कि आर्थिक मदद देने से समस्याएँ घटती नहीं बल्कि बढ़ती हैं, दाता देश पा रहे थे कि उन्हें कृतज्ञता की जगह प्राप्तकर्ता देशों की कृतघ्नता अधिक झेलनी पड़ रही है। दूसरी तरफ शीत युद्ध के कारण दो शक्ति-ध्रुवों के बीच होड़ के कारण भी विदेशी मदद मिलने में आसानी होती थी, जो माहौल बदलने के कारण कम हो गयी थी। इसका फायदा उठाने वाले देशों में भारत अपनी गुटनिरपेक्षता की नीति के कारण सबसे आगे था। अब न उस तरह का शीत युद्ध रह गया था, और न ही भारतीय गुटनिरपेक्षता का चरित्र पहले जैसा था। आर्थिक मदद के प्रश्न को भारत में अपेक्षाकृत अधिक अस्थायी नजरिये से देखा जाने लगा था।

नया रुझान क्षेत्रीय सहयोग का था। भारत और जापान एशिया संबंधी नीति बनाने की जरूरत महसूस कर रहे थे (हालाँकि इसमें भी सहयोग के कम और होड़ के पहलू ज्यादा थे)। औद्योगिक निवेश के लिए विदेशी मदद के बजाय विदेशी निजी पूँजी को आकर्षित करने पर जोर बढ़ रहा था। विश्व बैंक की तरफ से भी इसी तरह के सुझाव आ रहे थे। आंतरिक संसाधनों की

गोलबंदी को उत्तरोत्तर केंद्र बनाया जा रहा था। बड़ी ताकतों की खुफिया एजेंसियों की गतिविधियों के कारण यह समझ में आ गया था कि विदेशी मदद के कारण एक तरफ तो बौद्धिक परनिर्भरता का माहौल बनता है, और दूसरी तरफ 'दबाव' प्रतीत होने वाली किसी भी प्रवृत्ति पर संदेह किया जाने लगता है। राजनीतिक स्तर पर भारत में रूसियों और अमेरिकनों के प्रति मोहभंग का माहौल था। लग रहा था कि बदली हुई परिस्थितियों में निकट भविष्य में विदेशी आर्थिक मदद की जरूरत तो पड़ेगी, पर उसका स्वरूप एक सामान्य आर्थिक प्रवाह की तरह होगा और वह आर्थिक सक्षमता के पहलू से ज्यादा जुड़ी होगी, न कि किसी राजनीतिक तर्क से।

संक्रमण की अवधि

साठ के दशक के अंत तक भारत की स्थिति यह थी कि उसे द्वि-ध्रुवीय के बजाय बहु-ध्रुवीय अंतर्राष्ट्रीय माहौल का सामना करना पड़ रहा था। विभिन्न क्षेत्रों में टकराव बढ़ता जा रहा था, हर जगह नीतियाँ अस्थिर हो रही थीं और बड़ी ताकतें भारत-चीन-पाकिस्तान के बीच यथास्थिति कायम रखने पर जोर दे रही थीं। भारत की एटमी क्षमता बढ़ रही थी। वह महाशक्तियों के दबाव में आ कर एटमी अप्रसार संधि पर दस्तखत करने के लिए तैयार नहीं था, बशर्ते खासकर चीन की तरफ से मिल सकने वाली एटमी धमकी के खिलाफ उसे पूरी सुरक्षा की गारंटी मिलती। भारत एटम बम बना सकता था, पर समस्या यह थी कि इससे जुड़ी हुई आर्थिक और राजनीतिक कीमत वह कैसे अदा करेगा। उसे भूमंडलीय संदर्भों के बजाय उत्तरोत्तर क्षेत्रीय संदर्भों में सोचना था। नयी विदेश नीति ने अभी तक जड़ नहीं जमा पायी थी। महाशक्तियों के दबाव का मुकाबला करते हुए उनकी क्षेत्रीय महत्त्वाकांक्षाओं का अपने हित में इस्तेमाल करना जरूरी था। ऐसा न कर पाने की स्थिति में महाशक्तियों की उपमहाद्वीपीय उपस्थिति भारत के लिए समस्या बन जाने वाली थी।

विश्व-भूमिका : राजनीतिक और विचारधारात्मक रूप से पूरी दुनिया एक तरह के गतिरोध और तरलता के दौर से गुजर रही थी। यह संक्रमण का काल था जिसमें भारत को साँस लेने की गुंजाइश मिलती दिख रही थी। वह आंतरिक विकास और एकीकरण की समस्याओं को प्राथमिकता दे सकता था। अंतर्राष्ट्रीय मंच पर नयी भूमिका भारत का इंतजार कर सकती थी। उसे

जरूरत थी ज्यादा आंतरिक शक्ति, बेहतर आत्म-पहचान और अधिक आत्मविश्वास की। कहना न होगा कि एक विशाल देश के रूप में भौगोलिक और विचारधारात्मक रूप से भारत की विशिष्ट स्थिति थी। उसमें बड़ी ताकत बनने और उससे जुड़ी जिम्मेदारियाँ निभाने की संभावनाएँ थीं। नेहरू का युग चला जरूर गया था, लेकिन भारत के भविष्य और विश्व मंच पर उसकी भूमिका के बारे में उनकी भविष्यवाणी प्रासंगिक बनी हुई थी।

भारत की अंतर्राष्ट्रीय भूमिका को एक तरह की प्रतीकात्मक 'महानता' की जरूरत भी थी जो शायद उसे एटमी ताकत बनने से या अंतरिक्ष कार्यक्रम शुरू करने से मिल सकती थी। भारत को आधारस्वरूप क्षेत्रीय स्तर पर अपनी विदेश नीति की ठोस अभिव्यक्ति करने के लिए एक आत्म-विश्वस्त और साफ दिमाग वाले नेतृत्व की जरूरत थी।

II

सत्तर के दशक में तीन ऐसी घटनाएँ हुईं जिनके आधार पर भारत वह अंतर्राष्ट्रीय चमक प्राप्त करने का दावा कर सकता था जिसकी उसे दरकार थी। ये थीं : बांग्लादेश संकट में भारतीय सेनाओं की स्पष्ट विजय, १९७४ में पोखरन का एटमी परीक्षण और अंतरिक्ष कार्यक्रम की शुरुआत। लेकिन, दिक्कत यह थी कि नीतिगत स्तर पर बदली हुई अंतर्राष्ट्रीय परिस्थिति को विदेश मंत्रालय स्वीकार करने के लिए तैयार नहीं था। नेहरू के जमाने की गुटनिरपेक्षता और शांतिपूर्ण सहअस्तित्व का राग अलापा जा रहा था, जबकि बांग्लादेश संकट के समय भारत लगभग पूरी तरह से सोवियत खेमे में खड़ा दिख रहा था। विदेश नीति की व्यावहारिकता किसी सुचिंतित नीति के जरिये नहीं, बल्कि घटनात्मकता के आधार पर तय हो रही थी। १९७७ तक यही रवैया जारी रहा। आपात्काल के दौरान भारत पर विदेशी स्रोतों से आयात प्रतिस्थापन का दबाव भी पड़ा, लेकिन बांग्लादेश युद्ध के बाद अमेरिका के प्रति भारतीय अरुचि काफी बढ़ चुकी थी, और सोवियत घनिष्ठता भारत में लोकतंत्र को सीमित करने के प्रयासों से हमदर्दी दिखा रही थी। भारत जैसे देश में तानाशाही हुकूमत का समर्थन करके सोवियत नेताओं को लग रहा था कि वे विश्व प्रभुत्व की ठंडी होड़ में दक्षिण एशिया की बाजी मार लेंगे। लेकिन, वोटरों ने आपात्काल को कूड़ेदान में फेंक दिया। अब नयी गैर-कांग्रेसी सरकार एक बड़ा सकारात्मक कदम उठा सकती थी। वह भारत की

बढ़ी हुई आर्थिक-सामरिक हैसियत और फिर से हासिल की गयी लोकतांत्रिक प्रतिष्ठा का इस्तेमाल करके तीसरी दुनिया के देशों को गोलबंद करके सामूहिक आत्मनिर्भरता को प्रोत्साहित करने वाली विदेश नीति अपना सकती थी।

लेकिन, ऐसा न हो सका। यह विदेश नीति के संदर्भ में बहुत बड़ी विफलता का द्योतक था। कल्पनाशीलता से रहित नेता तो इसके लिए जिम्मेदार थे ही, विदेश सेवा के अधिकारियों ने भी दिखाया कि वे किस कदर अपनी नौकरियों के छोटे से बाड़े में कैद हैं। विदेशों में भारतीय दूतावासों में तैनात इन अधिकारियों से बात करने पर लगता था कि वे न तो भारत की परिस्थितियों की खास जानकारी रखते हैं और न ही उन्हें उन देशों के बारे में कोई खास जानकारी है जहाँ उनकी तैनाती की गयी है। कुल मिलाकर विदेश नीति के मामले में भारतीय राज्य व्यवस्था काफी बुरी हालत में थी, और अस्सी के दशक में भी यह खराब स्थिति जारी रही जिसका प्रमाण श्रीलंका में भारतीय शांति सेना के फँसाव से मिला।

इसी दौरान घरेलू स्तर पर सत्तारूढ़ अभिजनों के बाजारोन्मुख रवैयों ने विदेश नीति को पश्चिमोन्मुखी बनाना शुरू कर दिया। धीरे-धीरे भूमंडलीकरण के हावी होते चले जाने ने हर कदम और उपाय का पैमाना बदल दिया। अभिजनों के चिंतन का तरीका कुछ और हो गया। उनके इसी चिंतन के कारण आज स्वतंत्र, स्वायत्त और आत्मनिर्भर राष्ट्र-राज्य का भारतीय मॉडल तितर-बितर पड़ा हुआ है। एक तरफ तो हालत यह है कि राज्य को राष्ट्र के केंद्रीय तंत्र की हैसियत से वंचित कर दिया गया है और दूसरी तरफ अभी तक बने 'राष्ट्र' ने बिखराव, एकाधिक ध्रुवीकरणों और संभावित विखंडन की तरफ जाने की शुरुआत कर दी है। राज्य की हैसियत में कटौती और राष्ट्र के प्रभामंडल में क्षय एक साथ घटित हुआ है। राज्य के अधिकार भूमंडलीय 'व्यवस्था' और बाजार द्वारा हड़प लिए गये हैं, जबकि राष्ट्र को हाशिये पर पड़ी हुई बहुत-सी अस्मिताओं के साथ-साथ विभिन्न क्षेत्रों और 'राष्ट्रीयताओं' की तरफ से चुनौती मिल रही है। इस परिघटना के कारण राष्ट्र-निर्माण की परियोजना को धक्का लगने का अंदेशा है जिसका नुकसान समाज परिवर्तन के केंद्रीय एजेंट के रूप में राज्य की भूमिका उठा रही है। नागरिक समाज की स्वायत्तता कमजोर हो गयी है और आदर्श लोकतांत्रिक व्यवस्था की आधुनिक खोज में भी रुकावट पड़ने लगी है।

हालाँकि भूमंडलीकरण के पैरोकारों का दावा दुनिया के पैमाने पर एक एकीकरणवादी डिजाइन को प्रोत्साहन देने का है, पर असल में हो यह रहा है कि भूमंडलीकरण में अंतर्निहित समरूपीकरण के आग्रह से पहले से ही कार्यरत विघटनकारी प्रवृत्तियों को बढ़ावा मिलने लगा है। बाजार समरूपीकरण का ही एक ताकतवर उपकरण है जो भूमंडलीकरण से प्रेरित जनसंचार माध्यमों के जरिये एक तरह की छवियों और संदेशों को परोसता रहता है, ताकि उपभोक्ताओं की प्राथमिकताओं को समरूप बनाया जा सके।

इस प्रकार के भूमंडलीकरण के साथ-साथ एक इस तरह की परिघटना का जन्म भी हुआ है जो सिद्धांतत: उसकी एंटीथीसिस लगती है। यह है क्षेत्रीय उग्रवाद और धार्मिक रूढ़िवाद पर आधारित उग्र-राष्ट्रवाद का उदय। भूमंडलीकरण की ही भाँति यह भी विभिन्न बहुलताओं का दमन करना चाहता है, फर्क केवल यह है कि आर्थिक और प्रौद्योगिकीय दायरे के बजाय यह धार्मिक दायरे में सक्रिय रहता है। यह परिघटना राष्ट्र को प्रांतों के बरक्स खड़ा कर देती है जिससे अंदरूनी तौर पर कई तरह की दमित और उत्पीड़ित उपराष्ट्रीयताओं और जातीयताओं का एक सिलसिला राष्ट्र को चुनौती देने लगता है।

ऐसा लगता है कि भारत ही नहीं, बल्कि तीसरी दुनिया के अन्य देशों में आधुनिकीकरण की शुरुआती कोशिशों का नेतृत्व करने वालों को राष्ट्र-राज्य की रचना-प्रक्रिया में निहित अंतर्विरोधों की पूरी समझ नहीं थी। खासतौर से उन्हें इस असलियत का पूरा एहसास नहीं था कि वे राष्ट्र का एक ऐसी सामाजिक जमीन पर निर्माण करने की कोशिश कर रहे हैं जो न केवल तरह-तरह की विविधताओं से भरी हुई है वरन् वह घोर विषमताओं की शिकार भी है। वे यह भी नहीं समझ पाए थे कि ये विषमताएँ 'राज्य' के नये ढाँचे के जरिये कम होने के बजाय और बढ़ जाएँगी। बीसवीं सदी में भी जो नहीं हुआ वह इक्कीसवीं सदी में होने का अंदेशा है यानी देश संघटन के बजाय और भी ज्यादा विखंडनकारी रुझानों का शिकार होने वाला है।

विश्व-व्यवस्था के शिकंजे में : घरेलू मोर्चे पर कदम पीछे खींचने का नतीजा यह निकला है कि एक राजनीतिक अभिनेता के तौर पर भारतीय राज्य की अंतर्राष्ट्रीय हैसियत में भी गिरावट आ गयी है। विकासशील देशों का सहयोग लेकर सत्ता के अंतर्राष्ट्रीय केंद्रों के मुकाबले अपनी स्वतंत्रता और अस्मिता का दावा करने के बजाय भारतीय राज्य पर हावी नौकरशाहाना,

औद्योगिक और तकनीकशाह अभिजन उसे विश्व-व्यवस्था के साथ जोड़ने के लिए तैयार कर रहे हैं। इस विश्व-व्यवस्था का खाका पश्चिम केंद्रीय चिंतन और नियोजन करने वाले रैंड कारपोरेशन और तीनों ब्रेटनवुड संस्थाओं के दफ्तरों में तैयार किया गया है। अभी तक यह जुड़ाव केवल विश्व बाजार का अंग बनने के रूप में ही सामने आया है। समझाया यह जा रहा है कि आर्थिक संघटन का नतीजा राजनीतिक परनिर्भरता और सामाजिक-सांस्कृतिक मातहती में नहीं निकलेगा। मेरा मानना है कि इस तरह की मान्यता बचकानी और धोखे से भरी हुई है। विश्व-व्यवस्था से इस तरह के संघटन का मतलब साफ तौर से भारतीय राज्य की स्वायत्तता के क्षय में ही निकलेगा। यहाँ यह ध्यान रखना होगा कि उदारीकरण के तहत बाजार का बोलबाला बढ़ने से राज्य के प्राधिकार का क्षय अनिवार्य नहीं होता और न ही विश्व बाजार से जुड़ने का रास्ता दिखाने के लिए भूमंडलीकरण के पैरोकारों के लिए भारत में मौजूद रहना ज़रूरी है। भूमंडलीकरण का सिलसिला चालू रखने के लिए कोई जरूरी नहीं कि राज्य को हर क्षेत्र में अपनी स्वायत्तता खोनी ही पड़े। कई देशों के राज्य भूमंडलीकरण करते हुए भी किसी भी तरह की मातहती स्वीकार करने से बच कर दिखा चुके हैं। दक्षिण कोरिया, ताइवान, जापान, हाल ही में मलेशिया और सबसे ज्यादा ज्वलंत उदाहरण के रूप में चीन को देखा जा सकता है। इन देशों में राज्य की संस्था और बाजार ने एक-दूसरे को ताकत प्रदान की है। यह काम एक ऐसे अभिजन ने अंजाम दिया है जो एक तरफ बहुराष्ट्रीय कंपनियों का इस्तेमाल करता है और दूसरी तरफ राजनीतिक असहमति और नागरिक समाज के सामाजिक-सांस्कृतिक दायरों के असंतोष को सफलतापूर्वक नकारते हुए चलता है।

उदारीकरण और निजीकरण का सीधा मतलब यह कतई नहीं समझ लेना चाहिए कि राज्य की संस्थाओं की जगह बाजार ले लेगा। जो लोग यह मानते हैं वे गलतफहमी में जिंदा हैं और उन पर कारपोरेट सत्ता का भूमंडलीय प्रचारतंत्र हावी है। यह भूमंडलीय प्रचारतंत्र अपने धुआँधार प्रोपेगंडे के जरिये राज्य को कमजोर और अधिकारहीन करने में लगा हुआ है। कुछ खास तरह के नेताओं (तकनीकशाह कम राजनेता), नौकरशाहों और उद्योगपतियों के उदीयमान गठजोड़ को यह स्थिति पसंद है। राज्य की जगह बाजार रखने की थीसिस पर यकीन करने की प्रवृत्ति साधारण लोगों में काफी दिखाई पड़ती है। इसकी वजह एक विचारधारात्मक और राजनीतिक शून्य में देखी जा सकती

है जो एक विचार और यथार्थ के रूप में तीसरी दुनिया की अवधारणा को तकरीबन खारिज करने के कारण पैदा हुआ है। इस शून्य के कुछ और भी कारण हैं : जैसे, समाजवादी खेमे का संपूर्ण ध्वंस, कुछ दूसरे ही तरीके से सामाजिक जनवाद के विचार का क्षय (यह विचार लोकोपकारी राज्य और पश्चिमी पूँजीवाद उत्तर-कींसीय मॉडल पर टिका था)। इस शून्य को भरने के लिए पूँजीवाद एक ऐसी संकेंद्रित अवधारणा लेकर आया जिसके तीन आयाम थे : साम्यवाद की चुनौतियों से निपटना, तेल उत्पादक देशों की तर्ज पर किये जा रहे तीसरी दुनिया के हस्तक्षेप का सामना करना और सोवियत संघ के ध्वंस के बाद अंतर्निर्भरता के नये मॉडल को प्रोत्साहित करना। भारत जैसे बहुसांस्कृतिक समाजों में वास्तविक लोकतंत्र के क्षय के बाद पैदा हुए शून्य को भरने की भूमिका धार्मिक और संकीर्णतावादी विचारधाराओं ने निभायी।

भूमंडलीकरण के तहत लोकतंत्र का भविष्य

केंद्रीय प्रश्न यह है कि बढ़ती हुई गरीबी, नाइंसाफी और अमानवीयता के कारण बुरी तरह विभाजित दुनिया में राजनीतिक प्रक्रिया को प्रोत्साहन दिये बिना क्या मानवाधिकारों और लोकतंत्र को प्रोत्साहित किया जा सकता है? क्या ये राजनीतिक प्रक्रियाएँ भूमंडलीय पैमाने पर और राष्ट्रों के भीतर नहीं चलायी जानी चाहिए? आज स्थिति यह है कि एक भूमंडलीय कारपोरेट उद्यम ने सारी दुनिथा को दो हिस्सों में बाँट दिया है : एक तरफ दुनिया का वह हिस्सा है जो भूमंडलीकृत हो चुका है और दूसरी तरफ वह जो इस प्रक्रिया से बाहर रह गया है। भूमंडलीकृत हिस्सा उत्तरोत्तर प्रौद्योगिकीय समाधानों, वित्तीय सट्टेबाजियों और 'घोटालों' के जरिये दूसरे हिस्से का अतिक्रमण करने में लगा हुआ है। उसके भीतर अंतर्राष्ट्रीय व्यापार, बैंकिंग, स्थानीय स्तर के भ्रष्टाचार और अपराधीकरण के बीच गठजोड़ बढ़ रहा है। भूमंडलीकृत हिस्सा आर्थिक और पर्यावरणीय संसाधनों को हड़पे ले रहा है। वह खेतिहर जमीन के बहुत बड़े हिस्से को अपने कब्जे में किये ले रहा है। एक तरफ वह किसानों को फुसला रहा है और दूसरी तरफ शहरी क्षेत्रों में मध्यवर्ग को पटाया जा रहा है। उसका इरादा यह है कि इन सभी तत्त्वों को भूमंडलीकृत दुनिया में 'शामिल' कर लिया जाय और दुनिया पर विभिन्न 'शर्तों' की बंदिशें थोप कर उसे अधिकारवंचित कर दिया जाय। ऊपर से भूमंडलीकृत दुनिया यह भी नहीं चाहती कि हाशिये पर चले जाने के बाद भी उससे पूरी तरह नाता तोड़

कर गैर-भूमंडलीकृत लोग किसी 'वैकल्पिक भविष्य' की खोज कर सकें। भूमंडलीकृत अभिजन उसे हाशिये पर फेंकने के लिए तो तैयार हैं पर उस पर अपनी चौधराहट नहीं छोड़ना चाहते।

दरअसल, भूमंडलीकरण की परियोजना किसी विकल्प की इजाजत देने के लिए तैयार नहीं है। बुनियादी तौर पर वह एक ऐसी रणनीति की पेशकश कर रही है जिसके तहत दुनिया को कुछ इस तरह संगठित किया जाएगा कि उस व्यवस्था को बाहरी (सत्ता की वैकल्पिक संरचनाएँ) और भीतरी (पर्यावरण और मानवाधिकारों सरीखे सामाजिक आंदोलन) स्तर पर कोई चुनौती न मिल सके। इसलिए दोनों संभावित चुनौतियों को शक्तिहीन कर दिया गया है, ताकि वे आपस में मिलकर एक भूमंडलीकरण विरोधी समष्टिगत संघर्ष न कर सकें। यहाँ समझना यह होगा कि सामाजिक आंदोलन अगर आज की तरह बिखरे हुए और राजनीतिक रूप से शक्तिहीन न भी हों, तो भी वे अपने-आप में सत्ता की कोई संरचना नहीं खड़ी कर सकते। इसके विपरीत भूमंडलीकृत राजनीति की विश्वव्यापी डिजाइन साफ देखी जा सकती है। 'शीत युद्ध के अंत' से लेकर खाड़ी युद्ध और 'नयी विश्व-व्यवस्था' के फार्मूले तक कमजोर क्षेत्रों में राजनीतिक और फौजी हस्तक्षेप के जो खेल खेले गये हैं, वे यही बता रहे हैं। ये दखलंदाजियाँ संयुक्त राष्ट्र का, रियो में हुए पर्यावरण सम्मेलन का और वियना में हुए मानवाधिकार सम्मेलन का, राजनीतिक इस्तेमाल करके अंजाम दी गयी हैं। मरक्कश में हुए गैट समझौते पर दस्तखत और विश्व व्यापार संगठन के गठन को इसी रोशनी में रखकर देखा जाना चाहिए।

भूमंडलीकरण के इन इरादों का नतीजा यह निकला है कि उसके दायरे में न आने वाले क्षेत्रों, लोगों और राज्यों को अलग-थलग करके हाशिये पर डाल दिया गया है। भूमंडलीकरण और हाशियाकरण एक ही परिघटना की प्रति-छवियाँ हैं। हाशियाकरण भूमंडलीकरण का अनिवार्य परिणाम है। भूमंडलीकरण ऐसी परिस्थितियाँ तैयार करता है जिसके कारण लाखों-करोड़ों लोग खुद को हाशिये पर पाकर अवांछित और त्याज्य समझने लगते हैं। भूमंडलीकरण के मौजूदा रुतबे का आलम यह है कि सारी दुनिया को एक इकाई बनाने का सपना देखने वाले, विश्व-संघवादी और हाल ही में सामने आए शांतिपूर्ण और शस्त्रविहीन 'विश्व-व्यवस्था' की वकालत करने वाले भी विषमता और शोषण पर आधारित बंदोबस्त को मान्यता देने लगे हैं। किसी

भी तरह के सामाजिक दर्शन और सच्चे राजनीतिक वैकल्पिक मॉडल की समझ से वंचित ये लोग प्रौद्योगिकीय क्रांति से उम्मीदें लगाये बैठे हैं। उन्हें लगता है कि आधुनिक संचार और सूचना व्यवस्था मानवता को एकीकृत कर देगी, जबकि असलियत में इसने मानवता को ऐसे प्रौद्योगिकीय प्रतिमान के मातहत कर दिया है जिसके कारण वर्चस्व और उसे बढ़ाने वाली भूमंडलीय संरचनाएँ ही मजबूत हुई हैं। इन विश्ववादियों में कुछ के इरादे जरूर नेक हैं पर इनमें से किसी के पास नयी विश्व-व्यवस्था के ताजे पैरोकारों जैसी नफासत और वितंडे की क्षमता नहीं है। ये विश्ववादी नहीं समझ पा रहे हैं कि भूमंडलीकरण के वकीलों के पास एकजुटता का कोई परिप्रेक्ष्य या संतुलित परिप्रेक्ष्य जैसी कोई चीज नहीं है जिससे व्यवस्था और 'स्थिरता' की उम्मीद भी बँध सके। इस धरती के वंचितों को जब तक ऐसी व्यवस्था और स्थिरता नहीं मिलेगी तब तक वे अपने-आप को टिकाये रखने और बेहतर भविष्य के लिए कोई गुंजाइश नहीं निकाल पाएँगे। व्यवस्था और स्थिरता स्थापित करने की कोशिश करने के बजाय भूमंडलीकरण के पैरोकार बाकी दुनिया के सामने उपनिवेशीकृत हो जाने और उसके बदले जीवित और सुरक्षित बने रहने की पेशकश रख रहे हैं। संक्षेप में वे एक नये भूमंडलीय लेवायथन के तत्वावधान में एक नयी 'सामाजिक संविदा' प्रस्तुत कर रहे हैं। टामस हॉब्स के लेवायथन के विपरीत यह भूमंडलीय लेवायथन सभी व्यक्तियों के लिए न होकर दरअसल लाखों-करोड़ों लोगों की कीमत पर होगा। अगर हम यह मान भी लें कि रेगन और थैचर के प्रेत पृष्ठभूमि में धकेले जा चुके हैं और अब क्लिंटन जैसों के नेतृत्व में हमें फासीवादी के बजाय यथार्थपरक राजनीति का ऐसा भूमंडलीय मॉडल मिल गया है जो सच्ची स्थिरता, सुरक्षा और शांति में दिलचस्पी रखता है तो भी हॉब्स की दृष्टि इसके मुकाबले कहीं अधिक प्रबुद्ध साबित होगी।

भूमंडलीकरण और उसके कारणों की रोशनी में एक नयी 'वैश्विक' प्रवृत्ति उभरती लग रही है। इसके कई आयाम हैं। किसी वैकल्पिक संरचना में पुन:संगठित होने से पहले ही 'राष्ट्र' टूट कर बिखरे जा रहे हैं। नये राजनीतिक गठजोड़ों को कहीं जातीयता के जबरदस्त उभारों का सामना करना पड़ रहा है तो कहीं वे खुद को तरह-तरह की राष्ट्रीयताओं और उपराष्ट्रीयताओं से टकराता पा रहे हैं। गृह युद्धों का सिलसिला लगा हुआ है और संभावित युद्ध अपने भयानक अंदेशों के साथ बता रहे हैं कि ये नयी

राजनीतिक व्यवस्था शांतिपूर्ण या अहिंसक नहीं रह पाएगी। आणविक प्रसार का खतरा पहले से कहीं ज्यादा डरावना हो चुका है जिसके कारण राजनयिक टकराव इतना तीखा हो गया है कि क्षेत्रीय हिंसा और आतंकवाद को फैलने से रोकना नामुमकिन-सा होता जा रहा है। ऐसी विकट परिस्थिति से निपटने का जिम्मा सत्ता की आस्थाविहीन और स्वार्थकेंद्रित गुटबंदियों के हाथों में है। इन गुटबंदियों की कार्यशैली खासा निराशाजनक नजारा पेश कर रही है। ऐसे हताश माहौल में अगर कोई किसी 'वैश्विक' समाधान के बारे में सोचे भी तो उसके हाथ कुछ नहीं लगने वाला। कोई चाहे तो उम्मीद कर सकता है कि विश्व युद्ध के बाद उभरे मुक्ति, समता और शांति के विचार के आधार पर शायद एक बार फिर राष्ट्र-राज्य खड़ा हो जाएगा। यह सोचा जा सकता है कि शायद इस नये राष्ट्र-राज्य का चरित्र पहले के मुकाबले कहीं कम दमनकारी और अधिक मानवीय होगा जिससे उसे सच्ची लोकोन्मुख विश्व-व्यवस्था बनाने के लिए जनगोलबंदी के मकसद से इस्तेमाल किया जा सकेगा। लेकिन यह एक भगीरथ कार्य है जिसके रास्ते में भूमंडलीकरण की वे ताकतें अनगिनत बाधाएँ डालेंगी जिनके लिए 'विघटन' ही 'संघटन' का आधार बन चुका है।

भूमंडलीकरण के केवल दो दावे ऐसे हैं जिनके आधार पर वह कुछ बेहतर करने का दावा करता है : पहला, उसके कारण हथियारों की होड़ कमजोर पड़ जाएगी और दूसरा, अर्थशास्त्र और प्रौद्योगिकी को मिलाकर एक ऐसा भूमंडलीय बाजार बनेगा जिससे किस्म-किस्म की अर्थव्यवस्थाएँ खुद को जोड़ लेंगी। इस मॉडल ने जिन बहुत से लोगों को आकर्षित किया है, उनमें तीसरी दुनिया के नेतागण और बुद्धिजीवी भी हैं। दिक्कत यह है पूरी तरह नेक इरादों के बाद भी ये दोनों दावे व्यवहार में एक-दूसरे को काटने वाले ही हो सकते हैं। जिस भूमंडलीय अर्थव्यवस्था की बात की जा रही है उसने कुछ को छोड़कर बाकी अर्थव्यवस्थाओं को कर्ज के दलदल में धँसा दिया है जिससे निकलने के लिए उन देशों को या तो काफी नुकसानदेह किस्म का उद्योगीकरण करना पड़ रहा है या फिर हथियार उद्योग (जो खुद में उद्योगीकरण का काफी खतरनाक और नुकसानदेह रूप है) के चक्कर में फँस जाना पड़ रहा है। नतीजे के तौर पर चीन, भारत, पाकिस्तान, ब्राजील, इराक और इजराइल जैसे देश एटमी हथियार बना रहे हैं। बदले में इन देशों को क्षेत्रीय और 'भूमंडलीय' महाशक्तियों की प्रतिक्रिया का सामना करना पड़

रहा है। इस परिप्रेक्ष्य में देखने से लगता है कि राष्ट्रीय अथवा क्षेत्रीय हितों से परे जाकर भी इन देशों को कुछ भी 'भूमंडलीय' हासिल नहीं हो सका है। यहाँ टॉयनबी का वह विख्यात उद्धरण याद कर लेना जरूरी है, जिसमें उन्होंने कहा था, 'भूमंडलीकरण एक बहुस्तरीय प्रक्रिया न होकर एक प्रभुत्वशाली केंद्र का घटक बन जाने का नाम है।' भले ही आज किसी को यह बात अच्छी न लगे, लेकिन भूमंडलीकरण अंततः असुरक्षा की भावना का भी भूमंडलीकरण कर देगा और जाने-अनजाने हम सभी फौजी और खुफिया नेटवर्कों की भूमंडलीय 'अंतर्निर्भरता' के शिकार हो जाएँगे। उग्रराष्ट्रवादी मुहिमों और उदारीकरण-निजीकरण की नीतियों के बीच संबंधों पर नजर डालने से यह बात और साफ हो जाती है। चाहे वह तिब्बत का मसला हो, कश्मीर का हो या फिर ईरान, इराक और इंडोनेशिया जैसे देशों में जातीय अल्पसंख्यकों के दमन का प्रकरण हो।

अमेरिकीकरण

यह एक सच्चाई है कि घरेलू आर्थिक मोर्चे पर कमजोर पड़ जाने और जापान व पश्चिमी यूरोप की चुनौतियों से घिरे होने के बाद भी अमेरिका ही भूमंडलीकरण की प्रक्रिया के केंद्र में है। इसका कारण यह है कि केवल अमेरिका ही भूमंडलीय नजरिये और भूमंडलीय व्यूह रचना से लैस है। दुनिया के हालात कुछ इस तरह के हैं कि चाहे यूरोपीय संघ से संबंध हो, जापान से हो, अमीर-गरीब देशों का मामला हो या पूर्व-पश्चिम के आपसी संबंधों की बची-खुची संरचनाएँ हों, अमेरिका की भूमिका हर मामले में निर्णायक लगती है। अमेरिका की श्रेष्ठता अगर देखनी है तो केवल क्लिंटन की युवकोचित ताजगी, जीवंतता और बौद्धिक क्षमता को मितराँ, कोल और येल्त्सिन के मुकाबले रख कर देख लेना काफी होगा। जापान के वे भ्रष्ट राजनेता तो इसके मुकाबले में कहीं नहीं आते जो अपने देश की प्रौद्योगिकीय ताकत, वित्तीय और व्यापारिक हैसियत को बरबाद करने में लगे हुए हैं। नेतृत्व को इस तुलनात्मक दृष्टि से देखते ही पता लग जाता है कि भूमंडलीय राजनीतिक प्रक्रिया पर कौन और क्यों हावी है। यह भी एक सच्चाई है कि आर्थिक उदारीकरण जमैका में हुआ हो, अर्जेंटीना, वियतनाम, चीन, भारत या रूस में हुआ हो, हर जगह उसके प्रमुख लाभ अमेरिका ने ही उठाये हैं। दुनिया में नया रणनीतिक और फौजी चिंतन और नियोजन अमेरिका ही करता है। सभी

प्रमुख पहलकदमियाँ भी अमेरिका की तरफ से होने की संभावनाएँ रहती हैं। चाहे पूर्व सोवियत संघ के गणराज्यों का मामला हो या पूर्व यूगोस्लाविया का, इस्लामिक दुनिया हो या इस्लामी बहुराष्ट्रीयता के दावे हों, इजराइल-फिलस्तीनी टकराव हो, दक्षिण अफ्रीका का मसला हो या फिर चीन की विस्तारवादी महत्त्वाकांक्षाएँ हों, हर जगह अमेरिका का हस्तक्षेप दिखाई देता है। जाहिर है कि पैक्स-अमेरिकाना या चौतरफा अमेरिकीकरण की प्रक्रिया को नजरंदाज़ नहीं किया जा सकता, क्योंकि कारपोरेट पूँजीवाद की दैत्याकार संस्थाओं और अमेरिकी विदेश विभाग की जुगलबंदी ने ही भूमंडलीकरण के नये केंद्र का निर्माण किया है।

इस अमेरिकीकरण को लोकतंत्र के नाम पर वैधता दी जा रही है और यह लोकतंत्र, जैसा कि पहले भी संकेत किया जा चुका है, न बहुध्रुवीय है, न बहुपक्षीय है और न ही बहुलवादी सभ्यतामूलक विचार का समर्थक है। यह तो एक युद्धरत लोकतंत्र है जिसे नये दोस्त मिलना बंद हो गये हैं। न ही वह दुनिया-भर में जनता को सकारात्मक रूप से प्रभावित कर पा रहा है। बजाय इसके यह युद्धरत लोकतंत्र पोटने-फुसलाने, लालच देने और भ्रमित करने की मुहिम में लगा हुआ है। इसके लिए वह एक तरफ राज्यवादी 'विश्व-व्यवस्था' के मॉडल का इस्तेमाल कर रहा है और दूसरी तरफ कारपोरेट ताकत का प्रयोग कर रहा है जो अपने आर्थिक और प्रौद्योगिकीय स्वरूप के साथ संयुक्त राष्ट्र जैसे संगठन के बजाय विश्व बैंक, अंतर्राष्ट्रीय मुद्रा कोष, विश्व व्यापार संगठन जैसी भूमंडलीय संरचनाओं पर निर्भर है। इस तरह लोकतंत्र का यह युद्धरत संस्करण एक संयुक्त परियोजना के रूप में उभरता है, जिसमें दुनिया-भर के राज्यों को एक भूमंडलीय बाजार के दायरे में लाते हुए उन राज्यों के राजनीतिक-प्रशासनिक ढाँचे को अस्थिर करने का अभियान चलाया जा रहा है जिन्होंने कभी पश्चिमी वर्चस्व को चुनौती दी थी, हालाँकि ये राज्य अब इस चौधराहट को अघोषित रूप से स्वीकार करने के लिए तैयार हैं। आज इन राज्यों को भूमंडलीय विश्व-व्यवस्था के मातहत बनाने का माध्यम बाजार को बनाया जा रहा है। यह साम्राज्यवाद और पूँजीवाद का ताजा चरण है जिसका राजनीतिक लाभ धीरे-धीरे अमेरिका को ही पहुँचेगा।

मैं कहना यह चाहता हूँ कि न तो अब पहले वाले राज्य रह गये हैं और न ही वैसा 'स्वतंत्र बाजार' रह गया है जिसकी वकालत की जा रही है। राज्य

का मॉडल भी दूसरा है और उसके साथ जुड़ा हुआ बाजार का मॉडल भी दूसरा है। इन दोनों के पीछे जो मानस काम कर रहा है वह भूमंडलीय पैमाने पर समरूपीकरण करना चाहता है। वह संप्रभु राज्यों को उनकी वैधता से वंचित करके उन्हें नष्ट कर देना चाहता है। साथ ही वह भूमंडलीय दायरे से कई तरह के समुदायों और संस्कृतियों को निष्कासित करके हाशिये पर फेंक देना चाहता है। इस हाशियाकरण के शिकारों में अरबों लोग शामिल हैं। इनमें महिलाएँ, बच्चे, बूढ़े, युवा, आदिवासी और वनवासी शामिल हैं। इन लोगों में देहाती क्षेत्रों के भूमिहीन और बँधुआ मजदूर और शहरी क्षेत्र के झोपड़-पट्टियों में रहने वाले प्रवासी श्रमिक हैं। इन लोगों में गरीबों और नाइंसाफी के शिकारों की भरमार है। हाशियाकरण का यह सिलसिला काफी पहले से चल रहा है, लेकिन जब से सोवियत संघ एक सामासिक राज्य के रूप में ध्वस्त हुआ है, तीसरी दुनिया के कई राष्ट्रों के आत्मगौरव और ताकत का क्षय हुआ है और 'नयी विश्व-व्यवस्था' बननी शुरू हुई है तब से यह प्रक्रिया बहुत ज्यादा आक्रामक हो गयी है। बाँटो और राज करो के पुराने हथकंडे को नये तरीके से इस्तेमाल किया जा रहा है। सामाजिक और जातीय विविधता की नयी अभिव्यक्तियों और उनमें निहित राजनीतिक-सांस्कृतिक बहुलता का चालाकी के साथ शैतानी लक्ष्यों के साथ दोहन किया जा रहा है। भूमंडलीय समरूपीकरण की यह मानसिकता चाहती है कि प्राकृतिक और मानवीय विविधता और तरह-तरह की सामुदायिक जीवन-शैलियों के विराट दायरे को एक दैत्याकार और वर्चस्वी संरचना के तहत ले आया जाय।

प्रतिरोध में कमी

मुश्किल यह है कि समरूपीकरण की इस मानसिकता का विरोध करने के बजाय प्रभावित राज्य और राष्ट्रीयताएँ इसके सामने हाथ जोड़े खड़ी हैं, बावजूद इसके कि भूमंडलीकरण के कारण वे ही सबसे ज्यादा नुकसान में रहने वाले हैं। लगता है कि उन्होंने खुद को किस्मत के हवाले कर दिया है और अपनी तबाही और बढ़ते हुए जोखिमों को वे हाथ पर हाथ रखे स्वीकार करते जा रहे हैं। 'विकास' का बिना सोचे-समझे बनाया गया मॉडल धरती को रेगिस्तान में बदलता जा रहा है और ग्लोबल वार्मिंग की परिघटना तेजी से बढ़ती जा रही है। दोनों मिलकर सामूहिक आत्महत्या जैसी परिस्थितियाँ तैयार कर रहे हैं। मैं अपने लेख 'डेमौक्रेटिक सिविटाज़' में विस्तार से दर्शा

चुका हूँ कि बच्चों और महिलाओं की स्थिति किस कदर खराब होती जा रही है। सम्मान और गरिमा के साथ जीना उनके लिए तकरीबन असंभव हो गया है। इस लेख में पहले ही भोगवादी समाज के उपभोक्तावादी मूल्यों और हत्यारी होड़ से उपजी हिंसा की चर्चा की जा चुकी है (पर्यावरण आंदोलन का ध्यान इस ओर से लगातार हटता जा रहा है। संभवतः इसका कारण उससे जुड़े हुए स्वयंसेवी संगठनों और उन पर हावी 'कार्यकर्ताओं' की खर्चीली जीवन-शैली है)।

खास बात यह है कि यह सब जानते हुए भी हर क्षेत्र में पूँजीवादी कारपोरेट संस्कृति का प्रभाव बढ़ता जा रहा है। समाजवादी दुनिया हो, तीसरी दुनिया हो, पश्चिम के लोकोपकारी राज्य के दायरे हों, या फिर 'जनता के प्रतिनिधि' (चुने हुए प्रतिनिधि और खुद को प्रतिनिधि कहने वाले स्वयंसेवी संगठन) हों; सभी इस संस्कृति के सामने झुक गये हैं, बावजूद इसके कि इन लोगों को अच्छी तरह पता है कि इस मॉडल का नतीजा केवल एक ही होगा : कुछ लोगों को लाभ, बड़े पैमाने पर जनता की विपन्नता, अशांति, विद्वेष और कलह में बढ़ोतरी और परिणामस्वरूप राजनीतिक अस्थिरता।

जो समाज अपेक्षाकृत खुले और लोकतांत्रिक हैं, उनमें भूमंडलीकरण का मॉडल उस आजादी को ही नुकसान पहुँचायेगा जिसकी वहाँ एक अरसे से रक्षा की जाती रही है। इन समाजों के अभिजन लगता है कि पूँजीवादी देशों की समृद्धि के स्तर तक पहुँचने की सनक के शिकार हो गये हैं। इसी कारण वे दमनकारी हथकंडों का इस्तेमाल करते हुए सरकार को भूमंडलीकरण की प्रक्रिया के मातहत बनाने में लगे हुए हैं। विश्व की अंतर्निर्भरता और एकता की वकालत करते हुए ये ताकतें इसे गलाकाटू होड़ और प्रतिद्वंद्विता में हर किस्म का हथकंडा अपनाकर हासिल करना चाहती हैं। उन्नीसवीं सदी की तर्ज पर यह मूल्यहीन कार्रवाई दुनिया को ऐसी सत्ता-संरचना में तब्दील करना चाहती है, जिसमें जंगल राज का उसूल चलता हो यानी जिसमें केवल ताकतवर को ही जिंदा रहने का हक हो।

इस जंगल राज में उसे खत्म हो जाना होगा जिसे जरूरत की कसौटी पर अक्षम, अयोग्य और अनुपयुक्त माना जाएगा। लोगों को इतिहास के हाथों का खिलौना मानने का यह रवैया समता और न्याय की धारणाओं को निष्प्रभावी करार दे देगा। करुणा और दया जैसी भावनाओं का कोई मतलब नहीं रह जाएगा। एक ऐसी हताशा जन्म लेगी जिसके कारण बेहतरी की

संभावनाएँ ही तिरोहित लगने लगेंगी। नतीजे के तौर पर जिंदगी की निचली पायदानों पर पड़े लोगों की उपेक्षा और अवमानना बढ़ती चली जाएगी। कर्ज, गंदगी, बीमारी और अपराध के भँवर में फँसे दरिद्रों, बेरोजगारों और अक्षम लोगों को साफ कर डालने की प्रवृत्ति पैदा होगी। यह रवैया किसी अजीब से तर्कहीन मनोविकार के बजाय एक जानी-बूझी डिजाइन का परिणाम होगा। इस डिजाइन में एक तरफ जबरदस्त संसाधनों, सत्ता, गुमराह करके लोगों के दिमागों में अपनी बात भरने की कला से लैस मुट्ठी-भर लोग हैं और दूसरी ओर आर्थिक रूप से कमजोर होने, सामाजिक रूप से बँटे होने और राजनीतिक रूप से धकियाये जाने के बाद भी इस ध्रुवीकरण के खिलाफ समान रणनीति बनाकर संघर्ष में एकजुट न हो पाने वाले बहुसंख्यक लोग हैं।

कमजोरों की आवाज बुलंद करने और उनकी रक्षा के लिए विकसित की गयी अवधारणाएँ और आंदोलन एक के बाद एक या तो किनारे धकेल कर रक्षात्मक मुद्रा अपनाने पर मजबूर किये जा रहे हैं या फिर उन्हें नयी विश्व-व्यवस्था अपने आगोश में समेटे ले रही है। गरीब देशों के अपने अलग संगठन और उनके आपसी सहयोग का विचार, तेल उत्पादक देशों द्वारा दी गयी चुनौती के वक्त गरीब देशों द्वारा हासिल किये गये आत्मविश्वास, गुटनिरपेक्ष आंदोलन से उनके गठजोड़, एक नयी अंतर्राष्ट्रीय आर्थिक प्रणाली और जी-७७ का विचार, संयुक्त राष्ट्र को एक मंच के रूप में इस्तेमाल करके 'सामूहिक आत्मनिर्भरता' के इरादे से विकास की अलग रणनीति अपनाने का खयाल, काफी बहस-मुबाहिसे के बाद बनी और आज तक उचित समझी जाने वाली 'विकल्पों' की अवधारणा, और इस सबको हासिल करने के माध्यम के रूप में तीसरी दुनिया के स्वतंत्र राष्ट्र-राज्य की संस्था को अपनाने का आग्रह आज बेअसर पड़ा हुआ है। इन राष्ट्र-राज्यों की क्षमता में आयी गिरावट का नतीजा यह निकला है कि दुनिया को एक दुहरे ध्रुवीकरण का सामना करना पड़ रहा है। एक तरफ समृद्ध और ताकतवर उत्तर के अमीर देश हैं, दूसरी तरफ दरिद्रता और कमजोर सत्तामूलक आधार वाले दक्षिण के गरीब देश हैं। उत्तर के देशों में अपेक्षाकृत अमन-चैन है, जबकि दक्षिण के देशों पर प्रदूषण, कोलाहल, हिंसा और अपराध से बजबजाता हुआ माहौल हावी है। ऊपर से उत्तर के देशों ने न केवल अपने यहाँ की नुकसानदेह और घातक प्रौद्योगिकी दक्षिण के ऊपर थोप दी है, बल्कि अपने प्रदूषण, हिंसा, नशे की लत और गोबर तक उसके मत्थे मढ़ दिया है।

असहमति को हजम करना

यह एक विडंबना ही है कि वर्चस्व के भूमंडलीय केंद्र असहमति के तमाम स्वरों, विचारों और अवधारणाओं को अपने आगोश में समेटने की कला में माहिर होते जा रहे हैं। चाहे वे विचार तीसरी दुनिया से निकले हों, समाजवादी विश्व की देन हों या समाज परिवर्तन और प्रतिरोध के आंदोलनों की पैदाइश हों, सभी के साथ ऐसा ही हो रहा है। और तो और, इन सबके वाहक समझे जाने वाले एनजीओ यानी गैर-सरकारी स्वयंसेवी संगठन तक प्रस्तावित भूमंडलीय संघटन, एकता और अंतर्निर्भरता के एजेंट बन गये हैं। राज्य को किनारे करके और स्वयंसेवी संगठनों को प्रोत्साहित करते हुए भूमंडलीकरण के पैरोकार विभिन्न 'आंदोलनों' को नयी विश्व-व्यवस्था के एजेंडे ने हड़प लिया है। इन आंदोलनों में शांति और पर्यावरण के साथ-साथ नारी मुक्ति आंदोलन के कुछ हिस्से भी शामिल हैं। विभिन्न समुदायों की जनता को जागरूक बनाने वाले जो छोटे-छोटे आंदोलन कभी तीसरी दुनिया के बुद्धिजीवियों के लिए वैकल्पिक संभावनाओं से भरपूर थे, वे ग्लोबल एनजीओ के तकनीकशाहों द्वारा हथिया लिए गये हैं। अब पर्यावरण का मुद्दा प्राकृतिक संसाधनों पर लोगों के अधिकारों को कायम करने के लिए संघर्ष के बजाय 'प्राकृतिक संसाधनों के प्रबंधन' में बदल गया है। माना जा रहा है कि शांति की समस्या का प्रौद्योगिकीय समाधान हो सकता है और यह काम दुनिया की एकमात्र महाशक्ति प्रौद्योगिकीय हस्तक्षेप करके कर सकती है। स्त्री मुक्ति आंदोलन को हड़पने के लिए भूमंडलीय सम्मेलनों और शोध परियोजनाओं पर अनाप-शनाप धन खर्च करने का हथकंडा अपनाया जा रहा है। जमीनी आंदोलनों से जुड़ने और संघर्ष में सहभागिता करने से जिन लोगों को जन-वैधता मिली है उन्हें भूमंडलीय एनजीओ ढाँचे में समेटने की योजना है (दरअसल, यह काम तो हो ही चुका है)। इन लोगों को धनी देशों के अकादमीय केंद्र और वहाँ के अंतर्राष्ट्रीय केंद्र बिना हिचक अपने यहाँ बुलाते हैं और मुक्त हस्त से आर्थिक मदद देते हैं।

तरीका यह है कि इन सभी आंदोलनों की राजनीतिक धार कुंठित कर दी जाय। विरोधाभास यह है कि राजतंत्र की संस्थागत देह की भूमिका निभाने वाले राज्य ने भी अराजनीतिकरण की मुहिम में भाग लेना शुरू कर दिया है। वह अपना भी अराजनीतिकरण कर रहा है और अपने खिलाफ संघर्ष कर रहे आंदोलनों का भी। हो सकता है कि असहमति को हजम करने का यह

सिलसिला हमें एक बार फिर रेगन-थैचर युग में वापस ले जाय, जब राज्य की हैसियत गिरा कर लोकतांत्रिक प्रक्रिया के महत्त्व को कम करने की कोशिश की गयी थी।

दूसरी तरफ हमें यह भी देखना पड़ेगा कि लोकतांत्रिक उभार का एक अपना तर्क होता है जो विपरीत हालात में भी विद्रोह की आवाज बुलंद करता रहता है। लोकतांत्रिक उभार से हमें यही उम्मीद लगानी चाहिए भले ही फिलहाल वह साम्राज्यवादी और कारपोरेट पूँजीवाद की मिलीजुली ताकतों के हमले के मुकाबले कमजोर पड़ रहा हो। यह भी हो सकता है कि एनजीओ भूमंडलीकरण के विरोध और लोकतांत्रिक आंदोलन के लिए उपयुक्त वाहक साबित न हों। संभवत: भूमंडलीकरण और अराजनीतिकरण के खिलाफ विद्रोह की आवाज ग्रासरूट्स आंदोलन के बजाय स्थानीय और राजनीतिक गुंजाइशों में कार्यरत उन समूहों, समुदायों, जातियों और वर्गों की तरफ से उठे जो समाज में निचले पायदानों पर पड़े होने के बाद भी राजनीतिक रूप से जागरूक हो चुके हैं और जिनकी राजनीतिक भागीदारी काफी बढ़ चुकी है। उभरती हुई राष्ट्रीयताएँ भी इस आवाज में अपनी आवाज मिला सकती हैं। अपनी प्रकट सीमाओं से परे स्थानीय, राष्ट्रीय और क्षेत्रीय दायरों को प्रभावित करने वाले लघु आंदोलन भी यह भूमिका निभा सकते हैं। नागरिक समाज के इन आलोड़नों में ही हमें नये विकल्पों के मॉडल मिल सकते हैं। कभी यही मॉडल हमें पूँजीवादी उदारतावादी, गाँधीवादी अथवा पारंपरिक वामपंथी विचारधाराओं और गैर-सरकारी संगठनों द्वारा चलाये जा रहे नये सामाजिक आंदोलनों में मिला करते थे।

टिप्पणियाँ और संदर्भ

कई भारतीय क्रांतिकारी और मार्क्सवादी अंतर्राष्ट्रीय कम्युनिस्ट आंदोलन में सक्रिय थे और विदेशों में रह कर काम कर रहे थे। इनमें सबसे प्रतिष्ठित नाम मानवेंद्र नाथ राय का है जो बाद में मार्क्सवादी से रेडिकल ह्यूमनिस्ट बन गए। राय ने लेनिन के निकट रह कर काम किया और सोवियत संघ द्वारा एशिया में कम्युनिस्ट आंदोलन को निर्देशित करने में उल्लेखनीय भूमिका निभाई। इस संदर्भ में जी.डी. ओवरस्ट्रीट और मार्शल विंडमिलर की पुस्तक *कम्युनिस्ट मूवमेंट इन इंडिया* (बर्कले, १९५९) पठनीय है।

शांतिपूर्ण सहअस्तित्व के सिद्धांत के बारे में नेहरू के योगदान पर मिशेल ब्रीचर ने अपनी पुस्तक *नेहरू : ए पॉलिटिकल बॉयोग्राफी* (न्यूयार्क, १९५९) में चर्चा की है।

बेलग्रेड सम्मेलन में नेहरू चाहते थे कि गुटनिरपेक्षता की परिभाषा को खुला रखा जाए ताकि उसे एक अंतर्राष्ट्रीय और भूमंडलीय चरित्र दिया जा सके। बाद में मिस्र और यूगोस्लाविया का समर्थन भी नेहरू को मिला, लेकिन इंडोनेशिया, क्यूबा, माली, गिनी जैसे देश इस सम्मेलन को जुझारू उपनिवेशवाद विरोधी राजनीति का मंच बनाना चाहते थे। समाजवादी देशों ने गुटनिरपेक्षता का हमेशा साफ-साफ समर्थन किया। पर पश्चिमी देश या तो इस आंदोलन के साथ बड़े भाई जैसा व्यवहार करना चाहते थे, या फिर वे इसके खिलाफ रहते थे।

जहाँ तक भारत-चीन सीमा विवाद का प्रश्न है, कम्युनिस्ट चीन और चांग काई शेक की सरकार का रवैया एक सा था।

जहाँ तक भारत-पाक युद्धों का प्रश्न है, जनरल अयूब ने ४ मई १९६५ को स्वयं स्वीकारा था कि पहले पाकिस्तान ने कच्छ-सिंध सीमा पर भारतीय चौकियों पर हमला किया जिसका नतीजा अप्रैल, १९६५ में पहली फौजी झड़प में निकला। बाद में एक अंतर्राष्ट्रीय पंचाट के फैसले को भारत और पाकिस्तान दोनों ने स्वीकारा, हालाँकि भारत में दक्षिणपंथी राजनीतिक ताकतें इस फैसले के सख्त खिलाफ थीं।

कश्मीर के प्रश्न पर भारत और पाकिस्तान की फौजों में १९४७ में झड़प हुई थी, जिसके बाद भारत इस विवाद को संयुक्त राष्ट्र में ले गया जिसने एक जनवरी १९४९ को युद्ध विराम कराया। तभी से यह युद्धविराम कश्मीर के विभाजन का आधार बना हुआ है।

११

भविष्य की आहटें और भारतीय उद्यम की पुनर्रचना

साठ के दशक के अंत तक राजनीतिक संस्थानीकरण और एकीकरण की प्रक्रिया के बीच तनाव पनपने लगा था। अनसुलझी समस्याओं के वर्णन और उनके दबावों के कारण सत्तर के दशक से भारतीय राजनीति में नयी प्रवृत्तियाँ आयीं। अस्सी और नब्बे के दशक तक भारतीय अभिजन बदलती हुई विश्व परिस्थिति में राजनीति के आधुनिकीकरण के मूल भारतीय मॉडल से विचलन की तरफ जा चुके थे। वे जनता की लोकतांत्रिक प्रक्रिया में सहभागिता से डरे हुए थे और प्रबंधकीय-तकनीकशाही शैली में राज्य व्यवस्था का कामकाज चलाना चाहते थे। लेकिन, क्या नेहरू और राधाकृष्णन से आगे के भारत की रचना हाई-टेक अभिजात वर्ग के बस की बात है, जबकि आधुनिकतावादी और 'उत्तर-आधुनिक' गणित का सारी दुनिया में पराभव हो रहा है। राष्ट्र-निर्माण के भारतीय उद्यम की पुनर्रचना का हरावल तो सिर्फ वे गरीब और बहुसंख्यक युवजन ही बन सकते हैं जो नयी दिल्ली के केंद्र से हटकर वर्ग, स्त्री और जातीयता के उभरते हुए सवालों के आस-पास एक बड़ा आंदोलन गोलबंद करेंगे। इस पुनर्रचना की आधारभूमि यह मान्यता होगी कि विविधता भारतीय समाज के लिए एक नैसर्गिक स्थिति है, द्वैधता हमारी सांस्कृतिक प्रवृत्ति है और अस्मिताओं की बहुलता हमारे राज्य के देहधारण की प्रक्रिया का आधार है। इसी अवधारणा के माध्यम से हम भविष्य की एक झलक पा सकते हैं। इसके लिए हमें उन नयी शक्तियों के बारे में उपयुक्त बौद्धिक समझ विकसित करने की जरूरत पड़ेगी जो भविष्य को आकार दे रही हैं। यही इतिहास का आदेश है और इसका लाभ उठाने के लिए एक नयी राजनीतिक क्षमता की आवश्यकता पड़ेगी।

I
पचास के दशक की संभावनाएँ

दस अध्यायों में फैले इस विश्लेषण के बाद यह सवाल उठना स्वाभाविक है कि एक आधुनिक राष्ट्र के रूप में भारत का भविष्य क्या है? राजनीतिक संस्थानीकरण और राजनीतिक प्रणाली के बीच के संबंधों के लिहाज से भविष्य का पूर्वानुमान लगाने पर साठ के दशक के अंत में हमें एक दुविधा का सामना करना पड़ रहा था जिसके मुताबिक अतीत की उपलब्धियों और गलतियों से सबक तो सीखा जा सकता था, पर आजादी के बाद पहले दो दशकों की संस्थागत प्रवृत्तियों और समस्याओं से निबटने की नेतृत्व की शैली भविष्य का पूर्वानुमान लगाने के लिए काम की नहीं रह गयी थी। आने वाले दशकों की समस्याएँ भिन्न होने वाली थीं। समस्याओं का समूहन न होने देने की राजनीतिक शैली को उत्तरोत्तर मुद्दों के संचय और संरचनाओं के समूहन की समस्या के साथ अपना समायोजन करना था। व्यवस्था का राजनीतिक संस्थानीकरण बढ़ने के साथ-साथ समस्याओं की किस्में भी बढ़नी थीं। केंद्रीय संस्थाओं और प्रतीक योजनाओं को नये तरह के संकटों का मुकाबला करने के लिए कमर कसनी थी।

हम देख चुके हैं कि साठ के दशक के अंत तक राजनीतिक संस्थानीकरण और एकीकरण की प्रक्रिया के बीच तनाव पनपने लगा था। अनसुलझी समस्याओं के वर्णन और उनके दबावों के कारण सत्तर के दशक से भारतीय राजनीति में आयी नयी प्रवृत्तियों की चर्चा भी की जा चुकी है। स्पष्ट है कि अस्सी और नब्बे के दशक तक भारतीय अभिजन बदलती हुई विश्व परिस्थिति में राजनीति के आधुनिकीकरण के मूल भारतीय मॉडल से विचलन की तरफ जा चुके थे। उनके इस विचलन की वजहों को ठोस रूप से सूत्रबद्ध करने के लिए जरूरी है कि हम एक बार फिर भारतीय मॉडल की विशेषताओं और सीमाओं की संक्षेप में चर्चा कर लें। साथ में यह देखना भी जरूरी है कि राजनीतिकरण को आधुनिकीकरण का प्रमुख रास्ता मानने वाला मॉडल आजादी के बाद पहले दशक में व्यावहारिक स्तर पर किस तरह की समस्याओं से ग्रस्त था।

पचास के दशक में जब कोई यह सवाल पूछता था कि क्या भारत एक लोकतंत्र के रूप में बचा रहेगा तो दो तरह के जवाब मिलते थे। पहला जवाब होता था कि यह लोकतंत्र इसलिए सफल होगा। हमारे पास एक लोकतांत्रिक

संविधान है जिसके तहत चुनी हुई सरकार शासन चलाती है, विपक्षी दलों को काम करने की पूरी इजाजत है, बुनियादी अधिकारों की गारंटी है, स्वतंत्र प्रेस और न्यायपालिका है, मंत्री संसद के प्रति जवाबदेह हैं, संघात्मक संविधान के आधार पर सरकार ने अधिकारों और शक्तियों का प्रसार ग्राम स्तर तक कर दिया है, राज्यों की रचना भाषायी आधार पर की गयी है और उनका प्रशासन वहाँ की स्थानीय भाषा में किया जाता है, वंचित तबकों को सुरक्षा दी गयी है और सरकार और प्रशासन में उन्हें विशेष नुमाइंदगी दी गयी है, और लगातार नियोजन के साथ-साथ सुधारों के जरिये राजनीतिक लोकतंत्र के आर्थिक-सामाजिक आयामों को सुदृढ़ किया गया है।

दूसरा जवाब कहता था कि हमारे यहाँ लोकतंत्र की सफलता इसलिए संदिग्ध है कि भारतीय संघवाद एकात्मकता के पक्ष में झुका हुआ है, प्रशासन केंद्रीकृत है, राष्ट्रपति के पास आपात्कालीन शक्तियाँ हैं, एक पार्टी के हाथ में सत्ता की इजारेदारी है जिसके कारण विधायिका जी-हुजूरों के संगठन में बदल गयी है, मंत्रिपरिषद में काबीना के भीतर काबीना है और उसके हाथ में निर्णयकारी ताकत कैद है, संविधान की भावना के विपरीत निवारक नजरबंदी कानून कायम है, सरकार द्वारा अधिगृहीत निजी संपत्ति का मुआवजा निर्धारित करने में अदालती हस्तक्षेप को रोकने के लिए संविधान में संशोधन कर दियां गया है जिससे संपत्ति रखने के बुनियादी अधिकार पर असर पड़ता है। आर्थिक नियोजन के कारण योजना आयोग जैसी संविधानेतर संस्था उभर आयी है जो संघवाद और लोकतांत्रिक विकेंद्रीकरण को बेअसर कर देती है।

भारतीय लोकतंत्र की एक तीसरी संस्थागत लेकिन खासी सतही किस्म की आलोचना भी प्रचलित थी जो मानती थी कि यहाँ का पूरा लोकतंत्र ही फर्जी है, सरकार ही सब कुछ है और व्यक्ति का कोई महत्त्व नहीं है, प्रधानमंत्री तानाशाह ढंग से काम करता है, पुलिस द्वारा गोली चलाने की कितनी घटनाएँ हो चुकी हैं, पंजाबी सूबा अभी तक नहीं बनाया गया है, विदर्भ को आत्मनिर्णय का अधिकार नहीं दिया गया है और कई राज्यों में बहुसंख्यकों की भाषा अल्पसंख्यकों पर थोपी जा रही है।

दरअसल, लोकतंत्र की सफलता के पक्ष और विपक्ष में दिये गये ये तत्कालीन तर्क औपचारिक, एक तरह से रूपवादी और राजनीतिक प्रक्रिया के ठोस व्यावहारिक स्वरूप से कितने कटे हुए थे। हम इस पुस्तक के विश्लेषण में देख चुके हैं कि शुरुआत में केंद्र और राज्य सरकारों के संबंध

भले ही विशुद्ध संघवादी न होते हुए भी सत्ता के केंद्रीकरण के स्रोत नहीं थे, अधिकारों के इलाकाई हस्तांतरण का अनिवार्य मतलब सत्ता के लोकतांत्रिक प्रसार में नहीं निकल रहा था, कांग्रेस पार्टी राजनीतिक प्रक्रिया पर हावी जरूर थी पर उसकी भीतरी गुटबाजी ने लचीले ढंग से विभिन्न हित-समूहों के साथ तालमेल को सुनिश्चित कर दिया था, विपक्ष कमजोर और बिखरा हुआ था पर अक्सर उसे उसकी ताकत से ज्यादा महत्त्व दिया जाता था, यह सही है कि सत्ता कुछ राष्ट्रीय नेताओं के हाथ में केंद्रित थी पर वे उसका इस्तेमाल राज्यों और स्थानीय नेताओं द्वारा किये जा सकनेवाले इस्तेमाल के मुकाबले कुछ इस ढंग से करते थे कि व्यक्तिगत स्वतंत्रता और स्थिरता के हालात बने रहें। यह भी सही है कि नियोजन तंत्र का संविधान में प्रावधान नहीं था लेकिन नियोजित आर्थिक विकास चलाने की जिम्मेदारी पूरी करने के साथ-साथ यह तंत्र धीरे-धीरे जनता के बीच राष्ट्रीय चेतना और एकीकृत नजरिया पैदा करने के आधार भी बना रहा था, और अगर यह तंत्र अपनी इस कोशिश में सफल होता तो रुका हुआ राजनीतिक विकास रफ्तार पकड़ लेता और लोकतांत्रिक संस्थाओं के सुदृढ़ीकरण की प्रक्रिया पूरी हो जाती।

इन सकारात्मक पहलुओं की कुछ समस्याएँ भी थीं, जैसे विभाजनकारी प्रवृत्तियों के कारण राष्ट्रीय एकता के लिए खतरा, विभिन्न हित-समूहों को प्रतिनिधित्व देनेवाले स्वयंसेवी संगठनों का अभाव, सरकार और प्रशासन में निर्णयकारी ताकत का केंद्रीकरण, सत्तारूढ़ पार्टी में करिश्माई नेताओं के हाथ में सत्ता का केंद्रीकरण, राजनीतिक पद को अपनी सेवाओं के निजी पुरस्कार के रूप में देखने का रवैया, जिम्मेदारी की प्रवृत्ति की गैर-मौजूदगी, सार्वजनिक जीवन की गुणवत्ता में गिरावट और समाज द्वारा उत्तरोत्तर राजनीति की मातहती।

सबसे पहले राष्ट्रीय एकता की समस्या थी। भारत की आध्यात्मिक एकता पर जोर देने और भाषायी या सांप्रदायिक संकीर्णता के खिलाफ संघर्ष करने की जज्बाती अपीलें बेअसर हो चुकी थीं। एक 'राष्ट्रीय सेवा' खड़ी करने या विश्वविद्यालय अनुदान आयोग की सलाह के अनुसार भावात्मक एकता को बढ़ावा देने के लिए खास तरह के पाठ्यक्रमों को अपनाने के सुझाव एकता को समरूपता की तरह देखने के नजरिये का नतीजा थे। यह नजरिया समझता था कि अगर सारे देश के लोग किसी मानक व्यवहार-शैली को अपना लें तो समस्या हल हो सकती है। 'सर्वसम्मति से चुनाव' की थीसिस

के समर्थक मानते थे कि इसके गर्भ से सर्वसम्मत-समाज का जन्म हो जाएगा। जयप्रकाश नारायण इस धारणा के समर्थक के रूप में सामने आए थे। कांग्रेस एक ओर तो सांप्रदायिकता की जम कर भर्त्सना करती थी, पर दूसरी ओर अल्पसंख्यकों के तुष्टीकरण की नीति अपना रही थी। इस संबंध में उसका चिंतन अपराध-बोध से पीड़ित लगता था। मुस्लिम कन्वेंशन के ढुलमुल रवैये ने मुसलमान सांप्रदायिकता की समस्या को कुछ ज्यादा ही उभार दिया था। समुदायों को अलग से सुविधाएँ देने से इस देश में खासी राजनीतिक समस्याएँ खड़ी हो जाती थीं। सांप्रदायिक तुष्टीकरण से पैदा होनेवाली एकता काल्पनिक ही हो सकती थी। इसके कारण अल्पसंख्यक व्यापक राष्ट्रीय समुदाय से नहीं जुड़ पा रहे थे और समाज में बिखराव की ताकतें मजबूत हो रही थीं।

राजनीति में भागीदारी के लिए स्वयंसेवी संगठनों और दूसरे सेकुलर जरियों के न होने के कारण लोग तंगनजरी की राजनीति के फेर में फँस जाते थे। पचास के दशक में असम की घटना इसकी गवाह है जहाँ प्रशासन और कांग्रेस पार्टी दोनों ही संकीर्ण रवैये के शिकार प्रतीत होते थे। कांग्रेस आलाकमान ने भी इस समस्या को दुरुस्त करने की कोई कोशिश नहीं की थी। दिल्ली के नेताओं ने तो इस घटना के जिम्मेदारों को केवल मामूली डाँट-फटकार के बाद छोड़ दिया था। जबलपुर के दंगों और देश के कई हिस्सों में मुस्लिम लीग के उभार ने सांप्रदायिक समस्या की ओर ध्यान खींचा था लेकिन सांप्रदायिक पार्टियों का विकास होने लायक माहौल उस समय इस देश में नहीं था। एकता के लिए ज्यादा बड़ा खतरा भाषायी और क्षेत्रीय वफादारियों के कारण पेश आ सकता था। भाषायी राज्यों की रचना ने समस्या पूरी तरह हल नहीं की थी। हर राज्य में अल्पसंख्यक भाषायी समूह थे जिनकी माँगें बहुसंख्यक भाषायी समूहों को खराब लग रही थीं। इस चक्कर में सरकारी भाषा नीति की निंदा होती थी, अल्पसंख्यक क्षेत्रों के लिए प्रशासनिक स्वायत्तता की माँग करते हुए अलगाव की धमकी तक दी जाती थी। बहुसंख्यकों द्वारा प्रशासन पर इजारेदारी और आर्थिक शोषण के अंदेशे समस्या को और भड़का देते थी। भाषायी घृणा के आधार पर हुए असम के दंगे इस खतरे का प्रमाण थे। १९५७ के आम चुनाव में महाराष्ट्र और गुजरात के अंदर भाषायी और क्षेत्रीय भावनाओं ने महत्त्वपूर्ण भूमिका निभायी थी। जनता के बीच इस तरह के आंदोलनों के प्रति हमदर्दी साफ दिख रही थी। फिर यह भी एक तथ्य था कि भाषायी संकीर्णता कांग्रेस पर कम हावी नहीं है।

सांप्रदायिक संगठनों को प्रतिबंधित करने से भी काम नहीं चलने वाला था। इससे सांप्रदायिकता भूमिगत होकर सक्रिय हो जाती थी। कांग्रेस में आर्यसमाज का धड़ा खासा ताकतवर था। निकाले जाने पर खतरा यह था कि वह जनसंघ की तरफ चला जाएगा। कांग्रेस संभवत: अपने सेकुलर उसूलों की बलि देकर भी इस अंदेशे को रोकना चाहती थी।

भारतीय राजनीति में जाति के पहलू को भी अनदेखा नहीं किया जा सकता था। पार्टियों की गुटबाजी, संसद की धड़ेबंदी और प्रशासनिक भेदभाव में इसे देखा जा सकता था। चुनाव की प्रचार-मुहिम तो जाति के आधार पर ही चलती थी। जाति हमेशा ही महत्त्वपूर्ण थी लेकिन राष्ट्रीय राजनीति पर उसका असर पूरी तरह प्रमाणित हो चुका था।

किसी भी समाज में राजनीतिक एकता दो पहलुओं पर निर्भर होती है : विचारधारात्मक और संस्थागत। विचारधारा किसी के दिमाग में भरी नहीं जा सकती। गहन विचार-विमर्श के जरिये ही समान वैचारिक चेतना की उपलब्धि हो सकती है। वास्तविक वैचारिक एकता थोपी नहीं जा सकती। राजनीतिक विभाजनों से इसे नुकसान नहीं पहुँचता बशर्ते वे विभाजन बहुत कड़े न हों। राजनीतिक एकता की संस्थागत जरूरतें एक सुगठित और संपूर्ण सामाजिक श्रेणीक्रम की माँग करती हैं। भारत में सामाजिक ऊँच-नीच बहुत ज्यादा थी और इस अंतराल को भरने के लिए स्वयंसेवी संगठन मौजूद नहीं थे। बहुलवादी समाज में लोकतंत्र की प्रगति इस बात पर निर्भर करती है कि वह समाज जन्म-आधारित और सामाजिक दर्जे पर आधारित गठन से निकलकर स्वयंसेवी संगठन का आधार किस सीमा तक ग्रहण करता है। इसलिए जाति संगठनों के लिए नये उसूलों के मुताबिक गठित होना आवश्यक था। कुछ जातियों में इस तरह की चेतना दिखाई पड़ रही थी, लेकिन परंपरा की जकड़ और संस्थागत जड़ता इस तरह के सेकुलर विकास को रोक रही थी।

दूसरा सवाल राजनीतिक प्रक्रिया से जुड़ा हुआ था। राज्य और जनता के बीच स्वयंसेवी संगठनों की गैर-मौजूदगी का ही परिणाम था कि पूरी संगठनात्मक पहलकदमी राज्य के हाथ में चली गयी थी और जो काम स्वयंसेवी भाव से होने चाहिए वे राजनीतिक रूप से अंजाम दिये जाते थे। यहाँ तक कि गैर-सरकारी एजेंसियाँ भी सरकारी मदद के बिना टिक नहीं पा रही थीं और उनका भी नौकरशाहीकरण होता जा रहा था। जिस देश में सामाजिक सत्ता शास्त्रोक्त शैली में ही वितरित की जाती रही हो, वहाँ

राजनीतिक सत्ता का बँटवारा बहुत महत्त्व प्राप्त कर लेता है जिसके कारण अभी तक किसी भी तरह की सत्ता से वंचित रहे समुदायों को पहली बार सत्ता का दावा करने का मौका मिलता है। जब सत्ता नहीं मिलती तो क्षोभ और हिंसा का जन्म होता है। इसके गर्भ से संकीर्ण राजनीति निकलती है। पचास के दशक के आखिर के हालात बता रहे थे कि एक तरफ सत्ताहीनता की बढ़ती अनुभूति थी तो दूसरी तरफ हालात को ठीक कर पाने की उम्मीद थी। अगर व्यवस्था में राजनीतिक भागीदारी की समस्या से जुड़ी इस मुश्किल को ठीक कर लिया जाता तो संकीर्णता के इस असर को दूर तक फैलने से रोका जा सकता था।

दरअसल, राजनीतिक प्रक्रिया में वोट डालने से ज्यादा भागीदारी न के बराबर ही उपलब्ध थी। वह भी ज्यादातर लोग समूह द्वारा निर्देशित पक्ष को ही वोट देते थे। राजनीतिक प्रक्रिया के साथ व्यक्ति का जुड़ाव वोट डालने से ज्यादा इसलिए भी नहीं हो पाया था कि स्वयंसेवी समूह मौजूद नहीं थे और राजनीतिक दल ज्यादा-से-ज्यादा पहले से ही ताकतवर हितों का ही ध्यान रखते थे। कांग्रेस पार्टी की भीतरी गुटबाजी कुछ संगठित समूहों की राजनीति के साथ अन्योन्यक्रिया के लिए गुंजाइश जरूर देती थे लेकिन ऐसे समूह बहुत कम थे। जिसके कारण अन्य धड़े जाति और रिश्तेदारियों पर आधारित हो जाते थे और ऐसे गुटों की माँगों का जनता की समस्याओं से कोई खास नाता नहीं रह जाता था। राजनीतिक दलों को अभी तक जनता और सरकार की प्रमुख समस्याओं को उठानेवाले बुद्धिजीवियों के समूह संगठित करने के महत्त्व का एहसास नहीं हो पाया था। राजनेता खुद को बुद्धिजीवी समझने की गलतफहमी पाले हुए थे और बुद्धिजीवी उनके खिलाफ अरुचि जाहिर करते रहते थे। यूँ तो मतदाता लोकतंत्र के आधार होते हैं लेकिन भारत में वे भी असंगठित और अपरिभाषित पड़े हुए थे। उनका वर्गीकरण ज्यादा-से-ज्यादा जातिगत और क्षेत्रीय किस्म का था इसलिए उनकी राजनीतिक चेतना का विकास पिछड़ेपन को घटाने के बजाय बढ़ाने के अंदेशे से ग्रस्त था। यानी एक बार फिर बिखरे हुए समाज और असंगठित जनता के बीच असली सत्ता कुछ लोगों की इजारेदारी बनी रह सकती थी। ऐसा समाज सब कुछ सरकार के ऊपर छोड़ देता है। समाज विभाजित और ऊर्जाविहीन रहता है और पहलकदमी कुछ एक पेशेवर राजनेताओं के हाथ में सिमटी रहती है। आधुनिक सरकारों की शक्तियों के दायरों को सीमित करने के बजाय नियंत्रित

किया जाना बेहतर होता है, लेकिन उसकी नीतियों को प्रभावित करनेवाले संगठित और स्वयंसेवी हित-समूहों की नामौजूदगी के कारण सरकार ज्यादातर लोगों की पहुँच से बाहर रहती है। राजनीति पर कुछ व्यक्तियों के हावी रहने के हालात यहीं से निकलते हैं।

राजनेता समाज के हर हिस्से पर छाये हुए थे। वे खुद विकास की सभी संस्थाओं और एजेंसियों की बागडोर सँभाले हुए थे। उनके परिवार की औरतें ज्यादातर समाज कल्याण संगठनों में बैठी हुई थीं। उनके रिश्तेदार सरकारी उत्पादों के आधिकारिक डीलर थे। वही लाइसेंस और कोटे आबंटित करते थे। कांग्रेसी नेताओं की चौधराहट व्यापक थी और वे समाज के हर मुकाम पर हावी थे : चाहे कुएँ खुदवाने का सवाल हो, किसानों को कर्ज देने का मामला हो, खाद के वितरण का काम हो या फिर सड़क बनवाने का जिम्मा हो, कांग्रेस के नेता की स्वीकृति के बिना कुछ भी संभव नहीं था। कांग्रेस को सरकार और सत्ता का पर्याय समझते हुए लोग मानते थे कि उसके नेता को यह सत्ता भोगने का अधिकार है। राष्ट्रीय आंदोलन के असर के कारण लोग नेता को सामाजिक कार्यकर्ता और समुदाय के परामर्शदाता के रूप में लेते थे। पंचायती चुनावों से पता चलता था कि नेता का असर कितना ज्यादा है। पास के शहर या कस्बों से आनेवाले सत्तारूढ़ दल के नेता बड़ी कुशलता से गाँव की पंचायत में अपना आदमी बैठा देते थे। दूसरी तरफ जिला स्तर के इन नेताओं का इस्तेमाल राज्य पार्टी के नेता अपनी राजनीति के लिए करते थे। इस तरह मुट्ठी-भर नेताओं के हाथों में सामाजिक, आर्थिक और राजनीतिक ताकत बंद हो जाती थी। इन्हें सत्ता से हटाना नामुमकिन होता था और इनके सत्ता में बने रहने के लिए जनता की मर्जी जरूरी नहीं रह जाती थी। जनता के बीच अलोकप्रिय होने के बाद भी लंबे अरसे तक पद पर बने रहने की मिसालों ने किसी को चकित करना बंद कर दिया था। संस्था के बजाय व्यक्ति केंद्र में आ जाता था। राजनीति में परिवर्तन का मतलब व्यक्ति के परिवर्तन तक सीमित रह गया था।

राजनीति की इस संरचना ने भारत में राजनीति के नये उद्यमियों को जन्म दे दिया था। पुराने नेता समृद्ध परिवारों से आए थे और उनके पास उदारतावाद की वैचारिक परंपराएँ थीं। कार्यकर्ताओं की कतारें मध्यवर्ग की देन थीं जो रेडिकल और त्याग-बलिदान के लिए तत्पर रहती थीं। आजादी मिलते ही इन्हीं लोगों ने सत्ता की बागडोर सँभाली। लेकिन थोड़े समय बाद नेताओं और

कार्यकर्ताओं की एक नयी खेप आयी जो सत्ता प्राप्त करने की हड़बड़ी में थी। ये लोग परिश्रमी भी थे और उत्साही भी। ये लोग राजनीतिक संसाधन जुटाना भी जानते थे लेकिन इनके मकसद और इनका तौर-तरीका कतई अलग था। इन नये उद्यमियों को आगे बढ़ने के लिए सत्ता तक थोड़ी-बहुत पहुँच ही काफी थी। उन्होंने राजनीति को अपनी हैसियत सुधारने के फायदेमंद उद्योग के रूप में देखा। पहले किसी गुट में शामिल होकर ये उद्यमी छोटी-मोटी जिम्मेदारियाँ निभाते हुए किसी नेता के प्रिय पात्र बन जाते थे, उसके लिए चुनाव प्रचार करते थे और फिर अपने लिए मौके का इंतजार करते थे। राजनीतिक प्रबंधन की कला में पारंगत होकर ये उद्यमी शार्टकट अपनाते हुए किसी करिश्माई नेता से अपने निजी संपर्क बना लेते थे। ये उद्यमी कोई भी हो सकते थे : ऊँची जाति का कोई वजनदार सदस्य, नीची जाति का कोई कुंठित नेता, चंदा वसूलने में माहिर, अखबारों का रिपोर्टर, डराने-धौंस देने में माहिर कोई गलियों का खिलाड़ी, भाड़े के गुंडे सप्लाई करनेवाला कोई सरगना या राजनीति की तोप में चारे की तरह इस्तेमाल होनेवाला कोई छात्र नेता।

पुराने नेता राजनीति को निजी लाभ का स्रोत नहीं मानते थे पर उनमें दूसरे दर्जे की कतारों को संयमित करने का माद्दा नहीं था। इन नये उद्यगियों के आगमन ने तो सार्वजनिक जीवन को पूरी तरह बदल दिया। कस्बाई और शहरी जीवन में भ्रष्टाचार बढ़ता चला गया। और राजनीतिक उठा-पटक में वही जीत सकता था जो पर्याप्त रूप से भ्रष्ट हो। रिश्वत देकर किसी समूह को फोड़ लेना राजनीति में आम बात थी। गुंडागर्दी बढ़ती जा रही थी और बहुमत जुटाने के लिए राजनीतिक धौंसपट्टी का इस्तेमाल अक्सर किया जाता थी। विचित्र बात है कि राजनीति का यह फूहड़ीकरण जमीनी राजनीति का सीधा नतीजा था। भारतीय राजनीति का यह अजीब विरोधाभास लग रहा था कि नेता जनता के जितने निकट होगा उतना ही वह प्रतिक्रियावादी होता जाएगा। वोट बटोरने के चक्कर में वह लोगों की भावनाओं और पूर्वग्रहों को स्पर्श देगा, उनकी ही भाषा बोलेगा। वह उनके परिचित प्रतीकों यानी जाति, भाषा और धर्म के आसपास ही उन्हें गोलबंद करता चला जाएगा। जो इस कला में जितना पारंगत होगा वह उतना ही सफल होगा। राजनीतिक ज्ञानोदय की गैर-मौजूदगी में राजनीति सत्ता के लिए दौड़ में पतित होने के लिए बाध्य थी। राजनीतिक शिक्षा से रहित जन-लोकतंत्र राजनीति के इस नये उद्यमी के

लिए स्वर्ग के समान थी।

यह देश की खुशकिस्मती थी कि अभी कुछ पुराने नेता बाकी थे जो एक अलग किस्म की राजनीतिक शिक्षा के चलते राजनीति में नियंत्रणकारी भूमिका निभा रहे थे। उम्मीद थी कि अगर ये नेता कुछ और दिन अपना वर्चस्व कायम रख सके तो लोकतांत्रिक राजतंत्र क्षेत्र में काम करनेवाले कार्यकर्ता की माँगें पूरी करके उसे राजनीतिक व्यवहार की न्यूनतम आचरण संहिता स्वीकार करने की तरफ ले जा सकता है। मौजूदा नेतृत्व की एक खामी यह है कि उसने राजनीतिक विकास के क्रम को स्थिरता और मकसद तो दिया था पर उसकी स्वाभाविकता बाधित हो गयी थी। उसने मतभेदों पर लीपा-पोती करके गुटों को अपने दायरे में रहने पर मजबूर कर दिया था, जिससे राजनीतिक विभाजन की प्रक्रिया रुक गयी थी। इसने भारतीय राजनीति को एक जिच में फँसा दिया था कि हर समय परिवर्तन होते हुए लगता था, लेकिन असल में उसकी नौबत नहीं आ पाती थी।

जवाहरलाल नेहरू ने इस देश में राजनीतिक विकास के लिए बहुत कुछ किया था और वे राजनीति पर पूरी तरह हावी थे। इससे डर लगने लगा था कि उनके बाद यह देश कैसे चलेगा। इसका मतलब यह नहीं समझा जाना चाहिए कि नेहरू का कांग्रेस के ऊपर संपूर्ण वर्चस्व था। यह सही है कि वे जनता की निगाह में हीरो थे पर कांग्रेस संगठन पर उनकी पकड़ काफी कमजोर थी। उन्होंने अपना ज्यादातर समय देश के आर्थिक विकास में लगाया जिससे संगठन के मामले दूसरे लोगों के हाथों में चले गये थे। ये लोग केवल राज्यों या बड़े शहरों में पार्टी का काम सँभालनेवाले कामराज नाडार, प्रफुल्ल घोष या सादोबा पाटिल जैसे लोग ही नहीं थे, बल्कि उन्होंने सरदार पटेल जैसी हैसियत प्राप्त कर ली थी। सौराष्ट्र के यूएन ढेबर, आंध्र के संजीव रेड्डी, तमिलनाडु के सी. सुब्रह्मण्यम और भाषायी-बंबई के मोरारजी देसाई ऐसे ही नेता थे जो संगठन पर अपनी पकड़ के जरिये राष्ट्रीय महत्त्व हासिल करते चले जा रहे थी। इंदिरा गाँधी भी आगे बढ़ रही थीं। कुछ कनिष्ठ होते हुए भी बंबई के चव्हाण का सितारा राष्ट्रीय मंच पर चमक रहा था। पुराने नेताओं में कृष्ण मेनन और जगजीवन राम थे। ढेबर ने संगठन की समस्याएँ सुलझाने में कुशलता दिखा कर अपनी उपयोगिता सिद्ध कर ली थी। मोरारजी ने विदेशों में अपनी लोकप्रियता के मार्फत स्वदेश में अपनी इस कमी की भरपाई करने की कोशिश की थी। सुब्रह्मण्यम ने चिंतक और संगठक के रूप में ख्याति

हासिल की थी। संगठन के भीतर ढेबर ने नेहरू को कई मसलों पर मात देने में कामयाबी हासिल की थी। केरल में ढेबर ने इंदिरा गाँधी के साथ साज-बाज करके जो किया है, नेहरू की इच्छा उसके खिलाफ थी।

दरअसल, नेहरू को हमेशा अपने विचारों पर अमल में कामयाबी नहीं मिली। राज्यों में कांग्रेस सरकारों और पार्टी ने मिलकर सहकारी खेती को नहीं होने दिया। कांग्रेस की नीतियों की समाजवादी धार को पार्टी के भीतर जमे बैठे ताकतवर स्वतंत्र-पंथियों ने काफी-कुछ भोथरा कर दिया। अपने कुछ विचारों के मामले में कभी-कभी अड़ियल रुख अपनानेवाले नेहरू में एक मजबूत नेता की दृढ़ता नहीं थी। वे फैसला न लेकर महत्त्वपूर्ण मौकों पर ढुलमुलपन दिखाने की समस्या से ग्रस्त थे। ऐसे में दूसरों को उनके नाम पर निर्णय लेने पड़ते थे जो अक्सर प्रधानमंत्री के जानेमाने रुझानों के विपरीत भी साबित होते थे। जब तक आजाद और पंत जैसे लोग नेहरू को निर्णय लेने में मदद करते थे, तब तक ठीक था। लेकिन इन नेताओं के देहावसान के बाद से यह समस्या गंभीर हो गयी थी। नेहरू के समर्थक उनकी कमजोरियों से वाकिफ तो होते जा रहे थे पर उनमें अपना दावा करने की हिम्मत नहीं थी। नतीजे के तौर पर कुंठा बढ़ती जा रही थी। ढेबर और चव्हाण ने जरूर उन्हें कुछ चुनौती देने या उनसे अपनी बात मनवाने की क्षमता प्रदर्शित की थी वरना ज्यादातर नेता कुल मिलाकर उनकी बात मान लेते थे। नेहरू का बाकी नेताओं से अलगाव बढ़ता जा रहा था जिससे विभिन्न मतों के बीच टकराव सामने नहीं आ पा रहा था। एक प्रवृत्ति यह देखी जा रही थी कि राज्यों के मामलों में कार्यकर्ताओं ने केंद्रीय नेतृत्व को अपना निर्णय बदलने पर मजबूर किया है। कुछ नेता 'राष्ट्रीय प्रतिष्ठा' हासिल करते जा रहे थे।

ये कुछ आशाजनक चिह्न थे जिनके आधार पर नेहरू के बाद के परिदृश्य के बारे में कुछ उम्मीद बँध सकती थी। इन घटनाओं से यह भी लगता था कि धड़ेबंदी में डूबी हुई कांग्रेस में टूट हो सकती थी। उसके पूरी तरह बिखर जाने से तो यही अच्छा था। लगता था कि अगर कांग्रेस बिखर गयी तो देश कुछ दुस्साहसवादियों के चक्कर में फँस सकता है। विचित्र बात यह है कि नेहरू से ही माँग की जा रही थी कि वे स्वतः राजनीति छोड़ दें यानी चूँकि बाकी नेतृत्व खुद पहलकदमी लेने के लिए तैयार नहीं है इसलिए नेहरू को खुद नेतृत्व परिवर्तन के लिए कदम उठाने चाहिए। विपक्ष की अक्षमता ने भी इस जिच को मजबूत करने में योगदान किया था।

किसी नेता के करिश्मे के आधार पर चलनेवाली सरकार अंदर से अस्थिर और चरित्र में अलोकतांत्रिक होती है। संस्थाओं को लंबे अरसे तक उतार-चढ़ाव की हालत में नहीं रहने दिया जा सकता। हो सकता है कि राजनीति के व्यावहारिक और ठोस रूप उसके शुरुआती विचार के मुताबिक न साबित हों लेकिन इस पर आपत्ति की कोई वजह नहीं होनी चाहिए। लेकिन उन रूपों को स्पष्ट रूप से समझना जरूरी है। आजादी के बाद के पंद्रह सालों में परवान चढ़ी लोकतांत्रिक परंपराओं और प्रथाओं के जड़ पकड़ने पर काफी कुछ निर्भर था। इन्हें ठोस रूप देने और एक स्वीकृत आचरण संहिता का हिस्सा बनाने की जरूरत थी।

किसी विकासशील समाज में राजनीतिक प्रक्रिया से दो तरह की भूमिकाएँ निभाने की अपेक्षा की जाती है। उसे सामूहिक व्यवहार का सेकुलरीकरण करना होता है और नियोजित ढंग से राजनीतिक परिवर्तन के लिए समाज को तैयार करना होता है। ऐसे विकासशील समाज में एक खतरा यह भी होता है कि कहीं राजनीति अपने दायरे को लाँघ कर समाज के अन्य मुकामों पर भी काबिज न हो जाए। स्वयंसेवी संगठनों के आस-पास बने संस्थागत ढाँचे की गैर-मौजूदगी में राजनीति के अधिनायकवादी होने का खतरा रहता है। भारत में ये दोनों समस्याएँ पैदा हो सकती थीं, क्योंकि राजनीति पर्याप्त रूप से सेकुलर नहीं है और वह जरूरत से ज्यादा सामाजिक दायरों को घेर रही थी।

होना यह चाहिए था कि समाज की परंपरागत संस्थाओं को किसी फैशन के तहत ठुकराने के बजाय उनमें मूल्यगत परिवर्तन किया जाता। यह एक धीमी प्रक्रिया ही हो सकती थी, जो जिसमें राजनीतिक शिक्षा और सांस्कृतिक ज्ञानोदय की प्रमुख भूमिका हो सकती थी। इस बीच में राजनीतिक स्थिरता की जरूरत होगी जिसे सुनिश्चित किया जाना चाहिए था। भारत को अभी तक असाधारण व्यक्तियों का नेतृत्व मिल रहा था। लेकिन लोकतंत्र के भविष्य को ऐसे लोगों के मिलने की शर्त का मोहताज नहीं बनाया जा सकता था। लोकतंत्र को अपने टिकने और उज्ज्वल भविष्य के लिए नेताओं के एक सुगठित सामाजिक और प्रशासनिक श्रेणीक्रम की आवश्यकता थी जो राजनीतिक संस्थाओं को सुदृढ़ता प्रदान कर सके और कुशल नेतृत्व द्वारा नयी संस्थाओं की रचना करते हुए सामाजिक सत्ता के रखवाले की भूमिका निभा सके।

II

साठ का दशक : भविष्य की आहटें

आजादी के बाद के पंद्रह सालों का यह चित्र एक बात साफ तौर से कहता था कि भारतीय राजनीति के विकास को समझने के लिए अगर कोई मॉडल बनाना है तो घटनाक्रम को एक भिन्न दृष्टि से देखना होगा। द्वि-दलीय दलीय चुनाव प्रणाली हो, या हित-समूहों की भूमिका हो, या फिर अलग-अलग चरणों में समाज का विकास करने का चलन हो, इन पश्चिमी मिसालों के आईने में भारतीय घटनाक्रम को देखने पर सिर्फ निराशाजनक तस्वीर ही हाथ लग सकती है। इसलिए मैंने पश्चिमी राजनीतिक सिद्धांत को ध्यान में रखते हुए विशिष्ट भारतीय परिस्थितियों के मुताबिक हुए सायास या अनायास हो रहे कुछ लोकतांत्रिक नवाचारों पर निगाह डाली और पाया कि एक खास तरह का भारतीय मॉडल मेरी तरफ़ देख रहा है। यह किताब में प्रस्तुत साठ के दशक तक की व्याख्या उसी की देन है। इस मॉडल की खूबियाँ और खामियाँ इस प्रकार थीं।

- विविधतामूलक, समूहन की प्रवृत्तियों से अलग और खंडित संरचनाओं के आधार पर हजारों साल के दौरान पनपी भारतीय सभ्यता में आधुनिकीकरण की प्रक्रिया एक प्रमुख राजनीतिक केंद्र के विकास से शुरू हुई। औपनिवेशिक, राजनीतिक और शैक्षिक प्रभावों ने अपनी भूमिका निभायी। जिसके परिणामस्वरूप एक राजनीतिक अभिजन उभरा, जो एक राष्ट्रव्यापी संगठन और विचारधारा के माध्यम से पूरे समाज को एक मंच से संबोधित करने की प्रतिष्ठा से संपन्न होता चला गया। इसी अभिजन के नेतृत्व में आजादी की लड़ाई लड़ी गयी, जिसकी साख के आधार पर उसने १५ अगस्त १९४७ के बाद राजनीतिक केंद्र का संस्थानीकरण करते हुए उसे सुदृढ़ किया। धीरे-धीरे भारतीय राजनीतिक प्रणाली को उसकी पहचान मिलनी शुरू हुई। इस केंद्र की विशेषता यह थी कि इसमें विभिन्न प्रक्रियाओं और नीतिगत प्रयासों से हर तरह के तत्त्वों को उनकी स्वायत्तता के साथ जगह मिलने की गुंजाइश थी। यह एक खुली राजनीतिक प्रणाली थी जिसके दायरे में न केवल राजनीतिक प्रतियोगिता और टकराव चलता रहता था, बल्कि जिसमें तरह-तरह के गठजोड़ बनाने की संभावना भी रहती थी। इन्हीं गठजोड़ों के माध्यम से सत्तारूढ़ और विपक्षी दलबंदियाँ अपनी-अपनी राजनीति करती रहती थीं।
- दलगत राजनीति और वयस्क मताधिकार के जरिये भारतीय समाज

के बहुल और खंडित यथार्थ को राजनीतिक संस्थानीकरण की प्रक्रिया से जोड़ा गया, जिससे भारतीय राज्य व्यवस्था का ऐतिहासिक सुदृढ़ीकरण हो सका। आधुनिकतावादी अभिजन ने चुनावी और प्रतियोगितामूलक मानकों के आधार पर प्राक्-लोकतांत्रिक अस्मिताओं को एक राष्ट्रीय सहमति का अंग बनाने में सफलता प्राप्त की। इस अभिजन को मिली वैधता का स्रोत भी असहमति और विविधता को मिलाकर बनी यही आम सहमति थी। इसमें संविधान, सरकार के संघीय ढाँचे, विकेंद्रीकरण और दलीय प्रणाली की भूमिका रही। शीर्ष पर आधुनिकतावादी अभिजन राष्ट्र-निर्माण के लक्ष्यों को प्रवर्तित करते रहे और बीच में मध्यवर्ती अभिजनों की परिघटना ने लोकतांत्रिक जनगोलबंदी का काम किया। अभिजनों की यह द्विस्तरीय संरचना पक्ष में भी सक्रिय थी और विपक्ष में भी। केंद्र ने परिधि की तरफ अपनी पैठ बढ़ाने का सोद्देश्य और योजनाबद्ध प्रयास किया। सामाजिक दूरियों और विषमताओं को खत्म करने के लिए विधायी उपाय भी किये गये और राजनीतिक भी। संघीय और स्वशासी उपायों से राजनीति की भूमिका का विस्तार हुआ। ज्यादातर पहलकदमियाँ ऊपर से ली गयीं, पर कभी-कभी नीचे से पड़े माँगों के दबाव ने भी नीतिगत परिवर्तन कराये। कुल मिलाकर भारतीय समाज का सरकारीकरण होता चला गया। इसी प्रक्रिया में समाज के पारंपरिक क्षेत्र, जैसे जाति-प्रथा, का राजनीतिकरण होने लगा। 'जातियों के राजनीतिकरण' के कारण सामाजिक संरचना अपने आधुनिक रूपों में खड़ी हुई के बजाय बिछी हुई जैसी होने लगी। राजनीतिक प्रणाली ने बार-बार दिखाया कि उसमें महानगरीय अभिजनों के साथ-साथ अन्य स्तरों के अभिजनों को भी अपने आगोश में लेने की क्षमता है। उसकी इसी क्षमता ने धीरे-धीरे सत्ता के आधार को शहरों से हटाकर ग्रामों की ओर सरकाया, यद्यपि इसके बावजूद विचारधारा और मूल्यवत्ता के रूप में भारतीय अभिजन शहरोन्मुख और आधुनिकतावादी ही बने रहे।

□ विकास की मुहिम पश्चिमी देशों की तरह विभिन्न चरणों में चलाने के बजाय करके एक साथ कई मोर्चों पर चलायी गई। एक साथ राजनीतिक सहभागिता, सामाजिक गोलबंदी और आर्थिक विकास के लक्ष्यों को वेधने का प्रयास किया गया। भारतीय अभिजन ऐसा इसलिए कर पाए कि समाज की सांस्कृतिक विशेषताओं के चलते राज्य की संस्था के ऊपर अपेक्षाओं का दबाव ज्यादा नहीं था। बढ़ते हुए राजनीतिकरण के कारण पैदा हुए दबावों को

गठजोड़ बनाने के जरिये संयमित किया गया। इस काम में भारत की अनूठी दलीय प्रणाली की प्रमुख भूमिका रही जिसे इस पुस्तक में बहुदलीय के बजाय एक पार्टी के वर्चस्व वाली 'कांग्रेस प्रणाली' का नाम दिया गया है। इस प्रणाली की खूबी यह थी कि यह राजनीति की ऐसी शैली अपनाती थी जिससे समूहन नहीं हो पाता था। इसी खूबी के कारण एक ऐसी राजनीतिक संस्कृति का विकास हुआ जो भारत की ऐतिहासिक विरासत के अनुकूल थी।

☐ भारतीय लोकतंत्र की विशेषता यह थी कि उसमें अभिजन अपनी वैधता बिखरी हुई जनता से प्राप्त नहीं करते थे। दरअसल, भारतीय समाज किसी भी अर्थ में जन-समाज या मास सोसाइटी नहीं था। भारतीय सीधे-सीधे जनता पर हुकूमत करने वाले अधिनायकवादी शासन के विकल्प को भी लाभकारी नहीं मानते थे। अनिश्चित और धीमी गति से काम करने वाले लोकतंत्र के बजाय कड़ाई और व्यवस्थित ढंग से काम करने वाले निरंकुश शासन का पक्ष लेने वाले बुद्धिजीवियों की संख्या बहुत कम थी। लोकतंत्र में जवाबदेह सरकार की धारणा को व्यापक मान्यता थी, क्योंकि लोकतांत्रिक शासन व्यवस्था में आत्म-संशोधन की जो सुविधा थी वह अधिनायकत्व को उपलब्ध नहीं हो सकती थी। अधिनायकवाद के खिलाफ यह बात भी जाती थी कि वह बौद्धिक वर्ग की नाराजगी पर सवार होकर सत्तारूढ़ तो हो जाता था, पर उसके बाद वह जल्दी ही बुद्धिजीवी मुद्राओं को त्यागकर नियंत्रण और निरंकुशता पर उतर सकता था। घाना, इंडोनेशिया और पाकिस्तान के उदाहरणों से जाहिर था कि अधिनायकवाद भारत के लिए कितना नुकसानदेह हो सकता है। इसी तरह नेपाल और थाइलैंड की राजशाहियाँ भी सामाजिक-राजनीतिक असंतोष को रास्ता देने के लिए अपनी राज्य व्यवस्थाओं में लोकतांत्रिक पहलुओं का समावेश कर रही थीं। चीन का क्रांतिकारी मॉडल साफ बता रहा था कि क्रांतिकारी कम्युनिज्म को संस्थागत रूप देने पर किसी पारंपरिक समाज को क्या-क्या कीमत अदा करनी पड़ सकती है। भारतीय मॉडल भले ही इन राज्य व्यवस्थाओं से बेहतर न हो, पर उनका टिकाऊ विकल्प जरूर था।

दुनिया में दो तरह की क्रांतियाँ चल रही थीं। एक के केंद्र में कोई एक विचारधारा या व्यक्ति था, जो अपने रास्ते में आने वाली हर बाधा को अपने साथ समेटता हुआ चला जा रहा था। दूसरी क्रांति नाना प्रकार के तत्त्वों की विभिन्न स्तरों पर सक्रियता के आधार पर संरचित थी, जिसमें एक मुख्य केंद्र

और कई अन्य केंद्रों के बीच अन्योन्यक्रिया चलती रहती थी। भारतीय मॉडल इसी दूसरी क्रांतिकारी प्रवृत्ति का द्योतक था। यह एक तरह की 'क्रमश: बढ़ती हुई क्रांति' थी जो मौजूदा ढाँचे को कायम रखती हुई परिवर्तन की ताकतों को समेटती चलती थी, ताकि विकास के नये स्तर उपलब्ध किये जा सकें। इस मॉडल की नयी बात यह थी कि यह नयी परिस्थितियों के साथ लगातार खुद को समायोजित करता रहता था जिससे उसकी संभावनाओं और शक्ति का विस्तार होता रहता था। यह सृजनात्मक रूपांतरण के लिए खुला रहता था। किसी एकाश्म किस्म की क्रांति के मुकाबले यह हर तरह से ज्यादा टिकाऊ था।

□ क्रमश: बढ़ते हुए लोकतांत्रिक आधुनिकीकरण के इस मॉडल की असली परीक्षा १९६२ और १९६७ में हुई, जब बहुत थोड़ी-सी अवधि में उसे कई तरह के संकटों का सामना करना पड़ा। उत्तराधिकार का संकट, नेतृत्व का संकट, आर्थिक संकट, कृषि संकट, महँगाई, सूखे और मंदी के साथ-साथ दो-दो युद्धों के कारण पैदा हुए संकट और भाषाई राजनीति के कारण पैदा हुए संकट पूरी व्यवस्था को झिंझोड़ते चले गये। इन संकटों ने एक पार्टी के वर्चस्व वाली दलीय प्रणाली को तिरोहित कर दिया।

□ इन संकटों से निबटने के लिए राजनीतिक नेतृत्व और राजनीतिक संरचनाओं ने अपनी विशिष्ट भारतीय शैली अपनायी। उसने समस्याओं को आपस में जोड़कर हल करने के बजाय अलग-अलग करके सुलझाने का प्रयास किया। कृषि और भाषाई राजनीति के संकटों का दबाव केंद्र ने महसूस जरूर किया, पर उन्हें राज्य सरकारों ने अलग-अलग तरह से निबटाया। केंद्र ने युद्धों और उत्तराधिकार के संकटों से उबरने में कामयाबी हासिल की, जिससे उसका आत्मविश्वास बढ़ा। जब भाषाई राजनीति देश की एकता को खतरे में डाले दे रही थी, तो युद्ध के कारण पैदा हुई एकता की भावना ने उसकी तीक्ष्णता को कम कर दिया। कुल मिलाकर एक संकट को दूसरे से जुड़ने नहीं दिया गया, हालाँकि उन संकटों के कुछ परस्परव्यापी पहलू अवश्य थे।

□ इसी से जुड़ा हुआ पहलू था स्थिर रहने के बजाय समायोजन के बदलते रहने का। मुद्दों को लगातार परिभाषित और पुन:परिभाषित किया जाता रहा जिससे असहमति के बिंदु कम होते चले गये। अलग-अलग संकटों को अलग-अलग नेताओं ने सुलझाया। मध्यस्थता की शैली अपनायी गयी, लेकिन मध्यस्थ भिन्न थे। कामकाज और जिम्मेदारियों को बदला गया। पाने-

गँवाने के आधार पर बनाये गये फारमूले जब कारगर साबित नहीं हुए तो उन्हें बिना देर किये कूड़ेदान में डाल दिया गया। इस तरह हर बार खेल के नियम बदले जाते रहे। हर बार परिस्थिति का नवीकरण कर दिया गया, और हर बार संरचनागत कमजोरियों को लाभ में बदलकर तात्त्विक मुद्दों को कार्य-विधि संबंधी व्यावहारिक मुद्दों से अलग करके आगे बढ़ने की राह बनायी गयी।

□ पाने-गँवाने की राजनीतिक शैली के सिरों को खोले रखा गया। संकट के दोनों पक्षों से बात की गयी। उनसे भी जिन्होंने हिंसा का सहारा लिया था, क्योंकि हर एक के पास वैधता की अपनी दावेदारियाँ थीं। प्रदर्शन, दंगे, और बुलंद स्वर में माँगें उठने वाली माँगों की कोई कमी नहीं थी, पर वे जल्दी ही शांत भी हो जाती थीं। व्यवस्था-विरोधी दबाव शायद ही कभी संचित हो पाए हों। किसी मुद्दे के आस-पास होने वाला टकराव पूरे माहौल पर छा जाने का रुझान दिखाते हुए नहीं लगा। उनका समर्थन करने वाले क्षणभंगुर और गठजोड़ अस्थिर ही बने रहे। न संकटों की कमी रही, और न ही कभी उन्होंने मिलकर कोई संकट खड़ा कर पाया।

□ इन हालात की खास बात थी कि दलीय प्रणाली किसी से बहुत स्पष्ट और दृढ़ प्रतिबद्धता की माँग नहीं करती थी। नेता आसानी से एक या दूसरे गठजोड़ में आते-जाते रहते थे। बदले या प्रतिबंधों की राजनीति का सहारा नहीं लिया जाता था। विचारधारात्मक जकड़बंदियाँ बहुत कम थीं। १९६७ में कांग्रेस के प्रभाव में आयी गिरावट और संयुक्त विधायक दल की सरकारें बनने के पीछे दल-बदल का काफी हाथ था। विपक्षी गठजोड़ों में हर रंग के राजनेता शामिल थे। राजनीति के इस कार्य-व्यापार में देहाती जनता की दिलचस्पी खास नहीं थी। उस समय तक देहात भारतीय राजनीति के हर झटके को पचा लेता था। राज्य व्यवस्था मध्यवर्ती समूहन के जरिये भी संकटों को पचाती थी। इन्हीं प्रक्रियाओं के कारण राजनीतिक केंद्र दबावों से स्वायत्त बना रहता था। इन तमाम संकटों के बावजूद समग्र राजनीतिक व्यवस्था को कोई बड़ी चुनौती नहीं मिल पा रही थी। लगता था कि व्यवस्था में अंतिम संकट के खिलाफ एक तरह की प्रतिरोध शक्ति है। वह संकट को नीतिगत परिवर्तन के लिए उत्प्रेरण में बदलने की क्षमता से लैस प्रतीत होती थी।

□ इस विश्लेषण से यह तो पता लग जाता है कि राजनीतिक आधुनिकीकरण के इस मॉडल के सकारात्मक पक्ष कौन-कौन-से हैं, पर उसकी सीमाओं की जानकारी नहीं हो पाती। दरअसल, समाज के दबाव से

स्वायत्त होने के कारण यह मॉडल लंबे अरसे तक आधुनिकीकरण के प्रति मताग्रही रवैया अपनाता रहा, कार्यान्वयन की शैली नौकरशाहाना रही और विकास के मामले में पिछड़ने के साथ-साथ असंतुलित विकास की समस्या बनी रही। एकीकरण और बहुलताओं को मुख्य धार में आत्मसात करने पर जोर इतना ज्यादा रहा कि विकास कार्यक्रमों के बारे में जनता की राय और कार्यान्वयन के असर के बारे में जानकारी प्राप्त करने पर ज्यादा ध्यान नहीं दिया गया। दलीय प्रणाली में न तो राजनीतिक दलों का समूहन था, और न ही हितों को संगठित रूप मिल पाया था। नतीजे के तौर पर गठजोड़ों की संरचना खंडित बनी रहती थी। माँगों का दबाव कम होने के कारण ध्रुवों और मुद्दों के बीच टकराव की तीव्रता कम रहती थी। प्रदर्शन और प्रशासन के आवेग में अस्थायित्व रहता था।

संरचनाओं और नीतियों में तब तक परिवर्तन नहीं कराया जा सकता था, जब तक या तो कोई नेता बहुत बड़ी भविष्य दृष्टि या करिश्माई ऊर्जा लेकर न उभरे या कोई बहुत बड़ा संकट न पैदा हो। इसी कारण से हर तरह का निर्णय करवाने के लिए राजनीतिक ताकत के प्रदर्शन, हिंसा, हंगामे और शोरगुल पर जोर रहता था। राजनीतिक संस्थानीकरण की परिपक्वता के एक आवश्यक मानक के रूप में कार्यान्वयन के परिणामों की जानकारी और जनता की प्रतिक्रिया प्राप्त करने की प्रणाली एक रोजमर्रा के व्यवहार की तरह सामान्य रूप नहीं ले पायी थी। करिश्मे और संकट पर इस कदर निर्भरता के कारण व्यवस्था में समूहन की प्रक्रिया कमजोर रहती थी।

यह मॉडल राजनीतिक अभिव्यक्ति के नये दौर में जा रहा था। गठजोड़ के दायरे बढ़ते जा रहे थे। नये-नये समूह और पार्टियाँ राजनीतिक होड़ में शामिल होते जा रहे थे। अब तक जिन आर्थिक विषमताओं और दूरियों को निचले स्तर पर रखने में कामयाबी मिलती रही थी, वे ऊपर की तरफ बहना शुरू करने वाले थे। राजनीतिक माहौल पर अब तक छाया रहा शहरीकृत मध्यवर्ग खुद को विस्थापित और कटा हुआ महसूस करने वाला था। नतीजे के तौर पर विरोध की शक्तियाँ अपना गठजोड़ ज्यादा प्रभावी बनाने वाली थीं और पहले की तरह उन्हें पारंपरिक शैली के गठजोड़ों द्वारा नियंत्रण में नहीं रखा जा सकता था। सरकारों को अब नतीजे निकालकर दिखाना अनिवार्य होता जा रहा था, मुद्दों की अहमियत बढ़ती जा रही थी, तनाव के स्रोतों की तुरंत शिनाख्त जरूरी थी और इससे पहले कि वे संकट में बदल पाएँ

सार्वजनिक मुद्दों और समूहगत माँगों की तरह उनकी अभिव्यक्ति का पूर्वानुमान लगाना जरूरी होता जा रहा था।

कुल मिलाकर नयी परिस्थितियाँ माँग कर रही थीं कि सरकार काम करके दिखाये, नेतृत्व रचनात्मकता और संवेदनशीलता प्रदर्शित करता हुआ अतीत की उपलब्धियों को गड़बड़ाये बिना परिवर्तन की रफ्तार में वृद्धि करे।

नये मुद्दे

साठ के दशक के अंत तक साफ हो गया था कि निकट भविष्य में व्यवस्था को कौन-कौन-से नये मुद्दों और समस्याओं का सामना करना है। दलीय प्रणाली के संदर्भ में पहली समस्या तो यह थी कि कांग्रेस का ४० फीसदी से कुछ अधिक का समर्थन आधार लगातार स्थिर सरकार देते रहने के लिए पर्याप्त नहीं था। अन्य पार्टियों का समर्थन आधार छः से आठ फीसदी के बीच ही था। यह समझ में नहीं आ रहा था कि राजनीतिक दल जनता के बीच अपनी पैठ कैसे बढ़ाएँगे और परिणामस्वरूप उनका समर्थन आधार कैसे बढ़ेगा। कांग्रेस पार्टी में विभाजन हो चुका था। एक तरफ प्रधानमंत्री इंदिरा गाँधी थीं जो संगठन को सरकार की ताकत के नीचे रखना चाहती थीं ताकि अपनी नयी नीतियों को तेजी से आगे बढ़ा सकें। दूसरी ओर कांग्रेस के पुराने दिग्गज थे जो संगठन की प्रमुखता बरकरार रखना चाहते थे। दो कांग्रेसों का यह टकराव दो अलग-अलग चरित्रों वाले गठजोड़ों को जन्म दे सकता था जिसके कारण भविष्य में तो मुद्दे साफ हो सकते थे और देश जड़ता से निकल सकता था, पर फौरी तौर पर डर था कि कहीं सरकारों की अस्थिरता से राजनीतिक प्रणाली पर विपरीत असर न पड़ने लगे।

खेती के आधुनिकीकरण यानी हरित क्रांति के लाभ जाहिर थे, लेकिन यह भी लग रहा था कि अल्पावधि में उससे विषमताएँ बढ़ेंगी और सरकार की स्थिरता को कायम रखने की देहाती क्षेत्र की क्षमता उतनी नहीं रह जाएगी। भारतीय आधुनिकीकरण का जनसंख्यामूलक संदर्भ साफ कर रहा था कि फिलहाल देहाती क्षेत्र का योगदान ही प्रभावी रहेगा और आबादी का आवागमन भी उसी के मुताबिक संपन्न होगा। डर यह था कि शहरीकृत मध्यवर्ग अल्पसंख्यक मानसिकता से ग्रस्त न हो जाए। ऐसा होने पर अंदेशा था कि शहरों और गाँवों के उपेक्षित हिस्सों के व्यवस्था के विरोध पर टिका गठजोड़ न उभर आए। शैक्षिक क्रांति का एक नकारात्मक परिणाम बेरोजगारी

में निकल रहा था। विकास में सार्थक भागीदारी न मिलने पर शिक्षित बेरोजगार अलगाववादी अस्मिताओं और टकराव की राजनीति के पैरोकार बन सकते थे। आर्थिक आधुनिकीकरण और शिक्षा का विस्तार मिलकर मुद्दा आधारित राजनीति की अहमयित बढ़ा देता है जिसे उपक्षेत्रीय और वैचारिक अंतरालों में वृद्धि हो जाती है। राजनीतिक गठजोड़ों को ये अंतराल प्रभावित करने वाले थे।

जाहिर है कि बिखरी हुई और विकेंद्रित राजनीति की जगह राजनीतिक निष्ठाएँ अधिक आक्रामकता के साथ राष्ट्रवादी मुद्रा अख्तियार करने वाली थीं। विदेशी मामलों को नये नजरिये से देखा जाने वाला था। अस्मितामूलक और राष्ट्रीय अनुभूति की संरचनाएँ पहले से भिन्न होने वाली थीं। जरूरी नहीं कि ये नयी मुद्राएँ व्यवस्था के खिलाफ हमलावर नजरिया अपनातीं, लेकिन यह तो हो ही सकता था कि व्यवस्था को निकट भविष्य में अंदरूनी और बाहरी तौर से तरह-तरह के दबावों का शिकार होना पड़े। जरूरी नहीं कि ऐसी स्थितियों में हर बार व्यवस्था संकट को नये क्षितिज छूने के उत्प्रेरण के रूप में इस्तेमाल कर पाए। ऐसी हालत में व्यवस्था-विरोध का व्यवहार और मुखर होने की संभावना थी।

उल्टी द्वंद्वात्मकता : राजनीतिक आधुनिकीकरण की भारतीय मिसाल मार्क्सवादी द्वंद्वात्मकता के विपरीत एक उल्टी ऐतिहासिक द्वंद्वात्मकता की तरफ इशारा कर रही थी। भारत में बजाय इसके कि उत्पादन संबंध पुरानी पड़ चुकी राजनीतिक संस्थाओं को पीछे छोड़ देते, एक बेहद नफीस और अत्याधुनिक संस्थागत ढाँचा कमजोर और गतिहीन बुनियाद पर टिका हुआ था। भारतीय उदाहरण सेमुअल हटिंगटन की थीसिस से भी नहीं समझा जा सकता था जिसके मुताबिक संस्थानीकरण और सरकारी रूपों की अनुकूलनशीलता की कमी की स्थिति में आधुनिकीकरण की रफ्तार अचानक बढ़ जाने से पैदा हुई जनगोलबंदी और सहभागिता किसी भी विकासशील समाज को राजनीतिक क्षय का शिकार बना सकती है। भारत में इसका उल्टा हो रहा था। यहाँ सामाजिक और आर्थिक आधुनिकीकरण की और ज्यादा जरूरत थी, वरना संस्थानीकरण और सरकारी रूपों की अनुकूलनशीलता कमज़ोर पड़ सकती थी। स्थिति यह थी कि अगर भारतीय व्यवस्था ने भविष्य में लोकोपकारी उपलब्धियाँ न कीं और पर्याप्त मात्रा में सामाजिक और आर्थिक विकास न किया तो राजनीतिक व्यवस्था अपना टिकाऊपन खो

सकती थी।

पचास के दशक में प्रतीकात्मक और तात्त्विक निष्ठाओं की जो फसल राष्ट्रीय नेतृत्व ने उगाई थी, साठ के दशक तक उसी से काम चल रहा था। पर, आने वाले दशकों में राष्ट्रीय अस्मिता में नयी निष्ठाओं का समावेश करना जरूरी लग रहा था। केंद्र को नये इलाकों में पैठ करनी थी, नयी नीतियाँ बनायी जानी थीं और नये गठजोड़ बनाये जाने थे। ऐसा न होने पर डर था कि कहीं राजनीतिक व्यवस्था समाज का सहयोग खोकर जड़ता व प्रतिक्रिया के दौर में न चली जाए।

कुछ नीतिगत सुझाव

राजनीतिक व्यवस्था के सुचारु कामकाज के लिए राजनीतिक केंद्र की स्थिरता और प्रभावकारिता आवश्यक होती है। ऐसे केंद्र के बिना न तो संघीय ढाँचा ठीक से काम कर पाता है, न ही क्षेत्रीय नीति टिकाऊ और सक्षम हो पाती है, और न ही राष्ट्र को आपस में जोड़ने के लायक व्यापक गठजोड़ और सहमति बन पाती है। साठ के दशक के अंत में जरूरत यह महसूस हो रही थी कि आजादी के बाद बनी संघीय सहमति को राष्ट्रीय स्तर पर निर्णयकारी प्रक्रिया के औजार में बदला जाए। क्षेत्रीय राजनीति को मर्यादित करते हुए दलों के बीच और दलों के भीतर उत्तरोत्तर बढ़ती हुई होड़ को कुशलता से केंद्रीय राजनीति के लिए आवश्यक गठजोड़ की अभिव्यक्तियों में बदला जा सकता था। सत्ता के लिए चल रहा राजनीतिक टकराव क्षेत्रीयता से परे जाने वाले मुद्दों की राजनीति में विकसित हो सकता था। बजाय इसके कि प्रांतीय राजनीति आक्रामक मुद्रा अख्तियार करके केंद्र के वर्चस्व को कमजोर करे, केंद्र का प्रभाव और उसके प्रति क्षेत्रों की अनुक्रिया मिलकर राज्यों के असंतोष को दूर किया जा सकता था।

क्षेत्रीय नीति : केंद्र-राज्य संबंधों की बेहतरी के लिए जरूरी लग रहा था कि सरकार चलाने की प्रक्रिया में सभी पार्टियों को शामिलकरने के कुछ संस्थागत उपाय किये जाने चाहिए। ऐसा न होने की दशा में डर यह था कि राज्यों की तरफ से पड़ने वाले अनावश्यक दबाव के सामने केंद्र को समय-असमय झुकना पड़ता रहेगा, अविश्वास पैदा होगा, आरोप-प्रत्यारोप उछाले जाते रहेंगे, किसी वामपंथी या दक्षिणपंथी साजिश के चलते राज्यों में संवैधानिक तंत्र टूटने का खतरा महसूस किया जाता रहेगा। प्रणाली को चलाये

रहने के सीमित परिप्रेक्ष्य के लिहाज से भी जरूरी लग रहा था कि राज्य में पर्याप्त चुनावी जनाधार रखने वाली पार्टी को संवैधानिक उपायों के बेजा इस्तेमाल के जरिये सत्ता से वंचित न रखा जाए। १९५९ में केरल की घटना और १९६७ में पश्चिम बंगाल की घटना का दोहराया जाना नुकसानदेह साबित हो सकता था। लोकतांत्रिक खेल के नियमों का पालन करना केवल एक नैतिक जरूरत न होकर एक राजनीतिक जरूरत भी थी।

क्षेत्रीय राजनीतिक दावेदारियों के प्रति संवेदनशीलता से वंचित केंद्र राष्ट्रीय एकता के लिए बड़ा खतरा बन सकता था। मामला केवल गैर-अभिजन तबकों को विस्तृत होते हुए राजनीतिक ढाँचे में आत्मसात करने का ही नहीं था, बल्कि समस्या विरोध में खड़े हुए अभिजनों को मुख्य धार में खींचने की थी, वह भी लोकतांत्रिक चरित्र को नुकसान पहुँचाये बिना। ऐसे प्रति-अभिजनों की संख्या और प्रभाव बढ़ता जा रहा था। चाहे प्रतिद्वंद्वी कांग्रेसी दलबंदियाँ हों, नक्सली कम्युनिस्ट हों या दक्षिणपंथी सांप्रदायिक ताकतें हों, भारतीय संघवाद के ढाँचे में इन्हें आत्मसात करना राजनीतिक केंद्र के लिए बहुत बड़ी चुनौती थी।

१९६७ में हुए कांग्रेस वर्चस्व के पराभव से स्पष्ट हो गया था कि राजनीतिक केंद्र की अंदरूनी एकता फूट की शिकार हो गयी है। इस एकता को फिर से कायम करने के लिए एक-दूसरे के नजदीक आ चुकी दलबंदियों का नया टिकाऊ गठजोड़ वक्त की जरूरत लग रहा था। वैसे भी लोकतांत्रिक राजनीति हर परिस्थिति में इसी तरह के गठजोड़मूलक हल की माँग करती है। राजनीतिक केंद्र दो तरह की चुनौतियों का सामना कर रहा था : सामूहिक नेतृत्व के दबावों का सामना कर सकने वाली एक नेतृत्वकारी टीम कायम रखना, और राज्य व्यवस्था के अन्य स्तरों से पैदा होने वाले दबावों से नेतृत्व को स्वायत्त रखना। टीम न बन पाने की दशा में स्वायत्तता का क्षय तय था, और परिणामस्वरूप प्रणाली के पक्ष में काम कर रही सहमति भंग हो सकती थी। जाहिर है कि क्षेत्रीय एकीकरण मजबूत और एकजुट केंद्र के बिना संभव नहीं था।

सामाजिक एकीकरण की राह में सांप्रदायिक बाधा : भारतीय राजनीतिक आधुनिकीकरण की आजादी के बाद से ही एक बहुत बड़ी समस्या धार्मिक अल्पसंख्यकों, खासकर मुसलमान समुदाय को उसके पहचान के संकट से निकालना रही है, ताकि वह सक्रिय व समान नागरिकता के संदर्भ

में सामाजिक एकीकरण की प्रक्रिया में योगदान कर सके। साठ के दशक तक मिले प्रमाण बता रहे थे कि शहरी इलाकों में इस उलझन का समाधान देहाती इलाकों के मुकाबले कहीं मुश्किल है। शहर में देहात के मुकाबले ज्यादा तेजी से सांप्रदायिक ध्रुवीकरण हो जाता था। हालाँकि मुसलमानों में राजनीतिक रूप से संगठन की प्रवृत्ति बढ़ रही थी जिससे उनका आत्मविश्वास बढ़ोतरी पर था, लेकिन दिक्कत यह थी कि इसी के गर्भ से सांप्रदायिक तनाव और हिंसा को बढ़ावा देने वाली प्रतिक्रिया भी पैदा हो रही थी। एक तरफ जनसंघ, दूसरी तरफ कम्युनिस्ट और बीच में कांग्रेस के कुछ धड़े इस हालत से राजनीतिक फायदा उठाने में लगे दिखते थे। मुस्लिम अस्मिता तनावग्रस्त थी और पाकिस्तान उसे बिगाड़ने की भूमिका निभा रहा था, ऐसे में सामाजिक एकीकरण की समस्या राजनीतिक रूप से बहुआयामी बन जाती थी। यह स्थानीय स्तर पर कुछ दलबंदियों के असंतोष से लेकर केंद्र को कमजोर करने वाली और एकता को तोड़ने वाली राजनीतिक कोशिशों तक फैली हुई थी। मुसलमानों की तरफ से नौकरियों आदि अवसरों के मामले में पक्षपात की शिकायत थी। कुल मिलाकर यह संवेदनशील मामला था जिसे सावधानीपूर्वक और कल्पनाशीलता के साथ हल करने की जरूरत थी।

जनसंख्या नीति : जनसंख्यामूलक दृष्टि से भारत का नजारा दुनिया में उद्योगीकरण की शुरुआत के दिनों में दिखे समाज परिवर्तन से भिन्न था। भारत के लिए संभव था कि उदीयमान आधुनिक सभ्यता का एक ग्रामीण आधार बना रहे जिसके तेज गति से किये जाने वाले आधुनिकीकरण के दौरान शहरी और महानगरीय शिखरों का विकास किया जाए। शहरी और देहाती भारत के बीच एक संरचनागत निरंतरता कायम रहे। आधुनिक प्रौद्योगिकी को इस विलक्षण प्रक्रिया को फलदायी बनाने के लिए इस्तेमाल किया जा सकता था। आधुनिकीकरण के सिद्धांत से जुड़े हुए सरलीकरणों को नजरंदाज करते ही लगने लगता था कि एक खुशहाल खेतिहर क्षेत्र को आधुनिक औद्योगिक सभ्यता की एंटीथीसिस नहीं माना जा सकता, बल्कि ऐसा क्षेत्र तो औद्योगिक क्षेत्र के लिए टिकाऊ आर्थिक और सामाजिक आधार भी मुहैया करा सकता है। इसी तरह आबादी के विस्फोट, उसकी आयु संरचना में परिवर्तन, आदि को आधुनिक सरकारों और नियोजित विकास के औजारों के जरिये लाभकारी परिघटना में बदला जा सकता है, जबकि इसी तरह के परिवर्तन अट्ठारहवीं और उन्नीसवीं सदी के यूरोप के लिए हिंसा, बर्बरता और आर्थिक शोषण के

नतीजों के रूप में बहुत महँगे साबित हुए थे। अगले दो दशकों में भारत की जनसंख्या का नजारा बदलने वाला था, और नेतृत्व को उसी के मुताबिक नीतियाँ बनानी थीं।

इसी के साथ जुड़ा हुआ सवाल यह था कि क्या हरित क्रांति के कारण हो रहे खेती के आधुनिकीकरण का फायदा व्यापक देहाती जनता को मिल पा रहा है, और क्या नियोजित विकास से सामाजिक न्याय पैदा हो रहा है? इसका जवाब देने के लिए जरूरी था कि नेतृत्व देहाती इलाकों में वर्ग भेद बढ़ने से रोकने के लिए नीतियाँ बनाता। हरित क्रांति को जारी रखते हुए छोटे-मँझोले किसानों, भूमिहीनों और बेरोजगारों को लाभ पहुँचाने वाली प्रौद्योगिकी विकसित की जाती। ऐसा न हो पाने की दशा में डर यह था कि कहीं जमे हुए निहित स्वार्थ सरकारी नीतियों को अपने इशारों पर न चलाने लगें जिसके कारण आम जनता का परायापन बढ़ जाता और नतीजा व्यवस्था विरोधी आंदोलनों में निकलता। तेलंगाना और नक्सलबाड़ी जैसे आंदोलनों की झड़ी लग जाती। हताश देहाती जनता शहरों की तरफ पलायन करने लगती जिससे जन-हिंसा की परिस्थितियाँ बनतीं।

शहरी जीवन की समस्याएँ : साठ के दशक के अंत तक भारत के शहर बता रहे थे कि आजादी के बाद की राजनीति और नियोजन संबंधी रणनीति ने शहरी जीवन की सबसे ज्यादा उपेक्षा की है। नियोजन पर ग्रामीण रुझान हावी रहा, और कांग्रेस पार्टी के रवैये पर देहातों से वोट बटोरने की तरकीबों की छाप रही। देहात के मुकाबले शहर बहुत छोटे थे, पर लोकतंत्र के लिए उनका महत्त्व कम करके नहीं आँका जा सकता था। राज्य व्यवस्था और दलीय प्रणाली के केंद्र शहरों में ही स्थित थे। शहरों में बहुत छोटी संख्या के होने के बावजूद असंतुष्ट तत्त्व ताकतवर जुझारू आंदोलनों को जन्म दे सकते थे। बंबई में शिव सेना का आंदोलन और कलकत्ता की केंद्र विरोधी भावनाएँ इसका सबूत थीं। छोटे शहरों का आर्थिक क्षय और अवसरों की किल्लत सांप्रदायिक घटनाओं का बड़ा कारण बनती जा रही थी। जरूरत इस बात की थी कि शहरों के निम्न-मध्यम वर्ग, गरीब परिवारों से आए छात्रों, अनुसूचित जातियों और गाँव से रोजी की तलाश में आए असंगठित क्षेत्र के मजदूरों की बहबूदी के लिए नीतियाँ बनायी जातीं। दूसरी तरफ, शहरी जीवन के सुधार के लिए स्वशासन की ऐसी संरचनाओं को प्रोत्साहन दिया जाता जिन्हें संसाधनों के लिए राज्य सरकारों का मोहताज होने के बजाय सीधे

नियोजन कोष से धन मिल जाता। इस तरह की नीतियों के बिना उन शहरी मूल्यों का विकास असंभव था जिन पर किसी राष्ट्र की खुशहाली प्रतीकात्मक रूप से टिकी होती है। ऐसे प्रतीक शहरियों द्वारा अपने शहर के साथ लगाव और उसके ऊपर गर्व करने से ही बन सकते हैं।

युवा नीति : युवा नीति की कमी एक ऐसी समस्या की तरफ नजर खींच रही थी जिसे हर कॉलेज, स्कूल और विश्वविद्यालय में देखा जा सकता था। शिक्षा संस्थानों में छात्रों की भीड़ बढ़ती जा रही थी, कामकाज की दशाएँ पुरानी पड़ चुकी थीं, अध्यापकों का स्तर घटिया था और पाठ्यक्रमों के मानक गिरे हुए थे। जरूरत इस बात की थी कि शिक्षा आयोग की भारी-भरकम सिफारिशों को कई हिस्सों में बाँटकर कार्यान्वयन लायक बनाया जाता। अच्छी बात यह थी कि शिक्षा संस्थानों में भर्ती होने वाली नयी पीढ़ी, खासकर गरीब परिवारों और नीची जातियों से आने वाले छात्र, उम्मीद और उत्साह से भरी हुई थी। उनकी प्रतिभा को सकारात्मक ढंग से गोलबंद करने का कोई प्रयास शिक्षा और युवा मंत्रालय की तरफ से होता नहीं दिखाई दे रहा था। यही कारण था कि युवा ऊर्जा विरोध के आंदोलनों की तरफ आकर्षित होती जा रही थी। यह सोचना गलत था कि विरोध के आंदोलन किसी साजिश का परिणाम हैं। दरअसल, उनके पीछे एक तरह का बगावती एहसास था, एक आक्रामक राष्ट्रवाद था जिसमें सृजन की संभावनाएँ थीं। यह युवा ऊर्जा एक टिकाऊ राजनीतिक व्यवस्था के आधार की तरह भी काम आ सकती थी। लेकिन, ये युवागण व्यवस्था द्वारा अपने आत्मसातीकरण का इंतजार करने के लिए तैयार नहीं थे। फौरन मौका न मिलने की स्थिति में वे व्यवस्था से दो-दो हाथ करने के लिए तैयार बैठे थे। राजनीतिक व्यवस्था को एक विस्तृत और दूरंदेश युवा नीति की फौरन जरूरत थी।

आर्थिक विकास के प्रश्न : जितना यह सही है कि भारतीय राजनीतिक प्रणाली की किस्मत खेतों और कारखानों में तय होने वाली है, उतना ही यह भी सही है कि उसका भविष्य आर्थिक निर्णयकर्ताओं की राजनीतिक संवेदनशीलता पर निर्भर है। साठ के दशक के आखिर में आर्थिक विकास के प्रश्न इस प्रकार थे : देहात से लेकर शहरी इलाकों तक फैली हुई भारतीय आबादी के हित के लिए आधुनिक प्रौद्योगिकी का इस्तेमाल कैसे किया जा सकता है, नियोजन और उनकी तकनीक से रोजगार के बेहतर अवसर कैसे पैदा किये जा सकते हैं, आर्थिक अवसरों के विकास की दर

शैक्षिक विकास की दर के मुताबिक कैसे हो, आर्थिक विकास के गर्भ से देहाती और शहरी इलाकों में सामाजिक विषमताओं को पैदा होने से कैसे रोका जाए, और संसाधन हासिल करने की रणनीति इस तरह कैसे बनायी जाए कि वह राजनीतिक लक्ष्यों को प्राप्त करने का सचेत उपाय बन जाए।

भारतीय अर्थशास्त्रियों और आर्थिक प्रशासकों की प्रतिभा संदेह से परे थी। इसी तरह आर्थिक अनुसंधान और सूचना का ढाँचा भी बेहतरीन था। विकास के नये कार्यभार के मुताबिक तकनीकशाही ढाँचे को दुरुस्त भी कर रहे थे। लेकिन, एक बहुत बड़ी कमी थी कि आर्थिक अभिजनों की सुचिंतित वैकासिक समझ नीतिगत प्रक्रिया का कारगर हिस्सा बनने के बजाय तदर्थवादी रवैया बनी हुई थी। आर्थिक अभिजन समस्याओं को अधिकारीतंत्र के हवाले करके निश्चिंत हो जाने की आदत के शिकार भी थे। जरूरत इस बात की थी कि प्रत्येक प्रस्ताव के आकलन के लिए एक संस्थागत इंतजाम किया जाए ताकि समग्र प्रणाली पर पड़ने वाले उसके असर का पूर्वानुमान लगाया जा सके। इसके लिए प्रधानमंत्री के सचिवालय या योजना आयोग के पर्सपेक्टिव प्लानिंग डिवीजन में एक राजनीतिक यूनिट गठित किया जा सकता था। शिक्षित युवकों, शिक्षित बेरोजगारों, शहरी निम्न-मध्यम वर्ग, छोटे और भूमिहीन किसानों, अनुसूचित और अन्य निचली जातियों, धार्मिक अल्पसंख्यकों और विभिन्न क्षेत्रों में बसने वाले आदिवासियों की समस्याओं से निबटने के लिए आर्थिक योजनाकार अलग-अलग नीतियाँ बनाने की व्यवस्था कर सकते थे ताकि इन तबकों को असंतोष और प्रणाली के प्रति नाराजगी से दूर रखा जा सके। नियोजन की रणनीति केवल तभी राजनीतिक रूप से संवेदनशील बन सकती थी।

शिक्षा व्यवस्था और लोक-प्रशासन : विकास प्रक्रिया के ये दो महत्त्वपूर्ण सूत्र सबसे ज्यादा कमजोर दिख रहे थे। सभी क्षेत्रों में हर स्तर पर शिक्षा की हालत खराब थी। युवा नीति पर चर्चा करते समय हमने इस समस्या की तरफ ध्यान खींचा था। हमने यह भी देखा था कि शिक्षा आयोग के पास सिफारिशों की भरमार है। सवाल सिर्फ यह था कि उन्हें लागू कैसे किया जाए। केंद्र का शिक्षा मंत्रालय अक्षमता और नौकरशाही से पैदा होने वाली बुराइयों का गढ़ बना हुआ था। विश्वविद्यालय अनुदान आयोग के नेतृत्व में चल रही विश्वविद्यालय प्रणाली में बड़ी गड़बड़ियाँ थीं। उच्च अध्ययन के केंद्रों को भी इस तरह चलाया जा रहा था जैसे कि वे पुराने विभागों के विस्तार

भर हों। स्कूल प्रणाली भी बहुत बुरी हालत में थी। वह तो पूरी तरह पुनर्रचना की माँग कर रही थी। शिक्षा मंत्रालय के ढाँचे और उसकी प्राथमिकताओं में जबरदस्त फेरबदल की जरूरत थी।

लोक-प्रशासन की हालत यह थी कि ऊपर से बनायी जाने वाली नयी नीतियाँ कार्यान्वयन के स्तर पर नौकरशाही के जंजाल में फँस जाती थीं। औपनिवेशिक शैली का प्रशासन किसी भी तरह की कल्पनाशीलता के काबिल नहीं था, जबकि राष्ट्र-निर्माण की प्रक्रिया में अधिकारीतंत्र को बराबर की भागीदारी करनी होती है। चाहे ढाँचा हो या मूल्य, प्रशिक्षण हो या राजनीतिक समझ, हर तरह से लोक-प्रशासन जरूरत के मुताबिक काम नहीं कर पा रहा था। यही कारण था कि बैंक राष्ट्रीयकरण के पुरजोर समर्थक भी उसके लक्ष्यों की पूर्ति पर शक कर रहे थे।

प्रशासनिक सुधार आयोग की रपट मौजूद थी जिसकी उन सिफारिशों पर अमल तत्काल किया जा सकता था जिनके ऊपर किसी को एतराज नहीं था। केंद्रीय गृह मंत्रालय को इस मामले में अपने संपूर्ण प्राधिकार का इस्तेमाल करते हुए पहलकदमी करनी चाहिए थी। यह काम किसी भी अन्य काम की अपेक्षा अहम था।

विदेश नीति के प्रश्न : हर क्षेत्र में नयी नीति बनाने और नये कदम उठाने के लिए जिस मानसिक ऊर्जा की आवश्यकता थी वह 'राष्ट्रीय अस्मिता' की अनुभूति से निकल सकती थी। इस लिहाज से विदेश नीति का प्रश्न बेहद प्रासंगिक था। बाह्य वातावरण से अगर आत्म-पहचान और आत्म-सम्मान की पुष्टि न हो, तो घरेलू मोर्चे पर पुनर्निर्माण का काम अंजाम देना मुश्किल हो जाता है।

सत्तर के दशक के नेतृत्व को इस पहलू पर विशेष ध्यान देना था। नेहरू युग की महान उपलब्धियों के बाद देश विदेश नीति के मोर्चे पर पिछड़ता चला गया था। वह बिना बात ही परनिर्भर मुद्रा अपनाकर अपने राजनीतिक रवैये में रक्षात्मक हो गया था। साठ के दशक के आखिर तक खाद्यान्न के लिहाज से भारत अधिक आश्वस्त लग रहा था, प्रतिरक्षा के मामले में भी वह पहले की तरह विश्वासहीनता का शिकार नहीं था। बड़ी ताकतों से हुए मोहभंग ने उसे हालात को हकीकत की निगाहों से देखने की क्षमता प्रदान कर दी थी। यही वे अनुकूल पहलू थे जिनके आधार पर चीन और पाकिस्तान की दुश्मनी और बड़ी ताकतों के बदले हुए रवैये के बीच विदेश नीति का

नया ताना-बाना बुना जा सकता था।

भारत जैसे संभावनापूर्ण देश लंबे अरसे तक विश्व परिस्थिति से कट कर नहीं रह सकता था। दुनिया में शक्ति संतुलन की स्थिति तरल थी, जिसमें अपनी जगह बनाने के लिए सुचिंतित पहलकदमी, स्पष्ट लक्ष्यों और धैर्यपूर्ण राजनय की आवश्यकता थी। भारत एक क्षेत्रीय ताकत की तरह उभर सकता था।

विदेशी मदद : दूसरे देशों से आर्थिक संबंधों के प्रश्न पर भारत ने बहुत दिनों से एक परनिर्भर मुद्रा अपना रखी थी। देखा जाए तो वास्तव में भारत आर्थिक और प्रौद्योगिकीय रूप से इतना परनिर्भर भी नहीं था। साठ के दशक के आखिर में स्थिति यह थी कि भारत चाहता तो विदेश व्यापार से हुई आमदनी का इस्तेमाल करके स्वदेशी प्रौद्योगिकीय विकास की तरफ कदम बढ़ा सकता था। दूसरी तरफ, विदेशी मदद को अचानक पूरी तरह ठुकरा देने की जरूरत नहीं थी। पर, मासूमियत से पेश आने वाले प्राप्तकर्ता देश के बजाय भारत के पास एक बृहत्तर अंतर्राष्ट्रीय रणनीति के अंग के तौर पर विदेशी मदद को लेने या न लेने की शर्तें तय करने की क्षमता होना जरूरी था। मदद लेते समय केवल फौरी फायदों को ध्यान में रखने के बजाय यह भी देखना आवश्यक था कि भविष्य में कर्ज के बोझ का पूरी अर्थव्यवस्था पर क्या असर पड़ने वाला है। विदेशी मदद के आधार पर चलने वाली परियोजनाओं को भारत के वैकासिक मॉडल के अनुकूल होना ही चाहिए था। केवल तभी भारतीय अर्थव्यवस्था उस मनोबल को प्राप्त कर सकती थी जिसकी ऊपर चर्चा की गयी है। हर वैकासिक कार्यभार को राजनीतिक परिप्रेक्ष्य में तौला जाना जरूरी था। ऐसी हर विदेशी मदद ठुकरा दी जानी चाहिए थी जो हमारे राष्ट्रीय आत्मसम्मान को आहत करती हो।

अगला चरण

साठ के दशक के अंत तक भारतीय मॉडल कई चरणों से गुजर चुका था। उसने असाधारण सफलताएँ हासिल की थीं, गंभीर संकटों से पार पाने में कामयाबी प्राप्त की थी, उलझनों से निबटने के लिए नये-नये रास्ते खोज निकालने की क्षमता प्रदर्शित की थी, और यह सब काम उसने पश्चिमी शैली को समूहनवादी मॉडल से बचते हुए किया था। आने वाले दशकों में समाज के सेकुलरीकरण, एकीकरण और कुल मिलाकर आधुनिकीकरण के लिए

इसी शैली के बुनियादी पहलुओं को पकड़े रहना जरूरी था। नयी मंजिलें सर करनी थीं, नयी नीतियाँ बनायी जानी थीं, और बढ़ते हुए राजनीतिकरण के गर्भ से पैदा होने वाली समस्याओं का पूर्वानुमान लगा कर कदम उठाये जाने थे। भारतीय राजनीतिक प्रणाली का भविष्य बहुत कुछ उसके राजनीतिक, प्रशासनिक और बौद्धिक अभिजनों की गुणवत्ता और सृजनशीलता पर निर्भर था। अब उन्हें एक ऐसी राजनीतिक शैली अपनाने की जरूरत थी जो वोटरों द्वारा सत्ता से बाहर कर दिये जाने से न डरती हो; विदेशी शक्तियों, संसाधनों और बुद्धिजीवियों की मुखापेक्षी न हो; समय-समय पर बदलते हुए यथार्थ को समझ सकती हो और उसी के मुताबिक नीतियों को बदल कर परिवर्तन की रफ्तार बढ़ा सकती हो; राजनीतिक गठजोड़ और उसके घटकों को परिवर्तन की इस प्रक्रिया का हामी बनाने में सक्षम हो; बगावती प्रवृत्तियों वाले भारतीय प्रबुद्ध वर्ग, शिक्षित बेरोजगारों, बेचैन युवा शक्ति, छोटे और भूमिहीन किसानों की ऊर्जा का इस्तेमाल कर सकती हो।

सबसे बड़ा सवाल यह था कि आने वाले वर्षों के लिए क्या सत्तारूढ़ कांग्रेस की नेता के तौर पर इंदिरा गाँधी में राष्ट्रीय आम सहमति का नेता बनने की संभावनाएँ दिख रही थीं? क्या वे राष्ट्रीय पुनर्निर्माण का नेतृत्व कर सकती थीं? अगर नहीं, तो क्या शीर्ष नेतृत्व में परिवर्तन की जरूरत थी?

उस समय इस बात का जवाब केवल इतना दिया जा सकता था कि १९६७ के संकट के बाद पैदा हुए हालात में इंदिरा गाँधी अपनी पार्टी के साथ राष्ट्रीय सहमति की प्रतीक बनने में समर्थ प्रतीत हो रही थीं। उनके साथ नेताओं की एक नयी पीढ़ी सत्ता में आ चुकी थी। उन्हें कुछ करके दिखाना था। करिश्मे और लोकप्रियता का इस्तेमाल करके वे संकट से पार लग सकते थे, पर पुनर्रचना के सामान्य दौर में उन्हें राष्ट्रीय जरूरतों के प्रति संवेदनशील होते हुए निर्णय प्रक्रिया को इस ढंग से चलाना था कि राजनीति के गठजोड़ात्मक आयामों की निरंतरता कायम रह सके। भारतीय मॉडल को वैचारिक ध्रुवीकरण से उतना खतरा नहीं था, जितना परस्पर संवाद के भंग होने, परस्पर विश्वास के टूटने और राजनीतिक भाईचारा नष्ट होने से था। इंदिरा गाँधी की नयी पहलकदमियों से देश में विश्वास और मजबूती का नया माहौल बन रहा था। कांग्रेस की भीतरी सहमति में वामपंथी रुझान फिर से स्थापित होता जा रहा था। संघीय सहमति को कायम रखकर वे उस जमीन को फिर से हासिल कर सकती थीं जो उनके पिता की मृत्यु के बाद से

खिसकती जा रही थी।

साठ के दशक का अंत सारी दुनिया में राजनीतिक प्रणालियों में मची हुई उथल-पुथल का गवाह था, चाहे वे लोकतंत्र के गढ़ हों, या फिर समाजवाद के हरावल। हर जगह गिरेबान में झाँकने का दौर था। हर जगह बुद्धिवाद और परिवर्तन की शक्तियाँ विवेकहीनता, प्रतिक्रिया और यथास्थिति का सामना कर रही थीं। ऐसे विश्व-संदर्भ में भारतीय मॉडल की परीक्षा और भी ध्यान आकर्षित करने वाली थी। उसकी कामयाबी और नाकामी दोनों के ही अंतर्राष्ट्रीय परिणाम निकल सकते थे।

सबसे बड़ा सवाल यह था कि लोकतांत्रिक राजनीति की फौरी परिणामवादी जरूरतों को लगातार लोकतांत्रिक आदर्श और यूटोपिया से कैसे आवेशित रखा जाए। यह एक कठिन और कभी खत्म न होने वाला दायित्व था जिसका एहसास अगर किसी को सबसे ज्यादा था तो वे आजाद भारत के महान नेता जवाहर लाल नेहरू ही थे। जिस समय उन्होंने अपनी आँखें हमेशा के लिए बंद कीं, उनकी डेस्क पर अंग्रेजी के कवि राबर्ट फ्रास्ट की ये पंक्तियाँ लिखी हुई मिली थीं :

मनोरम है वन, गूढ़ और गहन भी
पर पूरे करने हैं मुझे न जाने कितने वायदे
विश्राम से पहले पूरा करना है कोसों का रास्ता
कोसों चलना है विश्राम से पहले।

राबर्ट फ्रास्ट के शब्दों में नेहरू ने जो कहना चाहा था वह साठ के दशक के अंत में भी प्रासंगिक था। पश्चिमी देशों और भारत के संकल्प में बुनियादी फर्क यह था कि उन समाजों ने अपने लक्ष्यों को कमोबेश हासिल करके अपने यूटोपिया पर शक करना शुरू कर दिया था, लेकिन भारत अपने लोकतांत्रिक यूटोपिया को एक दूरस्थ मंजिल की तरह ही देख पा रहा था। भारत की दृष्टि मुख्यतः भविष्यवादी थी। आत्मसंदेह से उसकी लय टूट सकती थी। नेहरू को राष्ट्र-निर्माण की द्वंद्वात्मकता की गहनता का पूरा एहसास था। इसी को ध्यान में रखकर उन्होंने वायदा किया था कि 'हमारा सरोकार भारत के भविष्य का निर्माण करना है। इसीलिए मैं, हम सब और हमारा यह सदन इतिहास द्वारा डाली गयी इस जिम्मेदारी के तहत इस समस्या का सामना करने के लिए तैयार हैं।' साठ के दशक अंत में नेहरू के बाद की पीढ़ी के नेताओं के ऊपर इतिहास की यही जिम्मेदारी थी।

III

भारतीय उद्यम की पुनर्रचना की आवश्यकता

नेहरू के साथ समस्या यह थी कि लोकतांत्रिक स्वभाव से संपन्न एक अच्छे प्रधानमंत्री होने के बावजूद वे समाज के अभिजन तबके के बेहद नजदीक थे। वे सारे देश में घूमते थे, वे लोगों को मुक्त करना चाहते थे, वे जनता को आजादी और समृद्धि देना चाहते थे लेकिन उनकी शैली कुछ इस तरह की थी जिससे लोगों की लोकतंत्र में भागीदारी खुल नहीं पाती थी। कई सफलताएँ हासिल करने के बावजूद वे लोगों को उनके भविष्य का मालिक बनने लायक हालात मुहैया करने में नाकाम रहे। लालबहादुर शास्त्री का कार्यकाल बहुत छोटा था लेकिन उन्होंने इस अवधि में जो कुछ किया, उससे लगता है कि अगर उन्हें वक्त ने कुछ और मौका दिया होता तो वे काफी अच्छा काम कर सकते थे।

इंदिरा गाँधी एक ऐसी प्रधानमंत्री थीं जिनकी उँगलियाँ न केवल राजनीति की नब्ज पर रहती थीं, बल्कि उनके पास भारत को एक महान शक्ति बनाने की दृष्टि भी थी। उनके पास देश के मानस को प्रभावित करने की क्षमता थी। गरीबी हटाओ का नारा सिर्फ एक राजनीतिक हथकंडा नहीं था। इस नारे ने सारे देश के पैमाने पर मामूली जनता का जो समर्थन हासिल किया, वैसा देश की सभी कम्युनिस्ट पार्टियाँ मिलकर भी प्राप्त नहीं कर सकीं। मैं इंदिरा गाँधी का गुणगान नहीं कर रहा हूँ लेकिन यह एक तथ्य है कि वे अन्यों की तुलना में सबसे कामयाब प्रधानमंत्री मानी जाएँगी। सत्तर के दशक में पहले इंदिरा गाँधी के 'गरीबी हटाओ' नारे ने उम्मीद दिखाई कि वे अपनी नयी अर्थनीति और गतिशील नेतृत्व के माध्यम से राष्ट्रीय आम सहमति का नवीकरण कर सकेंगी, लेकिन उन्होंने जो किया वह साझा सहमति पर चलने वाले लोकतांत्रिक केंद्र की जगह अपनी पार्टी, निजी तौर पर अपने और अपने परिवार के प्रभुत्व वाले केंद्र की स्थापना थी। इसकी परिणति आपात्काल में निकली जिसके खिलाफ किये गये शानदार संघर्ष के परिणामस्वरूप जनता पार्टी सत्ता में आयी, पर वह अपनी गुरुतर जिम्मेदारियों को नहीं समझ पाने के कारण फिर से इंदिरा गाँधी की वापसी की जिम्मेदार बन गयी। श्रीमती गाँधी ने अपने पिछले पराभव से तकरीबन कोई सबक नहीं सीखा और केंद्र के रंग-रुतबे को बुलंद रखते हुए क्षेत्रीय अस्मिताओं की उपेक्षा करने की राह पर चलती रहीं। इसी कारण से उनके दूसरे कार्यकाल

में केंद्र को कभी तेलुगू देशम की लोकतांत्रिक, कभी पंजाब में आतंकवाद की अलोकतांत्रिक या कभी असम के छात्रों की जुझारू चुनौतियाँ मिलती रहीं। खुद इंदिरा गाँधी शारीरिक रूप से इन्हीं प्रक्रियाओं के कुपरिणामों की शिकार हो गयीं। उनके बेटे राजीव गाँधी ने भारतीय मॉडल को पूरी तरह छोड़ने की शुरुआत की और एक प्रबंधकीय-तकनीकशाही शैली अपनाते हुए लोकतंत्र को अपने इरादों के मुताबिक मोड़ने की कोशिश की। वे विदेश नीति में बहुत कच्चे साबित हुए और श्रीलंका के तमिल पृथकतावादी आंदोलन से रिश्तों के मामले में सिद्धांतहीन रवैया अपनाने की बलि चढ़ गये।

जैसे ही मंडल आयोग की रपट पर राजीव गाँधी को अपदस्थ करके आयी राष्ट्रीय मोर्चा सरकार ने अपनी मुहर लगायी है और सभी पार्टियों ने भी उन्हें मान लिया, वैसे ही लोकतंत्र में आम जनता की सहभागिता के कारण पैदा हो सकने वाली कथित 'विकृतियों' को लेकर प्रबंधकीय-तकनीकशाही हलकों में चिंता बढ़ गयी। १९९० में मंडल आयोग की रपट के खिलाफ हुए आत्मदाहों और विश्वविद्यालयों के परिसरों में भड़की हुई उत्तेजना के साथ-साथ सामाजिक रूप से उत्पीड़ित तबकों को विशेष सुविधाएँ देने के उसूल के प्रति रवैये को इसी प्रवृत्ति की रोशनी में देखा जाना चाहिए। आरक्षण के खिलाफ इस प्रतिक्रिया को प्रतिष्ठित प्रोफेसरों, प्रमुख पत्रकारों और लेखकों ने भी अप्रत्यक्ष समर्थन दिया था। आरक्षण के कारण जनता दल जैसी पार्टियों में मतभेद पैदा हो गये थे। वामपंथी पार्टियों और कांग्रेस के भीतर भी बेचैनी फैल गयी थी। दरअसल, मंडल परिघटना को आज तक हाशिये पर पड़े रहे तबकों की बढ़ती हुई राजनीतिक चेतना से जोड़ कर देखा जाना चाहिए था जिसके कारण उन्होंने चुनावों, विधायिकाओं और राजनीतिक दलों के मंचों पर अपनी दावेदारी पेश करनी शुरू कर दी थी।

नब्बे के दशक में छोटी-छोटी अवधियों के लिए प्रधानमंत्री रहे वी.पी. सिंह, चरण सिंह, चंद्रशेखर, देवगौड़ा और गुजराल का रिकॉर्ड मिला-जुला रहा। इनमें सबसे निराशाजनक काम गुजराल ने किया। उन्होंने दरअसल कुछ किया ही नहीं, हालाँकि उनसे उम्मीदें काफी थीं। सबसे बुरे प्रधानमंत्री थे नरसिंह राव। राव के कार्यकाल में सबसे ज्यादा घोटाले हुए, बाबरी मस्जिद तोड़ी गयी, सरकार बचाने के लिए लोगों को जम कर खरीदा गया, वे खुद घोटालों में शामिल पाए गये और उन्हीं के कार्यकाल में देश ने नवउदारतावादी चिंतन के गर्त में छलाँग लगायी।

जाहिर है कि उत्तर-नेहरू युग के नेताओं ने अपनी जिम्मेदारी ठीक से नहीं निभायी? आज नयी सहस्राब्दी के मुहाने पर खड़े होकर मुझे यह कहने में जरा भी संकोच नहीं है कि भारतीय अभिजन इतिहास द्वारा दिये गये मौके का लाभ उठाने में चूक गये। बजाय इसके कि वे भारत को विश्व के एक अनूठे आधुनिक राष्ट्र की तरह विकसित करते, उन्होंने एक-एक करके पिछले पैंतीस सालों में समस्याओं के सामने समर्पण करते हुए मूल मॉडल छोड़कर इस देश को किसी भी विकसित पूँजीवादी देश की अनुकृति बनाने का रास्ता अख्तियार कर लिया है। चूँकि उनकी यह परियोजना भारतीय समाज और व्यक्ति की नैसर्गिक प्रकृति से मेल नहीं खाती, इसलिए हो यह रहा है कि बनते हुए भारतीय राष्ट्र में पश्चिमी देशों की राजनीति की अच्छाइयाँ कम और बुराइयाँ ही ज्यादा दिखाई देती हैं।

मौजूदा हालात : दो व्याख्याएँ

कुल मिलाकर इस समय भारत बदलाव के दौर में है और इस बदलते हुए भारत की दो व्याख्याएँ संभव हैं। जाहिर है कि इस संक्रमणकालीन भारत का भविष्य विकासमान है जिसमें हस्तक्षेप की दो अलग-अलग रणनीतियाँ हो सकती हैं। पहली व्याख्या तो यह है कि हमारी आँखों के सामने जो भारत है वह जीर्ण-शीर्ण हो चुका है, इस उपमहाद्वीप की भित्ति दरक रही है, अपने पड़ोसी राष्ट्रों और राज्यों से इसके संबंध अच्छे नहीं हैं, यह भौगोलिक और सामाजिक रूप से भीतर ही भीतर टूट रहा है, और इसे राजनीतिक रूप से एक रखना नामुमकिन है। सांस्कृतिक स्तर पर और यहाँ तक कि सभ्यता के रूप में भी इस पर कई तरह के दबाव पड़ रहे हैं जिनसे इस सभ्यता का पारंपरिक संतुलन और टिकाऊपन गड़बड़ा सकता है। हालाँकि, कई लोगों का यह भी मानना है कि यह सभ्यता पहले भी कई तरह के प्रहारों को झेलने के बावजूद किसी-न-किसी प्रकार टिकी रही है, लेकिन इस बार समस्या गंभीर है। भारत पर एक तरफ उपभोक्तावाद और भूमंडलीकरण का हमला हो रहा है और दूसरी तरफ नाना प्रकार के टकरावों के शुरू हो जाने से बढ़ती हिंसा की प्रवृत्ति इसके सामाजिक ताने-बाने को आंतरिक रूप से तार-तार किये दे रही है। मध्यस्थता, सुलह और बातचीत के माध्यम से विवाद निपटाने की संस्कृति लंबे समय तक भारतीय लोकतंत्र का विशेष गुण रही है, लेकिन हिंसा की यह प्रवृत्ति इस संस्कृति की क्षमताओं से परे चली गयी है। अर्थात,

हम जिस भारत को जानते हैं वह सिर्फ 'संकट' में ही नहीं है, बल्कि अपने नाश के अंतिम दौर में प्रवेश कर रहा है।

लेकिन इस संक्रमण की बिलकुल अलग तरीके से भी व्याख्या की जा सकती है कि यह सब एक नये भारत के जन्म की प्रसव-पीड़ा ही है। इस व्याख्या के अनुसार भारतीय संरचना न केवल खासी संकुल और बहुस्तरीय है, बल्कि बहुफलकीय भी है। शायद इसीलिए यह अपने किसी भी साफ-सुथरे और विश्वस्त चित्रण के प्रयास को नाकाम करती रहती है। अभिव्यक्ति की इस समस्या का एक कारण यह भी हो सकता है कि हम एक अलग तरह के यथार्थ को बौद्धिक स्तर पर समझने, सामाजिक स्तर पर उसके साथ तालमेल बिठाने और उसे स्वीकार करने में नाकाम रहे हैं। यह ऐसा यथार्थ है जो परिधि पर स्थित असंगठित समूहों और 'देसी' अभिजात वर्ग के उभरने का प्रभाव लिए हुए है। हम इसे समझने और इससे तालमेल बैठाने में इसलिए नाकाम रहे क्योंकि हम अब तक देश को शीर्ष पर बैठकर देखने की कोशिश करते हुए निरंतर एक 'व्यवस्था' और 'व्यवस्था-परिवर्तन' की तलाश में लगे रहे हैं।

यह दृष्टिकोण न सिर्फ राष्ट्रीय स्तर के राजनेताओं, नौकरशाहों और नियोजकों का है, बल्कि अकादमिक विद्वानों और शानदार दफ्तरों के एकांत कमरों में बैठे मीडिया महंतों का भी है। इसके अलावा उन सामाजिक कार्यकर्ताओं और गैर-सरकारी संगठनों के केंद्रों में बैठे कार्यकर्ताओं की दृष्टि भी यही है जिनके जरिये सामाजिक परिवर्तन के ढेर सारे प्रक्रम चलाये जाते हैं। ये लोग अति-संचार के शिकार हैं। ढेर सारी जानकारियों और ज्ञान के बावजूद उनकी समझ बहुत कम है (वर्गीय हितों और अभिजातवर्गीय असुरक्षा के कारण सूचना और ज्ञान भी विकृत हो चुका है)।

सार्वजनिक 'चिंता' के बारे में इन स्वघोषित महाकेंद्रों में से हर एक काफी विलाप कर चुका है। हमें बताया जाता है कि कोई कानून का पालन नहीं कर रहा है। लंबे समय से स्वीकृत सार्वजनिक मान्यताओं का लगातार उल्लंघन हो रहा है। नैतिक स्तर में भारी गिरावट आ गयी है और हर व्यक्ति संविधान में उल्लिखित मूल्यों और प्रतिबद्धताओं के बुनियादी ढाँचे की अवहेलना कर रहा है। फिर भी, क्या इसकी वजह यह तो नहीं है कि आज व्यापक जनता को जिन मुद्दों का सामना करना पड़ रहा है, वे उन मुद्दों से बुनियादी तौर पर अलग हैं जिनका वह पिछले २०-२५ सालों से सामना

करती रही है। कहीं ऐसा तो नहीं है कि जनता एक ऐसे संधिकाल से गुजर रही है जहाँ पूर्व-प्रचलित नैतिक आचार संहिता प्रासंगिक नहीं रह गयी है और नयी संहिता का अब तक जन्म ही नहीं हुआ है? दरअसल, मूल्यों और मान्यताओं के उल्लंघन का विलाप उस प्रभु-वर्ग की तरफ से सुनायी पड़ रहा है, जो एक ऐसी मूल्य-प्रणाली और एक व्यवस्था से बँधा हुआ है जिसका व्यापक जनता के लिए कोई अर्थ नहीं रह गया है।

बेचैनी का कारण : हुआ यह है कि एक राष्ट्र के रूप में हमारा आत्मविश्वास खत्म हो गया है और यही इस बेचैनी का मूल कारण है। यह राष्ट्र अब तक जिस तरह के लोगों द्वारा शासित होता रहा है, उनकी प्रवृत्तियाँ साफ तौर पर मध्यमार्गी और राष्ट्रवादी थीं। ये लोग राष्ट्र-संचालन में स्थापित मान्यताओं और पहले से तय तरीकों का इस्तेमाल करते थे। यह एक ऐसी दुनिया थी जिसमें स्थायित्व था, जिसमें 'वृद्धि' और 'विकास' की निरंतरता थी और राष्ट्र-राज्य टिकाऊ लगता रहता था। आज हमारा न सिर्फ आत्मविश्वास खत्म हो चुका है, बल्कि वह आशा भी खत्म हो गयी है जिसके कारण ज्यादातर लोगों को जीवन में कोई-न-कोई संभावना नजर आती थी। (हालाँकि बिलकुल निचले स्तर पर उपेक्षित लोगों को उस वक्त भी उम्मीद नहीं थी। इन लोगों की परवाह किसी को नहीं थी। लेकिन ऐसे वंचितों को इतना जरूर लगता था कि एक-न-एक दिन 'विकासवादी प्रतिमान' उन्हें गर्त से निकाल लेगा)। पहले हमें लगता था कि हम ऐसे राष्ट्र के अंग हैं जो किसी-न-किसी प्रकार हमें टिकाये रखेगा। हमें स्वास्थ्य, शिक्षा और अच्छे रहन-सहन की न्यूनतम सुविधाएँ मिल पाएँगी। सारे सूचकांक ऊपर चढ़ते रहेंगे—मसलन औसत आयु बढ़ती रहेगी, बाल मृत्यु-दर घटती रहेगी, लोग गरीबी रेखा से ऊपर उठते रहेंगे—मूल्य स्थिर बने रहेंगे, साक्षरता धीमी गति से ही सही पर बढ़ती रहेगी। उन शहरों का विकास होता रहेगा जो अपनी गंदगी और अपने शून्य के बावजूद कमजोर वर्गों की स्थिति में सुधार का एक मौका प्रदान करते हैं। ज्यादातर लोगों के जीवन में उद्यम के नये अवसर आते रहेंगे, मसलन नये व्यापार, दस्तकारी की वस्तुओं का विपणन, सृजनात्मक कला, डिजाइन और ग्राफिक्स की दुनिया, वैज्ञानिकों और जनता को आधुनिक विज्ञान के रहस्यों के बारे में शिक्षित करने में लगे अन्य लोगों के व्यापक प्रयोग जारी रहेंगे। दिक्कत यह है कि इस सारे कारोबार के जारी रहने और विस्तृत होते रहने के बावजूद हममें उत्साह और आत्मविश्वास की कमी हो गयी है।

अब यह समस्त कार्य-व्यापार संयुक्त प्रयास का अंग नहीं लगता। ऐसा प्रतीत नहीं होता कि यह सब भारतीय समाज की तस्वीर बदल रहा है। अब इसमें पहले जैसा सहयोजन और आत्मविश्वास नहीं दिखता।

खासतौर से अब यह उम्मीद तो समाप्त हो ही चुकी है कि राष्ट्रीय समृद्धि में हर व्यक्ति को हिस्सा मिलेगा। गरीब से लेकर मध्यवर्ग तक जनता के व्यापक तबकों में असुरक्षा की भावना स्पष्ट रूप से बढ़ रही है। सिर्फ समाज का बेहद धनी वर्ग ही इसका अपवाद है जिसकी भद्दी और निष्ठुर जीवन-शैली ने लोगों के मन में अन्याय और अलगाव के प्रति आक्रोश भर दिया है। यह भावना जोर पकड़ रही है कि जो अमीर हो सकते हैं, हो जाएँ और जो नहीं हो सकते, उन्हें उनके हाल पर छोड़कर भुला दिया जाए।

यह मानसिकता ऊपर चढ़ रहे मध्यवर्गीय प्रोफेशनल लोगों की भी है। इनमें न सिर्फ वकील, डॉक्टर और पीडब्ल्यूडी के भ्रष्ट इंजीनियर शामिल हैं, बल्कि अकादमीशियन, पत्रकार और गैर-सरकारी संगठनों के कार्यकर्ता और वे लोग भी शामिल हैं जिन्हें विदेशी नौकरियाँ मिल सकती हैं, या जिन्हें विदेश दौरे का अवसर मिल सकता है। लेकिन, अभी तक प्रगति की सीढ़ियाँ चढ़ने में लगे हुए इस मध्यवर्ग में भी अधोगमन की प्रक्रिया शुरू हो गयी है। बढ़ती हुई बेरोजगारी और मुद्रास्फीति, पेट्रोल जैसी विलासिता सामग्रियों और आवास की ऊँची कीमतों के साथ-साथ शिक्षा और स्वास्थ्य जैसी आवश्यक सेवाओं में आयी गिरावट उन्हें त्रस्त कर रही है। इन स्थितियों ने प्रगति और अच्छे जीवन के बारे में उनकी पुरानी धारणाओं को गड़बड़ा दिया है।

जीवन की संभावनाओं के बारे में आत्मविश्वास और आशावाद के इस क्षय के साथ अच्छा काम कर सकने की राज्य की क्षमताओं पर सवाल खड़ा करने की प्रवृत्ति भी बढ़ रही है। अस्मिताओं, विशेष तौर पर राष्ट्रीय अस्मिताओं का क्षरण तो हो ही रहा है, संस्थागत, व्यावसायिक और अन्य द्वितीयक अस्मिताओं का भी क्षरण हो रहा है। राष्ट्रीय केंद्र अर्थात नयी दिल्ली का महत्त्व लगातार घट रहा है। उसकी गरिमा और अधिकार में भी गिरावट आयी है। प्रधानमंत्री, मंत्रियों, सचिवों से लेकर सरकार और विभिन्न आयोगों के सदस्यों और सबसे ऊपर योजना आयोग के प्रति सम्मान भी कम हो रहा है।

यही हैं वे हालात जिनमें अस्मिताओं की तलाश हो रही है। पूर्व-स्थापित अस्मिताओं के आर-पार नये संबंधों को रचने के प्रयास किये जा रहे हैं।

संबंधों में हो रहे परिवर्तनों को नये ढंग से समझने की कोशिश हो रही है। जाहिर है कि चारों तरफ घोर कलह और असुरक्षा के माहौल में नये नेतृत्व के संपूर्ण अभाव और नवीन और प्रासंगिक दृष्टिकोण की कमी के कारण इस नयी समझ के प्रति लोग अभी आश्वस्त नहीं हैं। फिर भी नवीन बोध और संवेदनशीलता के लक्षण दिखाई पड़ रहे हैं। पुराने बंधनों से मुक्त होने का अहसास है, साथ में संभावित नये बंधनों को लेकर बेचैनी भी है क्योंकि ये नये बंधन मौजूदा बंदोबस्त को गड़बड़ा सकते हैं और उसकी वजह से क्षय और अराजकता का भी अंदेशा हो सकता है। पुरातन से मुक्ति और नवीन के डर की मिली-जुली अनुभूति हावी होती जा रही है। यही है वह खास तरह की मनोदशा जिसे 'स्वतंत्रता में निहित भय' का नाम दिया जाता है। और इसी में उस भय से मुक्ति की संभावना रहती है जो न जाए कब से कितने ही लोगों को नये-नये रास्ते अपनाने का जोखिम उठाने से रोकता रहा है।

चूँकि ज्यादातर लोगों के लिए भविष्य अभी भी अनिश्चित है, इसलिए उसके बारे में आशावादी या निराशावादी होने का कोई तुक नहीं है। चारों तरफ गहरी द्वैधवृत्ति छायी हुई है। वामपंथी हों या दक्षिणपंथी, धार्मिक हों या धर्मनिरपेक्ष, परंपरानिष्ठ हों या पश्चिमीकृत—सभी लोग इसकी भींच में फँसे हुए हैं। यद्यपि भारतीय व्यक्तित्व के लिए यह द्वैधवृत्ति कोई नयी बात नहीं है, लेकिन इस बार नयी प्रवृत्ति जबरदस्त रूप से बदले हुए सामाजिक और राजनीतिक माहौल में प्रकट हुई है। ऊपर से यह अहसास भी तेजी से बढ़ रहा है कि संस्थाएँ अब उम्मीद के मुताबिक कार्य नहीं कर पा रही हैं। कई लोग मानते हैं कि चीजें बिखर रही हैं, पर ऐसे लोग भी हैं जो इस घटनाक्रम को महत्त्वपूर्ण मानते हैं क्योंकि यथास्थिति में उनके लिए ज्यादा कुछ था भी नहीं।

यह स्थिति खासतौर पर शहरी इलाकों और उनमें भी बड़े शहरों में ज्यादा साफ दिखाई पड़ती है। इसे कुछ लोगों ने उत्तर-आधुनिक दुस्वप्न की संज्ञा भी दी है। शहरों में रहनेवालों की तेजी से बढ़ती संख्या का वास्तविक अभिप्राय हम अब तक नहीं समझ सके हैं। हम इस तथ्य को भी अभी ठीक से ग्रहण नहीं कर पाए हैं कि बढ़ती अशांति शहरों में स्वयं को एकदम नये तरीके से व्यक्त करेगी और बिलकुल नये तरह के समुदायों और सामाजिक विविधता की नयी अभिव्यक्तियों के उभरने की संभावना पैदा होगी। हम शहर की लंबे समय से उपेक्षा कर रहे हैं और वह भी ऐसे दौर में जब ग्रामीण क्षेत्रों

और पर्यावरण की उससे भी बड़ी उपेक्षा की जा रही है। इस उपेक्षा के कारण गाँवों की कामकाजी आबादी शहरों की तरफ भागने को मजबूर है। ये स्थितियाँ हमें बिलकुल अलग तरह के मुद्दों पर ध्यान देने के लिए बाध्य कर रही हैं। ऐसे मुद्दों को आमतौर पर 'शहरीकरण' की समस्या के दायरे में नहीं समझा जा सकता।

'असंगठित क्षेत्र' का दायरा लगातार व्यापक होता जा रहा है और उसमें जाति और समुदाय की नयी संरचनाएँ उभरनेवाली हैं। गाँव से शहर आनेवाले समुदायों में पिछड़ों, दलितों और सामाजिक जड़ों से कटे हुए लोगों की उपस्थिति बढ़ रही है। बढ़ते हुए असंतोष से तमतमाये हुए लोगों और असंतुष्ट महिलाओं का समूह बढ़ता जा रहा है। लाखों-लाख बेघर बच्चे अपना श्रम और शरीर बेच रहे हैं। ध्यान देने की बात यह है कि अपनी समस्याओं से जूझते हुए पारंपरिक मान्यताओं का उल्लंघन कर रहे हैं और हम नये तरह के विचारों और आचरण-पद्धतियों के प्रयोगों में लिप्त हैं।

नयी मान्यताओं और आचरण-पद्धतियों की रूपरेखा स्पष्ट नहीं है। सामाजिक और अन्य क्षेत्रों में सक्रिय होकर नये अवसरों को हासिल कर रहे युवाओं, गरीब महिलाओं और पारंपरिक दस्तकारों और कलाकारों के सामने जाति और परिवार के सनातन ढाँचे के अलावा कोई और मॉडल नहीं है। परंतु नयी चुनौतियों का सामना करने में धार्मिक आस्थाएँ कम-से-कम उपयोगी साबित हो रही हैं। ऐसी स्थिति में हमें आर्थिक जीवन के बरक्स बिलकुल नये संदर्भों, धर्मनिरपेक्ष राजनीति की नयी संरचनाओं और नागरिक समाज के संयोजन से दो-दो हाथ करने पड़ेंगे।

'मंडल परिघटना' का मतलब सिर्फ नौकरियों में आरक्षण और मध्यवर्ग के मन में आर्थिक अंदेशे पैदा करने से कहीं ज्यादा समझा जाना चाहिए। इस परिघटना ने ऐसे मौके पर गरीबों के राजनीतिक और सामाजिक दावे को व्यक्त किया है जब उदारीकरण की आर्थिक नीतियाँ और हिंदुत्व की सामाजिक चुनौती उसके अस्तित्व के लिए खतरा बन गयी है। लेकिन, उदारीकरण और हिंदुत्व, दोनों ही असफलताओं के अंदेशों से अभिशप्त हैं। कहना न होगा कि आज के भारत के पास सामाजिक शक्तियों के इस नये संयोजन को देने के लिए कुछ नहीं है क्योंकि ये शक्तियाँ धर्मनिरपेक्ष अस्मिता और लोकतांत्रिक प्रक्रिया की नयी परिभाषाओं की माँग कर रही हैं।

इंदिरा गाँधी ने एक बार कहा था कि भारत में दो ही बहुसंख्यक समुदाय

हैं—गरीब और युवा। गरीबों के दावे को उत्तरोत्तर दरकिनार किया जा रहा है। इस संबंध में मध्यवर्ग की नैतिक संवेदना का क्षय हो चुका है। लेकिन, जब गरीबों का बहुमत युवा हो, तो वह अपनी उपस्थिति दर्ज करके ही मानता है चाहे वह बढ़ता दावा अशांतिकारक और स्थापित ढाँचे में उथल-पुथल पैदा करनेवाला ही क्यों न हो। बहरहाल भविष्य के बारे में किसी भी ठीक-ठीक अनुमान के लिए युवा पीढ़ी की संभावनाओं और इरादों का पूरा आकलन आवश्यक है। युवाओं की सांस्कृतिक रूपरेखा और अभिप्रायों को जाति और समुदाय के संदर्भ में समझना होगा। उनकी आंतरिक संरचना और उसमें संभावित कई तरह की परस्पर विरोधी धाराओं का पूरा आकलन करना होगा।

इसी बिंदु पर वर्तमान युवा पीढ़ी के भीतर जबरदस्त तनाव और अंतर्द्वंद्व दिखाई पड़ता है। एक तरफ आर्थिक रूप में खुशहाल युवा पीढ़ी के भीतर यप्पी किस्म का उपभोक्तावाद, नशीले पदार्थों और घर-परिवार के दायरे के बाहर अभिजात-वर्गीय आमोद-प्रमोद के प्रति आकर्षण बढ़ता है। दूसरी तरफ ज्यादा-से-ज्यादा समृद्धि अर्जित करने के लिए युवा-गण नये तरह के अपराधों की शुरुआत करते दिखते हैं। युवक शक्ति-प्रदर्शन के लिए सड़क पर गुंडागर्दी और एक समुदाय या दूसरे के खिलाफ हिंसा या स्वयं अपने खिलाफ हिंसा (जैसे आत्मदाह) वगैरह का सहारा भी लेते हैं। गरीब युवाओं में बाजार और जन-संचार माध्यमों के प्रलोभन में फँसने की प्रवृत्ति रहती है। लेकिन, ज्यादा संभावना इस बात की रहती है कि वे व्यवस्था के भीतर अपनी जगह बनाने के लिए ही कोशिश करें, फिर चाहे यह जगह फुटपाथी बच्चों या बाल मजदूरों के रूप में ही क्यों न मिले।

इस व्यवस्था के दरवाजे ऐसे युवकों के लिए नहीं खुलनेवाले हैं और यह हर हाल में संकुचित (कम नौकरियाँ, ईर्ष्या और संशय अधिक) होती ही चली जाएगी। जाहिर है कि औपनिवेशीकरण करनेवाली बाहरी ताकत से एकीकृत होने की परियोजना नाकाम ही होती है। ऐसी हालत में एक नये पुनरुज्जीवन और एक नयी अस्मिता की उत्पत्ति होने की संभावना है। कम-से-कम उसकी सक्रिय तलाश तो शुरू होनी ही है। इस दौरान हितों का एक नया गठजोड़ भी उभर सकता है जो वर्ग और जातीयता के उभरते आंदोलनों से ऊर्जा ग्रहण करते हुए एक नये आंदोलन को आकार देगा। यह नया आंदोलन 'शिक्षा', नये व्यवसायों के प्रशिक्षण और संचार के नये तरह के प्रयोगों की नयी आवश्यकता पर आधारित होगा। मौजूदा उदारतावादी प्रतिमान शायद युवकों की इन जरूरतों

को पूरा नहीं कर सकते, इसलिए 'ज्यादा लोकतंत्र' की अपनी तलाश को पूरा करने के लिए नयी पीढ़ी नये तरीके ईजाद कर सकती है।

वर्ग, युवा, स्त्री और जातीयता के इन्हीं उभरते सवालों की पृष्ठभूमि में आनेवाले वर्षों और दशकों में भारतीय उद्यम की पुनर्रचना की चुनौती से हमें टकराना पड़ेगा। राज्य जैसे-जैसे न्याय सुनिश्चित करने और न्यूनतम सामाजिक कल्याण के कार्यों, शिक्षा और स्वास्थ्य, आवास और बुनियादी सुविधाएँ देने की जिम्मेदारी को छोड़ता जाता है, वैसे-वैसे नये संस्थागत मॉडलों की जरूरत पैदा होती है। नयी सहकारिता, 'मजदूरों' द्वारा नियंत्रित नये संगठनों (कमानी प्रयोग उनका एक उदाहरण है) के रूप में नये स्वावलंबी समुदाय बनते हैं। नतीजतन, नागरिक समाज द्वारा प्रदत्त गुंजाइशों को नया स्वरूप देना पड़ता है। इस गुंजाइश पर अब तक एक केंद्रीकृत राज्य और एक औपनिवेशिक नौकरशाही हावी थी। नये हालात में इसे नवजीवन और नयी 'मुक्ति' मिलने की संभावना उभर आती है।

इन स्थितियों में एक नयी अलग राजनीतिक संरचना भी उभर सकती है। केंद्रीय सत्ता यानी नयी दिल्ली में ही सब-कुछ न देखने की शुरुआत पहले ही हो चुकी है। न सिर्फ जातीय अस्मिता और क्षेत्रीय आत्मनिर्णय के आंदोलन केंद्रीय सत्ता से दूर जा रहे हैं बल्कि सामाजिक और आर्थिक न्याय के आंदोलन भी उससे परे हट रहे हैं। चाहे मंडलवाद का आंदोलन हो, या विस्थापन और जबरिया बेदखल किये जाने के खिलाफ आदिवासियों का संघर्ष हो, सभी केंद्रीय सत्ता से परे हट रहे हैं। इसी क्रम में नारी का व्यक्तित्व बिलकुल नये तरह का दावा पेश कर रहा है। इस दावे में दमन के देशी ढाँचे के खिलाफ विद्रोह की गहरी भावना है। यह भावना शहरों और अंतर्राष्ट्रीय रुझानवाले नारीवादियों में नहीं पायी जाती है (हालाँकि इस बात में कोई शक नहीं कि ये दूसरे तरह के नारीवादी पहलेवाले के लिए गुंजाइश पैदा कर रहे हैं)। इसी सिलसिले में 'भारत' के फिर से उठ खड़े होने की प्रक्रिया को भी रखा जा सकता है। यह 'भारत' शरद जोशी द्वारा (कथित प्रगतिशील किसानों की तरफ से) वर्गीकृत भारत नहीं है बल्कि आदिवासी और विभिन्न देशज समूहों में पायी जानेवाली जमीनी लोकतंत्र की वास्तविक और गंभीर तलाश द्वारा निर्धारित भारत है। यह उन पारंपरिक दस्तकार समुदायों का भारत है जो भारतीय हस्तकला और संस्कृति का निर्यात करने की कोशिश में लगे शहरी और अंतर्राष्ट्रीय पूँजीपतियों से संघर्ष कर रहा है। यह उन कलाकारों,

कार्यकर्ताओं और वैकल्पिक मीडिया के हिमायती लोगों का भारत है जो अपने और अपने देश के लिए नयी अस्मिता की खोज कर रहे हैं।

ये सभी मिलकर नये तरह के 'विशेष स्वार्थों' या सत्ता के गलियारों में गुटबाजी कर रहे प्रोफेशनल और व्यावसायिक समूहों के खिलाफ अर्थात विदेशी हितों से गठजोड़ करनेवाले उन देशद्रोहियों के खिलाफ हैं जो 'राष्ट्रवादी' का छद्मवेश धारण किये हुए हैं (और संस्कृति और राष्ट्रीयताओं के वास्तविक आंदोलन को राष्ट्र-विरोधी बता रहे हैं)। इसके अलावा पुराना समाजवादी शब्दाडंबर भी इन लोगों के गले नहीं उतर रहा है (इस शब्दाडंबर ने तमाम उम्मीदें जगा कर सिर्फ निराश ही किया है)। इस हालत में शक्तियों के नये गठजोड़ के उदय की संभावना उभर आयी है।

सवाल यह है कि इस नये माहौल की तासीर क्या है? यह आकलन वर्तमान पीढ़ी को विचलित कर सकता है परंतु यह उन नयी संभावनाओं और नयी उम्मीदों के द्वार खोलता है जो देश को लोकतांत्रिक आत्म-साक्षात्कार की नयी शुरुआत की तरफ ले जाएँगी। इससे उन सामाजिक तबकों का ऊपर उठना आवश्यक हो जाएगा जिन्हें इस 'विकासशील' समाज में हाशिये पर रहने को बाध्य कर दिया गया था। आज यह तबका नयी भूमिका निभाने के लिए अग्रसर है। इतनी अनिश्चितता, इतने टकराव और इतनी द्वैधता के बावजूद इस तबके को ऊपर उठाने के साथ एक नये बोध और एक नये संसंजन का आधार तैयार होगा। भारतीय सभ्यता का एक शाश्वत सांस्कृतिक गुण द्वैध के प्रति उसकी गहरी सहिष्णुता के रूप में रहा है। आज का हाई-टेक अभिजात वर्ग किसी-न-किसी प्रकार के बुद्धिनिष्ठ गणित के अनुसार चीजों को संचालित करना और अंतर्विरोधों को दूर करना चाहता है और बीच की स्थिति को स्वीकार न करनेवाले तर्क के सहारे जीना चाहता है। इन आधुनिकतावादियों और उनके 'उत्तर-आधुनिक' उत्तराधिकारियों का युग इस देश में नहीं, दुनिया में अन्य जगहों पर भी तेजी से समाप्त हो रहा है। इसका मतलब किसी प्राचीन अतीत की तरफ लौटना नहीं है क्योंकि 'पुनरुत्थान' के लिए 'अतीत' हमेशा उपलब्ध नहीं रहता।

हमें नये तरीके से यह स्वीकार करना ही होगा कि हमारे जैसे समाजों के लिए विविधता एक नैसर्गिक स्थिति है, द्वैधता एक सांस्कृतिक प्रवृत्ति है और अस्मिताओं की बहुलता राज्य के देहधारण की प्रक्रिया का आधार है। हमें मानना होगा कि किसी एक केंद्र के बिना ही हमारी सभ्यता का अस्तित्व है।

इस सभ्यता में अधिकारयुक्त नया अभिजात वर्ग तो है पर वह अधिकारवादी नहीं है। यह सभ्यता एक अनिश्चित यथार्थ की व्याख्या सही और गलत की नयी मान्यता के संदर्भ में, 'धर्म' के संदर्भ में, 'हमारे अपने लोगों के अपने कर्तव्यों के' संदर्भ में और नीचे से ऊपर की तरफ जानेवाली एकता की एक नयी महासंघीय अवधारणा के संदर्भ में कर सकती है।

यही है वह परिवेश जिसमें एक नये जागरण और भारतीय अस्मिता की पुनर्व्याख्या की संभावनाएँ हैं। यह परिवेश फौरी तौर पर अपनी क्षमताओं के बारे में काफी अनिश्चित है पर संभावनाओं की आहटों से भरा हुआ है। हम उस विकेंद्रित सामाजिक-राजनीतिक ढाँचे की तरफ नहीं लौट सकते जिसे इस प्राचीन देश में कभी स्थापित किया गया था। लेकिन, इस उभरते यथार्थ के प्रति ज्यादा सुसंगत एक ऐसे सांस्कृतिक स्वभाव को फिर से सक्रिय अवश्य कर सकते हैं जो एक 'राज्य' के बहुकेंद्रीय ढाँचे के लिए उपयुक्त हो। इसके लिए सैद्धांतिक प्रयासों की एक श्रृंखला की जरूरत है। इसमें राष्ट्रीय अस्मिता की पुनर्रचना, 'राज्य' की पुनर्रचना, भारत के नाम से अभिव्यक्त होनेवाले सांस्कृतिक और सभ्यता-संबंधी तत्त्वों की फिर से तलाश (नेहरू और राधाकृष्णन से आगे) शामिल हैं। इसकी भौगोलिक, सामाजिक, सांस्कृतिक, मनोवैज्ञानिक और सौंदर्यशास्त्रीय एकता की अवधारणा को फिर से गढ़ने की जरूरत भी है। इन सबके माध्यम से संघीय राजनीतिक प्रणाली को तुरंत विकेंद्रित करने और उसका नया केंद्र निर्धारित करने की जरूरत है। जरूरत इस बात की भी है कि इस प्रणाली का नीचे से संघीकरण किया जाए। उसका क्षेत्रीय संघीकरण (पंजाब, कश्मीर और तमिलनाडु की चुनौतियों के मद्देनजर) और सामाजिक संघीकरण (मंडल की चुनौती के मद्देनजर) भी किया जाए। इसमें गहरी पारिस्थितिकीय चेतना (जैसे कि नर्मदा आंदोलन की चुनौती है) और व्यापक आर्थिक दर्शन (भूमंडलीकरण के खिलाफ संघर्ष की चुनौती के मद्देनजर) की भी जरूरत है। इस तरह एक नये और पुनर्गठित लोकतांत्रिक ढाँचे को बनाने की जरूरत है जो सामाजिक जगत में मची ताजा उथल-पुथल और पूर्ववर्ती सांस्कृतिक प्रवृत्तियों से प्रेरणा ग्रहण करता हो। इन्हीं पुरानी सांस्कृतिक प्रवृत्तियों ने भारत को शुरू से ही लोकतांत्रिक मार्ग अपनाने के लायक बनाया है।

स्पष्ट है कि इस बदलते हुए भारत की दूसरी व्याख्या से हम सहमत हैं कि एक नया भारत अपने जन्म की प्रसव-पीड़ा से गुजर रहा है। इसी

अवधारणा के माध्यम से हम भविष्य की एक झलक पा सकते हैं। इसके लिए हमें उन नयी शक्तियों के बारे में उपयुक्त बौद्धिक समझ विकसित करने की जरूरत पड़ेगी जो भविष्य को आकार दे रही हैं। यही इतिहास का आदेश है और इसका लाभ उठाने के लिए एक नयी राजनीतिक क्षमता की आवश्यकता पड़ेगी। बौद्धिक समझदारी और राजनीतिक कर्म का यह संयोजन ऐतिहासिक यथार्थ के प्रति सही समय पर सही प्रतिक्रिया करने के आधार पर और सही व्यक्तियों को प्रतिक्रिया करने के योग्य बनाकर हासिल किया जा सकता है। विचलित होने की प्रवृत्ति छोड़नी होगी। जल्दी पहल कर देने या कार्रवाई कर देने के प्रलोभन से भी हर हालत में बचना होगा। आसक्ति और अनासक्ति के संयोजन में ही बुद्धिमानी है। यह नयी संभावनाओं के द्वार खोलती है पर उन पर कब्जा जमा कर बैठ नहीं जाती।

टिप्पणियाँ और संदर्भ

व्यवस्था पर पड़ने वाले दबावों का एक उदाहरण ७ नवंबर १९६६ को संसद पर गोहत्या का विरोध कर रहे आंदोलनकारियों के हमले में देखा जा सकता है। उस समय संसद चल रही थी। साफ तौर से ये लोग संविधानसम्मत सरकार को गड़बड़ाने के फेर में थे। यह प्रयास नाकाम हो गया, पर गृह मंत्री गुलजारी लाल नंदा को इस्तीफा देना पड़ा क्योंकि वे राजनीतिक साधुओं द्वारा की जा सकने वाले गड़बड़ी का पूर्वानुमान लगाने और उससे निबटने में असमर्थ रहे थे। इसके बाद के वर्षों में व्यवस्था पर पड़ने वाले इस तरह के दबावों की लंबी शृंखला देखी जा सकती है। इन दबावों के चार मुख्य प्रकार रहे हैं : क्षेत्रीय राष्ट्रवाद की राजनीति, उग्रवामपंथ की राजनीति, सिख पृथकतावादी राजनीति और हिंदू राष्ट्रवादी राजनीति। भारतीय मॉडल पर पड़ने वाला पाँचवाँ दबाव भूमंडलीकरण की प्रक्रिया और अंतर्राष्ट्रीय पूँजीवाद की ताकतों की कारसाजी का नतीजा हो सकता है। भविष्य के आश्वासनों और संभावनाओं का संधान मैंने अपने दो लेखों में किया है : देखें, *डेडलस* में मेरा लेख, 'द इंडियन इंटरप्राइज टुडे', खंड १८८ नं. ४, हेमंत, १९८९; और *स्टेट अगेंस्ट डेमोक्रेसी* में मेरा लेख, 'व्हाई हैज इंडिया बीन डेमोक्रेटिक?', नयी दिल्ली, अजंता, १९८८

शब्द, तात्पर्य और धारणाएँ

सेकुलर, सेकुलरवाद, सेकुलरीकरण और सेकुलरत्व (धर्मनिरपेक्ष / जाति-धर्मनिरपेक्ष / जातिनिरपेक्ष / पंथनिरपेक्ष / सर्वधर्मसमभाव) : सेकुलर के समानार्थक समझे जाने वाले हिंदी शब्द दरअसल उसके सही अर्थ का निर्वाह नहीं कर पाते। इसलिए यहाँ सेकुलर, सेकुलरवाद, सेकुलरीकरण, सेकुलरत्व आदि का इस्तेमाल किया जा रहा है। इस अत्यंत विवादास्पद पद का सीधा मतलब होता है धर्म, पंथ या उसकी संस्थाओं से राज्य या सरकार का अलगाव। पश्चिमी देशों के लिए यह सिद्धांत चर्च और राज्य की पृथकता की तरफ ले जाता है और भारत जैसे बहुधार्मिक देश में यह राज्य की सभी धर्मों से बराबर की दूरी यानी सर्वधर्मसमभाव के रूप में सामने आता है।

धर्मतंत्र की संस्थाएँ भले ही खुद को राज्य-तंत्र से जोड़ने की कोशिश करती रहें, लेकिन सेकुलर राज्य हमेशा खुद को धर्मतंत्र से अलिप्त रखेगा। सेकुलर सरकार को धार्मिक आधार पर कोई निर्णय या किसी का पक्ष नहीं लेना चाहिए और हर धर्म को अपने दायरे में सेकुलर कानून के दायरे में रहते हुए अपना प्रचार-प्रसार करना चाहिए। सेकुलर राज्य और धर्मप्राण जनता के बीच कोई विरोध नहीं होता। सेकुलरवाद का मतलब कभी नास्तिकता होता था, लेकिन आज वह अपने इस अर्थ से आगे बढ़कर आधुनिक राज्य की विचारधारा की तरह स्थापित हो चुका है। स्वयं राज्य के संचालक भी अपने निजी जीवन में किसी धर्म के अनुयायी हो सकते हैं।

लेकिन, जैसे ही हम सेकुलरीकरण की प्रक्रिया की चर्चा करते हैं वैसे ही इस पद का मतलब व्यापक हो जाता है। सेकुलरवाद और सेकुलरीकरण की प्रक्रिया एक-दूसरे से जुड़ी अवश्य है, पर सेकुलरीकरण की अपनी स्वायत्त गति है। आधुनिक युग में यह सिलसिला कभी मंद तो कभी तेज गति से चलता ही रहता है। सेकुलरीकरण निजी जीवन

को तो बदलता ही है, धर्म, परंपरा और समुदाय के रूपों को भी बदल देता है। जैसे-जैसे समाज और समुदाय धार्मिक या सांप्रदायिक के बजाय लौकिक आधार पर अपनी पुनर्रचना करते जाते हैं सेकुलरीकरण आगे बढ़ता चला जाता है।

सेकुलरवाद का सिद्धांत आजकल दुतरफा आक्रमण का शिकार है। राजनीति और सार्वजनिक जीवन में हाशिये पर चले गये धर्माचार्य और उनके बौद्धिक प्रवक्ता इस शब्द को समाजशास्त्रीय शब्दकोश से निकाल फेंकने के पक्षधर हैं। दूसरी तरफ आस्था और विचार से धर्मनिष्ठ न होते हुए भी आधुनिकतावाद के आलोचकों का मत है कि इस प्रक्रिया ने परंपरा और संस्कृति-प्रदत्त सहिष्णुता के विभिन्न रूपों का क्षय कर दिया है और उनकी भरपाई करने के बजाय नये किस्म की कट्टरताओं को बढ़ावा दिया है। आधुनिकतावाद के इन आलोचकों में मार्क्सवादी विद्वान शामिल नहीं हैं। उन्होंने अभी तक सेकुलरवाद को आलोचनात्मक नजर से देखना शुरू नहीं किया है।

बहुलता / बहुलवाद (प्लूरलिज़्म) : भारत ने लोकतंत्र का जो मॉडल ग्रहण किया है उसे विभिन्न हित-समूहों की आपसी होड़ पर आधारित उदारतावादी लोकतंत्र कहा जाता है। इस होड़ के जरिये व्यक्ति अपनी आजादी और विकास को सुनिश्चित करता है। कायदे से ये हित-समूह स्वायत्त और स्वयंसेवी भाव से सक्रिय व्यक्तियों की एसोसियेशनों (सभाओं) के रूप में लोकतांत्रिक दायरों में सक्रिय रहने चाहिए। लेकिन, भारतीय संदर्भ में हित-समूहों का चरित्र, संरचना और परिभाषा बदल जाती है। व्यावहारिक रूप से व्यक्ति के ऊपर सामुदायिक हित हावी हो जाते हैं।

यही कारण है कि भारतीय संदर्भ में बहुलवाद का अर्थ है अनगिनत जातियों, कई जातीयताओं, कई धर्मों, कई भाषा-समूहों और कई क्षेत्रीयताओं की आपसी होड़। ऐसे बहुलवादी लोकतंत्र में कोई एक समूह दूसरे पर संख्याबल के आधार पर हावी नहीं हो सकता। इस किस्म का बहुलवाद आधुनिक राष्ट्र-राज्य की रचना के लिए जरूरी सामाजिक-सांस्कृतिक समरूपता हासिल नहीं करने देता। इस जद्दोजहद में दो स्थितियाँ बनती हैं : या तो एक विशिष्ट किस्म के भारतीय राष्ट्र-राज्य की रचना की जाय जो समरूपता की अनिवार्यता को ठुकराते हुए भी दुनिया के पैमाने पर राष्ट्र-राज्य के रूप में अपनी शिनाख्त करा सके या फिर किसी एक शक्तिशाली अस्मिता के वर्चस्व में बाकी सभी अस्मिताएँ खुद को समर्पित कर दें और यूरोपीय किस्म का राष्ट्र-राज्य उभरे। भारतीय संदर्भ में संवैधानिक और राजनीतिक रूप से यह तय हो चुका है कि हमारे राष्ट्र में विविधताओं का पूरा ख्याल किया जाएगा और उन पर जबरन समरूपता नहीं थोपी जाएगी पर कुछ राजनीतिक शक्तियाँ इस प्रश्न को दोबारा तय करने के लिए दबाव डाल रही हैं जिनमें राष्ट्रीय स्वयंसेवक संघ और उससे जुड़े संगठन प्रमुख हैं।

अक्सर कहा जाता है कि हिंदुओं में संरचनात्मक रूप से ही बहुलवादी प्रवृत्तियाँ होती हैं, और इस्लाम जैसे धर्मों में नहीं। लेकिन, गाँधीजी के लिए बहुलता की हिंदू प्रवृत्ति का तात्पर्य दूसरे धर्मों की बहुलवादी प्रवृत्तियों को मान्यता देना था।

बहुसंस्कृतिवाद (मल्टीकल्चरिज़्म) : यूरोकेंद्रित और श्वेत-संस्कृति के आधार पर किये गये समरूपीकरण (मोनोकल्चरिज़्म) के खिलाफ विकसित हुआ सांस्कृतिक विविधता पर बल देने वाला वैचारिक-राजनीतिक-सांस्कृतिक आंदोलन जिसे समाज-

विज्ञान में पिछले तीन दशकों में सूत्रबद्ध किया गया है।

बहुसंस्कृतिवाद मूलत: अमेरिकी परिस्थिति की उपज है। इसका जन्म श्वेत-अमेरिकी पहचान के आस-पास रचित अमेरिकीपन की शर्तों को बदलने के लिए चले प्रति-सांस्कृतिक और मानवाधिकार आंदोलनों के दौरान हुआ। अमेरिकी समाज को 'मेल्टिंग पॉट' कहा जाता है यानी विविध जातीय संस्कृतियों का एक अमेरिकी धारा में विसर्जन। 'मेल्टिग पॉट' की धारणा के मुकाबले 'सलाद के प्याले' की धारणा रखी जाती है, जिसमें एक राष्ट्र की सीमाओं में रहते हुए भी संस्कृतियाँ अपनी अलग-अलग पहचान नहीं खोतीं। अमेरिकी संदर्भ की सीमाओं से निकालने पर बहुसंस्कृतिवाद की अवधारणा राष्ट्रवाद द्वारा आरोपित किये जाने वाले समरूपीकरण के दबाव के खिलाफ काम करती नजर आती है। जाहिर है कि बहुलवाद के बिना बहुसांस्कृतिकता की कल्पना भी नहीं की जा सकती।

अस्मिता / पहचान (आइडेंटिटी) : यह एक ऐसा दायरा है जिसके तहत व्यक्ति और समुदाय यह बताते हैं कि वे खुद को क्या समझते हैं। अस्मिता का यह दायरा अपने-आप में एक बौद्धिक, ऐतिहासिक और मनोवैज्ञानिक संरचना का रूप ले लेता है जिसकी रक्षा करने के लिए व्यक्ति और समुदाय किसी भी सीमा तक जा सकते हैं। वे खुद की और दूसरे भी उनकी अस्मिता के उसी दायरे के मुताबिक शिनाख्त करते हैं।

शुरुआत में चिंतकों का खयाल था कि व्यक्ति का स्वायत्त वजूद अपने आप में एक असंदिग्ध तथ्य है और उसी से उसकी अस्मिता या पहचान प्रवाहित होती है। इसी विचार ने आगे जाकर उदारतावाद के केंद्र में व्यक्ति की इयत्ता को ला बैठाया। मार्क्सवाद अस्मिता की स्वायत्तता को स्वीकार न करके सामाजिक प्रक्रिया के अधीन देखता है। लेकिन, वह वर्गीय संरचनाओं को छोड़कर बाकी सभी अस्मिताओं को भ्रांत चेतना मानता है। भारतीय संदर्भ में इसकी मिसालें पिछले सौ साल में बिखरी पड़ी हैं। दलित अस्मिता एक महत्त्वपूर्ण उदाहरण है। कभी तो दलित समुदाय खुद को आदि-द्रविड़ के रूप में, कभी पतित हो चुके क्षत्रियों के रूप में और कभी नागरिक समाज के दलित सदस्य के रूप में देखते हैं। इससे स्पष्ट है कि अन्य अस्मिताओं की तरह उनकी आधुनिक अस्मिता का भी कोई स्वायत्त, नैसर्गिक और स्थायी रूप नहीं है। इसी तरह राष्ट्रवादी अस्मिता भी किस्म-किस्म की होती है। बीसवीं सदी ने अस्मिता के इस विचार पर कई गंभीर प्रश्नचिह्न लगाये। चिंतकों ने पाया कि अस्मिताएँ सामाजिक-राजनीतिक-सांस्कृतिक परिवर्तनों के मुताबिक बनती-बिगड़ती रहती हैं। उन्होंने देखा कि एक समय में अस्मिता का कोई एक पहलू अधिक प्रमुखता प्राप्त करके उसकी राजनीतिक अभिव्यक्ति बन जाता है।

सांप्रदायिकता या फिरकापरस्ती (कम्युनलिज्म) : सांप्रदायिकता का धर्म से केवल इतना ही ताल्लुक है कि वह धार्मिक भावनाओं का राजनीतिक मकसद से दोहन करती है, एक धर्म के अनुयायियों की गोलबंदी करने के लिए वह दूसरे किसी धर्म के प्रति घृणा का प्रचार करती है, और इस तरह धर्म के नाम पर कुछ लोग 'अपने' और कुछ 'पराये' घोषित कर दिये जाते हैं। यही 'अन्यीकरण' या 'अदरिंग' की वह प्रक्रिया है, जो यूरोप में कभी फासीवादियों ने यहूदियों के खिलाफ चलायी थी, और जो आम तौर पर कालों के खिलाफ गोरों के बीच नस्लवादियों द्वारा चलायी जाती रहती है। दक्षिण एशिया

की आधुनिक राजनीति के गर्भ से निकलने वाली यह एक अवांछनीय परिघटना है, जो उदारतावादी राजनीति और सेकुलर राष्ट्र के सिद्धांत के खिलाफ सक्रिय रहती है।

भारतीय संदर्भ में सांप्रदायिकता के चार मुख्य रूप हैं : हिंदू, मुसलमान, सिख और ईसाई सांप्रदायिकता। चूँकि धर्मों का बुनियादी आधार अन्यीकरण के बजाय परस्पर सहिष्णुता के मूल्यों से संपन्न होता है, इसलिए सांप्रदायिक राजनीति धार्मिकता के स्वरूप और अभिव्यक्तियों को बदलने का प्रयास करती है, ताकि धर्म का बेजा इस्तेमाल किया जा सके। वह निजी जीवन में होने वाली धार्मिक गतिविधियों को सार्वजनिक दायरे में लाती है, और इस तरह के मौके हासिल करने के लिए वह धार्मिक प्रतीत होने वाले नये कार्यक्रमों को गढ़ने का प्रयास भी करती है।

सांप्रदायिक राजनीति राष्ट्रवाद के प्रवक्ता के रूप में स्थापित होकर ताकत पाती है। भारत में हिंदू, मुसलमान और सिख सांप्रदायिकताओं ने अपना अलग-अलग राष्ट्रवाद रच लिया है। ईसाई सांप्रदायिकता धर्मपरिवर्तन के उदारतावादी अधिकार का लाभ उठाकर अपना प्रसार करती है। वैसे तो सांप्रदायिक राष्ट्रवाद के विभिन्न रूप हाशिये पर पड़े रहते हैं, पर सेकुलर राष्ट्रवाद और आधुनिक विकास नीतियों की विफलता के कारण उन्हें राजनीति की मुख्य धारा में अपनी दावेदारियाँ करने का मौका मिल जाता है।

विदेशों से छपी राजनीति विज्ञान की किसी भी शब्दावली में इसका जिक्र नहीं मिलता। गैर-भारतीय अंग्रेजी के लिए तो कम्युनलिज्म या कम्युनल शब्द सकारात्मक अर्थ रखता है। वहाँ वह कम्युनिटी या कम्युनिटेरियन अर्थात सामुदायिक मूल्यों का द्योतक है। भारत, पाकिस्तान और बांग्लादेश जैसे राष्ट्रों के लिए यह नकारात्मक समस्या है जिसके खिलाफ तमाम सेकुलर, उदारतावादी, वामपंथी और सच्ची धर्मप्राण शक्तियाँ संघर्ष में लगी हुई हैं।

बहुसंख्यकवाद (मेजोरिटेरियनिज़्म) और अल्पसंख्यकवाद (माइनोरिटिज़्म) / बहुमत (मेजोरिटी) और अल्पमत (माइनारिटी) : बहुसंख्यकवाद और बहुमत में फर्क है। बहुमत एक लोकतांत्रिक अवधारणा है, और बहुसंख्यकवाद धार्मिक संदर्भ में एक सांप्रदायिक विचार है। बहुसंख्यकवाद जरूरी नहीं कि धार्मिक ही हो। जातियों का अपना बहुसंख्यकवाद भी हो सकता है।

बहुमत की प्रकृति अस्थायी होती है। वह बनता-बिगड़ता रहता है। आज जो लोग बहुमत में हैं, वे कल अल्पमत में आ सकते हैं। ऊपर से बहुमत कभी अल्पमत को अपने आधीन नहीं करता। पर, बहुसंख्यकवाद एक स्थायी संरचना है जो किसी खास समुदाय, या किसी धर्म के अनुयायियों को स्थायी राजनीतिक लाभ की स्थिति में रख सकती है। वह अल्पसंख्याओं को अपने आधीन रखने की प्रवृत्ति से ग्रस्त होता है। अल्पसंख्याएँ खुद को स्थायी दुर्बलता की स्थिति में पाती हैं। इसीलिए उनके बीच यह खयाल पनपता है कि उन्हें किसी न किसी प्रकार खुद को बहुसंख्या में बदलना चाहिए और अलग राष्ट्र की दावेदारी करनी चाहिए। अल्पसंख्याएँ बहुसंख्या में नहीं बदल पातीं, तो वे भी अल्पसंख्यकवाद चला कर राज्य के साथ सौदेबाजी करती हैं। उनकी इस राजनीति से बहुसंख्यकवाद को और फायदा होता है।

सांप्रदायिकता की तरह बहुसंख्यकवाद और अल्पसंख्यकवाद भी आधुनिकता की

देन है। भारत में आधुनिक प्रशासन की स्थापना और विकास के लिए अंग्रेज शासकों द्वारा शुरू की गयी जनगणना के जरिये ही देश में बहुत से समुदायों को पता चला कि संख्या की ताकत के क्या-क्या फायदे और नुकसान हैं।

धार्मिक के अलावा बहुसंख्यकवाद का एक संदर्भ जातिगत भी हो सकता है। कई जातियाँ आपस में गठजोड़ बनाकर खुद को बहुजन घोषित करके राजसत्ता के लिए मजबूत दावेदारी प्रस्तुत कर सकती हैं। जातियों का बहुसंख्यकवाद धार्मिक बहुसंख्यकवाद को कमजोर करते हुए देखा गया है।

सहिष्णुता (टॉलरेंस) : शांतिपूर्ण सहअस्तित्व के लिए समाज में परस्पर सहिष्णुता जरूरी मानी जाती है। गाँधीजी के अनुसार धार्मिक सहिष्णुता को वास्तविक सहिष्णुता का दर्जा तभी दिया जा सकता है जब वह दूसरे धर्मों को भी सहिष्णुता के स्रोत के रूप में स्वीकारने के लिए तैयार हो।

उदारतावादी सिद्धांत के अनुसार सहिष्णुता का एक मतलब यह होता है कि हम उस बात को स्वत: स्वीकार करें जिसे नापसंद करते हों। सहिष्णुता की इस परिभाषा को प्राय: तीन आधारों पर न्यायसंगत ठहराया जाता है : पहला, संविदात्मक आधार पर; दूसरा, परिणामी आधार पर; और तीसरा, व्यक्तियों के प्रति आदर के आधार पर। संविदात्मक आधार से यहाँ मतलब है कि सामाजिक समझौते के बिना पर समाज में रहने का करार करने वाले लोगों को पहले से अपने धर्म का अंदाजा नहीं होता इसलिए उन्हें परस्पर सहिष्णुता पर सहमति बनानी ही पड़ती है। परिणामी आधार तर्क देता है कि सहिष्णुता को अपनाना असहिष्णु होने से कहीं अधिक कारगर है। व्यक्तियों का आदर करने का आग्रह सहिष्णुता के लिए एक नैतिक तर्क मुहैया करा सकता है। यह आधार सहन किये जाने के अधिकार को मान्यता देता है।

इसके मुताबिक सहिष्णुता अपने-आप में एक दावा किये जा सकने वाले अधिकार की तरह परिभाषित होती है। इस आधार की खास बात यह है कि यह सहिष्णुता की सीमाएँ तय कर देता है। यानी हम अगर किसी को अस्वीकार करते हैं तो जरूरी नहीं कि हमें उसे वाजिब भी ठहराना पड़े। व्यक्तियों के आदर का सिद्धांत माँग करता है कि सहिष्णुता अपनायी जाए, पर व्यक्तियों का आदर न करने वाले आचरण के प्रति सहिष्णुता बरतना इसमें शामिल नहीं होता। इस सिद्धांत को अल्पसंख्यकों के सांस्कृतिक अधिकारों पर लागू करते ही साफ हो जाता है कि दिक्कत कहाँ पैदा हो रही है। अगर कोई समुदाय अपने ही सदस्यों के प्रति असहिष्णु है तो वह दूसरों से सहिष्णुता की अपेक्षा नहीं करत सकता।

आधुनिकता और आधुनिकतावाद (मॉडर्निटी और मॉडर्निज़्म) : अठारहवीं सदी के दौरान यूरोप में चले वैचारिक आंदोलन को ज्ञानोदय या प्रबोधन के नाम से जाना जाता है। इस आंदोलन ने जिन प्रवृत्तियों को जन्म दिया उन्हें हम आधुनिकता या आधुनिकतावाद के नाम से जानते हैं। समता और न्याय की धारणाओं के प्रचलन का श्रेय भी इसी आंदोलन को दिया जाता है। मोटे तौर पर इसे अंधविश्वास पर विज्ञान की और आस्था पर विवेक की विजय के नाम से जाना जाता है।

ज्ञानोदय के विचारक मानते थे कि तर्कबुद्धि के जरिये सामाजिक, बौद्धिक और

वैज्ञानिक समस्याओं का हल किया जा सकता है। वे परंपरा और संस्थागत धर्म के 'प्रतिगामी' प्रभाव की कठोर आलोचना करते थे। उन्हें मानवतावाद और प्रगति के आदर्श में भारी आस्था थी। लेकिन, इसका मतलब यह नहीं था कि उन्होंने धर्म के वजूद को पूरी तरह ठुकरा दिया था। इमानुएल कांट के अनुसार ज्ञानोदय एक ऐसे आजाद और खुदमुख्तार मनुष्य को जन्म देता है जो अपने बारे में निर्णय लेने के लिए किसी के ऊपर निर्भर नहीं है। न धर्म के ऊपर, न समुदाय के ऊपर। उन्नीसवीं सदी के राजनीतिक-सामाजिक प्रयोगों ने ज्ञानोदय के वैचारिक वर्चस्व को मजबूत किया और धीरे-धीरे ज्ञान का एक नया सिद्धांत प्रकाश में आया। इतिहास का महत्त्व, प्रगति और विकास की अपरिहार्यता, सेकुलरवाद और राष्ट्रवाद का विचार भी इसी ज्ञानमीमांसा की देन है। आधुनिक राजनीति की समस्त वैचारिक और व्यावहारिक गोलबंदी इन्हीं धारणाओं के आस-पास हुई है।

विचार के क्षेत्र में फ्रेंकफर्ट स्कूल के चिंतकों ने ज्ञानोदय के अंतर्निहित द्वंद्व को सामने ला कर आधुनिकता की आलोचना के द्वार खोले। आधुनिकता के औजारों से आधुनिकता की समर्थ आलोचना का यह पहला प्रयास था। भारत में इससे पहले ही गाँधी ने **हिंद स्वराज** लिख कर एशिया की तरफ से आधुनिकता की आलोचना की शुरुआत कर दी थी। पिछले तीन दशकों से 'छोटी पहचानों की बगावत', 'समुदाय की वापसी' और 'बहुसंस्कृतिवाद' की परिघटनाओं ने ज्ञानोदय के वर्चस्व को कड़ी चुनौती दी है। खास बात यह है कि यह चुनौती आधुनिकतावाद की आलोचना को आधुनिकता के व्यापक दायरे में ही संपन्न करती है। नारीवादी, अश्वेत, दलित, पर्यावरणवादी और अन्य विद्रोही विमर्शों में इस शक्तिशाली रुझान की मिसालें मिल सकती हैं।

जाति (कास्ट) और जातीयता (एथ्नीसिटी) : जाति और जातीयता के बीच अंतर समझना बहुत जरूरी है। जातियाँ सनातन धर्म के तहत प्रचलित वर्ण विभाजन की देन हैं : ब्राह्मण, क्षत्रिय, वैश्य और शूद्र। अंत्यज या अछूत पाँचवाँ जाति समूह है जो वर्ण व्यवस्था के बाहर यानी अवर्ण माना जाता है। आमतौर पर सवर्ण होने के दायरे में पहले तीन वर्ण मान लिए जाते हैं, जबकि कायदे से शूद्र भी एक वर्ण है, इसलिए उसे भी सवर्ण समझा जाना चाहिए। हाँ, उसे उपनयन का अधिकार नहीं है, इसलिए वह पहली तीन 'द्विज' जातियों के दायरे में नहीं आता। इस तरह सही विभाजन द्विज और अद्विज जातियों का हुआ। अद्विजों में भी शूद्र और अंत्यज अलग-अलग हुए।

जातीयता तब बनती है जब जाति के साथ व्यापक राजनीतिक-सांस्कृतिक श्रेणियाँ जुड़ जाती हैं। इस तरह जातीयता सांस्कृतिक-राजनीतिक श्रेणी है। उसका आधार भाषा, क्षेत्रीयता, रंग-रूप, खान-पान और पहनावा, आदि होता है। जातीयता अपने आप में राष्ट्रीयता का आधार बन सकती है। एक जातीयता में सभी जातियाँ हो सकती हैं और एक से अधिक धर्म भी हो सकते हैं। तमिल बोलने वाले मुसलमान, हिंदू और ईसाई अपनी-अपनी पूजा-पद्धतियाँ अपनाते हुए भी तमिल जातीयता के दायरे में परिभाषित किये जाएँगे।

सामीकरण (सेमिटाइजेशन) : सामी धर्मों (मोटे तौर पर एक पवित्र किताब पर आस्था रखने वाले एकेश्वरवादी धर्म, जैसे, इस्लाम, यहूदी और ईसाई धर्म) की प्रवृत्तियों के मुताबिक किसी समुदाय या समाज का पुनर्संगठन करने की कोशिश। भारतीय संदर्भ में सामीकरण की कोशिशों को केंद्रीकरण और फौजीकरण के जरिये बहुदेववादी हिंदू समाज

को एक राजनीतिक समुदाय में बदलने की मुहिम के रूप में देखा जा सकता है।

प्रत्यक्ष लोकतंत्र (डायरेक्ट डेमोक्रेसी) : संस्थागत और प्रतिनिधिमूलक लोकतंत्र से अलग लोकतंत्र का मॉडल जो कुछ लोगों को वास्तव में 'जनता का, जनता द्वारा और जनता के लिए' प्रतीत होता है। जाहिर है कि प्रत्यक्ष लोकतंत्र की अवधारणा में जनता की सीधी और ज्यादा से ज्यादा भागीदारी का पहलू प्रधान है। इसकी प्रेरणा एथेंस और यूनान की प्राचीन राज्य-प्रणालियों से ली जाती है। अल्पजीवी पेरिस कम्यून भी एक ऐसा ही उदाहरण था। भारतीय संदर्भ में पंचायत आधारित ग्राम स्वराज के प्राचीन रूपों को भी प्रत्यक्ष लोकतंत्र के उदाहरण के रूप में पेश किया जाता है।

यूटोपिया : यूनानी भाषा के यू और टोपोस से मिलकर बने इस शब्द का अर्थ हुआ 'कहीं नहीं'। लेकिन, यूटोपिया का इस्तेमाल ऐसे कल्पित राज्य या व्यवस्था के लिए किया जाता है जो हर तरह से आदर्श और सर्वश्रेष्ठ होगा। मार्क्सवादियों के लिए साम्यवाद (सबको उनकी आवश्यकता के अनुसार और सबसे उनकी क्षमता के अनुसार) यूटोपिया है और गाँधीवादियों के लिए रामराज्य एक यूटोपिया है। राजनीति में यूटोपियाई आदर्श के बिना सारी गतिविधियाँ फूहड़ परिणामवाद में पतित हो जाती हैं।

इयत्ता / खुदी / आत्म (सेल्फ) : जब कोई व्यक्ति अपने आप को 'मैं' कह कर पुकारता है तो वह अपनी इयत्ता या खुदी का हवाला दे रहा होता है। इयत्ता का मतलब होता है शरीर और मस्तिष्क से मिलकर बनने वाला वजूद जो चेतना के स्तर पर सक्रिय रहता है। इस पद का इस्तेमाल मनोविज्ञान, ज्ञानमीमांसा, व्यक्तिवाद और उदारतावाद के क्षेत्र में काफी होता है।

सेल्फ एक ऐसा अस्तित्व है जो किन्हीं खास परिस्थितियों में अपनी लौकिक शख्सियत के खिलाफ खड़ा हो सकता है, अंतर्द्वंद्व का कारण बनता है और ऊहापोह को जन्म देता है। अपने प्रयासों द्वारा इयत्ता का स्तर ऊँचा करके व्यक्ति सामान्य पैमानों से परे भी जा सकता है। इयत्ता काफी लचीली संरचना है और अस्मिता के सवाल से जुड़ी होने के कारण संदर्भ के मुताबिक बदलती रहती है। एक व्यक्ति की कई इयत्ताएँ भी हो सकती हैं। समाज-विज्ञान में सामूहिक इयत्ता की अवधारणा भी प्रचलित है। सामूहिक इयत्ता व्यक्ति की निजी सत्ता को महत्त्व नहीं देती और उसे अपने आधीन करना चाहती है।

विमर्श / आख्यान / कलाम (डिस्कोर्स) : यद्यपि धार्मिक प्रवचन को भी डिस्कोर्स कहा जाता है, पर धर्मेतर संदर्भों में इसका निपट अर्थ है दो वक्ताओं के बीच संवाद या बहस या सार्वजनिक चर्चा। उत्तर-आधुनिक पदावली के प्रचलन के कारण समाज-विज्ञान में इस शब्द का बदले हुए अर्थ में प्रयोग किया जाता है। यहाँ विमर्श का अर्थ होता है अभिव्यक्ति के उन तत्त्वों और पहलुओं की संरचना जो अपने कुल जोड़ से भी परे जाकर कोई खास अर्थ देने की क्षमता रखते हों। इसे यूँ भी कह सकते हैं कि एक निश्चित सामाजिक संदर्भ में भाषा के जरिये किसी एक विषय के इर्द-गिर्द होती हुई बहस द्वारा व्याख्याओं, तात्पर्य और मान्यताओं के निर्माण की प्रक्रिया को विमर्श या आख्यान या कलाम का नाम दिया जा सकता है।

राज्य / आधुनिक राज्य (स्टेट / मॉडर्न स्टेट) : हिंदी में राज्य शब्द का अक्सर प्रांतों के अर्थ में इस्तेमाल किया जाता है। लेकिन, ग्रंथमाला के संदर्भ में राज्य का अर्थ

राजनीति की उस सर्वाधिक केंद्रीय अवधारणा से है जो राजनीतिक संस्थाओं की एक विशिष्ट संरचना के जरिये एक निश्चित भू-सीमा में अपनी संप्रभुता, वर्चस्व और वैधता स्थापित करती है। राज्य की यह अवधारणा हमें पश्चिमी चिंतन से प्राप्त हुई है।

संभवत: सोलहवीं शताब्दी में सबसे पहले राज्य शब्द का एक अवधारणा के रूप में इस्तेमाल मेकियावेली ने अपनी विख्यात रचना 'प्रिंस' में किया था। बाद में सर वाल्टर रैले, हॉब्स और लॉक ने राज्य की संप्रभुता के विचार को और विकसित किया। आधुनिक राज्य की मैक्स वेबर की दी हुई परिभाषा सबसे प्रचलित और संपूर्ण मानी जाती है। उनके अनुसार इसके तीन मुख्य पहलू हैं : भू-क्षेत्रीय सीमाएँ, हिंसा पर एकाधिकार और वैधता। लोग राज्य का आदेश क्यों मानते हैं, इस सवाल का जवाब वेबर ने वैधता की धारणा का प्रतिपादन करके दिया। उन्होंने कहा कि राज्य अपने वर्चस्व को बनाये रखने के लिए अपनी वैधता की विभिन्न संरचनाएँ खड़ी करता है। कभी परंपरा के नाम पर, कभी करिश्मे के नाम पर और कभी वैधानिकता के नाम पर राज्य लोगों को आज्ञापालन की तरफ ले जाता है। दुर्खाइम और फूको जैसे चिंतकों ने वैधता की बारीकियों में जाते हुए दिखाया कि राज्य के प्राधिकार की वैधता को हम कैसे आत्मसात कर लेते हैं और कैसे उसके प्रति संस्थागत सहमति कायम की जाती है। अलथूज़र के अनुसार राज्य केवल दंड-विधान, कारागार और फौज-पुलिस के जरिये ही नहीं, बल्कि अपनी ताकत के सांस्कृतिक और विचारधारात्मक रूपों की रचना से भी जनमानस में स्वयं को स्थापित करता है।

मोटे तौर पर राज्य की अवधारणा के तीन रूप माने गये हैं : उदारतावादी-लोकतांत्रिक राज्य, यानी एक ऐसा राज्य जो विभिन्न हित समूहों की आपसी होड़ के जरिये अपनी गतिविधियाँ निर्धारित करता है और ये गतिविधियाँ बहुलता का सम्मान करते हुए सार्विक मताधिकार पर आधारित निर्वाचन के माध्यम से चलायी जाती हैं; मार्क्सवादी राज्य या समाजवादी राज्य, यानी जो मानता है कि अगर राज्य है तो उसका मतलब एक वर्ग की दूसरे वर्ग पर तानाशाही ही होगा, इसलिए लोकतंत्र का बेहतर रूप बहुसंख्यक सर्वहारा का अधिनायकत्व ही हो सकता है; और, राज्य के तीसरे सिद्धांत की आधारभूमि उदारतावादी और समाजवादी अवधारणाओं से अलग हट कर सूत्रबद्ध होती है। इसके अनुसार राज्य कुछ विशिष्ट किस्म की संरचनाओं का नाम है जिनका अपना एक इतिहास होता है। ये संरचनाएँ अपनी-अपनी स्वायत्तताओं के दायरों में काम करती हैं। राज्य नागरिक समाज के दबावों से जितना मुक्त होगा उतनी ही उसकी ताकत में वृद्धि होती चली जाएगी। अर्थात राज्य में नागरिक समाज के हस्तक्षेप की सीमा ही तय करेगी कि आधुनिक राज्य 'कठोर' होगा या 'नरम', वह निरंकुशता की तरफ जाएगा या उदारता की तरफ, वह लोगों के व्यक्तिगत जीवन में ज्यादा दखल देगा या कम से कम दखल देते हुए उसके विकास के लिए सुविधाएँ प्रदान करेगा। बीसवीं सदी के मध्य के बाद उभरे भारत सरीखे राज्यों के लिए उत्तर-औपनिवेशिक राज्य की अभिव्यक्ति भी इस्तेमाल की जाती है जिसका सीधा मतलब होता है विकासवादी या वैकासिक राज्य। राज्य की एक चौथी परिभाषा भी उभरी है जिसका श्रेय नारीवादी विश्लेषकों को जाता है। उनका तर्क है कि राज्य एक ऐसी संस्था है जिसने पितृसत्तात्मक और नस्लवादी संरचनाओं को संस्थागत रूप से मजबूत किया है।

पारंपरिक भारतीय राज्य : पश्चिम से प्राप्त राज्य की अवधारणा के अनुसार राज्य की संस्था समाज और अर्थतंत्र पर हावी रहती है पर पारंपरिक भारतीय राज्य की अवधारणा में समाज सर्वोपरि रहता है और राज्य उसकी सत्ता का उल्लंघन नहीं कर सकता।

आजादी के आंदोलन के दौरान गाँधी के नेतृत्व में पारंपरिक भारतीय राज्य की इस अवधारणा को नयी जरूरतों के हिसाब से सूत्रबद्ध करने की कोशिश की गयी थी। बीस के दशक में भाषायी आधार पर देश के पुनर्गठन और भारतीय समाज की प्रवृत्तियों के अनुरूप विकेंद्रीकृत राज्य की स्थापना के कांग्रेसी संकल्प में इसकी झलक देखी जा सकती है। गाँधी द्वारा प्रस्तुत रामराज्य की प्रतीक-योजना को भी इसी संदर्भ में देखा जाना चाहिए। गाँधी स्वहित या हित-समूहों की होड़ वाले लोकतंत्र की धारणा के बजाय समाज के हित की धारणा के पक्षधर थे। वे हितों को आवश्यकताओं का पर्याय मानने से इनकार करते थे और जनता की बुनियादी आवश्यकताओं को प्राथमिकता देते थे। आजादी के बाद जिस राज्य की नींव रखी गयी, उसमें राज्य संबंधी गाँधी-विचार के पहलू कम-से-कम थे। वह न तो भाषायी आधार पर राज्यों के पुनर्गठन के सिद्धांत को मान्यता देता था, न विकेंद्रीकरण और संघवाद को एक उसूल की तरह प्राथमिकता देता था। इन पहलुओं को आधुनिक भारतीय राज्य ने बाद में आधी-अधूरी शैली में ही स्वीकार किया जिससे इनकी अंतर्निहित सकारात्मकता राज्य की संस्था को समाज के अनुरूप बनाने की तरफ नहीं ले जा सकी।

राष्ट्र या राष्ट्र-राज्य (नेशन स्टेट) : एक संप्रभु राज्य की भौगोलिक सीमाओं के भीतर समान संस्कृति, समान भाषा, समान जातीयता और समान ऐतिहासिक निरंतरता वाली जनता मिलकर एक सामूहिक सामुदायिक अस्मिता की रचना करती है, तभी संपूर्ण अर्थों में राष्ट्र बनता है।

राष्ट्र-राज्य उन्नीसवीं सदी और उसके बाद से आज के जमाने की सबसे ताकतवर राजनीतिक शक्ति है और उसी के संदर्भ में अंतर्राष्ट्रीय संबंधों का अध्ययन होता है। राज्य के साथ जब राष्ट्र जुड़ जाता है तो राष्ट्र-राज्य को संचालित करने वाले अभिजन और उसकी वैधता का बड़ा प्रभावशाली मिश्रण तैयार होता है। राष्ट्र की अवधारणा के साथ समस्या यह है कि संपूर्ण अर्थों में राष्ट्र कभी नहीं बनता। राष्ट्र समरूपता स्थापित करने की कोशिश करता है और इसके विपरीत विविधताओं की ओर से राष्ट्र और उसे संचालित करने वाले अभिजनों को हमेशा किसी न किसी किस्म की चुनौती मिलती रहती है भले ही उनका दावा हो कि वे प्राचीन काल और स्वाभाविक रूप से राष्ट्र थे और हैं। इस तरह राष्ट्र यथार्थ में होते हुए भी अपनी अपूर्णता के कारण एक बौद्धिक और मिथकीय कारसाजी बना रहता है।

प्राय: राज्य की भीतरी विविधताओं को एक कठोर सूत्र में जोड़ने के लिए किसी बाहरी या भीतरी दुश्मन की संरचना की जाती है और टकराव की नकारात्मक मानसिकता के आधार पर राष्ट्र का वजूद टिकाने का प्रयास किया जाता है। बीसवीं सदी के आखिरी वर्षों में यूरोपीय संघ और ऐसे ही अन्य क्षेत्रीय ढाँचों के उभरने से राष्ट्र-राज्य के वर्चस्व को उल्लेखनीय ठेस लगी है। भूमंडलीकरण की प्रक्रिया के तहत अंतर्राष्ट्रीय वित्तीय पूँजी द्वारा सीमाओं के आर-पार अपने बेरोकटोक आवागमन का आग्रह करने से राष्ट्र-राज्य की अवधारणा पर परिवर्तनकारी दबाव पड़ रहे हैं। संचार क्रांति ने राष्ट्रीय संप्रभुता की धारणा

को अनुल्लंघनीय नहीं रहने दिया है। इंटरनेट के जरिये एक सामान्य व्यक्ति भी एक-सीमा तक राष्ट्र की सीमाओं और नियम-कानूनों से परे जा सकता है।

लोकलुभावनवाद / लोकरंजनवाद (पॉपुलिज्म): हिंदी में इसे लोकप्रियता या लोकप्रियतावाद (पॉपुलरिज़्म) से जोड़कर देखने की गलत प्रवृत्ति का भी चलन है। लोकप्रियता एक सकारात्मक भाव है, जबकि लोकलुभावनवाद का अर्थ है संस्थागत प्रक्रिया की अवहेलना करके आम लोगों को लुभाने वाली राजनीति करना।

इस तरीके से नेता सीधे-सीधे जनता को संबोधित करने लगता है और आरोप लगाता है कि संस्थागत लोकतंत्र जनता की सेवा करने में बाधक बना हुआ है, इसलिए कुछ क्षेत्रों में इसे अस्थायी तौर पर दरकिनार किया जा सकता है। इस रुझान में करिश्माई नेतृत्व और उसके परिणामस्वरूप निरंकुश सत्ता के अंदेशे निहित हैं। दूसरी तरफ एक खास समय में लोकलुभावनवादी राजनीति उन तबकों को भी राजनीति के दायरे में लाने की वाहक हो सकती है जो सामान्य संस्थागत माध्यमों की सीमाओं के कारण लोकतंत्र में भागीदारी से वंचित बने रहते हैं। सत्तर के दशक की शुरुआत में इंदिरा गाँधी द्वारा 'गरीबी हटाओ' नारे के आसपास की गयी राजनीति इस प्रवृत्ति का सबसे प्रचलित भारतीय उदाहरण है।

प्रत्यक्ष लोकतंत्र (डायरेक्ट डेमोक्रेसी) : संस्थागत और प्रतिनिधिमूलक लोकतंत्र से अलग लोकतंत्र का मॉडल जो कुछ लोगों को वास्तव में 'जनता का, जनता द्वारा और जनता के लिए' प्रतीत होता है। जाहिर है कि प्रत्यक्ष लोकतंत्र की अवधारणा में जनता की सीधी और ज्यादा से ज्यादा भागीदारी का पहलू प्रधान है। इसकी प्रेरणा एथेंस और यूनान की प्राचीन राज्य-प्रणालियों से ली जाती है। अल्पजीवी पेरिस कम्यून भी एक ऐसा ही उदाहरण था। भारतीय संदर्भ में पंचायत आधारित ग्राम स्वराज के प्राचीन रूपों को भी प्रत्यक्ष लोकतंत्र के उदाहरण के रूप में पेश किया जाता है।

वैधता (लेजिटिमेसी) और वैधानिकता (लिगैलिटी) : वैधता और वैधानिकता दो अलग-अलग धारणाएँ हैं। वैधता समाज की जमीन से लोकतांत्रिक प्रथाओं, लोकतांत्रिक प्राधिकार और संस्थाओं के बारे में उठनेवाली भावनाओं से निकलती है, जबकि वैधानिक निर्देश ऊपर से दिये जाते हैं। सक्षम अधिकारियों द्वारा दिये गये वैधानिक निर्देश ऊपर से नीचे की तरफ यात्रा करते हैं। जनता की मान्यता हो या न हो, उनका पालन करना ही पड़ता है। अर्थात वैधानिकता में बाध्यता का भाव रहता है और वैधता में वांछनीय के प्रति स्वाभाविक समर्थन का। मसलन, छुआछूत और दहेज को वैधानिक मान्यता नहीं है। इन प्रथाओं पर पाबंदी है, लेकिन फिर भी तमाम वर्गों और समुदायों में इनका प्रचलन है। इन वैधानिक निर्देशों को वैधता तब मिलेगी जब समाज इन्हें वांछनीय और नैतिक बाध्यता के रूप में लेगा और खुद-ब-खुद इनका पालन करने लगेगा। हर समाज में वैधानिकता और वैधता के बीच संबंध-भंग की गुंजाइश रहती है, लेकिन जहाँ लोगों के नजरिये और मूल्यों में परिवर्तन की कोशिश की जाती है, वहाँ पर यह संबंध-भंग ज्यादा मुखर होता है। हमारा समाज भी इसी दौर से गुजर रहा है।

प्राधिकार (ऑथॉरिटी) और सत्ता (पॉवर) : सत्ता के वैधतायुक्त प्रयोग से प्राधिकार बनता है। प्राधिकार का अनुपालन कराने के लिए ताकत के प्रयोग की जरूरत

नहीं पड़नी चाहिए। प्राधिकार कानून पर आधारित हो सकता है जैसे कि नौकरशाही का प्राधिकार। परंपरा के आधार पर भी प्राधिकार बनता है, लेकिन वह आधुनिक लोकतांत्रिक प्रक्रियाओं के जरिये बने प्राधिकार जैसा नहीं होता। करिश्माई प्राधिकार नियम-कानूनों पर नहीं, बल्कि शख्सियत पर निर्भर रहता है। प्राधिकार विचारधारात्मक भी होता है।

सत्ता या राजसत्ता में थोपने वाला भाव निहित है। इसकी व्याख्याओं का पूरा शास्त्र विकसित हो चुका है पर मोटे तौर पर कभी बलप्रयोग और कभी राज्य के अन्य साधनों के चालाकीपूर्ण प्रयोग के जरिये आज्ञापालन सुनिश्चित करने को सत्ता की स्थापना कहते हैं।

कुछ विशेष परिस्थितियों में प्राधिकार और सत्ता के बीच का अंतर मिट जाता है। कुछ विद्वानों की मान्यता है कि प्राधिकार हो या सत्ता, दोनों को शासक वर्ग या अभिजन आम लोगों के ऊपर थोपते हैं।

अभिजन (इलीट) : सामाजिक जीवन के किसी एक क्षेत्र को या पूरे समाज को नेतृत्व देने वाले छोटे-से समूह को अभिजन कहते हैं। जैसे, संस्कृति के दायरे के अभिजन को सांस्कृतिक अभिजन कहेंगे। इसी तरह अंग्रेजीदाँ अभिजन के मुकाबले देशी भाषाओं के अभिजन के फर्क को भी देखा जा सकता है।

अभिजन की अवधारणा को मोटेतौर पर शासक वर्ग के अर्थ में समझना ठीक नहीं होगा, क्योंकि शासक वर्ग तो अभिजन का एक छोटा-सा हिस्सा हो सकता है और अभिजनों का एक हिस्सा शासक बन गये अभिजनों की जगह लेने के लिए संघर्षरत हो सकता है। लेकिन, विभिन्न वर्गों, जातियों और समुदायों से आने के बावजूद किसी अभिजन का उद्देश्य केवल अपने वर्ग, जाति या समुदाय के हितों की देखभाल ही न रहकर पूरे राष्ट्र या समाज का किसी साझा समझदारी के आधार पर नियंत्रण करना हो जाता है। मसलन, जब यह कहा जाता है कि आजादी के बाद खास किस्म के अभिजनों ने राष्ट्र का नेतृत्व सँभाला तो उसका मतलब यह होता है कि वह अभिजन-समूह कम से कम राज्य के हस्तक्षेप के जरिये वैकासिक आधुनिकीकरण और समाज-परिवर्तन के उसूल में विश्वास करता था। यह अभिजन कई मसलों पर आपसी मतभेद भी रखता था और उनमें आपसी होड़ भी थी। इसके बाद भी भविष्य के राष्ट्र का सपना देखने के मामले में वह एक था। लोकतंत्र में वही शासक वर्ग या अभिजन समाज की बेहतर नुमाइंदगी करता है जिसका आकार और सदस्यता व्यापक होती है। उदाहरण के लिए कहा जा सकता है कि पिछले दिनों भारतीय अभिजन-समूह के आकार में खासी बढ़ोतरी हुई है। उसमें बड़ी प्रशासनिक नौकरियों और विधायिकाओं की सदस्यता के जरिये निचली जातियों के सदस्य भी उल्लेखनीय संख्या में शामिल हुए हैं। जब कोई अभिजन-समूह उदीयमान तबकों और समुदायों के प्रतिनिधियों को अपने भीतर जगह देने से इनकार करता है तो राजनीतिक उथल-पुथल मच जाती है। तब बड़े पैमाने पर उभरे जन-असंतोष का नेतृत्व करके या तो कोई नया अभिजन उभरता है या फिर पुराने अभिजन का ही एक हिस्सा उसकी अगुआई करके अभिजनों की संरचना को बदलता है।

नागरिक समाज (सिविल सोसाइटी) : समाज का वह रूप जो राज्य की संस्था के साथ परिवार की संस्था से भी अलग माना जाता है। नागरिक समाज राज्य के मुकाबले

नागरिकों के अधिकारों और उनकी सत्ता को व्यक्त करने वाली प्रक्रियाओं और संगठनों से मिलकर बनता है। इसका मकसद होता है राज्य को संयमित करना और उसे नागरिक-नियंत्रण में लाना।

नागरिक समाज की अवधारणा को प्रचलित करने में समकालीन अमेरिकी समाज-विज्ञान का खासा योगदान है। वैसे समाज-विज्ञान में अठारहवीं सदी से ही इस अभिव्यक्ति का प्रयोग हो रहा है। भारत में इसे हेगेल और ग्राम्शी द्वारा प्रयुक्त अलग-अलग अर्थों में समझा जाता है। जर्मन दार्शनिक हेगेल ने इसे बुर्जुआ समाज यानी पूँजीवादी समाज माना है जहाँ व्यक्ति अपने निजी स्वार्थ का खुला खेल खेलता है और तर्कबुद्धि पर आधारित राज्य उसे संयमित करने की भूमिका निभाता है। मार्क्सवाद और उसके अनुयायियों ने राज्य को हिंसा और उत्पीड़न का औजार मानते हुए भी नागरिक समाज के इसी मतलब को मान्यता दी और नागरिक समाज की रचना को श्रेयस्कर नहीं माना। खासकर शीतयुद्ध के जमाने में नागरिक समाज की अवधारणा सत्ता और प्राधिकार की ऐसी संरचनाओं की पर्याय बन गयी जो राज्य के प्रभाव-क्षेत्र के बाहर मानी जा सकती थीं। इस वैचारिक आग्रह के कई तरह के असर हुए।

सोवियत संघ के नेतृत्व में कम्युनिस्ट खेमे ने इसे सर्वहारा के राज्य के खिलाफ पूँजीवादी साजिश के रूप में देखा। सोवियत राज्य के खिलाफ चल रहे अंदरूनी भूमिगत आंदोलनों ने कम्युनिस्ट पार्टी की हुकूमत के खिलाफ खुद को नागरिक समाज का पैरोकार करार दिया। उधर अंतर्राष्ट्रीय वित्तीय पूँजी के प्रमुख प्रतिष्ठानों, विश्व बैंक और अंतर्राष्ट्रीय मुद्रा कोष, ने इस धारणा को अर्थव्यवस्था में राज्य के हस्तक्षेप या विकास में राज्य की भूमिका को दरकिनार करने के रूप में इस्तेमाल करना शुरू किया। इन संस्थाओं के प्रोत्साहन से गैर-सरकारी संस्थाओं की परिघटना प्रकाश में आयी। आज गैर-सरकारी राजनीतिक प्रक्रिया, मानवाधिकार संगठन और अन्य स्वयंसेवी संगठन नागरिक समाज के प्रभावी दायरे का निर्माण करते हैं। परंपरानिष्ठ मार्क्सवादियों की आपत्ति के बाद भी अंतोनियो ग्राम्शी जैसे मार्क्सवादी विचारकों की रचनाओं ने इस विचार को लोकप्रिय करने में हाथ बँटाया। उन्होंने नागरिक समाज के दायरे को उत्पीड़नकारी राज्य पर काबू पाने के माध्यम की तरह देखा।

सार्वजनिक जीवन (पब्लिक लाइफ) : इस अभिव्यक्ति का प्रयोग आमतौर पर लोकतांत्रिक राजनीति और उसे करने वालों की सक्रियता के दायरे को बताने के लिए किया जाता है। सार्वजनिक जीवन एक नेता का तो हो सकता है पर किसी अफसर या न्यायाधीश का नहीं हो सकता। यह पद आधुनिक संसदीय राजनीति की देन है। मसलन, जब कांग्रेस अंग्रेज प्रभुओं को सिर्फ प्रतिवेदन देने की राजनीति करती थी तो भारतीय सार्वजनिक जीवन का दायरा बहुत संकुचित था। आजादी के आंदोलन में तिलक, गोखले और सबसे ज्यादा गाँधी के हस्तक्षेप ने कांग्रेस को जनांदोलन का रूप दिया जिससे सार्वजनिक जीवन का दायरा बढ़ा। लोकतांत्रिक प्रक्रिया में आम जनता की भागीदारी जैसे-जैसे बढ़ती है, सार्वजनिक जीवन का उतना ही विस्तार होता चला जाता है।

सार्वजनिक दायरा (पब्लिक स्फियर) : समाजशास्त्र में नागरिक समाज के एक ऐसे दायरे की चर्चा भी है, जिसमें संस्कृति और समुदाय की विभिन्न अभिव्यक्तियाँ

अन्योन्यक्रिया करती हैं। साथ ही सार्वजनिक दायरे की गतिविधियाँ किसी मुद्दे पर आम राय बनाने और उसके जरिये राज्य-तंत्र को प्रभावित करने की भूमिका निभाती हैं। सार्वजनिक दायरा सबके लिए खुला रहता है, जिसमें अपने विमर्श के जरिये कोई भी हस्तक्षेप कर सकता है। फ्रेंकफर्ट स्कूल के विख्यात विचारक युरगन हैबरमास ने इस धारणा का प्रतिपादन किया था।

ज्ञानमीमांसा (एपिस्टेमॉलॅजी) : ज्ञान का सिद्धांत जिसके तहत ज्ञान के तात्पर्य और उसे हासिल करने की विधि का विश्लेषण किया जाता है। इसे ज्ञान रचना का सैद्धांतिक विमर्श भी कह सकते हैं।

पिरामिडीय / लंबवत / ऊपर से नीचे / स्तंभीय (वर्टिकल) : जो संरचनाएँ वर्टीकल होंगी उनमें स्वाभाविक रूप से ऊँच-नीच का भाव होगा, एक के ऊपर एक परतें या श्रेणियाँ होंगी और वे समतामूलक नहीं होंगी। जैसे, भारतीय समाज में वर्ण-जाति की संरचना पिरामिडीय है, इसलिए उसे श्रेणीगत या स्तंभीय श्रेणीबद्धता भी कहा जाता है। जरूरी नहीं कि पिरामिडीय संरचनाएँ जाति की भाँति परंपरा-प्रदत्त ही हों। आधुनिक संरचनाएँ भी पिरामिडीय होती हैं जिनके सबसे बड़े उदाहरण के रूप में आधुनिक राज्य के प्रशासनिक ढाँचे को देखा जा सकता है। प्रबल प्रगतिकांक्षा भी ऊपर की तरफ गति को जन्म देती है और स्तंभीय संरचना बनती चली जाती है।

क्षैतिज / दायें से बायें (हॉरीज़ोंटल) : ऐसी संरचना या संगठन की प्रकृति प्रसारात्मक होती है। समरूपरता की प्रवृत्ति वाली यह संरचना समता की तरफ ले जाने वाली भी साबित हो सकती है। जातियों का अंदरूनी और उनका आपसी क्षैतिज संघटन उनके श्रेणीगत रूप को तोड़ता है। अर्थव्यवस्था के दायरे में समान स्तर के उत्पादन में लगी इकाइयों में क्षैतिज संघटन के उदाहरण आसानी से देखे जा सकते हैं।

अनुभवसिद्ध / तथ्यात्मक (एम्पिरीकल) : समाज-विज्ञान में सर्वेक्षणों और फील्डवर्क के जरिये तथ्य हासिल करने को एम्पिरीकरल वर्क कहा जाता है। समाज-विज्ञान की दूसरी शैली नार्मेटिव यानी सिद्धांतपरक या मानकीय मानी जाती है। इन दोनों शैलियों को आमतौर पर दो श्रेणियों के रूप में देखा जाता है। **विकासशील समाज अध्ययन पीठ** ने शुरू से ही भारतीय समाज और राजनीति के अध्ययन के सिलसिले में अनुभवसिद्ध अध्ययन पर बल दिया और पता लगाया कि जमीनी स्तर पर क्या हो रहा है। लेकिन, एम्पिरीकल श्रेणी में बँधने के बजाय अध्ययन पीठ ने अपने बौद्धिक प्रयासों को उन्हीं तथ्यों की बुनियाद पर सैद्धांतिक और मानकीय प्रयासों को भी जारी रखा।

राज्य-तंत्र (पॉलिटी) : राज्य, दलीय प्रणाली और अन्य सभी संबंधित संस्थाओं समेत राजनीतिक व्यवस्था का समस्त कारोबार।

श्रेणीगत (हायरार्कीकल) और स्तरीकरण (स्ट्रैटीफिकेशन) : जाति की श्रेणीगत संरचना में ऊँच-नीच और मातहती के संबंध अंतर्निहित होते हैं। स्तरीकरण विभिन्न स्तरों को बताता है, जिसमें ऊँच-नीच के संबंध पारस्परिक होते हैं, न कि आंतरिक। आधुनिक धरातल पर श्रेणीकरण का उदाहरण मजदूर और पूँजीपति वर्ग के बीच आंतरिक मातहती के संबंध में देखा जा सकता है, लेकिन मजदूर वर्ग और मध्यवर्ग के बीच का संबंध गैर-बराबरी का होते हुए भी अंदरूनी न होकर बाहरी है।

विसर्जनवाद / अवकरणवाद (रिडक्शनिस्ट) : यह एक ऐसा रुझान है जिसके तहत किसी परिघटना को समझने के लिए किसी एक पहलू को बुनियादी महत्त्व देकर बाकी कारकों की भूमिका को उसी में विसर्जित कर दिया जाता है। यानी एक चाबी को ही सभी ताले खोलने के लिए इस्तेमाल करने का आग्रह रहता है। इसका एक उदाहरण वर्ग-विसर्जनावाद के रूप में देखा जा सकता है जिसके तहत वर्गीय उत्पीड़न और वर्ग-संघर्ष के विचार में सभी संघर्षों और प्रश्नों को समाहित मान लिया जाता है, चाहे वे जातिगत संघर्ष हों या लैंगिक प्रश्न।

सत्तामीमांसा (ऑन्टॉलजी) : यह शब्द भ्रम पैदा कर सकता है कि कहीं इसका संबंध सत्ता या राजसत्ता से तो नहीं है। सत्तामीमांसा असल में तत्त्वमीमांसा (मेटाफिजिक्स) की एक शाखा है जो अस्तित्व की प्रकृति का विश्लेषण किन्हीं खास संदर्भों में न करके उसकी संपूर्ण सत्ता के संदर्भ में करती है। किसी एक सिद्धांत के दायरे में किसी अस्तित्व की सत्तामीमांसा से उसकी संरचना में निहित घटकों का पता लगाया जा सकता है।

तत्त्वमीमांसा (मेटाफिजिक्स) : यथार्थ के अध्ययन की वह पद्धति जिसमें उसे उसके दृश्य रूपों से परे जाकर समझने की कोशिश होती है।

तत्त्वमीमांसा की पद्धति के सबसे मशहूर प्रयोक्ता हेगेल और उसके सबसे मशहूर आलोचक कांट माने जाते हैं।

व्याख्यात्मक / भाष्य (हरमेन्युटिक्स) : किसी एक पाठ या वैचारिक संरचना के अर्थों का विवादात्मक विवेचन। हरमेन्युटिक्स सामान्य वाद-विवाद या शास्त्रार्थ से अलग इसलिए भी है, क्योंकि यह बौद्धिक व्यायाम कोई एक व्याख्याकार अपने आप में करता रह सकता है।

प्रत्यक्षवादी (पॉजिटिविस्ट) : समाज-विज्ञान को प्राकृतिकविज्ञानों की तर्ज पर ढालने की मंशा रखने वाली एक दार्शनिक प्रवृत्ति। यह मानती है कि प्रत्यक्ष ज्ञान ही ज्ञान है, और समाज परिवर्तन के भी वैसे ही अमोघ नियम होते हैं, जैसे प्राकृतिक जगत के विकास के।

विरोधाभास (पैराडॉक्स) और अंतर्विरोध (कांट्राडिक्शन) : विरोधाभास दो परिस्थितियों या परिघटनाओं के बीच पाया जा सकता है, जबकि अंतर्विरोध किसी एक परिघटना की अंदरूनी संरचना से ताल्लुक रखता है।

संस्कृतीकरण (संस्कृटाइजेशन) : नीची जाति या समुदाय द्वारा द्विज समुदाय को मॉडल मान कर उसी के आचार-व्यवहार, खान-पान और पहनावे का अनुकरण करते हुए सामाजिक प्रगति का प्रयास। अगर कोई गैर-द्विज जाति खास तौर से ब्राह्मणों को मॉडल बनाती है तो इसे ब्राह्मणीकरण भी कह सकते हैं, लेकिन संस्कृतीकरण में नीची जातियों ने अक्सर क्षत्रियों को मॉडल माना है। वैसे कुछ जगहों पर संस्कृतीकरण को ब्राह्मणीकरण लिख कर भी काम चलाया गया है। इस सिद्धांत का प्रतिपादन एम.एन. श्रीनिवास ने किया था।

सार्वभौम (यूनीवर्सल) और पारिवेशिक / स्थानीय / विशिष्ट (पर्टीकुलर) : जो हर जगह और हर समय प्रासंगिक है, देश-काल से परे जाते हुए सार्थक है, वह सार्वभौम की श्रेणी में आता है। मसलन, नागरिकता एक सार्वभौम धारणा है, और जातिगत पहचान एक पारिवेशिक धारणा है।

भूमंडलीकरण / विश्वायन / जगतीकरण / वैश्वीकरण (ग्लोबलाइज़ेशन) : आधुनिक भूमंडलीकरण का **पहला और प्रधान अर्थ** है एक विश्व-अर्थतंत्र और विश्व-बाजार का निर्माण जिससे प्रत्येक राष्ट्र की अर्थव्यवस्था को अनिवार्य तौर से जुड़ना होगा। पहले गैट (जनरल एग्रीमेंट ऑन टैरिफ एंड ट्रेड्स) के जरिये यह प्रक्रिया चलायी जा रही थी। अब इसकी जगह विश्व व्यापार संगठन (डब्ल्यू.टी.ओ.) ने ले ली है।

इसका **दूसरा** मतलब है दुनिया की राजनीति को इसी अर्थतंत्र और बाजार की जरूरतों के हिसाब से संचालित करने की परियोजना। इस संचालन में बाधा बन सकने वाली राष्ट्रों की स्वायत्तता और संप्रभुता से निबटने के लिए अमेरिका के नेतृत्व में यूरोपीय संघ और जापान का शक्तिशाली गठजोड़ कार्यरत है। चीन इस गठजोड़ का चौथा सदस्य बनने की तरफ बढ़ रहा है। यह गठजोड़ कई राष्ट्रातीत सांगठनिक संरचनाओं के माध्यम से काम करता है। इस गठजोड़ में सदैव एकता ही नहीं रहती, मतभेद भी होते हैं, जिनकी अभिव्यक्ति आर्थिक-राजनीतिक-सांस्कृतिक रूपों में अक्सर होती रहती है। यूरोपीय संघ, नाफ्टा और एसियान व्यापार-क्षेत्रों का ताकतवर होना भी भूमंडलीकरण की प्रक्रिया के लिए एक चुनौती के रूप में देखा जाता है। यूरो डॉलर और अमेरिकी डॉलर द्वारा वर्चस्व के लिए आपसी संघर्ष एक अन्य उदाहरण है। इराक युद्ध को भी मतभेदों के एक उल्लेखनीय उदाहरण के रूप में देखा जा सकता है। लेकिन अमेरिका की प्रबल भू-राजनीतिक केंद्रीयता और एंग्लो-अमेरिकी कारपोरेट मॉडल का वर्चस्व इन मतभेदों के ऊपर हावी हो जाता है।

इसका **तीसरा** मतलब है कंप्यूटर, इंटरनेट और संचार के अन्य आधुनिकतम साधनों के जरिये दुनिया में राष्ट्रों, समुदायों, संस्कृतियों और व्यक्तियों के बीच फासलों का कम से कमतर होते चले जाना।

इसका **चौथा** मतलब है उपग्रहीय टेलिविजन की मदद से एक भूमंडलीय संस्कृति की रचना करना। राष्ट्रीय संस्कृतियों के केंद्र में नागरिक रहता था पर इस संस्कृति के केंद्र में भूमंडलीय उपभोक्ता रहता है। इस भूमंडलीय संस्कृति के ऊपर अमेरिकी सांस्कृतिक मुहावरा बुरी तरह हावी है। इसीलिए हेनरी किसिंजर ने बेखटके भूमंडलीकरण को अमेरिकीकरण की संज्ञा भी दी है।

यह भी कहा जाता है कि भूमंडलीकरण के रूप में आधुनिकीकरण की प्रक्रिया अपने चरम पर पहुँच गयी है और अब सारा जगत एक ही साँचे में ढाल दिया जाएगा। जो इस साँचे में ढलने के लिए तैयार नहीं होंगे, उन्हें छँटनी के सिद्धांत के तहत हाशिये पर नष्ट होने के लिए फेंक दिया जाएगा। भूमंडलीकरण के मौजूदा दौर से पहले राष्ट्रों की सीमाबद्ध उपस्थिति के आईने में ही दुनिया को देखा जाता था। उस समय अंतर्राष्ट्रवाद एक उदात्त और रेडिकल विचार था जिसमें एक समता और विविधतामूलक वसुधैव कुटुंबकम सरीखी दुनिया बनाने की उम्मीदें निहित थीं। इसके उलट भूमंडलीकरण के विचार को संदेह की दृष्टि से देखा जाता है। समझा जाता है कि इसके तहत दुनिया पर एक नयी सत्ता-व्यवस्था थोपी जा रही है।

अंतर्राष्ट्रीय वित्तीय पूँजी (इंटरनेशनल फाइनेंस केपीटल) : ब्याज कमाने वाली अर्थात पूँजी पैदा करने वाली पूँजी वित्तीय पूँजी कहलाती है।

लेकिन, इसके अंतर्राष्ट्रीय चरित्र को समझने के लिए जरूरी है कि उसके राज्य के साथ रिश्ते को समझा जाए। राज्य की संस्था अपने आर्थिक संचालन के हित में इस पूँजी के प्रसार और प्रभाव को नियंत्रित करने की मुख्य ताकत है, लेकिन अपने परिचालन की प्रक्रिया में यह पूँजी मुक्त हो जाती है और बजाय इसके कि राज्य इसे नियंत्रित करे, यह राज्य को नियंत्रित करने लगती है। अर्थात राज्य इसे नियंत्रित भी करता है और इससे नियंत्रित भी होता है। भूमंडलीकरण के तहत बनने वाली राष्ट्रातीत संरचनाओं में इस पूँजी का नियंत्रणकारी पहलू उत्तरोत्तर शक्तिशाली होता चला जा रहा है। इसमें निहित उत्पादक पूँजी के पहलू की भूमिका घटती जा रही है। यह राष्ट्रीय अर्थतंत्रों और राष्ट्रीय राजनीति की जरूरतों के हिसाब से चलने के बजाय माँग और आपूर्ति के नियमों से संचालित हो रही है।

ब्रेटन वुड्स एग्रीमेंट : जुलाई १९४४ में अंतर्राष्ट्रीय वित्त व्यवस्था के संचालन के लिए अमेरिका के न्यू हैमशायर की ब्रेटन वुड्स नामक पहाड़ी सैरगाह में एक सम्मेलन हुआ जिसमें ब्रिटेन और अमेरिका ने एक नयी अंतर्राष्ट्रीय अर्थव्यवस्था का तानाबाना तैयार किया। इस नयी व्यवस्था को मुक्त बाजार प्रणाली की जगह काम करना था। इसके अनुसार राष्ट्रीय मुद्राओं को अमेरिकी डालर से निर्धारित विनिमय दर के आधार पर जोड़ दिया गया और जरूरत पड़ने पर डालरों को सोने में भुनाने का अधिकार दिया गया। **अंतर्राष्ट्रीय मुद्रा कोष** (आई.एम.एफ.) और **विश्व बैंक** (इंटरनेशनल बैंक ऑव रिकंस्ट्रक्शन एंड डिवेलपमेंट) की स्थापना की गयी। अब पूँजीवादी भूमंडलीकरण के केंद्र में औपचारिक रूप से ब्रिटेन की जगह अमेरिका आ चुका था और पाउंड की जगह डालर ने ले ली थी। ब्रेटन वुड्स में ही एक तीसरा प्रस्ताव दुनिया के व्यापार को नियंत्रित करने वाला एक संगठन बनाने का रखा गया था। इसी मकसद से १९४७ में **गैट** (जनरल एग्रीमेंट ऑन ट्रेड एंड टैरिफ्स) की स्थापना हुई। जनवरी १९९५ में इसकी जगह **विश्व व्यापार संगठन** (डब्ल्यू.टी.ओ.) ने ले ली।

साठ के दशक में यूरोकरेंसी बाजार के कारण ब्रेटन वुड्स बंदोबस्त दरकना शुरू हो गया और १९७१ में अमेरिका ने डॉलर को बचाने के लिए इसे एकतरफा भंग कर दिया। इसी समझौते की देन के रूप में मुद्रा कोष, विश्व बैंक और विश्व व्यापार संगठन आज विश्व के आर्थिक भूमंडलीकरण का नेतृत्व कर रहे हैं।

उल्लेखनीय है कि ये तीनों संगठन जिस जमाने में प्रस्तावित किये गये थे, वह कींस की आर्थिक सिफारिशों के बोलबाले का था। यानी वह युग राज्य की संस्था के आर्थिक बंदोबस्त में हस्तक्षेप को मान्यता देने का समय था जिसे हम लोकोपकारी राज्य की अवधारणा के नाम से भी जानते हैं। तीनों संगठनों के विचार के पीछे इसी अवधारणा को अमल में लाने की भूमिका थी। मुद्रा कोष तो स्पष्ट रूप से यह मान कर ही गठित किया गया था कि बाजार द्वारा की जाने वाली गड़बड़ी का परिष्कार करने के लिए कोई संगठन बनाया जाना चाहिए। लेकिन ब्रेटन वुड्स खत्म हो जाने के बाद विडंबना यह है कि ये तीनों संस्थान कट्टर बाजारवादी रवैया अख्तियार कर चुके हैं।

ढाँचागत समायोजन कार्यक्रम (स्ट्रक्चरल एडजस्टमेंट प्रोग्राम) और आर्थिक सुधार (इकनॉमिक रिफार्म्स) : अस्सी के दशक में भारत समेत तीसरी दुनिया और पूर्वी

यूरोप के करीब ७० देशों की अर्थव्यवस्थाओं में अंतर्राष्ट्रीय मुद्रा कोष और विश्व बैंक के कहने पर ढाँचागत समायोजन कार्यक्रम चलाया गया। इस दशक की शुरुआत में मुद्रा कोष की राय के मुताबिक इन देशों ने घाटे से उबरने के लिए अपनी कुछ नीतियों में अल्पकालीन तब्दीलियाँ की थीं। इनकी नाकामी के कारण ये देश कर्जे में दबते चले गये। तब अमेरिका के अर्थ मंत्री जेम्स बेकर ने १९८५ में एक योजना पेश की जिसके तहत इन देशों पर विश्व बैंक को कुछ शर्तें लगानी थीं। यही शर्तें ढाँचागत समायोजन कहलायीं। इस कार्यक्रम के मुताबिक हर देश को अपनी मुद्रा का अवमूल्यन करना पड़ा, बजट घाटा कम करने के लिए सरकारी खर्चा घटाना पड़ा, सबसिडी और मूल्य नियंत्रण खत्म करके बाजार खोलना पड़ा और वेतन के सूचकांक बदल कर श्रम बाजार में कर्मचारियों की वास्तविक आमदनी घटानी पड़ी। इसी समायोजन के साथ तालमेल बैठाने वाली नीतियों के परिणामस्वरूप अर्थव्यवस्था में राज्य का हस्तक्षेप लगातार कमजोर से कमजोर होता चला गया। बाजार की ताकतें लगातार हावी होती चली गयीं।

भारत में यह प्रक्रिया शुरू होने पर निजी पूँजी के समर्थकों ने दावा किया कि इसे आर्थिक आजादी का प्रतीक समझा जाना चाहिए। लेकिन यह आर्थिक आजादी केवल परमिट-कोटा राज खत्म करके एक ऐसा निजाम बनाने की कोशिश नहीं थी, जिसमें राष्ट्र और उसके नागरिकों के लाभ का आग्रह सर्वोपरि होता। इस आर्थिक आजादी का मतलब यह था कि न केवल भारतीय अर्थव्यवस्था को विश्व बाजार के साथ जुड़ते चले जाना है वरन् भारतीय वित्तमंत्री को अंतर्राष्ट्रीय मुद्रा कोष और विश्व व्यापार संगठन के दफ्तर में जाकर अपने कामों का हिसाब भी देना है। उसे अंतर्राष्ट्रीय रेटिंग एजेंसियों द्वारा दी गयी सनद का मोहताज रहना है। इसका मतलब यह भी था कि भारतीय अर्थव्यवस्था को धीरे-धीरे अंतर्राष्ट्रीय वित्तीय पूँजी के रहमो-करम पर निर्भर होते जाना है। इसका मतलब यह भी था कि भारतीय विदेशमंत्री को अमेरिकी विदेश मंत्रालय और यूरोपीय संघ के कारकुनों से अच्छे चालचलन का प्रमाणपत्र हासिल करते रहना है।

वाशिंगटन सहमति (वाशिंगटन कांसेंसस) : अस्सी के दशक में मुक्त बाजार की श्रेष्ठता के कट्टरपंथी मंत्र को लागू करने वाली नीतियों को वाशिंगटन सहमति के नाम से पुकारा जाता है। विकासशील देशों के लिए मुद्रा कोष, विश्व बैंक और अमेरिकी वित्त मंत्रालय की आपसी सहमति से इसका जन्म हुआ था। मूलत: ये नीतियाँ लातीनी अमेरिकी देशों की अर्थव्यवस्था में मचे उत्पात से निबटने के लिए बनायी गयी थीं, लेकिन वाशिंगटन सहमति के तहत इन्हें सारी दुनिया पर थोपने की मुहिम चलायी गयी।

संरक्षणवाद (प्रोटेक्शनिज़्म) और वाणिज्य उदारीकरण (ट्रेड लिबरलाइज़ेशन) : अपने उद्योगों को उस वक्त तक विदेशी माल की होड़ से बचा कर रखना जब तक वे प्रतियोगिता करने लायक मजबूत न हो जाएँ। अमेरिका और जापान ने अपने उद्योगों का निर्माण इसी तरीके से किया है। लेकिन, विकासशील देशों के लिए भूमंडलीकरण की ताकतें वाणिज्य उदारीकरण की सिफारिश करती हैं। वे दबाव डालती हैं कि वे अपने बाजार विकसित देशों के माल के लिए खोल दें।

तकनीकशाही (टेक्नोक्रेटिक) और प्रबंधकीय (मैनेजेरियल) : सामाजिक-राजनीतिक-आर्थिक समस्याओं को हल करने की प्रवृत्तियाँ जो मानती हैं कि समाज और

आम जनता द्वारा डाले गये लोकतांत्रिक दबावों से समग्र प्रणाली को अलग करके ही राष्ट्र-निर्माण का काम ठीक से हो सकता है। जाहिरा तौर पर यह एक अराजनीतिक रुझान है जो कुछ विशेषज्ञों के सहारे शासन चलाने में भरोसा करता है। माना जाता है कि राजीव गाँधी के जमाने में भारतीय लोकतंत्र की समस्याओं को तकनीकशाही और प्रबंधकीय शैली में हल करने की शुरुआत हुई।

रेगनोमिक्स और थैचराइजेशन : अमेरिका के राष्ट्रपति रोनाल्ड़ रेगन और ब्रिटेन की प्रधानमंत्री मार्गरेट थैचर द्वारा अपनायी गयी बाजारवादी नीतियों के लोकप्रिय नाम। इन नीतियों में आक्रामक निजीकरण का बोलबाला था और अर्थव्यवस्था में राज्य के हस्तक्षेप को कम से कम करने की प्रवृत्तियाँ थीं। इनके पीछे लोकहितकारी राज्य के सिद्धांत को छोड़ने का आग्रह और नियोक्लासिकल पूँजीवाद (बाजारवाद का आक्रामक रूप) की प्रेरणा थी।

यूरोपीय संघ (यूरोपियन यूनियन) : आस्ट्रिया, बेल्जियम, डेनमार्क, फिनलैंड, फ्रांस, जर्मनी, यूनान, आयरलैंड, इटली, लक्ज़ेमबर्ग, नीदरलैंड्स, पुर्तगाल, स्पेन, स्वीडन, यूनाइटेड किंगडम और रूस ने मिलकर यूरोपीय संघ के रूप में दुनिया का सबसे बड़ा और समृद्ध व्यापार-क्षेत्र बनाया है जिसे यूरोपीय संघ के नाम से जाना जाता है। इसकी नींव १ जनवरी १९९५ को पड़ी थी। संघ में शामिल होने के मामले में यूरोपीय देशों में कुछ दुविधा और ऊहापोह भी रहा, क्योंकि इसके लिए उन्हें अपनी पारंपरिक राष्ट्रीय अस्मिताओं की संप्रभुता से एक-सीमा तक समझौता करना पड़ता। संघ ने अपनी मुद्रा यूरो डॉलर भी जारी की है, जो इस समय अमेरिकी डॉलर के साथ आर्थिक वर्चस्व की होड़ कर रही है।

नाफ्टा (नार्थ अमेरिकन फ्री ट्रेड एग्रीमेंट) : उत्तरी अमेरिका के देशों का व्यापार-क्षेत्र गठित करने वाला समझौता। इसके तहत नब्बे के दशक में इन देशों ने भूमंडलीकरण की प्रक्रिया के भीतर अपनी दावेदारी पेश की।

एसियान (एसोसियेशन ऑव साउथ ईस्ट एशियन नेशंस) : इंडोनेशिया, मलेशिया, फिलीपींस, सिंगापुर और थाइलैंड ने ८ अगस्त १९६७ को बैंकाक घोषणा के माध्यम से एक ऐसे व्यापार क्षेत्र का गठन किया जो इस समय दुनिया के सबसे ताकतवर व्यापार-क्षेत्रों में से एक है। इसका मकसद दक्षिण-पूर्व एशिया में आर्थिक स्थायित्व बनाये रखना था। ब्रुनेई, कंबोडिया, लाओस, वियतनाम और मयनमार भी इसके सदस्य बन चुके हैं। हाल ही में चीन के साथ एसियान के जुड़ाव ने विश्व अर्थतंत्र में इसकी भूमिका को और महत्त्वपूर्ण बना दिया है।

इंटरनेट : आधुनिक संचार प्रणाली का सर्वाधिक प्रचलित और सभी के लिए सुलभ रूप जिसके जरिये एक लिहाज से दुनिया वास्तव में मुट्ठी में लगने लगी है। यह एक ऐसा कप्यूटर नेटवर्क है जो दुनिया-भर के नेटवर्कों से मिलकर बना है। इसमें सभी वाणिज्यिक, गैर-वाणिज्यिक और अकादमीय नेटवर्क शामिल हैं। इंटरनेट के जरिये तथ्यों और सूचनाओं के आदान-प्रदान और संचार की रफ्तार बेहद तेज हो गयी है। इंटरनेट का इस्तेमाल कम खर्चीला और सहज है। अनगिनत विषयों, व्यक्तियों और घटनाओं के बारे में इंटरनेट की सर्फिंग करके बहुत कम समय में जानकारी प्राप्त की जा सकती है। इंटरनेट

ने ई-मेल की सुविधा प्रदान करके परस्पर संचार की शैली को तकरीबन बदल दिया है।

बताया जाता है कि १९६९ में अमेरिकी रक्षा अनुसंधान विभाग ने कंप्यूटरों के सर्वाधिक किफायती इस्तेमाल के लिए इंटरनेट का आविष्कार किया था। लेकिन, इंटरनेट का संक्षिप्त इतिहास लिखने वाले ब्रूस स्टर्लिंग का दावा है कि शीत युद्ध के दौरान आणुविक हमले में सभी तरह की संचार प्रणालियाँ नष्ट हो जाने के अंदेशे के कारण अमेरिकी युद्ध मंत्रालय द्वारा रक्षा-संचार को बनाये रखने के लिए एक अनियमित किस्म की संचार प्रणाली ईजाद करने के मकसद से पहली बार इंटरनेट का आविष्कार हुआ था। कम से कम एक बात तो तय है कि इस संचार प्रणाली को सरकारी पूँजी से विकसित किया गया था। इसे निजी पूँजी के हाथ में दिया जाना इस बात का सबसे ताजा उदाहारण है कि बाजार की ताकतें कैसे राज्य का अपने हित में इस्तेमाल करती हैं। पहले इंटरनेट का इस्तेमाल विश्वविद्यालयों और संस्थानों में ही होता था। नब्बे के दशक की शुरुआत में वर्ल्ड वाइड वेब यानी डब्ल्यूडब्ल्यूडब्ल्यू का विकास हुआ जब पाँच क्षेत्रीय सुपरकंप्यूटिंग सेंटरों को मिलाकर बनाया गया एनएसएफनेट निजी संचार कंपनियों को बेच दिया गया (इससे पहले अरपानेट इंटरनेट का आधार था जिसमें निजी कंपनियों के लिए तकनीकी गुंजाइश नहीं थी। इसी गुंजाइश को बनाने के लिए अमेरिका के नेशनल साइंस फाउंडेशन ने एनएसएफ नेट का निर्माण किया था)।

१९९४ तक वर्ल्ड वाइड वेब आम जनमानस में अपनी उपस्थिति और उपयोगिता दर्ज कर चुका था। इसके मल्टीमीडिया और हाइपरटेक्स्ट्स से संबंधित पहलू यूरोपीय संचार बहुराष्ट्रीय कंपनियों द्वारा विकसित ओएसआई प्रोटोकोल स्टैक से बेहतर साबित हुए और जल्दी ही यह तय हो गया कि इंटरनेट अगली शताब्दी में भूमंडलीय एकीकरण की सबसे प्रभावी प्रौद्योगिकी साबित होगी। अब जितने भी नये नेटवर्क दुनिया में बनाये जाते हैं, सभी इंटरनेट में शामिल हो जाते हैं और इसका दायरा उत्तरोत्तर व्यापक होता चला जाता है। और इस तरह एक नेटवर्क सोसाइटी जन्म लेती है।

सूचना समाज / नेटवर्क सोसाइटी : कंप्यूटरों के परस्पर संपर्क से बना जाल नेटवर्क कहलाता है। नेटवर्कों के बीच विचरण करने वाले इंटरनेट के प्रयोक्ता नेटिजंस कहलाते हैं और नेटिजंस का समाज नेटवर्क सोसाइटी या सूचना समाज के नाम से जाना जाता है।

सिटीजंस का समाज एक-दूसरे से शरीरी तौर पर मिलकर समाज की रचना करता है पर नेटिजंस एक-दूसरे से आमने-सामने मिलें यह जरूरी नहीं है। वे नेट पर मिलते हैं, बातें करते हैं, सूचनाओं का आदान-प्रदान करते हैं। विकसित प्रौद्योगिकी की मदद से अब वे एक-दूसरे को नेट पर देख भी सकते हैं। मित्रता कर सकते हैं, प्रेम कर सकते हैं और यहाँ तक कि एक खास तरह का अशरीरी यौन आनंद भी ले सकते हैं। सिटीजंस का पता धरती के किसी देश, किसी राष्ट्र, किसी संस्कृति, किसी मुहल्ले और किसी बस्ती की तरफ इशारा करता है यानी धरती पर उसकी रिहाइश एक खास सीमाबद्धता की द्योतक होती है पर नेटिजंस का इंटरनेट पर एड्रेस इन सीमाओं से आजाद होता है। उस एड्रेस पर बिना देर किए पलक झपकते पहुँचा जा सकता है। इस तरह नेटिजंस ठोस यथार्थ से **वर्चुअल यथार्थ** या **वर्चुअल स्पेस** में चले जाते हैं। एक ऐसे **निराकार दायरे** में जो

कंप्यूटर द्वारा बनाया गया त्रिआयामी दायरा होता है। ई-मेल, वेब सर्फिंग और फिर बुलेटिन बोर्डों ने मिलकर यह निराकार दायरा बनाया है। साइबर स्पेस में टँके छोटे-छोटे बुलेटिन बोर्डों पर नेटिजंस अपनी चिंताएँ, सरोकार और विचार चस्पाँ कर सकते हैं। इन बोर्डों पर ही उन्हें अपनी बातों का जवाब भी मिलता है और इस तरह बहस का एक निराकार दायरा बनता चला जाता है।

नेटवर्क भी एक नये किस्म के सामूहिक वजूद की तरह सामने आया है जो एक साथ तरल भी है और अमीबा की तरह स्वत: अपना खाना बटोरते हुए विकसित होता चला जाता है। नेटवर्क बीसवीं सदी की उन निर्मितियों जैसा नहीं है जिन्हें हम पार्टी, राष्ट्र-राज्य या सर्वहारा के रूप में जानते रहे हैं। नेटवर्क ख़ुद की पुनर्रचना करता चलता है। लगता है कि वह बिना किसी डिंबाणु के ही पैदा हो गया है, लेकिन साथ में वह स्वयं का भक्षण भी कर सकता है। यानी वह स्वयं पैदा हो सकता है और स्वयं ही खत्म हो सकता है।

□□□

लेखक और संपादक परिचय

रजनी कोठारी

भारतीय राजनीति के अन्यतम व्याख्याकार और सिद्धांतवेत्ता। **विकासशील समाज अध्ययन पीठ** के संस्थापक। कांग्रेस के दीर्घकालीन शासन और फिर उसके क्रमिक पराभव का राजनीतिक-सामाजिक तर्क खोजनेवाली तीन रचनाओं *द काँग्रेस 'सिस्टम' इन इंडिया* और *द काँग्रेस सिस्टम ऑन ट्रायल* एवं *काँग्रेस सिस्टम रिविजिटेड : ए डिसेनियल रिव्यू* के प्रकाशन के बाद राजनीति के विकास-क्रम के लगभग हर मोड़ पर मौलिक विमर्श के लिए अंतर्राष्ट्रीय ख्याति-प्राप्त। राजनीति में जातिवाद की प्रचलित धारणा को जातियों के राजनीतिकरण के रूप में व्याख्यायित करने के साथ-साथ भारतीय लोकतंत्र के बहुलवादी चरित्र को केंद्र में रखते हुए राज्य, राष्ट्र-निर्माण, समाज परिवर्तन, वैकल्पिक विश्व की परिकल्पना, सांप्रदायिकता, चुनाव संबंधी अध्ययन, सेकुलरवाद, गैर-सरकारी राजनीतिक प्रक्रिया और दलित-बहुजनों के उभार के विषय में मूल्यवान अंतर्दृष्टि से संपन्न राजनीतिशास्त्र के विशाल वांङ्मय की रचना।

दिल्ली विश्वविद्यालय में राजनीतिशास्त्र के प्रोफेसर रह चुके रजनी कोठारी भारतीय समाजविज्ञान अनुसंधान परिषद के अध्यक्ष, लोक अधिकार संघ के राष्ट्रीय अध्यक्ष और योजना आयोग के सदस्य भी रह चुके हैं। उनकी अनगिनत

कृतियों में कुछ अत्यंत विख्यात रचनाएँ हैं : *पॉलिटिक्स इन इंडिया* (हिंदी और गुजराती में भी अनुवाद); *कास्ट इन इंडियन पॉलिटिक्स* (संपादित); *इंडियन वोटिंग बिहेवियर* (मायनर वीनर के साथ संपादित); *फुट स्टेप्स इनटू द फ्यूचर : डायग्नॉसिस ऑव द प्रेजेंट वर्ल्ड एंड ए डिजायन फॉर ऐन ऑल्टर्नैटिव; स्टेट एंड नेशन बिल्डिंग : ए थर्ड वर्ल्ड पर्स्पेक्टिव* (संपादित); *डेमौक्रैटिक पॉलिटी एंड सोशल चेंज इन इंडिया : क्राइसिस एंड ओपोर्च्युनिटी; टुवर्ड्स ए जस्ट वर्ल्ड; सर्वायवल इन ऐन एज ऑव ट्रांसफॉर्मेशन; डिसआर्मामेंट, डिवेलपमेंट एंड वर्ल्ड ऑर्डर* (गिरि देशिंग्कर के साथ संपादित); *स्टेट अगेंस्ट डेमोक्रेसी : इन सर्च ऑव द ह्यूमेन गवर्नेन्स; ट्रांसफॉर्मेशन एंड सर्वायवल : इन सर्च ऑव ह्यूमेन वर्ल्ड ऑर्डर; रिथिंकिंग डिवेलपमेंट : इन सर्च ऑव ह्यूमेन आल्टरनेटिव्ज; पॉलिटिक्स एंड पीपुल : इन सर्च ऑव ह्यूमन इंडिया; ग्रोइंग एम्नेजिया : ऐन एसे ऑन पावर्टी एंड द ह्यूमन कांशसनेस* और *कम्युनलिज्म इन इंडियन पॉलिटिक्स* (हिंदी में भी अनूदित)।

हाल ही में प्रोफेसर कोठारी ने अपने लोकतंत्र संबंधी चिंतन को नये आयाम पर पहुँचाते हुए एक नयी पुस्तक *रिथिंकिंग डैमौक्रेसी* की रचना की है।

अभय कुमार दुबे

लेखक, संपादक, अनुवादक और अनुसंधानकर्ता। नक्सलवादी आंदोलन से लंबा जुड़ाव। करीब आठ साल तक भाकपा (माले) (लिबरेशन) के कार्यकर्ता। लंबे अरसे तक एक्सप्रेस समूह के **दैनिक जनसत्ता** में काम करने के बाद **विकासशील समाज अध्ययन पीठ** में भारतीय भाषा कार्यक्रम के संपादक। इस कार्यक्रम के तहत प्रकाशित **लोक-चिंतक ग्रंथमाला** और **लोक-चिंतन ग्रंथमाला** की सभी कड़ियों का संपादन। नक्सलवादी आंदोलन, दलित आंदोलन, सांप्रदायिकता, नारी मुक्ति आंदोलन, यौनिकता और संस्कृति संबंधी विषयों पर अध्ययन। सिनेमा और खेल पर भी लेखन।

प्रमुख कृतियाँ : *क्रांति का आत्म संघर्ष : नक्सलवादी आंदोलन के बदलते चेहरे का अध्ययन; सांप्रदायिकता के स्रोत* (संपादित); *आज के नेता : राजनीति के नये उद्यमी* (बाल ठाकरे, कांशी राम, मुलायम सिंह यादव, लालू प्रसाद यादव, ज्योति बसु, कल्याण सिंह और मेधा पाटकर के राजनीतिक जीवन के आलोचनात्मक अध्ययन पर आधारित पुस्तक माला का संपादन और अरुण त्रिपाठी, अरुण पांडेय और अंबरीश कुमार के साथ लेखन); घोटाले में घोटाला

(शेयर घोटाले पर एक प्रचार पुस्तिका); 'हंस' के महिला विशेषांक **स्त्री-भूमंडलीकरण : पितृसत्ता के नये रूप** के अतिथि संपादक; *भारत के मध्यवर्ग की अजीब दास्तान* (पवन वर्मा की कृति **द ग्रेट इंडियन मिडिल क्लास** का अनुवाद); *भारतनामा* (सुनील खिलनानी की-कृति **द आइडिया ऑव इंडिया** का अनुवाद) और *पूँजी के भूमंडलीकरण से कैसे लड़ें?* (कंवलजीत सिंह की कृति **ग्लोबलाइज़ेशन ऑव फाइनेंस** का अनुवाद) के अलावा आठ किशोरोपयोगी पुस्तकों की रचना और दो का अनुवाद। १९९५-९६ में सामाजिक चिंतन और विमर्श की मासिक पत्रिका **समय चेतना** के चौदह अंकों का संपादन। घनश्याम शाह द्वारा संपादित पुस्तक *दलित आइडेंटिटी एंड पॉलिटिक्स* में कांशी राम के राजनीतिक जीवन पर लिखा गया लेख *एनॉटॉमी ऑव ए दलित पॉवर प्लेयर : ए स्टडी ऑव कांशी राम* संकलित। *इकॉनॉमिक एंड पॉलिटिकल वीकली* के भूमंडलीकरण पर विशेषांक में *ग्लोबलाइजेशन : इन दि हिस्ट्री वर्कशॉप* प्रकाशित।

वाणी द्वारा कुछ उल्लेखनीय समाज विज्ञान प्रकाशन

लोक-चिंतन ग्रंथमाला

के कुछ और प्रकाशन :

लोकतंत्र के सात अध्याय

आधुनिकता के आईने में दलित

भारत का भूमंडलीकरण

बीच बहस में सेकुलरवाद

लोक-चिंतक ग्रंथमाला

राजनीति की पूरी किताब

विख्यात राजनीतिशास्त्री रजनी कोठारी की चुनी हुई रचनाओं का संकलन

सरोकार ग्रंथमाला

रिक्शा : एक महागाथा

लोकायन का अध्ययन

सामयिक विमर्श शृंखला

राष्ट्रवाद बनाम देशभक्ति / रवींद्रनाथ ठाकुर और इयत्ता की राजनीति

आशिस नंदी

राष्ट्रवाद का अयोध्या कांड / रामजन्मभूमि आंदोलन और आत्मभय की राजनीति

आशिस नंदी, शिखा त्रिवेदी, शैल मायाराम और अच्युत याग्निक

राष्ट्रवाद की चाकरी में धर्म

मधु पूर्णिमा किश्वर